Marion Tauschwitz

*Dass ich sein kann,
wie ich bin*

Hilde Domin
Die Biografie

Marion Tauschwitz

Vorwort von
Beate Weber

PALMYRA

*Dass ich sein kann, wie ich bin*
# Hilde Domin
### Die Biografie

Für die Unterstützung und Mithilfe bei der
Herstellung dieses Buches dankt der Palmyra
Verlag folgenden Personen: Beate Weber,
Dr. Sandra Krebs, Ellen Hexges, Christa
Schönrich, Michael Beyrau, Oriana
Gaetaniello und Barbara Twardon.

Der Abdruck der Gedichte und anderen Werkauszüge
erfolgt mit freundlicher Genehmigung des S. Fischer Verlags.
Die Wiedergabe der Briefe und Aufzeichnungen aus dem im
Deutschen Literaturarchiv Marbach aufbewahrten Nachlass von
Hilde Domin erfolgt mit freundlicher Genehmigung der
Deutschen Schillergesellschaft, Marbach am Neckar ©.

Bibliografische Information der Deutschen Bibliothek
Die Deutsche Bibliothek verzeichnet diese Publikation
in der Deutschen Nationalbibliografie. Detaillierte
bibliografische Daten sind im Internet über
http://dnb.ddb.de abrufbar.

Gerne senden wir Ihnen unser Verlagsprogramm.
Anruf, Fax oder E-Mail genügt.

Originalausgabe
© Copyright 2009 by
Palmyra Verlag, Hauptstraße 64, 69117 Heidelberg
Telefon 06221/165409, Telefax 06221/167310
E-Mail: palmyra-verlag@t-online.de
www.palmyra-verlag.de
Alle Rechte vorbehalten
Lektorat: Dr. Sandra Krebs, Ellen Hexges
Satz: Ellen Hexges, Dr. Sandra Krebs
Umschlaggestaltung: Georg Stein und Ellen Hexges
Umschlagfoto: Jürgen Bauer
Druck und Bindung: CPI Moravia Books
ISBN 978-3-930378-81-4

# Inhalt

Vorwort von
Beate Weber
11

Einleitung
14

Prolog
Mein Herze wir sind verreist
Der 22. Februar 2006
17

1. Kapitel
Kindheit und Jugend: 1909-1929
21

2. Kapitel
Heidelberg: 1929-1930
41

3. Kapitel
Berlin: 1930-1931
48

4. Kapitel
Heidelberg: 1931-1932
55

5. Kapitel
Italien: 1932-1939
88

6. Kapitel
England: 1939-1940
124

7. Kapitel
Fluchtweg: Sommer 1940
142

8. Kapitel
Santo Domingo: 1940-1951
148

9. Kapitel
Santo Domingo: 1951-1952
222

10. Kapitel
New York: 1953-1954
242

11. Kapitel
Rückkehr nach Deutschland: 1954-1955
255

12. Kapitel
Spanien: 1955-1957
281

13. Kapitel
Deutschland: 1957-1959
295

14. Kapitel
Astano: Januar-Mai 1959
309

15. Kapitel
Spanien: 1959-1961
323

16. Kapitel
Heidelberg: 1961-1963
346

17. Kapitel
Heidelberg: 1964-1968
391

18. Kapitel
Preisverleihungen: 1968-1992
416

19. Kapitel
Heidelberg: 1969-1974
430

20. Kapitel
Heidelberg: 1974-1988
448

21. Kapitel
Heidelberg: Juli-Oktober 1988
459

22. Kapitel
Heidelberg: 1988-1995
465

23. Kapitel
Heidelberg: 1995-2006
472

Quellen- und
Archivangaben
484

Anmerkungen
486

Lebensdaten von
Hilde Domin
545

Lesereisen im Ausland
546

Auszeichnungen
und Preise
547

Werksverzeichnis
Hilde Domin
549

Bibliografie
551

Bildlegenden
557

Bildnachweis
561

Danksagung
562

Register
565

*Für*

*die verlierbaren
Lebenden
und die unverlierbaren
Toten*

*(für die verlierbaren Lebenden
und die unverlierbaren Toten)*

*Klaus, Moritz und Lukas,
Ulla, Reinhard und Edeltraud*

*Hanno,
meine Mutter,
meine Schwiegereltern
und Hilde*

# Editorische Notiz

Zu Beginn meiner Arbeit war der unfangreiche Nachlass Hilde Domins noch nicht gesichtet. Als ich im Deutschen Literaturarchiv Marbach mit der Recherche und der Auswertung der Ehebriefe beginnen konnte, lagen noch keinerlei Transkriptionen von Briefen vor.

Viele hundert Briefe sind in Sütterlin-Schrift verfasst, und das »minuscule« Schriftbild der Briefe von Hilde Domin und Erwin Walter Palm erschwert oft die Auswertung.

Emigranten, die wie Hilde Domin die Sprache so oft gewechselt haben, nehmen linguistische Besonderheiten in ihren Sprachgebrauch auf, Ausdrucksformen vermischen sich: Die – häufig fremdsprachigen – Zitate wurden deshalb originalgetreu mit ihren orthografischen Besonderheiten und mit einzelnen Fehlern übernommen, die unsystematische Zeichensetzung nicht korrigiert. Dies betrifft auch die Beibehaltung der alten deutschen Rechtschreibung, wo sie im Original verwendet wird.

*Nicht müde werden
sondern dem Wunder
leise wie einem Vogel
die Hand hinhalten*

Vorwort von
Beate Weber

Lebendigkeit, Wahrhaftigkeit, Charisma, Neugier und die Souveränität der Sprache sind die Attribute, die man Hilde Domin zuschreibt; sie reflektieren die vielen Facetten ihrer Persönlichkeit.
Sie war eine hochgeschätzte Heidelberger Bürgerin, der ich in meiner Amtszeit als Oberbürgermeisterin sehr nahe sein durfte. Engagiert und streitbar, mischte sie sich kraftvoll ein, wenn sie Ungerechtigkeiten spürte, und erhob dann energisch ihre »kleine Stimme«, die Eindruck machte und gehört wurde – nicht nur, weil Hilde Domin eine intelligente und hervorragende Rhetorikerin und Literaturwissenschaftlerin war, sondern weil ihre Worte Aufrichtigkeit und Vertrauen ausstrahlten. Immer wieder werden wir mit ihrem Namen Botschaften verbinden: die Vermittlung demokratischer Tugenden, die Forderung nach der Auseinandersetzung mit gesellschaftlicher und individueller Schuld in der deutschen Geschichte sowie die Fähigkeit zu Toleranz und Versöhnung. Bis ins hohe Alter setzte sich die Dichterin mit wachem und scharfem Verstand für unsere Demokratie ein, die nicht vererbbar ist, sondern stetig neu erarbeitet und gelebt werden muss.

Noch in ihrem letzten Lebensjahr blitzten hinter ihrer mädchenhaften Jugendlichkeit Neugier und Lebenslust auf, die ihr auch ihr unsanftes Schicksal nicht hatte nehmen können.

Vor allem aber verbinden wir mit Hilde Domin die bedeutende Dichterin, die sich in das Wort flüchtete, als ihr die Wirklichkeit unlebbar zu werden schien. Das Wort, das ihr *deswegen so heilig* wurde, mit dem sie *leben und sterben* wollte, *solange es bei [ihr] bleiben [wollte].* Das Schreiben wurde Hilde Domins zweites Leben.

Dass jedes ihrer Worte Leben ausatmete und dass ihre Worte auf Wahrhaftigkeit basierten, fühlten ganz besonders die jungen Menschen, deren Sinn für das genaue Benennen von Wahrheiten Hilde Domin schärfen wollte.

Die oben zitierten Worte aus ihrem Gedicht *Ich will dich* griff Hilde Domin in ihrer Römerbergrede von 1978 in Frankfurt am Main wieder auf, in der sie die *Humanität bei Lebzeiten* forderte; hatte sie doch selbst *ein so gründliches Training im Unterscheiden von Humanität und Nicht-Humanität, von Menschlichkeit und Unmenschlichkeit bekommen.*

Sie wurde zur Vermittlerin zwischen den Kulturen, die ihre Erfahrungen weitergeben wollte; die nächste Generation sollte *versuchen, es besser zu machen als die gestern Gescheiterten.* Nie hat Hilde Domin aufgehört, junge Menschen, insbesondere in Schulen, *immer wieder zu ermutigen, nicht wegzusehen, wenn Unrecht geschieht.* So steht es im Urkundentext der Bürgermedaille, die ihr die Stadt Heidelberg 1999 überreichte.

Hilde Domin gehörte zu den frühen Rückkehrern, die ihr Exil scheinbar positiv beenden konnten; sie wurde nicht zu den Gescheiterten gezählt. Wie ambivalent die Gefühle dennoch unter der scheinbar harten Schale brodelten, erfuhr die Stadt Heidelberg, als sie die Dichterin anlässlich ihres (vermeintlich) 80. Geburtstags mit dem städtischen Preis »Literatur im Exil« ehren wollte. Er sollte auch anderen Exilanten Kraft geben, die Zeit eines Exils zu überstehen, wie Hilde Domin sie überstanden hatte. Die Verantwortlichen waren deshalb überrascht, als Hilde Domin diesen Preis unter dieser Benennung nicht annehmen wollte. Sie betrachtete sich nicht als Exildichterin und eigentlich hatte sie recht: Vierzig Jahre lang hatte sie in Deutschland geschrieben (dass sie auch dafür einen harten Kampf auszufechten hatte, war Vielen nicht bekannt), und offenbar war der innere Prozess ihrer Exilerfahrungen längst noch nicht abgeschlossen. Hilde Domin konnte 1992 dennoch davon überzeugt werden, dass sie den Preis unter diesem Namen als Bestätigung ihrer Arbeit ansehen durfte und er anderen Dichtern als Aufruf und Ermutigung dienen sollte. Dass der Preis nach ihrem Tod in »Hilde-Domin-Preis für Literatur im Exil« umbenannt werden sollte, hat sie damals besänftigt.

Wie schwer Hilde Domins inneres Exil wog, wie hart sie für ihr sechsundfünfzig Jahre währendes Lebensgespräch mit ihrem Mann Erwin Walter Palm gekämpft hatte und wie sehr sie mit ihrem Werk immer auch an sich selbst appellierte, wussten wir nicht: *Nicht müde werden/sondern dem Wunder/leise/wie einem Vogel/ die Hand hinhalten.*

Der Schlusssatz von Hilde Domins Römerbergrede verdeutlicht noch einmal die Lebensmaxime, die sie in ihrem langen Leben immer wieder neu gelebt und damit bekräftigt hat: *Das »Wunder«, ein im Lichte der Vernunft – um es mit Spinoza zu sagen – mögliches Wunder, für das hier Bereitschaft verlangt wird, besteht für mich darin, nicht im Stich zu lassen. Sich nicht und andere. Und nicht im Stich gelassen zu werden. Das ist die Mindestutopie, ohne die es sich nicht lohnt, Mensch zu sein.*

Unsere Gesellschaft braucht Menschen wie Hilde Domin, die unser kulturelles Leben mit ihrer Persönlichkeit füllen und bereichern, denn die Kultur ist immer auch Ausdruck des Zustandes unserer Gesellschaft; Hilde Domin hat diese Konsequenz bitter erfahren. Doch sie resignierte nicht. Wache, streitbare Geister brauchen wir, die nicht aufhören, an die Anrufbarkeit des anderen zu glauben. Unsere Kultur braucht Dichterinnen wie Hilde Domin, die mit ihren Worten berühren und bewegen, weil die Worte von ihrer Wahrhaftigkeit leben. Hilde Domin hat vorgelebt, dass es möglich ist, den anderen anzunehmen, wie er ist: nicht einander schwächen, sondern stärken, sich am Wachsen des anderen erfreuen, statt es zu unterdrücken, einander ergänzen, statt zu schaden – *damit es anders anfängt zwischen uns allen.*

*Heidelberg, April 2009*

# Einleitung

*M**ein Leben wird einmal ein hübscher Gegenstand für die Literaturgeschichtler werden. Zunächst jedoch ist es mein Gegenstand*[1] – mit diesen Worten machte Hilde Domin 1966 dem Literaturwissenschaftler Hugo Friedrich unmissverständlich klar, dass die Zeit noch nicht gekommen war, um über das Leid und die Leidenschaft zu sprechen, die ihr Leben prägten.

Nach Hilde Domins Tod wurden Quellen zugänglich, die jahrzehntelang wohlverschnürt, einer »Zeitkapsel« gleich, hoch oben im Wandschrank ihres Zimmers lagerten. Zwar waren die Briefe von Zeit zu Zeit als Erinnerungsbelege hervorgeholt worden, als Hilde Domin ihre autobiografischen Schriften verfasste, doch die mehr als tausend Ehebriefe wanderten immer wieder hinter die Wand, die von Domins Holz-Taube gleichsam apotropäisch bewacht zu werden schien. Die Briefe, die seit 1932 mit Hilde Domin durch ihre Exilländer reisten und die Ozeane mit ihr überquerten, öffnen den Blick auf fast ein Jahrhundert gelebtes Leben, dessen emotionale Fülle und politische Dramatik Stoff für mehrere Leben bereithielte – und das in einem Maße, das sich nicht erahnen ließ.

Warum schreibt sich ein Ehepaar so viele Briefe? Weil das sechsundfünfzig Jahre während Lebensgespräch – Hilde Domin nannte ihre Beziehung zu Erwin Walter Palm selten »Ehe« – oft über große Distanzen geführt wurde. Nur durch Ferne fanden Erwin Walter Palm und Hilde Domin wieder die Nähe, um sich einander zuzuwenden.

Der Briefwechsel zwischen den Ehepartnern macht eindrucksvoll deutlich, wie geistig stimulierend ihre intellektuelle Auseinandersetzung war, und offenbart gleichzeitig, wie einsam und gefangen beide in sich selbst waren. Diesem *weglosen Mitteilungsbedürfnis*[2] konnte Hilde Domin in Santo Domingo nur entrinnen, indem sie sich ihre Qualen in Gedichten von der Seele schrieb. Schreiben war Selbstrettung und führte zu höchster Kreativität. »Poetry therapy« nennen Psychotherapeuten heute die Schmerzbewältigung in Bildern der Poesie.

Doch auch wenn sich Hilde Domin rechtzeitig auf ihre selbstheilenden Kräfte besonnen hatte, so musste sie auf ihrem Weg zur

## Einleitung

Schriftstellerin viele Widerstände überwinden: nicht nur den ihres Mannes, der durch die poetische Potenz seiner Frau »Musenabzug« bei sich fürchtete, sondern auch die der männerdominierten Literaturwelt im Deutschland der Sechzigerjahre, die geprägt war durch *Gehetze, mieses Getue*, wie Heinrich Böll an Hilde Domin schrieb.[3]

Bei *der Bestandsaufnahme der deutschen Lyrik bei der jeder Pinscher erwähnt war*[4], figurierte Hilde Domin lange nicht. Und auch ihre literaturanalytischen theoretischen Schriften blieben unterbewertet; doch stammten sie *aus der Feder eines männlichen Theoretikers*, wäre ihnen längst die Beachtung gezollt worden, *die der Theoretikerin leider erst mit der zeitlichen Verzögerung zukommen wird*.[5]

Dass Hilde Domin aus diesen Demütigungen *immer versehrter und immer heiler*[6] hervorging, verdankte sie ihrem Elternhaus, in dem sie Vertrauen und Bindungssicherheit erfahren hatte – Werte, die ihr nicht zu nehmen waren und ihr die Kraft gaben, Flucht und Exil zu ertragen. Vor allem, solange Liebe und Vertrauen zu Erwin Walter Palm Hand in Hand gingen. Als beides jedoch wegbrach, wog dieser Verlust schwerer als das Trauma der Verfolgung durch die Nationalsozialisten.

Weil der *Falke [ihres] Verstands*[7] lange genug für Erwin Walter Palm auf die Jagd geflogen war, entschloss sich Hilde Domin nach ihrer Rückkehr nach Deutschland, ihren analytischen Intellekt künftig für ihre eigenen Interessen einzusetzen.

Hilde Domin war ihrer Zeit oft voraus: unkonventionell, souverän, intellektuell – Eigenschaften, die nicht nur ihrer Liebesbeziehung, sondern auch ihrer Akzeptanz in der Literaturszene hinderlich waren.

*Des Herzens Woge schäumte nicht so schön empor und würde Geist, wenn nicht der alte stumme Fels, das Schicksal, ihr entgegenstünde.*[8]

Dieses Hölderlinzitat, das Hilde Domin ihrer Dankesrede bei der Verleihung des Friedrich-Hölderlin-Preises als Motto vorangestellt hatte, unterstreicht die geistige und lyrische Verwandtschaft zwischen den beiden Dichtern.

Recherchen im Archivio di Stato di Firenze, in den Landes- und Universitätsarchiven Berlin, im Stadt- und im Universitätsarchiv

## Einleitung

Heidelberg sowie im Archivo General de la Universidad Autónoma de Santo Domingo (UASD), unzählige Gespräche mit Freunden und Zeitzeugen, vor allem aber die intensive Auswertung von mehr als tausend Briefen im Deutschen Literaturarchiv Marbach und Historischen Archiv der Stadt Köln haben ein neues Licht auf viele bislang unbeleuchtete oder unbekannte biografische Zusammenhänge und Details geworfen.

Als unermesslichen Verlust empfinde ich das Unglück von Köln vom 2. März 2009, bei dem das Historische Archiv der Stadt Köln vom Erdboden verschluckt wurde und damit neben zahllosen historischen Dokumenten auch die umfangreiche Korrespondenz von Hilde Domin mit Hans Mayer und Marierose Steinbüchel-Fuchs möglicherweise für immer verloren ist. Gerade diese Briefwechsel aus der frühesten Zeit Hilde Domins bargen eine Fülle von Informationen, die für eine biografische Einordnung unerlässlich waren – die ich 2007 und 2008 aber alle noch auswerten konnte.

Hilde Domins umfangreiche Korrespondenz fügt wie Puzzleteile ihre Lebensstationen zu einem großen, rekonstruierbaren Ganzen zusammen. Dabei liefern die Briefe nicht nur faktische Details, sondern reflektieren auch die seelischen Befindlichkeiten der Schreibenden, die unerlässlich sind, um ihre Handlungsmotivationen nachvollziehbar zu machen.

*Authentische Information* wünschte sich Virginia Woolf von einer Biografie und wollte wissen, ob die Person *Schnürstiefel trug, oder solche mit elastischem Seitenteil, [...] wie putzte sie sich die Nase, wen liebte sie und wie?*[9] Faktische Details nehmen deshalb Atmosphärisches und Emotionales auf, die gewählte Erzählform ermöglicht szenische Lebendigkeit, die das facettenreiche Leben Hilde Domins, das sich wie ein Roman liest, lebendig werden lassen soll – ja den Leser die Entwicklung miterleben lässt, die die politisch wachsame Studentin Hilde Löwenstein, die sich ihrem Partner Erwin unterwerfende Frau Palm, schließlich zur souveränen Schriftstellerin Hilde Domin genommen hat.

In Domins Lebensweg bündeln sich Liebe, Leid und Leidenschaft mit der politischen Dramatik eines unsanften Jahrhunderts, dem sich Hilde Domin mit Entschlossenheit und Mut entgegengestellt hat.

# Prolog

## Mein Herze wir sind verreist

### Der 22. Februar 2006

*Und was machst Du heute Morgen? – Ich gehe in die Stadt und kaufe Handschuhe. – Wer geht denn mit? – Ich gehe alleine, das kann ich gut genug! – Oh, Hilde, dann nimm doch den Stock mit, überall liegen noch tückische Eisplatten auf den Gehwegen. – Du kannst mich nicht älter machen, als ich bin, ich gehe recht gut ohne Stock! – Dann pass gut auf dich auf, Liebe.*

Der 22. Februar 2006 ist ein klirrend kalter Wintertag. Ein Taxi fährt Hilde Domin vom Graimbergweg zum Heidelberger Bismarckplatz. Sie wird in zwei großen Kaufhäusern gesehen, wie sie sich energisch nach Handschuhen erkundigt – doch man hat bereits die Frühjahrskollektion ausgestellt, die Winterware ist rar. Hilde Domin begibt sich auf den Heimweg, ohne Handschuhe gekauft zu haben.

Kurz vor ein Uhr mittags klingelt mein Telefon: *Liebste, ich bin in der Uniklinik, mach dir keine Sorgen, vielleicht ist das Bein verstaucht, aber ich gebe dir mal den Arzt, der soll dir alles erklären. Bitte komm gleich, ach.*

Wie immer hat sich Hilde Domin am Telefon nicht mit ihrem Namen gemeldet, doch natürlich habe ich ihre Stimme sofort erkannt; sie klingt nicht so fest wie sonst. Der Arzt erklärt mir, dass Hilde Domin in der Stadt gestürzt ist, ein freundlicher Herr den Krankenwagen gerufen und sie in die Universitätsklinik begleitet hat.

Die Verletzung ist allerdings gravierend, keine Verstauchung: Hilde Domin hat sich bei dem Sturz einen medialen Oberschenkelhalsbruch zugezogen und muss operiert werden.

Später in der Notfallambulanz klärt mich der Professor unter vier Augen über die Operation auf, die nicht nur wegen des hohen Alters der Patientin riskant ist. Auch die Zeit nach der Operation bleibt gefährlich, und körperliche Einschränkungen müssen in Kauf genommen werden.

Hilde Domin nur eingeschränkt beweglich und pflegebedürftig? Sie wird es nicht ertragen, wenn sie ihre Unabhängigkeit aufgeben muss.

Hilde Domin ist erleichtert, dass ich nun bei ihr bin. *Jetzt macht das alles meine jüngere Schwester für mich*, erklärt sie den Ärzten. »Jüngere Schwester« nannte sie mich immer, nicht etwa Tochter, denn *dann hättest du nicht nur mein Blut, sondern auch Erwins Blut in dir.*

Ich gebe den Ärzten Auskunft über Tabletten, Krankheiten, Befunde. Wie gesund Hilde Domin doch ist: Fast alle Medikamente sind pflanzlich – Gingko, Weißdorn, Ginseng – und dienen fast ausschließlich der Kräftigung von Geist und Körper.

In dem Maße, wie Hilde Domin ruhiger wird, nehmen ihre Schmerzen zu, der Blutdruck steigt trotz der Medikamente stetig an. Die Ärzte entschließen sich, nun sofort zu operieren.

Hilde Domin hasst Krankheiten und Gebrechlichkeiten, ihre Unterschrift zur Einwilligung für die Operation ist ein großer Strich quer über das Papier, als ob sie damit alle Risiken eliminieren könnte. Diese Unterschrift wird nicht akzeptiert, nun muss ich für sie unterschreiben.

Mittlerweile liegt Hilde Domin quer im Bett, rutscht immer mehr an den Rand, sucht meine Nähe.

Quer im Bett zu liegen war ihre Eigenart: Jederzeit war sie bereit, sofort aufzuspringen.

Jetzt gibt sie dem Pflegepersonal mit energischer Stimme Anweisungen: *Nein, nicht schmerzhaft langsam ausziehen. Nehmen Sie eine große Schere und schneiden Sie das alles auf*, fordert sie den zögernden jungen Pfleger auf, und der durchtrennt die gute Kleidung. Soll sie sich in dieser Situation um so etwas Unwesentliches wie Kleider sorgen?

*Sag dem Schoßhund Gegenstand ab.*[1] Wie alltagstauglich die Worte aus Hilde Domins Gedichten sind.

Zwischen den Schmerzschüben besprechen wir, was zu erledigen ist: die morgige Lesung absagen, die Blumen gießen, die geplante Italienreise stornieren und ihren Kulturbeutel so packen, als ob wir verreisen.

## Mein Herze wir sind verreist

*Mein Herze wir sind verreist* – die Zeilen aus dem Abschiedsgedicht für ihren Mann Erwin Walter Palm bewegen mich.

Ein junger Assistenzarzt tritt ans Bett: *Sind Sie nicht Hilde Domin? – Ach, Sie kennen meine Gedichte? – Nein, aber mein Vater ist der Künstler, der vor kurzem in Darmstadt die Büste von Ihnen angefertigt hat. Ich habe Sie wiedererkannt.* Immer haben Hilde Domins Lebenswege Kreise gezogen.

Der Pfleger holt Hilde Domin ab, um sie zum Operationssaal zu fahren. Ich begleite sie, halte sie fest an ihrer Hand.

*Wir gehen jeder für sich den schmalen Weg über den Köpfen der Toten – fast ohne Angst – im Takt unseres Herzens, als seien wir beschützt.*[2]

An der Schleuse zum Operationssaal dann ihre Bitte: *Ach Liebste, komm doch mit rein. Ich habe Angst.* Wie kann ich sie trösten? Ich küsse sie zum Abschied auf die Stirn: *Liebes, bedenke doch, dass du in so guten Händen bist.* Hilde Domin schaut mich lange an: *Ja, ich bin in guten Händen.*

Ich ahne nicht, dass dies ihre letzten Worte an mich sind.

Mittlerweile ist es kurz nach fünf Uhr. Den Anruf des Arztes erwarte ich zu Hause, habe die engsten Freunde über den Unfall informiert, die Anweisungen erledigt. Mit den Freunden stelle ich schon einen Dienstplan für die Zeit der Rehabilitation auf.

Der Anruf des Professors kurz vor sieben Uhr besteht aus zwei Nachrichten. Der Chirurg ist zufrieden, die Operation ist optimal verlaufen. Er reicht den Hörer weiter. Der Anästhesist hingegen klingt besorgt, man hat Hilde Domin bereits einmal reanimiert. Auf dem Weg zum Wachraum hat das Herz kurzzeitig versagt.

Hat Hilde Domin das Unabänderliche, die Operation, mit Disziplin absolviert, doch jetzt verweigert sich der Körper einem pflegebedürftigen Leben?

Um sieben Uhr bin ich wieder in der Klinik. Hilde Domin liegt im Wachraum, an viele Geräte angeschlossen – als könnten die kleinen regelmäßigen Kurven auf dem Monitor ein Abbild ihres bewegten Lebens sein.

Zweimal hat man sie mittlerweile reanimiert. Jetzt schläft sie tief. Der Anästhesist ist zuversichtlich, der Zustand der Patientin scheint endlich stabil zu sein. *Im Laufe der Nacht wird sich wohl nichts*

## Prolog

*mehr ändern. Sie sollten jetzt nach Hause gehen. Wir informieren Sie umgehend, wenn sich der Zustand der Patientin verändert.*

Um kurz nach neun Uhr verlasse ich die Klinik. Ich bin noch keine zehn Minuten unterwegs, als mein Mobiltelefon klingelt. *Vielleicht ist es doch besser, Sie kommen wieder, der Zustand der Patientin ist kritisch.* Um 21.29 Uhr eile ich in den Wachraum, über dem die großen Zeiger die Zeit weiterschieben. Die Schwestern halten mich auf. *Bitte warten Sie noch einen Moment.* Hilde Domin ist um 21.28 Uhr gestorben.

Sie scheint nur zu schlafen, noch warm, rosig, friedlich. Sie wird mich spüren, ich halte sie bis Mitternacht im Arm.

*Mich ruft der Gärtner.*

*Unter der Erde seine Blumen*
*sind blau.*

*Tief unter der Erde*
*seine Blumen*
*sind blau.*[3]

1. Kapitel

# Kindheit und Jugend
# 1909-1929

*Unter den sorgsam
ausgebreiteten Fittichen meiner Mutter*
(Hilde Löwenstein an Erwin Walter Palm, 29.3.1932)

Der 27. Juli 1909 versprach kein Sommerwetter. Als sich der Kölner Rechtsanwalt Dr. Eugen Siegfried Löwenstein an jenem Dienstag früh morgens auf den Weg zur Redaktion der *Kölnischen Zeitung* machte, waren die Ausläufer des Tiefs der vergangenen Nacht noch spürbar. In der Pfalz hatte das Unwetter die gesamte Ernte von *Getreide-, Tabak-, Wein- und Hackfrüchte[n] total zerschlagen.*[1] Die Luft war mit 15°C eher frisch, und auch der Rhein schob sich mit nur mäßiger Wassertemperatur träge an den kaum bevölkerten Rheinufern vorbei. Sein sonst südlich anmutendes, opalisierendes Blau war an diesem Tag unaufregend grau.

Aufgeregt fieberten dagegen viele Kölner der bevorstehenden Ankunft des neuen, wiederhergestellten Zeppelin II entgegen, der, von Graf Zeppelin persönlich geführt, am kommenden Freitag in Köln landen sollte.

Kaiserwetter herrschte nicht, doch kaiserlichen Geburtstag gab es zu feiern: den 21. Geburtstag von Kaisersohn Oskar. Tags zuvor war er unter feierlichen Würden von der Bonner Universität voller Lob exmatrikuliert worden; die Kaiserin war mit den Geschwistern Prinz Johann und Prinzessin Viktoria Luise eigens per Automobil aus Berlin angereist.

Der Spaziergang in der klaren Luft tat Eugen Löwenstein nach einer aufregenden Nacht gut. In die Morgenausgabe der *Kölnischen Zeitung* hatte er wohl nur kurz geschaut. Neben Meldungen aus den deutschen Protektoraten – *Diamantfelder an der Spencerbucht*

# 1. Kapitel

*in Deutsch-Südwestafrika erschlossen* – hatten Berichterstatter Artikel über die politischen Unruhen in Südeuropa und Nordafrika gekabelt: es ging um *das tatkräftige und unbeugsame Vorgehen der türkischen Regierung in Albanien und Mazedonien, um die dort lebenden Balkanvölker zur staatlichen Ordnung und Ruhe zu verpflichten*, vor allem aber um die *kriegerische Auseinandersetzung zwischen dem spanischen Militär und den marokkanischen Rifkabylen um die Festung Melilla an der nordafrikanischen Mittelmeerküste*.[2] Ereignisse, die eher Anlass zur Sorge gaben.

Doch es war ein anderes Ereignis, das Eugen Löwenstein an jenem Julitag zutiefst bewegte: Er war Vater geworden. In den frühen Morgenstunden war sein erstes Kind, eine Tochter, in der heimischen Riehlerstraße 23 auf die Welt gekommen, und nun hatte er es eilig, in die Redaktion der *Kölnischen Zeitung* zu gelangen. Freunde und Bekannte sollten noch am Tag der Geburt seiner prächtigen Tochter von dem freudigen Ereignis in Kenntnis gesetzt werden.

Bereits in der Mittagsausgabe war die Anzeige in der klassischen Diktion jener Tage gesetzt – zu Extravaganzen ließ sich der Jurist nie hinreißen.

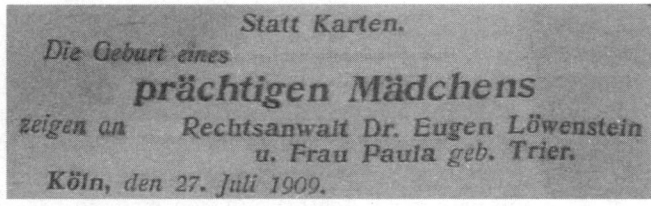

Über den Namen schien man sich noch nicht geeinigt zu haben, doch er stand fest, als der Standesbeamte vier Tage später, am 31. Juli, in fein gesetzter deutscher Schrift die offizielle Eintragung in die Geburtsurkunde vornahm: Die Tochter von Eugen Siegfried und Paula Löwenstein sollte die Namen Hildegard Dina tragen – Dina nach der Großmutter väterlicherseits.

War der Vater aufgeregt oder der Standesbeamte unaufmerksam gewesen? Für Männer mag es nicht von Bedeutung sein, ob die kleine Hildegard *mittags um eineinhalb Uhr*[3], wie man es in der Geburtsanzeige lesen würde, oder *morgens um 1.20 Min*[4] ihren

## Kindheit und Jugend: 1909-1929

ersten Schrei getan hatte. Mutter Löwenstein aber hielt in ihrem Jugendstiltagebuch mit dunkelbraun-goldenem Ledereinband die frühe Morgenstunde als Geburtszeit fest.

Die kleine Hildegard war mit nur fünf Pfund und hundertsechzig Gramm Geburtsgewicht eher ein zartes Baby. Vielleicht kam auch deshalb ab dem 31. Juli eine Amme in die Riehlerstraße, die nun zweimal täglich, zusätzlich zu dem Fläschchen, das Baby nährte. Und hatte die Kleine bisher bedenklich wenig getrunken, so schien sie an der Brust der Amme begierig zu saugen. In ihrem eleganten, kleinen Tagebuch notierte Paula Löwenstein erfreut den schnellen Gewichtszuwachs. Wie für jede Mutter bei ihrem ersten Kind, waren auch für Paula Löwenstein die Entwicklungsschritte ihrer Tochter sensationell und der Dokumentation würdig – die Milchmischung: *500 Wasser 500 Milch 1 Löffel Zucker für das Siebenmonatige*, ebenso wie die ersten festen Mahlzeiten: *Kalbfleischsüppchen* und abwechselnd *Spinat und Möhrchen, abgeschabte Bananen und Apfelbrei,* oder die ersten Schritte am 8. Dezember 1910. Nur die ersten Worte hatte Paula Löwenstein verpasst: da war sie auf Besuch bei ihrer Schwester in London gewesen.

Dass das Baby »Hille« – wie es die Mutter zärtlich nannte – einer Amme anvertraut und von ihr gestillt wurde, war zu Beginn des 20. Jahrhunderts unter großbürgerlichen Familien durchaus verbreitet: dem Kind wollte man das Beste bieten, nämlich Muttermilch, doch die Frau des Hauses sollte für die gesellschaftlichen Repräsentationspflichten nicht durch zu intensive Kinderbetreuung gebunden sein. Sie sollte den Mann auf Reisen begleiten, Gesellschaften und den großen Dienstbotenhaushalt organisieren. Kinder zu haben stand nicht im Mittelpunkt des Lebens.[5] Auch die Eltern Löwenstein waren oft ohne ihre Kinder unterwegs, die in dieser Zeit von dem Kindermädchen betreut wurden oder auch bei der Schwester Paula Löwensteins, Gretel Kolmar, in Mannheim unterkamen.

Der promovierte Rechtsanwalt konnte zufrieden sein: seine Tochter war durch seine wohlgestaltete Lebensplanung in ein wirtschaftlich gesichertes Elternhaus hineingeboren worden. Er war *so völlig untadelig,* dass man sich insgeheim vielleicht über den sensiblen kleinen Mann lustig machte, der stets auf sein korrektes Auftreten achtete.[6]

# 1. Kapitel

Eugen Siegfried war am 7. Juni 1871 als zweiter Sohn des Privatiers Lehmann Löwenstein und dessen Frau Dina, geborene Alsberg, auf die Welt gekommen. Sein Vater hatte sich später dem Berufswunsch des Sohnes nicht widersetzt: Eugen Siegfried Löwenstein durfte wie sein Vetter Max Alsberg die juristische Laufbahn einschlagen.

Ursprünglich aus Düsseldorf stammend, war die Familie Löwenstein bereits 1888 nach Köln übergesiedelt.[7] Im Alter von siebzehn Jahren hatte sich Eugen zum Jurastudium entschlossen, während sein älterer Bruder Leo in Düsseldorf das Familienunternehmen weiterführen sollte.

Eugen Löwensteins Jurastudium war geradlinig verlaufen. Er hatte in Köln und Genf studiert, am 28. Juni 1893 sein erstes Referendarexamen abgelegt und ein Jahr später promoviert. Nach der Ernennung zum Gerichtsassessor war er seit August 1899 als Rechtsanwalt am Amtsgericht und Landgericht Köln zugelassen – doch *ein Rechtsanwalt beim Oberlandesgericht war mehr als einer beim Amts- und Landgericht*.[8] Die Hürden, um zu dieser Instanz zugelassen zu werden, waren für jüdische Anwälte nahezu unüberwindlich. Eugen Löwenstein war kein Kämpfer, er ließ sich lieber mit einer eigenen Kanzlei nieder. Zum Zeitpunkt seiner Heirat hatte er bereits eine gutgehende Praxis, *hauptsächlich in Wirtschafts- und Handelssachen*.[9] Er genoss mit seinem aufrichtigen, zurückhaltenden Wesen hohes Ansehen innerhalb der Anwaltschaft, denn er war *bei dem Schiedsgericht der Börse als Anwalt für große Parteien in großen Sachen* tätig.[10] Sein ehemaliger Referendar, Dr. Rudolf Callmann, der in die USA ausgewandert war, bestätigte die solide wirtschaftliche Situation der Anwaltskanzlei.[11]

Die Hochzeit Eugen Löwensteins mit der am 2. März 1882 geborenen Paula Trier aus Frankfurt am Main hatte seine Mutter nicht mehr erlebt; sie war einige Jahre zuvor gestorben. Am 24. Oktober 1908 gaben sich Eugen Siegfried und Paula in der Heimatstadt der Braut das Jawort. Die Einträge in der Heiratsurkunde – auch dort in den feinen Buchstaben der deutschen Schrift – belegen, dass sich beide Brautleute zur »israelitischen Religion« bekannten und dass Paula Trier »ohne Beruf« in den Stand der Ehe trat. Doch sicherlich nicht ohne Selbstbewusstsein: Mit ihrer zum ersten Mal offiziell gesetzten Unterschrift ihres neuen Familiennamens auf der Heiratsurkunde Nr. 971 überschrieb Paula Löwenstein unbekümmert und deutlich den markigen Abschlussbogen der Signatur ihres Ehemanns, der die ihr zugedachte Zeile im Stammbuch fast völlig vereinnahmt hatte.

Paula Triers Eltern, Alexander Trier, ein angesehener Kaufmann, und seine Frau Laura, geborene Mayer, wohnten in Frankfurt in der Eschersheimer Landstraße 32 – im heutigen Holzhausenviertel, das schon damals als eine der schönsten Wohngegenden Frankfurts galt. Wer hier wohnte, hatte es geschafft – eine Einschätzung, die auch heute noch ihre Gültigkeit besitzt. Allerdings ist die ländliche Beschaulichkeit der Jahrhundertwende längst flutendem Verkehrslärm gewichen.

Über die Umstände des Zusammentreffens zwischen der Tochter aus gutem Frankfurter Hause und dem Kölner Rechtsanwalt ist nichts Näheres bekannt. Die Vermutung liegt nahe, dass die Verbindung innerhalb des damaligen Netzwerks jüdischer Kaufmannsfamilien zustande gekommen war, denn wie Eugen Löwenstein, so entstammte auch Paula Trier einer jüdischen Privatiersfamilie. Es könnte so gewesen sein, wie es in jüdischen Kreisen durchaus üblich war: *Damals gab es bei den Juden keine Liebesheiraten. Die Verhandlungen fanden zwischen den älteren Familienmitgliedern statt, und die Brautleute trafen sich erst, wenn die Geldfrage geregelt war.*[12] Sowohl Paula mit siebenundzwanzig als auch Eugen Löwenstein mit achtunddreißig Jahren waren keine jungen Brautleute. Paula Trier hatte in ihrer Mädchenzeit mehrere Jahre in England verbracht[13], wo ihre bildschöne Schwester Marie-Luise in eine sehr wohlhabende Familie eingeheiratet hatte. Ihre Schwester Gretel war in Mannheim verheiratet. 1938 sollten sich die Familienbande nach England noch als lebensrettend für die Familien Löwenstein und Palm erweisen.

Paula Löwensteins behinderter Bruder, Franz Trier, lebte bis zu seinem Tod im September 1931 bei seinen Eltern in Frankfurt. Und was die dreiundzwanzigjährige Nichte Hilde von seinem Leben in Erinnerung behielt, erschien ihr wenig lebenswert: *Traurig war das Leben meines Onkels, der seit einer Kinderkrankheit blind und kränkelnd die letzten Jahre dahinsiechte und dessen Seele längst gestorben ist.*[14] Vielleicht hatte das Leiden des Onkels ihre Vorstellung vom Tod geprägt: Schnell, ohne lange Gebrechlichkeit sollte das Leben enden. Nie wollte sie *ein Etwas sein, das einen Platz im Da-*

# 1. Kapitel

*sein [...] zum Leidwesen und zur Qual seiner Nächsten und nicht zur eigenen Freude hat, denn so ein Leben, an dem der Tod das Beste ist, ist eine Gemeinheit. Es ist besser, nicht an Gott zu glauben als ihm eine Schuld an dieser Sinnlosigkeit zu geben.*[15] Durch seinen Tod wurde der Onkel *endlich erlöst.*[16]

Dass die junge Paula Trier ohne Beruf in den Stand der Ehe trat, war für Töchter aus gutem großbürgerlichen Elternhause durchaus üblich. Das jüdische Mädchen erhielt die Erziehung, die standesbewusste, wohlhabende Eltern ihrer Tochter angedeihen ließen: Haushaltsführung und Klavierspielen mit Gesang. *Meine Mutter war als Sängerin ausgebildet*[17], idealisierte Hilde Domin in ihren Lebenserinnerungen den Bildungsstand der Mutter. Denn öffentlich aufgetreten war sie nur ein einziges Mal, in Frankfurt. Die Mutter hatte sich wohl in ihr Schicksal gefügt und den Traum von der eigenen Selbstverwirklichung zurückgestellt. Auf den Lebensweg ihrer Tochter versuchte sie aber Einfluss zu nehmen.[18] Sie selbst konnte ihr Leben frei und selbstbewusst innerhalb der großbürgerlichen Wände ausleben; sie führte unkonventionelle Turnübungen ein, denen sich später auch der Sohn, Pummelchen Hans, anschließen musste, *jeden Abend nach dem Grammophon Gymnastik und dito morgens eine Viertelstunde*, denn dies mache *gesund, gewandt und dünner*, und auch Hilde Löwenstein war später als Studentin gewillt, bei jedem Hausbesuch *nach Noten* zu hungern.[19] Die Mutter hatte ein Temperament, *das war des Bombenwerfens fähig*[20], und von der Mutter wurde der Tochter die Selbstverständlichkeit vermittelt, Wahrheiten zu benennen, selbst wenn sie für den Adressaten unangenehm sein mochten: *Du musst mir ja auch gestatten – außer Süßholz zu raspeln, ab u. zu meine Meinung [...] zu sagen, ob die Worte grade nach Deinem Geschmack sind oder nicht.*[21] Wenn auch nach außen die Stellung des Vaters als Autoritätsperson nicht infrage gestellt wurde, so spürten die Kinder, dass die Mutter das Regiment führte. Sie umgab ihre Kinder mit einer Zärtlichkeit, die ihnen lebenslang eine schützende Hülle sein würde.

*[...]*
*als umhüllten mich Tücher,*
*von lange her*
*aus sanftem Zuhaus*
*von der Mutter gewoben*[22]

## Kindheit und Jugend: 1909-1929

Von Kindesbeinen an vermittelte die Mutter den kleinen Löwensteins durch ihre Erziehung aber auch, dass sie etwas ganz Besonderes seien. Sie förderte jede Extravaganz der Kinder, ließ sie ihren Individualismus ausleben und unterstützte es, dass sich ihre Sprösslinge von der Masse abhoben. Erst viele Jahre später beurteilte Hildes Bruder die elitäre Erziehung kritisch: *Wenn wir nicht beide so erzogen worden wären, dass wir uns für was besonderes halten würden, so hättest Du Dich schon seit langem mit etwas weniger als dem besten zufrieden gegeben und ich wäre schon längst verheiratet.*[23]

Die junge Familie bewohnte in der Riehlerstraße 23 eine herrschaftliche Wohnung im großbürgerlichen Stil – *das Großbürgertum war es sich schuldig, ein Haus zu führen, das [seinem] Range entsprach.*[24]

Die Riehlerstraße war eine breite, auf beiden Seiten von imposanten Ahornbäumen gesäumte, Allee. Die Kanzlei des Vaters lag in Fußnähe zur Wohnung. Doch für die Kinder war es wichtig, dass sich damals an die Riehlerstraße auch eine Schwimmanstalt sowie die Tennisplätze des »Schwarz-Weiß-Clubs« anschlossen, und es sich der Vater in den Sommermonaten nicht nehmen ließ, mit seiner Tochter noch vor der Arbeit zum Schwimmen zu gehen; schon früh wurde so die Begeisterung fürs Schwimmen geweckt, die sich Hilde Domin bis ins hohe Alter bewahrte. Im nahen Tennisclub brachten es Hilde und ihr Bruder Hans zu mannschaftsreifen Leistungen.

Die Wohnung der Löwensteins lag in keinem typischen Judenviertel, Gettos gab es in Köln nicht; und dennoch schienen unsichtbare Mauern einer Gleichberechtigung zwischen Juden und Nichtjuden entgegenzuwirken. Die Juden in Köln waren als Bürger geduldet, jedoch nicht integriert. Die Kölner blieben unter sich. Sie waren auf jüdische Bankhäuser oder Handelsmonopole der Juden nicht angewiesen, da es einflussreiche katholische Bankhäuser gab und das Kölner Patriziertum sich somit seine Unabhängigkeit bewahrte. *Das jüdische Kapital war in Banken investiert und in großen Handelshäusern, worunter die Warenhäuser, etwa solche der Dynastie Tietz besonders hervortraten. Die Kölner Industrie jedoch gehörte dem uralten »Kölner Klüngel«, besaß auch eigene Bankverbindungen. Da gab es nach 1933 kaum etwas zu arisieren. Aber*

## 1. Kapitel

*die späteren »Kaufhöfe« in deutschen Städten waren Produkte einer fröhlichen Entjudung.*[25]

Viele Juden ließen sich taufen, doch die erhoffte gesellschaftliche Gleichberechtigung blieb aus. Allenfalls von jüdischen Künstlern weiß man, dass sie Zugang zu den Häusern des nichtjüdischen Großbürgertums hatten; der Philosoph Max Scheler und der Komponist Otto Klemperer, beide aus Köln, waren zum Katholizismus konvertiert. Ein Jude würde immer wieder die Erfahrung machen: assimiliert zu sein war nicht mit Gleichberechtigung zu verwechseln.

Auch die Familie Löwenstein gehörte zu den assimilierten Juden, wie Hilde Domin immer betonte; man feierte Weihnachten und suchte an Ostern Ostereier. Doch die Familie Löwenstein ließ sich nicht taufen, und der Anwalt Löwenstein beschäftigte als Urlaubsvertretung in seiner Kanzlei vorwiegend jüdische Kollegen.[26] Jüdische Wörter fanden Eingang in die Alltagssprache der Löwensteins: *Von was für Lächerlichkeiten man doch abhängig ist [...] nebbisch kann man das nur nennen. (Du weißt, dass ich auf dies miese jüd. Wort nicht verzichten mag. Übersieh es gnädigst.) [...] Ich bin innerlich zutiefst zufrieden [...] du hingegen bist (s.o.) ein Schemal*[27], schrieb Hilde Löwenstein 1931 an Erwin Walter Palm, der bald alle jüdischen Worte aus dem gemeinsamen Sprachgebrauch verbannte.

Die Wohnung der Löwensteins könnte stellvertretend für den Anspruch des jüdischen Großbürgertums stehen: Trat man in die Wohnung ein, so gelangte man zuerst in das große Esszimmer. Mit den wuchtigen, schwarzen Eichenmöbeln, *aus dem Nürnberger Deutschen Museum kopiert*[28], war es *ganz und gar im Jugendstil eingerichtet, dieser [...] germanischen »Neuen Kunst«.*[29] Eine wandbreite Schiebetür trennte es von der Bibliothek oder dem sogenannten Herrenzimmer ab, das den Eltern als Wohnzimmer diente. Die Bibliothek war üppig ausgestattet und breit gefächert (*Meyers Klassiker, meterweise* und *unersetzliche[] Ausgaben, wie Elsters Heine*[30]), und die kleine Tochter durfte schon frühzeitig lebhaft Gebrauch davon machen – abgeschlossen wurde der Bücherschrank nämlich nicht.

Hildegard begeisterte sich für die eindrücklich anschaulichen *Schönsten Tiergeschichten* von Ernest Thompson Seton[31], las später dann mit Leidenschaft Felix Dahns *Ein Kampf um Rom* und *natürlich Winnetou. Schwabs Sagen des klass. Altertums kannte [sie] z. T. auswendig. Sehr bald schon kam der junge Goethe.*[32] Auch Theodor Storms Gedicht *Von Katzen* liebte sie und kannte alle Strophen auswendig. *Auf die Dauer kommt eben doch heraus, was man als Kind am Bett stehen gehabt hat, unweigerlich. [...] Da stand eben Goethe, und auch Heine nachher. Und dann Rilke. Und eben nicht diese gestrengen Horaze und Vergile.*[33]

An das Esszimmer schloss sich der großzügige Salon an, in dem der wertvolle Stutzflügel der Mutter bei großen Empfängen repräsentative Zwecke für die elegante Gästeschar erfüllte. In Abendkleidern und Smoking oder Frack pflegte man gemeinsam im »Salon« der Mutter und anderen Sängern und Sängerinnen oder Pianisten zuzuhören.

Die Kinderzimmer lagen beide zur Straße hinaus, und das kleine Mädchen vergaß die Welt um sich, wenn sie stundenlang die Geschehnisse auf der Straße beobachtete, *besonders im Winter, um die dicken Kohlenpferde nicht zu versäumen, die mit viel Ächzen in die richtige Position gebracht wurden, wo der Wagen umkippen und die Kohle in den Keller geschaufelt werden konnte.*[34] Auf der dem Hof zugewandten Seite befanden sich das elterliche Schlafzimmer, das Bad, die Küche und die Vorratskammer. Zur Wohnung gehörten gleichfalls zwei Mansardenzimmer, in denen das Hauspersonal untergebracht war.

Paula Löwenstein stand dem Haushalt vor, kontrollierte Haushaltsführung und Hausverwaltung und verwahrte den Schlüsselkorb, damit das Silber und das Rosenthalporzellan unter Verschluss blieben.[35] Den obligatorischen Schlüsselkorb gab keine der wohlsituierten Hausfrauen in jenen Jahren aus der Hand, er war das Attribut einer großbürgerlichen Haushaltsführung. Frau Löwenstein legte den Tagesplan fest, für dessen Bewältigung ihr zwei Kindermädchen und eine Köchin zur Seite standen. Später sorgte sich dann nur noch ein Kindermädchen um den Nachwuchs. Das Leben der Ehefrau und Mutter war ganz auf das Wohlbefinden des männlichen Familienvorstands ausgerichtet. *Mein Vater war das Selbstverständliche [...]. Es gab eine feste Routine, die er bestimmte.*[36] Das Essen wurde aufgetragen, sobald der Vater klingelte.

# 1. Kapitel

Hilde und ihr Bruder Hans besuchten keine Volksschule, sondern wurden bis zum Eintritt in eine weiterführende Schule von Privatlehrern unterrichtet – auch das entsprach großbürgerlichen Gepflogenheiten. Das Kindermädchen im Löwenstein'schen Haushalt war katholisch. In jüdischen Haushalten wurden oftmals sogar bevorzugt katholische Mädchen eingestellt, denn so durften sie am Sabbat arbeiten. Die Eltern schienen dem Einfluss des katholischen Kindermädchens nicht entgegenzuwirken, sie konnten jedoch nicht absehen, wie traumatisch sich ein österlicher Kirchenbesuch im Heimatort des Mädchens auswirken sollte. In der katholischen Pfarrkirche »Heilige Drei Könige« in Ronsdorf schien der kindliche, vertrauensvolle Glaube der siebenjährigen Hilde an einen liebenden Gott so nachhaltig erschüttert worden zu sein, dass sie auch später noch von dem *Ronsdorfer Kinderschrecken* sprach: *In dieser Dorfkirche erfuhr ich, daß Judas oder die Juden, aber es war dasselbe, Jesus verraten hatten. Das war ein furchtbarer Schmerz für mich, eine unakzeptable Mitteilung. Schreiend stand ich auf und lief, laut heulend, [...] den Mittelgang hinaus aus der Kirche, das entsetzte Mädchen hinter mir her.*[37] *Von diesem Angstpol her weht[e] dauernd der kalte Wind der Furcht und des Misstrauens*[38], wenn man Hilde auf ihr Judentum ansprach.

Doch erst *nach dem Krieg, in diesem Falle, nach dem ersten*[39], setzten die Kindheitserinnerungen Hilde Domins richtig ein. Da war sie neun Jahre alt und hatte einen kleinen Bruder, der drei Jahre jünger war als sie.

Hans Löwenstein war am 15. März 1912 auf die Welt gekommen und hatte von Anfang an eine schwierige Stellung als Bruder einer Schwester, die immer schon durch ihren Scharfsinn, ihre Wissbegierde und ihre originelle Lebensfreude im Mittelpunkt stand. Auch wenn Hilde Domin bis ins hohe Alter vehement dementierte, dass ihr Bruder wohl unter der Dominanz seiner älteren Schwester gelitten haben musste, so schien er lange nicht aus dem Schatten seiner Schwester heraustreten zu können.

Die kleine Hildegard wollte ihren Bruder zwar nicht *für ganz Köln hergeben*[40], eifersüchtig war sie dennoch. Sie wollte nicht, dass der Kleine auch Löwenstein heißt: *Er kann überhaupt froh sein, dass er Hans heißt.*[41] Ein zweites Brüderchen sollte nicht mehr kommen: *erstens ist er zu klein und macht alles kaputt, ist er größer*

## Kindheit und Jugend: 1909-1929

*will er alles haben*.⁴² Besser wäre da schon ein kleiner Hund. Und Hilde fragte die Mutter, was sie dem Klapperstorch hinauslegen müsse, damit der ein Hündchen bringe.

Das Tagebüchlein, das die Mutter für Hans anlegte, hatte deshalb auch nichts mehr von der Exklusivität des braunen Jugendstilbuchs für ihre Erstgeborene. In einem kleinen blauen Vokabelheftchen wurden die Trinkmengen des Säuglings notiert und später festgehalten, dass er *überaus herzlich, und zärtlich und sehr musikalisch* war; der kleine Hans sang schon bald die gängigen Kinderlieder: *die Vöglein im Walde sie sangen so wunderschön – ich hatt einen Kameraden – Gloria Victoria – Holla huh horch was kommt von draußen her – Stillille Nacht.*⁴³ Doch über Hilde gab es mehr zu berichten. Schon früh war der Mutter an ihrer kleinen Tochter deren scharfe Beobachtungsgabe für Details aufgefallen: Als Paula Löwenstein dem Kindermädchen eine abgetragene Bluse von sich schenken wollte, gab die Dreijährige zu bedenken, dass das gute Stück sowieso nicht passen würde, denn der Busen der Mutter sei doch viel größer als der des Mädchens.

Hilde war die Drolligere und Wortgewandtere – und außerdem von entwaffnender Offenheit: das *enfant terrible*, das der Tante mit den Worten des Onkels sagte, dass ihr Klavierspiel *alles andere als schön*⁴⁴ sei. Hilde war die Niedliche: *Um das Gesicht, das sehr rund und rosig war, hingen hellbraune Locken, die [ihre] Mutter jeden Morgen vor der Schule über einen Stock bürstete, was sehr lange aufhielt und auch sehr unangenehm war. Zwei hingen und je eine wurde quer darüber gesteckt.*⁴⁵

In Hilde Domins Lebenserinnerungen spielt der kleine Bruder keine große Rolle. *Mein Bruder war nie dabei*⁴⁶, erinnert sie sich in ihren *Gesammelten Autobiographischen Schriften*, wenn sie vom gemeinsamen Schulweg mit dem Vater oder vom Schwimmen noch vor der Schule erzählt. An der Hand des katholischen Kindermädchens spazierten die Geschwister durch den Zoo, der sich in Köln, wie auch in anderen großen Städten, enormer Beliebtheit erfreute.

Das Elternhaus vermittelte familiäre Geborgenheit. Konnten beide Kinder so das Urvertrauen entwickeln, von dem sie lebenslang würden zehren können? Für Hilde Löwenstein schien das mehr zuzutreffen als für ihren Bruder, und vielleicht resultierte daraus der Wunsch des kleinen Hans, Kabarettist zu werden, weil er

## 1. Kapitel

intellektuelle Anerkennung durch komödiantischen Witz kompensieren wollte. Sein Talent war so augenscheinlich, dass kinderlose Verwandte aus den USA ihn nach einem Besuch in Köln unbedingt mit in die Staaten nehmen wollten, um dort aus ihm einen Kinderstar zu machen.

Die Eltern waren zärtliche Eltern, was Respekt und Strenge aber nicht ausschloss. Solange die Kinder klein waren, siezten sie Mutter und Vater. Geduzt wurden nur die »Mädchen«.

Als der kleine Hans Löwenstein eine ödipale Phase durchlebte, wie viele Jungen in diesem Alter, schickten ihn seine Eltern zu dem Kölner Psychiater Dr. Mannheim, der ihn *gegen die eigenen Gefühle beeinflusst hat*, da die Eltern *inzestuöse Gefühle* befürchteten.[47]

Klein an Größe blieb Hans Löwenstein, und weder strenge Gymnastik noch eiserne Diäten änderten etwas an den stämmigen Beinen, die sowohl er als auch Hilde von der Mutter geerbt hatten. Selbstbewusstsein entwickelte er erst spät. Noch 1948 sah sich die Mutter genötigt, Hilde zu versichern: *John's personality has changed and he copes so much better with his situation.*[48] Als ihn die politischen Ereignisse 1936 in die USA verschlugen, naturalisierte er seinen Namen, nannte sich John Lorden, und warf mit dem deutschen »Hans« endgültig auch die Last der Jugend ab.

Für die umfassende kulturelle Bildung sorgte der Vater, der seine Kinder schon von klein auf ins Theater oder auch ins Gericht mitnahm.[49] Gemeinsam besuchte Konzerte in Salzburg oder die sonntäglichen Besuche in der Kölner »Galerie« eröffneten den Kindern den Zugang zur Kunst – nicht nur zu ihrer Freude, denn der Anspruch, den der Vater damit verband, war oft alles andere als pures Vergnügen. Des Vaters Wissensproben: *Wer malte die weißen Pferde, Hans?*, ließen einen wütenden Sohn zurück, der es hasste, dergestalt auf seine kulturellen Wissenslücken hingewiesen zu werden. Dass der Maler »Wouwermann« hieß und bevorzugt Pferde malte, hat Hilde Löwenstein dagegen nie vergessen. Und doch nahm sie gerade bei den Museumsbesuchen die zarte, hochsensible Seite im Wesen des Bruders wahr. Als empfindsamer Beobachterin fiel der Schwester auf, dass der Bruder *ein unverdorbenes Gemüt und einen guten Blick* hatte, sich *ordentlich für ein paar gute Bilder* begeistern konnte: *seine sehr natürlichen und warmen Bemerkungen hoben vieles aufs vorteilhafteste von Vaters ständiger*

*Pseudo-Gelehrsamkeit ab.*⁵⁰ Von dieser Sensibilität profitierte sie immer wieder.

Hilde war zwölf, als sie einer außergewöhnlichen Gerichtssitzung des Vaters beiwohnte, die sie so nachhaltig beeindruckte, dass sie damals den Entschluss fasste, Anwältin zu werden: *Wenn ich also zurückgehe auf das entscheidende Erlebnis meiner Kindheit, auf den Prozeß, bei dem mein Vater einen unschuldig Angeklagten gegen den Vorwurf der Brandstiftung verteidigte – der Mann war Zwangsmieter bei einem reichen Kölner Bürger, und der Prozeß verlief sehr irregulär. [...] Es wurden die corpora delicti [...] nicht aufgefunden, sie verschwanden, und es gab viele Falschaussagen, und es kam zu Krächen zwischen meinem Vater und dem Staatsanwalt. [...] Einmal verließ mein Vater ganz aufgeregt den Saal und [...] die wehende schwarze Robe, in der er damals auftrat, die machte einen solchen Auftritt noch dramatischer.*⁵¹ Der Prozess zog sich über Jahre hin, schließlich wurde der Angeklagte auf Eingabe Eugen Löwensteins von Hindenburg begnadigt. Dass ausgerechnet dieser Mandant einer der ersten war, der den jüdischen Rechtsanwalt nach Hitlers Machtergreifung nicht mehr grüßte, erschütterte Hilde Löwensteins Bild von Gerechtigkeit sehr.

Ein besonderer Höhepunkt für die Kinder waren die Ausflüge in die Eifel, nach Manderscheid, der Heimatstadt des Mädchens. Denn dort wurden Ziegen gehalten, die sie hüteten; sie durften Kühe melken und bewunderten den Vater des Kindermädchens, der ganz bodenständig den Beruf des Dorfschmieds ausübte. In dieser Kleinstadt im Herzen der Vulkaneifel wurde Hilde Löwensteins Sensibilität für die Natur schon früh geprägt. Manderscheid mit seinen zerklüfteten Vulkanfelsen und einer ansehnlichen Jugendherberge war auch das Ziel für Schulwanderungen des Merlo-Mevissen-Gymnasiums, der späteren Schule Hilde Löwensteins. Die Bilder aus der Natur verbanden sich lebenslang mit dem Gefühl von Heimat und Geborgenheit.

Auch die für die damalige Zeit typischen Ausflüge in das nahe Siebengebirge schrieben sich im Gedächtnis fest. Man benutzte die Eisenbahn bis Königswinter, die sich herrlich an den Schleifen des Rheins entlangwindet. Den schroffen Drachenfels erklomm man als besonderen Höhepunkt auf dem Rücken *eines Eselchens*⁵², wie Hilde Domin nie müde wurde sich zu erinnern, wenn man die

# 1. Kapitel

linksrheinische Zugfahrt nach Köln unternahm. Reichte die Puste auf dem Rückweg nicht mehr aus, so konnte man den Heimweg auf dem Motorboot antreten.

Als Hilde Domin bereits in einem fortgeschrittenen Alter war, mussten die Fahrkarten für die Zugreise nach Köln mehr als einmal wieder umgebucht werden, weil der umsichtige Schalterbeamte eigenmächtig die kürzere rechtsrheinische Route gewählt hatte.

Für Höhepunkte im Familienalltag sorgte der Vater, der Mutter verdankte man das Lebenshandwerk. Frau Löwenstein trainierte die Fahrradkünste der Tochter – mit Stil: Sie überwachte von der Straßenbahn aus, ob ihre Tochter sich sicher auf dem Schulweg bewegte. Sie schickte Hilde in den Klavierunterricht, den sie jedoch hasste. Viel lieber lag sie unter dem Flügel und lauschte der Mutter, die ihren Gesang auf dem Klavier begleitete.

Unkonventionell für damalige Zeiten ließ die Mutter ihren Sprösslingen viel Freiheit beim Spiel in der herrschaftlichen Wohnung. Mit ihren Schaukelpferden durften die Geschwister die langen Flure entlanggaloppieren, auf ihren kleinen Autos donnerten sie gegen die schweren Jugendstilmöbel, an trüben Herbsttagen funktionierten sie den großen Esstisch kurzerhand zum Ping-Pong-Tisch um.

Die Kinder durften Tiere halten: Meerschweinchen und Kaninchen bevölkerten die Löwenstein'sche Wohnung, bis sie sich *selbst abschafften*.[53] Wie zum Beispiel auch der kleine Kanarienvogel, der frei in der Wohnung fliegen durfte. Er fiel Hilde Löwensteins Leseleidenschaft zum Opfer: Gefangen von Felix Dahns *Ein Kampf um Rom* versank sie im großen Sessel – und erdrückte den kleinen Vogel, der dort gesessen hatte.

Hildes erste selbstständige Anschaffung, für die es sich in ihren Augen zu investieren lohnte, war ein Hund der Rasse »King Charles«. Das Geldgeschenk des wohlhabenden Großonkels aus den USA hatte die Fünfzehnjährige dafür halbiert: hundertfünfzig Reichsmark für den kleinen blonden Hund, hundertfünfzig Reichsmark für die Insel-Ausgabe von Goethe. Sie sollte sie um den halben Globus begleiten.

Das Hündchen war fortan Hildes stetiger Begleiter, und sie verzichtete lieber auf eine Sehenswürdigkeit, als sich von ihrem Tier zu trennen. So wie beim berühmten Glockenspiel in Salzburg, als

Hilde den jammernden Hund viele Straßen weitertragen musste, weil sein Gejaule die Touristen störte.

Durch Hildes Tanzstundenbesuch erhoffte sich vor allem die Mutter, dass ihre ungestüme Tochter ein bisschen mädchenhafter werden würde. Hilde tanzte gern und mit Leidenschaft, den öffentlichen Tanzabenden aber schloss sie sich nicht an. Dafür musste der jüngere Bruder in Ermangelung anderer männlicher Partner für das Tanztraining herhalten. Den durchgetanzten, ehemals edlen Webteppich bewahrte Hilde Domin auf – er begleitete sie auf ihren Exilwegen und lag bis zu ihrem Lebensende im Wohnzimmer der Heidelberger Wohnung: kahlgetanzt durch die ungestümen Schritte der jugendlichen Geschwister.

Zu ihren Tanzstundenpartnern gehörte auch der spätere Literaturkritiker und Schriftsteller Hans Mayer – der der Tanzstunde ebenfalls nichts abgewinnen konnte. Die Vertrautheit bewahrten sich beide, und sie sollte Hilde Domin später sehr hilfreich sein. Die Erinnerung an Mayer blitzte in einem ganz und gar unerwarteten Moment wieder auf: Nur widerstrebend sah sich Hilde Domin 2005 auf Einladung der Dominikanischen Botschaft in Berlin den Dorotheenstädtischen Friedhof neben dem Wohnhaus Brechts an – sie mied im Alter Gespräche über den Tod und scheute infolgedessen Friedhöfe. Beim Grab Hans Mayers stutzte sie: *Ach, merkwürdig, wir haben zusammen Tanzstunde gemacht. Er konnte gut Foxtrott tanzen.*[54]

Den Kriegsausbruch und seine Folgen erlebte Hilde Löwenstein in relativer Unbekümmertheit. Obwohl die ersten Bomben schon 1914 auf Köln fielen, traumatisierten die wiederholten Bombenalarme das Kind offensichtlich nicht. *Unter den sorgsam ausgebreiteten Fittichen [ihrer] Mutter*[55] wusste sich die kleine Hilde geborgen. Vom Krieg wurde zu Hause *nicht gesprochen, obwohl [der Vater] im Krieg gewesen war und irgendwo in seinem Kleiderschrank ein Eisernes Kreuz lag.*[56] Wohl aber erinnerte sich Hilde an die bunten Postkarten, die der Vater aus Belgien schickte, wo er stationiert war, und an die getrockneten Würste, die er beim Heimaturlaub auspackte.

Auch nach der Rationierung von Lebensmitteln 1915 mussten sich die Löwensteins nicht sonderlich einschränken. So hinterließen die Wirren des Krieges bei dem kleinen Mädchen wenig prägende

## 1. Kapitel

Erinnerungen. Nur an die Besetzung des Rheinlandes erinnerte sich Hilde Domin, denn auch die Löwensteins hatten »Einquartierung« – der die Mutter aber ein schnelles Ende setzte: Einem jungen Friseur mit seinem Hund war ein Zimmer in der großen Wohnung zugewiesen worden. Nie würde Hilde Domin vergessen, dass der Mitbewohner dem Hund im elterlichen Salon den Schwanz kupierte. Hans und Hilde hatten ab sofort Keuchhusten und mussten bedrohlich husten, wenn jemand die Wohnung betrat.

Trotz der belastenden Jahre zwischen 1919 und 1924, bis zur Stabilisierung der Wirtschaft durch die Rentenreform, gehörten die Löwensteins nicht zu den Familien, die unter dem Verlust der Kaufkraft des Geldes durch die Inflation zu leiden hatten. Allein die Tatsache, dass das kleine Mädchen auf einem Fahrrad zur Schule fahren konnte, zeugte von einem soliden Wohlstand, denn *ein gutes Fahrrad war heiß begehrt*.[57]

Hilde Löwenstein hatte keine Grundschule besucht – die »richtige Schulzeit« war lange herbeigesehnt worden, und die Freude war groß, als sie 1920 in die Städtische Merlo-Mevissen-Schule, »Lyzeum mit Studienanstalt der Gymnasialen Richtung«, eingeschult wurde.

Die Gründerin Mechthild von Mevissen, die zu den historisch bedeutenden Persönlichkeiten Kölns zählt, sah ihre Lebensaufgabe im Kampf für die Gleichberechtigung der Frauen. Sie war von ihrem autoritären Vater wirtschaftlich und sozial unterdrückt worden, er hatte ihr eine Schulbildung verweigert, sodass sie nach seinem Tod mit dem geerbten Geld ein privates Mädchengymnasium gründete, dem 1903 probeweise auch ein humanistisches Mädchengymnasium angegliedert wurde. Die Gleichberechtigung von Mädchen in Bildungsfragen durchzusetzen, galt in jenen Jahren als revolutionär. 1909 übernahm die Stadt Köln das private Unternehmen und schloss es mit dem Merlo-Lyzeum zusammen. Die Schule zeichnete sich durch ein liberales, überkonfessionelles Profil aus, das den Erziehungszielen der Löwensteins entgegenkam. 1934 wurde die Schule von den Nationalsozialisten geschlossen.

Für die Liberalität der Schule sprach, dass Hilde Löwenstein sich vom Handarbeitsunterricht befreien lassen konnte, weil sie Näharbeiten (lebenslang) hasste. Befreit wurde sie auch vom Hebräisch-

## Kindheit und Jugend: 1909-1929

unterricht, denn der Vater war der Meinung, dass Englisch, Französisch, Latein und Griechisch für eine solide Bildung ausreichten. Der Wissensdurst des quicklebendigen, eloquenten Mädchens und der permanente Anspruch auf Beachtung wird so manchen Lehrer zur Verzweiflung getrieben haben – wie sie selbst bekannte, war sie *ein in der Schule gefürchtetes Kind, weil [sie] alles immer schon gelesen hatte.*[58] Doch sie galt offensichtlich nicht als typische Streberin, sondern gewann durch ihre Unbekümmertheit und ihren Witz die Sympathie ihrer Klassenkameradinnen; nur schwerlich wäre sie sonst zur Klassensprecherin gewählt worden, *sobald dies Amt eingeführt wurde.*[59] Sie war für jeden Spaß zu haben, experimentierte schon früh mit der Sprache, aber Aufsätze in Reimen verärgerten die Deutschlehrerin. Beachtung über den Schulalltag hinaus fand ein Schulaufsatz der Tertianerin über eine »Beweinung«. Diese Darstellung hatten sich die Schülerinnen damals in dem Museum am Hansaring angesehen, in der sogenannten »Schnütgen Sammlung«. Der Aufsatz wurde dem Museumsdirektor Schäfer vorgelegt, der Hilde Löwenstein daraufhin ins Museum einlud. Offensichtlich war er von der Sensibilität beeindruckt, mit der die Dreizehnjährige die Trauer und den Schmerz beschrieben hatte.

Für den pickelgesichtigen Lateinlehrer dagegen musste Hilde ein Albtraum gewesen sein: Sie versah die langen Rockschöße des Leidgeprüften mit Stecknadeln – einem Lateinlehrer in einer pubertierenden Mädchenklasse raubte das sicherlich den letzten Rest des ohnehin spärlichen Selbstbewusstseins.[60]

Hilde Löwenstein besuchte den jüdischen Religionsunterricht; dem Rabbi war bekannt, dass die Familie Löwenstein sich eher zum liberalen Judentum zählte. Dass seine Einstellung zu solch *christlicher Folklore* kritisch war, verhehlte er nicht: *Du Heide, jetzt komm mal, und sieh dir eine Synagoge an*[61], empfahl er seiner Schülerin.

Kess war sie, die junge Hilde Löwenstein, das Außergewöhnliche zog »Hille« an, und die Mutter gab den Launen der Kinder nach. Hildes Bruder Hans entwarf extravagante Kostüme, die Mutter gab die Entwürfe einer Schneiderin zur Umsetzung und Hilde Löwenstein präsentierte sie stolz.

Der Vater, *so unelastisch und so aufrichtig und des Bösen [...] so unfähig*[62], beschmunzelte im stillen Einvernehmen die weiblichen

## 1. Kapitel

Aktivitäten. Extravaganzen und ein Auftreten, das gegen die Regeln war, erschienen dem Mädchen und auch später Hilde Domin vielleicht gerade deshalb immer reizvoll.

Den kämpferischen Geist der Schulgründerin hatte sich auch Hilde Löwenstein auf die Fahnen geschrieben, ihrer emanzipierten Mutter sichtlich nacheifernd. Als vom 26. bis 28. Juni 1928 in Köln der Deutsche Frauentag abgehalten wurde, war die Schülerschaft des Merlo-Mevissen-Gymnasiums durch Hilde Löwenstein vertreten.[63]

Die Bildungsanstalt garantierte für die zweihundert Reichsmark Schulgeld, *vierteljährlich im voraus zu zahlen*[64], ein breit gefächertes außerschulisches Bildungsangebot. Regelmäßige Exkursionen und Wandertage wurden mit der Sorgfalt ausgewählt, die man dem bildungsbeflissenen Großbürgertum schuldig war: Die Klassenfahrt der Oberprima sollte den erinnerungswerten Abschluss der Schulzeit bilden und führte Hildes Klasse vom 15. bis zum 24. Juni 1928 zu den Schillerfestspielen nach Weimar. Den Naumburger Dom und die Wartburg in Eisenach nahm man auf dem Rückweg noch als kulturellen Nachtisch in das Programm auf.

Am 6. März 1929 legten vierzehn junge Mädchen ihre Reifeprüfung am Merlo-Mevissen-Gymnasium unter dem Vorsitz des Oberbürgermeisters Dr. h.c. Adenauer ab, der dieses Amt seit 1917 innehatte. Von den Mitschülerinnen Hilde Löwensteins gehörten acht dem katholischen und zwei dem evangelischen Glauben an, mit ihr bekannten sich fünf Mädchen zur israelitischen Religion.[65] Die Religionsvielfalt unter den Abiturientinnen belegt einmal mehr die liberale Haltung der Schule.

Die Themen, an denen sich die Oberprimanerinnen im Fach Deutsch beweisen sollten, bezeugen humanistische Bildungsinhalte, deren Zeitlosigkeit bis in unsere Tage reicht:

- *Warum hat Goethe recht, wenn er sagt, die Wertherzeit gehört nicht dem Gang der Weltkultur an, sondern dem Lebensweg jedes einzelnen?*
- *Die staatsbürgerliche Stellung der Frau nach der Reichsverfassung vom 11. August 1918.*
- *Was zwingt uns immer wieder zur Auseinandersetzung mit der Gestalt Sokrates?*
- *Die geographischen Grundlagen der Weltmachtstellung Englands.*[66]

## Kindheit und Jugend: 1909-1929

Die selbstbewusste, politisch interessierte und frauenbewegte Schülerin Hilde Löwenstein konnte sich für jedes der Themen begeistern. Es scheint vor allem die Englischlehrerin gewesen zu sein, die ihre politische Sichtweise prägte. Deren Reisen nach Griechenland weckten bei den jungen Mädchen Sehnsüchte, während die Kollegen derweil an ihrer nationalen Gesinnung zweifelten.

Wie wenig gefragt die Vision eines geeinten Europas war, erfuhr Hilde Löwenstein leidvoll bei der mündlichen Abiturprüfung in Geschichte, in der sie ihre progressiven Thesen zu »Paneuropa« verteidigen musste. Sie verzieh dem Schulrat nicht, dass er ihre Visionen über das Europa Coudenhove-Kalergis nicht teilte und die Endnote herabstufte. Die einhellige Ablehnung der Prüfungskommission empörte die Abiturientin derart, dass sie zu Hause voller Gram ihr kostbares taubenfarbenes Samtkleid zerriss.

Der attraktive Graf Coudenhove-Kalergi, der die paneuropäische Vision in seiner eigenen Vita verkörperte – in Japan geboren, in Österreich aufgewachsen, mit tschechischer Staatsbürgerschaft in Frankreich zu Hause – hatte im Alter von nur achtundzwanzig Jahren die paneuropäische Idee als Alternative gegen künftige Weltkriege entwickelt und damit 1922 Aufsehen erregt. Ideelle Mitstreiter fand er in Albert Einstein, Franz Werfel, Aristide Briand und Konrad Adenauer. In mehreren großen Städten, in denen Coudenhove-Kalergi seine Vorträge hielt, wurden Paneuropa-Vereinigungen gegründet, und Thomas Mann wurde in der Münchner Sektion zum Ehrenvorsitzenden gewählt.[67] Im Sommer 1927 erreichte die Sympathiewelle für den blendend aussehenden jungen Mann ihren Höhepunkt. Der politisch interessierten Hilde Löwenstein sprachen die Ideale von Freiheit, Frieden, Kultur und Wohlstand eines geeinten Europas aus dem Herzen. Dass der Visionär die jüdische Rasse adelte, rief im nationalistisch aufgeladenen Deutschland viele Gegner auf den Plan.

Das Resultat von Hilde Löwensteins Abiturprüfung entsprach einer eher durchschnittlichen Leistung: Zwar bekam sie in den Fächern Religion, Deutsch, Latein und Griechisch die Note »gut«, eine Note im Fach Kunst wurde nicht erteilt. Doch da sie in allen anderen Fächern mit »befriedigend« abschloss, ist nicht anzunehmen, dass sie zu den Klassenbesten zählte.[68] Dennoch billigte man ihr das Privileg zu, die Abschlussrede der Abiturienten zu halten.

# 1. Kapitel

In ihres Vaters Amtsrobe rechnete sie wie in einer Anklage auf humorvoll-ironische Art mit der Schule ab – der Mutter gedenkend und kein »Süssholz raspelnd«. Die Schulleitung diskutierte nach der despektierlichen Ansprache, ob man der Abiturientin das Abschlusszeugnis verweigern sollte. Dass der Vater für diesen Anlass seinen offiziellen Talar zur Verfügung gestellt hatte, dokumentiert einmal mehr die »lange Leine«, die die Löwensteins ihrer Tochter gelassen hatten; die Eltern nahmen aber auch den Berufswunsch der jungen Frau ernst, der in der Statistik des Jahrbuchs ihres Abiturjahrgangs festgehalten wurde: Jurisprudenz.

Nach den Erholungsferien mit ihren Freundinnen Alice Brandenstein und Ellen Sternberg wollten Hildegard mit dem Jura-, Alice und Ellen wie vorgesehen mit dem Medizinstudium beginnen – erst fünfzig Jahre später traf Hilde Domin Alice in der Schweiz und Ellen in Israel wieder.

Als sich Hilde Löwenstein im Juni 1929 mit ihrer Mutter auf den Weg nach Heidelberg machte, begann für sie ein neuer Lebensabschnitt.

## 2. Kapitel

# Heidelberg
# 1929-1930

*Die Stadt bietet alles, was ein
Student von einer Stadt erwarten kann*
(Golo Mann: Erinnerungen und Gedanken, S. 279)

Im Juni zeigt sich Heidelberg von seiner mediterranen Seite: Der Neckar windet sich sanft an den bewaldeten Hängen entlang. Auf den exponierten Terrassen des Philosophenwegs gedeihen Palmen und Zitronenbäume und verleihen der Stadt ein südliches Flair: Alles klingt hier *in einer sanften, singenden, provençalischen Tonart.*[1] Die blühenden Esskastanienbäume erscheinen wie leuchtende Inseln im Grün der Wälder.

In den Kreisen, in denen sich die Löwensteins bewegten, begab man sich nicht auf die übliche Zimmersuche. Es ist anzunehmen, dass auch Paula Löwenstein bereits von Köln und Frankfurt aus auf die verwandtschaftlichen Beziehungen zurückgegriffen und so ein Zimmer bei der Witwe Georgine Eversmann in der »Anlage«, Leopoldstraße 49, angemietet hatte. Viele Witwen aus den sogenannten besseren Kreisen erzielten durch die Vermietung von Studentenzimmern eine willkommene Nebeneinkunft, nachdem die repräsentativen Räumlichkeiten nach dem Tod des Mannes nicht länger beansprucht wurden.

Die »Anlage« war zu Hilde Löwensteins Zeiten eine der besten Adressen in Heidelberg: *Großzügige Wohnhäuser von Professoren und Pensionären, vornehme Hotels und Fremdenpensionen charakterisierten das Straßenbild.*[2] Hilde Löwenstein konnte sich in dieser Umgebung wohlfühlen.

Von den dreiundzwanzig Universitäten, die es in der Weimarer Republik gab, hatte Siegfried Löwenstein bewusst die traditions-

## 2. Kapitel

reiche Ruprecht-Karls-Universität als Studienort für seine Tochter gewählt. In den Zwanzigerjahren galt Heidelberg als *akademische Hochburg des neuen Deutschland*[3], als Musteruniversität der jungen Republik. Dem Studenten Carl Zuckmayer vermittelte die Universität den Eindruck der *fortschrittlichsten und geistig anspruchsvollsten Universität Deutschlands.*[4]

Fast ein Viertel der sechzig Lehrstuhlinhaber beteiligte sich an den *Kundgebungen und Manifesten zugunsten der Reichsverfassung und gegen rechtsextreme Radikalisierung*[5], wenngleich sie eher »Vernunftrepublikaner« als überzeugte Anhänger der Republik waren. Neben dem Institut für Sozialwissenschaften mit seinem führenden Kopf Alfred Weber rekrutierten sich vor allem aus der Juristischen Fakultät demokratisch gesinnte Professoren: allen voran Gustav Radbruch, Sozialdemokrat und Rechtsphilosoph, und Gerhard Anschütz, Ordinarius für Öffentliches Recht und Mitbegründer des »Weimarer Kreises«, der die Universitäten für die neue Republik gewinnen wollte. Ihretwegen hatte Eugen Löwenstein seiner Tochter Heidelberg ans Herz gelegt. Wie sehr liberale Professoren die Ruprecht-Karls-Universität schätzten, zeigt Radbruchs Entscheidung, statt einer dritten Berufung ins Reichsjustizministerium (er war 1921 und 1923 Reichsminister gewesen) dem Ruf nach Heidelberg zu folgen.

Dem deutsch-jüdischen Professor für mathematische Statistik, Emil Gumbel, brachten die Heidelberger Professoren aufgrund seiner radikal-pazifistischen Haltung keine hohe Wertschätzung entgegen. Doch gerade er zeichnete sich durch die menschliche Wärme aus, die Hilde Löwenstein 1932 bewog, sich ihm als ratgebenden Mentor anzuvertrauen, als sie vor der Entscheidung eines Studienwechsels ins Ausland stand: *Mit Gumbel will ich wirklich mal die Sache sans gêne bereden. Er ist ein reizender Mensch und mir wohl gewogen.*[6] Im August 1933 stand der Name Emil Gumbel bereits auf der ersten Liste der ausgebürgerten Juden.

Meinungsbildend mag für Vater Löwenstein auch gewesen sein, dass in der beschaulichen Stadt am Neckar der Anteil der jüdischen Studenten im Vergleich zu anderen Hochschulen überdurchschnittlich hoch war; mit *19,1% weiblicher Studierender* lag *Heidelberg auf dem vierten Rang aller deutschen Hochschulen.*[7] Allerdings war nur jede zehnte Frau in den Rechtswissenschaften eingeschrie-

## Heidelberg: 1929-1930

ben.[8] Nicht unwesentlich für die Wahl des Studienorts wird auch die Nähe zur Frankfurter und Mannheimer Verwandtschaft gewesen sein. Eine Cousine väterlicherseits, Edith Löwenstein, Tochter von Eugen Siegfried Löwensteins Bruder Emil aus Berlin, studierte ebenfalls Jura in Heidelberg. Mutter Löwenstein legte die flügge werdende Tochter *nach gemeinsamer Zimmersuche* dieser *Cousine ans robuste Herz*[9], wusste ihre Tochter gut aufgehoben und fuhr beruhigt wieder nach Köln zurück. Edith erhielt jedoch schon kurze Zeit später ein USA-Stipendium, blieb in den Staaten und konnte so in den Vierzigerjahren die lebensrettenden Bürgschaften für die Verwandten garantieren.

Die junge Studentin Hilde Löwenstein kam in den letzten Tagen der *gay twenties*[10] nach Heidelberg und schrieb sich am 23. April 1929 zum ersten Mal an der juristischen Fakultät der Ruperto-Carola ein; schon bald zeigte sich jedoch, dass sie *Jura aus Begeisterung für [ihren] Vater*[11] gewählt hatte, das Fach aber eher nicht ihren Neigungen entsprach. Der Anfangserfolg war deshalb mäßig – sie lieferte von den fünf geforderten Hausarbeiten bei Gustav Radbruch nur drei ab. Ihre Liebe galt der Politik und gesellschaftspolitischen Fragen, und konsequenterweise ließ sie sich schon im ersten Semester in die Nationalökonomie einführen und besuchte volkswirtschaftliche Seminare. Die Zweifel an der Fachwahl waren so erheblich, dass Hilde Löwenstein schon im Wintersemester 1929/30 von der Juristischen in die Philosophische Fakultät wechselte und sich im Institut für Sozial- und Staatswissenschaften einschrieb: aus »stud. iur.« wurde »stud. rer. pol.« Löwenstein, mit dem Ziel, das Studium als Diplom-Volkswirt abzuschließen. Freunde rieten ihr, sich politisch zu engagieren, denn in der Politik könne ihr klarer Verstand gebraucht werden. Die Studentin belegte Vorlesungen bei den Größen der Heidelberger Universität: Alfred Weber, Karl Mannheim, auch Karl Jaspers, bei dem sie den *Grundriss philosophischer Weltanschauung*[12] hörte. Sie konnte in ihrem ersten Semester noch nicht ahnen, wie sehr Jaspers' »Philosophie der Kommunikation« ihr Leben beeinflussen würde und sie sich nur drei Jahre später bereits vor die Wahl zwischen Notwendigkeit und bloßer Möglichkeit gestellt sah, als sie ihre Freundschaft zu Erwin Walter Palm bewerten musste.

## 2. Kapitel

In Heidelberg erhielt Hilde *das geistige Rüstzeug* und verinnerlichte Karl Mannheims These: *»Im Scheitern kommt der Mensch zu sich selbst.« Ein Satz, den auszuprobieren [sie] Gelegenheit hatte[]*.[13] Auch Mannheims *Relativieren des eigenen Standorts* wurde zum Lehrsatz für ihr Leben.[14] Sie hörte Vorlesungen bei Radbruch, Weber, Jellinek und Lederer sowie bei Arnold Bergsträsser die »Geschichte des deutschen politischen Nationalbewusstseins«.

Es war eine aufgewühlte Zeit: Kulturgeschichtlich betrachtet endeten die »Goldenen Zwanziger«, doch politisch war es die bittere Epoche *entre deux guerres*, eine *fiebrige Zwischenphase* in einer ungeliebten Republik.[15]

Was machte die Stadt so attraktiv für Studenten? *Die Stadt bietet alles, was ein Student meines Schlages von einer Stadt erwarten kann: Universität, Bibliothek, häufige und berühmte Gäste, gute Buchhandlungen, gesellige Zirkel*[16], erinnerte sich Golo – Gottfried Thomas – Mann. Er war wie Hilde Domin Jahrgang 1909 und setzte 1929 sein Studium der Philosophie in Heidelberg fort. *Golo Mann saß bei Jaspers in Seminar und Kolleg, und man zeigte mit dem Finger auf ihn und sagte: »Da sitzt der Sohn von Thomas Mann.«*[17]

Manns Jugenderinnerungen, die 1986 erschienen, korrespondierten in Vielem mit denen von Hilde Domin. Wie sie gehörte auch Mann eher zu den privilegierten Kommilitonen, die jeden Monat einen großzügigen Wechsel von zu Hause erhielten. Das Privilegiertsein manifestierte sich durchaus in scheinbar banalen Annehmlichkeiten: Sowohl Golo Mann als auch Hilde Löwenstein erleichterten sich ihren Alltag, indem sie ihre Wäsche *in einem Schließkorb nach Hause*[18] schickten.

Die besondere Lage der Universitätsstadt lud die Studenten ein, die Natur zu erkunden. Zwischen den Lernphasen paddelte man eine Neckarschleife lang nach Ziegelhausen und machte Rast im Biergarten des Gasthauses »Schwarzer Adler«, der damals noch direkt an den Fluss grenzte, oder erkundete die Umgebung bei ausgedehnten Wanderungen. Schließlich gab es *ein Gewirr von Pfaden. [...] Hier, endlich, werde ich zum Wanderer [...] und bin zufrieden damit*[19], erinnerte sich Golo Mann.

Wenn mit Brechts 1929 uraufgeführter Dreigroschenoper die bürgerlich-kapitalistische Welt und ihre sozialen Ungerechtigkeiten mit Spott und Satire angeprangert wurden, so war davon im idyl-

## Heidelberg: 1929-1930

lischen Heidelberg – anders als im brodelnden Berlin oder Frankfurt – nichts zu spüren. *Das Studieren in Heidelberg muss auch Spaß gemacht haben, war immer noch ein bisschen »wildschönes Märchen«, die Professorenvillen den Neckar entlang, der Neckar selbst, [...] – man konnte wahrhaft ins Träumen kommen.*[20]

Hilde Löwenstein schien bei ihrem ersten Heidelberg-Aufenthalt durch ihr traditionsgebundenes Elitedenken die wirklichen Dimensionen des erstarkenden Nationalsozialismus noch nicht erkannt zu haben. Und doch waren die bedrohlichen Anzeichen nicht zu übersehen: Im März 1929 rief Hitler zur Unterwanderung der Reichswehr auf, im August marschierte die NSDAP in Nürnberg auf und zerstörte jüdische Geschäfte. Man tröstete sich damit, dass Thomas Mann am 10. Dezember der Literaturnobelpreis verliehen wurde. Doch 1929 zog eine nationalsozialistische Studentengruppe in das Studentenparlament ein: *die letzten Momente dieses Traums einer europäischen Zivilisation [...] wurden im Elfenbeinturm der reinen Lehre geträumt, weitab von der [...] Vorbereitung der Machtergreifung durch die Nationalsozialisten.*[21]

Auch andere jüdische Kommilitonen erlebten Heidelberg als romantische Insel, als *tröstliche große Welt*[22], in der man *neugierig und gläubig zu den neuen Instrumenten der Erkenntnis griff* (Hegel, Freud, Jaspers), aber *diese Gespräche blieben sehr theoretisch und bewegten sich außerhalb der politischen Realität.*[23]

Der angesehene Politikwissenschaftler und FAZ-Journalist Dolf Sternberger, zwei Jahre älter als Hilde Domin, erinnerte sich an flammende Vorlesungen von Karl Jaspers im alten Hörsaal 11 der Universität, in denen der Philosoph die existenzielle Kommunikation zwischen zwei Menschen forderte: Im Miteinander muss man an den anderen die höchste Erwartung und den höchsten Anspruch stellen, vor allem in der Liebe.[24] In Sternbergers Erinnerung saß in den Vorlesungen *eine ganze Reihe studentischer Paare [...], die von dieser Unbedingtheit ergriffen und zu dieser Unbedingtheit bereit waren [...]. Es war in diesem Milieu, als ob Erotik und Ethik ein und dasselbe geworden wären.*[25]

In ebendieses Milieu stürzte sich Hilde Löwenstein: Sie liebte die studentischen Tanzabende und pflegte die philosophische Kaffeehaustradition im damaligen »Café Krall«, dem heutigen »Café Schafheutle«, wo sich die politisch-interessierte, *sozialde-*

## 2. Kapitel

*mokratische Studentengruppe, Mannheim- und Jaspers-Schüler*[26], trafen.

Hilde Löwenstein unterbrach 1929 ihren Studienaufenthalt in Heidelberg häufig und wechselte ihre Wohnung auffällig oft. Viele Studenten bezogen im Sommer ein anderes Quartier als im Winter: Nicht alle Zimmer waren wintertauglich, man nutzte den billigeren Sommerpreis, um im Winter das Geld für die Kohlen zahlen zu können. Doch nicht aus finanziellen Gründen kehrte sie immer wieder für längere Zwischenaufenthalte ins Elternhaus nach Köln zurück, sondern offensichtlich, weil sie in Heidelberg noch nicht ganz »angekommen« war. Die »Ledigenkarte« des Heidelberger Stadtarchivs belegt, dass Hilde Löwenstein von April bis Juni 1929 ihr Studium dreimal unterbrach. Bei einem dieser Wochenendurlaube in der Heimatstadt, im April 1930, fingen die *Zelluloidkämmchen*, die ihr die Mutter sorgfältig in die Haare gesteckt hatte, durch Überhitzung der Trockenhaube Feuer.[27] Die in Flammen stehende Studentin wurde von ihrem Bruder vor noch größerem Unheil bewahrt, indem er entschlossen eine bis zum Rand gefüllte Schüssel mit Wasser über sie kippte. Dennoch blieb eine große Wunde am Hinterkopf zurück, die sich entzündete, sodass Hilde ihr Studium in Heidelberg erneut unterbrechen musste, um in Köln zu genesen. Die handtellergroße Brandnarbe verbarg sie fortan unter einem Haarteil, das sie erst ablegte, als sie sich für die kunstvolle Steckfrisur entschieden hatte, mit der man auch die spätere Dichterin Hilde Domin kannte.

Bis zu ihrer endgültigen Genesung war sie vom 13. Mai bis zum 29. Juli 1930 an der Kölner und Bonner Universität eingeschrieben, vertiefte dort ihr ökonomisches Wissen bei Vorlesungen in allgemeiner Wirtschaftspolitik und Volkswirtschaft und hatte mit Fritz Stier-Somlo und Erwin von Beckerath dieselben Dozenten gewählt wie ihr Tanzstundenfreund Hans Mayer. Erwin von Beckerath, den Ordinarius für Volkswirtschaftslehre und Soziologie, bat sie 1932 kurz vor ihrer Reise nach Italien um Rat.

Während dieser Kölner Studienzeit intensivierte Hilde Löwenstein ihre Bekanntschaft mit Hans Mayer, er war ihr *politischer Freund*, mit dem sie sich ja *schon zur Zeit der Tanzstunde [...] auf höchst pfiffige und geistige Weise unterhalten hatte und der nun Marxist und ein eifriger Politiker*[28] war. Trat sie seinetwegen 1930

## Heidelberg: 1929-1930

der Kölner Gruppe der SPD bei? Der später bekannte Germanist und Literaturkritiker schien Sympathie für die intelligente junge Frau zu hegen, ja Hilde vermutete, dass er *sein Herz* an sie *verloren* hatte.[29] Doch sie vermutete damals schon, dass sie das einzige weibliche Wesen war, an dem er persönliches Interesse zeigte.

War es in den Diskussionen mit Hans Mayer um die politische Theorie gegangen, so wollte die junge Studentin auch die politische Praxis, den politischen Alltag kennenlernen. Was lag für Hildegard Löwenstein also näher als ein Studium in Berlin?

Im Spätsommer 1930 reiste sie deshalb an die Spree.

## 3. Kapitel

# Berlin

## 1930-1931

*Bei wenigen Menschen habe ich so sehr die Gewissheit,
dass sie ihren Weg machen werden wie bei dir*
(Hans-Georg Pflaum an Hilde Löwenstein vom 27.12.1931)

Die Stadtbahn befand sich gerade auf der Höhe zwischen »Zoo« und »Tiergarten«, als Hans-Georg Pflaum, einem Studenten der Alten Geschichte, das junge, kesse Mädchen in der überfüllten Stadtbahn auffiel: *lebensfrisch und zutraulich wie ein Füllen und ebenso rastlos.*[1] Mit einem *Vraiment magnifique et si jeune*[2] ließ sie sich von ihm zu einer großen Sitzbank führen. Hans-Georg Pflaums große, massige Gestalt beeindruckte durch seine imposante preußische Ausstrahlung im besten Sinne. Doch am meisten bestachen seine stahlblauen Augen, deren klarer Blick wie ein Dolch das Gegenüber durchbohrte.[3] Pflaum staunte über sich selbst, dass er über seinen Schatten gesprungen war und die Kleine einfach so angesprochen hatte. Eigentlich war er sehr zurückhaltend – Hilde Löwenstein blieb die einzige Frau in seinem Leben, auf die er so kühn zugegangen war. Sie hatte ihn gleich für sich eingenommen: ihn amüsierte ihr *Kölner Deutsch*.[4] Sie schien ihm *springlebendig und so unerhört gescheit und stimulierend, voller Lebenshunger. Dabei noch sehr kindlich und Tochter des Justizrats Löwenstein, ein explosives Gemisch, aber anziehend, überraschend, unerhört.*[5]

Der achtundzwanzigjährige Hans-Georg, Sohn einer wohlhabenden jüdischen Industriellenfamilie, war hochintelligent und hatte eine gründliche klassisch-humanistische Bildung erfahren. Eine Gesprächsbrücke wird wohl sein Jurastudium in Heidelberg gewesen sein, von dem er sich jedoch abgewandt hatte. Er hatte diese Fachrichtung nur gewählt, um das Unternehmen seines Vaters weiterzuführen, das jedoch der Weltwirtschaftskrise zum Opfer gefallen war. So konnte sich Pflaum nun seinen Neigungen zuwenden: der klassischen Philologie und dem Studium von Karl Marx.

Die Gespräche über Kommunismus zwischen Pflaum und der einundzwanzigjährigen Studentin nahmen für lange Zeit einen großen Raum ein. Dabei schien Hilde Löwenstein immer dann an Grenzen zu stoßen, wenn Marxismus und Glaube in geistigen Widerstreit traten: Tief im Innern betete Hilde einen Gott *in seiner primitiven Schreckgestalt* an, den sie in seiner geistigen Form zu leugnen versuchte.[6] Doch offenbar kam sie nicht ohne Gottesbegriff aus. Und dann wurden ihre Kindheitserlebnisse in der Ronsdorfer Pfarrkirche wieder zum Albtraum, sodass Pflaum *zwecks Beseitigung dieses Hemmschuhs*[7] zu einer Analyse bei dem Kölner Psychiater Dr. Mannheim riet, bei dem auch schon Hildes Bruder Hans in Behandlung gewesen war. Pflaums vorläufige Lösung war: Sie sollte kritikfähig bleiben und ihr *menschliches und [ihr] angeborenes Glücksbedürfnis*[8] in ihren Marxismus einbauen, indem sie diesen großen Menschen Karl Marx nicht überbewertete. Denn sonst würde ihr Marxismus zur Sektiererei. In vielerlei Hinsicht schien Pflaum kritische Weitsicht zu entwickeln: Er schimpfte auf die »Winterhilfe«, die er nur als antiquiertes wohltätiges Alibi der Herrschenden empfand, um vor der eigentlichen Lösung der wirtschaftlichen Probleme die Augen zu verschließen. Und immer wieder warnte er vor dem Erstarken der Nationalsozialisten.

Im Nachhinein kann man wohl sagen, dass es dieser Berliner Student war, der Hilde Löwensteins Blick für das nahende Unheil schärfte. 1930 analysierte er die politische Lage eindeutig: In seinen Augen lag die Gefahr für das Wachsen des Nationalsozialismus in *der Hilflosigkeit, mit der die Politiker aller Schattierungen bis auf die Kommunisten der Lage gegenüberstehen.*[9] Seine Auswanderungspläne standen fest, und er legte auch Hilde Löwenstein eindringlich ans Herz, Deutschland den Rücken zu kehren.

Allen antikapitalistischen Thesen zum Trotz, genoss er den großzügigen monatlichen Wechsel der Eltern über vierhundertfünfzig Reichsmark, hatte ein unbeschwertes Auskommen und durfte weiterhin in der Jugendstilvilla der Eltern in Grunewald über eine große Vierzimmerwohnung verfügen.

## 3. Kapitel

Die geheime Liebe Hans-Georg Pflaums galt der Lyrik und der Kunst des Dichtens. Er schickte der Freundin Gedichte; seines Talents war er sich sicher, er wollte sie mit seinen Versen einfach nur erfreuen.

*Zu Zweit*
*Als war ein Festtag plötzlich angebrochen*
*an dem die morgenstillen Straßen ruhn*
*Der nicht mehr weiß von den versäumten Wochen*
*und von dem ungetanen Tun.*[10]

Hatte Hilde Löwenstein nach ihrer Rückkehr nach Köln noch gezögert, nach Berlin zu gehen, so gab sie schließlich Hans-Georg Pflaums Drängen nach. Für Pflaum war Heidelberg eine Stadt, in der man im Sommer studierte; im Winter aber sollte doch die Großstadt der verschlafenen Kleinstadt vorgezogen werden, lockte er in Briefen immer wieder.

Trotz der namhaften Professoren in Heidelberg schrieb sich Hilde also am 22. Oktober 1930 an der Berliner Friedrich-Wilhelm-Universität, der heutigen Humboldt-Universität, ein.

Hilde Löwenstein mietete ein Zimmer in der Mommsenstraße, im großbürgerlichen Berliner Stadtteil Charlottenburg, dessen prachtvolle Jugendstilhäuser im Krieg weitgehend unzerstört bleiben sollten und heute noch vom Wohlstand derer zeugen, die sich hier eine Wohnung leisten können. Vielleicht ist Hilde Löwenstein auf ihrem Weg in die Universität der Schauspielerin Adele Sandrock begegnet, die nur einige Schritte entfernt wohnte. Im zweiten Stock des Hauses Nr. 60 hatte Hilde ihr Studentenzimmer bezogen, das *weiß Gott nicht sehr prinzesslich eingerichtet*[11] war, ihr aber Unabhängigkeit bescherte. Mit Hans-Georg verbrachte sie heimelige, vergnügliche Abende in ihrer Bude, und gemeinsam mit Pflaums Freund Friedrich stürzten sie sich mit Vitalität und Begeisterung in die Smoking-Faschingsbälle.

Die politischen Umwälzungen, die Hilde Löwenstein in Berlin hautnah miterlebte, wühlten sie sehr auf: Im Winter 1930/31 war es wirklich schon ein aktiver Kampf. Während einer Vorlesung über Zivilrecht bei dem Juristen Wolf wurden die Türen aufgerissen, *und dann riefen die einen »Genossen kommt«, und die anderen riefen*

»*Parteigenossen kommt*«[12], und dann fanden im Vorhof der Friedrich-Wilhelm-Universität Schlachten zwischen den Parteien statt. *Beinahe alle jungen Männer haben irgendein Abzeichen am Rockaufschlag und mustern sich mit feindlichen Blicken [...] dass man sich nicht wundern darf, dass die Revolver Nacht für Nacht losgehen*[13] – für Hans-Georg Pflaum war die explosive Spannung, die in der Luft lag, deutlich wahrnehmbar. Hilde machte in jenen Tagen die Erfahrung, dass Mitglieder der eigenen Gruppe ohne Erklärung von einem auf den anderen Tag zur Gegenseite überwechselten. *Die Nazis bevölkerten diesen Vorhof so stark mit dem sogenannten vierten Stand, also den Arbeitslosen*[14], dass der Rektor darauf mit der Anordnung reagierte, dass sich nur noch Studenten auf dem Hof aufhalten durften. Um die Genossen besser kennenzulernen, hatte sich Hilde Löwenstein in Berlin bereit erklärt, die Parteigelder der SPD zu kassieren.

Im Februar 1930 wurde in Thüringen Wilhelm Frick als erster Nationalsozialist zum Innen- und Volksbildungsminister gewählt. Er zementierte machtvoll die Gedankenwege, die die NSDAP schon so bald beschreiten würde: Die in den USA begeistert aufgenommene Verfilmung des Antikriegsromans von Erich Maria Remarque, *Im Westen nichts Neues*, wurde von Frick in Thüringen gleich im Februar 1930 verboten, im Dezember 1930 von Goebbels endgültig in Deutschland auf den Index gesetzt.

Nobelpreisträger Thomas Mann hatte im Oktober 1930 in seinem Berliner *Appell an die Vernunft* vor der Ausbreitung des Nationalsozialismus gewarnt. Seine Worte schienen auch von Hilde Löwenstein gehört worden zu sein, denn nach ihrem Aufenthalt in Berlin war sie politisch wachsamer als zuvor.

Schritt für Schritt eroberte nationalsozialistisches Gedankengut die Köpfe der Deutschen. Im April 1930 erließ Frick in Thüringen eine Verfügung gegen die »Negerkultur«, die »fremdrassige« Einflüsse eliminieren sollte. Nachdem Hitler am 2. September 1930 die Führung der SA übernommen hatte, steigerte die NSDAP bei den Reichstagswahlen am 14. Dezember 1930 die Anzahl ihrer Mandate von 12 auf 107 Sitze. Die Hoffnung verheißenden Wahlkampf-Platitüden in der sich zuspitzenden Wirtschaftskrise hatten viele Bürger an die Wahlurnen getrieben, und die Hoffnung der Studentin Löwenstein, dass *Hitler nur redet*[15], schien zu schwinden.

## 3. Kapitel

Am 4. Dezember 1930 hörte sich das unzertrennliche Trio Hans-Georg, Friedrich und Hilde, zusammen mit anderen Studenten der Berliner Universität und der Technischen Hochschule[16], Hitler an, der seine später oft zitierte Rede in der »Hasenheide« hielt. Die Organisatoren der Veranstaltung hatten die schäbige, heruntergekommene Halle in vollem Wissen um den Kultcharakter des Ortes gewählt, denn auf diesem Terrain hatte 1811 der Pädagoge Friedrich Ludwig Jahn seinen ersten Turnplatz errichtet – sportliche Ertüchtigung sollte möglichst viele Menschen einen und ihnen ein nationales Gemeinschaftsgefühl vermitteln. Die Symbolkraft dieses Ortes wollte Hitler 1930 für sich nutzen.

Hilde Domin erinnerte sich rückblickend, dass der kommende Schrecken in dieser Rede ablesbar war. Außerdem hatte Pflaum darauf gedrängt, dass sie ihren politischen Studien eine solide Basis gab: Sie hatte darum *Mein Kampf* gelesen und besaß so viel politische Weitsicht, dass sie sich durchaus vorstellen konnte, dass *Hitler das, was er in »Mein Kampf« geschrieben hatte, auch ausführen würde.*[17]

Doch Hitler sah seine Zeit des Fanatisierens offenbar noch nicht gekommen. Der Wolf trat an jenem 4. Dezember im Schafspelz auf; in einem *gutsitzenden blauen Anzug*, wollte er unter allen Umständen den Eindruck *bürgerlicher Korrektheit* und Bescheidenheit vorgaukeln.[18] Ganz bewusst schien er vor dem intellektuellen Publikum dem Eindruck des Hetzers entgegenwirken zu wollen.

Trotz der turbulenten politischen Entwicklungen fesselte das Großstadtleben Hilde Löwenstein eher in kultureller Hinsicht. Im Wintersemester 1930/31 besuchte sie eine Lesung von Carl Zuckmayer. *Es war der erste Dichter, den [sie] sah (damals war es ja Sitte, Sprecher wie Wüllner rezitieren zu lassen, es war noch ganz ungewöhnlich, dass Autoren sich selber vorstellten, wie es heute ja üblich ist [...]) Zuck kam stolz und mit Riesenschritten herein: er hatte schon den »Fröhlichen Weinberg«, den »Schinderhannes« und den »Hauptmann von Köpenick« geschrieben, der damals gerade aufgeführt wurde. Und war, und das durfte er auch sein, auf der Höhe seines Selbstgefühls und seines Ruhms.*[19] Sie wird auch dieses Erlebnis mit Pflaum geteilt haben, genauso wie am 2. Oktober 1930 die Eröffnung des prachtvollen Pergamonmuseums.

## Berlin: 1930-1931

Allen Verlockungen zum Trotz verließ Hilde Löwenstein Berlin nach dem Wintersemester. Vielleicht trug die Hektik der tosenden Stadt das Ihre dazu bei, denn die Statistik der evangelischen Studentenseelsorge der Berliner Friedrich-Wilhelm-Universität belegt, dass von den 630 evangelischen Studenten im Wintersemester 1930/31 beachtliche 473 Kommilitonen Rat bei der Lösung ihrer Konflikte suchten, die vorwiegend in der *gespannten Atmosphäre der Großstadt ihre Wurzeln*[20] hatten. Handlungsbedarf sah die Universität auch für die jüdischen Studenten: Im Sommersemester 1930 war an der Universität die erste jüdische Studentenseelsorge etabliert worden, deren Anliegen es war, das jüdische Gemeinschaftsgefühl zu fördern und zu stärken.

Doch mehr noch könnte ausschlaggebend gewesen sein, dass Hans-Georg Pflaum das Tempo, mit dem seine Freundin das Leben in sich aufnahm, nicht mithalten wollte. Er war selbstbewusst genug, seinen eigenen Rhythmus zu leben. Hilde Löwenstein war dagegen gewohnt, ihr Gegenüber für sich zu vereinnahmen. Doch Hans-Georg Pflaum war noch in Martha Holl vernarrt, die die Generosität des Freundes genoss. Als die politischen Wirren jedoch ein klares Bekenntnis zu dem jüdischen Freund erfordert hätten, heiratete sie ohne weitere Erklärungen einen italienischen Kaufmann.

In Berlin wurde die außergewöhnliche Freundschaft zwischen Hilde Löwenstein und Hans-Georg Pflaum besiegelt, die über vierzig Jahre währte – Hans-Georg Pflaum war zur Stelle, wenn es galt, lebenswichtige Entscheidungen zu treffen. Er war mit seiner Beurteilung der politischen Ereignisse immer seiner Zeit voraus: Er drängte sie früh zur Ausreise nach Italien, in Italien wiederum gab er 1938 den Ausschlag dafür, dass sich das junge Paar Palm zur Flucht entschloss.

Auch in der Einschätzung seiner Freundin hatte er Weitsicht bewiesen: Wie bei nur wenigen Menschen war er sich bei Hilde Löwenstein sicher, dass sie etwas Besonderes sei und *dass sie ihren Weg machen werde[]*.[21]

Hans-Georg Pflaum folgte 1933 seinem Lehrer Jérôme Carcopino nach Paris und war realistisch genug, seine Leidenschaft für die Dichtkunst dem intensiven wissenschaftlichen Studium zu opfern. Er wurde Spezialist auf dem Gebiet der Prosopographie (vom griechischen πρόσωπον, *prósopon*, »Gesicht« und γράφειν,

## 3. Kapitel

*gráphein*, »schreiben«, abgeleitet, bezeichnet es in der Geschichtswissenschaft die systematische Erforschung eines bestimmten Personenkreises unter geografischen, zeitlichen und sozio-politischen Kriterien) und anerkannter Wissenschaftler. 1956 ernannte man ihn zum »directeur de recherche au CNRS«, dem »Centre National de la Recherche Scientifique«, dem französischen Äquivalent der Max-Planck-Gesellschaft.

Was wäre aus Hilde Löwenstein geworden, wenn sie sich dem »treuen Eckart« zugewandt hätte? Doch der Studienaufenthalt in Berlin erschöpfte sich in jenem einen Semester; er hatte sie politisiert, er hatte der erfolgsverwöhnten Studentin aber erneut vor Augen geführt, dass das Jurastudium für sie ungeeignet war, auch wenn die Gründe für die nur mäßigen Erfolge der Semesterabschlüsse eher in ihrem ausschweifenden gesellschaftlichen Leben als in ihrem mangelnden Interesse am Studium lagen.

Hilde Löwenstein kehrte wieder nach Heidelberg zurück.

## 4. Kapitel

# Heidelberg
# 1931-1932

*Meine Seele wird immer für Dich da sein*
(Hilde Löwenstein an Erwin Walter Palm vom 17.12.1931)

Am 24. April 1931, zum Sommersemester, schrieb sich Hilde Löwenstein wieder an der Heidelberger Universität ein. Sie war quicklebendig, hübsch und intelligent, hatte dunkle Locken und wache, blitzende Augen, von denen sie selbst sagte, dass sie *immer schon [...] das Beste an [ihr]*[1] waren.

Einmal noch versuchte sie im Jurastudium Fuß zu fassen; der Semestererfolg bei Radbruch war mit »voll ausreichend« und »ausreichend« wieder so niederschmetternd, dass sie sich zum Wintersemester 1931/32 *wie alle fortschrittlichen, sozialistischen, jüdischen und weiblichen Studenten*[2] für Sozial- und Staatswissenschaften einschrieb. Sie war nun Hilde Löwenstein »stud. cam.«, das Jurastudium hatte sie endgültig aufgegeben. Gleichzeitig belegte sie bei Karl Jaspers sechs Wochenstunden Philosophie und wird somit zum festen Stamm seiner Studenten gehört haben. Dass sie die Neuausrichtung sehr ernst nahm, bescheinigt ihr Wochenpensum von siebenundzwanzig Stunden. Im Semesterverzeichnis der Universität Heidelberg 1931/32 wurden im »studium cameralium« von insgesamt 3270 Studierenden der Universität Heidelberg nur 130 Studenten dieser Studienrichtung registriert, darunter 18 weibliche. Man kann davon ausgehen, dass diese Mädchen sicherlich ein besonderes Selbstbewusstsein entwickelt haben.[3]

Die ehrgeizige Studentin legte nach dem siebten Semester, am 29. Juli 1932, unter dem Prüfungsvorsitz von Alfred Weber ihr Examen zum Diplom-Volkswirt ab. Von den 16 angemeldeten Stu-

## 4. Kapitel

denten bestanden nur 8 die anspruchsvolle Prüfung; Hilde Löwenstein erhielt die Note »gut«.

Hilde Löwenstein versuchte in Heidelberg Berlin aufleben zu lassen: Sie trat in den sozialistischen Studentenbund ein und funktionierte bei Wochenendaufenthalten in Köln das elterliche Herrenzimmer in einen Diskussionssalon um. Der Kommunist Hans Mayer nahm Hilde Löwenstein die Ernsthaftigkeit ihres sozialistischen Engagements allerdings nicht ab. Dass ihr *dieser unverschämte Lümmel [erklärte], [sie] sei nie richtiger Kommunist gewesen*, empörte sie.[4] Doch schien Mayer die Glaubwürdigkeit der »Salonlinken« richtig eingeschätzt zu haben, denn Hilde Löwenstein bekannte 1932, dass *die Rückkehr zum Privatlichen das denkbar Positivste gewesen* war, was sie in den letzten Jahren getan hatte.[5] Dennoch trafen sich Hans Mayer und Hilde Löwenstein bei Heimatbesuchen in Köln regelmäßig, diskutierten in Cafés oder unternahmen Spaziergänge, die Anlass zu politischem Austausch boten. Zwar nahm das junge Mädchen Mayers politische Ausführungen weiterhin interessiert auf und seine Schmeicheleien gerne an, doch seine scheinbar wachsende Arroganz stieß sie ab. *Er antwortet auf die bescheidenste Frage mit einer Gnade als spräche er vor einer gutbesuchten Versammlung. [...] Dieser Brillenaffe macht ja auch keine große Politik sondern mehr ein Indianerspiel. Sein Onkel ging nach Amerika zu den Grizzlys und der wird Parteispitzel. Der Unterschied liegt nur in der Ideologie.*[6] Unter diesen Umständen konnte eine Freundschaft vorerst keinen Bestand mehr haben.

Im idyllischen Heidelberg schwamm sich die Studentin jetzt vom *Mutterkind* frei, sah die *Schwimmleine durch[]schnitten*[7]; von den Annehmlichkeiten eines behütenden Elternhauses profitierte sie dennoch gerne, denn *pünktlich gingen [ihre] Wäschepakete hin und her und kamen nie ohne Extrageldscheine und ein gebratenes Hähnchen [...] zurück.*[8]

Am 28. April 1931 immatrikulierte sich der jüdische Student Erwin Walter Palm in Heidelberg, nachdem er zwei Semester in Göttingen studiert hatte. Die schicksalhafte Begegnung zwischen Erwin Walter Palm und Hilde Löwenstein fand gleich in den ersten Tagen nach Palms Ankunft in Heidelberg in der Mensa statt: *Erwin nach dem Erbauer des Strassburger Münsters und Walter nach dem*

## Heidelberg: 1931-1932

*von der Vogelweide*[9] – wenn er sich Hilde Löwenstein so vorgestellt hatte, war ihre Neugier sicher gleich entbrannt.

Anfangs pendelte Palm zwischen Wohn- und Studienort, dann bewohnte er ein Zimmer im zweiten Stock der Landfriedstraße 14; die Studentin Löwenstein hatte eine kleine *Mansarde mit Aussicht zur Peterskirche*[10], gleich um die Ecke, bezogen.

Der charismatische junge Mann strahlte eine tiefe, melancholische Wehmut aus, die mit Extravaganz gepaart war. Einerseits war er attraktiv, und ihn umgab eine mystische Schönheit; andererseits wirkte er – wie auf Hilde Löwensteins Mutter – etwas *mädchenhaft*.[11] Sein Gesicht war beherrscht von den sinnlichen, vollen roten Lippen. Mit seinem tiefschwarzen, gelockten Haar und dem olivfarbenen Teint hätte man ihn für einen Südländer halten können (später, in Santo Domingo, dachte man, er sei Mexikaner). Tatsächlich war Palm überzeugt, dass er portugiesische Wurzeln hatte; in der lässigen schwarzen Locke über der rechten Schläfe sah er einen künstlerischen Anstrich. Besonders aber faszinierten Hilde seine dunkelbraunen Augen mit den dichten schwarzen Wimpern, doch schon bald sollte Erwin Walter Palm auf sein jüdisches Aussehen angesprochen werden.

Auch wenn er nicht sehr groß war, so vermittelte er doch stets den Anschein einer großen Präsenz. Der zierliche Student war mit 1,62 Meter nur vier Zentimeter größer als Hilde Löwenstein. Er gab sich bewusst dandyhaft: den verwegenen Hut scheinbar nachlässig schräg auf dem Kopf, schon in jungen Jahren immer mit eleganter Fliege und einem weit schwingenden Mantel.

Unglücklich war er über einen kleinen körperlichen Makel: Er litt sehr unter den drei missgebildeten Fingern an der linken Hand, die eine Musikerkarriere als Cellist verhindert hatten, obwohl er mit einem eigens für ihn angefertigten Cello Privatunterricht bei dem Cellisten des Frankfurter Opernorchesters hatte. Neben der Literatur galt der Musik seine größte Liebe und Leidenschaft. Sein Handicap kaschierte er geschickt, indem seine linke Hand immer scheinbar lässig in der Jackentasche steckte. In seinem Habitus entsprach er einem Bild von Mann, dem Hilde bisher in ihrem Umfeld nicht begegnet war. Hilde Löwensteins Vater war ein unauffälliger Mann, dem Bruder sprach Hilde Löwenstein sowohl physische als auch intellektuelle Attraktivität ab. Der Student Palm glich dagegen

## 4. Kapitel

einem Paradiesvogel, dessen ästhetische Selbstinszenierung jedoch nur seine Unsicherheit kaschierte. Denn im Alltag umgab ihn eine Hilflosigkeit, die bei Frauen an den mütterlichen Schutzinstinkt appellierte.

Das junge Mädchen war sich der Exotik Palms von Anfang an bewusst. Da auch sie immer einen Hang zur Exzentrik hatte, reizte sie der Mann, der in fast allem das Gegenteil ihres Vaters war. Der Hut Erwin Walter Palms, den sie für ein Wochenende mit nach Hause genommen hatte, symbolisierte das *Unverwandte, nicht zur Familie Gehörige, par excellence. Der Hut war wie ein großer fremder Vogel, enorm exotisch. Mit einer Mischung von Unbehagen und Neugier sah [sie] täglich den Hut an, der nichts neben [ihres] Vaters Hut verloren hatte.*[12] Unbehagen und Neugier – Erwin Walter Palm und Hilde Löwenstein schienen von Anfang an von der Polarität im Wesen und Agieren des anderen fasziniert gewesen zu sein. Die Schwingen des exotischen Vogels umhüllten sie, konnten sie aber niemals tragen.

Palm warf in den gemeinsamen Seminaren alle intellektuellen Köder aus, mit denen er Hilde Löwenstein imponieren konnte: Die ersten Zettelchen, die sie sich während der Jaspers-Vorlesungen zusteckten, waren gespickt mit griechischen Zitaten und mythologischen Andeutungen – intellektuelles Abklopfen von beiden Seiten. Und doch waren es diese ersten, romantisch anmutenden Zettelchen, die die Bedingungslosigkeit hätten ahnen lassen können, die Erwin Walter Palm von der Frau forderte, die sich auf eine Beziehung mit ihm einlassen würde: *So spricht das Leben.* »*Drei Rosen rot. Beginn–Liebe–Tod*«, schrieb er ihr 1931 auf ein Kärtchen.[13] Die Bindung würde die *Feuerprobe des Herzens* fordern. Palm *war phänomenal gebildet. [...] Die sinnliche Aneignung, in der alle anderen Erfahrungen aufgingen, war sein [...] Ziel. Er hat das Leben mit einer Intensität geliebt, wie sie nur [...] aus der Gabe zu geistiger Überformung resultieren kann. Denn Leben war für ihn auf eine Weise mit dem Fragen nach dem Sinn und dem Erfahren des Ästhetischen verbunden, dass ihm jede andere Form des Daseins als unerheblich [...] erschien.*[14] In Hildes Dachwohnung feierten die beiden Studenten *Leseorgien* mit Platon: *Mit den Platonabenden war er allen Rivalen, die sich in [sie] verliebt hatten, von vornherein überlegen*[15] – und Rivalen gab es durchaus.

## Heidelberg: 1931-1932

Die Idee, sich so umfassend wie möglich zu bilden, verwirklichten beide, Palm allerdings war konservativer ausgerichtet. In seiner Welt der Antike ließ er Fortschrittlichem nicht viel Spielraum und versuchte, in diese Richtung auf die Freundin Einfluss zu nehmen. Er freute sich, dass sie schließlich über Kafka ähnlich dachte wie er: Er qualifizierte ihn als *einen Schwätzer* ab, dem er *Unfähigkeit zum Poeten*[16] bescheinigte. Proust war ein *Idiot und indiskutabel*, Toller gehörte *auf die Straße* und nicht ins Theater.[17]

Bücher waren ihm kostbar, sein Bildungshunger war *kannibalisch*.[18] Immer wieder hielt er gezielt nach Buchraritäten Ausschau. Als Hilde ihm Ostern 1932 einen in Leder gebundenen Gedichtband von Balzac schenkte, war seine Freude überschwänglich: *Nun liegt der wunderschöne Balzac vor mir wie eine verlockende Geliebte rein weich und zart.*[19]

Der Kampf um die Vormacht auf geistigem Terrain prägte die Beziehung zwischen Hilde Löwenstein und Erwin Walter Palm ein Leben lang; sie akzeptierten keine Mediokrität des anderen. Doch schon früh musste sich Erwin Walter Palm eingestehen, dass seiner Freundin vieles leichter fiel.

*Ihrer beider Temperament war sehr verschieden, fast entgegengesetzt*, und doch *waren sie so sehr dasselbe, daß keiner auch nur vorgehen konnte.*[20] *Daß sie, was ihm eine Last war, im Spiele tat, nahm er ihr übel.*[21]

Hilde Löwenstein ließ sich von der sinnlichen, *mediterranen Strahlkraft*[22] des jungen Studenten einfangen, *er seinerseits war bereit, ihr nahezu göttliche Ehren zu zollen, daß sie ihn davon befreite [...], daß er in diesem Jahrhundert zu leben hatte.*[23] Intellektuelles verband sie beide, aber Alltägliches machte Hilde Löwenstein für Erwin Walter Palm bald unentbehrlich.

Wenn sie unter den Terrassenpfeilern des Heidelberger Schlosses Platon lasen oder er der unermüdlichen Schwimmerin zusah – Palm konnte dem Element Wasser nichts Attraktives abgewinnen –, schob sich eine Wand der Melancholie zwischen sie, die für Hilde Löwenstein nicht greifbar war. Es wurde ihre Lebensaufgabe, Erwin mit nimmermüdem Optimismus aus der dunklen Tiefe ans Licht zu helfen. Die Kraft dazu schöpfte sie aus *dem Vertrauen [...], dem Urvertrauen, das unzerstörbar scheint*[24] und das ihr die Eltern mitgegeben hatten.

# 4. Kapitel

Erwin Walter Palm stammte aus einer jüdisch-orthodoxen Frankfurter Kaufmannsfamilie, die im Gegensatz zu den Löwensteins die jüdische Religion lebte: Koscheres Essen gehörte ebenso zum Alltag der Familie Palm wie regelmäßige Besuche beim Rabbi. In der jüdisch-orthodoxen Gemeinde von Frankfurt eingebunden zu sein, bedeutete, auf ein weitreichendes Freundes- und Kundennetz zurückgreifen zu können, das viele Kontakte im In- und Ausland garantierte. Anfangs sicherte der Lederwarenhandel, den Vater Arthur Palm mit einem Kompagnon betrieb, ein solides Einkommen und ermöglichte, dass sie in ihrer *Sechszimmerwohnung, [...] herrschaftlich und standesgemäß eingerichtet* waren.[25] Arthur Palm war bestrebt, seinem einzigen Sohn alle Wünsche zu erfüllen, denn wirtschaftlich wollte er wettmachen, was das persönliche Schicksal eingeschränkt hatte: Seine Frau, die Kaufmannstochter Else Hess – zweiten Grades mit Ludwig Landmann verwandt, dem ersten jüdischen Bürgermeister von Frankfurt –, hatte er 1909 geheiratet[26] und ein Leben lang leidenschaftlich geliebt. Sie starb, als Erwin Walter erst zwölf Jahre alt war. Der Sohn hatte die Italien-Sehnsucht der Mutter verinnerlicht; er bedauerte den Zufall, nicht in Bordighera zur Welt gekommen zu sein, der Stadt an der italienischen Riviera, die seine Mutter kurz vor seiner Geburt verlassen hatte. In seiner Erinnerung blieb sie das engelhafte Wesen, mit dem er sich durch die Musik verbunden fühlte, die Frau, die rauschende Ballkleider und große Florentiner Hüte liebte, die sie in Hutschachteln mit blausamtenem Futter aufbewahrte, die ihn zum Schneider und zu ihren späteren Sanatorienaufenthalten mitnahm, wo er die älteren Damen bei Teegesellschaften erfreute.

Der Vater war bis zum Tod der vergötterten Frau *ein Vater wie aus dem Lehrbuch gewesen, doch durch deren Tod hörte [er] auf zu existieren*[27] und war nicht mehr verlässlich. Dass Arthur Palm zwei Jahre später Anna, die jüngere Schwester seiner verstorbenen Frau, heiratete, verzieh ihm der Sohn nie. Auch wenn diese sozialverträgliche Lösung in den damaligen Zeiten durchaus üblich war, so blieb Erwin Walter Palms Verhältnis zu seiner Stiefmutter emotionsarm und distanziert. In seinen persönlichen Lebensaufzeichnungen erwähnt Palm mit keinem Wort, dass die neue Frau des Vaters seine bisherige Tante gewesen war. Obwohl die *zweite Mutter [ihm] alles zuliebe tat und [er] gut mit ihr auskam*[28], entfremdete sich der Sohn

## Heidelberg: 1931-1932

immer mehr, und *von einem gewissen Moment an löste [er sich] leise*.²⁹ Wann immer er konnte, entfloh er dem seiner Meinung nach spießbürgerlichen Leben der Eltern. Wann immer es möglich war, reiste er oder befasste sich mit Reiseplänen.

Die Inflation hatte Arthur Palm wirtschaftlich ruiniert: Aus der eleganten Wohnung im zweiten Stock der Georg-Speyer-Straße 5 im Frankfurter Westend, nur einen Steinwurf vom »Palmengarten« entfernt, mussten sie in ein bescheideneres Domizil in der Lindenstraße 22 ziehen. Die äußeren Anzeichen eines wohlsituierten Bürgertums konnten nur noch unter großen Anstrengungen aufrechterhalten werden. Doch Erwin sollte es an nichts mangeln: Das Hauptanliegen des Vaters blieb, dem Sohn weiterhin eine gute akademische Ausbildung zu ermöglichen – dafür war er auch bereit, Opfer zu bringen. *[I]ch bin längst am Ende mit meiner Kunst [...] wir sind froh, wenn wir das allernötigste haben [...] denn uns war es die Hauptsache Dir Deinen Abschluss zu ermöglichen & bis dahin ist es G. s. D. wenn auch mit schweren Opfern geglückt.*³⁰

Erwin Walter Palm war in jenen Tagen ruhelos und wurde von dunklen Todessehnsüchten gepeinigt. Er sehnte sich nach Geborgenheit – die Hilde Löwenstein ihm gab. Ihr galt sein Sehnen und seine Abwehr zugleich.

Auf der Suche nach Werten und Identifikation fand er Orientierung in der Lyrik Stefan Georges. Georges Worte erfüllten ihn, in Georges Sehnsucht nach dem Süden fühlte er die Seele der Mutter. Gerne hätte auch er sich einen ähnlichen Kosmos wie der Meister geschaffen, doch blieb ihm nur die ästhetische Selbstinszenierung. Seine inneren Aufwallungen versuchte er zu zähmen, indem er sich der Welt entzog, viel reiste und seine Gefühle in metaphysischen Gedichten zu äußern suchte; äußere und innere Enthaltsamkeit wechselten mit exzessiven Ausschweifungen.

Paradoxerweise identifizierten sich gerade jüdische George-Jünger mit dem »deutschen Geist«, den George in seinen Gedichten hochleben ließ, wo doch *die Klischees des Antisemitismus [...] ihn ein Leben lang [begleiteten]*³¹ – doch den sympathisierenden »verkannten brüdern«, immer schweifend und drum nie erfüllt, bot sich *zum ersten Mal die Möglichkeit, ihre konservativen Tendenzen in fruchtbare Beziehung zum Deutschtum zu setzen.*³² So ließe sich erklären, dass sich Erwin Walter Palm das »Fremdstäm-

## 4. Kapitel

mige« des Judentums von der Seele waschen wollte. Er verbannte jüdische Wörter aus seinem Sprachgebrauch, lobte, dass sich die *derbe Sprache* der schweizerischen Literatur, die er auf seiner Reise gerade gelesen hatte, gegen *das saujüdische Gemauschel prachtvoll ab[hob]*.[33] Auch von der Freundin erwartete er, dass sie keine jüdischen Wörter mehr gebrauchte, sodass sie sich bei ihm entschuldigte: *Du weißt, dass ich auf dies miese jüd. Wort nicht verzichten mag. Übersieh es gnädigst.*[34]

Die Leidenschaft für das George'sche Lebensgefühl teilte er mit seinem Göttinger Studienkollegen Ernst Walter Caspari. Casparis verspielt verzierten Namen findet man in Palms Notizheften, in denen er seine Vorlesungsresultate notierte. *Nicht vergessen will ich den schönsten Brief meines Lebens zu erinnern: Post von Caspari*[35], teilte er 1932 seiner Freundin Hilde mit, als die um zärtliche Briefe warb.

*Mein Erwin, ich wollte Dir heute ja nur danken für die Freude, die Du mir gemacht hast, indem Du mir nach langer Zeit wieder einmal gezeigt hast, daß es Schönheit gibt. Und ich wollte Dir sagen von meiner Sehnsucht nach Dir, die gleichzeitig Sehnsucht nach der Schönheit und Sehnsucht nach der Entspannung ist*[36], schrieb Caspari auch 1933 noch. Erwin Walter Palm widmete dem Freund 1961 sein Singspiel *Der Mann von Rabinal*.

In nächtlichem Herumvagabundieren, üppigen Schwelgereien und bacchantischen Trinkgelagen mit Caspari lebte er ein ausschweifendes Leben, das seine Energie aufzehrte und ihn seine Studien vernachlässigen ließ. Schon morgens hatte er manchmal zwei Flaschen Rotwein genossen, immer wieder erklärte er sich der Freundin. *Humanist und Bacchanal: das sind die zwei Lebensformen, zwischen denen ich mich bewege. [...] Und es ist mein Glück, traurig zu sein.*[37]

Hilde Löwenstein wusste also, auf wen sie sich einließ, und fand doch bei aller Kritik immer wieder ein mildes Urteil, selbst wenn Palm das junge Mädchen mit provokanten Phrasen konfrontierte: *Außerdem ist ein Mann der, der säuft und hurt im ganzen Ort. Ecce homo!*[38] Ob sich der Student dabei von Nietzsche oder eher von George Grosz' Blättern *Ecce Homo* – die als sittlich anstößig 1930 verboten worden waren – inspiriert fühlte, interessierte Hilde Löwenstein nicht; dieses Verhalten lehnte sie ab. Mehr als dreißig

## Heidelberg: 1931-1932

Jahre später noch schien sie der damaligen Haltung ihre Sicht der Menschlichkeit entgegenzusetzen:

*Weniger als die Hoffnung auf ihn*

*das ist der Mensch*
*einarmig*
*immer*

*Nur der gekreuzigte*
*beide Arme*
*weit offen*
*der Hier-Bin-Ich*[39]

*Der Dichter sucht also ein Weib das er lieben könnte, und nirgends findet er sein Ideal: keine reicht bis zu ihm heran; und so verbietet er lieber königlich den niedrigen Mägden ihn zu lieben, und hält sich rein für seine Muse.*[40]

Die Frau, die Erwin Walter Palm lieben und verehren konnte, musste seinen Vorstellungen von einem Frauenbild entsprechen, das lauter wie die Kunst war und das er in Haydns *Schöpfung* idealisiert fand: *Reinheit aber ist das was es in der modernen Kunst nicht gibt. Du bist dazu verpflichtet, wenn irgendetwas Deine Aufgabe ist, dann dies.*[41] Die *schmuddelig-ungewaschene BB* (Brigitte Bardot, von der er 1959 zum ersten Mal einen Film sah) war ihm *aus der Seele zuwider.*[42]

Immer auf der Suche, fühlte er sich lebenslang ohne Hilde so *hilflos wie alle ersten Tage, wie alle ersten Tage, die ich allein bin. Oder mir scheint: noch hilfloser.*[43] Die Freundin wird ihm immer *Harfe, Spiegel und Quelle* sein müssen, *Quelle für den Narziß aus der er trinkt und trinkt und nicht zu sich selber kommt?*[44]

Trost fand Erwin Walter Palm beim Lesen in den Mythen und Sagen der Antike. *Und die Antiken waren alle ohne Ausnahmen Egoisten.*[45] In der Identifikation mit den androgynen Helden des Altertums fühlte sich Erwin Palm am authentischsten aufgehoben.

Wie tief er sich der Antike verbunden fühlte, zeigte der Name »Octavian« (Augustus), mit dem er seit den frühen Studentenjahren immer wieder seine Briefe unterschrieb. Gerade den ersten rö-

## 4. Kapitel

mischen Kaiser hatte er sich als Identifikationsfigur gewählt; der Kaiserbiograf Sueton beschrieb Octavian als von kleinem, aber harmonischem Wuchs, der auf seine Mitmenschen eine starke Faszination ausübte. Selbst das Zahnschema von Palm und Octavian stimmte überein, und fast tragisch mutet es an, dass auch Palm wie der römische Imperator schon in frühen Jahren an Nierensteinen litt und letztlich an einem Nierenleiden starb.

Bereits zu Schulzeiten war Erwin Walter Palm überzeugt, dass sich seine Berufung zum Poeten *a priori längst ereignet*[46] hatte. Mit mystischen Versen versuchte er seiner qualvollen, tiefen Melancholie und Hilflosigkeit Herr zu werden: *Meine liebsten Gedichte sind mir die die eine leise Todesahnung silbrig unter die Freude spinnen.*[47]

*Feuchtes und Heißes ziehen einander/eng die Brüste/Zwillingsschwester von Leben und Tod/Sommerküsse heben die Brüste/hüpfender Wellen zu sich empor/bis ihre Lieben sich durchdringen/in feurigen Kugeln glitzerndem rund/Aber am Abend neigt sich die Sonne/über die Wellen steigt von den himmlischen Brüsten hinab/dass sich ihr Tact küssend vereint/mit des Wassers bergendem Schoß.*[48]

Er schickte Hilde Löwenstein seine Werke, bat sie um ihr Urteil. Die Parallele zu George und der einzigen von ihm umworbenen Frau, Ida Coblenz, bietet sich an. Auch George legte der Frau seine Gedichte vor und erwartete eine Bewertung und Interpretation. Und wie Ida Coblenz wand sich auch Hilde Löwenstein: *Du siehst, es dauert 2 Seiten, bis ich zu dem Gedicht komme. Es war mir nicht möglich gestern etwas dazu zu sagen. Auch heute fällt es mir schwer. Ich muß es noch viele Male lesen. Bitte begnüge dich damit, dass ich es dichterisch außerordentlich stark finde. Viel stärker als das vorige; wenn man es überhaupt vergleichen soll – das daneben geradezu liebenswürdig leicht erscheint. Wenn Du nicht verstehst, wie ich es meine – ich kann es nicht näher definieren.*[49]

Hilde Löwenstein setzte sich von Anfang an ernsthaft mit den poetischen Ergebnissen des jungen Palm auseinander, war bei aller Klarheit im Urteil jedoch um Diplomatie bemüht: *Das Gedicht gefällt mir besser als die wenigen Gedichte des Sommers, womit ich nicht behaupten will, dass es im ganzen Zyklus das Beste sei [...]. Ich muss gestehen, ich musste die Verse einige Male lesen um wirklich*

## Heidelberg: 1931-1932

*im Herzen ein Verhältnis zu haben und sie mir lebendig zu machen. [...] es stört mich an ihr die letzte Zeile, das ist mir zu kulissenhaft. Ich weiß nicht, ob du verstehst, was ich meine: der bleiche Mond ist ein oft benutzter Gegenstand und insbesondere in diesem Zusammenhang wirkt die ganze Zeile so gewollt und zu effekthascherisch. Dann stört mich auch in der 1. Strophe der schlechte Reim: standen, rannten. Aber das sind Kleinigkeiten, die leicht zu verbessern wären.*[50] Hilde Löwenstein entwickelte ein sicheres Gespür für Stil und Poetik und war zu präziser sprachlicher Analyse fähig. In der Auseinandersetzung mit Palms Lyrik schien ihre poetische Kraft zu wachsen. Hilde behielt das Muster der Beurteilung von Palms Gedichten über Jahrzehnte bei, versuchte mütterlich sanft zu leiten, ohne zu verletzen.

Mit Freude und Leichtigkeit imitierte sie Stefan George:

| | |
|---|---|
| *Das Kind, das lange schlief* | *Sieh mein kind ich gehe* |
| *Dankt für den lieben Brief* | *Denn du darfst nicht kennen* |
| *Doch hast Du schon gedacht* | *Nicht einmal durch nennen* |
| *Das Kind sei aufgewacht?* | *Menschen müh und wehe* |
| *Das Kind macht sich so Sorgen* | *Mir ist um dich bange* |
| *Noch tage nicht der Morgen* | *sieh mein kind ich gehe* |
| *Du weißt es träumen kleine Kinder* | *dass auf deiner wange* |
| *Doch schlafen sie drum minder?* | *Nicht der duft verwehe.* |
| Hilde Löwenstein[51] | Stefan George[52] |

Sie schickte Erwin *wunderbar leicht ungequälte Verse* zu, die in ihm den Wunsch erweckten: *Wenn ich einmal so dichten könnt.*[53]

Bereits in das erste zarte Freundschaftsgeflecht wurde eine Spannung mit hineingewoben, die aus der Rivalität um die dichterische Anerkennung erwuchs. Sie sollte die Kreativität der beiden lebenslang schüren und einschnüren – und zu tiefen Verletzungen führen.

Je orientierungsloser sich Erwin Walter Palm fühlte, umso mehr suchte er Sicherheit in einem inneren und äußeren Korsett. Auch hier fand er bei George reichlich Nahrung, die er bereitwillig aufnahm.

## 4. Kapitel

Hilde Löwenstein war sich auch nach einem Jahr ihrer Freundschaft mit Palm ihrer Gefühle noch nicht sicher. Sie forderte bedingungslose Zuwendung und wollte sich nicht mit dem bloßen Möglichkeitscharakter ihrer Freundschaft zufrieden geben. Unter den Terrassenbögen des Heidelberger Schlosses führten sie immer wieder lange Gespräche und diskutierten die Möglichkeiten ihrer Freundschaft anhand von Jaspers' Thesen: *Jaspers sieht das Sichauffangen im Scheitern und das Seiner-selber-Innewerden im Scheitern, also in der Grenzsituation. Das ist eine Sache, die habe ich gelebt*[54], erklärte Hilde Domin später ihre Beziehung. Erwin Walter Palm gestand in seinem Tagebuch einerseits, dass er ein *falsches Spiel* mit Hilde triebe, sich ihr nicht *zutun* könne.[55] Er hatte ihr andererseits nicht verschwiegen, dass sein Hingezogensein zu ihr *niemals gleichmäßig [...] sondern in vulkanischen Rucks ausbrechen und für Tage abebben [würde] bis es sich wieder anstaut.*[56] Doch ohne sie wollte er auch nicht mehr sein. *Die Rollen wurden festgelegt oder verteilten sich fast natürlich. Das was später ihr Bild voneinander ergab.*[57]

Zum Jahreswechsel 1931/32 unterzog Hilde deshalb ihre Beziehung zu Palm einer kritischen Prüfung: *Ich habe eine solche Angst, mich unwiderruflich unglücklich zu machen,* denn sie fühlte, dass sie sich auf etwas einließ, das *nicht von der ratio diktiert ist.*[58] Wovon dann? Zu diesem Zeitpunkt jedenfalls noch nicht von körperlicher Liebe.

Intime Nähe hatten sie bisher vermieden und wollten sie auch nicht in den angemieteten Studentenzimmern finden; das schickte sich vor allem nicht für Erwin Walter Palm, *der doch sehr förmlich war*.[59] Palm hatte im nahen Neckargemünder Hotel »Zur Pfalz« – dem späteren renommierten Hotel »Zum Ritter« – ein Zimmer reserviert. Die beiden waren an einem heißen Junitag des Jahres 1931 den Neckar entlanggewandert. Sie hatten sich von den sanften Windungen des Flusses führen lassen, immer wieder an den sandigen Ufern Halt gemacht, sich auf einen romantischen Abend eingestimmt, indem sie sich gegenseitig Gedichte vorlasen. Das Lokal blieb in Hilde Domins Gedächtnis der Ort einer großen schmachvollen Unpässlichkeit – von der sie immer erzählte, wenn man durch Neckargemünd fuhr; und auch in Briefen an Palm nahm sie damals immer wieder auf die peinliche Begebenheit Bezug.[60] In dem bekannten und beliebten Ausflugslokal mit wunderbarer Ter-

## Heidelberg: 1931-1932

rasse zum Neckar trank die vom Wandern erhitzte Studentin süßen griechischen Wein: zu schnell und zu viel. Erwin Walter Palm musste das reservierte Zimmer im lauschigen Gasthaus abbestellen, und beide waren letztlich nur noch froh, dass der Taxifahrer sich nicht geweigert hatte, die betrunkene Studentin zu transportieren.

Es ist nicht verwunderlich, dass es Hilde Löwenstein in diesen ersten zwei Jahren ihrer Freundschaft immer wieder in den *elterlichen Port*[61] trieb, wo die klare Struktur der Ehe ihrer Eltern ihr Orientierung gab, ohne freilich helfen zu können. Die Mutter konnte die Spannung, die diese Liebe ihrer Tochter aufzwang, nur erahnen, denn nach außen hin unterstützte Hilde Löwenstein Palms Bemühen, seiner Umgebung ein anderes Bild von sich zu vermitteln.

Eine Erklärung für die psychische und physische Rastlosigkeit Erwin Walter Palms in jenen Tagen liefert seine Beziehung zu Käthe Silberberg, seiner jüdischen Studienfreundin aus Göttingen, der Tochter des jüdischen Facharztes für Chirurgie, Dr. Otto Silberberg. Parallel zur Verbindung mit dem *Frl. Löwenstein* – so sprach er von Hilde Löwenstein gegenüber der Freundin Käthe in Briefen – unterhielt der Student nämlich eine Beziehung zu der jungen Mathematikstudentin, die mit ihren Eltern nach Breslau gezogen war. Doch auch die Nähe zu Käthe fand nur aus der Ferne ihre Erfüllung. Neben den Ehebriefen bildet der Briefwechsel mit der Jugendfreundin – sorgfältig durchnummeriert – das größte Konvolut im Nachlass Erwin Walter Palms und spiegelt die emotionale Nähe wider, die Erwin Walter Palm zu Käthe durchaus empfunden haben muss. Die junge Breslauerin schien von denselben Stärken und Schwächen Palms gefangen genommen zu sein, die auch Hilde Löwenstein imponierten: dass *er antispießig, lebendig und pulsierend war.*[62] Auch Käthe stammte aus einem jüdisch-orthodoxen Elternhaus; die Gewissenskonflikte, die Palm in Auseinandersetzungen mit seinen strenggläubigen Eltern stürzten, konnte sie nachempfinden. Auch sie hatte *solchen Ekel vor diesen eingebürgerten Kaftananhängern. Wir können uns nicht über den Antisemitismus wundern. Dabei ist der Zustand sehr traurig, denn im Innern fühlen wir uns doch trotz allem ganz jüdisch und sind bei den andern nicht heimisch.*[63]

# 4. Kapitel

Sie kannte Erwins bacchantische Ausschweifungen, wusste um seine Egozentrik: *Dir ein Leben nach deinem Stil zu wünschen, wäre überflüssig, denn du hast ja das, wie du willst auch wenn sich alles auf den Kopf stellt.*[64] Man gewinnt den Eindruck, dass auch Käthes Liebe zu Erwin Walter Palm eher von der mütterlichen Sorge geprägt war, dass der junge Mann sich selbst entgleiten könnte. *Obwohl ich um Dich Angst habe: ich glaube, dass Du eine große Kontrolle brauchst, die dafür sorgt, dass Du Dich nicht ins Uferlose verläufst.*[65] Konnte Hilde Löwenstein die rettende Hand am Ufer sein?

Erwin Walter Palm schien in diesen Tagen immer wieder an psychische und physische Grenzen zu stoßen: *Ich sehe nur noch ein Chaos von Dingen, die mich bedrohen. Alles dreht sich und alles zerbricht*[66], klagte er. Er war verunsichert, wie er seine Beziehung zu Käthe gestalten sollte. Sah sie immer noch so kindlich aus wie in Göttingen? Ein Foto, das sie ihm 1931 zuschickte, ließ ihn ratlos zurück: *Käthe ist eine junge attraktive Frau geworden. Habe ich ihr damals auch nur die georgische Maske übergestülpt?*[67]

Hilde Löwenstein reagierte überraschend souverän, als sie das Versteckspiel mit Käthe Silberberg durchschaut hatte: Sie schickte Erwin Walter Palm im Sommer 1931 zu einem Besuch zu der Studentin nach Göttingen, damit er sich über seine Gefühle klar werde.[68]

Käthes Karten und Briefe erreichten Palm an allen Studien- und Ferienorten, auch dort, wo Hilde Löwenstein hoffte, mit ihm allein zu sein. Hatte Käthe gehofft, dass sie und Palm ein Paar werden könnten? Im Mai 1936 hatte sie es offenbar aufgegeben, denn da kündigte sie unvermittelt und überraschend ihre Verlobung mit dem zwanzig Jahre älteren Mathematiklehrer Hermann Kober an, den sie am 5. Juli 1936 heiratete. Er unterrichtete an derselben jüdischen Privatschule in Breslau, an der sie mittlerweile als Mathematiklehrerin tätig war.[69] Mit ihrem *hausbackenen* Leben war sie unzufrieden und neidete Erwin die *ganz andere Welt.*[70] Nachdem Käthe geheiratet hatte, kündigte Palm seine bevorstehende Hochzeit mit Hilde Löwenstein für Oktober 1936 an. Nach den vielen Jahren des Hingehalten-Werdens reagierte Käthe ironisch abgeklärt: *Dass Du auch so seriöse Pläne hast, na viel Glück.*[71] Die Freundschaft zu Käthe bestand auch nach deren Flucht 1939 nach

England. Sie nannte sich später Kate Kober und hatte sich mit ihrem Mann in Birmingham niedergelassen.

Über ihre Zweifel an ihrer Liebe zu Palm und über die vielen unglücklichen Momente hatte Hilde Löwenstein ihren Freund Hans-Georg Pflaum aus Berlin stets auf dem Laufenden gehalten. Und der versuchte noch einmal sein Glück bei ihr: Er tauchte in den Pfingstferien 1931 unangekündigt bei den Löwensteins in Köln auf. Erst war Hilde ungehalten über den Besuch, doch dann stellte sie den Berliner Studenten ihrem Vater vor, dem er *sehr gut gefiel*.[72]

Die beiden jungen Leute machten eine sechstägige Tour durch die Mainauen bis nach Wertheim: Tage, die harmonisch und unbeschwert verliefen. Sie genossen die ausgedehnten Spaziergänge in sommerlicher Luft, und Hilde Löwenstein war von der Ausgeglichenheit und Fürsorge Pflaums beeindruckt. Nach einem besonders heißen Tag verblüffte Hans-Georg Hilde mit einer Fußwaschung: *Er stellte eine Waschschüssel auf den Stuhl [...] und kniete nieder und kühlte [ihr] die Füße. Sehr ausführlich.*[73] Nie zuvor hatte ein Mann ihr auf diese Art seine Zärtlichkeit gezeigt – und keiner würde es je wieder tun. Beide genossen die Nähe, und Hilde willigte ein, in *[j]enes einzige Mal je*.[74] Sie hatten just in dem Hotel übernachtet, das Erwin Walter Palm ihnen als Lieblingshotel seines Vaters empfohlen hatte. Doch das Beisammensein verlief unglücklich, und Pflaum wusste erst viel später, nach sehr viel mehr Lebenserfahrung, dass er *zu wenig Mann gewesen [war], zu sehr Kümmerer, allzu verantwortungsbewusst*.[75] So war es ihm nicht vergönnt gewesen, Hilde Löwenstein aus ihrem Elfenbeinturm zu befreien. Er hatte sie wohl endgültig verloren, und so wünschte er ihr Glück für den richtigen Partner: aber *nicht den Prinzen Deiner Träume, den liebenswerten Eleganten, den spleenigen Dandy oder den vollkommenen Kavalier, sondern einen tüchtigen Täter, der Dich verwirrt und erlöst, drückt und erhebt.*[76] In Hilde Domins Roman *Das zweite Paradies* wird sich Hans-Georg Pflaum in der Romanfigur Friedrich wiedererkennen: Friedrich, wie sein bester Freund in Berlin.

Die erneute Hinwendung zu Erwin Walter Palm war für Hilde Löwenstein keine leichte Entscheidung gewesen. Unsicher und unentschlossen rang sie in ihren Briefen immer wieder um Worte, um Palm an ihren seelischen Qualen teilhaben zu lassen. Sie beteuerte, dass es *ein Willensakt* gewesen war, dass sie *damals in den Ferien*

## 4. Kapitel

*überhaupt mit einem Mann nähere Bekanntschaft schloss.*[77] Doch obwohl sie befürchtete, dass *die Heuchelei sie zu ruinieren begann*, schloss sie letztlich mit Erwin Walter Palm einen Bund: *Meine Seele wird immer für Dich da sein. [...] Wenn du aber, was ich Dir biete und ich biete es Dir von Herzen, nicht annehmen kannst oder willst [...] dann wünsche ich Dir, dass Du nicht weiter Schmerzen habest und dass Du mich vergisst. [...] so will ich Dir versichern, dass wann immer [...] Du mich brauchtest – oder auch nur irgendeine Frau, die Dir helfe – ich da sein will, und ebenso wieder verschwinden werde ohne den geringsten Dank zu verlangen, denn ich werde Dir meine Freundschaft bewahren.*[78] – Auch auf die Gefahr hin, dass sie selbst immer wieder ratlos und einsam auf dem gemeinsamen Weg zurückbleiben sollte.

*Wie kann ich dich auf den Arm nehmen*
*und über den Strom tragen*
*als sei ich der heilige Christopher*
*und es wichen die Wasser vor mir?*

*Ich, die ich die Schwere des Abends*
*nicht heben kann*
*wenn die Liebe auf meinen Brüsten glänzt*
*indiskret wie ein Schrei aus Jasmin*
*der die Leute auf der Straße verstört.*[79]

Wie eine Göttin wollte sie ihn durch das moderne Leben tragen, sodass in ihm *das Bild von der Frau als hauptberuflicher Wundertäterin entstand. Oder doch als magischer Waffe gegen die Wirklichkeit. [...] Es war ein Glück für beide, daß sie gewisse Gaben für ihre Rolle mitbrachte. Zum Beispiel die Gabe hatte, die Härte der Übergänge zu mildern. [...] Es ist wahr, er seinerseits war bereit, ihr nahezu göttliche Ehren zu zollen, dafür, daß sie ihn davon befreite [...], daß er in diesem Jahrhundert zu leben hatte. [...] »Du hast einen Prinzen geheiratet«, sagte ihre Mutter einmal zu ihr. Aber genau das hatte sie immer gewollt, obwohl natürlich die äußeren Umstände nicht ungeeigneter sein konnten.*[80]

Damit waren die Regeln für das Spiel ihrer Partnerschaft festgelegt. Hilde Löwenstein fühlte sich ihr Leben lang ihrem Verspre-

## Heidelberg: 1931-1932

chen verpflichtet, und Erwin Walter Palm bestand mit kindlicher Beharrlichkeit lebenslang darauf, dass sie die Wunder bewirken müsse, die er von der Welt erwartete.

Über ein Jahr hatte der Findungsprozess gedauert; erst im April 1932 verkündete Hilde Löwenstein ihrer Mutter den *fait accompli*.[81] Den 28. April feierten die Palms fortan immer als den *inoffiziellen* Hochzeitstag.[82] Hilde ließ sich unter Palms »Zaubermantel« nehmen, war bereit, die Hülle der Bourgeoisie abzustreifen. Sie gab sich betont burschikos – *Zigaretten rauchend* – und betrachtete *es als das größte Kompliment, wenn sie »du bist so anders« schelten.*[83] Das starke Rauchen gab sie erst 1963 nach einer schweren Erkrankung auf.

Hilde Domin hat in ihren *Gesammelten Autobiographischen Schriften* ihre Beziehung zu Erwin Walter Palm euphemistisch als *Lebensgespräch*[84] bezeichnet. Tatsächlich war beiden früh bewusst geworden, dass der beste Teil ihrer gemeinsamen Zeit ohne Zweifel das Gespräch war, das in ihrem Briefaustausch seinen intensivsten Ausdruck fand. *Unser Gespräch! Ich finde es doch etwas Wunderbares. Beinah – verzeih – noch besser als das Bett. Es nimmt ja auch einen grösseren Platz im Leben ein, sozusagen dauernder.*[85]

Die räumlichen Trennungen wurden lebenslang mit intensiven Briefgesprächen überbrückt – manchmal bis zu sieben Briefen pro Tag, oft mehr als zehn Seiten lang: *das Gespräch ist wie ein Brunnen. Und höchstens wenn einmal Raum zwischen uns gesetzt ist wird es sichtbar wie in einer Schale aufgefangenes Wasser. Ich glaube der beste Teil unserer Zeit ist das Gespräch. Das was vom einen in den andern übergeht, hörbar*[86], empfand auch Erwin Walter Palm noch viele Jahre später. In Santo Domingo führte er ein *Briefbuch* und zählte in drei Wochen vierunddreißig geschriebene Briefe an seine Frau, jeweils viele Seiten lang. Die Bilder der gemeinsamen Gespräche in den Briefen waren die Saat, die schließlich in den Gedichten Hilde Domins aufging und Früchte trug.

*Vielleicht sind wir nichts als*
*Schalen*
*womit der Augenblick*
*geschöpft wird.*
*[...]*

## 4. Kapitel

*Vielleicht wird nichts verlangt*
*von uns*
*während wir hier sind,*
*als ein Gesicht*
*leuchten zu machen*
*bis es durchsichtig wird.*

*Und das Leuchten dieses einen Gesichts*
*aufzubewahren*
*[...]*
*Bis wir hingelegt werden*
*und alles für immer*

*erinnern – oder vergessen.*[87]

Die Briefkultur, die beide pflegten, war strengen Regeln unterworfen. Der Brief war das Dokument ihrer seelischen Verbundenheit und sollte nicht durch Banalitäten entweiht werden. Erwin Walter Palms Briefe sind präzise ausgefeilt, gleichsam Kunstgebilde, die er der Nachwelt unbedingt erhalten wollte. Sie sind anschaulich wie Skulpturen aus Stein, enthalten wunderbare Naturbeobachtungen, ergreifende Seelenbilder, ungewöhnliche psychologische und philosophische Exkurse – und lassen den Verfasser dennoch eigenartig distanziert erscheinen.

Hilde Löwenstein kam dem Anspruch, den Erwin Walter Palm an das Briefeschreiben stellte, schnell nach, und ihre Reflexionen übertrafen seine an authentischer und zugleich poetischer Sprachkraft schon bald. Ihre Briefe sind geprägt von der treffenden Einfachheit der Bilder, einer Leichtigkeit, mit der sie dem Gesagten alle Schwere nehmen konnte, und zeugen von ihrer poetischen Imagination. Sie verfügen über genau die einfache Vollkommenheit der Sprache, die Walter Jens 1959 Hilde Domins erstem Gedichtband *Nur eine Rose als Stütze* bescheinigte.

In der deutschen Sprache war Hilde Löwenstein zu Hause. In der deutschen Sprache erlebte sie die Freude, *frei zu atmen und den Sprachduktus in Übereinstimmung mit der eigenen Atemführung zu spüren.*[88] Jede vorübergehende »Sprachodyssee« mündete zuletzt wieder in den Hafen ihrer deutschen Sprache.

## Heidelberg: 1931-1932

Daneben besaß sie gleichwohl die Fähigkeit, problemlos in die französische und englische Sprache zu wechseln. Hilde Löwenstein bediente sich der französischen Sprache immer in den Momenten, wenn sie mit ihrer Muttersprache keine Gefühle verletzen oder ihr innerstes Ich dem Gesagten entziehen wollte. Das Unsagbare konnte so in Distanz zur eigenen Person treten, wenn die Thematik zu kompromittierend war; sie wählte die Diplomatensprache, wenn Ungeheuerlichkeiten weitergegeben werden mussten, zum Beispiel als sie über den Antisemitismus einer Vermieterin sprach, die die Wohnung nicht an sie vermietet hatte, oder wenn sie über die Starrköpfigkeit Erwin Walter Palms verärgert war. Später in Santo Domingo sprach sie vom *chef d'oeuvre inconnu*[89], um nicht anzuprangern, dass Palm schon wieder eine Arbeit abgebrochen hatte. Sie benutzte das Französische, wenn im Exil der Verlust der Liebe des Partners schwerer wog als der Verlust der Heimat. *Je suis toute humiliée et tellement couverte de blessures que mon âme tremble de douleur comme un enfant maltraité. [...] Aime moi un peu, et souviens toi que la bonté avec Psyche ne peut être jamais un risque.*[90] (Ich bin so gedemütigt und mit Wunden übersät, dass meine Seele vor Schmerzen zittert wie ein misshandeltes Kind. [...] Liebe mich ein wenig und erinnere dich, dass die Güte gegenüber Psyche nie ein Risiko sein kann.) Dabei verfügte sie auch im Französischen über eine solche Feinheit und Vollkommenheit der Sprache, dass Palm sie 1952 ermunterte: *Du solltest versuchen das was sich französisch sagen lässt in Deine deutsche Sprache zu incorporieren.*[91]

Auf die englische Sprache griff Hilde Palm dagegen immer dann zurück, wenn es galt, effektiv zu formulieren. Sie nutzte das Englische, weil sich damit Geschäftliches, Pragmatisches auf einen kurzen Nenner bringen ließ und die deutsche Sprache umständliche Formulierungen erforderlich gemacht hätte. Doch Englisch hatten die Palms als »Esperanto der dritten Welt« bezeichnet und wollten es nicht im privaten Sprachgebrauch einsetzen.

*Italienisch war [ihrer] beider Privatsprache. Es war so gut wie ein Geheimcode*[92] und nahm als Sprache allein schon deshalb eine Ausnahmeposition ein, da sie schließlich *ja auch in der italienischen geheiratet*[93] hatten. Hilde Domin hat die Kommunikation in italienischer Sprache lebenslang mit der unbeschwertesten Zeit in ihrem Leben verbunden.

## 4. Kapitel

Die Palms achteten sorgfältig darauf, ihre Korrespondenzen nicht ins Banale abrutschen zu lassen. Deshalb trennte man das »Hauptgericht« säuberlich von der »Nachspeise«; Alltägliches firmierte je nach inhaltlicher Schwere im Anhang des Extrablattes unter »Salat«, »Unkräuter«, »Dessert.«

Man sollte auch die gegenseitige Anrede nicht unkommentiert lassen. Hilde Löwenstein-Palm-Domin titulierte Erwin Walter Palm mit *Mein Lieb, Mein Herze, mein Kleiner, mein Winzigster, Peterlein*, aber in der Mehrzahl der Briefe mit *Aff, Äfflein*. Die beiden hatten ihr Leben immer zelebriert, und so mag auch die kosende Anrede nicht dem spontanen Zufall überlassen worden sein. Man kann auch nicht annehmen, dass man einem Mann, der seiner körperlichen Erscheinung nach nicht zu den Großen zählte, mit der Anrede *mein Kleiner, mein Winzigster* eine Freude bereitet. Manifestiert sich auch in diesen Namen das Verhältnis zwischen der Verantwortlichen und dem Schutzbefohlenen?

Abgesehen davon, dass der Affe das Sinnbild der Weisheit ist, findet sich bei Stefan George in *Stern des Bundes* ein Vers, der den Mythos Aff und Pfau, mit dem Palm oft signiert hatte, aufnimmt.

Der Pfau als Sinnbild des Unsterblichen und der Affe als Symbol der Weisheit lassen sich gut gegen den wendigen Hasen setzen, denn *Liebstes Häslein* war Erwin Walter Palms liebste Anrede für seine Freundin und Partnerin. Der schnelle Hase war auch das Tier, das in Darstellungen der Alchimisten diese zum Stein der Weisen führen würde.

Eine Kuriosität rein optischer Art belegt die grafologische Angleichung der beiden: Hilde Löwensteins und Erwin Walter Palms Handschriften wurden im Laufe ihres Zusammenlebens immer ähnlicher, wobei Hilde Löwensteins schwungvolle, große Schrift der ersten Studienzeit zum »Palmischen« mutierte. Nicht jedem gefiel Palms Handschrift: Hermann Hesse war zwar begeistert von den winzigen, stilvoll gesetzten Buchstaben, doch Hans-Georg Pflaum in Paris zeigte sich über die *Seuche der Altertumswissenschaftler*[94], die ihre Handschrift immer wieder befiel, verärgert. Er empfand die Palm'sche Handschrift als *Handicap*, denn trotz seiner *beträchtlichen Kenntnisse in Palaeographie* war es ihm nicht gelungen, die *zierlichen Minuskel zu entziffern*.[95] Seit der gemeinsamen Zeit in Italien konnten Erwins und Hildes Briefe oftmals dem jeweiligen

Heidelberg: 1931-1932

Verfasser nicht mehr leicht zugeordnet werden. Hilde Palm setzte diesen Umstand später pragmatisch ein, um in Palms Namen Bewerbungen in den USA an der Harvard oder der Columbia University zu verfassen oder um Palms Visitenkärtchen zu signieren – Erwin Walter Palms Unterschrift machte sie *gut genug*.[96]

Wenn Hilde Löwenstein ihre Semesterferien bei den Eltern in Köln verbrachte, ließ sie Erwin Walter durch ihre Briefe am unbekümmerten Alltag ihrer Familie teilhaben. Sie alberte mit Freundinnen, traf sich zu Kaffeeklatsch mit Schulkameradinnen im »Café Riehler«, das den Eltern einer Klassenkameradin gehörte, las mit den Eltern gemeinsam den *Faust* oder auf dem kleinen Balkon ökonomische Theorien. Sie hatte eine Arbeitsgemeinschaft mit Arbeitern und Studenten gegründet; im »*Herrenzimmer*«, das das Wohnzimmer [ihrer] Eltern war[97], diskutierte sie über Sozialismus.

Sozialistische Theorien und die Banalitäten des Alltags aber waren Erwin Walter Palm zuwider; er setzte sich mit elitärer Intellektualität von der in seinen Augen biederen Masse ab. *Hast du noch nicht die ganze Süße Heidelbergs begriffen, hat es dich noch nicht gepackt, dass Du mir solchen Unsinn schreibst von Diskussionen, Kaffee, Verrücktsein. Hab ich denn mit diesem Gesindel etwas gemein? Schlimm genug, dass wir dieselbe Luft atmen. Uns entfaltet sie Blumen, mailiche im Winter, tropische im Sommer, seltene immer. Ihnen entsprießt sie Dornen. Die wachsen in ihr Gehirn. Manche werden verrückt. Mögen Sie alle krepieren. Wir verzaubern unsere Welt, denn so ist sie ungenießbar. Willst du uns begleiten: im Zaubermantel glücklich, der uns umhüllt, über den Dornen an den Rosen – so komm, sei innig geküsst, denn wir lieben uns.*[98]

Palms Elitedenken war in hohem Maße auch durch seine Schulzeit auf dem humanistischen Goethe-Gymnasium in Frankfurt geprägt worden, bei dessen einstigem *Rektor schon Goethe sein Hebräisch lernte*, und er empfand es als *beruhigend, dass noch keine Politik in die Schule eingezogen ist*, sodass er nicht befürchten musste, dass eine *Erziehung zu jenem politischen Gesindel links und rechts* stattfinden würde.[99] Mit dieser naiven Sicht auf eine politikferne Bildung klammerte er die dramatischen politischen Umwälzungsprozesse aus.

Das politische Klima war unter dem wachsenden Einfluss der Nationalsozialisten immer bedrohlicher geworden. Gegenüber der

## 4. Kapitel

Reichstagswahl von 1930 hatte sich bei den Reichspräsidentenwahlen 1932 der Stimmenanteil der Nationalsozialisten fast verdoppelt. In das Heidelberger Studentenparlament zogen nationalsozialistische Studenten ein und gewannen immer mehr an Einfluss. Die Folgen der Weltwirtschaftskrise, der New Yorker Börsenkrach, die Schließung der Banken in Deutschland konnten verdrängt werden, solange die wirtschaftliche Unterstützung von Zuhause gesichert war. Doch auch Palms Vater hatte unter den Auswirkungen der Arbeitslosigkeit im Jahre 1931 zu leiden.

Während Erwin im Herbst 1931 auf Reisen war, ließ Hilde keine Anstrengung unversucht, eine neue Bleibe für den Freund zu finden. Täglich ließ sie ihm auf einer Postkarte detaillierte Informationen über die angebotenen Wohnungen zukommen. Sie geben einen anschaulichen Einblick in die damalige Situation für Zimmersuchende: *45 M für ein Zimmer in einem ehemaligen Kloster der Karmeliter mit einer Länge von sieben Metern und einer Breite von dreieinhalb Metern war wahrlich ein Schnäppchen.*[100] Ein ideales Zimmer schien auch eines *mit herrlicher Einrichtung in Kirschbaumholz, Teppich, sehr schöne Tapete. Kostet 40 M mit Kaffee, Bedienung, Wäsche (Brötchen, Licht, Feuerung, extra), Bad vorhanden.*[101] Zugeständnisse erforderte dagegen ein Zimmer für *20 M und 3 Nachhilfestunden in Latein (incl eine Tasse Kaffee als Frühstück).*[102]

Bei der Wohnungssuche für den Freund musste die junge Studentin zum ersten Mal in ihrem Leben den scharfen Wind des Antisemitismus persönlich gespürt haben. Ihr war klar, dass die Vermieterin sie abgewiesen hatte, weil sie Jüdin war. Sie war verstört und so erschreckt, dass sie nicht wagte, die Karte an Erwin auf Deutsch zu schreiben. Auf Französisch teilte sie ihm das Unsagbare mit: *J'écris en français parce que le fils de mon hôte la postera. Je regrette beaucoup mais la femme de cette belle chambre m'a refusé avec un prétexte, en verité, parce que nous sommes juives.*[103] (Ich schreibe auf Französisch, weil der Sohn meiner Wirtin sie einwerfen wird. Ich bin sehr bestürzt, aber die Frau von diesem schönen Zimmer hat mich unter einem Vorwand abgewiesen, in Wirklichkeit, weil wir Juden sind.)

Auch Hilde war auf der Suche nach einer neuen Bleibe, die behaglich sein, allerlei verwöhnten Ansprüchen genügen und *Sauber-*

*keit auf der ganzen Linie*[104] bieten sollte – wiederholt wechselte sie in den ersten Monaten des neuen Semesters ihr Domizil. Das Zimmer in der Friedrich-Ebert-Anlage wurde mit dem im herrschaftlichen Haus der Witwe Braus in der Hirschgasse 1 getauscht, doch das war *von oben bis unten eine einzige Studentenbude*[105] und der Studentin zu unruhig. Das Bedürfnis nach Ruhe – vor allem in den Morgenstunden – blieb lebenslang ein wichtiges Kriterium für Hilde Domins Auswahl ihrer Wohnungen und Hotelzimmer. Im September 1931 endlich hatte sie das Zimmer ihrer Träume im Haus ihrer Wünsche gefunden. Sie zog zur Untermiete in die Wohnung des Flötisten Schmiedel, in das Zimmer, in dem bisher Christiane von Hofmannsthal gewohnt hatte.

Hilde Löwenstein war von der besonderen Atmosphäre ihres Domizils eingenommen. Nicht nur der terrassenförmig angelegte Garten begeisterte sie, sondern geradezu legendär waren die Sommerfeste der Hausbesitzer Nebel: dann wehten zu mitternächtlicher Stunde über die Dächer der Altstadt die Klänge von Mozarts *Kleiner Nachtmusik*, mit denen der Flöstist und seine Kollegen vom Städtischen Orchester den Beginn der Theaterferien feierten.[106]

Hildes »Ode« an die Karlstraße 16 ist eine Beschreibung voll poetischer Hingabe an diesen historisch bedeutsamen Ort und zeugt von der Ausdruckskraft der jungen Studentin.

*[Ich] empfinde jetzt [...] die Alleinsamkeit keineswegs als Einsamkeit, als noch so dunkel und verschwommenes Gefühl der Leere. Der Gedanke, dass ich die nächsten Wochen für mich habe, erfüllt mich zutiefst mit wohliger Ruhe, eine Beruhigung, die fast zu ruhig ist, um sie beglückend zu nennen. [...] Es ist nicht nur »acceptable« Wohngelegenheit, sie ist ein Zimmer. Nicht ein beliebiges, das einem nur der Zufall für einige Monate ausweist und das man eben nimmt wie es ist [...]. Es ist ein Zimmer mit eigener Note, nicht zusammengestückelt aus entbehrlichem Hausrat der Vermieter sondern ein Ganzes, das ich rückhaltlos und bis in jede Einzelheit bejahe, das ich völlig als für mich geschaffen [...] empfinde. [...] Die vielen Jahre, die großen Menschen, die diese Räume gesehen haben, sind nicht ohne jede Spur dahin geschwunden, sie leben auch nicht nur als Bilder des Erinnerns von Gnaden der Phantasie eines anfälligen Hausbewohners. Etwas von ihrem Wesen hat sich dem Haus mitgeteilt, lebt in den Möbeln, schwingt in der eigenen Atmosphäre des*

## 4. Kapitel

*Ganzen. – Dies mir, Goethe bewundern zu dürfen in einem Haus, das er bisweilen betrat und das, wenn auch nicht von seiner Persönlichkeit, so doch von einer Zeit seine Prägung empfing, deren größte und erhabene Möglichkeit er verkörpert.*[107]

Die zarte Melodie des Briefes endet jäh in der typischen, abrupten Domin-Tonart: *übrigens, wie kannst Du in einem Haus, in dem schon Goethe verkehrt hat, Telephone erwarten? Das gibts hier ebensowenig wie Zentralheizung und Badezimmer. Aber statt dessen haben wir einen großen Goethekopf im Hausflur, den wir an seinem Todestag eigentlich bekränzen könnten*[108], schalt sie Palm, der nach der Möglichkeit des Telefonierens gefragt hatte.

Hilde Löwensteins literarische Ausdrucksstärke wurde immer sicherer, und Erwin Walter Palm lobte, *welch entzückende Briefschreiberin*[109] sie geworden sei. Ihre Briefe erwartete er schließlich mit *einer feigenreifen Spannung* und freute sich beim Lesen *auf irgendeine Wendung wie bei einer Musik, die kommen muß. Es ist ein Stil entsprungen aus einer Wurzel zart. Die Rosen kommen noch.*[110]

Das passende Zimmer für den Freund fand sich, als Hildes Kommilitone Ortwin Luckenbach seinen Studienort wechselte und sein Zimmer im Friesenberg 1a aufgab[111], nur einen Steinwurf von Hilde Löwensteins Domizil in der Karlstraße entfernt. *Übrigens wohnen Luckenbachs im Haus. Ich scheine also wirklich einen großartigen Schnapp gemacht zu haben mit deiner Wohnung.*[112]

*Die ganze Herrlichkeit ist sehr billig, jedenfalls für das, was geboten wird. [...] Es kostet 45 M inc. Frühstück (ohne Butter) Bettwäsche und Licht.*[113] Und während Erwin Walter Palm erneut auf Reisen war, organisierte sie seinen Umzug: Ein arbeitsloser Heizer trug die Kisten von der Landfriedstraße 14 in den Friesenberg 1a.[114]

Die räumliche Nähe schuf wieder die bekannten Spannungen, sodass sich Hilde Löwenstein im Spätherbst 1931 mit dem Gedanken trug, Heidelberg zu verlassen. Sie erwog ein Studium in Frankfurt, doch Hans-Georg Pflaum lockte mit Berlin, zumal der von Hilde verehrte, fortschrittliche Soziologe Lederer den Heidelberger Lehrstuhl für einen Ruf nach Berlin aufzugeben dachte. *Lederer geht doch nach Berlin. Ich bin entsetzt. In H. zu bleiben kann man kaum verantworten.*[115] Sie war sogar bereit, ihre wunderbare Bleibe in der Karlstraße aufzugeben.

## Heidelberg: 1931-1932

Die Karlstraße 16 war zu Zeiten des Heidelberger Professors für Rechtswissenschaften, Justus Thibaut, ein Ort der Kultur gewesen. Hier war am 17. Mai 1807 Joseph von Eichendorff empfangen worden, hier hatte der Jurist Thibaut seine musikalischen Singabende abgehalten: *Berühmtheiten wie Hegel, Goethe, Zelter, Jean Paul und Tieck bekamen die Sondererlaubnis, bei den niemals öffentlichen »Singabenden« zugegen zu sein.*[116]

Auch 1931 noch waren Karlstraße und Friesenberg Adressen von kulturpolitischem Interesse: Zwei Stockwerke über Hilde Löwenstein lebte der Privatgelehrte und Kulturhistoriker Richard Benz, den Hilde Löwenstein allerdings *damals kaum wahrgenommen* hatte.[117] Und die Adresse Friesenberg 1a, das ehemalige Karmeliterkloster, hatte vor Erwin Walter Palm den Dichter Alfred Mombert beherbergt.

Richard Benz, der Verfasser der bekannten Heidelberger Stadtbiografie *Heidelberg – Schicksal und Geist*, hatte 1940 die Bibliothek des Freundes Mombert vor dem Zugriff der Nationalsozialisten bewahrt und die fast fünftausend Bände ins Heidelberger Kurpfälzische Museum gerettet; sie wären sonst einer Aktion des berüchtigten ERR (Einsatzstab Reichsleiter Rosenberg) zum Opfer gefallen, der gezielt die Archive und Bibliotheken von Juden beschlagnahmen ließ. Der fast siebzigjährige Alfred Mombert wurde jedoch nach Gurs deportiert.

Hildes und Erwins Alltag entsprach einem typischen Heidelberger Studentenleben. Sie besuchten Vorlesungen, diskutierten in der Mensa, trafen sich mit Kommilitonen in Lerngruppen. Sie nahmen an Tanzabenden im Ausländerclub teil und philosophierten bei langen Diskussionen im »Café Krall«.[118]

Beide teilten schon seit jungen Jahren die große Leidenschaft für das Theater. Wie bei der Lektüre lag auch beim Theater das Interesse von Erwin Walter Palm vor allem im klassischen Bereich: *Faust I, Torquato Tasso*, Orgelkonzerte.[119] *La Traviata war seine Schicksalsoper und ergänzte Hoffmanns Erzählungen zu einem schaurigen Abbild seiner Vorstellungen.*[120]

Hilde Löwenstein besuchte mit ihrer Tante Gretel Kolmar aus Mannheim Vorstellungen im Nationaltheater. Ihr Urteil über die Vorstellungen war klar und schnell: *Gestern war ich in M[annheim] im Theater. »Das Wunder von Amerika« von Toller. Es gehört zum miserabelsten was ich auf der Bühne gesehen habe. Ohne dramatischen Aufbau und mit vielen Längen, furchtbar dick aufgetragen und daher unwirksam und seelisch unappetitlich.*[121] Die Neue Mannheimer Zeitung vom 19. Oktober 1932 urteilte über die Uraufführung sanfter, wollte Toller nicht vergrätzen, doch im Wesentlichen entsprach die Kritik Hilde Löwensteins Urteil.[122]

Aus der Eindeutigkeit der damaligen Kritik lässt sich bereits die Kompromisslosigkeit Hilde Domins erkennen, wenn es um das Benennen von Wahrheiten ging – auch wenn sie dadurch Sympathien verlor.

*Nichts weiter [...]*
*ist vonnöten*
*Nennt*
*das Runde rund*
*und das Eckige eckig.*[123]

Zeitaufwendig war die Bewerbung bei den Ordinarien, an deren Seminaren man teilzunehmen wünschte.[124] Viele Professoren trafen die Auswahl der Studenten privatissime, die interessierten Studenten mussten sich bei ihnen zu Hause vorstellen. Jeder Professor hatte seinen besonderen Aufnahmeritus: *Jaspers verhielt sich kühl und sachlich, schrieb [...] Namen ein und entließ.*[125] Die kurze Abwicklung der Vorstellung resultierte allerdings auch aus der Atemwegserkrankung Jaspers', der er nur mit großer Konzentration und Disziplin Herr werden konnte. Gespräche außerhalb der Vorlesungen vermied er.[126] Die Studiengebühren überreichte man mittlerweile nicht mehr dem Professor persönlich zu Hause, sondern zahlte sie in der Kanzlei der Universität ein – zu erniedrigend hatten die Professoren die peinliche Übergabe empfunden.

Im Sommer 1932 stellten Hilde und Erwin trotz aller Ambivalenzen die Weichen für eine gemeinsame Zukunft. Auch wenn sich beide auf ihrer intellektuellen Insel der Zweisamkeit der politischen Wirklichkeit zu entziehen suchten, wurden sie nun im Alltag mit dem wachsenden Antisemitismus konfrontiert: Hilde Löwenstein schlenderte mit Erwin Walter Palm und einem Freund die Heidelberger Hauptstraße entlang, als sie von deutschnationalen Studenten in Pöbeleien verwickelt wurden. Hilde solle sich doch mit deutschen

## Heidelberg: 1931-1932

Männern einlassen, nicht mit Juden. Als sie 1932 im Krankenhaus lag (der Knoten in der Brust erwies sich als harmlos), nahm sich die Stationsärztin nach einem Besuch Erwin Walter Palms Zeit für ihre Patientin. Sie setzte sich auf das Bett und zeigte ihr in einem langen Gespräch die Probleme auf, die auf junge Frauen zukämen, wenn sie sich mit jüdischen Männern einließen. Hilde Domin wertete diese ersten Zeichen richtig. Mit den Eltern besprach sie die Möglichkeit eines Auslandsstudiums. Eugen Löwenstein zog für seine Tochter ein Studium in Basel in Erwägung. In Zürich lebte Verwandtschaft, und Hilde konnte sich damit anfreunden, weil es von Freiburg, Palms Wunschuniversität, nicht allzu weit entfernt war.

Die noch nicht ausgereiften Ausreisepläne besprach Hilde in Heidelberg mit ihrem Vater; der *logierte auf dem Kohlhof, der auch damals ein Gasthaus war.*[127] Dass sie gemeinsam mit dem Freund ins Ausland zu gehen beabsichtigte, verheimlichte sie ihrem Vater jedoch vorerst.

Die fortschreitende Weltwirtschaftskrise hatte mittlerweile auch die beiden Studierenden eingeholt – beider Eltern klagten über finanzielle Nöte. Im Frühsommer 1932 überlegte Hilde Löwenstein deshalb ernsthaft, ob sie nicht lieber einen Beruf ergreifen und das Studium und das anstehende Examen aufgeben sollte. Doch bei den Versuchen, eine Alternative zu finden, setzte Erwins Sehnsucht nach dem Süden allem Zögern ein Ende. Er war bereit, wieder einmal alles stehen und liegen zu lassen – und Hilde gedachte zu folgen, ihr Studium aber fortzusetzen.

In den Semesterferien wollten sie eine Entscheidung über den Studienort treffen, doch immer wieder wurden die Pläne verworfen. Erwin Walter Palm favorisierte Freiburg, da dort sein Professor aus Göttinger Tagen, Eduard Fraenkel, einen Lehrstuhl innehatte. Eduard Fraenkel hatte den jungen Palm für die Antike begeistern können. Er galt als Experte für die Stilentwicklung der griechischen Dichtung und Ovid-Kenner, er las in Freiburg über die Themen, die Palm zwei Jahre später als Student in Florenz wählte. Auch Fraenkel musste dem zunehmenden Druck durch die Verschärfung des Antisemitismus weichen und emigrierte 1935 in die USA, wo er in Stanford einen Lehrstuhl erhielt. 1955 kehrte er wieder nach Freiburg zurück und lehrte dort bis 1960.

# 4. Kapitel

Freiburg war in vielerlei Hinsicht ernüchternd, denn Fraenkel war *nicht mehr die Sonne wie in Göttingen.*[128] Vor allem aber schockierte Freiburg die beiden Heidelberger Studenten durch die politischen Aktivitäten der Nationalsozialisten, die gestiefelt und braun uniformiert das Stadtbild dominierten. Wie ein blutrotes Band zog sich die Beflaggung mit roten Hakenkreuzfahnen durch die Freiburger Straßen. *Freiburg war aufgeregt wie ein Bienenschwarm, wenn eine Hand hineingreift. Man sah die engen Straßen nicht, so zugehängt waren sie mit roten Transparenten und Hakenkreuzfahnen. Unter den Fahnen, Knäuel von Menschen, Trupps von gröhlenden Halbwüchsigen. Die Luft war zum Schneiden, wie vor einem Gewitter.*[129] Die beiden waren genau zu den Reichstagswahlen am 31. Juli 1932 in Freiburg eingetroffen, und das idyllische Münsterstädtchen hatte seinen Schwarzwaldcharme verloren. Der Wolf hatte den Schafspelz längst abgelegt. Der kommende Schrecken schien so deutlich ablesbar, dass die beiden Studenten fluchtartig den ursprünglich favorisierten Studienort in Richtung Schweiz verließen.

Vor der Kulisse des Schweizer Alpenpanoramas im idyllischen Dorf Buochs kamen sie zur Ruhe; bei ausgedehnten Spaziergängen am Vierwaldstädter See mit seinen einladenden Badebuchten ließen sich kühlere Pläne für die gemeinsame Zukunft schmieden als im aufgeheizten Freiburg.

Erwins Hunger nach dem Süden fand im mediterranen Ambiente des Schweizer Sees satte Nahrung: In Buochs beschloss das Paar *angesichts des Gotthardexpress, der täglich am anderen Seeufer vorüberfuhr, [...] nicht in der Schweiz, sondern in Palms Arbeitsgebiet, in Rom, zu beginnen.*[130]

Hier begann der entscheidende gemeinsame Lebensweg: *Die Geburt der Tragödie. [...] Alles beginnt dort am Vierwaldstädter See*[131], notierte Palm viele Jahre später.

Für Hilde Löwenstein bedeutete die Entscheidung für Italien, dass sie sich Palm unterordnete, denn es war *die römische Antike ja das spezielle Arbeitsgebiet des einen von uns.*[132] Der andere – und das war Hilde Löwenstein – musste seinen Platz erst noch finden. Zärtlich bittend versuchte sie dem Freund Zugeständnisse abzuringen: *Wirklich Lieber, ich werde ziemlich auf Dich angewiesen sein. [...] Du wirst etwas weniger egoistisch sein und auch mit mir rechnen, es ist schon ungerecht genug, dass wir alle Freuden unserer*

## Heidelberg: 1931-1932

*Freundschaft teilen, und was von Ekel ist, nur mich alleine trifft.*[133] Hatte Hilde ernsthaft erwartet, dass Erwin Walter Palm versprechen könnte, Verantwortung zu übernehmen? Liebevoll verpackt zwar, doch wie immer egoistisch distanziert und eindeutig nur dem eigenen Ich verpflichtet, lautete Palms Antwort: *Mein liebes Häslein, überlege Dir noch einmal ganz ernstlich [...] ob mein Italien dieses Opfer für Dich gebietet. [...] Werden wir leicht genug sein für Italien?*[134]

Mit diesen schweren Zweifeln bepackt machte sich Hilde Löwenstein allein auf den Heimweg. Erwin Walter Palm erwog zu diesem Zeitpunkt ernsthaft, ohne Lebewohl von Zuhause sein Studium in Italien anzutreten, und blieb in Buochs, doch letztendlich empfand auch er es als geistiges Postulat, *diese Reise von zu Hause, von einem Grund und Boden zu unternehmen.*[135]

Auch an der Heidelberger Universität waren die Anzeichen für den wachsenden Nationalsozialismus mittlerweile sichtbar. Zum Wintersemester 1932/33 begrüßte der neu gewählte deutschnationale Rektor Willy Andreas die Erstsemester-Studenten mit den Worten: *Sie beginnen ihr Studium in einer der schwersten Kultur- und Wirtschaftskrisen, welche die Menschheit je durchgemacht, in einer Zeit unabsehbarer politischer Erschütterungen und Umbildungen, in einer Gegenwart bitterster nationaler und sozialer Not.*[136] Da hatten die nationalsozialistischen Studenten bereits an Terrain gewonnen. Auch wenn es in der Heidelberger Professorenschaft keinen manifesten Antisemitismus gab – im Gegensatz etwa zu Tübingen –, so wurde die Bedrohung im Lebensalltag dennoch spürbar.

*Auf der Karlstraße wohnten damals Anhänger beider extremer Parteien. Die Kinder spielten »Umzüge«, Kommunisten oder Naziaufmärsche, je nach den Eltern, die dazu aus den offenen Fenstern die Internationale per Grammophon und das Horst-Wessel-Lied per Harmonium beisteuerten. Es war eine Art Liederkrieg in der schmalen Straße: welche Hymne die klangstärkere war. Das stellte sich bald heraus.*[137] Aber da waren Hilde Löwenstein und Erwin Walter Palm schon ausgewandert.

Der Zwischenstopp in Heidelberg, der eigentlich nur noch der Abwicklung der letzten Formalitäten für die Abmeldung von der Universität dienen sollte, besiegelte den in Buochs gefassten Ent-

## 4. Kapitel

schluss: Die Auswüchse des zunehmenden Einflusses der Nationalsozialisten waren für Hilde Löwenstein unübersehbar. Im Frühsommer 1932 noch hatten selbst so bedeutende Gelehrte wie Arnold Bergsträsser, Alfred Weber und Karl Mannheim die junge Studentin für überarbeitet gehalten, als sie ihnen ihre Ängste gestanden und die Befürchtung ausgesprochen hatte, dass Hitler seine Ankündigungen wahrmachen würde, und hatten Hilde Löwenstein zu beschwichtigen versucht: *Was Sie sich vorstellen, das kann überhaupt nicht passieren. Hier nicht!*[138] Doch im September 1932 präsentierte sich Heidelberg nur noch in abschreckend braunen Farben. Den bunten »Zaubermantel« hatte Heidelberg abgelegt. *Ich rate Dir ab hierher zu kommen. Es ist ein übles Klima, [...] aber mit Dir wäre Heidelberg jetzt nur schwer erträglich, ich habe es satt*[139], schrieb sie Palm in Panik. Die Semesterferien waren von rechtsextremen Entscheidungsträgern genutzt worden: *Von den politischen Zeitungen ist in den Ferien nur der Völkische Beobachter weitergehalten [...] nicht einmal die DAZ ist seit Juli bestellt worden, von FZ zu schweigen. – Verantwortlich für die Anordnung ist B.,* »*der große Einäugige*«[140]; die Studentin war nun entsetzt, dass sie bei Bergsträsser im *Juli ein voreiliges Geständnis*[141] für ihre Auslandspläne abgelegt hatte, und vermied es, ihm zu begegnen.

Die Korrespondenz mit Hans-Georg Pflaum aus Berlin ließ ebenfalls keinen Zweifel mehr: Die politischen und gesellschaftlichen Anzeichen in Berlin waren alarmierend, immer eindringlicher riet auch der Freund zum Aufbruch.

Mit diesen neuen Plänen reiste Hilde nach Köln zu ihren Eltern. Dort standen allerdings unangenehme Gespräche an: Hilde musste dem Vater Rede und Antwort stehen, wieso sie von dem Geld, das der Vater für das Studium seiner Tochter in der Schweiz bereits in Basel deponiert hatte, die immense Summe von tausend Reichsmark (*Wir hatten 1530 M und jetzt sind es noch 700 Sfr – 560 M*)[142] für den gemeinsamen Urlaub verprasst hatten. Offensichtlich hatten die jungen Leute in Saus und Braus gelebt. Hilde war vor allem in Sorge, dass das Budget weiter schmelzen könnte, wenn Palm weiterhin *soviel Moneten für die Herumzigeunerei verschwenden* würde.[143]

Durch die Dynamik der dramatischen Ereignisse in den Wochen bis zu ihrer Abreise erkrankte Hilde Löwenstein – auch später

## Heidelberg: 1931-1932

sollte sie in Momenten höchster psychischer Anspannung mit konkreten Krankheitssymptomen reagieren. Erst zu diesem Zeitpunkt war Hilde Löwenstein klar geworden, dass Palm seinen Eltern in Frankfurt offensichtlich noch nicht seine wahre Bindung zu ihr gestanden hatte: *Hier weiß niemand, dass wir zu zweit fahren werden noch gefahren sind*[144], schrieb er ihr. Hatten die jüdisch-orthodoxen Eltern, die regelmäßig zum Rabbiner und in die Synagoge gingen, immer noch die Hoffnung, dass ihr Sohn und die junge Jüdin Käthe aus Breslau zusammenfinden würden? Energisch machte Palm der Freundin klar, dass ein getrennter Aufbruch nach Italien ihm *Auseinandersetzung und peinliche Stunden*[145] ersparte. Für die Zeit in Italien prophezeite er ihr, dass Rom für sie ein *einsames Erlebnis* werden würde, denn sehr oft würde sie *allein sein müssen*.[146]

Am 22. Oktober 1932 um 1.37 Uhr machte sich Erwin Walter Palm mit dem Nachtzug auf den ungewissen Weg in das Land seiner Sehnsucht. Das Gepäck der Freundin, das nach dem Sommeraufenthalt in Buochs immer noch in Basel gelagert war, nahm er mit. Über Lugano, Mailand, Florenz und Rom hatte er am 25. Oktober eine vorläufige Bleibe bei Handelsfreunden seines Vaters in Florenz gefunden. Italien präsentierte sich ihm genau so, wie er es sich ausgemalt hatte: *Ich selbst schlendere hier herum, trinke wunderbaren Wein und esse Sachen dass man nicht versteht wie man mit dem deutschen Dreck leben kann. [...] Ich bin nur: glücklich.*[147]

Im wesentlich unromantischeren Köln warteten auf Hilde die Pflichten: Palms Literaturwünsche – Wörterbücher, geografisches Kartenmaterial – und die Formalitäten zur Ausreise mussten erledigt werden. Der Mutter konnte nicht verborgen geblieben sein, dass die Last des Alltags auf den Schultern ihrer Tochter ruhte. Ihr war nicht entgangen, dass Hilde in der Beziehung litt und doch von dem charismatischen Jüngling nicht lassen konnte. Sie hatte mit mütterlicher Weitsicht und Sorge erkannt, dass die *zarten Hände* des sympathischen Studenten ihre Tochter in schwierigen Situationen nicht tragen würden.[148] Paula Löwenstein ließ nichts unversucht, ihrer Tochter den Entschluss, nach Italien zu reisen, noch auszureden. Jeden Morgen beim Aufwachen saß sie schon auf der Bettkante der Tochter, um ihre Skepsis über das Unternehmen zu bekräftigen. Italien war ihrer Meinung nach nicht nur unvorstellbar weit weg, sondern noch dazu *ein Land, in dem man mit Öl*

## 4. Kapitel

*aß.*[149] Man schleppte Hilde Löwenstein zum befreundeten Hausarzt, der ihr mit fachlicher Kompetenz vor Augen führen sollte, wie *schwierig es sei, in einem Land zu leben, in dem alles mit Öl gekocht wurde.*[150]

Die Unruhe bei den Abreisevorbereitungen wurde zudem verstärkt, weil auch die Familie Löwenstein sich in einer Umbruchphase befand: Die Eltern gaben die Wohnung in der Riehlerstraße 23 auf. Vordergründig konnte man die neue Lebenssituation zur Begründung heranziehen: Beide Kinder waren aus dem Haus. Hildes Bruder Hans absolvierte eine Lehre in Paris, denn er sollte nach dem Realschulabschluss und der Kaufmannslehre bei seinem Onkel Leo in Düsseldorf später einmal dessen Fabrik übernehmen.

Hatten die Eltern Löwenstein möglicherweise doch mehr Weitsicht gehabt, als ihnen ihre Tochter zutraute, und sich auch schon mit Fluchtplänen getragen? Die wahren Gründe für den Umzug könnten sie vor den Kindern geheim gehalten haben, weil sie sie nicht unnötig belasten wollten. Im neuen Heim wurde den Kindern ein eigenes Zimmer in Aussicht gestellt, das sie nie sahen. Die Mutter hatte sogar Stoff- und Tapetenproben nach Italien geschickt, um Hildes Wünsche zu berücksichtigen. Im November 1932 zogen die Eltern in die kleine Wohnung im Maarweg 16 um.

Die Abmeldung aus dem heimatlichen Köln für ein Auslandsstudium hatten die Eltern am 25. Oktober 1932 unterschrieben: Justizrat Dr. Löwenstein und Frau Justizrat Löwenstein – da befand sich ihre Tochter bereits auf dem Weg ins sichere Ausland. Dasselbe Datum trug auch der Heimatschein, den das preußische Regierungspräsidium ausgestellt hatte.

Für ein junges, dreiundzwanzigjähriges Mädchen, das bisher vertrauensvoll unter den Fittichen der Eltern gelebt hatte, erforderte es eine immense Portion Courage, sich allein auf die weite Reise in eine in so vielerlei Hinsicht ungewisse Zukunft zu begeben. Vertrauen gab ihr die kleine Bücherkiste, die sie mit großer Sorgfalt gepackt hatte und die ihre besonderen Schätze enthielt: die Insel-Ausgabe von Goethe, *der Insel-Heine,* und neben der wunderbaren Rilke-Ausgabe *mit Pergamentrücken und Florentinerpapier, die Goyertsche Ulysses-Übersetzung*[151], deretwegen sie kurz vor dem Abitur Ärger mit dem Buchhändler gehabt hatte, der Hildes unerhörte Subskription für diesen Band sofort ihren Eltern mitgeteilt hatte. Hilde Löwenstein ahnte an diesem Oktobertag nicht, auf welche weiten Wege ihre kleine Bibliothek sie noch begleiten sollte.

Auf dem Weg zum Studienort glitten in jenem Oktober 1932 an Hilde Löwenstein die prägenden Bilder ihrer Kindheit vorbei: die malerischen Schleifen des Rheins, die sie so liebte, das Siebengebirge, in dem sie mit den Eltern die Steigungen zum sagenumwobenen Drachenfels erklommen hatte, die trutzigen Burgen, die sie mit dem Bruder immer abgezählt hatte – mit den vorbeiziehenden Stationen ließ sie auch die Etappen ihrer Kinder- und Jugendzeit zurück. Bald lagen Frankfurt, die Goethestadt – Erwin Walter Palms Heimatstadt und Geburtsort ihrer Mutter –, und Heidelberg, wo sie die ersten Hürden ihrer spannungsreichen Freundschaft genommen hatte, weit hinter ihr.

Über dieselbe Route wie Erwin Walter Palm erreichte Hilde Löwenstein am 27. Oktober 1932 mit »leichtem Gepäck« und voller Sehnsucht und Erwartung Florenz. Erwin Walter Palm hatte versprochen, dort um sieben Uhr am Abend in der »Trattoria« auf sie zu warten.[152]

## 5. Kapitel

# Italien

# 1932-1939

*Quelle für den Narziß aus der er trinkt*
*und trinkt und nie zu sich selber kommt*
(Erwin Walter Palm an Hilde Löwenstein am 12.2.1936)

Die kleine Trattoria »Buca di San Ruffillo« befand sich in einem rustikalen Kellergewölbe im Herzen von Florenz, in unmittelbarer Nähe des imposanten Doms.
Die Orientierung in Florenz fällt nicht schwer: Die Kuppel des Doms »Santa Maria del Fiore« ist vom Bahnhof aus – wie fast von überall in Florenz – leicht auszumachen, und so wird Hilde Löwenstein den Weg zur Trattoria ohne Probleme gefunden haben. Dort erwartete Erwin Walter Palm seine Freundin.

Hilde, die *weinend aber nicht ohne Neugier [...] gegangen*[1] war, hatte sich vorgenommen, in Florenz Nationalökonomie zu studieren. Sie wusste, dass sich Palm zweifellos nach der Hauptstadt Italiens sehnte und letztlich *in der Wahl der Stadt* seinen *Kopf durchsetzen* würde, da für ihn, *mehr auf dem Spiel [stand]: fast ein ganzes Lebenswerk.*[2] In Rom wollte er ein fundamentales Werk über die römische Antike verfassen und sich damit einen Namen machen.

*Ein jeder geht eingehüllt*
*in den Traum von sich selber.*
*In manchen Träumen ist Raum*
*für den Zweiten*
*wie in einem Doppelbett.*
*Fast in allen.*[3]

Hilde Löwensteins Hoffnung, dass der Freund *etwas weniger egoistisch sein und auch mit [ihr] rechnen*[4] würde, erfüllte sich nicht –

Italien: 1932-1939

obwohl Palm ihr *einen Aufenthalt in Florenz in den heitersten Farben*[5] geschildert hatte. Schon zwei Tage nach dem Wiedersehen reisten beide nach Rom.

Das Italien, in das Hilde Löwenstein am 27. Oktober 1932 einreiste, führte Mussolini am straffen Zügel. Man schrieb das Jahr XI nach der neuen Zeitrechnung, die die Faschisten unter dem Duce 1922 eingeführt hatten. Sie setzte ein mit dem Jahr I der Machtergreifung und spiegelte den Größenwahn der neuen Machthaber wider: Einerseits wollten sie eine epochale Erneuerung dokumentieren und andererseits eine Brücke zur römischen Antike schlagen. So finden sich auf den offiziellen Dokumenten Hilde Löwensteins bis zu ihrer endgültigen Flucht aus Italien 1939, im Jahr XVIII, immer auch die Zeitangaben der faschistischen Machthaber.

Die Lage in Deutschland war alarmierend: Seit Januar hatte es an deutschen Universitäten immer wieder Übergriffe gegen jüdische Studenten gegeben. Der am 19. August 1932 gefasste Beschluss der Jüdischen Weltkonferenz in Genf, angesichts dieser Tendenzen einen Jüdischen Weltkongress einzurichten, der die Rechte der Juden weltweit wahren sollte, dokumentierte die drohende Gefahr, blieb aber letztlich nur ein Appell an die Humanität.

Hilde Löwensteins Stärke war es bisher gewesen, sich auf neue Situationen schnell einzustellen und daraus das Beste zu machen. So ließ sie sich von Palms Enthusiasmus, nach Rom zu gehen, mitreißen. Wie Goethe wollten sie Rom erobern: in Orte aussteigen, durch das große römische Stadttor einziehen und im Fiaker an der Piazza del Popolo vorfahren. Doch der Zug hielt nicht mehr in Orte. Dennoch empfanden sie die Ankunft in Rom als so erhebend, dass Erwin Walter Palm noch zehn Jahre später, im Exil in Santo Domingo, seine Frau per Telegramm – in einem eigenwilligen Sprachenmix – an dieses bedeutende Datum erinnerte: *Dicimo aniversario nuestra entrada puerta mayor – votos inciencio diosguros augurio. Felicidad futuro muestra oscula.*[6]

Beide schienen den Faschismus in Italien ausgeblendet zu haben; sie waren im *Rom Goethes, im Rom Burckhardts, im Rom der Museen* angekommen.[7] Sie lebten *explosiv* zusammen in jenen ersten Tagen in Rom, lasen Gedichte, *tranken Wein aus so kleinen antiken Schalen, und es war gar keine Frage [...], dass man die Welt ändern wollte.*[8] Sie wollten einfach das italienische Lebensgefühl spüren. In

## 5. Kapitel

den Augen der anderen lebten sie in absoluter isolierter Zweisamkeit, sodass ihnen eine Emigrantin aus Berlin vorwarf, ihre Augen vor der Realität zu verschließen. Dabei waren die Zeichen des Faschismus auch für sie nicht zu übersehen. Sie hörten von Kommilitonen, die unterschreiben mussten, *ich gehe wann und wohin der Duce mich ruft*, und die dann von heute auf morgen zum Kriegseinsatz nach Abessinien einberufen wurden.[9] Und in den Geschäften, in denen sie einkauften, wurden die Muttergottesbilder abgehängt – weil Maria doch Jüdin sei.

Selbst Freunde wurden vorsichtig: Als Hilde Erwin Walter Palm 1936 in Neapel besuchte, wollten sie wie immer mit dem Heidelberger Archäologieprofessor Arnold von Salis zu Mittag essen. Doch eines Vormittags teilte er ihnen verlegen mit: *wir müssen das jetzt aufgeben. Morgen kommt meine Tochter. Ich habe keine Ahnung, wie sie zu diesen Dingen steht.*[10] Erfreulicherweise hatte die Tochter keine Vorbehalte, sie konnten also weiterhin freundschaftlich zusammensitzen.

Erwin Walter Palm schrieb sich am 15. November 1932 in der R. Università di Roma in der »Facoltà di lettere e filosofia« ein, um an seinem Lebenswerk, der Erforschung der römischen Antike, zu arbeiten. Hilde und Erwin bewohnten vorübergehend ein kleines Zimmer in dem äußerst einfachen Albergo »Sta Chiara« mit *Gerümpelausstattung*[11] in der gleichnamigen Via di Santa Chiara, bis sich knapp einen Monat später *die leidige Wohnungssuche* wiederholte und die beiden Studenten zunächst in der Via dei Prefetti *ein Domizil für Dezember* fanden, *das die nötige Behaglichkeit versprach.*[12] Aber auch die war am 22. schon wieder zu Ende, und sie tauschten die Zimmer gegen ein – wieder nur vorübergehendes – Quartier in der Via Sistina 15.

Während Erwin Walter Palm bereits Mitte Dezember mit seinem Institut auf Exkursion nach Neapel ging, blieb Hilde Löwenstein mit dem Auftrag zurück, eine geeignete, erschwingliche Bleibe für das kommende Jahr zu suchen.

Es war für das Paar ein Leben lang unabdingbar, getrennte Zimmer zu haben. Bei der Zimmersuche ging man durchaus konsequent anspruchsvoll vor: Mit den Philosophen vom Bücherbord wurde Rat gehalten, aber schnell eingesehen, dass die Herren der Antike keine Maßstäbe für eine praxisnahe Wohnungsempfehlung setzen konnten. Ausschlaggebende Kriterien waren: ein eher ruhiges Wohngebiet, keine Malariagefahr in den ehemaligen Sumpfgebieten und die Möglichkeit, Schüler gegen entsprechendes Entgelt zu unterrichten. Der Freundin gab Erwin Walter Palm auch den Rat, darauf zu achten, dass die *Kessel voll zwischen 13-23 Uhr* laufen[13], und er gab zu bedenken, dass *4-5 Leute pro Etage [...] schon zuviel* seien und hoffentlich *doch keine Kinder* die Ruhe störten: *Weitere Kriterien: a) Einkauf b) Museen c) Schüler? Basta.*[14]

Um studieren zu können, musste Hilde Löwenstein zuerst einmal ihre italienischen Sprachkenntnisse gründlich erweitern, denn ihr Italienisch war zu diesem Zeitpunkt noch sehr unvollkommen.[15] Palm war ein guter Lehrer und korrigierte ihre Rechtschreib- und Ausdrucksfehler in den Briefen am Rand energisch mit Rot.

Von Anfang an gab Hilde Löwenstein Deutschunterricht und war oft am Ende ihrer Kräfte. Doch trotz aller Klagen über Strapazen überwiegt in ihren Briefen scheinbar unverwüstlicher Optimismus. War sie mit ihrem Latein am Ende, verdrängten kleine humorvolle Skizzen die oft deprimierenden Ergebnisse, zum Beispiel bei der Wohnungssuche.

In den kommenden Jahren fertigte Hilde Löwenstein immer wieder Zeichnungen an, wenn die Sprache ihr für allzu Triviales unangemessen schien, und konnte so einer Kritik oft die Schärfe nehmen, weil sie nicht sprachlich benannt werden musste. Vor allem in Santo Domingo war Hilde Palms Zeichentalent gefordert.

Im Dezember 1932 in Rom lag vieles, was für die Entwicklung einer gemeinsamen Lebensperspektive notwendig war, noch im Unklaren. Die beiden jungen Leute verbrachten ihr erstes gemeinsames Weihnachtsfest, das jedoch unter der *Sehnsucht nach deutschem Weihnachtswesen*[16] litt. Der Besuch der *Mitternachtsmesse in Santa Maria Maggiore, wo es aus allen Mündern nach Aal riecht, dem italienischen Weihnachtsessen*[17], gehörte aber fortan zum Weihnachtsritual.

Die Anfangszeit dieser neuen, ungewohnten Nähe und das Bekenntnis zu einer möglichen gemeinsamen Zukunft mit der jungen Frau verlangten von Erwin Walter Palm, wie er es nannte, die Anstrengung einer *psychischen Verpuppung*, was ihn tagsüber *recht mürrisch* werden ließ.[18] Kleine Briefe dokumentierten immer wie-

## 5. Kapitel

der die anfängliche Schwere: *vergiss diesen unglückseligen Abend. Er soll nicht gewesen sein.*[19]

Die schlechten Wohnbedingungen belasteten das angespannte Verhältnis zusätzlich: Rom war im Dezember oft grau und kühl, die dem mediterranen Klima angepasste Bausubstanz ließ nicht mehr als 14°C Zimmertemperatur zu, *die Kälte und die Unordnung im Zimmer [begannen] unausstehlich zu werden.*[20]

Psychisch und physisch angegriffen, litten beide zum Jahreswechsel an einer schweren Erkältung: Der in der Nacht zum 29. Januar für Hilde Löwenstein herbeigerufene Notarzt kam in Begleitung eines bewaffneten Polizisten. Waren das erste Anzeichen dafür, dass sie sich nicht mehr sicher fühlen durften?

Die Bewältigung des Alltags erforderte von Hilde Löwenstein in jener Zeit, wie schon in Heidelberg, permanent das Relativieren des eigenen Standorts, denn insgesamt gesehen sollte Italien, trotz aller Behaglichkeit, die die Nähe zur überwältigenden Antike (vor allem Erwin Walter Palm) bescherte, *eine anstrengende Zeit* werden, in der die beiden *jeweils nur kurze Strecken lang eine Kontinuität mit [sich] selber bewahren konnten. [...] Objektiv und von außen gesehen, war es eine Hundezeit. Im Politischen wie im Ökonomischen. Aber nur von außen. Nur objektiv.*[21] In Bezug auf ihr subjektives Empfinden erinnerte sich Hilde Domin später an die Zeit in Rom als die glücklichste und unbeschwerteste ihres Lebens.

Hilde Löwenstein garantierte Erwin Walter Palm eine Lebensform, die ihm Leichtigkeit und daraus resultierend über weite Strecken auch Zufriedenheit schenkte. Er konnte sein Dandytum in Italien unbeschwert ausleben; und wenn er es nicht zu bunt trieb, fand Hilde daran durchaus Gefallen, wie zum Beispiel an seiner Gewohnheit, stets eine frische Gardenie im Knopfloch zu tragen.[22]

In Rom legte Erwin Walter Palm seine Sammlung von seltenen antiken Stücken an, die er mit archäologischer Gewissenhaftigkeit katalogisierte. Ein zweischwänziges Lämpchen, das er für zwanzig Pfund beim Antiquar Pacifici erworben hatte, schenkte er Hilde 1932 zu Weihnachten. Zum Geburtstag im Juli 1933 erhielt sie ein schwarzes Bacchusväschen. Den kleinen Eros, eine etruskische Kleinbronze mit der durchbohrten rechten Hand, hatte Palm, wie er stolz erwähnte, *bei Frau Lupi im Antiquar Coeso Cumberto für 100 Pfund im Dezember 1934* erworben.[23] Die kleine Figur begleitete Hilde Domin rund um den Globus und ging 2006 als Erbstück in den Besitz der Stadt Heidelberg über. Frau Lupi verkaufte Palm auch eine zweite etruskische Kleinbronze, einen edlen Krieger aus dem 6. Jahrhundert, *vom Lago Fucino von wo er aus einer Sammlung dort gefundener Stücke verkauft wurde.*[24] Auch diese kleine Figur auf ihrem Nussbaumpostament hielt allen Exilen heldenhaft stand.

Ihre gemeinsame Liebe zu Büchern lebten Hilde Löwenstein und Erwin Walter Palm weiterhin intensiv aus. Palm stöberte in Antiquariaten, erwarb kostbare Raritäten wie die Kehler Ausgabe der Werke Voltaires und schuf in Italien den Grundstock für die im Laufe der Jahre immer reichhaltiger werdende Bibliothek. Während Hilde Löwenstein kochte – das hatte sie *von der kleinen alten Portiersfrau von nebenan, Angelinoca [...], gelernt*[25] –, las Palm ihr italienische Gedichte vor.

Poetische und prosaische Texte des jeweiligen Gastlandes waren der Grundstein zum notwendigen Erwerb vielseitiger sprachlicher Fähigkeiten, um philologische Arbeiten aus der Muttersprache in die Sprache des Exillandes zu übertragen. Dieser Praxis des Sprachenlernens verdankten die beiden ihren reichhaltigen Vokabelschatz. Italien war für das Paar der Beginn einer Sprachodyssee, für die Hilde Domin rückblickend das Bild wählte, dass sie *Texte gewendet habe, wie andere Kleider wenden.*[26]

Das Jahr 1933 begann Hilde Löwenstein mit dem festen Vorsatz, ihre Studien in Italien voranzutreiben. Die Benutzerkarte vom 2. Januar 1933 für die Vatikansbibliothek ermöglichte ihr den Zugang zum Studium der italienischen Sprache. Um die Arbeiten des Partners besser mitgestalten zu können, schrieb auch sie sich an der Universität für »belle arti« ein. Erwin Walter Palm übertrug seiner Freundin die verhasste banale Katalog- und Archivarbeit ebenso wie immer wieder Zeichen- und Abbildungsaufgaben, die seine Arbeiten erleichterten und stützten. Er war ehrlich genug, um sich einzugestehen, dass das gemeinsame Leben besonders ihm Vorteile brachte.

Ihr eigenes Ziel verlor Hilde Löwenstein dennoch nicht aus den Augen. Bereits im Wintersemester des »anno accademico 1932/33« wurde ihr die Teilnahme an den Kursen »Ökonomische Theorie« und »Konstitutionelles Recht« bei Professore Santi Romano be-

## 5. Kapitel

scheinigt. Im darauffolgenden Studienjahr beendete sie drei Seminare mit Abschlussklausuren und sehr guten Resultaten. Wie auch schon in den deutschen Studienorten hatte Hilde Löwenstein in Rom das Privileg gehabt, bei den renommiertesten Professoren zu hören: So galt der gebürtige Sizilianer Santi Romano als Spezialist für »diritto costituzionale« – durch seine beratende Funktion in Mussolinis Stab hatte er allerdings einen eher zweifelhaften Ruf.

Für die Eltern Löwenstein in Köln begann das Jahr 1933 mit schlimmen Befürchtungen, ausgelöst durch die Ernennung Adolf Hitlers zum Reichskanzler am 30. Januar. Ausgerechnet in Köln, im Hause des Bankiers Schröder, hatten am 4. Januar die Vorverhandlungen zwischen Papen und Hitler stattgefunden. Nun bejubelten auch hier Angehörige der SS und SA Hitlers Triumph und veranstalteten Fackelzüge in den Straßen der Stadt.

Als zwei Monate später, am 30. März, Adolf Hitler und Hermann Göring Ehrenbürger der Stadt Köln wurden (eine Auszeichnung, die ihnen erst 1989 abgesprochen wurde), ermunterte dieser Akt der Huldigung Teile der Bevölkerung, sich tags darauf an antisemitischen Ausschreitungen zu beteiligen: Am 31. März 1933 wurden Kölner Anwälte und Ärzte im Gerichtsgebäude der Stadt zusammengetrieben und unter dem Gejohle der Zuschauer auf Müllautos durch die Stadt gekarrt. Eugen Löwenstein und seine Frau waren dieser Erniedrigung entkommen. Freunde hatten sie rechtzeitig gewarnt, sodass sie ins nahe gelegene Siebengebirge geflüchtet waren.

Der Machtergreifung Hitlers folgte unmittelbar der Prozess der »Gleichschaltung« aller gesellschaftlichen Einrichtungen, Organisationen und Institutionen mit dem Ziel der einheitlichen Ausrichtung an der nationalsozialistischen Ideologie. So wurde die Arisierung bald in Justiz, Gesundheitswesen, Bildung und Presse vorangetrieben, dort tätige Nichtarier wurden entlassen, verfolgt und mit Berufsverbot belegt.

Es existierte aber auch Widerstand gegen die neuen Machthaber: Der damalige Bürgermeister der Domstadt, Konrad Adenauer, hatte beim Besuch des neuen Reichskanzlers im April die gehissten Naziflaggen abnehmen lassen, was zur Folge hatte, dass er einen Tag später seines Amtes enthoben wurde, nachdem er einen »freiwilligen Rücktritt« abgelehnt hatte. Er verließ das Rathaus stolz durch das Hauptportal und nahm den Schlüssel mit, den er auf einem kleinen blauen Samtkissen in einem Kästchen aufbewahrte.[27]

Seit dem 1. April wurde auch in Köln durch den Aufruf zum Boykott jüdischer Geschäfte die ein- und ausgehende Kundschaft kontrolliert, immer wieder peitschten die Tageszeitungen die Leserschaft auf, der »greulichen Hetze von Juden« entgegenzutreten. Es folgte am 7. April 1933 das Gesetz zur Wiederherstellung des Berufsbeamtentums, was de facto die Entlassung fast aller nichtarischen Beamten implizierte. Im Folgejahr wurden in Köln die Straßennamen geändert, die auf jüdische Persönlichkeiten hinwiesen, und johlende Zuschauer auf dem Kölner Rosenmontagszug ergötzten sich an den Motivwagen mit verunglimpfenden, antisemitischen Darstellungen.

Am 14. März 1933 sandte man den Mitgliedern der Berliner Akademie der Künste folgenden, von Gottfried Benn formulierten Revers, den diese mit »Ja« oder »Nein« beantworten sollten: *Vertraulich! Sind Sie bereit, unter Anerkennung der veränderten geschichtlichen Lage weiter ihre Person der Preußischen Akademie der Künste zur Verfügung zu stellen? Eine Bejahung dieser Frage schließt die öffentliche politische Betätigung gegen die Regierung aus und verpflichtet sie zu einer loyalen Mitarbeit an den satzungsgemäß der Akademie zufallenden nationalen kulturellen Aufgaben im Sinne der veränderten politischen Lage.*[28]

Rudolf Pannwitz, René Schickele und Jakob Wassermann wiesen die Erklärung der Akademie ohne auszutreten zurück. Doch 163 Mitglieder unterschrieben. Wer sich allerdings nicht in der »Reichsschrifttumskammer« registrieren ließ, die als eine Unterkammer der »Reichskulturkammer« im September 1933 von Goebbels ins Leben gerufen worden war, verlor seine Anerkennung als Schriftsteller.

Die Ausschlüsse von Künstlern aus der Akademie der Künste wirkten schockierend auf das kulturelle Leben: Heinrich Mann, Käthe Kollwitz, Alfred Döblin, Alfred Mombert, Jacob Wassermann und Franz Werfel waren die bedeutendsten unter ihnen, Max Liebermann, Thomas Mann, Ricarda Huch erklärten unter Protest ihren Austritt, den auch Albert Einstein im März 1933 vollzogen hatte. Bertolt Brecht und Helene Weigel waren bereits im Februar

## 5. Kapitel

nach Prag geflohen, die deutsche Staatsbürgerschaft wurde ihnen 1935 aberkannt.

Auf die Bücherverbrennungen vom 10. Mai 1933 reagierten genau ein Jahr später deutsche Exilschriftsteller in Paris mit der Institutionalisierung der sogenannten »Freiheitsbibliothek«. Alfred Kantorowicz' Engagement, den Nationalsozialisten ein geistiges Gegengewicht entgegenzusetzen und die Bücher der verfemten Schriftsteller zu publizieren, unterstützten Hunderte von Literaten und Intellektuellen, unter ihnen auch Heinrich Mann, Romain Rolland und André Gide. Sie alle waren sich einig: Die Seele der deutschen Sprache wollte man sich auch im Ausland erhalten.

Hilde Löwenstein befand sich in seelischem Aufruhr, sie konnte *nicht schlafen*, solange sie die Eltern in Deutschland wusste.[29] Eugen und Paula Löwenstein trafen derweil Vorbereitungen für ihre Flucht. Die Möbel wurden – möglichst ohne Aufsehen – nach und nach in Holland untergebracht. Wehmütig stimmte die Mutter der Entscheidung zu, den von ihr so geliebten Stutzflügel in der Wohnung zurückzulassen. Das wuchtige, repräsentative Möbelstück hätte nicht transportiert werden können, ohne die Neugier der Nachbarn zu erregen.

Die Eltern verließen Köln am 24. Oktober 1933, dem Tag ihrer Silberhochzeit. Diesen weitsichtigen Entschluss fassten sie rechtzeitig genug, um den Folgen der Nürnberger Rassegesetze von 1935 zu entkommen.

Der Weg ins Exil führte die Eltern Löwenstein über Belgien nach Frankreich. Bei dem Cousin des Vaters, der eine Bekleidungsfabrik in Paris betrieb, in der auch der Sohn Hans angestellt war, fanden sie eine erste Bleibe in der rue Chalgrin.

Die Fluchtvorbereitungen der Eltern hatten auch deshalb in aller Heimlichkeit stattgefunden, weil Eugen Löwenstein die 1931 eingeführte Reichsfluchtsteuer umgehen wollte. Ursprünglich eingeführt zur Verhinderung von Kapitalflucht und zum Ausgleich des Haushalts durch die hohen Reparationen wurde die Steuer seit 1933 neben anderen steuerlichen Maßnahmen konsequent gegen jüdische Bürger eingesetzt, um ihnen die Möglichkeit zu nehmen, Deutschland finanziell gesichert zu verlassen; es war letztlich ein weiterer Schritt in der bewusst betriebenen Ausplünderungs- und Vernichtungspolitik der Nationalsozialisten.

## Italien: 1932-1939

1934, als die Flucht registriert worden war, erfolgte für die Löwensteins der Eintrag in die Liste der »Reichsfluchtsteuerflüchtlinge«; ein sogenannter »Steuersteckbrief« wurde ausgestellt, mit dem die Gesuchten jederzeit verhaftet werden konnten:

*Löwenstein, Eugen \*06.06.1871 Düsseldorf*
*EF: Paula geb. Trier*
*Dr. jur., Justizrat, Rechtsanwalt*
*Wohnanschrift: Köln-Braunsfeld, Maarweg 17*
*Emigration: 1934 nach Belgien, Brüssel, 14 Rue de Suisse*[30]

Auf solch einer Steckbriefliste standen unter anderem auch die Namen von Alfred Döblin, Arnold Zweig und Otto Klemperer. Dass später auch die Namen der Kinder Löwenstein darin veröffentlicht wurden, empfand Hilde Löwenstein auch im entfernten Rom noch als Bedrohung.

Nach einer Exkursion Palms Mitte Mai fand am 26. Mai 1933 in Rom ein fliegender Wohnungswechsel in die Via Monte Tarpeo 69 statt; wieder mieteten sie zwei getrennte Zimmer. Bei demselben Vermieter Casanova auf dem Kapitolshügel bezogen sie drei Jahre später ihre erste gemeinsame Wohnung.

Mit den Beschwerlichkeiten eines Umzugs hielten sich Hilde Löwenstein und Erwin Walter Palm nie lange auf, schon in den Pfingstferien Ende Mai 1933 reisten die beiden nach Capri. Doch mehr noch als von der beliebten Insel und den archäologischen Kostbarkeiten waren sie von Positano, dem malerischen Hafenort an der Amalfiküste, eingenommen, für den sich immer wieder Schriftsteller begeistert hatten. John Steinbeck war fasziniert von dem *einzigen senkrechten Ort der Welt*[31], in dem die Fundamente offensichtlich horizontal gesetzt waren: *It is a dream place that isn't quite real when you are there and becomes beckoningly real after you have gone. Its houses climb a hill so steep it would be a cliff except that stairs are cut in it. [...] I believe that whereas most house foundations are vertical, in Positano they are horizontal. [...] Everything else is stairs, some of them as steep as ladders.*[32] (Es ist ein traumhaft schöner Ort, der fast unwirklich erscheint und den man erst richtig erfasst, wenn man ihn verlassen hat. Seine Häuser winden sich steil an einem Felsen empor, der eine reine Klippe

## 5. Kapitel

wäre, wenn man nicht Stufen hineingehauen hätte [...]. Während die Fundamente der meisten Häuser senkrecht sind, glaubt man, dass die von Positano waagrecht liegen. Alles andere besteht aus Treppen, von denen einige so steil wie Leitern sind.)[33]

Seit 1933 flüchteten vom Naziterror Verfolgte nach Positano, wie der Reiseschriftsteller Armin T. Wegner und der in den Fünfzigerjahren viel gelesene Stefan Andres.

In Positano machten Hilde Löwenstein und Erwin Walter Palm Bekanntschaft mit dem Karlsruher Maler Gustav Wolf. Das Bindeglied zwischen ihnen war die Heidelberger Karlstraße 16 – dort hatten ja sowohl Hilde Löwenstein als auch der mit Wolf befreundete Richard Benz und in der Nähe auch der Dichter Alfred Mombert gewohnt, dessen Bibliothek Benz vor den Nazis retten konnte.

Benz hatte 1921 mit Mombert und Wolf die kulturelle Gemeinschaft »Die Pforte« gegründet, die in den Zwanzigerjahren die Arbeit des Kunst- und Kulturrates für Baden weiterzuführen versuchte.[34] »Die Pforte« hatte auch Gedichte von Mombert mit Illustrationen von Gustav Wolf veröffentlicht. Aus der beiläufigen Bekanntschaft wurde schnell Freundschaft. Im Winter 1934 bezog *der Karlsruher Maler namens Gustav Wolf, den wir »Nonno« Wolf, »Großvater«, nannten*[35], *das dritte Zimmer ihrer Wohnung in der Via Monte Tarpeo*, schreibt Hilde Domin in ihren *Gesammelten Autobiographischen Schriften*. Sie trafen Gustav Wolf auch im darauffolgenden Jahr in Florenz wieder.

Die Fotos aus Positano und Capri, wohin das Paar auch 1934 wieder reiste, zeugen von der George'schen Freude an der Camouflage. Doch auch wenn sie von einem mediterranen Lebensgefühl erfüllt waren, so ließ dies dennoch nicht die Nähe zwischen ihnen wachsen, für die Hilde Löwenstein ein Leben lang kämpfte. Auch auf Capri blieb alles *von Unbezwinglichkeiten und die Dinge [lagen] im Tabu unberührt.*[36] Und Hilde blieb wie so oft *weinerlich, alleinerlich, leiderlich jämmerlich*[37] zurück.

In solchen Stimmungstiefs fand sie Trost in ganz alltäglichen Bildern: *Vor dem Bett stehen meine blauen Pantöffelchen wie zwei müde kleine Tiere, die Köpfe zueinander gewandt, lehnen sie sich mit dem Pelzchen zärtlich aneinander*[38], schrieb sie 1936 an Palm in Florenz, erschöpft von der unerquicklichen Wohnungssuche in

## Italien: 1932-1939

Rom. In dem Gedicht, das fast dreißig Jahre später, 1965, in Heidelberg verfasst wurde, leben die Bilder aus Italien wieder auf:

*Gespräch mit meinen Pantoffeln*

*Meine Pantoffel*
*die mich ansehen*
*sie sitzen vor meinem Bett*
*und sehen mich an*
*Seite an Seite*
*wie sie mich ansehen*
*die zärtlichen Tiere*
*Ich kniee nieder*
*und streichle*
*meinen verängstigten*
*Pantoffeln*
*das Fell*[39]

Trotz der Bedrohlichkeit der politischen Situation wollte Hilde Löwenstein im August 1933 noch einmal nach Deutschland zurückkehren, um ihre restlichen Habseligkeiten zu retten und den Umzug der unhandlichen Bücherkisten nach Rom zu bewerkstelligen, der durch die Wohnungsauflösung der Eltern notwendig geworden war. Auch sollten die Kisten geborgen werden, die Erwin Walter Palm in der Wohnung seiner Eltern zurückgelassen hatte. Da Palms Eltern immer noch in angespannter Stimmung waren – der Sohn hatte sie lange über die wahren Umstände seines Zusammenlebens mit Hilde Löwenstein im Unklaren gelassen – riet Erwin Walter Palm der Freundin aus der Ferne, mit seinen *gereizten Eltern recht vorsichtig zu sein.*[40] Möglicherweise entsprang die ungehaltene Stimmung der Eltern Palm auch den wenig vorangetriebenen Studien ihres Sohnes; dessen hedonistische Haltung musste angesichts der schlechten wirtschaftlichen Lage seiner Eltern zu einem angespannten Verhältnis führen. Immer wieder drängten sie ihren Sohn, energischer auf seinen Studienabschluss hinzuarbeiten. Nicht nur die Eltern zeigten für die lässige Lebensweise kein Verständnis: *Was ist eigentlich sein Ziel? Hat der glückliche so viel Geld [...]?*[41], wunderte sich der Freund Hans-Georg Pflaum in Paris.

## 5. Kapitel

Paula Löwenstein hatte offenbar vorgehabt, ihrer Tochter entgegenzureisen, doch sie entkam im Zug kurz vor der Schweizer Grenze nur knapp einer Verhaftung.[42] So brach auch Hilde Löwenstein ihre Reise ab. Unterdessen wanderte Erwin Walter Palm in den Dolomiten, genoss es, sich *wenig zu besorgen, auf der Wiese* zu liegen und *ein überaus erholsames Leben* zu führen.[43] Anregungen für die große Bergtour – Wolkenstein, Selva, Meran – hatte er den *Guida Pratica* des »Touring Club Italiano« entnommen, dessen Mitgliedschaft er 1933 erworben hatte und dessen Tourenvorschläge die beiden Studenten immer gleich in die Tat umsetzten. 1938 half der Reiseführer, mögliche Fluchtpassagen auszukundschaften.

Angesichts der Erhabenheit der Bergwelt versuchte Palm, all dem, das in ihm *quillt und stößt*[44], eine literarische Form zu geben. Eigens dazu war er vor der Freundin geflohen; dennoch fand er *nicht die Ruhe nicht die Heimat der Philosophie*[45] und scheiterte daran, die Sinnlichkeit der Natur in Poesie einzufangen. Es blieben ihm nur seine Tagebuchaufzeichnungen, die ihm *in jeder Hinsicht wertvoll* waren; in dieser Zeit lebte er nur in seinen Briefen die Nähe aus, nach der sich Hilde Löwenstein sehnte, nur da gelang es ihm, vollmundig zu sein: *Ich bin so wild nach deinem Erdbeermund, ich beiß mir schon die Lippen wund Nach Deinem Leib.*[46] Worte, die er in der *Verliebten Ballade für ein Mädchen namens Yssabeau* von François Villon in der Übertragung von Paul Zech fand, einem Bändchen, das 1931 gerade frisch erschienen war. Paul Zech, Dichter, Dramaturg, Redakteur und Übersetzer, fing in seinen Naturbeschreibungen jene pathetische Erhabenheit ein, von der sich auch Palm ergriffen fühlte. Beide verband die Liebe zu den »poètes maudits«, Verlaine und Rimbaud, sowie ihre Begeisterung für die Dichtung Georges und Rilkes. Palm und Zech musste mehr als die flüchtige Lektüre verbunden haben, denn als Zech im September 1946 im Exil in Argentinien armselig und vereinsamt starb, reagierte Palm in Santo Domingo äußerst bestürzt auf die Nachricht vom Tode Paul Zechs: *Darum das Schweigen? Auf die Dauer kennen wir nur Tote. Er ist also nicht mehr heimgekehrt. [...] Ich dachte sofort mit Schrecken an Wolfskehl.*[47]

Es ist auffällig, dass das junge Studentenpaar 1933 kreuz und quer durch Italien reiste. Das ermöglichte ihnen einerseits, die wachsende Verschärfung der politischen Situation zu verdrängen; andererseits aber ließen sich so die Probleme, die ein so enges Zusammenleben mit sich brachte, kompensieren. Kleine Visitenkärtchen mit den jeweiligen Eigenarten oder Spezialitäten der Restaurants, die sie besuchten, markierten wie bunte Fähnchen die Landschaft. »Reizendes Geschirr« wurde ebenso festgehalten wie delikate »Scalloppino al Rayon (mit Trüffel)« – bis 1938 eines dieser Kärtchen das nahende Unheil dokumentierte: *mehr tot als noch lebendig/bald werden wir wieder leben*, schrieb Palm auf Französisch auf die Rückseite der Visitenkarte.

Der Alltag in Italien belastete Hilde Löwenstein zunehmend. Das Zusammenleben mit Erwin Walter Palm war alles andere als leicht; sie fühlte sich oft allein gelassen mit ihrer Sehnsucht nach Zärtlichkeit und emotionaler Geborgenheit. Dazu kamen pekuniäre Schwierigkeiten, die ihren Alltag und das Studium zusätzlich erschwerten, sodass sie drauf und dran war, ihre Studien abzubrechen und eine Stelle anzunehmen, um für den Lebensunterhalt zu sorgen.

Dies verhinderte offenbar Mutter Paula Löwenstein, die 1934 kurz vor der Abreise nach London stand, wohin ihr Mann und ihr Sohn von Paris aus bereits geflohen waren; Mutter und Tochter verabredeten sich im Herbst 1934 in Nizza, auf halbem Wege. Es war das erste Treffen nach zwei Jahren. Der Mutter musste es schwergefallen sein, mit anzusehen, dass wirklich *alles eben so ganz anders gekommen ist, als man so für seine große Tochter sich gewünscht und gehofft hatte! Der verlorengegangene Wunschtraum!*[48] Die Mutter schien zu fühlen, dass ihre Tochter in der Beziehung litt, die sie nach außen so beharrlich schönredete. Drängte Paula Löwenstein ihre Tochter dazu, ihren italienischen Studienabschluss wie geplant zu machen, und zwar wie vorgesehen in Florenz?

Denn nach Nizza folgten Taten: Hilde Löwensteins Studienunterlagen – und die von Erwin Walter Palm ebenfalls – wurden der administrativen Vertretung der Universität Heidelberg in Karlsruhe vorgelegt und zur amtlichen Beglaubigung an die italienischen Konsulate in Köln, Frankfurt und Berlin geschickt. Erst dann war die Voraussetzung zur Anerkennung eines Studienabschlusses in Italien gegeben.

Diese bürokratischen Verfahren waren ein riskantes Unterfangen. Die Eltern Löwenstein standen seit 1934 als Reichssteuer-

## 5. Kapitel

flüchtlinge auf der Fahndungsliste; die Behörden hätten die Originale der Studienleistungen möglicherweise unwiederbringlich konfiszieren können.

Hilde Löwensteins Geduld wurde in jenen Tagen auf eine harte Probe gestellt. Sie hatte sich fristgerecht im November 1934 am renommierten Istituto Superiore di Scienze Sociali e Politiche »Cesare Alfieri« in Florenz persönlich vorgestellt und eine provisorische Immatrikulation erwirkt – die Dokumente wollte sie nachliefern. Doch Mitte Dezember waren die erforderlichen Unterlagen für eine ordnungsgemäße Einschreibung immer noch nicht aus Deutschland eingetroffen. Vom 19. Dezember 1934 datiert die Bitte Hilde Löwensteins an den »Magnifico Rettore« in Florenz, die Bestätigung der belegten Kurse an der Universität Rom als vorläufiges Dokument anzuerkennen. Erwin Walter Palm entschloss sich erst am 30. März 1935, zum Sommersemester, zur Immatrikulation in Florenz.

Hildes gewählte Fachrichtung am Istituto »Cesare Alfieri« war offenbar die Domäne der männlichen Studenten: In keinem offiziellen Institutsdokument, weder im Studentenausweis noch im Abschlusszeugnis, war ein Eintrag für weibliche Studenten vorgesehen. So galt für die Studienzeit von Hilde Löwenstein, dass *der Student Hilde Löwenstein der Sohn des Eugen Löwenstein*[49], ordentlich an der Universität immatrikuliert war.

Das Institut »Cesare Alfieri« in der beschaulichen Via Laura 48 war damals noch nicht der Universität angeschlossen, hatte seinen eigenen Rektor und war unabhängig. Es lag direkt hinter dem Garten des Archäologischen Instituts, und so konnten sich die beiden Studierenden, Hilde und Erwin, in den Pausen gleich um die Ecke unter den Säulengängen der eindrucksvollen Piazza della Santissima Annunziata treffen.

Hilde Löwenstein belegte mit zwölf Wochenstunden ihre »corsi obligatori«, davon auch drei bei Armando Sapori, der »storia delle dottrine e delle istituzioni politiche« lehrte.

Die Karriere des promovierten Juristen Sapori hatte nach seiner Ernennung zum Beamten des Staatlichen Archivs von Florenz eine überraschende Wendung genommen: Sein Scharfsinn bei der Archivarbeit hatte ihn zu einem profunden Kenner der ökonomischen Zusammenhänge und Einflüsse zwischen den Florentiner

## Italien: 1932-1939

Familien und dem internationalen Bankenwesen gemacht und ihm Anerkennung als qualifizierter Historiker beschert. Als Hilde Löwenstein sich in Florenz immatrikulierte, lehrte Sapori noch nicht am Institut. Erst 1935 erhielt er den neu geschaffenen Lehrstuhl für Ökonomische Geschichte am Istituto Superiore di Scienze Sociali e Politiche »Cesare Alfieri« in Florenz.[50]

Insgesamt gesehen war die Florentiner Zeit geprägt von einer Stimmung, die Hilde Löwenstein oft *aus dem Gleichgewicht* brachte und *ganz jämmerlich* zurückließ.[51] Hilde Domin bezeichnete ihren Aufenthalt in Florenz in ihren *Gesammelten Autobiographischen Schriften* als *ein Jahr unter erzählenswerten Umständen*[52], das sie aber nicht thematisierte, sondern einfach überging.[53]

Doch auch für Erwin Walter Palm war der Aufenthalt in Florenz *eine ungreifbare Zeit [...] wie das Meer zwischen einem Schwimmer der schon das Land zu fassen glaubte und den eine Woge neu hinausträgt ins Weite.*[54]

*Wohin? Das habe ich nie gewusst. Dem Kompaß nach. Also bin ich auch nie angekommen.*[55]

Vieles wurde in Florenz begonnen, aber nicht beendet. Dass Erwin *immer bereits am Anfang [umkehrte] bevor das Ende fertig ist, sch[ien] [...] eine große Gefahr*[56] für ihn zu sein. Er verfasste in der Stadt am Arno unter dem Pseudonym Constantin Burger *Canzones* und die Novelle *La vendetta della materia – [d]ie einzige Arbeit Palms, die in Italienisch geschrieben wurde.*[57]

Palms Pseudonym erklärt, warum in Hilde Domins einzigem, stark autobiografisch geprägten Roman *Das zweite Paradies* der Ehemann der lyrischen Protagonistin den Namen »Constantin« trägt.

Ganz widersprüchlich zu »Constantin«, dem »Beständigen«, fehlte der Arbeitshaltung Erwin Walter Palms weiterhin Konstanz und Motivation. War er *einer, der den Weg mehr liebt als das Ziel?*[58] Das Paar hatte in Florenz Zimmer bei General Piggioli in der Via Camporeggi 4 gemietet, einer kleinen ruhigen Seitenstraße in unmittelbarer Nähe zur »Galeria dell'Accademia«, wo Michelangelos berühmter *David* steht. Es verging kein Tag, ohne dass Palm die Marmorstatue besuchte; in ihr Studium konnte er sich verlieren.

Die Wohnsituation war unbehaglich. Die Zimmer verfügten über keine Heizvorrichtung, und so litten die beiden Studenten im

## 5. Kapitel

harten Winter 1934/35 unter der Kälte; in jenen Tagen herrschten Temperaturen von −10°C in Florenz[59], das Zimmer war kaum mehr zum Aushalten. Erwin Walter Palm war in dieser Zeit mehr denn je auf die moralische Unterstützung der Freundin angewiesen. Er fand keinen Zugang zu seinen Studien, wusste nicht, wie er seine Arbeit über Ovid aufbauen sollte. Hilde Löwenstein versuchte zu motivieren, doch schließlich ertrug sie die Belastungen auch nicht mehr; mehrere psychische Zusammenbrüche waren die Folge.

Aber Erwin Walter Palm brach körperlich zusammen. Nachdem er tage- und nächtelang ein ausschweifendes Leben mit Freunden geführt hatte, erkrankte er an einer schweren Leberentzündung und konnte nun erst recht nicht zur Universität gehen. Es war eine Zeit, in der sich beide nur noch an französischer Lyrik betranken und darin den größten Trost fanden.[60]

Da die finanzielle Situation weiterhin mehr als kläglich war, drängte es Hilde Löwenstein auf einen möglichst raschen Abschluss ihres Studiums. Je eher einer von beiden zum Unterhalt beitragen konnte, desto entspannter würden sie ihre Beziehung leben können. Dass Hilde Löwenstein den Part des Versorgers übernehmen musste, schien außer Frage zu stehen. Da Palms Werk über Ovid weiterhin keine Form annahm, wandte er sich in Florenz wieder der Poesie zu und hoffte auf den Durchbruch des lyrischen Talents, das er in sich schlummern fühlte. Jede Ablenkung vom eigenen Studium war willkommen, lieber noch unterstützte er Hilde Löwenstein bei ihren Arbeiten, sodass er nach Hildes Examen *sehr stolz auf [seine] Schülerin*[61] war.

Hilde Löwenstein hatte sich ihr Examen in italienischer Sprache problemloser vorgestellt. In den Klausuren hatte sie zwar durchweg gute Resultate erzielt, doch bei der »tesi«, die sie Sapori vorlegen sollte, tat sie sich schwer. Vierzehn Tage vor dem definitiven Abgabeschluss versuchte sie eine Zeitverlängerung zu erwirken, denn sie hatte erst die Hälfte der »tesi« beendet, doch es fehlte noch *die Übersetzung weil ich die Tesi in meiner Muttersprache geschrieben habe.*[62] Sie hatte einen *Nervenzusammenbruch* erlitten[63], bat um Vorsprache, um die persönlichen Gründe erläutern zu dürfen. Der Rektor gewährte keinen Aufschub, empfahl ihr jedoch die Mithilfe seiner Cousine »Frl. Livi«. Die Zusammenarbeit verlief offenbar

## Italien: 1932-1939

erfolgreich, denn am 6. November 1935 bestand Hilde Löwenstein das Abschlussexamen, die »laurea a pieni voti e laude« mit bestmöglichem Resultat.

Die Unterlagen im Historischen Archiv von Florenz weisen nicht das Thema von Hilde Löwensteins »Laurea« aus, das sie später grob mit einer Ausführung über die *Staatstheorie der Renaissance*[64], über *Pontanus, einen Vorläufer des Machiavelli*[65], umriss. Da Hilde Domin kein Exemplar ihrer Examensarbeit besaß, gibt Erwin Walter Palms Brief vom 7. Februar 1936 möglicherweise einen Einblick in Hildes Arbeit, denn er hatte *den Pontanus noch einmal durchgemacht: Was den berühmten »Kampf ums Leben« betrifft, so scheint er mir einstweilen mehr behauptet als bewiesen. [...] Der Gesamtaspect des Lebens ist nicht die Notlage, die Hungerlage, vielmehr der Reichtum, die Üppigkeit, selbst die absurde Verschwendung – wo gekämpft wird kämpft man um die Macht [...] es läuft leider umgekehrt aus als die Schule Darwins es wünscht, als man vielleicht mit ihr wünschen dürfte: nämlich zu Ungunsten des Starken, der Bevorrechtigten, der glücklichen Ausnahmen. Die Gattungen wachsen nicht in der Vollkommenheit [...] die Schwachen werden immer wieder über die Starken Herr – das macht sie sind die große Zahl, sie sind auch klüger. [...] Darwin hat den Geist vergessen ( – das ist englisch!) die Schwachen haben mehr Geist. Man muss Geist nötig haben, um Geist zu bekommen – man verliert ihn, wenn man ihn nicht mehr nötig hat. Wer die Stärke hat, entschlägt sich des Geistes – (laß fahren dahin! Denkt man heute in Deutschland – das Reich muß uns doch bleiben) [...] Ich verstehe unter Geist wie man sieht die Vorsicht, die Geduld, die List, die Verstellung, die große Selbstbeherrschung und alles was mimicry ist (zu letzterem gehört ein großer Teil der sogenannten Tugend).*[66]

Erwin Walter Palm legte am 31. Oktober 1935 in Florenz seine »laurea in lettere con voti settantasette« ab. Die Prüfungsunterlagen im Historischen Archiv in Florenz weisen den Titel seiner »Tesi« als *Interpretazione romana delle metamorfosi di Ovidio* aus. Doch mit dem mageren Resultat von 77 von möglichen 110 Punkten hatte er die Prüfung nur knapp bestanden. War er darüber so verärgert, dass er sich erst im Nachhinein, am 8. Juni 1936, das Ergebnis bescheinigen ließ?

## 5. Kapitel

Mit seiner Arbeit über Ovid kam er weiterhin nicht voran. Hilde Löwenstein versuchte über den Freund in Paris, Hans-Georg Pflaum, ein Urteil und Hilfestellung zu erhalten. Sie hatte Palm bestärkt, ein Exposé an den fachlich versierten Historiker zu schicken, doch dessen Stellungnahme war niederschmetternd: Er fand Palms wissenschaftlichen Ansatz nicht stichhaltig. Erwin wollte offenbar versuchen, *das Römische aus sich selbst heraus zu sehen*, und dazu sollte Ovid als Grundlage dienen.[67] Dabei orientierte sich Palm offenbar an Pasqualis Dissertation aus dem Jahre 1907: *Sulla commedia mitologica e i suoi precedenti nella letteratura greca*. Doch Pflaum konnte Palm nachweisen, dass nicht das philosophische Denken – im Gegensatz zu den Griechen – richtungsweisend für die Römer war, sondern der juristische Formalismus. *Der Versuch aus dem Stil des Seneca über das römische Wesen entscheidende Dinge auszusagen*[68], erschien ihm zu gewagt und die Basis zu schwach, um ein solches Gebäude zu tragen. Auch wenn Palm nach dem vernichtenden Urteil fühlte, *dass in dem Ovid noch etwas steckt, was heraus muss*, blieb es ein *verfluchtes Opus*.[69] Am 2. Februar 1936 schien er die Frage einer Promotion für sich endgültig abgeschlossen zu haben und stellte sich nur noch die Frage: *Soll ich von Pasquali noch die Arbeit holen? Meinethalben kann er sie behalten.*[70] Er wollte sich auch bald auf den Weg nach Rom machen und *unterwegs den Ovid in den Tiber [schmeißen] wenn er in 14 Tagen nicht fertig ist bleibt er wo er ist. Hough. Ich habe gesprochen.*[71]

Den drängenden Fragen der Eltern nach seinem Doktorhut hatte er bereits am 7. November 1935 entschlossen ein Ende gesetzt: Einen Tag, nachdem Hilde Löwenstein ihre Prüfung abgelegt hatte, informierte Palm seine Eltern per Telegramm über sein angeblich bestandenes Doktorexamen. Doch die überschwängliche Freude und der Stolz des Vaters belasteten ihn und stürzten ihn in neue Gewissensnöte: er hatte *nicht einmal den Mut sie zu desavouieren.*[72] Sein Vater wollte *die Dr. Kosten bezahlen.*[73] Aber wo sollte Palm *ein Certificat über 900 L herkriegen?*[74]

Da in Italien jeder Akademiker mit Universitätsabschluss ein »dottore« ist, setzten die beiden ab sofort ein »Dr.« vor ihren Namen, was jedoch nicht dem deutschen Doktortitel entspricht. Den erwirbt man in Italien mit einem »dottorato di ricerca«. Und das hatten beide nicht gemacht.

## Italien: 1932-1939

Wer von beiden bestand auf dem Titel? *Im Grunde, [...] bin ich bereit, was uns verbindet, mit jedem Namen zu nennen, der Dir nur gefallen mag. [...] Eine Affenschande, denn warum soll es sich eine intelligente Frau nicht auch einmal leisten dürfen, auf die geistige Einordnung zu pfeifen?*[75], gab Hilde Löwenstein 1936 zu bedenken. Irgendwann sollten Erwin und Hilde diesen Titel als selbstverständliches Faktum übernehmen. In der Dominikanischen Republik erinnerte Erwin seine Frau allerdings daran, mit <u>Dca</u> H. de Palm zu unterzeichnen.[76] Erinnerte sich Hilde Domin an diese Florentiner Zeit, als sie 1965 den Literaturwissenschaftler Hans Mayer zu überzeugen versuchte, sich für Lambert Schneider einzusetzen, der wegen einer *unbedeutenden Jugendtorheit* – er hatte vorgegeben, den *Doctor* gemacht zu haben, um den Eltern seiner zukünftigen Braut zu imponieren – aller seiner Ehren beim Börsenverein des Deutschen Buchhandels enthoben worden war?[77]

Die Eltern von Erwin Walter Palm konnten sich nicht lange über den Studienabschluss ihres Sohnes freuen, zu groß war die wirtschaftliche Not und die hoffnungslose, stetig wachsende Trostlosigkeit, in der sie sich befanden. Es waren sich schleichend verschärfende Restriktionen, die den jüdischen Bürgern allmählich die Luft zum Atmen nahmen und sie untereinander isolierten. Die bürgerlichen Rechte der »Nicht-Arier« wurden seit der Verabschiedung der Nürnberger Gesetze 1935 immer mehr beschnitten. Die Eltern Palm mieden schon lange Restaurantbesuche, bevor sie endgültig verboten wurden, jüdische Bürger durften keine Dienstmädchen mehr verpflichten, die Telefone wurden beschlagnahmt; Hochzeits- oder Todesanzeigen durften nicht mehr ausgehängt oder veröffentlicht werden, Ehen zwischen Juden und Nicht-Juden wurden verboten. Palms Eltern mussten die großzügige Wohnung in der Georg-Speyer-Straße aufgegeben, denn die Kundschaft des Vaters blieb aus. Wie unerträglich muss die neue Unterkunft in der Lindenstraße 22 ab 1940 geworden sein, als die Gestapo das Gebäude schräg gegenüber, in der Lindenstraße 27, beschlagnahmte und zur Zentrale des Regierungsbezirks Wiesbaden erklärte. Dort in den Kellerräumen fanden Folterungen und Verhöre statt.

Vielen Juden waren die entwürdigenden Lebenseinschränkungen unerträglich geworden. Die Verwandten der Palms aus Eichstetten hatten sich auf ihrer letzten Italienreise, auf der sie auch Er-

## 5. Kapitel

win besucht hatten, mit Veronal eingedeckt und sich damit Weihnachten 1935 das Leben genommen.[78] Ein Onkel klagte über die unverhohlenen Feindschaftsbezeugungen der Parteimitglieder, die ihre Parolen mittlerweile immer ungenierter öffentlich kundtaten.

Die Unmenschlichkeiten, die das alltägliche Leben beeinflussten, nahmen spürbar zu: Führerscheinentzug für Juden, Verbot von Kinobesuchen, kein Zutritt zu öffentlichen Badeanstalten, Pensionskürzungen für Juden im Ruhestand, Aufhebung des Mieterschutzes. Alles trieb auf die geplante Eskalation zu: die Vernichtung der jüdischen Rasse, die Hitler am 30. Januar 1939 verkündete.

Die Briefe aus Deutschland machten den beiden Studenten immer deutlicher, dass Italien längst nicht mehr Arkadien, sondern ihr Exilland war. Hitler-Deutschland, das sie anscheinend auch hier im Griff hatte, erschreckte sie immer mehr. Die Behörden in Frankfurt waren nämlich auf Erwin Walter Palm aufmerksam geworden. Vater Palm war von der Devisenstelle über den Sohn in Italien ausgefragt worden: Dauer des Aufenthalts, Zweck, Auswanderung? – Ohne einen Antrag gestellt zu haben?

Die beiden Studenten, die mehr mit sich selbst als mit der politischen Situation beschäftigt waren, merkten dennoch, dass die antisemitische Welle auf der »Hitler-Mussolini-Achse« sich unaufhaltsam auf ihr Exilland zubewegte.

Tröstlich war, dass sich Papst Pius XI 1937 in seiner Enzyklika *Mit brennender Sorge* offen dem Despoten entgegenstellte und anlässlich Hitlers Besuch bei Mussolini im Mai 1938 Rom demonstrativ verließ. Auch die Palms waren während Hitlers Rom-Besuch aus der Stadt geflohen. Doch die italienischen Faschisten marschierten mit ihrer Losung »credere, obbedire, combattere« weiter, gestärkt durch den Vertrag zwischen Deutschland und Italien vom 25. Oktober 1936, der die Anerkennung des italienischen Imperiums besiegelt hatte.

Auch wenn die politische Entwicklung in Italien immer bedenklicher wurde, stand für Hilde Löwenstein und Erwin Walter Palm eine Lösung ihrer privaten Konflikte und Probleme im Vordergrund. Nach dem Dilemma der Promotion musste Erwin Walter Palm sein Verhältnis zu Hilde Löwenstein endgültig klären. Wie schon in Heidelberg, so hatte auch die Zeit in Florenz wieder deutlich gemacht: *der beste Teil unsrer Zeit ist Gespräch. Das was vom einen in den anderen übergeht, hörbar.*[79]

Das Spiel, auf das sich Erwin Walter Palm und Hilde Löwenstein seit Beginn ihrer Freundschaft eingelassen hatten, Nähe und Distanz, Zuwendung und Abweisung ganz nach Bedarf einzusetzen, wurde in Florenz weitergespielt.

Befasste Palm sich deshalb statt mit Ovid jetzt mit den Studien Ludwig Klages? Dessen Schrift *Vom Kosmogonischen Eros* hatte Palm zu Rate gezogen, um seine aufgewühlten Gefühle zu klären. Er griff Klages' Thesen auf und entfaltete Hilde Löwenstein seine Überzeugung, dass sie zwar sich suchende Seelen seien, dass ihnen etwas von außen zugestoßen sei, sich ihnen geschenkt habe, als sie sich fanden: ihr Eros – jedoch *nicht der Eros, [...] sondern jenes was Aristophanes bei Platon anspricht [...]. Wie antik – wie modern.*[80]

Palm war intelligent genug zu wissen, dass weder Klages noch Aristophanes ihm eine Lösung für seine ganz privaten Konflikte bieten konnten, er flüchtete sich zu Platons Ausführungen und versuchte eine Selbstanalyse. Er sann *nach einer Möglichkeit mit [sich] zu leben.*[81] Dazu war ihm Hilde Löwenstein als Spiegel seiner Seele unentbehrlich. Sie war die *Quelle für den Narziß aus der er trinkt und trinkt und nicht zu sich selber kommt.*[82] Palm schien in jenen Tagen in Florenz weder ein noch aus zu wissen und war bereit, *etwas zu opfern, wenn er dem Weib noch entgehe.*[83]

*Liebende sind immer am Rande des Tods. Aber der Tod war ein Tod in den Armen des andern. Sei du die Erde, in der ich vergehe. Dein für immer. Unverstoßbar im Hier und im Dort.*[84]

Doch gerade Palms Vorbehalte schienen Hilde Löwenstein zu verdeutlichen, dass sie *[z]wei Hälften, die sich treffen, [...] ein organisches Ganzes*[85] waren, und sie nahm Aristophanes' Bild der »Kugelwesen« auf und subsumierte die aristophanischen Ansichten: Es war ihr Ziel, sich zu vereinen und mit dem Geliebten zu verschmelzen, aus zwei eins zu werden – geistig mehr noch als körperlich. Die Hälfte des eigenen Doppelwesens trachtete danach, mit dem fehlenden Teil eine neue Einheit anzustreben. Für Hilde Löwenstein blieb Erwin Walter Palm deshalb immer *eine Fortsetzung des eigenen Körpers.*[86]

In Florenz manifestierte sich die symbiotische Abhängigkeit des einen vom anderen. Sie waren wie *Narziss und Goldmund*. Fühlten

## 5. Kapitel

sie auch, dass Widerspruch und Spaltung einander bedingten, empfanden sie im Rausch die Feindschaft der Geschlechter? Selbst ihr Kaninchen in Heidelberg hatten sie Chrysostomus, »Goldmund«, genannt. *Alle Zusammenhänge waren gelöst, sie waren nichts als die beiden Hälften, die sich getroffen hatten, weil sie sich treffen mußten.*[87]

Hilde Löwenstein machte sich auf den Weg nach Rom und quartierte sich Anfang Februar 1936 wieder in dem Albergo »Sta Chiara« ein, ihrer ersten Bleibe in Rom überhaupt. Von hier aus wollte sie sich erneut auf Wohnungssuche begeben. Treppauf, treppab *tippelte* sie durch Rom, Palms Briefe als moralische Unterstützung fest in der Hand; doch für ein unverheiratetes deutsches Fräulein war es nicht leicht, eine angemessene Wohnung zu finden, denn die Vermieter waren *sehr moralisch*.[88] Ausführlich informierte sie den Freund in Florenz über ihre Stimmungslage und die Versuche, eine gemeinsame Bleibe zu finden:

*Die ersten beiden Tage war es ein bißchen greulich, nicht so sehr Roms wegen, als weil ich so jäh aus unserer privaten und geschlossenen Welt in die allgemeine versetzt war. Man fühlte so recht hörbar einen Knack und die Zeit setzte wieder ein. Es war ganz schrecklich Februar 1936, ein Krieg hing in der Luft, die Welt war schlecht, störend und machte nervös. Ich kam mir vor – ich finde keinen richtigen Vergleich – ich kam mir vor als ob ich eine schützende Haut verloren hätte. (Die schlechten Wörter liegen nahe, aber es kam mir wirklich so vor.) Weniger verfänglich: einer Schnecke müßte es ähnlich zumute sein, wenn sie auf einmal ihr Haus verlöre. – Inzwischen ist es mir gelungen, die Wirklichkeit wieder zum Verschwinden zu bringen, der Ausschnitt Wirklichkeit, der mich allein beschäftigt, ist die Wohnungsfrage. Du glaubst gar nicht, wie schnell man sich wieder daran gewöhnt, mit Freude und Muße zu schauen. Zwar im Museum war ich noch nicht, doch was so bevorsteht in dieser wunderbaren Stadt [...] ist mir so vertraut wie je zuvor. Die Sonne und der blaue Himmel, die römischen Formen, das alles versetzt in eine ganz unflorentinische Stimmung. Viel klarer, und gar nicht melancholisch. Mach also den Klages gut in Florenz ab. Hier wird es wenig damit sein. Es tut mir leid, daß ich Dir nicht gezeigt habe, wo der große logische Knacks ist. Aber Du hast es sicher selbst gemerkt.*[89]

Italien: 1932-1939

Fast dreißig Jahre später in Heidelberg lebten die Bilder aus der Zeit in Rom wieder auf: *Das Herz eine Schnecke/mit einem Haus/ zieht die Hörner ein.*[90] Die poetische Kraft, nach der Erwin Walter Palm weiterhin suchte, spricht aus den Briefen Hilde Löwensteins. Mit leichter, zarter Hand beschrieb sie unverschnörkelt und klar ihre Empfindungen, alltagstauglich und dennoch voller Poesie. Erwin Walter Palm erkannte die feine Spannung und Kraft, die diese Briefe ausstrahlten und ihn aus dem Grau entrücken konnten. Hilde Löwensteins Ausdruckskraft verstärkte seine Selbstzweifel und entfachte im Zusammenleben Neid. Zu dem angedeuteten *großen logischen Knacks*[91] gesellte sich wieder der große psychische Knacks: Palm konnte in großer Nähe mit der Freundin nicht, doch ohne sie konnte er überhaupt nicht sein. So fühlte er sich seit dem Tag ihrer Abfahrt *wie ein Kohleherd am Morgen. [...] völlig auf den 0 Punkt gesunken. Keine Idee, keine Kraft, nichts fassbar!*[92] Um der Resignation zu entgehen, stürzte er sich in Vergnügungen, selbstverliebt begann er sich zu »transformieren«: *Ich überraschte mich wie ich liebevoll und mit größter Überlegung eine Zigarre entzündete und wie ich mein Spiegelbild zu einem gepflegten Begleiter umzugestalten versuche. Neueste Erfindung: Schlafrock und weißes Halstuch mit Brosche, was wahrhaft klassisch aussieht*[93], provozierte er die Freundin in Rom, die bis zu zehn Stunden am Tag Privatstunden erteilte, um beide finanziell über Wasser zu halten. Nicht immer konnte sie mütterlich geduldig reagieren, sondern rückte mit ihrer Replik dem »lieben Pfau« ordentlich den Kopf zurecht: *Du liebst am meisten – Dich, Dich, Dich! On ne peut pas le changer. Aber ich will etwas ändern. [...] Ich lese ohne jede Begeisterung von einem »heiteren Dasein ohne Bücher« [...] aber ich würde Dir gründlich übel nehmen, wenn Du geschlampert statt angestrengt gearbeitet hättest [...] antworte nicht auf diesen Brief, ich mag jetzt keine Grobheiten lesen. Es ist alles nicht bös gemeint, [...]. Tröste und streichle ein wenig Dein armes Häschen.*[94]

Die Zeit in Florenz blieb beiden als konfliktreich in Erinnerung. Erwin Walter Palm brach im Februar 1936 seine Zelte am Arno ab, machte sich auf den Weg nach Rom und meldete sich dort am 17. Februar 1936 offiziell zurück.

## 5. Kapitel

Hilde Löwenstein hatte unterdessen mit Geschick und Glück die Wohnung gefunden, die für die nächsten zweieinhalb Jahre die einzige Konstante ihres Lebens sein sollte. Das Appartement in der Via Monte Tarpeo 61, im begehrten Stadtteil des Monte Capitolino, war einem finanzschwachen Obsthändler zwar *bereits versprochen* gewesen, doch Palm ermunterte noch von Florenz aus, *die Via Monte Tarpeo mit allen Lockmitteln versuchen zu kriegen*[95], und Hilde Löwenstein hatte das kleine Wunder vollbracht, den Interessenten *mit 100-200 L zum Rücktritt bewegen zu können.*[96] Sie konnten in den obersten Stock des höchsten Hauses der Via Monte Tarpeo einziehen, in die ehemalige Wohnung der berühmten Schauspielerin Eleonore Duse, die sich in den finanziellen Ruin gestürzt hatte, um ihren jüngeren Geliebten, den Dichter Gabriele d'Annunzio, zu fördern. *An die Duse erinnerte die sechsteilige verstellbare Spiegelwand*, die die Zimmer der zwei jungen Leute trennte, *die man so stellen konnte, dass man den Palatin und die Glyzinien im Zimmer hatte.*[97] *Es war unsere erste Wohnung überhaupt, etwas, was man leer mietet, wofür man einen Vertrag unterschreibt, und was man dann mit Möbeln vom Flohmarkt, dem »Campo dei Fiori«, und von den umliegenden Althändlern bewohnbar macht. [...] Ein hundertjähriger Glyzinienbaum rankte sich hoch bis zu unserer schmalen Terrasse. [...] eine aufregend schöne [...] Wohnung.*[98]

Im untersten Stock des Mietshauses wohnten Russen, die Iwanows, die von Hilde und Erwin »Russengärtchen« genannt wurden: ein hagerer alter Dichter, seine zarte, blasse Ehefrau und die schlaksige blonde Tochter. Fünfundzwanzig Jahre später, 1961, trafen die Palms Frau Iwanowa in Heidelberg wieder.

Rom, das war: goldene Stimmung, Nähe zur Antike mit Blick auf das Kolosseum und den Tiber. Es blieben lebenslang Bilder, deren Glanz Hilde Domin immer wieder neu beleben konnte. So wie in dem Gedicht *Ich lade dich ein*, das sie 1957 in der spanischen Feriensiedlung La Verdad schrieb.

*Es riecht nach den Glyzinien*
*der Via Monte Tarpeo,*
*Marc Aurel ist wieder unser Portier.*
*Des Abends vergoldet die Sonne den Tiber,*
*dann singt uns die Nachtigall am Palatin.*[99]

## Italien: 1932-1939

Für Hilde Domin zählten die Jahre in Rom zu den glücklichsten und unbeschwertesten ihres gemeinsamen Lebens mit Erwin Walter Palm; die Bedrohung durch die italienischen Faschisten wurde ausgeblendet. Sie freute sich auf die Abende, wenn Erwin Walter vor ihrem Bett stand und ihr Gedichte vorlas, bis sie einschlief. Das hatten sie auch in Heidelberg schon zelebriert; Palm hatte sich dann leise davongeschlichen und einen kleinen liebevollen Zettel zurückgelassen. Gingen sie zusammen in die Museen, so hatte er im Geiste die Bilder für sie umarrangiert, denn er war überzeugt, dass die Meisterwerke durch seine Anordnung ihr einen besseren Zugang liefern würden. Erwin Walter Palm war frei für seine Leidenschaft, die Antike, und glücklich, dass seine Freundin die Alltagssorgen von ihm fern hielt. War er auf Exkursion, schickte sie ihm den Unterhalt zu, den sie mit Unterrichten erwirtschaftete, *[d]enn immer mehr Italiener lernten Deutsch, je übler die politische Lage [...] wurde.*[100] *Während Palm sich ganz seinem Arbeitsgebiet, der römischen Religionsgeschichte, widmete und zwischen den Jahrtausenden pendelte: von den »Augenblicksgöttern« und »Aktgöttern« in die späten 30er Jahre, die immer störender wurden, und zurück*[101], gab Hilde Löwenstein *sozusagen von 8 Uhr 30 bis 8 Uhr 30 Deutschunterricht, morgens außer dem Hause, mittags zu Hause.*[102] Sie führte Palms Fotoaufträge aus, die er ihr von der Exkursion aus Neapel zuschickte und übersetzte seine Entwürfe und Manuskripte ins Italienische. Sie zahlte die fällige Steuer und verbesserte die wirtschaftlich maue Lage zusätzlich durch Verkäufe von Schmuck und anderen Wertgegenständen. Auch Erwin Walter Palm besserte seinen Unterhalt durch Verkäufe seiner Habseligkeiten auf, kein einfaches Unterfangen, denn die Zeiten waren nicht nach Luxusgütern, und auch er wurde oft abgewiesen: *unmöglich. Zu großer Luxus. [...] Für die Geschichtsbücher* dagegen hatte *sich ein Dummer gefunden.*[103]

Umgang mit Freunden hatten die beiden eher weniger; wenn, dann schienen es Freunde von Erwin Walter Palm gewesen zu sein, Männergesellschaften. Zu den Freunden in Italien zählten sie auch die Zeitungs- und Gemüseverkäufer. Dass Hilde Löwenstein in Rom eine vertraute Freundin gehabt hätte, daran konnte sich Hilde Domin nicht erinnern.

## 5. Kapitel

Erwin Walter Palms Eltern hatten die Zahlungen an den Sohn inzwischen eingestellt. Sie hatten sie in den vergangenen Monaten ohnehin nur noch unter größten persönlichen Entbehrungen aufbringen können. Hilde Löwensteins Eltern mussten mit dem geretteten Geld ebenfalls haushalten, die Entwicklung des Terrors, von dem die in Deutschland Zurückgebliebenen und Reisende berichteten, erforderte notfalls schnelles Handeln und pekuniären Rückhalt.

Mit Wehmut und Sehnsucht hörten Hilde Löwenstein und Erwin Walter Palm von den Feierlichkeiten der Universität Heidelberg anlässlich des 550-jährigen Bestehens. Am 27. Juni 1936 sollte das große Jubiläum begangen werden: *Alt Heidelberg Du Feine. Auch ehemalige Heidelberger sind eingeladen*[104], schrieb Palm der Freundin aus Florenz, doch sie konnten nicht dabei sein.

Zum Feiern hätte es auch in Heidelberg wenig Grund gegeben, denn an der Ruprecht-Karls-Universität hatten sich bis dahin schon zwei der insgesamt drei Phasen zur Ausschaltung rassisch missliebiger Professoren vollzogen. Ordinarien wie Jellinek, Anschütz, Radbruch, Levy, Weber, Täubler und anderen war die Lehrbefugnis entzogen worden, in der dritten Phase wurden 1937 Jaspers, Grisebach und Regenbogen als *nichtarisch versippt* entlassen.[105]

Ob sich Hilde Löwenstein und Erwin Walter Palm bewusst waren, dass sich die Unheilsspirale immer schneller drehte, und sie deshalb im Sommer 1936 den Entschluss fassten, ein Ehebündnis einzugehen? Möglicherweise lagen ganz pragmatische Gründe der Entscheidung zugrunde: Offizielle Eingaben eines Ehepaares wurden von den Behörden möglicherweise wohlwollender behandelt als die zweier Individuen. Die Ehe war das Konvenierende, ihnen ansonsten aber »schnuppe«, wie Hilde Domin auf Lesungen oft zu sagen pflegte.

Die Wochen vor der Hochzeit waren von emsigen Vorbereitungen geprägt. Lange Listen mit all den Kostbarkeiten, die die Eltern Palm für dieses Ereignis jahrelang für ihren einzigen Sohn gehortet hatten, gingen zwischen Frankfurt und Rom hin und her. Sechs Wochen nach der Hochzeit wurden die von der Frankfurter Firma Dellighaus sorgfältig gepackten Kisten mit den Geschenken in die Via Monte Tarpeo geliefert: Gedenkmünzen, Spargelheber, Ölsardinenheber, Nussschäler, Likörstopfen, Limonadenstängel, Serviettenringe, Wäschespritzer, Vorhänge, ungerahmte und gerahmte Spiegel – kurz: Attribute der Bürgerlichkeit, die Palm so verhasst waren.

Die Hochzeit war zum richtigen Zeitpunkt geplant worden. Bescheinigungen, Beglaubigungen und sonstige Formalitäten konnte Arthur Palm noch in Frankfurt und Köln einholen, auch wenn vor allem für Juden *das Heiraten [...] teuer gemacht*[106] worden war. Auf dem römischen Konsulat mussten Hilde Löwenstein und Erwin Walter Palm dokumentieren, dass beide Großeltern Juden waren. Bis zuletzt bangten in Frankfurt die Eltern Palm, ob die Devisenzuteilung rechtzeitig erfolgen würde, denn davon war ihr Besuch in Rom abhängig. Überglücklich waren sie deshalb über den positiven Bescheid und wollten die Reisefreiheit nutzen, um im Anschluss an die Hochzeitsfeier eine Kur im mondänen Badeort Montecatini zu machen, den die Kinder für sie getestet hatten.

Am 27. Oktober 1936, drei Tage vor dem festgelegten Hochzeitstermin, hielt sich Erwin immer noch bei Grabungen in Neapel auf, auch der Umzug in die Via Monte Tarpeo 61 einen Tag zuvor hatte ohne ihn stattgefunden. Dass er der Grabung in Neapel mehr Aufmerksamkeit widmete als der eigenen Eheschließung, verärgerte auch seine Stiefmutter: *ich glaube, wenn Du ohne Deine <u>Anwesenheit</u> getraut werden könntest bliebst Du bei den Ausgrabungen in P.*[107] Doch der zukünftige Ehemann war um die Antwort nicht verlegen: *Liebe ist eine Schöpfung und sie ist wie alles Schöpfende egoistisch.*[108]

Am 30. Oktober 1936 wickelte sich der italienische Standesbeamte im Konservatorenpalast die Trikolore um den Leib, bevor er die Trauung von Erwin Walter Palm und Hilde Löwenstein vornahm: »*Vi dichiaro marito e moglie*«.[109] Und besonders wies er auf die Pflicht eines jeden Ehepaares unter dem faschistischen Regime hin, zur »Steigerung des Bevölkerungswachstums« beizutragen: *ed i bambini si vaccinano.*[110] Doch Kinder, die man hätte impfen können, setzte das Ehepaar Palm nie in die Welt.

Die beiden Familien ahnten nicht, dass die Hochzeit sie alle ein letztes Mal zusammenführen sollte. Paula und Eugen Siegfried Löwenstein waren in Rom geblieben. Die Mutter erinnerte sich immer mit viel Wehmut an die gemeinsame Zeit: *Wir gehen oft zusammen durch Rom in Gedanken, Vater und ich. [...] Grad im Moment steh ich so vor dem Brunnen am Bahnhof – einer der Euch weniger ge-*

## 5. Kapitel

*fällt, den ich aber sehr liebe [...] und gleich treff ich Dich Kleines beim »Schuhekaufen« da in der Gegend. Alles so deutlich – und doch so fern!*[111]

Zum Hochzeitsessen hatten sie Nachbarn und Straßenmusikanten eingeladen. Zu Suppe, Langusten mit Mayonnaise, Fasan in Blätterteig und Ananas mit Sahne wurden besondere Weine kredenzt; auf der Rückseite der von Hilde liebevoll gestalteten Menükarte unterschrieben alle Gäste. Nur ein Familienmitglied fehlte: Hilde Löwensteins Bruder Hans.

Der hatte kurz vor dem Hochzeitstermin Europa den Rücken gekehrt und sich am 19. Oktober 1936 auf den Seeweg in die USA begeben. Die dortige Verwandtschaft hatte die Einladung ausgesprochen und die Bürgschaft für ihn übernommen. Eine unglückliche Liaison in Paris war der Abreise vorausgegangen und hatte die Entscheidung, Europa zu verlassen, erleichtert. Mit dem Kontinent wechselte der junge Mann auch seine Identität; sein deutscher Name Hans Löwenstein wurde in Amerika naturalisiert, und er hieß fortan John Lorden.

Damit jüdische Flüchtlinge in den Vereinigten Staaten an Einsätzen der Armee teilnehmen durften, wurde das Einbürgerungsverfahren für die »refugees« beschleunigt. Auch Hilde Palms Bruder erhielt schon 1942 die amerikanische Staatsbürgerschaft, die es dem bisher beruflich Erfolglosen ermöglichte, wie auch bekannte Exil-Schriftsteller, etwa Klaus Mann, Stefan Heym und Hans Habe, im Zweiten Weltkrieg an der Seite der USA zu kämpfen.[112] Auf ihren Einsatz, der im Wesentlichen aus geheimdienstlichen Aufgaben bestand, bereitete man sie im Military Intelligence Training Center »Camp Richie« in Maryland vor.

Bis 1937 wurde den faschistischen Aktivitäten in Italien in der persönlichen Korrespondenz zwischen Hilde und Erwin kaum Platz eingeräumt. Weder wurden die dramatischen politischen Ereignisse im Hitler-Deutschland erwähnt noch schlug sich die antisemitische Gewalt, der die Eltern Palm in Frankfurt ausgesetzt waren, im Briefwechsel nieder. Wie später auch in England verknüpfte Erwin Walter Palm historische Turbulenzen mit Klatschgeschichten, die für ihn ein Spiegel der Gesellschaft waren: *Zusammenbruch der französischen Hegemoniemöglichkeiten, Belgien erklärt seine Neutralität, [d]ie italienische Modeindustrie verlangt das*

## Italien: 1932-1939

*Verbot von französischen Modeblättern.*[113] Er verlor nie die Lust an Anekdoten, und Hilde Palms Rolle sollte es bleiben, ihren Mann immer wieder mit Informationen über das politische Geschehen zu füttern, denn ihm war *das Politische [...] alles neu.*[114] Dabei war die Rassenpolitik, die Italien in Ostafrika betrieb, und die Ausbreitung des faschistischen Gedankenguts in Italien nicht zu übersehen. In gewisser Weise wurde der dort erprobte Rassismus letztendlich 1938 auf Italien übertragen.

Zu Beginn der Machtergreifung der Faschisten waren jüdische Italiener noch keinen Repressalien ausgesetzt – Mussolini selbst hatte eine langjährige Liebesbeziehung zu der jüdischen Musikkritikerin Margherita Sarfatti unterhalten –, doch ab 1934 richtete sich die faschistische Rassenpolitik deutlich gegen Juden.

Schon im Februar 1934 hatte der »Duce« eine Anordnung erlassen, nach der neu zugewanderte Juden die italienische Staatsbürgerschaft nicht mehr erwerben konnten. *Die Juden gehören nicht zur italienischen Rasse* war der Schlüsselsatz im »Manifesto degli scienziati razzisti«, das am 14. Juli 1938 im *Giornale d'Italia* veröffentlicht wurde. Die italienischen Rassengesetze erklärten alle Juden pauschal zu Staatsfeinden. Am 22. August 1938 hielt eine Sonderzählung die Zahl der jüdischen Bürger in der Bevölkerung fest, eine ganze Reihe von Diskriminierungsgesetzen beschnitt ab September 1938 sukzessive die Rechte der Juden in Italien.

Seit 1936 wurden jüdische Bürger in Italien häufiger kontrolliert, mussten sich regelmäßig und in immer kürzeren Abständen polizeiliche Führungszeugnisse ausstellen lassen, die ihre »buona condotta morale civile e politica« bescheinigten. Es waren Zeiten, dass *im Schrank die kleinen Handkoffer, gepackt und fertig, mehrere Wochen* in einem *bugigattolo, ein[em] Katzenloch*, versteckt standen für eine schnelle Flucht.[115] Eugen und Paula Löwenstein hatten aus der sich abzeichnenden Verschlechterung der Lage für Juden in Italien die Konsequenzen gezogen: Im Herbst 1937 waren sie zur Verwandtschaft nach England geflohen und hatten in London Unterschlupf bei Marie, der wohlhabenden Schwester der Mutter, gefunden.

Seitdem hatten sie unablässig versucht, auch die Kinder zur Flucht zu bewegen. Doch vor allem Erwin Walter Palm widersetzte sich der Ausreise, denn er war weiterhin überzeugt, dass die Situation

## 5. Kapitel

sich für sie zum Guten wenden könnte. Zudem war er zuversichtlich, dass seine »sensationellen« archäologischen Entdeckungen in Neapel eine entsprechende Würdigung erfahren würden: *Der Eros auf dem Delphin ist nicht aus Pompeii also anonionisch. Die Puttoszene stammt aus Rom, nicht aus Pompeii. Hurrah.*[116]

Doch der wachsenden Bedrohung konnten sich die Palms nicht mehr länger verschließen: *In immer kürzeren Abständen kam die Polizei und ließ sich die Papiere zeigen. Und morgens auf der Piazza Venezia begrüßte der Geheimpolizist [ihren] Mann mit der Bemerkung: »Professore, Sie haben heute nacht ja wieder lang gearbeitet.«*[117] Oft verließen sie das Haus vor dem Morgengrauen, denn das war die Zeit, zu der die Geheimpolizei ihre Übergriffe und Verhaftungen durchführte, danach *begannen [sie] den Tag, als sei alles normal.*[118] *Voll solcher Episoden, eine nach der andern, waren die zwei Jahre*[119], die sie in der Duse-Wohnung verbrachten.

Wie konnte Palm die für sie beide immer bedrohlicher werdenden politischen Entwicklungen in jener Zeit ignorieren? Alles, was ihn zu leiten schien, war die Frage: *Bin ich ein Dichter? [...] ein Philosoph? [...] was mich quält ist dass ich auf all diesen Bahnen Angst habe es [das Zwingende seiner Gedichte, M. T.] nicht zu erreichen.*[120] Gerade in diesen Tagen trieb ihn der Wunsch, *dies geheime Deutschland [das] auch noch in anderen lebt,* wachzuhalten, *denn an uns wird es sein es einmal aufzuerwecken.*[121] Er hing mehr denn je an den Idealen Stefan Georges.

1938 hatte ein Artikel von René Lauret (Spezialist für deutsche Literatur und 1937 Vorsitzender des »Vereins Ausländischer Presse«, VAP, in Berlin) in einer französischen Zeitung seine Aufmerksamkeit erregt: Der Journalist präsentierte süffisant das Resultat einer Umfrage, die ergeben hatte, dass die Deutschen nicht *Mein Kampf* zu den Lieblingsbüchern zählten, die sie mitnehmen würden, wenn sie auf einer verlassenen Insel leben müssten, wohl aber die Bibel, Goethe, Homer, Dante und die Philosophen der Antike.

Diese Art Journalismus liebte Palm, und er schickte den Artikel seiner Frau nach Livigno, wohin sie erschöpft geflohen war. Hilde Palms Zustand war offenbar höchst labil, und ihr Mann versuchte zu trösten: *Ich bin froh, dass ich Dich weggeschickt habe, ich bin mir selbst unerträglich. Das einzige was Du mir Gutes tun kannst wenn auch Du wieder irgendwie zu Dir kommst.*[122]

Italien: 1932-1939

In Livigno erreichte Hilde Palm der Geburtstagsbrief der Schwiegermutter. Neben den Glückwünschen enthielt er die traurige Nachricht vom Tode Arthur Palms, der am 26. Juli 1938, einen Tag vor Hilde Palms Geburtstag, in Frankfurt offenbar an den Folgen eines Hirntumors gestorben war.

In den folgenden zwei Jahren nach dem Tod ihres Mannes hatte sich Anna Palm noch bemüht, sein Geschäft weiterzuführen. Doch gleichzeitig suchte sie die Nähe ihres Stiefsohns und bettelte um Einladungen nach Rom, denn ohne Einladung waren für Juden keine Auslandsbesuche mehr möglich. Die Wohnsituation in Deutschland wurde immer unerträglicher, und durch die täglichen Festnahmen jüdischer Nachbarn in der nahen Umgebung hatte sie ihr eigenes Schicksal vor Augen. Anna Palm pendelte ruhelos zwischen der Verwandtschaft in Köln und Frankfurt hin und her. Sie war von Selbstmordgedanken gepeinigt und bat den Sohn, sie mit Veronal zu versorgen, um dem Naziterror durch Freitod entgehen zu können. Gleichzeitig drängte sie die Kinder immer vehementer zur Ausreise nach England, denn sie erhoffte sich dadurch auch ihre eigene Rettung. Sobald Hilde und Erwin Walter Palm in London bei der Verwandtschaft untergekommen wären, wollte sie versuchen, nachzukommen. Die Zeit drängte, täglich wurde die Ablösesteuer für ausreisewillige Juden erhöht, um sich ihrer verbliebenen finanziellen Mittel zu bemächtigen.

Palms Stiefmutter gehörte offenbar zu denjenigen, die bis zuletzt gehofft hatten, dass das Unheil ausbleiben könnte. Doch im Oktober 1938 war eine geregelte Ausreise aus Deutschland für Juden fast unmöglich geworden. Die Adressen, die unter Umständen noch Rettung versprechen konnten, wurden in jenen Tagen mit größter Vorsicht und nur in verklausulierter Sprache weitergegeben.

Waren diejenigen, die im sicheren Exil den zurückgebliebenen jüdischen Freunden und Verwandten zu Hilfe kommen konnten, überfordert? Warum reagierte die reiche Verwandtschaft Hilde Palms auf die verzweifelten Hilferufe Anna Palms weder mit einer Einladung noch mit einer Bürgschaft?

Auch Erwin Walter Palm versagte sich allen Bitten der Stiefmutter und meldete sich erst 1941 aus dem Exil in Santo Domingo, als jede Hilfe für sie zu spät kam. Er schien nur von seinem Wunsch getrieben zu sein, in Rom ein großes Werk zu verfassen.

## 5. Kapitel

In ihrer Not hatte sich Hilde Palm in jenen Tagen wieder ihrem Studienfreund aus Berliner Tagen anvertraut. Seit 1932 verließ sie sich auf Hans-Georg Pflaums Weitsicht, denn alle seine Prophezeiungen hatten sich bewahrheitet. Im August 1938 mahnte Pflaum zu größter Eile: *Zögere keine Minute und handle, wenn Dein Mann noch in seiner tour d'ivoire sitzt und ein Dichter sich um die Realitäten des Lebens weniger kümmert.*[123] Er hielt die Pläne Palms, als Jude in Italien veröffentlichen zu wollen, für völlig utopisch. Jedes Verzögern einer Ausreise wäre ein Verbrechen an sich selbst. Sie sollten die Wohnung kündigen, Empfehlungen für das neue Land einholen, damit sie nicht als unbeschriebenes Blatt dort ankämen, riet er dringlich.

Auch Paula Löwenstein in London bedauerte ihre Tochter, wusste, dass es der *kl. Erwin [war] dessen großes werk [sie] so ganz von der Außenwelt abhielt und mit dem Kopf gegen die Wand rennen ließ!*[124] Nur zu gerne wäre sie bereit, den Ausführungen der Kinder Glauben zu schenken, dass *das schöne Italien neutral ist und sich seine Schönheit u seine Menschen bewahrt u diese Katastrophe nicht mitmacht.*[125]

Vater Löwenstein teilte den Optimismus seiner Frau nicht und hatte *all necessary arrangements* für Hilde und Erwin in die Wege geleitet[126]: in der Schweiz ein Depot eingerichtet, bei der Botschaft eine Bürgschaft von zweihundert Pfund hinterlegt, über die Beziehungen der Verwandten Kontakt zu einem Anwalt aufgenommen, der für ein Durchreisevisum durch die Schweiz sorgen wollte, um die Flucht nach England zu ermöglichen. Dieses Visum hätten die Palms auf dem Schweizer Konsulat abholen müssen, doch sie waren nicht erreichbar.

Hans-Georg Pflaums Vorhersagen waren schneller Realität geworden, als er vielleicht selbst vermutet hatte. Am 17. September 1938 erließ das Mussolini-Regime ein Gesetz, das den Palms endgültig alle Hoffnungen nahm, in Italien leben zu können: Die Ausweisung aller nach 1919 nach Italien eingewanderten Juden war beschlossen worden. Bis zum 12. März 1939 mussten sie Italien verlassen haben.

Nun erst akzeptierte Erwin Walter Palm fassungslos die Realität. Das Gesetz vom 17. September war für ihn *der herbste Schlag*[127], die Maßnahmen zur »Verteidigung der italienischen Rasse« führten in fast allen staatsbürgerlichen Bereichen faktisch zur selben Diskriminierung, wie sie auch die Juden in Deutschland erlitten.

Jetzt mussten die Palms handeln. Orientierungslos hasteten sie von Rom nach Mailand. Über Varese und Porto Ceresio kamen sie zum Grenzort Ponte Tresa und wollten von dort aus versuchen, in die Schweiz zu gelangen; nur eine Brücke über den Fluß Tresa, der den kleinen Ort in einen italienischen und einen Schweizer Teil zerschnitt, trennte sie von dem rettenden Tessin.

Am 25. September 1938 standen Erwin und Hilde Palm an der Ponte Tresa. Doch von hier aus gab es schon keinen Fluchtweg mehr in die Schweiz. Den Eltern in England schickten sie aus Porto Ceresio eine Postkarte. Paula Löwenstein blieb beim Anblick der Ansichtskarte nichts anderes übrig, als dem *Wasser auf dem Bild bitteres salziges eigenes dazu[zufügen]*.[128] Was sollten sie jetzt tun?

Immerhin hatte Hilde schon den Rat des Freundes Pflaum aus Paris befolgt und die Wohnung in der Via Monte Tarpeo gekündigt, nachdem der nächste Mieter, *einer von der späteren Pétaingruppe*[129], immer aufdringlicher zum Auszug gedrängt hatte. Viele der Hochzeitsgeschenke waren versilbert worden, um die Frachtgebühren bezahlen zu können. In erster Linie wollten die Palms ihre Bücher retten. Die Hauseigentümer, die unter ihnen gewohnt hatten, konnten den Aufbruch nicht ertragen – sie waren kurzerhand verreist. So saß Hilde Palm schließlich weinend in der leeren Wohnung.

Sie hetzten zurück nach Genua, um sich dort nach Fluchtmöglichkeiten über das Meer zu erkundigen. Die unredlichen Schlepper, die sich anboten, für teures Geld ein – letztlich wertloses – Visum zu besorgen, hatten sie trotz aller Panik durchschaut und sich nicht auf diesen Handel eingelassen.

Durch ihr ständiges Herumreisen waren sie in Italien nicht erreichbar. Mehrfach hatte das Schweizer Konsulat vergeblich versucht, von den Eltern hinterlegte Mitteilungen zu übermitteln. Hilde Palm kommunizierte in jenen Wochen mit den Eltern permanent per Telegramm. Die Gesichter auf den Passfotos, die in den Mailänder Tagen für die Visa aufgenommen worden waren, spiegeln die Ratlosigkeit des Paares wider.

Den Eltern in England blieb nichts anderes übrig, als in Sorge mitzuerleben, dass *ein Menschenpaar wie 2 flatternde Hühner hin und herlaufen [muss] [...] kreuz und quer, kopflos, hilflos – ein ganz gräuliches, nervenzerstörendes Bild.*[130] Doch die Mutter wusste auch, dass alles dem *allzu großen Idealismus und [der] Hartnäckigkeit aber keinen schlechten Motiven*[131] ihrer Tochter entsprungen war. An Erwin Walter Palm richtete sie in diesem Brief keinen Gruß mehr.

In Frankfurt konnte auch Erwin Walter Palms Stiefmutter das Zaudern und Zögern für eine rettende Flucht kaum ertragen. *Warum schiebt ihr die Reise so hinaus?*[132], fragte sie ein ums andere Mal. Doch gab sie sich selber die Antwort: *wieder wird Erwin nicht mit der Arbeit fertig von der man schon so lange hört.*[133] Erwin aber drängte seine Frau unterdessen noch auf die französische Übersetzung seiner in Neapel verfassten Schriften, die sie schließlich in den *letzten Stunden in Italien redigierte.*[134]

Im März 1939 versuchten sie noch einmal, über Ponte Tresa in die Schweiz zu gelangen. Doch die Brücke war längst keine einfache Grenze mehr zwischen den beiden Ländern, sondern eine unüberwindbare Barriere. Schon der erste Blick in die Pässe ermöglichte die Zuordnung »Jude«, denn die Schweiz hatte Italien veranlasst, in den Pässen das »J« für »Jude« einzutragen. Die Schweiz als Refugium fiel damit endgültig weg.

Wie es ihnen gelang, nach Paris durchzukommen, ist nicht rekonstruierbar. Doch es gelang. Und wieder war Hans-Georg Pflaum der rettende Anker: in seinem Domizil in Paris, auf der Ile Saint-Louis, 24 rue Touruefort, fanden sie einige Tage Unterschlupf. Erwin Walter Palm nötigte dem Freund noch das Versprechen ab, doch wenigstens das *abgebrochene Buch über die römische Architektur auf dem Hintergrund der römischen Religionsgeschichte*[135], »Cipus. Un mythe romain«, aus der Zeit in Neapel, zur Veröffentlichung zu bringen. Pflaum hat dieses Versprechen gehalten. Am 15. März 1939 dann, dem Tag, an dem die Deutschen in die Tschechoslowakei einmarschierten, setzten die Palms ihre Flucht nach England fort.

Noch bestand die Fährverbindung zwischen Calais und Dover; erst mit Beginn des Seekriegs im September 1939 wurden die Schiffsverbindungen nach England fast völlig gekappt. Die Einreisebestimmungen nach England waren allerdings weiter verschärft worden. *The world seemed to be divided into two parts – those places where Jews could not live – those places where they could not enter.*[136] Es war nur den guten Beziehungen von Vater Löwenstein und seinem Verhandlungsgeschick mit der Verwandtschaft zu verdanken, dass Hilde und Erwin Walter Palm die Einreise nach England noch ermöglicht werden konnte. Denn zu diesem Zeitpunkt hatte Chamberlain bereits beschlossen, sein Land vor den hineindrängenden Flüchtlingen zu schließen. *Nur Alte und Kinder wurden damals, 1939, in England aufgenommen, und [sie] waren ja beides nicht.*[137]

Das Gefühl, auf dem sicheren Schiff den rettenden Hafen in England zu erreichen, war wie das Erwachen aus einem Albtraum: *Und da standen die englischen Matrosen am Laufsteg und warteten auf ihre Passagiere. Sie stellten die Deckstühle sorgfältig in den windgeschützten Ecken auf und wickelten die Fahrgäste in Decken und boten ihnen Tee und Cakes [...] an.*[138]

Als die Palms sich den so friedlich erscheinenden weißen Klippen von Dover näherten, dachten sie, endgültig gerettet zu sein – und ahnten nicht, dass sie dort nur Atem holen durften, für den langen Weg ins Exil.

6. Kapitel

# England
# 1939-1940

*Die Spanne zwischen Tod und Leben ist aufgehoben*
(Erwin Walter Palm an Hilde Palm vom 1.1.1940)

*A*re you comfortable now? – The dafodils are out. – What about you? – Thanks Mrs Mercury. – We have all imigrated[1] – die prägenden Redewendungen der ersten Tage blieben den Palms immer in Erinnerung. Noch vierzig Jahre später hielt Erwin Walter Palm die neu erworbenen Sprachstereotypen jener ersten Wochen in seinem Tagebuch fest. Wollte man als deutscher Flüchtling im Königreich das Kleid des Fremdseins ablegen, um so das Wohlwollen des Gastlandes zu gewinnen, musste man sich anpassen und sich als erstes mit der fremden Sprache anfreunden. Hilde und Erwin Walter Palm hatten sich durch die Lektüre von Keats, Shelley und Swinburne mit dem Englischen vertraut gemacht; das mag einer der Gründe dafür gewesen sein, dass ihnen diese Sprache fremder als jede andere blieb, denn *[s]chreckenerregend waren im Englischen die festen Floskeln, die etwas anderes bedeuteten, als was gesagt wurde. […] »I hope to see you again«, zum Beispiel, meinte, daß unverzeihbare Formfehler im Laufe eines Besuchs gemacht worden waren und daß man dem Betreffenden nie mehr vor Augen kommen sollte.*[2] Es war also nicht so sehr der Verlust der deutschen Sprache – denn den hatten sie in Italien mit Leichtigkeit verschmerzt – es war vielmehr das Eingezwängtsein in ein Sprachkorsett, das zum Beispiel auch Stefan Zweig die Luft nahm: *that's what me oppresses most, that I am so imprisoned in a language, which I cannot use,* so formuliert er ungelenk sein Unbehagen gegenüber der englischen Sprache.[3] Stefan Zweig war so weitsichtig gewesen, die dramatischen Entwicklungen der Weltgeschichte ab

England: 1939-1940

1940 in seinen persönlichen Tagebuchaufzeichnungen festzuhalten. Auch er war nach England geflüchtet und hielt sich dort zur selben Zeit wie die Palms auf, allerdings vorwiegend in Bath. Die letzten Tage vor der Flucht aus England verbrachte aber auch er in London. Seine Sicht der Verhältnisse wird sich vermutlich nicht allzu sehr von der der Palms unterschieden haben.

Eingeengt fühlte sich das junge Paar auch in anderer Hinsicht. Hatten sie bisher in dem *Augenblick zwischen Ewigkeit und Ewigkeit*[4] gelebt, im Niemandsland, nur ihrer Liebe verpflichtet, in einem *Alleinaufderweltsein aller Liebenden*[5], so rückte die Zeit in England sie als Mitspielende in die *lästige Staffage von Verwandtschaft und Bekanntschaft*.[6]

In dem kleinen Zimmer, das die Eltern Löwenstein im Londoner Stadtteil Hampstead, 78 Compayne Gardens, mit ihren Kindern teilten, hatte die Mutter die Möbel umgestellt und die Betten der beiden Ehepaare durch einen Vorhang voneinander getrennt. Um lange »haushalten« zu können, wollten sie versuchen, sich bald außerhalb Londons im billigeren Umland einzumieten. Paula Löwensteins vermögende Schwester Marie half zwar gelegentlich mit Geld aus, doch sie tat es unwirsch: Sie trug ihrer Nichte Hilde immer noch nach, dass die sich in Köln geweigert hatte, den reichen Engländer zu heiraten, der sich in das Bild der jungen Studentin verliebt hatte.[7]

Der elegante Stadtteil im Nordwesten Londons, wo heute mehr Millionäre leben als in irgendeiner anderen Stadt in Großbritannien, war schon vor dem Krieg ein begehrter Wohnbezirk gewesen, damals allerdings mit erschwinglichen Mieten. Ausgedehnte Parklandschaften, vor allem aber das alte Künstlerviertel machten ihn seit jeher für Literaten, Künstler und Intellektuelle attraktiv, er wurde zum »Montmartre« Londons: Charles Dickens, George Orwell, John Keats, T. S. Eliot und Yehudi Menuhin hatten ihn als Residenz gewählt, Exilanten wie Sigmund Freud, Walter Gropius, Fred Uhlmann, Ernst Toller, Elias Canetti und all die, die von Hitler zu Juden »gemacht« worden waren, hatten sich vor dem Zugriff der Nationalsozialisten dorthin gerettet. Den frühen, oft prominenten Emigranten folgte eine ganze deutschsprachige Kolonie, *1941 waren rund fünfundzwanzig- der sechzigtausend Einwohner Hampsteads »aliens«*.[8] Deutsch war so selbstverständlich in diesem

## 6. Kapitel

Stadtteil zu hören, dass sich die Behauptung beharrlich hielt, dass *zur fraglichen Zeit selbst die Busstationen auf Deutsch ausgerufen wurden*.[9] Darüber hinaus kursierten weitere Anekdoten: *Einem über seine schwere Krankheit verzweifelten Engländer [...] sei ein nach London emigrierter Spezialist aus Deutschland empfohlen worden. Der Mann findet den richtigen Hinterhof in Hampstead, aber keine Türschilder. Also ruft er kurz entschlossen »Herr Professor ...« – worauf sich sämtliche Fenster des Hauses öffneten.*[10]

Neben dem Spracherwerb forderte die Erziehung zum Engländer von den Emigranten, *daß sie alle sonstigen Sitten aufs konventionellste befolgten, bis hin zu der Anweisung, daß der Regenschirm mit der Spitze nach vorne getragen wird und das bei jedem Wetter.*[11] Wenn Hilde Domin bei späteren Lesungen auf diese vermeintlichen Klischees von Engländern zurückgriff, widersprachen anwesende Engländer aufs Heftigste.

Heimisch fühlten sich Erwin Walter und Hilde Palm in einem fremden Land immer dann, wenn sie sich der Literatur zuwenden konnten, und so verfügten sie im Frühherbst 1939 bereits über eine Lesekarte der »Hampstead Council Library«. Die Bürgschaft dazu hatte ihre Vermieterin übernommen. Sie verbrachten die Tage in der Bibliothek des British Museum; schloss der Lesesaal, wechselten sie in die National Gallery und stillten ihre Sehnsucht nach Italien, indem sie sich die italienischen Gemälde ansahen, die ihnen ein Trost in dem ihnen fremden Land waren. Hilde Palm war am ersten Morgen in England in Tränen aufgewacht, untröstlich über die Ausweisung aus Italien. Ihre Mutter brachte das Frühstück ans Bett und gab ihnen Geld für die Straßenbahn und das Mittagessen: *Geht und seht euch die italienischen Bilder an*[12], sagte sie – das taten sie dann so oft wie möglich. Anschließend stöberten sie in den Buchläden, auch wenn sie kein Geld hatten, um Bücher zu kaufen. Vielleicht waren sie auch im »Libris«, einer großen, deutschsprachigen Buchhandlung, die Treffpunkt von Literaten war und in der Erwin Walter Palm möglicherweise den Namen des Hotels aufschnappte, den man Exilanten als Anlaufstation für Santo Domingo mit auf den Weg gab: das Literatenhotel »América«. Genau das sollten die Palms ein knappes Jahr später ansteuern.

Erst einmal hatten sie darauf gesetzt, in England bleiben zu können – Ausflüge Erwin Walter Palms im Sommer 1939 nach Cam-

## England: 1939-1940

bridge und Oxford bezeugten den Willen, im neuen Gastland Fuß zu fassen. Er suchte Kontakte zu Kunsthistorikern und bat – nach römischer Manier – um Empfehlungen, die er auch erhielt: Bernard Ashmole in London und Paul Jacobsthal in Oxford sollten jeweils in ihren Institutionen Einfluss nehmen, um Palm dort zu einer Anstellung zu verhelfen. Ashmole war im British Museum für die griechische und römische Antikensammlung verantwortlich, und Jacobsthal, bis zu seiner Flucht vor den Nazis Professor an der Marburger Universität, hatte eine Stelle als »lecturer« im Oxforder Christ Church College inne.

In Oxford trafen die Palms auch Bekannte aus Heidelberg, Christiane und Heinrich Zimmer, wieder. Auch Erwin Walter Palms ehemaliger Göttinger Professor, Eduard Fraenkel, hatte in Oxford Zuflucht gefunden.

Durch die wohlhabende Verwandtschaft verkehrten die Palms in Künstlerkreisen. Sie begegneten Virginia Woolf, die auf sie neugierig und lebensfroh wirkte – und doch im folgenden Jahr Selbstmord beging. Sie trafen mit der jungen Kunstsammlerin Peggy Guggenheim zusammen, die 1938 in London gerade ihre erste Galerie eröffnet hatte und den jungen Surrealisten Yves Tanguy ausstellte. Aus diesen Bekanntschaften entwickelten sich zwar keine tieferen Freundschaften, doch wirkten einige Kontakte in späteren Lebenssituationen fort: Von der »Guggenheim-Foundation« sollte Erwin Walter Palm in den Fünfzigerjahren in den USA profitieren.

*An Wochentagen wurden Vortrags- und Diskussionsabende, Lesungen und Konzerte organisiert, die Höhepunkte des kulturellen Lebens der deutschen Kolonie in Hampstead stellten jedoch die Theaterabende an den Wochenenden dar*[13], deren Spezialität ein politisches Kabarett in *Refugeespeak* war, einer Sprachmischung aus *Deutsch und Englisch mit französischem Akzent.*[14] Doch bald litt das kulturelle Leben unter den Kriegsereignissen.

Lange genug hatte Großbritannien Hitlers Aggressionspolitik verhalten gegenübergestanden. Im März 1939 musste Chamberlain aufgrund der fortgesetzten Expansionsbestrebungen Deutschlands die zunehmend vehementer kritisierte Appeasementpolitik für beendet erklären; der Unmut über mangelnde Handlungsfähigkeit gegenüber den Deutschen war in allen Medien abzulesen. *Es wurde Chamb[erlain] abgeräumt, Churchill – zu spät – an seine Stelle*

## 6. Kapitel

*gesetzt*[15], kommentierte Stefan Zweig die politische Lage in seinem Exil in Bath.

Großbritannien konnte den »refugees from Nazi-opression« keine berufliche Perspektive bieten: Der Kriegsbeginn am 1. September 1939 und der nur zwei Tage später einsetzende Seekrieg hatte aus den deutschen Flüchtlingen im britischen Königreich »alien enemies« gemacht, die man mit Argwohn beobachtete. Man unterstellte ihnen Spionagetätigkeit, die in den britischen Zeitungen sehr emotional diskutiert wurde. Ausländer vermieden es daraufhin, sich in der Öffentlichkeit etwas zu notieren, da sie sofort Gefahr liefen, als feindliche Informanten verdächtigt zu werden. Stefan Zweig notierte am 30. Mai 1940 in seinem Tagebuch, dass durch die Verlautbarungen eines Gesandten, jeder solle sich im Umgang mit früheren Deutschen und Österreichern vorsehen, praktisch eine moralische »Vogelfreierklärung« ausgesprochen worden sei. Es stelle sich nur die Frage, *als wer man mehr gehasst sein wird, als Deutscher oder als Jude.*[16]

Die Angst vor der »fünften Kolonne« wuchs auf englischer Seite, sodass man die Exilanten in A-, B- und C-Klassen einteilte. »Alien enemies« der Gruppe A galten als recht unzuverlässig und verdächtig, als »Sicherheitsrisiko« wurden sie umgehend verhaftet. Der Kategorie B standen die Engländer unentschieden gegenüber und belegten die Fremden mit Auflagen: Waffen, Autos, Fotoapparate, Ferngläser und Radios waren verboten, denn sie hätten zu Spionagezwecken eingesetzt werden können. Wer zur Gruppe C gehörte, durfte einen Rundfunkempfänger behalten und musste sich nicht täglich bei den Behörden melden. Die Palms und die Löwensteins wurden aufgrund ihrer verwandtschaftlichen Beziehungen für loyal genug angesehen und dieser Gruppe zugeordnet. Auch wenn sie die Dramatik der politischen Situation richtig einzuschätzen wussten, konnten sie sich anfangs noch außer Gefahr sehen.

Dies änderte sich bald. In den Zeitungen las man von Forderungen nach Masseninhaftierungen, denen im Juni 1940 auch Hilde Palms Vater Eugen Löwenstein, trotz Zugehörigkeit zur Gruppe C, zum Opfer fiel. Er wurde am Tag der Abreise seiner Tochter abgeholt. Eugen Löwenstein hatte allerdings zweifach Glück: Er gehörte zu den fünfzehntausend Internierten, die auf die Isle of Man gebracht wurden und denen es dort vergleichsweise gut ging.

England: 1939-1940

Viele Ferienhäuser auf dem kleinen Eiland waren zu Massenquartieren umfunktioniert worden, während die Inhaftierten in London zum Beispiel in Auffanglagern wie der ehemaligen Pferderennbahn gehalten wurden. Eugen Löwenstein kam im September frei, als sein Ausreisevisum für die USA eintraf. Vielen anderen erging es schlimmer: Sie wurden kurzerhand auf das berüchtigte Schiff »Dunera« verfrachtet und nach Australien deportiert. Die Auswahl der etwa dreitausend Passagiere war vollkommen willkürlich, die Deportierten wussten bis zuletzt nicht, wohin die Reise sie führte. Doch sie entkamen dem Hass der Nazis, und das war für die meisten entscheidend.

Viele Emigranten, die sich anfangs in Großbritannien sicher gefühlt hatten, hielten es nun für angebracht, sich nach einem neuen Zufluchtsland umzusehen. Die Vorstellung, dass man den Deutschen als Deutscher und Jude in die Hände fallen konnte, war grauenhaft.

In Oxford hatten die Palms zum ersten Mal von den Konzentrationslagern der Nationalsozialisten gelesen. Die Fakten waren fürchterlich, die Bedrohung so nah. Britische Ärzte verschrieben ohne Zögern Veronal, mit dem man sich der Verhaftung durch Freitod hätte entziehen können. Die Palms erwarben das Barbiturat im Frühjahr 1940, nachdem Italien seinen Kriegseintritt angekündigt hatte, auch Stefan Zweig hielt Veronal für sich und seine Frau bereit.

Inzwischen waren die großen Städte im Süden Englands zu »protected areas« erklärt worden: Deutsche und Österreicher wurden aufgefordert, die ausgewiesenen Zonen zu verlassen. Das Ehepaar Palm sowie die Eltern Löwenstein hatten bereits im Herbst 1939 ein neues Quartier in Minehead bezogen.

Minehead in Somerset ist ein behaglicher, überschaubarer Ort südwestlich von Bath, gegenüber der walisischen Halbinsel, am Rande des Nationalparks Exmoor und direkt am Bristol Channel gelegen. Mit der Wahl dieses Fischer- und Badeorts konnten sich die beiden Familien bewusst der Gefahrenzone der bedrohten Städte entziehen. Sie waren vorerst bei netten Vermietern untergekommen, einem Gärtner, der die Weinreben mit dem Blut von geschlachteten Tieren düngte, was Hilde Palm sehr aufregte.

## 6. Kapitel

Wenn sich Hilde Domin später an diese Zeit in England erinnerte, tauchte auch jener Gärtner auf. Das Blut musste der Asylantin wie ein Menetekel erschienen sein, denn die Bilder schlugen sich 1953 im Rückkehrgedicht *Wen es trifft* nieder: *So wird er ausgesucht/und bestraft/[...]/und weil Herbst ist/soll sein Blut/die großen Weinreben düngen/und gegen den Frost feien.*[17] Aber auch die langen Diskussionen mit den Eltern auf dem Hügel am Ende der Straße, in denen sie *die Symbiose von Deutschen und Juden* zu analysieren versuchten, die wegen ihrer vielen Gemeinsamkeiten von der Natur vorherbestimmt schien, drangen wieder an die Oberfläche.[18] Rudolf Kassners *Buch der Erinnerung* diente als Diskussionsgrundlage und befand sich in den Bücherkisten, die man für die Flucht gepackt hatte. Später in Santo Domingo nahm es Hilde Palm in die Auswahl ihrer Lieblingsbücher auf; mit Kassner trat sie in *eine intime Diskussion*, mit ihm konnte sie *ein fortlaufendes Selbstgespräch führen.*[19]

Es war ein herrlicher Herbsttag, als die Palms mit Hildes Eltern und den englischen Vermietern am 3. September 1939 zusammensaßen und im Radio die Kriegserklärung von König George VI hörten: Unvergesslich für Hilde Palm blieb, dass der Monarch bedauerte, den Krieg *on such a beautiful day* erklären zu müssen.[20]

*Ein blauer Tag*
*Nichts Böses kann dir kommen*
*an einem blauen Tag.*
*Ein blauer Tag*
*die Kriegserklärung.*
*Die Blumen öffneten ihr Nein,*
*Die Vögel sangen Nein,*
*ein König weinte.*
*Niemand konnte es glauben.*
*Ein blauer Tag*
*und doch war Krieg.*[21]

Fast unglaublich scheint, was die englischen Hausbesitzer in dieser Situation vorschlugen: Sie luden ihre deutschen Mieter ein, mit ihnen im Auto auf den nahen Hügel zu fahren, um von dort aus gemeinsam den unvergleichlichen Sonnenuntergang hoch über dem

## England: 1939-1940

Bristol Channel anzusehen! Außerdem fuhr der junge Sohn der Hausherren noch in derselben Nacht nach London und holte die Palm'schen Bücherkisten, die bei der Verwandtschaft untergestellt waren, nach Minehead. So waren sie griffbereit.

In der Hillview Road, die sich sanft an den Hügel schmiegt und im oberen Teil einen Blick auf das Meer bietet, erwarben die Eltern Löwenstein das Häuschen »Roseleigh«, das drei Schlafzimmer hatte. Das junge Paar bewohnte die zwei oberen Zimmer, Hildes Eltern die unteren, und sie richteten sich häuslich ein: von Spaziergängen in den Wäldern brachten sie Rhododendren und Fuchsien mit, die in diesem milden Klima wild wuchern. Mit einer Glyzinie versuchten sie, das Heimweh nach der römischen Via Monte Tarpeo zu mildern. Sie trugen *die Bücher treppauf, eine Kette bildend, zu viert. Denn die Treppe war zu eng für die Kisten.*[22]

Auf ihrem Weg zum Meer oder in das Stadtzentrum kam Hilde Palm am St. Aldwyn's College, einer Privatschule für Mädchen, vorbei. Praktisch veranlagt war Hilde Palm seit eh und je – ab Januar 1940 hatte sie einen Lehrauftrag an dieser Schule.

Als Privatschule unterstand das College nicht dem Somerset County Council, die Lehrer mussten also keine Lehrbefähigung nachweisen. Bis kurz vor ihrer Ausreise aus England – das Dienstzeugnis datiert vom 18. Juni 1940 – unterrichtete Hilde Palm dort sechs Monate lang Diplomatenkinder in Französisch und Latein. Die Headmistress Iris C. Auer bedauerte den Abschied aufrichtig: *We are more than sorry to part with her,* und bescheinigte der jungen Frau Palm, *that she has managed successfully children from four to eighteen years.*[23]

Denn die gemeinsame Zeit in Minehead währte nicht lange, das Zusammenleben mit den Eltern war wohl von Anfang an eher Verpflichtung als Wunsch, wie Hildes Karte an Erwin vom Neujahrstag 1940 belegt; da sprach sie von *hineinziehen müssen.*[24]

Die familiäre Stimmung war angespannt: In einen langen Brief an seine Frau in London, in dem Erwin seine neu entdeckte Liebe zu dem spanischen Schriftsteller Federico García Lorca bekannte, griff die Mutter entschieden ein. Palms zärtliche Ausführungen über beider Seelenverwandtschaften – *Welcher Dichter war je so zärtlich gegen Männer wie Lorca. [...] Das ist mir so aus dem Herzen gesprochen als hätte ich neben meinem Leben ein anderes als*

## 6. Kapitel

*F. García Lorca geführt*[25] – unterbrach die Mutter mit energischer Schrift und roter Tinte und beendete das *Philosophengespräch*[26] mit der Frage, was denn von den bevorstehenden Roosevelt'schen Friedensvorschlägen zu halten sei!

Die resolute Mutter hatte sicherlich kein »Süßholz geraspelt«, wenn sie mitansehen musste, dass ihr Schwiegersohn im Rundfunk stundenlang den Orchesterübertragungen lauschte oder spanische *canzións* übersetzte, während sich ihre Tochter in London *zu Tode hetzte.*[27]

Erwin Walter Palm fühlte sich der Realität in England hilflos ausgeliefert und verfiel in eine depressive Stimmung: *und dann hat es mich gegen meinen Willen gepackt. Die Spanne zwischen Tod und Leben ist aufgehoben und der Tod sitzt hier unter uns.*[28]

Den Übergang in das entscheidende Jahr 1940 verbrachte das junge Paar getrennt. Hilde Palm war über die Neujahrstage mit ihrem Vater ins ungeliebte London gereist; sie kamen in Heampstead in der Lyndhurst Road unter – wie viele intellektuelle Emigranten auch. Ihre Bemühungen um Einbürgerung, ihre Hetze von Amt zu Amt waren erfolgreich, denn sie erhielten die begehrte »National registration« und die »Identity Card«: *Dank clever Hilde.*[29]

Doch in London manifestierten sich Angst und Bedrohung vor einem Einmarsch der Deutschen im Alltag: Vielerorts wurden die Straßenschilder abmontiert, um dem Feind die Orientierung zu nehmen, selbst in den Londoner U-Bahnen traf man entsprechende Vorkehrungen. Statt der Schilder standen nun Schulkinder an Straßenkreuzungen und wiesen den Weg.

Es lässt sich nicht rekonstruieren, ob es die familiären Spannungen waren oder Hilde Palm angesichts der sich zuspitzenden politischen Situation Weitsicht entwickelt hatte – doch nach nur sechs Wochen des gemeinsamen Zusammenlebens in Minehead bemühten sich die Palms um ein Ausreisevisum.[30]

Auswahl bot sich mittlerweile nicht mehr, als sich Hilde im Mai mit ihrem Vater wieder auf den Weg nach London machte: Vom Wunsch getrieben, in Europa zu bleiben, hatten sie sich nicht auf eine der Listen für die Ausreise in die USA oder Kanada setzen lassen, wie es die Eltern empfohlen hatten. Mit der wachsenden Gefahr nach Kriegsbeginn wurden die Ausreisekonditionen immer restriktiver, die Situation in London immer unüberschaubarer. Die Listen

## England: 1939-1940

waren schon geschlossen, und sie mussten mit dem Land vorliebnehmen, das übriggeblieben war: die Dominikanische Republik.

Das Schlangestehen wurde während der Ausreisevorbereitungen zum Albtraum: Vor den Konsulaten bildeten sich lange Schlangen Wartender, die vergeblich ausharrten, weil viele Gesandte wegen der drohenden Invasion in England schon von den Heimatländern abgezogen worden waren. Anstehen für Passfotos, die nicht akzeptiert wurden; Warten auf Pässe, die nicht rechtzeitig fertig zu werden drohten; lange Schlangen vor den Schaltern für die Visa, die nur ausgehändigt wurden, wenn man eine gebuchte Schiffspassage vorweisen konnte – die aber erhielt man nur, wenn man das Visum vorlegte. Die Flüchtlinge standen unter kaum erträglicher Spannung.

*Wer eine Mindestsumme in einem Einreiseland in Übersee hatte, konnte das Visum haben. Wer das Visum hatte, konnte die Ausreisebewilligung erhalten. Wer die Ausreisebewilligung hatte, bekam die Erlaubnis zu einem kleineren Geldtransfer. Wer aber den kleineren Geldtransfer nicht vorher hatte, den er erst am Ende der Prozeduren bekommen konnte, der bekam nicht das Visum, der bekam nicht die Ausreise, wie sollte er da Geld im Ausland vorweisen.*[31]

Hilde Palm *ging von Konsulat zu Konsulat, um ein Visum zu bekommen. Im Konsulat von Guatemala sagte man [ihr] z. B., die Einwanderung von Ingenieuren, Technikern usw. sei erwünscht, Geisteswissenschaftler seien nicht gefragt. Nach Chile, Brasilien oder Argentinien, oder auch nach Kanada, konnte man gehen, wenn man soundsoviel tausend Dollar hatte, aber die hatten [sie] nicht. Die Dominikanische Republik stellte keine derartigen Anforderungen.*[32] Bei einem dieser Bittgänge freundete sie sich mit dem dominikanischen Vizekonsul an, einem Schriftsteller, und erhielt das begehrte Visum dadurch schneller als erhofft. Aufatmen konnten die Palms jedoch immer noch nicht: zwar hatten sie das Visum für die Dominikanische Republik, doch es gab kein Ticket für die direkte Passage mehr, alle Linien waren überfüllt und ausgebucht. Der Weg über Jamaika war möglich, doch das war eine englische Flottenbasis und stellte feindlichen Deutschen kein Transitvisum aus; es sei denn, ein Offizier aus dem Colonial Office würde persönlich intervenieren und ein Visum befürworten.

## 6. Kapitel

Diesmal kam Erwin Walter Palm das Glück zu Hilfe: Dem diensthabenden Offizier, einem Liebhaber Griechenlands, erzählte er bei seinem Bittgesuch von seinen archäologischen Studien, woraufhin sich ein angeregtes Fachgespräch über Kreta entwickelte. Der Zufall wollte es, dass der Gouverneur von Jamaika ein persönlicher Freund dieses Offiziers war. Mit dem Versprechen des Engländers, dem Gouverneur in einem Telegramm die Ankunft Erwin Walter Palms und seiner Frau anzukündigen, vor allem aber mit dem begehrten Stempel, um das Visum zu erwerben, verließ Erwin Walter Palm das »Passport Office«.

Wochenlang fieberte das junge Paar der Ausreise in die Dominikanische Republik entgegen und begann, sich mit der spanischen Sprache vertraut zu machen.

Erwin Walter Palm hatte in einem Londoner Antiquariat ein Foto von Federico García Lorca entdeckt, das ihn faszinierte. Den dazugehörigen Gedichtband konnte er sich aber nicht leisten. Doch Erwins Leidenschaft für den spanischen Dichter rührte den spanischen Antiquar, der ebenfalls Exilant war: Er lieh ihm den Band aus. Es war die zweisprachige, englisch-spanische Ausgabe in der Übersetzung von Stephen Spender, der ebenfalls in Hampstead Unterschlupf gefunden hatte. In Somerset diente dieser Gedichtband als Grundlage für die spanischen Studien. Als der Tag der Abreise absehbar war, wollte Palm das Buch pflichtbewusst wieder abliefern, doch der Antiquar schenkte es ihm mit der Bemerkung, dass Palm wohl bessere Verwendung dafür hätte.

Zwanzig Jahre später konnte sich Erwin Walter Palm dankbar erweisen: Als er 1960 seine Stelle an der Heidelberger Ruprecht-Karls-Universität angetreten hatte und eine iberoamerikanische Bibliothek aufbaute, machte er den kleinen Londoner Buchladen wieder ausfindig. Fortan wurde die iberoamerikanische Abteilung des Kunsthistorischen Instituts in Heidelberg von diesem Londoner Antiquariat beliefert.

Über das Land, in dem sie Zuflucht suchen wollten, hatten Hilde und Erwin Palm noch nicht viel in Erfahrung gebracht. Es war der *Ort, wo man hinfahren könnte, der Ort, der nicht präjudiziert ist, [...] an dem keine Erfahrung, keine Enttäuschung haftet, erlebt oder antizipiert und somit der Ort ist, wo man hinfahren kann, wenn der Aufbruch heißt: »Weg von hier«.*[33]

England: 1939-1940

Die *British Encyclopaedia* bot nur einen groben Überblick, sodass sie im Juni 1940 in London keine wesentlichen Informationen über dieses Land fanden. Selbst die Offiziere der Ausreisebehörde hatten erst mithilfe eines Atlasses überzeugt werden müssen, dass es sich bei »Dominican Republic« nicht um die Insel Dominica, ein »British Dominion« handelte, sondern um die Insel Hispaniola aus der Inselgruppe der Großen Antillen.

In dem Karibikstaat regierte seit 1930 der Diktator Rafael Leónidas Trujillo Molina. Er hatte in der Nationalgarde gedient, war beim amerikanischen Militär ausgebildet worden und hatte es unter amerikanischer Protektion vom Hilfspolizisten zum Polizeihauptmann, Oberstleutnant und Chef der Polizeitruppe gebracht. Während des Präsidentschaftswahlkampfes 1930 hatte er nach einem blutigen Putsch die Macht an sich gerissen und als neuer Staatschef der Hauptstadt Santo Domingo seinen Namen oktroyiert: Ciudad Trujillo. Er betrieb eine perfide Machtpolitik und verfolgte alle Oppositionellen aufs Grausamste: *Alles war in der Dominikanischen Republik möglich. Es war möglich, um drei Uhr morgens geweckt und im Schlafanzug deportiert zu werden. Es war möglich, auf Grund einer anonymen Denunziation oder aus persönlicher Rache den raffiniertesten Folterungen unterworfen zu werden, vielleicht auch nur einer beiläufigen Bemerkung wegen, etwa daß das Leben wieder teurer geworden war.*[34]

Besonders verhasst waren dem Diktator die Menschen im Westen der Insel, die Haitianer, die dunklerer Hautfarbe waren als die Dominikaner. Am 2. Oktober 1937 war es deshalb auf Trujillos Veranlassung in Dajabon, dem Grenzort zu Haiti, zu einem grausamen Massaker gekommen. Um die schwarzhäutigen Wirtschaftsflüchtlinge aus Haiti von der helleren dominikanischen Bevölkerung zu selektieren, hatte der Diktator einen »Sprachtest« anordnen lassen. Das gerollte »R« im spanischen Wort für Petersilie, »perejil«, konnte von der französischsprachigen, dunkelhäutigen Bevölkerung nicht gesprochen werden. Wer also das Wort nicht spanisch artikulierte, wurde umgehend mit der Machete ermordet. Diesem schrecklichen Gemetzel fielen an einem einzigen Wochenende zwischen zwanzig- und dreißigtausend Haitianer zum Opfer. Die Toten hatte man in den Grenzfluss geworfen, der sie schließlich ins

## 6. Kapitel

Meer spülte. Seitdem wird der Fluss von Einheimischen auch »río masacre« genannt.

Der »Wohltäter«, wie Trujillo sich selbst nannte, hatte sein Land fest im Griff. Er vertraute niemandem und wechselte sogar ranghohe Offiziere permanent aus, um einer möglichen Konspiration entgegenzuwirken. Mithilfe von Terror, Bespitzelung und propagandistisch inszenierter Selbstdarstellung hatte er einen Machtapparat geschaffen, der in nahezu alle Bereiche des gesellschaftlichen Lebens eingriff. Seine Einheitspartei diente dem Despoten lediglich dazu, den Schein einer parlamentarischen Demokratie zu wahren. Seine Wirtschaftspolitik hatte nur die eigene Bereicherung zum Ziel. Nachdem Trujillo die wichtigsten Posten in Wirtschaft und Verwaltung mit Familienangehörigen besetzt hatte, war die Insel praktisch in seinem Besitz: Der Diktator und sein Clan besaßen die Monopole auf Tabak, Speiseöl, Salz, Bier, Fleisch, Milch, die Kakaoverarbeitung, Zement, Versicherungen sowie den Eisen- und Aktienhandel. Das Zuckermonopol blieb allerdings in amerikanischer Hand. Als Trujillo 1947 die amerikanischen Anleihen getilgt hatte und damit von den USA ökonomisch unabhängig war, demonstrierte er seine neue Macht, indem er die amerikanischen Zuckermonopolisten umgehend enteignen ließ. Die USA verziehen ihm diesen Schritt nie.

1939 jedoch zeigte Trujillo sich den USA gegenüber noch gehorsam und loyal im Falle des Kriegseintritts der Vereinigten Staaten[35] – was er 1941 durch die Kriegserklärung an Deutschland bewies. Das hinderte ihn jedoch nicht daran, Sympathien für Hitler und Mussolini zu hegen, wie Archivfotos belegen, die ihn in einer SS-Uniform zeigen.

Nachdem sich ab 1938 die antijüdischen Kampagnen des Naziregimes verschärften und infolgedessen die Flüchtlingsströme der politisch und rassisch Verfolgten anschwollen, schotteten sich gerade kleinere, wohlhabende Staaten gegenüber den jüdischen Flüchtlingen ab und führten drastische Aufnahmebeschränkungen ein, um die eigenen Grenzen und den eigenen Arbeitsmarkt zu schützen.

In dieser Situation berief der Präsident der Vereinigten Staaten von Amerika, Franklin D. Roosevelt, im Juli 1938 eine internationale Konferenz ein, bei der sich Vertreter aus zweiunddreißig Staaten mit dem Problem der Migration der Juden in und aus Europa befassen sollten. Die Konferenz endete jedoch enttäuschend für Hunderttausende, die darauf gehofft hatten, dass die Konferenzteilnehmer eine humanitäre Lösung finden würden: Kein Land erklärte sich bereit, die Aufnahmebedingungen für die ungeliebten Flüchtlinge zu lockern.

Golda Meir, die der Konferenz als Beobachterin beiwohnte, war von dem moralischen Versagen der versammelten Unterhändler entsetzt. Ihre Aufzeichnungen belegen, dass das furchtbare Schicksal der Juden Europas voraussehbar gewesen war: *Wisst Ihr denn nicht, dass diese verdammten »Zahlen« menschliche Wesen sind, Menschen, die den Rest ihres Lebens in Konzentrationslagern oder auf der Flucht rund um den Erdball verbringen müssen wie Aussätzige [...]?*[36] Aber es blieb dabei: »Das Boot ist voll«, hieß es nicht nur seitens der Schweizer Regierung.

Nur der Vertreter der Dominikanischen Republik bekundete die Bereitschaft seines Landes, *50 000 bis 100 000 vertriebenen Juden im Rahmen eines landwirtschaftlichen Siedlungsprojektes Zuflucht zu gewähren.*[37] Trujillo war der einzige unter den Staatschefs der zweiunddreißig Teilnehmerstaaten, der bereit war, den Schutzsuchenden Asyl zu gewähren.

Ob der Diktator nur einer Ächtung seiner Gräueltaten durch die Welt zuvorkommen wollte oder aus humanitären Beweggründen eingelenkt hatte, spielte für die Hilfe suchenden jüdischen Flüchtlinge keine Rolle. *Viele Flüchtlinge verdanken ihm das Leben. Er nahm sie auf, um sein Land aufzuweißen, ohne Ansehen ihres politischen Glaubens oder der Religion und »Rasse« [...]. Er ließ sie aussteigen. Und das war damals viel. [...] Man konnte dem Diktator nicht dankbar sein, man konnte ihm nicht nicht dankbar sein, er war ein furchterregender Lebensretter.*[38]

Hunderttausend Flüchtlingen wollte Trujillo Aufnahme gewähren, doch nur sechshundert nahmen sein Angebot in Anspruch. Das lag sicherlich auch an den strengen Auswahlkriterien, die anfangs für die zukünftigen Siedler galten: sie mussten für die Landwirtschaft körperlich geeignet und gewillt sein, die Strapazen des Farmerlebens auf sich zu nehmen. *Zwei Konditionen sind grundlegend, damit ein Einwanderer dem Land wirklich dient: die Zugehörigkeit zur weißen Rasse und seine Tätigkeit als Landwirt*[39], hatte der Direktor des Statistischen Amtes, Vicente Tolentino, schon

## 6. Kapitel

1937 festgehalten. Trujillo konnte von der Aufnahme von Juden in seinem Land also nicht nur moralisch, sondern auch wirtschaftlich profitieren, denn die DORSA (Dominican Republic Settlement Association) kaufte dem Diktator brachliegendes, wertloses Land teuer ab, um ein Kibbuz-Modell zu schaffen. Das Kibbuz-Modell Sosúa, im Nordosten der Insel, scheiterte jedoch, die kleine Siedlung blühte erst auf, als die »Colonos« eigenen Grund und Boden bewirtschaften durften.

Ein weiteres wesentliches Motiv für Trujillos Bereitschaft, weiße Flüchtlinge aufzunehmen, lag in seinem manischen Bestreben, seine Bevölkerung genetisch und intellektuell »aufzuweißen« – Chronisten bezeugten immer wieder, dass Trujillo seine dunkle Hautfarbe aufhellte, indem er sich jeden Morgen von Kopf bis Fuß weiß puderte. Seine Leibwache rekrutierte er persönlich aus hochgewachsenen hellhäutigen Dominikanern.

Und es gab wohl auch ein persönliches Motiv für die Rettung verfolgter Juden: Flor de Oro Trujillo Ledesma, Tochter aus erster Ehe, hatte ihren Vater um ein Visum für eine deutschstämmige Jüdin gebeten. Die Freundschaft zu Lucy Mai, später verheiratete Kahn, resultierte aus der gemeinsamen Internatszeit in Frankreich. Dort war die Trujillo-Tochter aufgrund ihrer dunklen Haut von den Mitschülern ausgegrenzt worden, nur Lucy hatte ihr als Einzige aufrichtige Freundschaft entgegengebracht. Auf ihrer Hochzeitsreise besuchte Flor Trujillo mit ihrem Mann die Freundin 1932 in Deutschland und hatte dort die für Juden bedrohliche politische Situation erkannt. 1938 reiste Lucy Kahn mit Ehemann Walter Kahn, Tochter Valerie und Mutter Isabela Mai in den Karibikstaat.[40]

Im Juni 1940 bereiteten sich die Palms auf die Reise in dieses Land vor. Die Hektik des Packens und die Stimmung unter den ausreisewilligen Flüchtlingen in den letzten Tagen vor der Abreise aus Liverpool trübte denen, die ihrer eigenen Rettung so nah waren, die Sicht auf diejenigen, deren Not in Deutschland immer unvorstellbarer wurde.

Es hatte sich unter den verzweifelten jüdischen Bürgern in Deutschland herumgesprochen, dass im eigentlich abgeschotteten England eine Aufnahme »im Rahmen des Dienstboten-Programms« möglich war. Fast zwanzigtausend jüdische, weitgehend gesellschaftlich hochgestellte Frauen, denen eine Dienstbotentätig-

England: 1939-1940

keit an sich fremd war, fanden so eine Arbeitsmöglichkeit und damit Rettung in Großbritannien.[41]

Auch Erwin Walter Palms Stiefmutter in Frankfurt hatte um diese Möglichkeit gekämpft, um ihrem hoffnungslosen Schicksal zu entgehen. Sie bettelte von Frankfurt aus den Stiefsohn immer flehentlicher um Hilfe an, um eine Einreisemöglichkeit nach England zu erhalten.

Ob die wohlhabende Verwandtschaft der Löwensteins an die Grenzen ihrer Möglichkeiten zu helfen gekommen war? Oder ob Erwin Walter Palm den Bitten der Stiefmutter kein Gehör schenkte? Tatsache bleibt, dass Anna Palms Bittgesuche ohne Resonanz verhallten. Sie hatte schon im April 1939 hilflos und verbittert festgestellt, dass die gut situierte Verwandtschaft *mit ihrem Reichtum bei solchen Anschauungen ärmer*[42] war als die, die Hilfe so bitter nötig hatten.

Den jungen Palms dagegen war es gelungen, ein »third class ticket« für die Passage auf der »Skythia«, dem zwanzigtausend Tonnen schweren Dampfschiff der kanadischen »Cunard Line«, zu ergattern.

Nach der Kapitulation der Franzosen am 16. Juni 1940 konnte der drohende »Blitz« jederzeit auch über England hereinbrechen. Ab dem 22. Juni sollten sich die Passagiere der »Skythia« bereithalten; die Benachrichtigung über die Ausreise traf dann so kurzfristig ein, dass die letzten Vorbereitungen Hals über Kopf abgewickelt werden mussten. Nun wurden die Bücher wieder treppab in die Garage geschleppt, um dort in Kisten verpackt zu werden. Die Eltern Löwenstein unterstützten ihre Kinder beim Packen; das letzte Bild, das sich Hilde Palm von ihrem Vater bewahrte, zeigte ihn Bücher packend auf der Treppe. Sie sah ihn nach ihrer Abreise aus England nie wieder.

Während der bangen Tage des Wartens bis zur Abreise saßen die Palms abrufbereit in einem Londoner Hotel. Die Ungewissheit zerrte an ihren Nerven. Und auch Stefan Zweig und seine Frau Lotte waren in London dieser grenzenlosen und deprimierenden Unruhe ausgesetzt, die er trotz seiner Rettung nach Brasilien nie mehr abschütteln konnte. Am Mittwoch, dem 19. Juni 1940, notierte Stefan Zweig in sein Tagebuch: *Jetzt zwei drei Tage warten auf das Commando. [...] Die Unruhe macht sich fühlbar [...] wir*

## 6. Kapitel

*sind wehrlos gegen all das was kommt [...]. Inzwischen Abfahrt auf Dienstag festgesetzt.*⁴³

Besagter Dienstag war der 25. Juni 1940 und damit just der Tag, an dem auch das Ehepaar Palm aufbrechen sollte. Als die Palms am 24. Juni 1940 von »Euston Station« abreisten, lag der Bahnhof in gespenstischer Dunkelheit, weil man ein Bombardement fürchtete. In jener Nacht wurde der erste Fliegeralarm ausgelöst; im Zug nach Liverpool lagen die Passagiere auf dem Boden, während um sie herum die Erde zu beben schien. Als Fluchthafen gehörte Liverpool zu den englischen Städten, die am heftigsten angegriffen wurden.

Am 25. Juni checkten Hilde und Erwin Palm mit ihren riesigen Koffern auf der »Skythia« ein, um dem Land ihrer Rettung entgegenzufahren. Doch noch einmal zerrte das Warten an ihren Nerven: Bis zum letzten Moment war die britische Regierung unentschieden, ob der Zwanzigtausendtonner nicht doch noch als Truppenschiff konfisziert werden sollte. *2 Tage Warten im Hafen, die tollsten Gerüchte über Beschlagnahme des Schiffes*⁴⁴, notierte Erwin Walter Palm in seinem Tagebuch. Doch sie hatten Glück: Erst am 1. November 1940 wurde die »Skythia« tatsächlich als Truppenschiff eingezogen.

Am Mittwoch, dem 26. Juni 1940, legte der Dampfer endlich ab. Aufgrund der dringend benötigten Flottenkräfte hatte die Royal Navy beschlossen, die flankierenden Schutzeskorten, die »antisubmarine escorts«, bereits dreihundert Meilen westlich von Irland abzuziehen. Die »Skythia« und mit ihr die zahlreichen Flüchtlinge wurden somit ihrem Schicksal und der stürmischen See überlassen.

[...]

*Ich fahre*
*nach Inseln ohne Hafen,*
*ich werfe die Schlüssel ins Meer*
*gleich bei der Ausfahrt.*
*Ich komme nirgends an.*
*Mein Segel ist wie ein Spinnweb im Wind,*
*aber es reißt nicht.*

England: 1939-1940

*Und jenseits des Horizonts,*
*wo die großen Vögel*
*am Ende ihres Flugs*
*die Schwingen in der Sonne trocknen,*
*liegt ein Erdteil*
*wo sie mich aufnehmen müssen,*
*ohne Paß,*
*auf Wolkenbürgschaft.*[45]

7. Kapitel

# Fluchtweg
# Sommer 1940

*Wenn wir nur endlich wieder füreinander leben könnten*
(Hilde Palm an Erwin Walter Palm vom September 1942)

Im Sommer wählte die »Cunard Line« grundsätzlich die kurze »Nordatlantikroute«, die sie in knapp vier Tagen bewältigen konnte, doch diesmal suchte der Kapitän aus Angst vor feindlichem Bombardement den Schutz der Küsten: Er manövrierte nah an Island und Grönland vorbei, ließ seinen Dampfer die Enge bei Neufundland passieren und nahm dann Kurs auf den immer eisfreien kanadischen Hafen von Halifax. Die Reisezeit verdoppelte sich deshalb. An die historische Bedeutung der Route sollten die Flüchtlinge erinnert werden, als sie sich bei 50 Grad 15 Minuten westlich von Greenwich, 386 Meilen südöstlich von Neufundland[1] befanden; dort hatte der Untergang der »Titanic« im April 1912 mehr als tausend Menschen in den Tod gerissen. In Betttücher gewickelt, um der Kälte zu trotzen, hielten die Passagiere an Bord der »Skythia« Ausschau nach Eisbergen, denn sie kamen der Eisbergzone bedrohlich nahe, und jeder an Bord spürte das Unbehagen des Kapitäns.[2]

Die Reise hatte stürmisch begonnen, fast alle Passagiere an Bord waren seekrank. In den folgenden Tagen aber ergriff die Flüchtlinge ein *beruhigend mediterranes Gefühl*[3] durch den friedlichen Anblick des Meeres: Es lag flach wie eine Scheibe vor ihnen und wölbte sich am runden Horizont.

Der Alltag an Deck bot nicht viel Abwechslung, vor allem nicht für die Passagiere der dritten Klasse, die tief im Bauch des Schiffes untergebracht waren. Es ist anzunehmen, dass das tägliche Gebet zum Tagesablauf gehörte: wurde es in der ersten Klasse vom

Kapitän persönlich gesprochen, so mussten sich die Passagiere in der zweiten und dritten Klasse üblicherweise mit dem Purser oder einem Laienprediger begnügen. Die gleichförmige Routine an Bord wurde immer wieder von Rettungsübungen unterbrochen. Die Probealarme dienten der Beruhigung – sowohl der Besatzung als auch der Passagiere –, doch sie lösten fast immer *eine kleinere Panik aus, weil [die schmale Treppe] sofort verstopft war, all diese aufgeregten Menschen mit den Rettungsringen andrängend auf die kaum mehr als einen Meter breite Treppe im untersten Deck des alten Dampfers, so tief unter Wasser.*[4]

Die Palms hatten Glück. Erwin Walter Palm hatte sich mit kanadischen Matrosen angefreundet, die ihnen eine Matrosenkabine auf dem obersten Deck überließen, die wesentlich weniger Beklemmung verursachte als die Kajüten tief unten.

Wie wenig die Rettungsübungen im Ernstfall hätten ausrichten können, zeigte das Schicksal der »City of Benares«, des Schwesterschiffes der »Skythia«. Am 13. September 1940 verließ auch dieser Elftausendtonner den Hafen von Liverpool, an Bord vor allem Kinder, die man zur Rettung ins sichere Kanada schicken wollte. Auf dem Schiff befand sich auch der bekannte Berliner Rechtsanwalt Rudolf Olden, ein Kollege von Max Alsberg, Eugen Siegfried Löwensteins Vetter. Alsberg hatte sich kurz nach der Machtergreifung in seinem Züricher Exil das Leben genommen. Rudolf Olden wollte über London nach Amerika flüchten; in Oxford hatte Erwin Walter Palm sich mit dem Bekannten noch getroffen. Doch die »City of Benares« wurde am 17. September von einem deutschen U-Boot torpediert: nur wenige Passagiere überlebten – Rudolf Olden und seine Frau waren nicht darunter.

Die Passagiere wussten, in welcher Gefahr sich ihr Schiff befand, versuchten sich aber abzulenken und zu beruhigen. Die Palms verbrachten die Zeit der Überfahrt mit dem intensiven Studium ihrer neuen Sprache, dem Spanischen. Durch die Stationen ihrer Flucht geschult, wussten sie, dass eine rasche Eingliederung in das unbekannte Land wesentlich davon abhing, wie schnell sie sich in der Landessprache mitteilen konnten. Einen großen Variantenreichtum boten die englisch-spanische Grammatik und das Bändchen *Brush up your Spanish*, mit dem sie sich in England ausgestattet hatten, jedoch nicht.[5] Doch sie besaßen außerdem den zweisprachigen

## 7. Kapitel

Gedichtband von Lorca in der Übersetzung von Stephen Spender. Hatten Lorcas Gedichte Erwin Walter Palm schon in London gefangen genommen, so schulten sie nun an der Sprache des Dichters die ihre, seine Gedichte gaben ihnen Trost.

Als Grönland hinter ihnen lag und man davon ausgehen konnte, dass man sich außerhalb des Operationsfelds der feindlichen deutschen U-Boot-Flotte befand, fiel sicherlich ein Teil der unermesslichen Anspannung der letzten Monate ab. Fast konnte man sich gerettet fühlen und erleichtert in den Armen liegen: *Man war unvorsichtig. Man war doch so aufgeregt*, beschrieb Hilde Domin viele Jahre später ihre Stimmung an Bord.[6]

Am 4. Juli 1940 wurde außerhalb des Hafengebiets von Halifax Anker geworfen, denn der Dampfer durfte aufgrund des dichten Nebels erst am 5. Juli in den Hafen einlaufen; die vielen kleinen Inseln, die der Halbinsel Nova Scotia vorgelagert sind, erforderten eine klare Sicht.

Als Hilde und Erwin Walter Palm am 5. Juli an dem berühmten »Pier 21« (heute ein Museum) in Halifax anlegten, nahmen sie den Weg, den bis in die Fünfzigerjahre mehr als eine Million Flüchtlinge gehen sollten. Dieser Passagierterminal war das »Ellis Island« von Kanada. Straßennamen wie »Coburg Road«, »Berlin-«, »Liverpool-« oder »Vienna-Street« zeugen noch heute davon, dass Flüchtlinge vieler verschiedener Nationalitäten diese Pfade beschritten hatten.

In der Hafenstadt Halifax hatten 1912 auch die Opfer der gesunkenen »Titanic« erste Aufnahme gefunden. 121 Ertrunkene fanden auf dem »Fairview Lawn Cemetery« ihre letzte Ruhestätte, weil die Toten entweder nicht identifiziert werden konnten oder aber eine Überführung für ihre Angehörigen zu kostenintensiv gewesen wäre. Das gemeinsame Schicksal der hier Begrabenen eint nur das Unglücksdatum, das all die schwarzen Granitstelen tragen: *April 15, 1912*.

Für die vielen Flüchtlinge, die das Schicksal von Hilde und Erwin Walter Palm teilten, aber war Halifax *[...] eine Küste/etwas zum Landen*[7], das man betreten konnte und das sie zu einem neuen Leben führen sollte, einem Leben, das für die Rettung gelebt wurde und das spüren ließ:

## Fluchtweg: Sommer 1940

*Du lebst noch,
du wirst eingezogen
zum Tun der Lebenden.*[8]

Der Zug, der die Flüchtlinge nach Quebec zur Registrierung weiterbringen sollte, hatte schon zwei Tage wartend auf den Gleisen gestanden. Trotzdem herrschte keine hektische Unruhe wie bei der Abfahrt in London. Die Palms genossen die Höflichkeit der Kanadier bei der Abfertigung und durften um vier Uhr am Nachmittag endlich ihren Weg fortsetzen: Der Zug rollte durch die schier unendlichen kanadischen Wälder. Erwin Walter Palm erschien die Natur wie ein Mosaik aus schroffen Bergen und unzähligen Seen, in deren Klarheit sich die Felsen bis zum Grund spiegelten. Mit den »Canadian National Railways« fuhren sie eine Nacht und den nächsten Tag Quebec entgegen. Schlaf wollte sich nicht einstellen; die Palms beobachteten den klaren schwarzen Sternenhimmel, und selbst die Himmelskörper erschienen Erwin Walter größer als die in Italien.

Eine letzte Überfahrt auf der Fähre über den St. Lorenz, der Quebec von allen Seiten umgibt – und Hilde und Erwin reihten sich mit den vielen Hundert Einwanderern in die Schlangen zur Registrierung und Buchung der Weiterreise ein. Eine Woche hielten die Formalitäten sie auf, dann endlich konnten sie eines der fünf »Ladyboats« zur Weiterreise auf die Bermudas und von dort aus weiter nach Jamaika besteigen.

Ihre bemerkenswerten Namen verdankten diese Schiffe den Frauen berühmter britischer Admiräle: »Lady Somers«, »Lady Nelson«, »Lady Hawkins«, »Lady Drake«, »Lady Rodney«. Ursprünglich besaß die Reederei drei Dampfer, sogenannte »Zuckerfrachter«, die die kanadische Provinz mit dem begehrten Handelsgut versorgten. Später kamen zwei »Bananendampfer« hinzu; alle fünf jedoch transportierten neben diesen begehrten Gütern auch Passagiere – gerade in den Krisenzeiten während des Krieges.

Doch letztendlich gehörten die Palms wohl mit zu den Letzten, die diese Route nehmen konnten, denn in Quebec wurde wahr gemacht, was die Flüchtlinge in Liverpool während ihres zweitägigen zermürbenden Wartens gefürchtet hatten: Die Flotte wurde konfisziert und nur noch für Kriegszwecke eingesetzt. Drei Frachter

## 7. Kapitel

waren bald verloren: sie waren torpediert und versenkt worden. In Quebec hatten die Palms entweder die »Lady Somers« oder die »Lady Rodney« bestiegen, denn nur diese zwei Frachtdampfer verkehrten zwischen Kanada und Jamaika.

Nach den Beschwerlichkeiten der vergangenen Monate stellte sich bei beiden Flüchtlingen allmählich wieder ein Gefühl von Freiheit ein. Jeder neue Tag ließ sie spüren, dass sie Individuen waren und nicht länger nur zur namenlosen Masse der Vertriebenen gehörten. *Ich fühle wieder wie ich*, trug Erwin Walter Palm in sein sehr kurzes Fluchttagebuch ein.[9]

Die vorletzte Etappe ihres langen Fluchtwegs, Jamaika, war nun in greifbarer Nähe. Dann würden Hilde und Erwin Walter Palm über Santiago de Cuba nach Santo Domingo fliegen können und endlich am Ziel sein. Am 24. Juli 1940, drei Tage vor Hilde Palms 31. Geburtstag und genau einen Monat nach ihrer überstürzten Flucht aus London, ging das Schiff vor Jamaika vor Anker. Dass die Verwandten in Südengland zu diesem Zeitpunkt bereits dem ersten schweren Bombardement der deutschen Luftwaffe vom 10. Juli 1940 ausgesetzt gewesen waren, hatten Hilde und Erwin Walter Palm unterwegs aus den Zeitungen erfahren.

Jamaika nahm in jenen Tagen jede Möglichkeit wahr, Zeichen der Auflehnung gegen die bestehenden politischen Machtverhältnisse zu setzen: Die schwarze Urbevölkerung der Insel strebte nach Souveränität und Ablösung von der britischen Krone, unter die die wechselvolle Kolonialisierungsgeschichte den Inselstaat 1655, nach der verlorenen Seeschlacht zwischen England und Spanien, gestellt hatte.

Durch das Begleitschreiben des Londoner »colonial officer« standen die Palms unter der besonderen Fürsorge der Briten – genau dieses Privileg missbilligte jedoch der dunkelhäutige Polizeibeamte, der ihre Papiere durchsah. Ihr Visum trug den Vermerk, »for transhipment only«. Es sollte dem Offizier verdeutlichen, dass die Palms kein Asyl auf der Insel zu suchen beabsichtigten. Doch der diensthabende Offizier missinterpretierte den Eintrag »transhipment only«: Er wertete ihn nicht als ein Durchreisevisum, sondern entschied, dass sich die Palms nicht an Land begeben, sondern nur per »ship« weiterreisen durften. Nach der zwanzigtägigen Reise über den nordamerikanischen Kontinent und der langen Schiffs-

## Fluchtweg: Sommer 1940

passage schienen diese neuerlichen Verzögerungen unerträglich, vor allem weil der Kapitän des Schiffes mit den Palms an Bord nicht gewillt war, sich länger als nötig aufzuhalten. Sicherlich hatten die Palms auch von der Odyssee der »St. Louis« gehört, dem Schiff, das im Juni 1939 mit 930 Passagieren an Bord von Havanna abgewiesen worden war, durch die Karibik irrte und schließlich mit seinen Flüchtlingen wieder nach Europa zurückkehrte, weil es nirgends Aufnahme gefunden hatte. Tatsächlich war der Dampfer, auf dem sich die Palms befanden, nach den Stunden des politischen Tauziehens schon im Begriff wieder abzulegen und sie nach Kanada zurückzutransportieren, als in letzter Minute ein Offizier in britischer Uniform als Retter erschien. Das Telegramm des »colonial officer« aus London, das die Ankunft des Ehepaares Palm ankündigen sollte, hatte durch das Bombardement Londons den verantwortlichen Offizier in Jamaika erst auf vielen Umwegen und somit fast zu spät erreicht. Der Brite geleitete sie zu einem Hotel und stellte sie unter den besonderen Schutz des Gouverneurs. *Aber es war wie in einer Mozart-Oper, wo der Böse gleich hintendran kommt*[10], erinnerte sich Erwin Walter Palm. Denn der schwarze Polizeioffizier war nicht gewillt, seine Beute den Engländern zu überlassen und unterstellte sie als persönliche Gefangene seiner Observation. Das war der Augenblick, in dem Hilde Palm couragiert zum Angriff überging: Mit den Worten, *I'm going now*[11], stürmte sie an dem Polizisten vorbei, und es gelang ihr, per Telefon den Gouverneur zum Eingreifen zu bewegen. Zwölf Tage hielten sich die Palms auf Jamaika in einem kleinen Hotel auf, wo Hilde auch ihren 31. Geburtstag feierte. Erst dann flog das nächste Propellerflugzeug von Santiago de Cuba aus wieder nach Santo Domingo, und die neue Welt lag vor ihnen.

## 8. Kapitel

# Santo Domingo
# 1940-1951

*trage mich,*
*wenn es hell wird,*
*an einen gütigen Strand*
(Hilde Domin: Bitte an einen Delphin)

Im August nehmen schwere Wolkentürme dem Himmel über der Karibik und dem Meer das tröstliche Blau. Sie mindern in keiner Weise die Schwüle eines Augusttages, sondern künden von einem der typischen Wolkenbrüche, die dem dichten Tropengrün seine Undurchdringlichkeit verleihen.

Am 4. August 1940 entlud sich einer jener Tropenregengüsse genau in dem Moment, als die kleine Propellermaschine der »Pan American« ihre einzigen zwei Passagiere vor den Toren einer Stadt *mitten auf dem Meer, auf einer Holzplanke, die auf ein paar Teerfässern auf- und niederging*[1], abgesetzte. Das Flugzeug brachte der Insel die tägliche Post; infolgedessen war Hector Cruz, *ein Angestellter der Pan American, der einen Postsack abholte*[2], der Einzige, der die ersten Schritte von Hilde und Erwin Walter Palm in das neue Land dokumentierte.

Durchnässt bis auf die Haut standen die Palms verloren weit vor den Toren von San Pedro de Macorís.

Würde ihnen »Quisqueya« – »Mutter Erde« nannten die Taínos, die indianischen Ureinwohner, die Insel Hispaniola – Vater- und Mutterland ersetzen können?

*Wir werden eingetaucht*
*und mit dem Wasser der Sintflut gewaschen,*
*wir werden durchnässt*
*bis auf die Herzhaut.*[3]

## Santo Domingo: 1940-1951

Doch sie waren dem Terror der Nationalsozialisten entkommen und waren nicht mittellos: Hilde Palms Eltern hatten sie für die ungewisse Reise mit einem Startkapital von zweitausend Dollar ausgestattet. Bei vernünftiger Haushaltsführung könnten sie davon gut vier Jahre leben, vor allem wenn sie dem Trubel der Großstadt entfliehen würden, um bescheiden in den Bergregionen der Dominikanischen Republik zu überleben.

Hilde und Erwin Walter Palm mussten einen jammervollen Anblick geboten haben, und Hector Cruz, der junge Postbeamte, hatte die beiden erschöpften und enttäuschten Flüchtlinge, nass wie sie waren, samt Gepäck und der Postsäcke in seinem Dienstwagen mit in die Hauptstadt genommen, ohne dass sie *den Ort mit dem [...] rätselhaften Heiligennamen zu sehen bekommen hätten.*[4]

San Pedro de Macorís (die von den spanischen Eroberern ausgerotteten Macorix-Indianer hatten der Stadt ihren Namen gegeben) zählt heute zu den drei größten Städten der Dominikanischen Republik. Die Stadt prosperierte durch ihren Zuckerrohranbau vor allem in der Zeit des Ersten Weltkriegs, als die Zuckerpreise auf dem Weltmarkt hochschnellten und man diese Zeit *als Tanz der Millionen*[5] feierte. Deshalb führte der Weg nach Santo Domingo durch endlose Zuckerrohrfelder, die von Exilkubanern angelegt worden waren – von den Palms aber für Schilf gehalten wurden, hinter dem sie Krokodile vermuteten.

Die Vorstadtstraßen der Hauptstadt »Ciudad Trujillo« strahlten das übliche pittoresk-triste Flair aus: grell gestrichene Zementhäuschen, Bretterbuden, staubige Villen und eine halb zerstörte Stadtmauer versprachen wenig Zuversichtliches, und als der neu gewonnene Bekannte sie – entgegen der mitgebrachten Empfehlung aus Hampstead – nicht vor dem Literatencafé »América«, sondern vor dem wenig einladenden Hotel »Presidente« absetzte, war die Stimmung der beiden Exilanten auf dem Nullpunkt.

Doch Hector Cruz wusste, dass kein Schritt von öffentlich Bediensteten auf der Insel unkontrolliert blieb; im »Presidente« stellte Staatspräsident Trujillo unliebsame Oppositionelle unter Hausarrest. Das »Presidente« war so gut überwacht wie ein Gefängnis. Der Postangestellte war vorsichtig und ängstlich – und so verbrachten Erwin und Hilde Palm ihre erste Nacht im neuen Land im Angesicht des überlebensgroßen Konterfei des »Generalíssimo

## 8. Kapitel

Dr. Rafael Leónidas Trujillo Molina, Benefactor de la Patria«, das allgegenwärtig auf sie herabsah.[6] Unter seinen zahlreichen Titeln gab Trujillo dem des »Wohltäters« den Vorzug. Wenn die Presse seinen Namen erwähnte, mussten Schriftsetzer die Namensfolge einhalten: *S. E., der Oberbefehlshaber Dr. Rafael Leónidas Trujillo Molina, ehrenvoller Präsident der Republik, Wohltäter des Vaterlands und Erneuerer der wirtschaftlichen Unabhängigkeit.*[7]

Die Omnipräsenz des Diktators spürten Hilde und Erwin Walter Palm auch am nächsten Tag: Überall im Stadtgebiet waren Lautsprecher aufgestellt, um jederzeit Mitteilungen der Regierung unter den Untertanen verbreiten zu können. Auch die (staatlich kontrollierten) Zeitungen verfügten über Sirenen, mit denen sie brisante Eilmeldungen ankündigten. *Drei Pfiffe, das hieß [...] in der Stadt auf der Insel: Nachrichten von internationaler Bedeutung. Bei einem lokalen Ereignis wurde zweimal gepfiffen.*[8] In Kanada hatte man ihnen die tröstende Auskunft mitgegeben, Molina und Trujillo seien zwei verschiedene Herrscher, der eine gnädig, der andere grausam, doch jetzt wurde ihnen schnell klar, dass sie allein dem Wohlwollen des janusköpfigen Diktators ausgeliefert waren.

Einerseits empfand Erwin Walter Palm das Anmeldezeremoniell, bei dem ihnen die Fingerabdrücke abgenommen wurden, als *Erniedrigung des Individuums auf animalische Kennzeichen.*[9] Andererseits wurde das Fehlen der Auswanderungspapiere von der Deutschen Botschaft mit karibischer Leichtigkeit gelöst: sie stellten die neuen Papiere achselzuckend aus. *Die Idee, dass eine Nazi-Botschaft [...] die Illegalität ihrer eigenen Gesetze bestätigen solle*[10] erschien den Neuankömmlingen absurd, doch ihnen wurde klar, dass man *in dieser Heimat der Staatsstreiche wusste, dass Revolutionsergebnisse nicht ewig sind und dass man damit rechnen musste, dass die Vertriebenen wieder darankamen.*[11]

Der dunkelhäutige Staatsbeamte der Einreisebehörde hielt im Ausweis, der Hilde Palm ausgestellt wurde, den 6. August 1940 als »fecha de llegada«, als offizielles Einreisedatum, fest, auch wenn die Palms versicherten, dass sie bereits zwei Tage vorher angekommen waren. Politisch korrekt war die Rassenbezeichnung »caucásica« für Menschen mit weißer Hautfarbe. Und schwarz auf weiß hatte Erwin Walter Palm sich in seinem Ausweis dokumentieren lassen, was ihm beruflich eine Herzensangelegenheit war: »arqueólogo y poeta«. Beides wollte er im neuen Land werden.

Nach der ersten unruhigen Nacht in dem verschlagartigen Hotelzimmer konnten sich die Palms zwei Zimmer zur Untermiete in der Luís Tejera 2 gegenüber dem amerikanischen Kulturhaus nehmen: *zwei Bettroste und zwei Stühle. Als Schrank diente ein Strick, den [sie] schräg durch das Zimmer spannten, um wenigstens die nassgeschwitzte Kleidung trocknen zu können.*[12] Es war ein armes Viertel, *sehr weit im Nordosten der Stadt, östlich des Ozamaflusses, eine Gegend, die in den 40er-Jahren noch nicht besiedelt war.*[13] Die Zimmerwände waren dünn genug, um *durch die Wand hindurch Umgangssprache zu lernen*[14], und die Lautsprecher auf der Straße ließen das Gitarreklimpern und das antillische Rezitativ erst spät in der Nacht verstummen. Auch heute noch hüllen die Merengue-Töne jeden Ankömmling in der Dominikanischen Republik bei seiner Ankunft auf dem Flughafen ein. Es ist vor allem die Musik, die die sprichwörtliche karibische Leichtigkeit vermittelt.

Während Erwin Walter Palm sich den deprimierenden Kümmernissen entzog, indem er unter dem blühenden Flamboyant (eine Art rotblühende Robinie) im Innenhof des bescheidenen Refugiums Zuflucht suchte, griff Hilde Palm die ihr zugewiesene Rolle auf: *ihm seinen Platz zu sichern im stillen Zeltplatz in der Mitte des Zyklons.*[15] Hilde Palm wusste, wie sie die Bitternis mildern konnte, und brachte von ihrem ersten Einkauf in der Stadt die Nahrung mit, die ihnen beiden immer das Überleben versprach: einen Gedichtband, von dem die Palms damals noch nicht wussten, welche Bedeutung er einst für sie gewinnen würde. Es waren die Gedichte von Rafael Alberti. Seine Bilder und seine Sprache wollten sie in den ersten Wochen der Isolation übertragen, an seinen Worten sollte die neue Sprache wachsen und sich vervollkommnen. Sie waren bereit, die Bilder der Insel in sich aufzunehmen und sich in der neuen Sprache zu verlieren.

*Wir sind Fremde*
*von Insel*
*zu Insel.*
*Aber am Mittag, wenn uns das Meer*
*bis ins Bett steigt*

## 8. Kapitel

*und die Vergangenheit*
*wie Kielwasser*
*an unsern Fersen abläuft*
*und das tote Meerkraut am Strand*
*zu goldenen Bäumen wird,*
*dann hält uns kein Netz*
*der Erinnerung mehr,*
*wir gleiten*
*hinaus,*
*und die abgesteckten*
*Meerstraßen der Fischer*
*und die Tiefenkarten*
*gelten nicht*
*für uns.*[16]

Noch zwanzig Jahre später – in einem Brief an Nelly Sachs – erinnerte sich Hilde Domin, dass ihr vor allem die Engelsgedichte von Alberti die liebsten waren; allen voran *Der gute Engel*, der *ohne dir weh zu tun, eine Bucht von sanftem Lichte dir öffnet und deine Seele schiffbar macht.*[17] Oft genug sollte Hilde Domin diesen guten Engel noch anrufen.

Schien in jenen ersten Tagen in dem neuen Land der Schrecken der akuten Bedrohung von außen zu verblassen, so stellte sich ein Schrecken ein, dessen Schatten lebenslang auf dem Paar lastete: Hilde Palm war während der Überfahrt schwanger geworden, doch das Kind kam nicht auf die Welt.

Zum Ersatz für *das Kind, das [sie] nicht haben* durfte, und den *ungeborenen Sohn*, den Erwin Walter Palm fürchtete und nicht haben wollte, sollten schließlich Hilde Domins Gedichte werden, und von denen war sie *voll wie ein Olivenglas voll grüner Oliven mit roten Füllsel.*[18] Sie verknüpfte später in ihrem Roman *Das zweite Paradies* ihre Autobiografie untrennbar mit der Erinnerung an diese dunklen Tage auf der fremden Insel: In dem Land, in dem man ein Kind zeugt, hört man auf, Fremde zu sein. *Man wird adoptiert von dem Land seines Kinds, der Mutter seines Kinds*; doch weil Palm *sich vor der Verdrängung durch das Kind in mehr als einem Sinne fürchtete –* »Nachfolger«*, wie er mit Widerwillen sagte –,* war es einfach nicht in Betracht gekommen, unter den Umständen. [...]

*»Verschweigen Sie es Ihrem Mann«, sagte der Arzt. »Er wird nachher schon zufrieden sein. Männer sind bisweilen so.« Sie verschwieg es nicht [...].*[19]

Hilde Palm hielt die traumatisierenden Umstände der Abtreibung schriftlich fest: Schon zu dieser Zeit garantierte ihr das Schreiben das Weiteratmen, wenn die Realität ihr den Atem zu nehmen schien. Der Eingriff hatte in einem düsteren Hinterzimmer stattgefunden. Anschließend präsentierte der Arzt den blutigen Fötus und hängte ihn neben der Liege auf, um der Patientin den traurigen Beweis zu liefern, dass er seine Aufgabe gewissenhaft erfüllt hatte. Das Bild verblasste in Hilde Domins Erinnerung nie. Noch fünfzig Jahre später brach sie in Tränen aus, als sie ihre *Aufzeichnungen für einen Arzt* über diese schockierenden Stunden wieder las.[20] Die Bilder der Wehmut über das verlorene Kind drängten sich immer wieder auch in ihre Träume:

*Mir träumte ich sei eine Heckenrose*
*[...]*
*Du gingst vorbei.*
*Da war ich eine Hagebutte,*
*bunt und voll Samen.*
*[...]*
*Doch wie ich erwachte*
*da war mein Leib*
*kaum gewölbt*
*und unsere Stimmen*
*leichter als Wind*
*der mit dem Laub einer Birke spielt.*[21]

Und auch noch viele Jahre später, die Mutter war längst tot, thematisierte Hilde Domin beim Gedenken an den Geburtstag der Mutter immer wieder ihre eigene Kinderlosigkeit: *heute ist ihr Geburtstag/das ist der Tag/an dem sie/in diesem Dreieck/zwischen den Beinen ihrer Mutter/herausgewürgt wurde/[...]/Ich habe niemand ins Licht gezwängt/nur Worte/Worte drehen nicht den Kopf/sie stehen auf/sofort/und gehn*[22], schrieb Hilde Domin am 12. März 1965 in Heidelberg, dem Tag, an dem die Mutter ihren 83. Geburtstag gefeiert hätte.

## 8. Kapitel

Der junge Arzt Dr. Rafael Roca hatte zu den ersten Freunden der Palms in Santo Domingo gehört. Sein Labor stellte er später Hilde Palm als Dunkelkammer zur Verfügung, als sie die Fotoarbeiten ihres Mannes in der Nacht entwickelte. Dieser Arzt eröffnete ihnen auch den Zugang zu seinen Freunden und anderen Intellektuellen, mit ihm unternahmen sie ihre ersten Ausflüge ins Hinterland.

Im Dezember 1941 hatten sie die zwei einfachen Zimmer in der Luís Tejera gegen ein Haus in der Calle Samaná 2 getauscht – Erwins Anstellung an der Universität von Santo Domingo hatte es ermöglicht. Ein Zimmer wurde sofort an einen amerikanischen Pensionsgast weitervermietet. Die Bleibe war anfangs *nur ein Provisorium gewesen: eine Zuflucht am Rande, wo man nicht weiter weglaufen kann.*[23] Doch obwohl das Haus in einem der ärmsten Viertel, weit vom Zentrum entfernt, lag, liebten es die Palms und sträubten sich 1943 sehr gegen die Kündigung, die durch den Verkauf des Hauses wirksam wurde. Die ersten Möbel liehen sie sich aus, doch nach und nach wurden sie – wie schon in Rom – durch Möbel vom Flohmarkt ersetzt. Ihr bewährtes Wohnmodell behielten sie bei: getrennte Zimmer, in denen jeder sein eigenes Bett hatte. Die Möblierung blieb sparsam; verschwenderisch waren sie nur bei den Büchern, den Herzstücken jeder Bleibe.

Das Haus in der Avenida Independencia 94, das sie 1944 bezogen, hatte ein Zinkdach, das vibrierte, wenn die Ratten nachts von den Bäumen darauf sprangen, und Holzpfeiler, die die Terrasse abstützten. Viele kleine Fenster ließen zwar Licht einfallen, hielten aber dennoch die Hitze ab, Fensterscheiben gab es keine. Die sanitäre Ausstattung war einfach: man badete in kaltem Wasser, das erst herbeigeschleppt werden musste. Die Einfachheit der Toilette teilten sie sich *mit einer schönäugigen Kröte darin.*[24]

Vor und hinter dem Haus gab es jeweils eine kleine Terrasse, die *so grün war, von den Bäumen ringsum und der feuchten Luft, als trete man in ein Aquarium.*[25] Die hohe Luftfeuchtigkeit ließ die mitgeführte Herbst- und Winterkleidung trotz des täglichen Einsatzes von Kampfer allmählich verrotten.

Direkt *hinter der Küche, wo Kakteen wuchsen und wachsen*[26] und schulterhohes Steppengras das Haus umgab, hatte sich Hilde Palm einen Trampelpfad zum Meer getreten. Schwimmen war nach wie vor ihre Leidenschaft, die sie sich auch durch die Ängste der

Einheimischen – »*Señora, und der Haifisch?*«[27] – nicht vergällen ließ. Dort am Meer war sie allein mit den Pelikanen.

*Du weißt, wie die hohen Gräser*
*an den Rändern der Inseln rascheln*
*in allen südlichen Meeren,*
*wie staubig die Kaktuswege sind,*
*und du gehst durch die schaumigen Wiesen und kennst*
*ihren bunten Kalender.*
*[...]*[28]

Die Zeit in Santo Domingo forderte Hilde Palms Organisations- und Improvisationstalent in allen Lebensbereichen. Von den Einheimischen lernte sie schnell: Kuchen und Brot backte man selbst in einer *eigenartigen Kochkiste aus Aluminium [...], die von einem Kohlenfeuer aufs nächste gehoben wurde, mehrfach während des Vorgangs.*[29] Sie hatte immer schon gerne gekocht und trug ihre Rezepte seit den ersten Studententagen in einem kleinen schwarzen Notizbuch im Gepäck. Wie Fähnchen auf der Landkarte markierten die Rezepte ihre Exilstationen und Reisen: »Peperonata alla Val d'Aostana«, »Veal Balls with Dumplings in Tomato Sauce«, »Roscones«, »Cold Chicken Supreme«. Doch Mutters Küche überwog: eingelegte Zunge, Kalbszunge, frisch gedämpft, Gänsebrust mit Ingwer. Gerichte, die durchweg aufwendig zuzubereiten waren. Einfacher klangen die Nachspeisen: Äpfel in allen Variationen – geschält, geteilt, gedämpft, gebuttert, gerieben oder in kleinen Blättchen serviert. Die »Einfache Apfelspeise« bereitete sich auch die hochbetagte Hilde Domin noch mehrmals pro Woche zu: Äpfel schälen, aushöhlen, Rosinen, geschnittene Mandeln, Zucker, Zimt und Gelee in die gebutterte Pfanne. Mit Vanillezucker und Wein erhielt die Nachspeise ihre besondere Note, mit Reis ergänzt wurde sie zum Hauptgericht. Hilde Palm liebte die Improvisation: In Santo Domingo rühmte man ihre gedeckten Ananastorten nach Art deutscher Apfeltorten.[30]

Die Wäsche kochte Hilde Palm in alten Fünf-Liter-Benzinkanistern auf Holzscheiten im Hof auf einer offenen Feuerstelle, die aus großen Steinen aufgeschichtet war. Mit dem Stacheldraht jedoch, auf den die Einheimischen ihre Wäsche zum Trocknen hängten, konnte sie sich nicht anfreunden.[31]

Wenn die Wirbelstürme die Hauptstadt heimsuchten, mussten eigene Überlebensstrategien entwickelt werden: *July: stand by, August: come it must. September: remember. October: all over.*[32] Mit dieser Merkformel beruhigte sich Hilde Palm und machte die Zyklone zur »Charakterfrage«. *Packt man z. B. 5000 Bücher in Kisten, wenn ein Zyklon angekündigt ist, weil beim ersten Windstoß das ganze Dach davonflöge?*[33] Die vielen Bücherkisten, die 1941 eintrafen, wurden nur in den ersten vier Jahren bei Zyklonalarm in Kisten gerettet und vernagelt. Ab dem fünften Jahr machten sie das nicht mehr. Die Eltern Löwenstein hatten ihr Versprechen eingelöst und die Bücherkisten nachgeschickt, die sie 1940 zurücklassen mussten – auf der »Skythia« rettete man Menschenleben und keine Bücherkisten. Auch eine »Charakterfrage« und offenbar keine Frage der Gesundheit war der Einsatz von DDT: *Man tue Watte in die Nasenlöcher und bestreue Buch nach Buch innen mit DDT, das alte DDT-Mehl ausschüttelnd. Einmal jährlich.*[34] Denn nur so konnten die Palms der Gallwespen und Termiten Herr werden, nachdem sich Pfeffer als nutzlos erwiesen hatte – etliche der alten Bände trugen noch die Spuren der zerdrückten Pfefferkörner.

Vor den heißen Sommermonaten, in die auch die Semesterferien der Universität fielen, flohen die Städter, die es sich finanziell und zeitlich erlauben konnten, in die Berge der Provinz La Vega. In dieser Kernregion der Dominikanischen Republik liegen die kleinen Bergdörfer Jarabacoa und Constanza, umschlossen von den Gebirgszügen der Cordillera Central und der Cordillera Septentrional. Die Region ist fruchtbar und sattgrün und bot den Palms in den kommenden zwölf Jahren zu Beginn der heißen Monate Schutz vor der flirrenden Hitze der Hauptstadt. Vor allem Hilde Palm entfloh der Schwüle und dem tosenden Treiben, während Erwin Walter Palms Wohlbefinden proportional zur Wärme und zum Trubel in der Stadt stieg.

Die Gegend um das 530 Meter hoch gelegene Städtchen Jarabacoa – in der Taíno-Sprache »Ort, wo das Wasser fließt« – wird auch »Alpes Dominicanos« genannt; mit ihren grünen Bergen und Hügeln erinnert sie an die Schweiz. Hier befinden sich die eindrucksvollen Wasserfälle Saltos de Jimenoa und die Saltos de Baiguate; von

## Santo Domingo: 1940-1951

hier aus unternahm Hilde Palm auch Ausflüge zum höchsten Gipfel der Karibik, dem 3100 Meter hohen Pico Duarte.

Sie liebte die kristallklaren, eiskalten Naturschwimmbecken des Flusses Jimenoa – ein besonderer Reiz für sie lag darin, diese Badeplätze nachts im Mondschein zu Pferde aufzusuchen. Mit ihrer britischen Freundin Constanza Quintard, ihrer Nachbarin aus der Avenida Independencia 91, verbrachte sie immer wieder den Herbst in den Bergen und badete in den glasklaren Gebirgsbächen und Wasserfällen: *Nymphartig [...] eiskalt.*[35]

Die ungezähmte malerische Natur bereitete Hilde Palm *beinah ein Vergnügen wie Mozart*[36]; die Natur war Balsam für ihre Seele.

Die Lufttemperaturen, von den Bergbewohnern als angenehm und frisch empfunden, kletterten im Laufe des Tages dennoch beträchtlich in die Höhe: Morgens um halb sieben waren es bereits 22°C, am frühen Vormittag dann schon 27°C, und um die Mittagszeit wurden in Jarabacoa 30°C erreicht – ohne die 98 Prozent Luftfeuchtigkeit der Hauptstadt war es hier jedoch sehr viel erträglicher.

Constanza – vermutlich nach einer Fürstin der Taínos benannt – liegt auf 1200 Metern Höhe und ist damit der höchstgelegene Ort der Republik. Das Klima dort erlaubt den Anbau von Kartoffeln, Kaffee, Kohl, weißen Bohnen, Sellerie und Schnittblumen aller Art; eine überwältigende Vielfalt gegenüber den sonst üblichen Bananen und dem Mais. Einige Spanier bewirtschafteten sogar voller Stolz Erdbeerplantagen.[37] Constanza lag noch abgeschiedener als Jarabacoa, die Luft war *leicht, frisch, stimulierend, unvergleichlich!*[38] Doch der kleine Ort war dadurch auch in jeder Hinsicht bescheidener als Jarabacoa. Selbst Kerzen waren ein Luxus, sodass man das Wachs aufhob und daraus neue Lichter machte. Meist benutzte man *dort als Beleuchtung einen Docht in etwas Rizinusöl, ein kümmerliches aber [...] ökonomisches Licht*[39], das Hilde Palm als *nur gerade »Nurnichtganzdunkel«*[40] bezeichnete und das das Arbeiten erschwerte; denn im moderaten Klima übersetzte und tippte Hilde Palm die Manuskripte ihres Mannes.

Hat man das südliche Tor der fruchtbaren Hochebene, La Vega, erreicht, so ist die Weiterreise nach Jarabacoa heute auf einer gut ausgebauten Autobahn möglich. In den Vierzigerjahren musste sie für Hilde Palm jedes Mal eine logistische und körperliche Herausforderung gewesen sein. Die nicht ausgebauten Zufahrtsstraßen

## 8. Kapitel

waren durch die täglichen Wolkenbrüche zur Hauptregenzeit nur schwer oder oft auch überhaupt nicht passierbar. Der Überlandbus war nicht unbedingt verlässlicher, denn die Fahrzeiten der »Línea Duarte« hingen von den Gepflogenheiten des Busfahrers ab. Hatte der unterwegs ein Rendezvous, so nahm die Reisegesellschaft notgedrungen daran Anteil. Erwin Walter Palm berichtete seiner Frau von seiner Fahrt, dass der Busfahrer sich als *ein grosser Liebhaber der Schönheiten triangulärer Natur [erwies], um es mit Ludwig zu sagen. Fast mythologisch hat er es fertig gebracht zwischen La Vega und der Stadt 5 Schäferviertelstündchen und 3 nicht üble Vorbereitungen zu unternehmen. [...] Ich hatte das Vergnügen alle 11 Namen kennenzulernen und hier Caffé dort Genibu zu meinigem Trost zu trinken. 3 Mal wurde für mich getanzt, was bei Kerzenlicht nicht übel aussieht.*[41] Erwin Walter Palm blühte bei dieser Art karibischer Anekdoten auf.

Der Not der Sparmaßnahmen gehorchend, zog Hilde Palm jedoch dem Bus meist die kostengünstigeren »Guaguas« vor: offene Pick-up-Trucks, auf deren Ladepritsche Waren, Menschen und Tiere in scheinbar unbegrenzter Zahl untergebracht werden konnten. Für Regenschutz sorgt jeder Passagier selbst, Sicherheit erhält man, indem man sich am Nachbarn festklammert; es sind Gefährte, die so unkonventionell wie der Fahrstil ihrer Chauffeure sind. Hilde Palm kam oftmals von Übelkeit geplagt am Reiseziel an: *Ich würde die Unbequemlichkeiten der diversen Guaguitas nicht in Betracht gezogen haben, aber die grosse Ersparnis wohl.*[42]

Die Fahrer bestimmten nicht nur das Tempo, sondern auch die Haltestellen. Während der Zwangsaufenthalte sammelte Hilde Palm dann am Fluss Zitronen, aus denen sie anschließend Marmelade kochte. Oder sie nahm ein Bad im nahen Fluss – wusste man doch nie, ob im Bergdorf Wasser für eine Dusche vorrätig sein würde. Die dreißig Kilometer von La Vega bis nach Jarabacoa bewältigte Hilde Palm in einem sich anschließenden neunzigminütigen Ritt auf einem Maultier.

Erwin Walter Palm verabscheute Unbequemlichkeiten und hätte sich gerne durch ein eigenes Auto unabhängig gemacht. Er drängte seine Frau deshalb, den Führerschein zu machen. Die einzige Probefahrt von Hilde Palm endete jedoch schon nach wenigen Minuten im Graben, und damit war das Thema »Führerschein« erledigt.

## Santo Domingo: 1940-1951

Sehr viel später erklärte Hilde Domin, dass sie sich strikt geweigert hatte, den Führerschein zu machen, denn sonst hätten sich zu ihren Pflichten als Sekretärin, Übersetzerin und Managerin auch noch die der Chauffeurin gesellt. Sie begeisterte sich jedoch für die Idee, das Transportproblem in Santo Domingo mit einem kleinen *Eselchen* und einem Karren zu lösen; einen Esel, der *genügsam ist und isst*[43], schlug sie ihrem Mann 1942 in Santo Domingo vor. Sie wollte Erwin Walter Palm im Karren kutschieren, er bräuchte sich nicht mehr in den überfüllten Bussen zu quälen. Die Verhandlungen über das Projekt scheiterten bald am mageren Budget, und das war Erwin Walter Palm mehr als recht.

Hilde Palm liebte das Reiten, das schon in Kölner Jugendzeiten mit ihren Freundinnen Lu und Ellen ihr Hobby gewesen war. In der Region von La Vega waren die Tiere allerdings weniger sportliches Freizeitvergnügen als unentbehrliches Fortbewegungsmittel, um auf den unwegsamen Pfaden voranzukommen. Hilde Palm sparte lieber Mahlzeiten ein oder verzichtete auf Einrichtungsgegenstände, die den Alltag weniger beschwerlich gemacht hätten, um dafür ein Reitpferd mieten und Reitstunden nehmen zu können. Als sie sich zutraute, selber elektrische Leitungen zu verlegen und den Fachmann zu sparen, reichte das Ersparte, um sich für fast drei Wochen ein Pferd bester Rasse leisten zu können.

Mit einheimischen Führern begab sie sich auf zehnstündige Reitabenteuer, aber unerschrocken erkundete sie nachts bei Mondschein auch allein die unberührte Natur. Ihre kindliche Unbefangenheit ließ bei ihr offensichtlich nicht die Angst aufkommen, die bei nächtlichen Ausritten in dieser Bergregion durchaus angebracht gewesen wäre.

Die Gegend um Jarabacoa und Constanza hatten die »campesinos«, die im Untergrund gegen Trujillo operierten, als Rückzugsgebiet gewählt. Es ist dokumentiert, dass mindestens einmal alleinstehende junge Männer zu Pferd Hilde Palm ihre Dienste anboten und vorschlugen, ihre Einsamkeit durch Pokerspielen zu versüßen, was die junge Frau dann doch *simply terrified* zurückließ.[44] Einige Jahre später holte sich Hilde Palm in den einsamen Nächten in den Bergen »Schlafgesellschaft«. Der *stinkende Cavalier*[45] Manuel schlief im mitgebrachten Schlafsack nachts auf dem Boden im Bad – ohne es je zum eigentlichen Zwecke zu benutzen – und verließ die Hütte

## 8. Kapitel

vor Tagesanbruch. Ob er zu den Freiheitskämpfern gehörte oder zu Hildes Schutz bestellt war, ist nicht belegt.

Der ritualisierte Umzug nach Jarabacoa oder Constanza fand jeweils im August oder September des Jahres statt: Einige Tage vor Erwin Walter Palm begab sich seine Frau per Bus und Maultier in die Berge, machte sich auf die Suche nach einer der einfach gehämmerten Holzhütten, unter deren Dachbalken die Maiskolben und Knoblauchketten aufgehängt waren. Wenn Palm anreiste, würde das *Chaos, das er so hasste*, behoben sein, und seine Frau konnte ihr Versprechen einlösen, dass, falls er käme, er *sehr gehätschelt werden und alles ganz nach [seinem] Wunsch gehen*[46] sollte – wie in guten alten Tagen. Oft genug wartete Hilde Palm jedoch vergeblich, ihr Mann zog das pulsierende Leben der Hauptstadt der einlullenden Natur vor.

War die Hütte gefunden, musste das Möbelproblem gelöst werden. Die Häuschen wurden leer vermietet, jedes Stück des Hausrats musste mit dem Maulesel herangeschafft werden: die Waschschüssel vom Apotheker, die Kopfkissen von der Nachbarin am Ende des Dorfes, das Bett von der Familie des kleinen Pensionsbetriebs, die Matratzen von denen, die sie gerade erübrigen konnten – was natürlich bedeutete, dass beim Auszug, wenn Palm schon wieder in der Hauptstadt weilte, alles wieder seinen umgekehrten Weg nahm.

Die Säuberungsaktion, die der Möblierung voranging, erforderte nicht minder Einsatz und Improvisationstalent: Zum Schrubben des Bodens und für die körperliche Bürstenmassage behalf sich Hilde Palm in beiden Fällen mit Sand. Verfügten die Hütten über eine Dusche, so regnete es oft genug nur Kaulquappen aus ihnen. Als Toilette diente eine Sickergrube, ein »odoro«, weit außerhalb des Wohnbereichs, um den Gerüchen zu entgehen, vor allem aber auch, um das Ungeziefer und die Ratten fernzuhalten.

In die moderate Bergregion zog Hilde Palm nicht immer freiwillig: Oft genug entfloh sie dem von Ungeduld und Unzufriedenheit aufgeheizten Klima ihrer Ehe. Dann lenkte sie sich mit Arbeit ab und bearbeitete unermüdlich die Manuskripte Erwin Walter Palms. Sie arbeitete acht bis zehn Stunden an Palms Aufträgen, solange das Licht eben gut war. In der Einsamkeit der Hochebene übertrug sie auf diese Weise auch klassische deutsche Literatur ins

## Santo Domingo: 1940-1951

Spanische und natürlich hofften die Palms, mit dem Verkauf dieser Übersetzungen an Exilzeitschriften in Südamerika ihr mageres Budget aufzubessern; sie waren aber auch bemüht, die eigene Lesekultur der neuen Welt zugänglich zu machen. Da Santo Domingo für viele Exilsuchende nur ein Zwischenstopp auf ihrem Weg in die USA war, gaben die Palms den Durchreisenden ihre Manuskripte mit, meistens mit der Bitte, sie in den Vereinigten Staaten an Verlage weiterzuleiten. Und so hatte auch Emil Ludwig nach seinem Besuch im Jahre 1944 die Kopien von Hilde Palms Übersetzungen in seinem Gepäck – mit dem Auftrag, sie Thomas Mann und Franz Werfel zu überbringen. *Allen Exilanten gemeinsam war der oft aufreibende Kampf um die tägliche Existenz, besonders die Suche nach Arbeit jeglicher Art.*[47] Und auch noch nach dem Krieg übersetzten die Palms mit dem spanischen Freund und Komponisten des Lorca-Kreises, Enrique Casal Chapí, deutsche Gedichte für eine *Mindestanthologie deutscher Lyrik*, die der chilenische Dichter Alberto Baeza Flores dann in Bayamo, Kuba, drucken ließ.

Bei allen Schreibarbeiten war geradezu mönchische Kopierarbeit gefordert; selbst wenn eine Blaupause erhältlich war, so mussten die Manuskripte zur Vervielfältigung immer wieder neu getippt werden. Die vielschichtige Auseinandersetzung mit dem Gelesenen, vor allem mit der bildhaften Sprache der spanischen und italienischen Dichter, prägte Hilde Domins Lyrik nachhaltig, denn *was man einmal gelesen hat, kann man nicht mehr verleugnen*.[48] Wie sich der Meister in den Bildern seiner Schüler wiederfindet, bevor sie ihren eigenen Stil entwickeln, so spiegeln sich die typischen Bilder eines Ungaretti oder Ramón Guirao auch bei Hilde Domin wider:

| | |
|---|---|
| *Die Sehnsucht nach Sonne* | *Das Licht wird kommen,* |
| *nicht* | *insgeheim wird es da sein.* |
| *täglich kann das Licht kommen* | |
| *durchkommen* | |
| | |
| *Das Licht ist immer da* | |
| Hilde Domin: | Guiseppe Ungaretti: |
| *Älter werden*[49] | *Wortloses Lied*[50] |

## 8. Kapitel

*So gehen wir*
*zwischen Schmetterlingen und Vögeln*
*in staunendem Gleichgewicht*

Hilde Domin: *Gleichgewicht*[51]

*Wie gut wir zusammen gehen,*
*du und ich,*
*auf dem langen Weg...*

*Und wir gehen, bis es fast ein Wunder ist*

Ramón Guirao: *Die Lerche*[52]

Viele Versuche der Veröffentlichung liefen ins Leere, viele andere Projekte ließen sich nicht realisieren. So scheiterte 1946 auch Hilde Palms enthusiastischer Vorstoß, ein »Frauenbeiblatt« in der Sonntagsausgabe der *Nación* zu gestalten. Im Gegensatz zu ihrem Mann zog Hilde Palm durchaus in Betracht, das Finanzproblem auch durch nicht intellektuelle Arbeit zu lösen. In der Töpferstadt Buena Vista, kurz vor Jarabacoa, machte sie ihre ersten Erfahrungen mit dem Töpferhandwerk, das sie – mit ihrem auch in dieser praktischen Hinsicht nie versiegenden Optimismus – beruflich auszubauen gedachte. Denn ihre Hoffnung auf eine Anstellung an der Universität hatte sich wieder einmal zerschlagen; bis 1948 schob sie sich Jahr um Jahr hinaus. Um die *verkrachte Lehrerstelle* zu ersetzen, hatte Hilde Palm sich *darauf versteift [...] ein nettes Teeservice etc herzustellen. [...] Wenn es schön wird, könnte man vielleicht Teeservice verkaufen?*[53] Sie traute sich sogar zu, *vielleicht für das Weihnachtsgeschäft ein Dutzend Teegeschirre her[zu]stellen [...] und auf diese Weise statt als Lehrerin die 30-40 Dollar [zu] verdienen.*[54]

Zu Übungszwecken begann sie *an der Fabrikation von Eselchen*[55] zu arbeiten, Anschauungsunterricht hatte sie bei den Töpfern in Buena Vista erhalten. Das geschmeidige Material nahm unter ihren Händen Gestalt an, und das Geformte erhielt durch den Brennvorgang seine Beständigkeit. Doch der anfängliche Enthusiasmus wich bald der ernüchternden Feststellung: *Wie schlecht man aufpasst, und wie ungenau man sich vorstellt, wie so ein Tier die netten Beine setzt*[56] – das Projekt wurde bald von Erwin Walter Palm endgültig vom Tisch gefegt, indem er sich energisch gegen die *Teller- und Tassenindustrie* aussprach.[57]

Hilde Palms Hoffnung, in der Sicherheit des Exillandes wieder mehr Leichtigkeit in ihr Leben bringen zu können, starb allmählich. Vieles in ihrem Leben hatte seinen Glanz verloren, permanente Demut wurde von ihr gefordert, die Farben der Liebe verblassten.

*Schale im Ofen,*
*du wirst gebrannt.*
*Tränenätzung,*
*Glasur aus Demut*
*über dem schüchternen*
*Schimmer von Lächeln.*
*So wirst du täglich*
*ein wenig versehrt,*
*bis Wunsch und Klage zerschmilzt*
*und ein Rosenblatt*
*oder ein Schmetterlingsflügel*
*fast gröbre Substanz sind.*
*Vergessene Schale,*
*auf der Hand, die dich hinhält,*
*faßt der Regenbogen*
*Fuß, so natürlich*
*wie der Anflug der Taube*
*auf Trafalgar Square.*[58]

Ablenkung bot der Alltag. Einkäufe und Postgänge erledigte Hilde Palm früh morgens: da sattelte sie ihr Pferd und ritt ins Dorf, vorbei am einzigen Apfelbaum – auf den alle Dorfbewohner besonders stolz waren – und an den Yuccas mit ihren großen weißen Blüten.

An der einfachen grauen Bretterbude, in der der Metzger sein Fleisch verkaufte, reihte sie sich in die Riege der Hausfrauen ein, die mit kleinen Holzbrettchen oder Tellern anstanden, um darauf ihr Fleisch nach Hause zu balancieren. Für diejenigen, die über Land geritten kamen, zog der Metzger zu einem Ring verknotete Grashalme durch das Fleisch; so baumelte das Kotelett während des Ritts zurück lose am Zeigefinger oder am Sattel.

Sie bestellte in einem kleinen Kolonialwarenladen, den ein Syrer führte, alles andere Notwendige, und natürlich nahm dabei die Papierbestellung immer den größten Posten ein.

Hilde Palm war von der Erdverbundenheit der Einwohner und deren Riten beeindruckt und nahm viel Mystisches in ihre Geschichten und Gedichte auf. So zum Beispiel auch die grauenvolle Begebenheit mit dem abgeschlagenen Bein: Ein Junge aus dem Dorf war auf den Wunsch seiner kleinen Schwester eingegangen, ihr das Bein mit der Axt abzuhacken, denn die Götter hatten dem Mädchen im Traum ein neues aus purem Gold versprochen. Schon halb tot wegen des starken Blutverlustes wehrte sich die Kleine vor der Rettung und nahm ihren Helfern übel, dass sie sie um ihr goldenes Bein gebracht hatten. Auf der blutdurchtränkten Trage, die die Einwohner an Hilde Palms kleiner Hütte vorbeitrugen, lag das amputierte Bein. *An der Stelle, an der es abgehackt war, sah man das Bein von innen. Die schwarze Haut war nicht dicker als eine Apfelschale. Darunter war das Bein rot. Genau wie alle Beine [...].*[59]

Hilde schien immer den Kontakt auch zu den einfachen Menschen zu suchen. Sie schloss sich den Einheimischen an, wenn sie ihre Feste feierten oder den Gottesdienst in der kleinen weißen Holzkirche besuchten. An den so wenig pietätvollen Abschluss einer jeden Messe gewöhnte sie sich nicht. Kurz vor dem Verlöschen des letzten Kerzenstumpfes, der das Gotteshaus notdürftig erhellte, stieß der Pfarrer hervor: *Im Namen des Vaters, des Sohnes und des Heiligen Geistes, raus aus der Kirche, denn es wird dunkel.*[60] Und tatsächlich stürzten die Gläubigen, der Pfarrer und seine das Harmonium spielende Schwester bei diesem Kommando augenblicklich aus der Kirche in die tropische Dunkelheit.

So kannte man die junge Deutsche sowohl in den Bergen als auch in der Hauptstadt. Wenn sich alle dem Rhythmus der schwülen Trägheit anpassten, sah man Hilde Palm mit ihren geschäftigen kleinen Schritten die Hitze zerschneiden. Ihr wehendes Kleid wurde zu ihrem Markenzeichen – »traje volante«, »fliegendes Kleid«, wurde sie deshalb von den Einheimischen genannt. Vor allem aber schätzte man die ungekünstelte Hilfsbereitschaft, mit der sich die weiße Frau für ihre schwarzen Nachbarn einsetzte.

Von den Begleiterinnen, die Hilde Palm stets mit in die Berge nahm, war Ramona die treueste. Hilde Domin widmete ihr später das Gedicht *Rückwanderung*. Ramona verdankte dem energischen Einsatz von Hilde Palm möglicherweise ihr Leben. In der Silvesternacht 1950 – Erwin Walter Palm hatte den Aufenthalt in Mexiko für seine Vortragsreisen immer wieder verlängert und war noch nicht zurückgekehrt – überfiel Ramona eine Nierenkolik. Hilde

Palm rannte von Tür zu Tür, um einen Transport in das Krankenhaus von Santo Domingo zu organisieren; die Köchin wurde notoperiert. Und auch das Geld für die Krankenhauskosten erbettelte Hilde Palm anschließend bei Nachbarn und Freunden. Doch Hilde Palm profitierte in vielen Monaten der Einsamkeit vom einfachen Zuspruch der jungen schwarzen Frau, die spontan immer die richtigen Worte fand.

Zwiespältig dagegen war Hilde Palms Verhältnis zu der alten Nachbarin Vitalia, die Faszination und Abscheu zugleich erweckte. Die »Hexe Vitalia«, wie Hilde das *Halbblut*[61] – halb Dominikanerin, halb Haitianerin – nannte, beeindruckte durch ihre Heilkünste und den Voodoo-Zauber, den die Analphabetin ihrem Buch *libro de la naturales* entlockte. Als der deutsche Arzt Dr. Freymuth mit Fieber, geschwollenen Drüsen und großen Wunden an den Füßen darniederlag, griff auch er auf Vitalias selbstgebrautes Bad zurück, und *leise beschämt und völlig hilflos nahm der Dr. med die Naturheilkünste des Volkes an.*[62] Hilde Palms häufige Darmleiden und Infektionen versuchte die alte Nachbarin mit einem Kräuterband zu kurieren, das sie ihr um die Fesseln schlang. Es sollte sie auch vor Typhus schützen – was oft genug misslang.

*Die Erde hat sich einmal zu oft gedreht.*
*Es hat nichts genutzt,*
*daß eine alte Frau*
*drei Gräser um meinen Fuß band,*
*als sei ich ein krankes Fohlen.*
*Ich bin aufgestanden*
*mit Narben.*[63]

Vitalia beschränkte ihre medizinischen Heilkünste nicht allein auf Menschen: Sie kurierte Hühner, die versehentlich ihre mit Arsenik getränkten Kartoffeln gefressen hatten, die eigentlich für die Ratten ausgelegt worden waren, mit einem Brei aus Zitrone und Asche. Hähnen, die durch ihr Krähen störten, nahm sie mit einem geheimnisvollen Pulver die Stimme – sodass Hilde Palm immer wieder ihre eigene Stimme misstrauisch überprüfte, wenn sie die Kochkünste der Alten in Anspruch genommen hatte.

## 8. Kapitel

Für Unerklärliches und Übersinnliches war Hilde Palm nicht nur in ihrer Zeit in Santo Domingo sehr zugänglich; immer wieder finden sich kleine Wahrsagekärtchen oder ausgeschnittene Horoskope in ihrem Nachlass. Von Vitalia hätte sie gerne das Kaffeesatzlesen gelernt, das für die Eingeborenen angeblich so einfach wie *das Brieflesen für die gebildeten Immigranten* war.[64] Erwin Walter Palm konnte man damit weder beeindrucken noch ließ er sich dafür begeistern.

Vitalia fand Eingang in Hilde Domins acht karibischen Geschichten, von denen sie 1959 und 1960 zwei in Deutschland in der Zeitung *Die Welt* veröffentlichte.[65] In den Herbsttagen in den Bergen sammelte Hilde Palm das Material dafür.

Uneingeschränkten Respekt zollte sie der weisen Doña Isabel. Mit ihrer kleinen Tonpfeife saß die Frau, die so alt wie die Insel schien, fast täglich in Hilde Palms Küche und trank mit ihr Kaffee. Sie war *ein ziemlich reinerhaltener Indianertyp: schmale Augen, langes Gesicht mit straffgespannter Haut über den sehnigen Knochen, nicht sehr gutartig aussehend. Ein Tuch um den Kopf gezogen, die unvermeidliche lange Pfeife im Mund [...]*.[66]

Sie war die eigentliche Heilerin des Dorfes, an deren Kräften niemand zweifelte. Ihre »botellas« wurden ehrfürchtig zu den Kranken über die ganze Insel getragen: große Bierflaschen, die die fertige Medizin auf der Basis von Kokosfett enthielten.

Wenn die Palms im Herbst in die Berge zogen, begann mit dieser Jahreszeit für Erwin Walter Palm *das Dilemma jedes Herbstes*[67]; wie schon in Heidelberg, Italien und England wurde er von Depressionen befallen, die ihm Hoffnung und Selbstvertrauen raubten. Die zärtliche Aufmunterung, mit der Hilde Palm ihren Mann im Herbst 1942 aus seiner Dunkelheit holen wollte, steht stellvertretend für viele Situationen. *Und nun dein Dilemma: das Dilemma jedes Herbstes: Du siehst den Weg zu Dir und traust Dich nicht. Frage nicht mein Lieb, sondern entscheide es wie es Dir lieb ist. [...] Wie leid es mir tut, dass Du es immer so schwer hast, mein Wunderprinz und dass die Märchenatmosphäre sich gar nicht fixieren lässt. Ach wäre ich nur solch eine Hasengöttin wie Du möchtest!*[68]

Ein Leben lang versuchte sie, Palms Selbstzweifel zu zerstreuen: *Du bist ein fruchtbarer Acker, Aff, und die kleinste Saat trägt Dir exuberante Früchte.*[69] Und natürlich hoffte sie inständig, dass es *einmal zur Ernte all dessen kommt, was gross und üppig und in tollen Farben an Deinen Bäumen reift. Amén!*, und schloss dann das unleidige Kapitel mit erzieherischer Strenge ab: *Hast Du weiter an dem Requiem gearbeitet? Ich erwarte morgen eigentlich Teile des Ave Marias.*[70]

Das *Ave Maria* war ein Teil des *Requiem für die Toten Europas*; Erwin Walter Palm hatte es 1942 begonnen, nachdem die Nachricht über die Toten in den Konzentrationslagern die Insel erreicht hatte. Die europäischen Besucher, die in Santo Domingo Halt machten, bevor sie in die USA weiterreisten, gaben den Schrecken in der Heimat Namen und Gestalt. Briefe, die die Emigranten vor allem nach Kriegsende wieder regelmäßig erreichten, machten zur Gewissheit, was sie bis dahin befürchtet hatten. 1945 teilte Bertha Schiff den Palms mit, dass die Stiefmutter, der Onkel und die Großmutter Erwin Walter Palms tot waren. Die Großmutter war in Theresienstadt umgebracht worden, die Spur der Stiefmutter hatte sich bereits 1941 in Lodz verloren, der Onkel Paul war aus Majdanek nicht mehr zurückgekommen. Die enge Freundin hatte mit Palms Großmutter Helene Hess nach deren Zwangsevakuierung zusammengelebt, doch sie hatte es geschafft: *kurz vor Torschluss* 1944 war sie nach St. Gallen geflüchtet.[71]

Mit dem *Requiem* gedachte Palm der Toten, und es war eine der Arbeiten, denen Hilde Palm uneingeschränkte Billigung zukommen ließ. Sie bescheinigte den hagiografischen Versen *soviel mehr raison d'être als [seinen] kristallenen Gedichte[n]*.[72] Im Oktober 1944 war es endlich druckreif; dass es dennoch keine Verbreitung erfuhr, könnte an der Ähnlichkeit zu einem Werk von Yvan Goll gelegen haben.

1917 hatte Yvan Goll unter dem Einfluss der Schrecken des Ersten Weltkriegs das *Requiem – Für die Gefallenen von Europa* verfasst. Die Bilder der Verse Golls sprachen von dem zeitlosen Wahnsinn des Krieges und ließen sich auf die Schrecken des Zweiten Weltkriegs übertragen. Goll hatte sein Werk Romain Rolland gewidmet, und Erwin Walter Palm war ein begeisterter Rolland-Leser.[73] Palm widmete sein *Requiem* dem Heidelberger Indologen Heinrich Zimmer: *Heinrich Zimmer, sei Dir der Weg leicht!*[74]

So von seiner Frau bestärkt, zögerte Palm nicht, sein *Requiem* den namhaftesten Exilanten zuzuschicken. Das Echo von Martin

## 8. Kapitel

Buber, Paul Hindemith, Karl Wolfskehl, Paul Zech und André Breton war freundlich, aber verhalten, man wollte den Dichterkollegen offenbar nicht entmutigen. Fast könnte man sich von Yvan Golls Antwort betören lassen, doch die Wendung, die die Beurteilung dann erfährt, war unmissverständlich: *Es ist erstaunlich, wie auf einer hispaniolischen Insel so exakte, so klassisch griechisch-deutsche Sprache geformt werden kann. Ihr Requiem ist voller Glitzern wie der Sand in einer weichen Meeresbucht und gerüstet mit der Weisheit der alten Felsengestalten. Das Echo reicher Vermächtnisse ist in Ihren Versen geborgen. Sind Kreta und Hispaniola nicht bereits Zwillingsschwestern?*

*Sie sind sehr einsam, lieber Dichter, und Ihre Verse werden Ihnen noch nicht helfen, sich aus dieser Einsamkeit zu befreien. Sie müssten noch grössere Geduld von Sand und Wasser lernen. Ich sehe in dieser Hermisphere wenige Möglichkeiten für ein Echo. Aber bald vielleicht wird deutscher Geist sich wieder gierig an das Ewige wenden.*[75] Die Freundin Edith Baron aus Princeton spürte in dem Requiem *Rilke, Hölderlin, Goethe und die Bibel.*[76] Ob es Hildes Idee gewesen war, das Requiem auch Graf von Coudenhove-Kalergi zu schicken?

Hilde Palm war zu vielen Opfern bereit und haderte nur selten mit ihrem Schicksal. Unermüdlich flocht sie die Bande der Hoffnung neu: *Wir sind allein aber wir haben uns. Und für mich gibt es nun einmal auf der Welt nichts Netteres, Lieberes, dauernd Überraschenderes und dich intimer mein Eigen als Dich*[77], schrieb sie auch 1951 noch, als offenkundig war, dass Palm nicht nur vor sich selbst floh. Zog Hilde Palm nie in Betracht, dass sich ihr Mann von ihrer Liebe erdrückt fühlen könnte?

Erst, wenn sich Erfolglosigkeit und Finanznöte mit Palms Ungeduld und Lieblosigkeit paarten, dann fühlte sie sich als *Hasensklave* und bat ihn energisch *freundlichst zu bedenken, dass [sie] die gute Hälfte des Monats den [er] in praktischem Getöse [verbrachte], in [seiner] Gnaden Diensten sehr strict arbeite – ob mit praktischem Erfolg, lässt sich hinterher entscheiden.*[78] Palm brauchte das lebendige Getöse der Stadt, seiner Frau war es ein Gräuel. Vor allem fraß die Stadt ihre finanziellen Reserven auf. Aus der Stille der Berge erschien ihr *die Stadt, die ihren schrecklichen Rachen aufsperrt, scheusslicher als der Walfisch der unseren Freund Jonas verschlang,* und *der schreckliche Magen der Stadt in seinem redoutablen Verdauungsprozess* drohte ihrer Meinung nach die Substanz der Menschen wie durch Magensäure aufzulösen.[79] Oft blieb sie mit dem Gefühl zurück, dass ihr *auch die Haut zu weit*[80] zu werden drohte.

Dann bot auch die Natur von Hispaniola keine tröstliche Idylle, dann war die Ankunft in den Bergen *schrecklich. Was von der Landstraße aus den Wolken auftauchte, aufgeweicht mit schimmernden Pfützen. [...] Was für ein Stall, was für ein trauriger Stall!*[81]

Den poetischen Blick für anmutige Details des Alltags bewahrte sich Hilde Palm dennoch, und auch die Fotografien für die Dokumentationen ihres Mannes tragen diese Poesie in sich. Von dem Bild eines niedlichen, kleinen Wasserjungen, der auf seinem zottigen Esel die klobigen Tonkrüge balancierte, war Hilde Palm gerührt. Verschmutzt und zerlumpt wie er war, bot er ihr einen malerischen Anblick. Ärgerlich war sie, dass sie ohne Kamera unterwegs war, und verabredete sich deshalb mit dem Kleinen für den nächsten Tag, um dieses Bild doch noch einzufangen. Doch *der kleine Wasserjunge war leider in seinem besten Anzug, das Eselchen mit rosa Band und Dahlie geschmückt.*[82]

Die Arbeitspausen, ihre Siesta, verbrachte Hilde Palm in ihrer Hängematte aus roten und grünen Agavenstricken – und las alles, was die Bücherei von Jarabacoa anbot. Die Vielfalt der Bücher und ihre Gründlichkeit beim Lesen waren der Quell, aus dem sie zeitlebens schöpfte: Sie las zur Entspannung Seneca auf Latein, übersetzte Rilkes Verse ins Spanische, goutierte den intellektuellen Paul Valéry mit »luxuriöser« Langsamkeit, war über Stefan Zweigs Erasmus-Biografie entzückt und las *mit Erregung Churchills Memoiren. [...] Er ist ein Mann mit genialem Blick.*[83] Die Lektüre von F. Scott Fitzgerald begeisterte sie nur mäßig, sie empfand ihn als zu amerikanisch und bisweilen ermüdend. Charles Morgans Roman *Voyage* dagegen war für sie ungewöhnlich reizvoll, konzentriert, sympathisch. Aldous Huxley las sie nur mit Widerwillen, fand ihn abstoßend. Bei Johann Peter Hebels *Schatzkästlein des Rheinischen Hausfreunds* konnte sie entspannen, mit Rudolf Kassners *Buch der Erinnerung* trat sie in eine *intime Diskussion.*[84] Die exzellenten Beobachtungen des Physiognomikers bestätigten ihre Lebenserfahrungen. Vor allem seine Betrachtung über Stefan George und die darin enthaltenen Ausführungen über die Eitelkeit legte sie ihrem

## 8. Kapitel

Mann ans Herz. Zur Lektüre der Bücher gesellten sich nach dem Krieg endlich *die ersten deutschen Zeitungen, Nummern der »Neuen Deutschen Zeitung« und der »Gegenwart«*.[85] Von den USA aus wurden sie kartonweise mit Ausgaben des *TIME Magazine* versorgt, die sie in den Bergen abarbeiteten.

Bei der Lektüre von Romain Rolland lernte Hilde Palm einen neuen Lyriker kennen, dessen Verse und dessen Name (als Widmung dem Gedichtbändchen angefügt) sie tief berührten: Jean-Antoine de Baïf. Die Worte des französischen Dichters aus dem 16. Jahrhundert entzückten sie so sehr, dass sie seine Zeilen Palm eigens in die Hauptstadt hinunterschickte. Der Franzose, dessen Dichtung sich an der Metrik der antiken Sprachen orientierte, hatte ihr Empfinden getroffen:

*Le diamond dûr je suis/Qui ne se romp du marteau/ni du siseau retante!/Frape frape frape moy/pour cela ne mouray comme le fénic je suis/qui de sa mort/reprend vie/qui des sa cendra naistra/tue tue tue moy./Pour cela ne mouray.*[86] (Der harte Diamant bin ich/der weder unter dem Hammerschlag zerbricht/noch unter dem schlagenden Meißel/Klopfe klopfe klopfe mich/ich werde dennoch nicht sterben denn ich bin wie der Phönix/der aus seinem Tod sein Leben nimmt und aus seiner Asche geboren wird/töte töte töte mich/ich werde dennoch nicht sterben.)

Dem ungeschliffenen Diamanten ähnlich fühlte auch sie sich; wie der Phönix sollte auch sie immer wieder aus der Asche steigen. Doch Mußestunden waren rar, lästige Alltagspflichten und Palms Arbeitsaufträge ließen Hilde Palm nicht viel freie Zeit. Unzulängliche Hygieneverhältnisse erschwerten das Leben ohnehin, verunreinigtes Wasser nach den enormen Tropengüssen ließ immer wieder Typhus ausbrechen, sodass ganze Dörfer unter Quarantäne gestellt wurden. Dann musste man sich um Trinkwasser bemühen: *Hier sitze ich bei trostlosem Licht und warte auf meinen Tee: Regenwasser vom Doktor gespendet und gekocht. Das linke Auge tut weh […] ich wasche mir noch die Hände, begiesse sie mit Eau de Cologne*[87], schrieb sie ihrem Mann 1941. Wäschewaschen im Fluss war bei Typhusepidemien verboten. Die Waschfrauen, die diese Gesetze missachteten, wurden von der Polizei in Gewahrsam genommen.

Doch Seuchen ließen sich nicht vermeiden: Undichte Dächer, die den gewaltigen täglichen Regenschauern nicht standhielten, ließen die Feuchtigkeit nie austrocknen und die Bewohner der klammen Hütten krank werden. Hilde Palm litt immer wieder unter Blasen- und Nierenbeckenentzündungen, die mehr als einmal einen Krankenhausaufenthalt erforderlich machten. Jeder Neuankömmling in den Bergen hatte mit den üblichen Magenverstimmungen zu kämpfen. Die malerisch anmutenden Blockhütten verloren in der Nüchternheit des Alltags schnell jegliche Romantik. Hilde Palm ahnte, dass man später beim Betrachten von Fotos aus jenen Tagen, die Zustände paradiesisch verklären würde: *Wenn man das später einmal sieht, so wird es alles verklären. Denn ein Tag, was ist ein einzelner Tag in diesen fressenden Monaten. Auch das Bild im Wasserfall ist reizend. [...] Wer hätte gedacht, dass so ein ordinärer Fluss so ein schönes Bilde gibt.*[88]

Und tatsächlich war Marcel Reich-Ranicki fünfzig Jahre später überzeugt: *Hilde Domin hatte das Glück, die Zeit des »Dritten Reiches« geradezu in einem Paradies zu verbringen. Sie hatte das Glück eines friedlichen Lebens in der Emigration.*[89]

Dennoch vermochten die Reize der Natur die Verzweiflung zu mildern, und Hilde Domin nahm diese Bilder in ihre Gedichte auf.

*Wie ein lidloses Tier*
*ständig zur Flucht gespannt*
*liegt Angst vor dir mir im Herzen.*

*Aber über dem Tier*
*steigt ein toller Baum*
*ein hybrides Gewächs.*
*Seine Wurzel reicht tief ins Tränenwasser*
*und statt der Blüten und Früchte*
*hängt er voll über-*
*mütiger Glöckchen.*[90]

Belastender als die sozialen Widrigkeiten empfanden die Asylanten die Erniedrigung, der sie durch die permanente finanzielle Notlage ausgesetzt waren. Die neunzig Dollar, mit denen Erwin Walter Palms Tätigkeit an der Universität später entlohnt wurde, führten ihm immer wieder vor Augen, dass er trotz aller Bemühungen tat-

## 8. Kapitel

sächlich nur die unterste Sprosse der Karriereleiter erklommen und keine adäquate Anerkennung seiner Leistung erfahren hatte.

Deshalb war die Mieteinnahme von fünfunddreißig Dollar willkommen, die der Pensionsgast Wiesbader für sein Zimmer im Untergeschoss der Avenida Independencia beisteuerte. Die Verwandtschaft in New York und auch der Bruder Hans in Deutschland unterstützten das Ehepaar mit monatlichen Zuwendungen von einhundertzwanzig bzw. einhundert Dollar großzügig. Dennoch blieben es bescheidene Einnahmen, sodass die *finanziellen Klemmen eben obligatorisch*[91] waren. Die zweitausend Dollar Startkapital waren durch die hohen Porto- und Papierkosten und das aufwendigere Leben in der Hauptstadt schnell geschmolzen – in den Bergen hätten sie davon gut vier Jahre leben können.[92]

Da Erwin von Hilde nach wie vor Wunder erwartete, fühlte sie sich verpflichtet, die finanzielle Notlage zu beheben: *Pumpversuch vorläufig mau, mau, mau. Vorläufig 10 Dollar*[93]; *Ende der Woche werden mir F's 20 Dollar leihen, bis Ende des Monats. Muttis 50 werden ja demnächst eintreffen*[94]; *Ich wollte Dir heut morgen ein Telegramm schicken, aber da ich noch 60 cents habe, [...] ist ein Telegramm ein grosser Luxus*[95]; *Was das Finanzielle betrifft, so habe ich noch 21 Dollar plus zwei lebende Hühner von denen das eine heut abend unauffindbar ist.*[96] Ob das Huhn geahnt hatte, dass Hilde ihm die Flügel stutzen wollte? Zum Haushalten gehörte, dass man neben den Geldreserven immer auch lebende Vorräte hatte, man war *so sichtbar ein Tiere-fressendes Tier.*[97]

Die Natur machte dann alle Beschwerlichkeiten wieder erträglich. *How wonderful nature can make forget the silliness of mankind.*[98] Hilde Palm verlieh selbst dem Grau des Regens neue Farbe und erfreute sich *an den leuchtenden Perlen, die der Regen an die Kiefernnadeln gehängt hat.*[99] *Die Pforten der Seele öffn[et]en sich allmählich wieder in dieser Stille und Ferne vom täglichen struggle and all that it stands for.*[100] Ihre Naturbeschreibungen sind von anschaulicher Einfühlsamkeit, und ihre Sprache zeugt bei aller Sachlichkeit von großer poetischer Kraft. *Man sieht den Jimenoa in einem engen Bett zwischen Palmen, Affenbrotbäumen und weissen Blüten [...], die Luft ist leicht, der Wind kühl und die Kiefern scheinen grau. [...] Farne, Brombeeren, kleine Blüten und Kräuter von lebhaften Farben wie in den Alpen. Das Grossgeformte, Fet-*

*te, Satte hat aufgehört, und in mir erwachte eine Dürerische Liebe zum Zarten, Feingezeichneten, Kleinen, Harten, Trockenen. [...] Und der vertraute Löwenzahn mit seinem Pustehaupt. Diese Zärtlichkeit zum Kleinen, Unbedeutenden, Zeichnerischen hatte etwas Heimatliches und machte glücklich. [...] Dann geht man um einen Hügel herum und es öffnet sich das weite, ebene Tal von Constanza.*[101] Doch andererseits wusste Hilde Palm auch, dass die Zufriedenheit in dem Hochtal *ganz eigentlich im Vergessen, Ignorieren von vielem [bestand]. Man tut als ob hinter den Bergen nichts käme als Wolken [...] und dann liegt gleich hinter den Bergen die Realität von Ciudad Trujillo. – Und noch ein bisschen weiter das europäische Chaos. [...] Und man ertappt sich bei dem Wunsche (dem man schon im Keime abschwört) die Welt möge wirklich an der Berglinie zu Ende sein.*[102]

Waren es nur ihre unterschiedlichen Vorstellungen von Lebensqualität, die Erwin Walter Palm bewogen, seiner Frau eine Trennung vorzuschlagen? Sie sollte in die Berge ziehen, er wollte in der Hauptstadt bleiben, in den Ferien könnte man sich im Gebirge treffen.

Hilde Palms Bestreben, Erwin Walter Palm dem kräftezehrenden Großstadtleben zu entziehen, erinnern an die Versuche einer Mutter, ihr Kind vor verderblichen Einflüssen zu schützen. Oft schien sich die Grenze zwischen Mann und Frau aufzulösen, und die Beziehung wurde *in das unauflöslichste Verhältnis [...] gebracht, das es zwischen Menschen gibt*[103]: ein Verhältnis, das man zu Kindern entwickelt, denn sie *sind der Gegenstand unserer besonderen Sorge, weil sie so wenig für sich selbst tun können.*[104]

Es waren vorsichtige Versuche Erwin Walter Palms, sich von seiner Frau zu lösen – doch um im Alltag zu bestehen, war er auf seine Frau angewiesen. Fast möchte man an Provokation denken, wenn Erwin Walter Palm über die mangelhafte Handlichkeit der Fotogerätschaften klagte oder teure Filme durch unsachgemäße Handhabung verdarb und damit die mütterlichen Zurechtweisungen seiner Frau herausforderte: *Ich bin erstaunt über Deine Hilflosigkeit. Warum probierst Du den Apparat nicht aus wenn kein Film drin ist? Machst sein Hinterteil auf, siehst durch. [...] Die 20 Filme repräsentieren einen Wert von 60 Dollars, for your information*[105], schrieb sie ihm 1950 nach Mexiko. Sie wusste auch, warum die von Erwin gemachten Fotos verschwommen und überbelichtet waren. Denn obwohl seine Sehschärfe nachgelassen hatte, weigerte er sich standhaft, eine Brille zu tragen; sie verletzte sein ästhetisches Empfinden. *Zieh die Brille an und Du wirst sehen es liegt an Dir*, empfahl sie deshalb – aber wenn eben doch die Eitelkeit überwog, riet sie dazu, *die jeweils nächste Beleuchtung* zu nehmen.[106] Und was sollte er mit dem Toilettenpapier tun? *Das Closettpapier ins Körbchen! Wie bei Dona Inez in Jarabacoa!*[107]

Die ersten Jahre im fremden Land waren für die Asylsuchenden ansonsten von den Schwierigkeiten geprägt, wie sie jeder Neuanfang mit sich bringt. Hilde und Erwin Walter Palm schlossen sich den spanischen Exilanten an – sie mieden allerdings die deutschen Juden, die sich in Sosúa angesiedelt hatten. Der einzige Kontakt zu Sosúa bestand in der Bestellung guter deutscher Butter und selbstgebackenen Brotes, auf die sich die Siedler dort spezialisiert hatten.

Die Versuche, beruflich und damit finanziell Fuß zu fassen, strukturierten weiterhin den Alltag und zwangen die Exilanten täglich aufs Neue, von ihren Illusionen Abschied zu nehmen. Erwin Walter Palm musste als erstes von der Antike lassen und verzweifelte an der Tatsache, dass es in diesem Land kein Gebäude gab, das älter als fünfhundert Jahre alt war.

Vielleicht war das der Zeitpunkt, als er sich an die Briefe des Vetters Franz aus Bolivien erinnerte, der ihm in der hoffnungslosen Zeit in Florenz 1936 das bunte südamerikanische Leben vor Augen gehalten hatte: der hatte von den *Häuser[n] [...] im spanischen Stil gesprochen, die um den patio herum gebaut*[108] waren. Dieses Modell entsprach dem Plan des pompejanischen Atriumhauses: *die Beziehung zum römischen Haus war ganz offensichtlich.*[109]

Der aus der Antike Vertriebene machte sich in der Altstadt von Santo Domingo auf die Suche nach Häusern, die diesem Plan folgten. Um einen Blick in die Innenräume zu werfen, scheute sich Erwin Walter Palm nicht, an den einfachen Behausungen anzuklopfen und um Einlass zu bitten – dabei wurde er oft genug für einen Bediensteten der Stadt gehalten, von dem man sich die Reparaturen schadhafter Wasserrohre und anderer Mängel erhoffte. Aufgrund seines besonderen Charmes und Enthusiasmus' öffneten sich ihm die Türen leicht. Seine Freude am intensiven Austausch mit Menschen jeglicher Herkunft erleichterte ihm sein unkonventionelles Vorgehen. So konnte er mit seinen Forschungen bald belegen, dass ein *andalusisches Patiohaus wirklich in ganz besonderer Weise die Traditionen des römischen Hauses* bewahrte.[110] Wie in den Abteilungen der römischen Museen katalogisierte er unter dem Aspekt des Denkmalschutzes die verfallenen Häuser des alten Stadtkerns von Santo Domingo. Hilde Palm machte Fotos und entwickelte sie im Badezimmer, *[s]pät nachts, wenn das Wasser zum Nachspülen kühl genug war [...]. An einem Gasrohr wurde ein Eimer, mit einer Kamera mit doppeltem Auszug darunter, mühsam herauf- oder heruntergeschoben.*[111] Das war der Vergrößerungsapparat. Alles *[j]eweils ein Kraftakt.*[112] Sie hatte bei einem Passfotografen in der Hauptstadt einen Grundkurs im Fotografieren gemacht; diese Kenntnisse und ihr Improvisationstalent garantierten gelungene Fotos. Und hierbei war seine unermüdliche Assistentin Hilde Palm nicht immer ohne spöttische Distanz, wenn sie seine Forschungen mit kleinen Skizzen kommentierte.

Manuskripte tippen, sie mit Freunden übersetzen und mit den entsprechenden Fotos versehen: *The Atrium House in the new world* wurde vier Monate nach der Ankunft im neuen Land in einem Vortrag in der Universität von Santo Domingo vorgestellt. Hilde Palm saß bei den Vorträgen in der hintersten Reihe des Hörsaals, bediente den Projektor oder schob bei späteren Vorlesungen die alten, von der Feuchtigkeit sich krümmenden Kunst-Schulbücher unter das Epidiaskop. Dabei eilte ihr Blick immer wieder besorgt zur Tür, ob nicht doch noch ein Student käme. Sie fühlte sich *wie die Kassiererin eines cafetíns, die Angst hat, das établissement krache ein. Denn wenn es weniger als zehn Hörer waren, wurde der Kurs geschlossen*[113] und vom Stundenplan gestrichen. Das Bild muss so augenfällig gewesen sein, dass der chilenische Dichter Alberto Baeza Flores, damals einer der ersten Studenten Palms, diese Situation der ersten Vorlesungen in einem Gedicht festhielt – doch da war Hilde Palm schon Hilde Domin:

*Es war das Jahr, in dem die Welt
sich drehte wie das erschreckte Auge eines Lamas...
Und Sie und Erwin
am Ende oder Kopf von diesem Hörsaal*

## 8. Kapitel

*(dort, auf der Insel Hispaniola, in der »Erstgeborenen Stadt«)
brachten uns eine Rose aus Licht...
– und da war Hilde, Ihr Blick, ein Blick mit Flügeln, menschlich,
in dem der Glanz von Sonne immer stärker war als die geheime
Träne.*[114]

Bei seinen archäologischen Recherchen war Erwin Walter Palm in der Nähe des Hafens auf ein Tonnengewölbe gestoßen, das er zu erforschen begann und dabei eine aufregende Entdeckung machte: Er konnte mithilfe der entsprechenden Literatur belegen, dass es sich bei diesen Gewölben um »La Atarazana« handelte – das erste große amerikanische Arsenal, von den Welsen gebaut, um Handel mit Südamerika zu treiben. Den Zugang zu den seltenen historischen Dokumenten hatte ihm Fray Cipriano de Utrera ermöglicht. Cipriano war ein widerborstiger Kapuzinermöch des nahe gelegenen Klosters, der in Spanien Mönch geworden war, um dem Militärdienst zu entgehen. In seinem Kloster in Sevilla hatte er jahrelang alte Bücher kopiert, die Dokumente bewahrte er in einer geheimen Truhe unter seinem Bett auf. Er liebte den *Alkohol der nicht riecht*[115] – Whiskey, den er sonntags mit Erwin Walter Palm genoss. Dafür durfte Palm die seltenen historischen Unterlagen studieren. Das Echo in der Presse war beeindruckend. Die kleine Inselrepublik kämpfte um Reputation; doch es fehlte an Selbstbewusstsein, mit dem man sich in einen historischen Kontext eingliedern und intellektuelle Eigenständigkeit erlangen konnte. Obwohl Palms Erkenntnisse sehr gewürdigt wurden, erschöpfte sich die Anerkennung für seine Entdeckung in einem Lorbeerkranz: *Die »comisión conservadora de monumentos« dankt für die Auflistung der Denkmäler.*[116] Spät erst sollten Erwin Walter Palms Bemühungen Früchte tragen, denn letztendlich dienten seine Dokumentationen als Grundlage dafür, dass der Altstadt von Santo Domingo von der UNESCO der Status »Weltkulturerbe« verliehen wurde. Palms Richtlinien zur Denkmalpflege haben weiterhin Gültigkeit. Im Herbst 1941 endlich – nach vielen improvisierten Vorträgen an der Universität – belohnte man ihn mit einem Lehrauftrag: Am 13. Oktober 1941 wurde er zum Hochschuldozenten für besondere Aufgaben, *zum catedrático especial* ernannt.[117]

## Santo Domingo: 1940-1951

Neue intellektuelle Kreise öffneten sich den Palms. Sie traten der »Sociedad Dominicana de Filosofía« bei, einem privaten Zirkel, der sich regelmäßig in den kühleren Abendstunden auf den Terrassen der Mitglieder traf. Erwin Walter Palm wurde bald beratendes Mitglied, Hilde Palm war »vocales«, ein stimmberechtigtes Mitglied. Eine kleine Gruppe von Männern gründete die Zeitschrift *Poesía Sorprendida*, »überraschte Poesie« (übersetzte Hilde Domin es), zu deren Mitbegründern Alberto Baeza Flores gehörte und an der Erwin Walter Palm mitarbeitete.[118]

Die Palm'sche Terrasse zog ab Mitte der Vierzigerjahre vor allem Musikliebhaber an, denn von da an verfügten sie in der Avenida Independencia 94 über einen Plattenspieler, den man in das einfache Radiogerät, ein »Telefunken Tosca«, einstöpseln konnte. Die Gäste brachten die Schallplatten mit – der Britische Botschafter hatte eine beeindruckende Sammlung – und so wurden *Musikorgien*[119] gefeiert. Doch den Einheimischen waren die europäischen Klänge fremd und so unheimlich, dass sie vor allem dann laut schreiend aus dem Haus flohen, wenn barocke Klänge die Räume erfüllten. Zu den treuesten Musikgästen gehörte der spanische Komponist Enrique Casal Chapí, ein ehemaliger *Mitarbeiter[] von Lorcas fahrendem Theater*[120] – von Chapís Scarlatti-Interpretationen schwärmte Hilde Domin ein Leben lang. Beliebter Treffpunkt für exilierte Literaten war das Café »La Cafetera« in der Geschäftsstraße El Conde, das bis heute nahezu unverändert geblieben ist. Weitere Zerstreuung und die Möglichkeit zum geistigen Austausch boten die sogenannten Tertulias, die nachmittäglichen Gesprächskreise unter Intellektuellen.

Ein junger dominikanischer Student von Palm, der großgewachsene, dürre Tongo Sánchez (der Sohn des ehemaligen Präsidenten Carlos Sánchez), hatte die Palms bei dem ehemaligen Abgeordneten Francisco Prats Ramírez eingeführt. Unter den dort versammelten Freunden befanden sich etliche, die in Oppositon zu Trujillo standen, doch die der Diktator mit einer perfiden Methode in seinen Machtapparat integriert hatte: erst aller ihrer Ämter enthoben, wurden sie dann auf einen einflussreichen Posten gesetzt und dem Despoten verpflichtet. So blieben sie Freund und Feind suspekt und hatten sich auf eine gefährliche Gratwanderung zwischen Kritik und Anpassung einzulassen, wie etwa der ehemalige Rektor der

## 8. Kapitel

Universität, Don Virgilio Díaz Ordóñez: Erst hatte ihn Trujillo seines Amtes enthoben, dann zum Außenminister berufen.

Ivelise Prats Ramírez war ein Teenager, als Palm in die Freundesrunde ihres Vaters aufgenommen wurde. Die Neuankömmlinge brachten Farbe in das Alltagsgrau und Neuigkeiten aus einer unbekannten Welt. 1988, anlässlich Erwin Walter Palms Tod, erinnerte sich die spätere Kultusministerin des Landes an ihre erste Begegnung mit Palm:

*Als ich dann bei uns diesen Mann kennenlernte mit seinen pechschwarzen, leicht gewellten Haaren und den vollen, ungewöhnlich roten Lippen, der voller Neugier die Bilder der kreolischen Maler im Zimmer meines Vaters anschaute, dachte ich sofort, dass auch er Spanier sei. Als ich aber seinen nordischen Akzent und seinen rau klingen Namen hörte: Erwin Walter Palm, da wurde mir klar, dass dieser neue Freund, auch wenn er seiner Ansichten wegen ins Exil gehen musste, als Kind nicht auf spanisch gebetet hatte. [...]*

*Hilde war die Lebenspartnerin des Schriftstellers, des Dichters, des Professors, des Archäologen und erfüllte ihre Rolle mit außergewöhnlicher Hingabe. [...] [Sie war] nur Ehefrau, nur Frau, nur Sekretärin, nur Managerin, nur Beschützerin, nur Freundin, die ihn motivierte und ihm Kraft gab. [...] Für die ärgerlichen Rechnungen, das noch lästigere Geld beschaffen, die täglichen Einkäufe – für die ganze Alltagsroutine war Hilde zuständig. Sie führte den Haushalt, kopierte Manuskripte, löste dringende Probleme und lächelte dabei liebenswert, während das enzyklopädische Werk ihres Mannes immer umfangreicher wurde.*[121]

Die ungleiche Verteilung der Lasten bei den Palms war offensichtlich auch der jugendlichen Betrachterin nicht verborgen geblieben. Sie konnte nicht wissen, dass bereits ab 1942 nicht mehr der schützende Zaubermantel der Liebe über dieser Ehe lag.

Hilde Palm verglich sich in dieser Zeit mit einer Vogelmutter, die das Nest *polstert, zupft und [...] herrichtet.*[122] Dass Erwin Walter Palm zum Nestflüchter wurde, empfand Hilde Palm als ihre Schuld: *Soviel Federn ich mir auch ausgezupft habe, es ist ja inzwischen klar, dass es nur ein sehr ungenügend gepolstertes und nicht sehr comfortables Nest ist das ich zustande gebracht habe [...].*[123]

Dennoch: *kein zerschnittener Wurm/ist so zäh wie der Mensch,/ den man in die Sonne/von Liebe und Hoffnung legt.*[124] Die emotionale und räumliche Distanz gab dann ihrer Liebe wieder Spannung, die sich explosiv entlud: Jahre, die *von einer fast besinnungslosen Zärtlichkeit waren, diese Jahre in denen sie sich nicht verlassen konnten, keiner sich entschließen konnte wegzugehen. [...] Sie liebten sich wie Todkranke, die täglich auf den Verlust gefaßt sind. [...] Den ganzen Tag lagen sie sich in den Armen [...].*[125]

Die Nestwärme vermisste sie selbst sehr. Seit ihrer Flucht aus England hatten sich Tochter und Eltern nicht wieder gesehen, und dass hinter den Bergen der Schrecken des Krieges lauerte, konnte man nicht verdrängen.

Die Eltern Löwenstein hatten im Herbst 1940 ihre Ausreisegenehmigung für die USA erhalten, Eugen Siegfried Löwenstein blieb dadurch eine weitere Internierung erspart. John Lorden, wie sich Hans Löwenstein mittlerweile nannte, hatte in New York eine sichere Stellung gefunden und garantierte mit der Hilfe der Verwandtschaft die Bürgschaft für die Eltern, ohne die die Einreise nicht möglich gewesen wäre. Hilde Domin erzählte, dass es in ihrer Verwandtschaft nur so *von Millionären wimmelte.*[126] Viele von Löwensteins weitläufigen Verwandten waren bereits während der Weimarer Republik emigriert. Der Großteil von ihnen hatte sich in »Yorktown«, dem deutschen Viertel in New York, niedergelassen. Yorktown, das *Frankfurt am Hudson*[127]*, wo die Läden dt. Zeitschriften haben, die Kellner deutsch reden, es Portionen so groß wie in Heidelberg gibt und eine mittelalte Dame »Dein ist mein ganzes Herz« singt*[128], lag in der Upper West Side.

Ein Drittel der jüdischen Weltbevölkerung lebte um 1939 in New York, fünf Millionen Menschen, die seit den Zwanzigerjahren sozial und ökonomisch abgesichert waren und sich mittlerweile als Amerikaner fühlten.

Nicht nur die etablierten Juden befürchteten, dass die neue Einwanderungswelle Arbeitslosigkeit und schließlich eine Wirtschaftskrise provozieren könnte. Viele Amerikaner verfolgten beunruhigt die von Roosevelt initiierte Vergabe öffentlicher Aufträge an Künstler und arbeitslose Historiker.[129] Dass viele Emigranten von diesem Modell zu profitieren hofften, beobachtete man argwöhnisch.

Hilde Palms Verwandtschaft bewegte sich in den besten Kreisen. Sie boten Hilde Palm deshalb zwar immer wieder Unterstützung an, brachten aber gleichzeitig auch ihre Zurückhaltung zum

## 8. Kapitel

Ausdruck. Man war gewillt, die Emigranten, die sich auf die neue Welt einstellen und in ihr zurechtfinden mussten, zu unterstützen. Doch da die Vielzahl der Hilfesuchenden erdrückend war, zog man sich nach den Willkommens-Höflichkeiten bald wieder zurück.

Die Eltern Löwenstein hatten sich außerhalb New Yorks auf Long Island, Kew Gardens, 116th Street, eine kleine Wohnung eingerichtet; die neue Bleibe wurde zur tröstenden Insel der Rettung und Zufriedenheit, zumal der Vater von seinem Sohn als jemand charakterisiert wurde, *who understood to feel at home so fast wherever he was placed.*[130] Die Löwensteins hatten sich konsequent für die neue Heimat entschieden. Die gemeinsame Sprache blieb Englisch, bis zum letzten Atemzug, ein Umstand, der vor allem den Sohn rührte: *the most pathetic part was [...] the fact that he spoke English up to the last moment.*[131]

So viel Entschlossenheit die Eltern Hilde Palms bei ihren Entscheidungen gezeigt hatten, so viel Zaudern und Zögern hatte letztlich die Verwandtschaft Erwin Walter Palms an den Tag gelegt – bis es zum Handeln zu spät war. Ab dem 1. September 1941 verbot ein Gesetz allen Juden im Deutschen Reich, ihren Wohnort zu verlassen. Die Familien Palm und Hess waren in der immer bedrohlicher werdenden Zeit zwischen Köln und Frankfurt gependelt, hatten in der gegenseitigen Nähe Trost gesucht. Das neue Gesetz unterband auch noch diese Möglichkeit.

Das letzte persönliche Lebenszeichen der Stiefmutter erreichte die Palms im Oktober 1941 in Santo Domingo, nachdem sie im Januar 1941 gefleht hatte, ihr und der Großmutter Hess durch eine Bürgschaft die Möglichkeit zur Einreise in Santo Domingo zu ermöglichen. Wären die jungen Palms in Santo Domingo dazu in der Lage gewesen? Ab dem 23. Oktober 1941 bestand für Juden keine Auswanderungsmöglichkeit mehr.

Man vermutet, dass Anna Palm mit der ersten Deportationswelle vom 14. Oktober 1941 nach Osteuropa verschleppt wurde. Viele Jahre später erst erfuhr Erwin Walter Palm, dass seine Stiefmutter auf dem Transport ins Konzentrationslager Theresienstadt in einem Zugwaggon umgekommen war.

Die Großmutter Helene Hess und ihr Sohn, Palms Onkel Paul, sandten aus dem Getto Litzmannstadt im Februar 1942 eine letzte Nachricht; wenngleich sie floskelhaft gefasst klingt, liest sich doch die Mutlosigkeit aus den Zeilen, deren scheinbare Emotionslosigkeit auch unter dem Druck der Zensur entstanden sein konnte. Am 23. Februar 1942 schrieb der Onkel:

*Hoffen Euch bei bester Gesundheit, Mutter und ich ebenfalls. Von Anna leider keine Nachricht; Postsperre Ghetto Litzmannstadt, Hohenstr. 70 Versucht Korrespondenz, Herzlich Paul*

Das Rote Kreuz hatte die Mitteilung weitergeleitet, der Zusatz »versucht Korrespondenz« ist ein stummer Schrei nach Hoffnung.

Das von den Deutschen im November 1939 annektierte Lodz war am 11. April 1940 (nach dem deutschen General Karl Litzmann) in Litzmannstadt umbenannt worden. Nachdem die Altstadt von Lodz zum Getto erklärt worden war, pferchte man hier Juden aus allen Teilen Deutschlands zusammen. Die Lebenssituation der Inhaftierten wurde mit jedem neuen Transport aus anderen Lagern unerträglicher. Von Januar bis September 1942 wurden von Litzmannstadt aus mehr als siebzigtausend Menschen in das Vernichtungslager Chelmno deportiert. Man muss davon ausgehen, dass im August 1942 auch Erwin Walter Palms Großmutter unter den Ermordeten war.[132] Paul Hess kam aus Majdanek nicht mehr zurück.

Doch Hildes Eltern in New York waren gerettet, und die Palms erhielten die Nachricht darüber 1941. Alle sehnten das Ende des Kriegs herbei, dann erst konnte man sich wiedersehen. Dem gemeinsamen Glück der Eltern im neuen Land war keine Dauer beschert. Am 5. August 1942 diktierte der Vater noch humorvoll der Mutter einen Brief an seine Tochter, da er, von einer plötzlichen Herzschwäche überkommen, zu schwach zum Schreiben war. Bis zum Schluss war er bemüht gewesen, sich nützlich zu machen und berichtete von seinen vergeblichen Versuchen, Erwins bibliografische Aufträge in der New Yorker »Library« zu erfüllen.

Nur vier Tage später, am 9. August 1942, starb Eugen Siegfried Löwenstein. Er wurde *crimated as it was his wish*[133]; Paul Stern hielt eine bewegende Totenrede. Wie bei einer Feuerbestattung üblich, hatten die Hinterbliebenen einen Monat Zeit, sich über den Verbleib der Urne zu beraten. Ehefrau und Sohn waren sich einig, dass man dem Vater im Tod all die Freiheit zurückgeben wollte, die man ihm im Leben genommen hatte. Und damit der Vater *seinen geliebten Wald mit dem blütenreichen Garten übersehen*[134] konnte, beerdigte John die Asche seines Vaters heimlich unter einem Baum in der Nähe seines Lieblingsplatzes. Zehn Jahre später fand auch die Asche der Mutter dort ihren Platz.

Wohl wissend, dass die Nachricht vom Tod des Vaters Hilde Palm zutiefst erschüttern würde, unternahmen Mutter und Bruder eine aufwendige, einfühlsame Aktion, um Hilde Palm behutsam auf die Todesnachricht vorzubereiten: Über Umwege wurde Erwin Walter Palm per Telegramm gebeten, sorgsam abzuwägen, wann er Hilde am besten die Nachricht übermitteln konnte. Mangelte es ihm an Mut? Als Hilde am 16. August 1942 den Brief ihrer Mutter öffnete, traf die Nachricht vom Tod des Vaters sie völlig unvorbereitet.

Hilde Palm floh nach Jarabacoa, um Trost in der Stille der Natur zu finden – und um sogleich wieder die Übersetzungen für Palms Arbeiten aufzunehmen. Erwin Walter und Hilde Palm hatten begonnen, die Gedichte Federico García Lorcas aus dem Gedichtband, der ihm in London geschenkt worden war, sowie Gedichte von Rafael Alberti aus dem Spanischen ins Deutsche zu übertragen. Während Hilde in den Bergen den Alberti übersetzte, versuchte Erwin in Santo Domingo, seine in Florenz begonnenen Novellen zu beenden. Weiterhin hoffte er, an der Universität von Santo Domingo eine feste Stelle zu bekommen. Da viele intellektuelle Immigranten im Universitätsbetrieb Fuß zu fassen versuchten, wollte Erwin Walter Palm sich durch Individualismus von der Masse abheben: pompöse musikalische Klänge empfingen diejenigen, die bei dem Deutschen Ethik-, Ästhetik- oder Kunstvorlesungen hören wollten. Bei seinen Kollegen provozierte das Flügelschlagen des Paradiesvogels bestenfalls Spott oder schlimmstenfalls verhaltenen Neid. Die musikalische Untermalung seiner Vorlesungen entband den Lehrenden dennoch nicht von der aufwendigen Vorbereitung einer Lehrstunde: *Jede Stunde musste schriftlich vorbereitet werden, allein das Sprachliche kostete pro Stunde Sprechen etwa 20 Stunden Vorbereitung*[135] – und das erforderte wiederum Hilde Palms Einsatz.

## Santo Domingo: 1940-1951

Das musikalische Intermezzo hatte keinen nachhaltigen Erfolg, schon bald blieben die Studenten wieder aus; die Briefe, die aus Santo Domingo in den Bergen eintrafen, waren voller verzweifelter Klagen über die unwürdige Situation an der Universität.

Dass Palms Anstellung hinausgezögert wurde, hatte möglicherweise auch mit der veränderten politischen Situation zu tun. Die USA hatten 1941 Deutschland den Krieg erklärt, sodass sich die Dominikanische Republik als Verbündeter der USA nur kurze Zeit später der Kriegserklärung anschloss. Die Palms waren damit erneut »alien enemies« geworden. Da Trujillo Hitler aber insgeheim bewunderte, waren die deutschen Exilanten trotz Kriegserklärung an Deutschland keinen Repressalien ausgesetzt.

Die ersehnte Anstellung an der Universität erfolgte endlich am 13. Oktober 1941. Erwin Walter Palm konnte sie als verspätete Anerkennung seiner Forschungsergebnisse werten, aber auch als Erfolg seiner unkonventionellen Lehrmethoden. Seine Dozententätigkeit und das geforderte Improvisationstalent sollten sich als Schule für das Leben erweisen.

Der Semesterbeginn wurde in Santo Domingo ausgelassen mit Musik und karibischer Fröhlichkeit gefeiert, doch Hilde Palm hatte krankheitsbedingt seine *erste Stunde als Professor Aff versäumt*[136]; sie feilte in den Bergen trotz ihrer Krankheit an den Übersetzungen der nächsten Stunden ihres Mannes.

Hilde Palms Mutter in New York teilte weder die Euphorie ihrer Tochter noch die ihres Schwiegersohnes. Wenn Hilde Palm den universitären Erfolg ihres Mannes schönredete, unterbrach sie die Ausführungen mit ihrer wenig respektvollen Einschätzung seiner Ernennung und verletzte ihren Schwiegersohn tief, als sie ihn despektierlich mit *Professor der Hypnologie*[137] betitelte: *Deiner Mutter geht es nicht ein, dass ich Professor bin, sie ist der Meinung, seltsamerweise, dass ich oder die Leute mich so nennen.*[138]

Der Glanz der ersten Stunde wich bald dem wenig glanzvollen Alltag an der Universität. Mit der öden Routine tat sich Erwin Walter Palm schwer. Seine Lesungen hingen weiterhin von den eingeschriebenen Studenten ab. Bis Mitte November hatten sich erst zwei Teilnehmer eingefunden – und das waren befreundete Kollegen. So verlief jeder Semesterbeginn nach demselben erniedrigenden Ritual: nämlich Studenten zu akquirieren und von der Direktion immer wieder hingehalten und mit Vertröstungen abgespeist zu werden, ob die Kurse letztendlich überhaupt stattfinden würden. Erwin Walter Palms Selbstwertgefühl litt darunter, dass man ihn offenbar *ins Raritätenkabinett* abgeschoben hatte: *Und es wird auf die Dauer wohl kaum jemand so existieren der das erträgt*[139], klagte er auch 1944 noch.

Hilde Palm verfasste deshalb in den Bergen Bewerbungsschreiben an amerikanische Universitäten. So schnell wie möglich wollte sie in die USA ausreisen. Sie war empört über die wiederkehrende *verschlingende Tretmühle: Seit mehr als einem halben Jahr hält man Dich hin und speist Dich mit Lob und Ehren wie einst die preussischen Beamten. [...] To hell with it!*[140] Auch zum Wintersemester 1944 hatten sich Erwin Walter Palms Hoffnungen auf eine Vereidigung zerschlagen. Hilde Palm raufte sich über die entwürdigende Situation die Haare: *Oh Aff, die Uni. OH, oh, oh, oh! Und oh! [...] Nimm also Schüler bei den Haaren. [...] You must come out on top – you will come out on top. O Graus, Graus, Graus: Semesteranfang: doch lieber Kaffeehausbesitzer! What a shame. Das kann man nicht lange mehr aushalten.*[141]

Die Verzögerungstaktik der Universität betraf auch sie selber: Nachdem sie 1944 bereits den Treueeid auf Gott und das Vaterland vor dem Rektor geleistet und die Glückwünsche zu einer Anstellung schon in Empfang genommen hatte, wurde die Ernennung ohne Begründung zurückgezogen. Jahr um Jahr vertröstete man Hilde Palm. Erst 1948, als sie kurzerhand die Stunden ihres Mannes übernahm, weil der nicht rechtzeitig von seinen Reisevorträgen zurückgekehrt war, erhielt auch sie eine Anstellung.

Zu der Unsicherheit über die Stundenzuweisung und die daraus resultierende unkalkulierbare Gehaltslage, kamen inakzeptable Lehrkonditionen: die Stunden wurden zwar gekürzt, doch gleichwohl stiegen die Erwartungen. Die Dozenten mussten ihre Text- und Unterrichtsbücher für die Studenten selbst verfassen, Exkursionen wurden gestrichen oder die Teilnehmer an Exkursionen mussten auf Pensionsunterkünfte verzichten und im Freien übernachten.[142] Das war für Palm inakzeptabel. Jahr für Jahr wiederholte sich deshalb der Semesterauftakt als *ein solcher Tiefpunkt eine so neue Entmutigung.*[143]

## Santo Domingo: 1940-1951

Die Dominikaner sind für ihre Gelassenheit berühmt, doch gerade diese Leichtigkeit verlangte den Europäern zusätzliche Geduld ab, wenn sie ihr berufliches Engagement in der Karibik mit europäischem Marschtempo umzusetzen gedachten. Palm, dem ein strenges Regelwerk wichtig war, verzweifelte geradezu, wenn Stunden und selbst Prüfungen kurzfristig geändert oder abgesetzt wurden: *Das gestrige Examen ist nach 2 Stunden Warten ausgefallen, da die Uni vergessen hatte, die Examinatoren zu avisieren. So habe ich heute also das Vergnügen noch einmal*[144], erboste er sich 1944.

Zudem litt Palm unter der mangelnden Anerkennung: *Die blossen Titelangaben erfüllen mich mit Scham und Wut. Ich sitze hier und figuriere als Kunsthistoriker während ich von der Litteratur keine Ahnung habe – unterdessen erschienen die Bücher von Leuten die mit mir studiert haben (Klibansky, Hampe usf) bereits im Antiquariat. [...] und ich vergeude meine Zeit an diesen Colonialen Unfug. Wir haben uns selbst zu Pfuschern degradiert und werden die Consequenzen tragen*[145], schrieb er Hilde Palm 1944 nach Jarabacoa. Sein 1942 erschienener *Pocket Guide of Santo Domingo* fand nur geringe Beachtung, doch seine Frau zollte dem Reiseführer grosses Lob: *Er ist ganz entschieden und bei weitem der beste Artikel von allen bisherigen und wirklich gut und anschaulich. Die bescheidenen Objecte sind mit einer Liebe beleckt und bestreichelt und aufgezäumt, dass es kaum glaublich ist wie sie sich vorkommen müssen. Das grosse Wissen und die vielen Bezüge die an so modesten Haken aufgehängt sind, geben ihnen einen Glanz, und so stehen sie da, herrlich geschmückt und bedeutsam, von Aff Gnaden. [...] Die archäologische Betrachtungsweise, eingehend und liebevoll sich am Einzelnen zu klammern, hat darin wahre Früchte getragen. Unsere kleinen Kirchen und Ornamente leuchten vor Vergnügen an der eigenen Importanz, wie ein »nome sin importancia« der auf einmal von einer grossen berühmten bekannten und wichtigen Familie als vollgültiges Mitglied anerkannt wird [...] ein toller Effekt. Oh Aff, Du bunter Wunderspiegel der schnöden Realität.*[146] Gewinn konnte damit nicht erwirtschaftet werden, im Gegenteil: die Druckkosten erhöhten die Schulden. Dass das Druckergebnis wenigstens befriedigend ausfiel, überwachte Hilde Palm persönlich: mit einer Flasche Rum erschien sie in der einfachen Holzbaracke, in der die Maschinen aufgebaut waren, und ging nicht eher fort, bis die Arbeiter die Flasche zwar geleert hatten, doch die Werke zur Zufriedenheit von Señora de Palm gedruckt worden waren.[147]

Die Anstellung an der Universität in Santo Domingo ermöglichte aber doch den Umzug in die Avenida Independencia 94. Die Wohnungssuche in jener Zeit gestaltete sich schwierig. Diejenigen, die vor den Schrecken des Krieges in die Dominikanische Republik geflohen waren, überfluteten auch den Wohnungsmarkt der Antilleninsel, bezahlbare Unterkünfte wurden auch in Santo Domingo rar.

Die Avenida Independencia 94 lag damals weit außerhalb der Stadt, die Miete war deshalb erschwinglich. Die Palms lebten inmitten von Einheimischen; die Frauen der Nachbarschaft balancierten die Körbe mit der Wäsche auf dem Kopf zum Waschplatz am Meer. Auf den staubigen Straßen musste man den kleinen Eselskarren oder träge dösenden Katzen ausweichen. Der Weg ins Zentrum war beschwerlich, doch für Hilde Palm war der direkte Zugang zum Meer ein Trost; jeden Morgen stapfte sie – schon im Badeanzug – durch das Schilf und schwamm weit hinaus. Das Haus in der Avenida Independencia 94 galt bis in die Sechzigerjahre als erster Wohnsitz der Palms. Heute steht dort ein Krankenhaus, das zum Zentrum von Santo Domingo gehört. Der Autoverkehr braust unablässig, und der direkte Zugang zum Meer ist durch imposante Hotelanlagen verbaut.

Wenn die Stimmung an der Universität unerträglich wurde, rettete sich Erwin Walter Palm in die Lyrik, der weiterhin seine Liebe galt – das Resultat indessen versetzte ihn in seine »Florentiner Stimmung«, das heißt, es ließ ihn deprimiert zurück: er sah *allen Ausweg in Vergangenheit und Zukunft abgesperrt*, war *ganz ratlos*, und er fühlte sich *unlustig und verschlossen wie in einer Schwangerschaft* – auch wenn er fühlte, dass *irgendetwas reift.*[148]

Doch hatten die Palms in den ersten Jahren anfangs oftmals gefürchtet, in dem lethargischen Lebensfluss unterzugehen, weil die Trägheit des Alltags die Seele ermüdete und die Eindrücke verschwimmen ließ, so schätzte vor allem Erwin Walter Palm die karibische Lebensart zunehmend und wusste, dass sie Spielräume bot, die das nordamerikanische Leistungsdenken nicht zuließ, und sie hier nicht in dem Maße einer sozialen Deklassierung ausgesetzt waren wie in den USA.

## Santo Domingo: 1940-1951

Auf der Terrasse tagte in den Abendstunden die »philosophische Gesellschaft« im Schatten des Flamboyants, und die Palms bewirteten immer wieder Gäste, die auf der Durchreise Station in Santo Domingo machten. André Breton war mehrfach zu Gast, viele Spanier *aus dem Zirkel García Lorcas. Und Lateinamerikaner, Wissenschaftler, Poeten, Musiker, Bildhauer, Maler.*[149] *Anna Seghers und Victor Serge, die 1941 durchkamen, auf dem Weg nach Mexiko*[150], hatten die Palms allerdings verpasst.

Emil Ludwig war wohl der bemerkenswerteste Besucher, zu dessen Betreuung Erwin Walter Palm von höchster Stelle eingesetzt worden war, denn *es gab keinen zweiten deutschen Professor an der Universität.*[151] Im Mai 1944 war der Verfasser von Biografien bedeutender Persönlichkeiten einer Einladung Trujillos gefolgt. Dem Diktator wird bekannt gewesen sein, dass Ludwig mit Stalin und Mussolini lange Gespräche geführt hatte, um sich mit ihrer Lebensgeschichte zu befassen. Ludwigs Biografie über den Freiheitskämpfer Simón Bolívar war 1942 erschienen, und offensichtlich erhoffte sich Trujillo, dass ihm Ludwig ein ebenso unvergängliches literarisches Denkmal setzen könnte, wie er es für Napoleon, Lincoln oder Michelangelo getan hatte. Trujillo überschüttete den Gast deshalb mit beeindruckendem Pomp. Im offiziellen Dienstwagen Trujillos begleitete Erwin Walter Palm den Deutschen zu Empfängen und Sehenswürdigkeiten, wohl wissend, dass von ihm erwartet wurde, Ludwig für das Biografieprojekt zu erwärmen. Hilde und Erwin Walter Palm fühlten sich durch den privaten Besuch des berühmten Schriftstellers in ihrem Heim geschmeichelt, wenngleich ihnen sehr unangenehm war, dass Ludwig in ihrer Bibliothek seine eigenen Werke vergeblich suchte.

Einige oppositionelle Studenten versuchten damals, die Popularität des deutschen Schriftstellers zu nutzen, *um ihm die überraschende Mitteilung zu machen, das Land werde undemokratisch regiert [...].*[152] Hilde Domin erwähnt diese Demonstration in ihren *Gesammelten Autobiographischen Schriften* mit distanzierter Ironie; doch die Aktion belegt, dass es an der Universität von Santo Domingo immer wieder Revolten von oppositionellen Studenten gegeben hatte. Tags darauf konnte man ihre Namen in der Zeitung in der Liste der frisch Inhaftierten finden. Als »transparente Poli-

## 8. Kapitel

tik« verkauft, sicherten diese Listen die Macht des Diktators, denn sie hielten die Bevölkerung in Angst.

Emil Ludwig reiste schließlich ab, ohne Trujillo die Zusage für seine Biografie gegeben zu haben. Die Palms waren deshalb in großer Sorge, dass man ihnen unterstellen könnte, nicht ihr Bestes versucht zu haben.

Woher rührte Ludwigs Desinteresse an Trujillo? War ihm der Diktator *einfach zu klein und unbedeutend erschienen?*[153] Ludwig könnten eher die Schicksale der bisherigen intimen Kenner Trujillos geschreckt haben: Der baskische Exilschriftsteller Jesús Galíndez Suárez beispielsweise, der an der Columbia University lehrte und in seiner Doktorarbeit allzu intime Lokalkenntnisse verarbeitet hatte, verschwand genauso spurlos wie seine Dokumentation. Er war 1956 in New York aus seinem Appartement in der 5th Avenue gekidnappt und nach Santo Domingo verschleppt, gefoltert und schließlich getötet worden. Manuel Vázquez Montalbán hat Galíndez' Schicksal in seinem Roman *Das Spiel der Macht* verarbeitet.

Der angesehene dominikanische Historiker Don Américo Lugo, einer der besten Freunde der Palms, hatte sich ebenfalls geweigert, eine Biografie über den Despoten zu verfassen. Er wurde daraufhin öffentlich zum Feind des Landes erklärt. In einer Versammlung an der Universität verkündete der Vizedirektor den Wunsch Trujillos, fortan den Historiker zu meiden. Die Palms hatten sich bisher in Santo Domingo gehütet, zur Politik des Diktators Stellung zu beziehen. Schon bei ihrer Einreise hatte man ihnen die schriftliche Versicherung abgenommen, sich jeglicher politischen Betätigung zu enthalten. Doch Zurückhaltung hieß nicht, keine Zivilcourage zu zeigen. Die Palms pflegten trotz des Verbots weiterhin den Kontakt mit ihrem Freund, was zur Folge hatte, dass sie daraufhin auf Schritt und Tritt von Fahrzeugen des Staates verfolgt wurden und Trujillo persönlich Einspruch gegen Palms Berufung an die Universität eingelegt hatte. Hilde Palm wurde sogar zu einer Vorsprache bei dem Diktator geladen, wo sie glaubhaft versichern konnte, dass ihr Mann und der mit dem Bann belegte Historiker sich nur über die Antike und das 16. und 17. Jahrhundert unterhielten. Die anfänglichen Beschattungen durch den Sicherheitsapparat des Diktators hörten schließlich auf. Die Unruhe, die der Besuch Ernst Ludwigs bei den Palms ausgelöst hatte, schürte Ludwig noch zusätzlich durch leichtsinnige Meinungsäußerungen bei seiner anschließenden Reise durch Südamerika. Er hatte die brasilianische Öffentlichkeit gegen sich aufgebracht, als er *klar erkannt hatte*, dass in Südamerika *die Basis für einen neuen Nazismus* geschaffen werde.[154] Auch die Tageszeitung *Nación* in Santo Domingo schlachtete das Thema genüsslich aus – wollte man im Nachhinein vielleicht den Eindruck erwecken, dass Trujillo sich von solch einem Verräter ohnehin nicht hätte porträtieren lassen? Palms innere Anspannung legte sich erst ein halbes Jahr später, nachdem Ludwig in den USA empfangen worden war und keine kritischen Äußerungen mehr zu befürchten waren. Doch es kann kein Zufall gewesen sein, dass der Diktator Hilde Palm genau zu diesem Zeitpunkt seine Verärgerung spüren ließ: Ihre Anstellung an der Universität, die ihr für das Wintersemester 1944/45 zugesagt worden war, wurde ohne Begründung bis auf Weiteres ausgesetzt.

Ludwig wurde auch in den USA nicht heimisch und machte in Korrespondenzen mit Palm seinem Unmut über die Emigranten dort Luft, in denen er Menschen sah, die sich *an den nur allzu greifbaren Urteilen dieses Landes berauschen, um schließlich in ihrem swimming pool zu ertrinken*.[155] Immerhin hatte Ludwig Palms Übersetzungen des »Dr. Guillotin« mitgenommen und hielt sein Versprechen, sich in den USA für die Veröffentlichung einzusetzen.

Zu Palms vertrauten Freunden in Santo Domingo gehörte auch der während des spanischen Bürgerkriegs 1939 in die Dominikanische Republik geflohene spanische Maler José Vela Zanetti (1913-1999); Hilde Palm verband vor allem mit seiner ersten Frau Sascha, die sich später »Sabka« nannte, eine enge Freundschaft. Sie und Sascha Zanetti verbrachten die unerträglichen Hitzemonate zuweilen gemeinsam in den Bergen; Hilde, weil Palm sie zum Arbeiten in die kühlere Bergluft geschickt hatte, Sascha, weil Vela Zanetti ohne sie besser malen konnte. Hilde Palm vermittelte Vela Zanetti durch die Verbindungen ihrer Verwandtschaft zur New Yorker Künstlerszene eine Ausstellung in New York, sodass die Palms bei den späteren Aufenthalten in New York immer wieder Gäste des Malers waren. Zanettis internationaler Durchbruch gelang mit dem 1953 von Peggy Guggenheim vermittelten Auftrag, für die UNO das be-

## 8. Kapitel

rühmte Wandgemälde *La lucha del hombre por la paz* (*Mankind's Struggle for Lasting Peace*) anzufertigen.

Die Palms bezogen ihr Wissen über die aktuelle Politik vorwiegend aus den Magazinen der *New York Times* und den lückenhaften Übertragungen aus dem Radio. Die Meldungen der heimischen Presse lenkten den Blick eher auf die Unruhen in den Isthmusstaaten Costa Rica, Panama, Honduras sowie in Südamerika. Die dortigen Unruhen schreckten die Flüchtlinge auf, denn sie hätten auch für sie bedrohlich werden können. Die USA hatten versucht, politischen und wirtschaftlichen Einfluss auf diese Staaten zu nehmen, denn sie waren geopolitisch für Washington von Bedeutung, und man wollte sich auch die ökonomische Macht sichern. So waren die Palms beunruhigt bei Grenzkonflikten, den Aufständen der Minen- und Bananenarbeiter, die sich gegen ihre Ausbeutung auflehnten, und den Unruhen in Kuba 1944, nachdem dort die Staatskasse geplündert worden war. *War es Sünde, dass man über Vordergrund und Umwelt wenig hinausblickte? War es Mangel an Gefühl und Besinnung, dass die totgefahrene Katze an der Ecke unmittelbarer [...] erschreckte als Zeitungsnachrichten von Hekatomben im zerrissenen Europa?*[156] So wie jede Nachricht durch ihre Nähe zum Empfänger Betroffenheit auslöst, waren die Palms über Meldungen bestürzt, die einen direkten Bezug zu ihrem Leben in der alten Heimat herstellten. Erwin Walter Palm zeigte sich 1944 erschüttert darüber, dass Menschen, die geboren wurden, als er sein Abitur machte, in die Hitlerjugend einberufen wurden. Große Trauer löste bei Palm die Bombardierung Aachens durch die Alliierten im Oktober vor allem deshalb aus, weil der herrliche Dom völlig zerstört wurde. Die politischen Entwicklungen in Italien wurden verzweifelt aufgenommen, denn sie raubten den Palms jede Hoffnung, jemals wieder nach Italien zurückkehren zu können. Immerhin war durch Verhandlungsgeschick erreicht worden, dass man auf Kampfhandlungen in Rom verzichtete, um so das antike Erbe zu schonen. Palm konnte nicht wissen, dass der geliebte *David* Michelangelos, den er in Florenz täglich besucht hatte, aus Furcht vor Zerstörung schon einzementiert und in den Katakomben versteckt worden war.

*Das Ende des Krieges wurde von den Emigranten in Lateinamerika und in anderen Teilen der Erde seit vielen Monaten erwar-*

*tet – einige hatten sogar schon 1943 damit gerechnet, andere feierten bereits die alliierte Invasion in deutsches Territorium als Ende des Regimes*[157], doch Waffenruhe herrschte erst nach der *blutigen Götzendämmerung.*[158] Anfang Mai 1945 heulten die Sirenen in Santo Domingo drei Mal: »Nachrichten von internationaler Bedeutung« verkündeten endlich das lang ersehnte Ende des Krieges und brachten nach dem ersten Aufatmen sogleich neuerliches Entsetzen. Die Palms sahen zum ersten Mal die Aufnahmen aus den Konzentrationslagern. Die ausgezehrten Körper und die vielen nackten Toten, zu Haufen aufgetürmt, entsetzten Hilde Palm. Die Erinnerung daran verblasste niemals und traumatisierte sie noch viele Jahre lang: *die Leichenhaufen: all diese nackten hilflosen Körper, wie ein Lager von verrenkten Puppen übereinander gestapelt. [...] Jeder Liegende wurde mir sofort zur Leiche, zog Trauben von Leichen an.*[159] In den Nächten gingen die vielen fremden Toten durch ihre Träume. Die Schreckensbilder sollten sich erst dann in *Schmerz, aber ohne Bitterkeit*[160] auflösen, nachdem sie die Gedichte von Nelly Sachs gelesen hatte: Erst im Winter 1959/60, also fast fünfzehn Jahre später, konnte sie diese Toten bestatten.[161] Die Worte von Nelly Sachs bewirkten die große Katharsis, dass diese Toten ihr nicht länger eine Heimsuchung waren, sondern *[s]ie stiegen auf in einem weißen wirbelnden Schaum, sie verloren diese Puppenhaftigkeit der Menschen, denen nur angetan worden war [...] und gingen ein in das Gedächtnis aller Gestorbenen.*[162]

Für viele Immigranten bedeutete das Ende des Krieges endlich Aufbruch und Ausbruch. Seit der Landung auf der Insel Hispaniola hatte sich Erwin Walter Palm offensichtlich wie *vier Jahre Eingesperrtsein*[163] gefühlt. Nicht nur, weil die Kriegssituation freies Reisen für Exilanten sehr eingeschränkt oder gänzlich unmöglich gemacht hatte, sondern auch weil er sich in einer psychischen und (durch die finanziellen Zuwendungen ihrer Verwandtschaft) auch wirtschaftlichen Abhängigkeit von seiner Frau befand. Nach den von seiner unbefriedigenden Dozententätigkeit an der Universität geprägten, lethargischen Jahren sehnte er sich nach einem neuen Lebensgefühl.

Viele intellektuelle Paare waren in ähnlicher Weise miteinander verkettet wie die Palms. Wie ähnlich klingt Peggy Guggenheims Einschätzung ihres Verhältnisses zu ihrem Mann Max Ernst: *Er*

## 8. Kapitel

*kam mir manchmal vor wie ein Kind, das an meiner Tür ausgesetzt worden war und um das ich mich ganz einfach kümmern musste, ob ich wollte oder nicht. Deshalb geriet ich auch jedes Mal so außer mir, wenn er in Schwierigkeiten kam. Mir war stets bewusst, dass er mich nicht mehr brauchen würde, sobald ich nicht mehr für ihn von Nutzen sein konnte. Deswegen habe ich immer versucht, die schwierigsten Dinge für ihn zuwege zu bringen [...].*[164] Genau das hatte auch Hilde Palm bisher versucht, als fürchtete sie, nutzlos zu sein. Der *aus Hoffnungslosigkeit und Langeweile trinkende[] Dominikaner*[165], wie sich Palm selbst bezeichnet hatte, sah die Möglichkeit, sich endlich Reputation als Archäologe zu verschaffen. Er hoffte vor allem, Zugang zu Literaten- und Künstlerkreisen zu finden. Seines Charmes konnte er sich sicher sein, neue Freundschaften schloss er schnell. Am wohlsten fühlte er sich in Mexiko, wo er mit namhaften Künstlern zusammentraf – er verlängerte seine Aufenthalte dort immer wieder.

Stolz und in den heitersten Farben, scheinbar gelöst von allen Verpflichtungen, ließen seine Briefe seine Frau an der lateinamerikanischen Lebensfreude teilhaben. Der mexikanische Maler Rufino Tamayo, der sich in den Jahren 1937 bis 1949 in New York einen Namen als Vertreter der »Mixografie« gemacht hatte und 1959 an der »Documenta II« in Kassel teilnahm, gehörte ebenso zu Palms Freundeskreis wie der Filmemacher Luís Buñuel. Von seinen Bekanntschaften zu den spanischen Exildichtern konnte Erwin Walter Palm Jahre später profitieren und sie in sein Buch *Rose aus Asche* aufnehmen. Doch viele Freundschaften hatten keine Tiefe, blieben oberflächlich: *keine Freunde zurückgelassen*[166], klagte er nach seiner Hondurasreise 1946. Er litt, wenn man ihm fachliche Kompetenz absprach, und beklagte sich auch 1951 noch, *der einzige Mensch ohne Titel*[167] zu sein, der *auf dem Nichts Seil tanzt [...] ohne Heimat, ohne Namen.*[168] In Literaturkreisen war man nicht zimperlich, wenn es um Kritik ging; auf der Hondurasreise 1946 hatte man seine Dichtkunst *im Tiefsten angegriffen [...] bis in die römischen Fundamente*[169], sodass sich ihm der Zugang zur Lyrik daraufhin endgültig verschloss.

Entwürdigend empfand er das immerwährende »Klinkenputzen«; die Rektoren der Universitäten auf dem südamerikanischen Kontinent versetzten ihn bei Verabredungen oder ließen seine angekündigten Vorlesungen regelmäßig kommentarlos platzen.[170] Erwin Walter Palm lebte erst dann richtig auf, wenn die Kollegen abgereist waren und der offizielle Veranstaltungsteil vorbei war. Dann verlängerte er seinen Aufenthalt ein ums andere Mal und genoss das bunte südamerikanische Leben *ohne Professoren, Collegen, pas de monde élégant.*[171] Mexiko-Stadt war die Stadt, in der er *am liebsten in Amerika leben würde.*[172] Dort empfand er Lebensgenuss, ließ sich zum Frühstück ein *Dutzend herrlicher Weinbergschnecken aufs Zimmer* servieren und aß *Iguanaeier, weich wie Schildkröteneier, [die] an einer Schnur aufgezogen und dem armen Iguana bei lebendigem Leib herausgerissen [werden].*[173] Hildes Sorge um sein Gewicht begegnete er mit Ironie: *Mein Aussehen? Ich wog so 161 wie bei der Abfahrt. Aber alle Welt fand ich sei dicker. Also hatte ich mich auf Diät gesetzt. [...] Die Praliné frass ich an einem Tag auf, da hatte die arme Seele Ruh.*[174]

Die Frauen, die er auf seinen Reisen traf, schienen temperamentvoll und willig zu sein, und die Beschreibungen, die er seiner 1,58 Meter großen Frau lieferte, die ihren Schmuck versetzte, um seinen Lebensstil zu ermöglichen, entbehrten nicht eines gewissen Sadismus: *franz. Typ mit den tollen Augen, sehr groß, ohne Absatz, aparter Schmuck, Freibeuterin der Ethnologie [...] wir werden morgen abend zusammen essen. Ich bin irgendwie gespannt.*[175] Seiner Frau daheim fiel die wenig attraktive Rolle zu, diejenige zu sein, die *gegen sociéto, Eleganz, den reizenden gossip, kurz gegen ein weniger graues Ambiente*[176] war.

Grau war für Hilde Domin in Santo Domingo die Farbe des Alltags in Form von Palms fast täglich eintreffenden Briefaufträgen zur Bearbeitung: *Hondurasartikel + Photos [...] Text des Buchs; das Verschicken des Requiem + 2 Artikel (fast alles ohne Briefe) ca 20-25 Briefe, Deine Photoarbeiten. Post liesse sich in höchstens einer Woche Morgenarbeit bequem erledigen, da ich keine Probleme sehe, so dass Du also die Abende frei hättest.*[177] Immerhin.

Die Vortragsreisen ermöglichten Palm, sich der Fürsorge seiner Frau zu entziehen, doch die Unkosten waren höher als die Einnahmen, und so trieb ihn die wirtschaftliche Abhängigkeit immer wieder in den Hafen der sozialen Sicherheit nach Santo Domingo zurück.

## 8. Kapitel

Der Alltag bot indes nicht unbedingt Sicherheit. Die Insel Hispaniola liegt geografisch genau zwischen der karibischen und der nordamerikanischen Kontinentalplatte, sodass es immer wieder zu Verwerfungen und daraus resultierenden Erdstößen kommt. Kleinere Erdbeben waren für die Palms nichts Außergewöhnliches. Man hatte sich daran gewöhnt, dass die Treppen in den Stadthäusern sich in *lebendige Ziehharmonikas*[178] verwandelten und sich in den grün getünchten Wänden weiße Risse auftaten.

Anfang August 1946 befand sich Erwin Walter Palm gerade mitten in den Vorbereitungen für eine große Vortragsreise nach Mexiko, Guatemala und Honduras. Hilde Palm war in Begleitung der alten Vitalia in den Bergen in Jarabacoa und hatte dort in der Holzhütte mit den Wellblechplatten jenes unheimliche Rattern vernommen, das sich anhörte, als säße man in einem Zug mit losen Fenstern. Ophelia, das Mädchen, das den Palms die Hausarbeiten in Santo Domingo abnahm, war schon seit Tagen unruhig. Die einheimische Bevölkerung tuschelte über ein großes Erdbeben. Die Verwüstungen von 1930 hatten viele von ihnen noch miterlebt, und so verstärkten die kleinen Erdstöße, die die Insel 1946 fast täglich erschütterten, die allgemeine Erregung. Noch während der Vorbeben floh Hilde Palm in die Hauptstadt zu ihrem Mann. Erwin Walter Palm vertraute darauf, dass sich die Natur wieder beruhigen würde – seine Vortragsreisen waren bedeutsam, er wollte sie weder verschieben noch absagen. Er war im August 1946 der einzige Passagier, der die erste, gerade wiedereröffnete Flugroute nach Mexiko gebucht hatte. Als sich die Anzeichen für eine zu erwartende Erdbebenkatastrophe verdichteten, reagierte die Flugbehörde hektisch: Sie entschloss sich unbürokratisch zu einem vorgezogenen Start und informierte ihren Reisegast, sich innerhalb einer Stunde auf dem Flughafen einzufinden. Hals über Kopf verabschiedete er sich von seiner Frau. Und tatsächlich bebte die Erde wieder, als die Maschine abhob. Palm war froh, der *primitiven Form des Odem Gottes* entkommen zu sein.[179]

Das lange prophezeite große Beben brach am Sonntag, den 4. August, über die Insel herein.

Im Ausland überschlugen sich die Meldungen unmittelbar danach an Dramatik: Man sprach sogar davon, dass die Insel Hispaniola von ihrem Sockel gerissen worden und in den Fluten untergegangen sei. Die Telefonverbindungen blieben tagelang unterbrochen, immer wieder schreckten Nachbeben die Bewohner auf. Die dem Beben folgende Flutwelle forderte 1800 Todesopfer. Hysterie und Angst unter den Einheimischen vor einem möglicherweise noch dramatischeren Nachbeben eskalierten dermaßen, dass der Diktator Trujillo per Dekret die *Verbreitung von Gerüchten* bei Strafandrohung untersagte.[180]

Hilde Palms Mutter im fernen New York malte sich das Schlimmste aus; auch weil sie wusste, dass ihre Tochter allein in Santo Domingo war. Als Erwin Walter Palm in Miami zwischenlandete, konnte er seine Schwiegermutter zumindest insoweit beruhigen, als er über die Dominikanische Botschaft erfahren hatte, dass das Ausmaß der Schäden überschaubar sei und die Insel weiterhin existierte. Entwarnung geben konnte er erst von Mexiko aus: Seine Frau hatte das Beben unbeschadet überstanden. Auch von der anschließenden, sich schnell ausbreitenden Typhusepidemie war sie diesmal verschont geblieben.

In ihren Briefen gab sich Hilde Palm gelassen, belächelte die Hysterie der Einheimischen und konnte selbst den beträchtlichen Schäden an den Kolonialbauten etwas Positives abgewinnen, denn sie sah darin *eine herrliche Gelegenheit die Säulen in den Originalzustand zu bringen*[181] – und damit eine neue Chance für Erwin Walter Palm, den Behörden für die Restaurierung seine archäologische Kompetenz ans Herz zu legen. War Hilde Palms kindliche Unbefangenheit, mit der sie in Briefen an ihren Mann von dem Beben berichtet hatte, gespielt, oder hatte sie tatsächlich sorglos der Natur vertraut?

Erst als man von den dramatischen Schäden in den Bergen sprach – dort hatte sich *ein Schlund von ½ Kilometer Länge geöffnet und blauen Sand ausgespien*[182] – schien ihr der Ernst der Lage bewusst geworden zu sein, sodass sie ihre Rückreise nach Jarabacoa verschob. Als sie dann in den Bergen war, schienen die archaischen Beschwörungsriten der Einwohner, diese *Urformen aus Christentum und Götterglaube*[183] auch ihre Ängste zuzulassen. Nacht für Nacht zogen Prozessionen von Einwohnern durch die Gegend, die in einfache, ungefärbte Baumwollkittel, die »Promesa«, gehüllt waren. Ihr Ziel war die Wallfahrtskirche. Sie boten einen gespenstischen Anblick, wenn sie mit ihren brennenden Holzscheiten vor den kleinen Erdhügeln betend niederknieten, die jeder Bewohner vor seiner Hütte angehäufelt hatte: kleine *Golgatas* mit einfachen Holzkreuzen.[184] Auch vor Hildes Hütte, die ihr ein Wildhüter diesmal komplett eingerichtet überlassen hatte, machte die Prozession Halt. Der Schrecken des Bebens hatte die Bewohner aufgewühlt. Glaube und Aberglaube vermischten sich immer wieder, wenn die Einheimischen in die Risse, die durch das Beben entstanden waren, alles warfen, was die Götter besänftigen konnte. *Sie hätten alles hineingeworfen um die Heiligen zu zwingen den Abgrund zu schließen. Alles. Jeden der zur Hand war. [...] Die Insel glich einem aufgestörten Ameisenhügel.*[185]

Hilde Palm hatte Glück gehabt. *Wen es trifft,/der wird aufgehoben/wie von einem riesigen Kran/und abgesetzt/wo nichts mehr gilt,/[...]/Manchmal jedoch/wenn er Glück hat,/[...]/Dann wird er wiederentdeckt/wie ein verlorener Kontinent.*[186]

Der verlorene Kontinent, den Hilde Palm nach dem Ende des Krieges endlich besuchen konnte, waren die USA. Fünf Jahre waren vergangen, seit Paula und Eugen Löwenstein von London aus die Kinder in das unsichere Exil entlassen hatten. Ende September 1945 endlich sah Hilde Palm ihre Mutter in New York wieder. Die war gerade amerikanische Staatsbürgerin geworden und konnte dadurch den Besuch ihrer Tochter so kurz nach dem Krieg ermöglichen. Paula Löwenstein hatte sich tapfer und konsequent bemüht, in New York heimisch zu werden. Wie die Schriftsteller Jean Améry (Hans Mayer), der Aphoristiker Roy C. Baytes (Kurt Bauschwitz), der Kabarettdichter Max Colpet (Max Kolbe) oder der Essayist E. B. Ashton (Erich Barsch) hatte sie mit der neuen Staatsbürgerschaft ihren deutschen Namen abgelegt und nannte sich nun »Paula Lorden«.[187] Doch die USA blieben ihr fremd. Sie vermisste die Nähe zu ihren Kindern. Seit dem Tod ihres Ehemanns im August 1942 hatte sie viel von ihrer dynamischen Beherztheit verloren, und Hilde fürchtete gar, dass sie gegen ihre Antriebslosigkeit und Einsamkeit mit *irgendwelchen Drogen* ankämpfte[188], denn sie fand bei ihrem Besuch 1945 eine lethargische Frau vor. Mutter und Tochter teilten sich ein Zimmer, da das andere an einen »roomer« vermietet war. Das Zusammenleben mit der Tochter gestaltete sich schwierig, nahm Paula Lorden aber vorübergehend das Gefühl der Einsamkeit.

Hilde Palm hatte die beschwerliche Reise unter großer innerer Spannung und äußerer Belastung angetreten. Noch konnte New York von der Dominikanischen Republik aus nicht direkt angeflogen werden, sondern nur über Kuba und Miami. Die Einwanderungsformalitäten waren aufwendig und hielten ihr vor Augen, dass sie weiterhin zu den »alien enemies« gehörte. Die amerikanischen Behörden verlangten eine »head tax« von acht Dollar, Reisen innerhalb der USA wurden ihr nicht gestattet. Die achtundzwanzigstündige Zugfahrt von Miami nach New York hatte ihr Zeit gelassen, sich der Großstadt auch emotional zu nähern und das Zusammentreffen mit der Mutter auszumalen.

Doch was Hilde Palm dann in ihrem ersten Brief aus New York ihrem Mann in Santo Domingo für berichtenswert hielt, war weder die Wiedersehensfreude mit der Mutter noch die Schilderung der neuen Eindrücke, sondern die Meldung, die der Heidelberger Staatsanwalt Marx in New York verbreitet hatte: Der Heidelberger Philosophieprofessor Karl Jaspers hatte den Krieg nicht nur unbeschadet überlebt, sondern war rehabilitiert und als Rektor der Universität Heidelberg eingesetzt worden. Nach zehnjähriger Lehrunterbrechung hatte Jaspers seine Vorlesung im alten Hörsaal wieder aufgenommen, als ob nichts zwischen Gestern und Heute gelegen hätte. *Diximus hesternae die, »Ich fahre fort, wo wir stehen geblieben waren«, sagte Jaspers, wie er es immer am Anfang seiner Stunde tat.*[189] Jaspers' Rede war im *Aufbau* abgedruckt, jenem monatlichen Nachrichtenblatt, das als Sprachrohr der deutschen Juden in den USA galt. *Dort konnten exilierte Schriftsteller wieder auf deutsch publizieren.*[190]

Die Abgeschiedenheit des Inseldaseins hatte Hilde Palm nicht – wie befürchtet – für die Großstadt untauglich gemacht. Die Eindrücke überrumpelten sie nicht, sondern die Metropole vermittelte ihr das Gefühl, *dass man endlich wieder in einem Teich schwimmt, statt im Waschbecken.*[191] Nach dem einfachen und oft entbehrungsreichen Leben auf den Antillen beeindruckte New York Hilde Palm zuallererst durch die *freundlicheren Ergebnisse menschlicher Erfindungsgabe* wie fließendes warmes Wasser und Orangensaft als *erste grössere Sensation.*[192]

Dennoch blieben die Gefühle für New York anfangs ambivalent. Hilde Palm empfand die Großstadt *ohne alle Poesie der Höhe, un-*

## 8. Kapitel

*gegliedert, aufeinandergetürmt*, die keinen Punkt bot, der *die Phantasie reizt[e]*, und nach den ersten Tagen des Entzückens schlich *sich eine unbehagliche Ernüchterung ein.*[193] Das Gefühl, dass man in der Anonymität keine Spuren hinterlassen würde, ja schier zum *Pantoffeltierchen*[194] mutierte, wenn man im Rennen um die besten Plätze innehalten würde, sollte sich auch bei allen weiteren Besuchen in den Folgejahren immer wieder einstellen.

Doch in das überwältigende kulturelle Angebot und die Vielfalt der Zerstreuungen tauchte Hilde Palm wie eine Verdurstende ein: Mehrere Stunden pro Tag verbrachte sie vor allem im Metropolitan Museum of Art, bis sie abends förmlich aus dem Museum gekehrt wurde. Ihren ersten Besuch dort hatte sie mit einer hohen Erwartungshaltung unternommen. Nach der sinnlichen Erfahrung, die die gemeinsamen Museumsbesuche mit Erwin Walter Palm in Rom und Florenz geboten hatten, enttäuschte die sterile Künstlichkeit der New Yorker Museen sie jedoch.

In ihren Briefen zeichnete Hilde Palm ein anschauliches Bild von den ausgestellten Schätzen, doch sie entdeckte falsch Datiertes und missbilligte das oftmals unästhetische Arrangement der Objekte. Vor allem die falsche Platzierung eines römischen Bronzepferdchens wollte sie nicht widerspruchslos hinnehmen. Das stand so nah am Fenster, dass entweder die Scheiben blendeten oder die Hochhäuser der Großstadt sich in der Glasvitrine spiegelten. Hilde Palm sprach bei dem Abteilungsleiter der römischen Sektion vor und lieferte auch gleich die Lösung für das Problem: *Dieser Fehler ließe sich mit einer Drehung von 90° vermeiden.*[195]

Nach den entbehrungsreichen Kriegsjahren dürstete die intellektuelle Welt nach Kunst, und emigrierte Künstler wie Max Ernst, Marcel Duchamp oder Jean Hélion überschwemmten mit einer Bilderflut die Kunstgalerien in der 5th Avenue. Peggy Guggenheim hatte in New York ihre Galerie »Art of this Century« eröffnet und mit einer Retrospektive der neuen Künstleravantgarde Aufsehen erregt und Anerkennung geerntet. Hilde Palm besuchte eine Dalí-Ausstellung, der enorme Andrang wie in der Subway verdeckte zu Hilde Palms Bedauern jedoch die Genialität des Künstlers, die in der bizzaren Zurschaustellung seiner Exzentrik verloren ging. Mehr als die großen Events beeindruckten sie aber die eintrittsfreien kleinen Galerien; sie war fasziniert, dass selbst unbedeutend scheinende Ateliers *3 Renoirs, 1 Gauguin, 2 Monets, 2 Sisley, 2 Pissaros* ausstellten.[196] Ihren Kunst-Marathon am 7. November 1945 beendete Hilde Palm mit einem Bekenntnis für ihren Lieblingsmaler: *Am liebsten hätte ich mich von Renoir malen lassen. So ein zärtlicher Pinsel!*[197]

Kein Weg war ihr zu beschwerlich oder zu weit, wenn Verwandte sie zu Konzertbesuchen einluden. Sie hörte das »Philadelphia Orchestra« oder die Solistin Dorothy Manor und berauschte sich am Erlebten: *Was man auch immer über die Stadt und das Leben hier sagen mag u. kann, was so geboten wird ist unvorstellbar*, schrieb sie Erwin Walter Palm noch in der Nacht nach dem Konzerterlebnis.[198]

Die kulturellen Köder ließen Palm unbeeindruckt. Wog er die Verlockungen der Großstadt ab gegen den Arbeitseinsatz, den New York denen abverlangte, die auf ökonomische Effizienz setzten, so schlug die Waage immer zugunsten Santo Domingos aus – trotz aller Klagen. Auch die aufmunternden Worte von Hildes Mutter konnten ihn nicht für New York erwärmen.

Hilde Palm nutzte schon den ersten USA-Besuch 1945 – wie auch alle weiteren – dazu, berufliche Perspektiven für sich und ihren Mann auszuloten. Die einflussreiche Verwandtschaft unterstützte die beiden nach Kräften und lieferte unermüdlich Kontaktadressen, die ihnen den Zugang zu einflussreichen Kreisen ermöglichten. Hilde Palm selbst suchte beharrlich nach Quellen, die einem Geisteswissenschaftler einen beruflichen Neubeginn eröffnen könnten, sprach zum Beispiel bei Verlagen vor und hatte die Mitarbeiter der »Deutschen Blätter« ausfindig gemacht: Prinz Löwenstein, Thomas Mann, Gabriela Mistral, Alfred Kantorowicz und Max Barth gehörten ebenso der Redaktion an wie Carl Zuckmayer, Hermann Hesse und Karl Wolfskehl. Empfehlungen zu Kontaktgesprächen wurden von der Nichte Karl Wolfskehls und von der Sekretärin Thomas Manns ausgesprochen. Sie hatte auch Paul Zech in Buenos Aires wieder angeschrieben und ihm Gedichte ihres Mannes zugesandt, doch der klagte über große finanzielle Nöte. Der »roomer« der Mutter, dessen Mietbeitrag die Unkosten für die bescheidene Wohnung sicherte, hatte Hilde Palm den Kontakt zum S. Fischer Verlag ermöglicht. Sie sandte *einen spezial messenger* an Gottfried Bermann Fischer und hoffte, ihm *vielleicht auch noch Gedichte für*

## 8. Kapitel

*die Rundschau andrehen*[199] zu können. Bermann Fischer war nicht zu sprechen, doch der Lektor erteilte ihrem Projekt, die Lorca-Übertragungen Palms zu veröffentlichen, eine klare Absage. Als sie dann im Fahrstuhl mit ihren abgelehnten Manuskripten unter dem Arm Bermann Fischer gegenüber stand, hatte sie nicht den Mut, ihn anzusprechen. Zu unmissverständlich hatte man ihr zu verstehen gegeben, dass Fischer nie mehr in Deutschland zu veröffentlichen gedenke.[200] Es war bereits der zweite gescheiterte Versuch, mit Bermann Fischer Kontakt aufzunehmen. Die Palms hatten ihm schon 1937 mit einem Empfehlungsschreiben von Hermann Hesse von Italien nach Wien schreiben wollen. Doch damals hatte sie die Meldung, dass Hitler in Österreich einmarschiert war, so entmutigt, dass sie den Brief nicht abschickten. Wer hätte damals gedacht, dass Hilde Domin zehn Jahre später ihre eigenen Gedichte in der *Neuen Rundschau* des S. Fischer Verlags veröffentlichen würde?

Alle Anstrengungen Hilde Palms hatten nur ein Ziel, nämlich die Einwanderung in die USA zu konkretisieren, denn sie hatte dort die Erfahrung gemacht: *eine verzweifelte Lage wie die unserige ist hier undenkbar.*[201]

Doch dieses Ziel verfolgten viele Emigranten. Die geistige Elite organisierte sich in der 1936 gegründeten »Deutschen Akademie im Exil«, die aus der »American Guild for German Cultural Freedom« hervorgegangen war. Ihr Präsident war Thomas Mann, und namhafte Intellektuelle wie Arnold und Stefan Zweig, Franz Werfel, Alfred Döblin und Heinrich Mann unterstützten ihn.

In New York schlossen sich viele Kreise, und Hilde Palm stieß immer wieder auf Bekannte. Auch die Zimmers aus Heidelberg, die den Weg der Palms schon 1939 in London gekreuzt hatten, waren in New York gelandet. Doch der Indologe Heinrich Zimmer war 1943 gestorben, und seine Frau Christiane, geborene von Hofmannsthal, arbeitete als »social worker«, um sich und ihre drei kleinen Kinder über Wasser zu halten.

Der Besuch bei Christiane Zimmer schien für Hilde Palm heikel gewesen zu sein: *Mehrmals war ich in Versuchung der Unterredung sozusagen einen Stoss zu geben, von Deiner Zuneigung für Z. zu sprechen und dergleichen. Aber ich war zu timide, und irgendwie ängstlich irgendetwas zu sagen was an die Wunde rühren könnte. Man weiss nie wie weit die Fassung eines Menschen wirklich geht.*

## Santo Domingo: 1940-1951

*[...] vor allem konnte ich mich nicht entschliessen [...] ob ich an das Requiem rühren sollte, und oder fragen ob sie die Widmung nicht gern gesehen habe [...] anfangend mit Deiner Zuneigung für Z. [...] etc, und hoffen dass etc – Irgendwie hatte ich Hemmungen*[202], versuchte sie Erwin Walter Palm die unbehagliche Atmosphäre des Treffens zwischen den beiden Frauen zu vermitteln. Doch Christiane Zimmer überging die peinliche Situation, man trennte sich freundlich, wenn auch nicht herzlich. Wie tief Palms Zuneigung für Zimmer war, kann nicht geklärt werden: Zimmer war »Jungianer«, C. G. Jung hatte das Vorwort zu einem von Zimmers Büchern verfasst, und zu dem engen Freundeskreis während seiner Zeit an der Columbia University gehörte auch der Komponist John Cage, der *seine Frau Xenia für einen Mann verließ.*[203] Sieben Jahre später sollte Erwin Walter Palm der Protagonistin in seinem Drama *Das Labyrinth* den Namen »Xenia« geben.

Auch die USA-Aufenthalte von 1946 und 1947 dienten in erster Linie dem Zweck, die Einwanderungspapiere zusammenzutragen und so der unbefriedigenden beruflichen Situation in Santo Domingo ein Ende zu bereiten. Denn nach wie vor stand Palm *unten auf dem Leiterchen der Universität.*[204] Vorerst aber bettelte sie weiterhin um Unterstützung bei ihrer Verwandtschaft und genoss nach den entbehrungsreichen Kriegsjahren den amerikanischen Luxus. Sie kaufte Konsumgüter, die in der Dominikanischen Republik unerschwinglich oder nicht erhältlich waren: *50 billige Uhren, 20 Kleider und Medicin (Leberinjectionen)*, und wollte damit in Ciudad Trujillo kurzfristig Handel treiben und ihre Wirtschaftskasse aufbessern.[205] Sie wusste auch, wie sie den amerikanischen Zoll umgehen konnte: Die zahlreichen Krawatten für ihren Mann hatte sie in ihr Mantelfutter eingenäht, und *Deine Hemden sind für mich »zum Reiten«, Deinen Pyjama ziehe ich auf der Reise an, und Deine Strümpfe sind in den Füssen der grossen Gummischuhe.*[206]

Schicksalswendend sollte ihr Engagement bei der »Guggenheim Foundation« werden. Zwar vergingen noch sieben Jahre, ehe Erwin Walter Palm in die Liste der Guggenheim-Stipendiaten aufgenommen wurde – dafür war die schleppende Fertigstellung seines Buches verantwortlich –, doch im Dezember 1945 stellte Hilde Palm dafür die Weichen:

## 8. Kapitel

*Ich will Dir zum Schluss noch etwas verraten was ich mir eigentlich als besonderes Mitbringsel aufgehoben hatte. Aber ich will es Dir nun doch schreiben damit Du so guter Laune bist [...] ich schrieb Dir doch dass ich bei dem Secretär der Guggenheimfoundation war und dass Du erst eligible bist wenn Du herkommst. Was ich Dir nicht schrieb: falls Du einen solchen grant bekommen solltest, was von Empfehlungen abhängt (2.500 Dollar pro Jahr, auf ein 2. Jahr erneuerbar) so ist es der Foundation genau so recht wenn dieser grant zur Wiederaufnahme und Fertigstellung Deiner römischen Arbeit wie für Forschungen über amerikan. Sachen verwandt wird. »If the man is good, we are not interested in any particular kind of records«.*[207]

Wie konnte Hilde Palm diese Kontakte knüpfen? Sie bewegte sich in den USA in den Kreisen der »jüdischen Aristokratie«. Die ergiebigste Quelle für eine dauerhafte finanzielle Unterstützung erschloss sich durch die Bekanntschaft mit Frieda Warburg, die gleich im ersten Jahr der Begegnung mit einem Scheck von fünfhundert Dollar Soforthilfe die wirtschaftliche Schieflage geradebog und durch deren Unterstützung sich Erwin Walter Palm 1946 für das Wintersemester beurlauben lassen konnte, um wieder Gedichte zu schreiben.

Frieda Schiff-Warburg stammte aus der einflussreichen Frankfurter Bankiersfamilie Schiff, die enge Beziehungen zu den Rothschilds unterhielt. Bertha Schiff war mit Erwin Walter Palms Großmutter befreundet gewesen, hatte 1946 die Nachrichten über den Tod von Palms Verwandtschaft übermittelt. Ihr Vater Jacob Schiff war Vorsitzender der mächtigen Bank »Kuhn, Loeb & Co« gewesen. Durch Friedas Hochzeit mit dem Bankier Moritz Warburg waren die drei größten jüdischen Bankhäuser der USA miteinander verwoben.

Als Hilde Palm die Bekanntschaft Frieda Warburgs machte, hatte diese bereits den Vorsitz des Bankgeschäfts von ihrem verstorbenen Mann übernommen. Mit Frieda Warburg baute Hilde Palm eine innige Freundschaft auf, *Umarmung und Kuss beim Abschied. Möge uns der Kuss der Hochfinanz Glück bringen! Amen*[208], jubilierte Hilde Palm 1947. Die jüdische Mäzenin hatte Gefallen an der quirligen und intelligenten jungen Frau gefunden. Hilde Palms ungebrochener Glaube an die Fähigkeiten Erwin Walter Palms imponierte ihr und führte dazu, dass sie ihre Gönnerin wurde. *Such outstanding young people like you and your husband will bear fruit and I am glad to back you*[209], begründete sie ihren Entschluss, das junge Paar mit monatlich einhundert Dollar zu unterstützen (für ihren Lebensunterhalt in Santo Domingo brauchten sie 110 Dollar).

Der kurze Besuch in New York im September 1946 war ein Abschiedsbesuch. Hatte Hilde Palms Mutter durchschaut, dass weder ihre Tochter noch ihr Schwiegersohn in absehbarer Zeit den Absprung in die USA schaffen würden? Paula Lorden hatte sich entschlossen, zu ihrem Sohn nach Deutschland überzusiedeln. Hilde Palm redete sich ein, dass der Mutter die Rückkehr leicht gefallen war, dass *Mutti so gerne gefahren ist, und es ihr so gut geht.*[210] Doch das Bild, das Paula Lorden bei ihrer Ankunft in München vermittelte, war eher bedrückend. Dem Flugzeug entstieg *eine kleine Frau mit dem Kochtopf am Arm hängend.*[211] Als könnte sie so das Glück des häuslichen Herdes bewahren, das sie mit ihrem Mann in New York erfahren hatte. Und in Deutschland litt Paula Lorden unter der Orientierungslosigkeit ihres Sohnes: John hatte immer noch nicht Fuß in Deutschland gefasst. Die Mutter zeigte sich vor allem von der amerikanischen Regierung enttäuscht, denn John *did all his duties to fight but has not the privileges to do government's jobs.*[212] Er hatte sich um eine Stellung im amerikanischen Staatsdienst bemüht, doch dafür wurde vorausgesetzt, dass man bereits mindestens zehn Jahre lang amerikanischer Staatsbürger war. John Lorden trug sich mit dem Gedanken eines Kunststudiums und nahm erfolgreich an Fotowettbewerben teil. Seine Skulpturen waren eindrucksvoll. 1947 wurde er endlich in die USAREUR (US Army Europe, Kommandozentrale der US-Bodentruppen in Europa) in Oberammergau aufgenommen und erhielt eine leitende Anstellung. John Lordens Tätigkeit war dann offensichtlich so erfolgreich, dass man ihm anbot, an einer Sonderschulung an der US University im französischen Biarritz teilzunehmen. Diese Universität rekrutierte ihre Professoren aus den hundert besten Universitäten, hatte halb zivilen, halb militärischen Charakter und diente letztendlich dazu, ihre Absolventen auf »investigative« Aufgaben im Nachkriegsdeutschland vorzubereiten. Hatte der Bruder intellektuell immer im Schatten der Schwester gestanden, so reüssierte er 1947 als Dozent und Kollege Henry Kissingers an der »Agentenschule« im bayrischen Oberammergau, dem »Counter Intelligence Corps« (CIC). Ab 1953 spielte die in einer Kaserne der Wehrmachts-Gebirgsjäger im bayrischen Passionsspielort Oberammergau eröffnete NATO-Schule der USAREUR eine Schlüsselrolle in der Ausbildung und Vernetzung der Bündnisstreitkräfte. John Lordens erfolgreiche Tätigkeit imponierte seiner Schwester dennoch wenig, für sie hatte er durch den Krieg einfach Glück gehabt.

Dann aber verfügte John über die finanziellen Mittel, um mit der Mutter in Oberammergau in einem kleinen Häuschen mit Garten und dem Hund Ronnie zu leben. John Lorden bereiste mit seiner Mutter Italien, gemeinsam durchwanderten sie die Dolomiten und erkundeten Deutschlands romantische Städte. Doch die Mutter empfand sich als Last und fühlte, dass sie zwischen John und seiner Freundin, der namhaften Münchner Kunsthändlerin Mimi tho Rahde, stand. Die wohlhabende Lebensgefährtin unterstützte Paula Lorden großzügig, und auch die Palms in Santo Domingo profitierten von ihrer Generosität.

Zog Paula Lorden Bilanz ihres Lebens, so verfiel sie wieder in Apathie wie schon in den Tagen nach dem Tod ihres Mannes. Krieg, Verfolgung und Flucht hatten die großen Hoffnungen, die sie in ihre Kinder gesetzt hatte, zunichte gemacht. Sie fühlte sich nutzlos und fürchtete die Einsamkeit, wenn ihr Sohn sein eigenes Leben führen würde. Paula Lorden erkrankte an Diabetes und schien sich absichtlich nicht an die ärztlichen Anweisungen zu halten, wohl wissend, dass sie damit ihr Leben gefährdete.

So stand 1947 die New Yorker Wohnung der Mutter leer, und die Verwandtschaft drängte Hilde und Erwin Walter Palm dazu, endlich den Aufbruch in die Staaten zu wagen. Auch Hilde Palm hielt das für die beste Lösung: *auf jeden Fall dort nichts wie los*[213], stand 1946 nach ihrem New Yorker Aufenthalt fest. Doch Erwin Walter Palm zog es vor, seine beruflichen Perspektiven auf dem südamerikanischen Kontinent auszuloten – wollte er so der New Yorker Verwandtschaft fern bleiben?

Der Zustand, in dem Hilde Palm 1947 in New York ankam, war erbärmlich. Sowohl wirtschaftlich als auch gesundheitlich schien es ihr schlechter zu gehen als in den Jahren zuvor. Eine schwere Blasenentzündung war in eine Nierenbeckenentzündung übergegangen, hohes Fieber hatte sie zusätzlich geschwächt. Nachdem die ärztliche Versorgung in Santo Domingo erfolglos geblieben war, hatte ihre Mutter von Deutschland aus dafür gesorgt, dass die amerikanischen Cousinen in New York eine Behandlung bei einem Spezialisten ermöglichten.

Hilde Palm kam ohne Gepäck in New York an. Vom Nachthemd und Bettjäckchen über Mantel und Koffer musste sie sich alles ausleihen. Billige Mahlzeiten wurden den Emigranten durch eine Art Selbsthilfenetz ermöglicht: Man aß in *einem ausschließlich von Refugees für Refugees gemachten Restaurant [...] gebackene Flunder, 2 vegetables, ein 1a Mohrenkopf, Tee, das alles für 85 cents.*[214]

Die Zeit vom 2. September bis Mitte November 1947 in New York diente zwar in erster Linie der Genesung von ihrer Krankheit, doch sobald es ihre Gesundheit nach zwei Krankenhausaufenthalten und intensiven Behandlungen wieder zuließ, setzte Hilde Palm fort, was sie 1945 mit großer Verve begonnen hatte: Publikationsmöglichkeiten für ihren Mann zu finden, am liebsten jedoch eine feste Anstellung zu erreichen und die Einbürgerung voranzutreiben. Atem schöpfen konnte sie nicht, denn Hilde Palm ertrank in den Arbeitsaufträgen ihres Mannes, als die Post aus Südamerika Manuskripte lieferte, die getippt werden mussten. Kaum zu bewältigende Listen für bibliografische Rechercheaufträge sollte sie zusätzlich abarbeiten. *Bin ich eine indische Göttin mit 12 Armen und 3 Köpfen?*, stöhnte sie.[215] Am zeitraubendsten aber waren die Bemühungen, die Einreisepapiere für die USA zusammenzustellen.

Wie schon bei ihren Aufenthalten zuvor, ließ Hilde Palm auch 1947 keinen Kontakt ungenutzt, um die Gedichte ihres Mannes zu empfehlen. Diesmal hatte sie endlich die neue Adresse von Yvan Goll erhalten. Die Bekannten, die Santo Domingo gleich nach Kriegsende verlassen hatten und die sie nun wieder traf, bestärkten Hilde Palm in ihrem Entschluss, die Karibikinsel als Sprungbrett für die USA zu sehen. Sie traf das Maklerehepaar aus Jarabacoa, die Freymuths, wieder und auch den Maler José Lopez Rey, der sie enthusiastisch über seine neuesten Erkenntnisse seiner Goya-Forschung informierte: Goya gehe auf ein französisches Original zurück, berichtete Hilde Palm ihrem Mann. Reys Buch *Goya's Caprichos, Beauty, Reason and Character* wurde tatsächlich 1953 publiziert; auch Palm nahm sich des Themas an und konnte sich später an der Universität Heidelberg als Spezialist für Goya-Interpretationen profilieren. Den unkonventionellen Begleiter Palms aus Göttinger Tagen, Ernst Caspari, hatte Hilde Palm in Connecticut ausfindig gemacht; er war Professor an der Howard University of Connecticut und hätte Palm eine Stelle als »lecturer« ermöglichen können. Doch Caspari hatte sich geändert, war bürgerlich-spießig geworden. Damit konnte sie Erwin nicht reizen. Eher wurde beiden bewusst, wie viel unkonventioneller es sich trotz aller Beschwernisse in ihrem karibischen Domizil leben ließ. Der jüdische Studienfreund Hilde Palms aus Heidelberger Tagen, Dr. Manasse, mit dem sie in Heidelberg lange Spaziergänge unternommen hatte, dozierte mittlerweile an der Howard University in Washington. Auch er war gewillt, seinen Einfluss geltend zu machen, sollte Palm sich um eine Anstellung an der Universität bemühen.

Hilde Palm hatte ein großes Netz an Beziehungen geknüpft und hielt noch emphatischer Ausschau als zwei Jahre zuvor: *Der chair des class. Archäologen in Berkley ist vacant. Bist Du daran interessiert?*[216], bot sie ihrem Mann an. Sie sprach bei Dr. Maier, dem Leiter des jüdischen Museums von New York vor, der sie an Dr. Kaiser weiterleitete, den Curtius-Schüler und ehemaligen Museumsdirektor aus Mannheim. Kaiser, der in New York ein Museum aufbaute, vermittelte die Bekanntschaft mit Richard Krautheimer, der Erwin Walter Palm auf der jährlich stattfindenden großen Kunsthistorikertagung in Boston eine Lesung ermöglichen wollte – *über ein sehr spezielles Thema [...] ruhig über Santo Domingo*[217] sollte er sprechen. Der Byzantinist Krautheimer, der 1933 dem Naziterror entflohen war, hatte seit 1938 eine Professorenstelle an der New York University inne und verfügte mittlerweile über genügend Kontakte, die berufliche Perspektiven eröffnen konnten. Vor allem Boston galt als »großer Stellenmarkt« für Kunsthistoriker, doch die Zahl der Intellektuellen, die auf der Jagd nach Stellen waren, nahm stetig zu und schmälerte das Angebot. Dazu kam, dass *der Westen sehr antisemitisch ist. Kantorowitz hat deswegen auch nur mit Mühe seine professorship dort bekommen. [...] Die collegen, incl. der deutschen, sollen sehr neidisch und missgünstig sein.*[218] Und *die Leute haben ein geübtes Auge für refugees – jüdisch/katholisch sei etwa gleich oder schlecht*[219], wusste Hilde Palm ihrem Mann in Santo Domingo zu berichten. Umso fester sollten sie das Seil packen, das ihnen zugeworfen wurde.

## Santo Domingo: 1940-1951

1947 hatte Hilde Palm ihr Ziel erreicht: die Papiere für die Einbürgerung lagen bereit. Bis zum 15. November musste Palm angereist sein – danach würden die Dokumente ihre Gültigkeit verlieren.

Grundlage und Bedingung für alle beruflichen Verhandlungen war, dass Erwin Walter Palm akademische Erfolge vorweisen konnte. Sein Buch über die »monumentos arquitectónicos«, an dem er seit fünf Jahren arbeitete, musste bis zum Stichtag zumindest in seinen Grundzügen abgeschlossen sein. Täglich informierte Hilde Palm ihren Mann in langen Briefen über die Schritte ihrer Erfolge, erhoffte sich von ihm ähnliches Bemühen.

Die Hektik und Unruhe sowie die starke psychische Belastung hatten sie ausgezehrt und zu einem Rückfall ihrer Krankheit geführt, sodass ein weiterer Klinikaufenthalt erforderlich wurde. Das Geld dazu musste erneut erbettelt werden.

Die fordernden Briefe seiner Frau und der Druck einer Entscheidung hatten Erwin Walter Palm in Panik versetzt, sie paralysierten ihn. Als er bis zum angegebenen Stichtag die Unterlagen für seine Bewerbungen immer noch nicht ausgefüllt hatte, verfasste Hilde Palm voller Verzweiflung die Bewerbungen für Harvard und die Columbia University im Namen ihres Mannes – weiterhin inständig auf den Abschluss des Palm'schen Werkes hoffend.

Doch Erwin Walter hatte die Arbeit an seinem Monumentalwerk nicht, wie versprochen, intensiviert, sondern stattdessen einem »Curatorprojekt« zugesagt, das reizvoll aber wirtschaftlich ineffizient war. Hilde Palm war einem psychischen Zusammenbruch nahe. *Als Dein heutiger Brief ankam, habe ich vor Wut geweint. Ich beginne zu glauben, dass Du vor allem wirklich gar nicht in der Lage bist Dein Schifflein zu steuern. Wie <u>kannst</u> Du Zeit und Zeit an eine Stellung hängen die so fragwürdig ist, und die Du doch im Grunde gar nicht willst. Wie kannst Du? Ich verstehe es einfach nicht. [...] Wenn Du alle Deine Chancen selbst untergraben willst, was kann ich da machen? Soviel steht fest: Ich bin jetzt 7 Wochen hier. Was Du an dem Buch währenddessen getan hast, ist eine Bagatelle [...] Dagegen hast Du gut und gern 5 Wochen an die Legislation und das Curatorprojekt gehängt. [...] Du musst spätestens am 15.11. hier sein inc. zumindest eines imperialen Themas [...]. Alles andere ist Quatsch. [...] Jedenfalls sehe ich nicht, was wird, falls das BuchMS was Dich betrifft nicht am 15. November allerspätestens fertig ist.*

## 8. Kapitel

*Halte dich dran, plane Deine Tage [...] arbeite in Ruhe und regelmäßig – genug, genug. (Antwort erübrigt sich auf alles Obige)*
*Es wird kein neuer Hasengott im Norden entstehen wenn Du dies endgültig letzte Füllhorn nicht ans Ziel bringst,* beschwor sie ihn.[220]

Erwin Walter Palm reiste nicht bis zum »D-Day« nach New York. Er hatte der Ernennung zum »Jefe de la Sección de Arqueología Colonial de la Universidad de Santo Domingo« zum 12. Januar 1948 zugestimmt und hoffte damit endlich auf universitäre Anerkennung.

Das Einreisevisum verfiel ungenutzt und besiegelte ihr Verbleiben in Santo Domingo. Um dem Druck zu entgehen, den seine Frau auf ihn ausübte und den er in seinen Briefen verfluchte, schlug Palm seiner Frau erneut eine getrennte Lebensführung vor: Sie sollte in den Bergen der Cibao-Hochebene leben, er selbst wollte in der Hauptstadt bleiben. Nach dem erfolgreichen Abschluss einer Arbeitsphase könnte man sich zum gemeinsamen Urlaub in Jarabacoa treffen.

Die Auseinandersetzungen hatten bei Hilde Palm *allerlei Riegel springen lassen.*[221] Schon seit Langem hatte sie in einsamen Nächten schnelle Gedichte geschrieben, um ihrer seelischen Ausweglosigkeit eine Stimme zu geben. Die schöpferische Kreativität seiner Frau hatte Palm verärgert: *So leicht ist das also*[222], sagte er empört, als er nach vielem Sträuben sich ihr zweites Gedicht endlich angesehen hatte:

*Im Tor schon*
*hobst du den Blick.*
*Wir sahen uns an.*

*Eine große Blüte stieg*
*zitternd blaß*
*aus meinem Herzen*[223]

»Wieso?« sagte ich. »Was ist leicht?« »Gedichte schreiben«, sagte er. »Du hast es nie getan. Es ist ein Gedicht.« Damit knallte er die Tür hinter sich zu. Als ich die Türe knallen hörte, wusste ich, daß es ein Gedicht war.[224]

Erwin Walter Palms Reaktionen erschöpften sich offenbar nicht im Türenknallen. Doch in den Nächten nach heftigen Auseinandersetzungen kniete Hilde Palm, wie so oft, vor dem Bett des Mannes und küsste die Hand, die sie verletzt hatte, und wusch sie, um sie wieder zu einem *Instrument der Zärtlichkeit* werden zu lassen.[225]

*Damit,/wenn am letzten Tag/sie vor Dir/auf der Bettdecke liegt,/ wie eine blasse Blume/so matt/aber nicht ganz so leicht/und nicht ganz so rein,/sondern wie eine Menschenhand,/die befleckt/und gewaschen wird/und wieder befleckt,/Du ihr dankst/und sagst/Lebe wohl,/meine Hand./Du warst ein liebendes/Glied/zwischen mir und der Welt.*[226]

Erwin Walter Palm ertrug es nicht, dass seine Frau Gedichte schrieb – *als ob die Katze auf einmal Eier legte*.[227] Wollte sie schreiben, so sollte sie das in einer »Menstruationshütte« tun, denn ihr Wunsch zu schreiben, galt ihm als »unrein«, die Dichtkunst sollte Männerdomäne bleiben. Außerdem zog sie ihm seine eigene kreative Energie ab: *Musenabzug* nannte er das.[228] Gegen diesen Grundkonflikt kämpfte Hilde Palm ihr ganzes Leben lang an, und der Kampf wurde im Wintersemester 1946 eröffnet, als Erwin Walter Palm dank seiner Mäzenin Frieda Warburg ein Freisemester hatte. Nach seiner Südamerikareise wollte er sich ganz dem Gedichteschreiben widmen. Doch die Inspiration wollte sich nicht einstellen. Zur Verdeutlichung seiner Haltung hatte er den Vergleich mit Kain und Abel gewählt. Hilde Palm war entsetzt, denn daraus resultierte der Brudermord. War Erwin wirklich willens, Hildes Talent zum Ersterben zu bringen? *Kain und Abel – [...] Brudermord. Schlüsselgeschichte für menschliche Tragik und schuldhafte Verstrickung schlechthin. Die Differenz der Lebensentscheidung entfremdet sie. Ihre Produktionsweise prägt ihre Lebensweise. Der eine ein Nomade, der andere ein Ackerbauer, der zum Städtebauer wird. Der eine folgt der Natur, der andere beherrscht sie.*[229]

Auch neun Jahre später, in ihrer Klausur im schweizerischen Astano, schwelte der Konflikt noch und wurde dort erneut thematisiert. Im Tessin begann Hilde Domin ihr Gedicht *Abel steh auf*, das für sie immer das wichtigste ihrer Gedichte bleiben sollte. Erst wenn Erwin Walter Palm die Dichterin Hilde Domin respektierte und ihr gegenüber Verantwortung zeigte, konnte das Spiel neu beginnen: *Ja, wir sind füreinander verantwortlich. [...] Sorge wird zur*

## 8. Kapitel

*Fürsorge [...]. Da heißt die Frage nicht mehr, was ist verboten, sondern wo kann und soll ich dem anderen ein Helfer sein. Nicht nur nicht töten, sondern dafür sorgen, dass der andere und die anderen leben können.*[230] Kain kam nur dann von Schuld frei, wenn Abel wieder aufstehen durfte, *damit es anders anfängt.*[231] Den Heidelberger Philosophen Reiner Wiehl, der mit Hilde Domin befreundet war und sich auch mit diesem Gedicht auseinandergesetzt hat, befremdete anfangs die vermeintlich notwendig christologische Auslegung von *Abel steh auf.* Aber in Anlehnung an Karl Jaspers, der nach dem Ende der Nazizeit über die Schuldfrage nachdachte und dabei auch von der »metaphysischen Schuld« sprach – jener *Schuld, keine Antwort zu wissen auf die Frage nach dem Verbleib des Bruders* und damit als gewissenhafter Mensch *an diesem Bewusstsein eigenen Versagens [zu] leiden*[232] – kommt Wiehl zu einer umfassenderen Deutung: *Die Sätze des Gedichts sagen nicht die Auferstehung als ein stattgefundenes Ereignis aus. Ihr Sinn liegt einfach und offen zutage. Sie sind, wie so viele Sätze der Gedichte Hilde Domins [...] Sprüche der Ermutigung. [...] Es sind Sätze der Ermutigung für den erschöpften, den niedergeschlagenen, den erniedrigten Menschen. Die Dichtung geht hier in der Sinngebung über die Voraussetzung der Philosophie hinaus. Diese Sätze lassen in der Ermutigung die Möglichkeit eines Neuanfangs und der Versöhnung sehen. Aber sie geben damit auch der philosophischen Deutung ihr Recht.*[233]

Erwin musste seine Frau zum Schreiben ermutigen, dann erst war der Neubeginn möglich. Exegeten haben sich mitunter mit dem theologischen Impetus dieses Gedichts schwergetan. Vertretern der Kirche dagegen ist das Gedicht das Schlüsselgedicht für ein menschliches Miteinander geblieben. In diesem Zusammenhang wurde auch immer wieder die Frage nach Hilde Domins Religiosität diskutiert. Im kreativen Schöpfungsstreit des Paares liegt zwar der Zugang zu dem Gedicht, doch er nimmt ihm nichts von seiner religiösen Ausrichtung.

In den Bergen von Jarabacoa wollte auch Hilde Palm 1946 zum Schreiben finden. Hatte sie sich dort an den Herbst 1939 in London erinnert? Damals waren sie akut bedroht gewesen und hatten im Lesen von Gedichten Hoffnung geschöpft. Vielleicht waren unter den Gedichten auch die einer Debütantin gewesen, die 1939, gerade einmal siebzehn Jahre alt, ihre ersten Gedichte im *Poetry Quarterly* veröffentlicht hatte. Dann hatten sie Denise Levertov in London wahrgenommen. Von T. S. Eliot ermutigt, sich ganz dem Schreiben zuzuwenden, ließ sich die Schriftstellerin 1948 in New York nieder. Hilde Domin hat die Gedichte der Denise Levertov übertragen; auch das Gedicht *September 1961* ist in ihren *Gesammelten Gedichten* aufgenommen und lässt staunen: *Sie sterben nicht,/sie haben sich zurückgezogen/in ein schmerzendes Alleinsein,/wo sie lernen, ohne Worte zu leben./E. P.: ›Es fühlt sich an wie Sterben‹ – Williams: ›Ich/kann es euch nicht beschreiben, was/mir zugestoßen ist.‹–/H. D.: ›Unfähig zu sprechen.‹/Die Dunkelheit/verwebt sich mit dem Wind, die Sterne/sind klein [...]*[234]

»EP« und »HD« sind schon im Original von Levertov enthalten. »Denise«, der Vorname der Dichterin aber, wurde Hilde Domins erstes Pseudonym. Die leichte Muse der »Denise« akzeptierte ihr Mann offenbar: Dieses »Ich« war nicht sie. Das war die junge Frau, die fröhlich und unbekümmert das karibische Leben in amüsanten Geschichten festhielt. Aber eben keine Gedichte schrieb. Unter dem Pseudonym »Denise Banz« versuchte Hilde Domin 1954 ihre erste Rezension über eine Rundfunksendung in der Literaturzeitschrift *Aufbau* zu veröffentlichen. 1959 und 1960 erschienen dann in der *Welt* und in der *Frankfurter Allgemeinen Zeitung* zwei »karibische« Geschichten von »Denise Brühl« (ob sie in ihrem Nachnamen ihre heimatliche Verbundenheit manifestieren wollte? Brühl ist nur einen Steinwurf von Köln entfernt): *Die Hexe Vitalia und das bedauernswerte Huhn* sowie *Zwei Schätze an einem Tag kann man nicht verlieren.*

Acht Themen hatte Hilde Palm für die karibischen Geschichten festgelegt, von denen sie vier in den Bergen schreiben wollte. Voller Optimismus und Euphorie hoffte sie, dass sich Palm zu ihr gesellen und in der Nachbarhütte seiner eigenen Schriftstellerei nachgehen würde. Jeder für sich und dennoch vereint. Über einen Monat lang wartete »Denise« in Jarabacoa auf Erwin Walter Palm – der aber blieb in Santo Domingo. Unter diesen Umständen blieb »Denise« in ihrer »Menstruationshütte« die Kreativität versagt, sie hatte es satt, die Ferien allein zu verbringen, denn *alleine zu lachen ist mir nicht leicht*[235], klagte sie. Von den Bergen aus begab sie sich direkt zum Flughafen von Santo Domingo, um eine Reise in die USA anzutreten und ihre Mutter zu besuchen.

## 8. Kapitel

Die wirtschaftliche Lage der Palms in Santo Domingo war auch 1948 noch unverändert prekär: Man schätzte Erwin Walter Palms Vorträge, man lud ihn immer häufiger nach Südamerika ein, doch die erhoffte Anerkennung in Form einer festen Anstellung war bislang ausgeblieben. Entsprechend nachlässig handhabte Palm seine universitären Verpflichtungen und verlängerte seine Auslandsaufenthalte oftmals beliebig. Manches Mal erfuhr Hilde Palm erst durch die Universität von seiner Eigenmächtigkeit und war empört – nicht so sehr über die Tatsache als solche, sondern weil Palm seinen Entschluss gefasst hatte, ohne ihr Plazet einzuholen: *Auf jeden Fall hätte es nicht geschadet, wenn Du zunächst mich, und dann die Uni um weiteren Urlaub gebeten hättest.*[236]

Einer dieser unvorhergesehenen Verzögerungen der Rückreise verdankte Hilde Palm ihre Aufnahme in die Riege der Dozenten. Als ihr Mann 1948 wieder einmal nicht rechtzeitig zum Semesterbeginn zurückkehrte, übernahm sie kurzerhand seine Kurse. Engagiert ging Hilde Palm für ihren Mann auf Studentenfang, bedeutete doch jeder nicht eingeschriebene Student eine finanzielle Einbuße, doch *im leeren Teich lassen sich keine Goldfische fangen – und die Leere war groß.*[237] Je öfter Palm seine universitären Verpflichtungen vernachlässigte, umso magerer war das regelmäßige Einkommen. Die Vortragsreisen Erwin Walter Palms waren ebenso defizitär wie seine Tätigkeit als offizieller Denkmalpfleger. Die Universität hatte Hilde Palm nicht die Genehmigung erteilt, die Vorlesungen für ihren Mann zu übernehmen, sodass die Geldnöte immer belastender wurden und Hilde der Verzweiflung nahe war. Es waren Tage des drohenden Selbstverlusts.

Trotz allem versuchte Hilde Palm die sozialen Kontakte in der Hauptstadt nicht zu vernachlässigen. Sie zerstreute sich bei Vorträgen und Konzerten an der Universität, nahm Einladungen an und entkam so nicht dem »reizenden gossip«; die unvermeidlichen Gesprächsthemen waren die *vermeintlichen Abenteuer (an Delicata überbieten sich die Leute nicht)* ihres Ehemannes, die wie Geschichten *aus 1001 Nacht* klangen.[238]

Schon seit geraumer Zeit hatte Hilde gefühlt, dass Erwin Walter Palm sich der gemeinsamen Nähe immer mehr entzog, und sie wusste, dass *dies alleinige Reisen* in ihrer prekären seelischen Lage nicht das Richtige war, sondern zur Bedrohung all dessen werden konnte, was beiden *an Essentiellem geblieben war.*[239] Aber Palm war mittlerweile *so viele Sonnenuntergänge anders.*[240] Aus seinen Briefen sprach *keine Nähe mehr, und das in ihnen beschriebene Milieu*, in dem Palm sich bewegte, war ihr zuwider.[241]

Erwin Walter Palm klagte, dass ihre Briefe an Substanz verloren hatten. *Es muss nicht jeder Brief publikationsreif sein*, tröstete Hilde Palm, *[a]uch meine sind's nicht. Wir können, wenn wir beide 90 sind, einen freundlichen Rat darüber abhalten, welche Teile der Correspondenz des berühmten Dichter, Archäologen, Antillenspecialisten und Ehrenbürgers von Rom: Affone de Camporeggi, Mailozzi, Visciola mit seiner Hasen-, Eichhorns- und Froschgöttin und Gattin der Nachwelt, welche dem Feuer zu übergeben sind. – Und die hiesigen Bulletins werden uns dann nicht wenig lachen machen, und uns ein zärtliches Mitleid für uns selber einflößen. [...] Keine Aufsplitterung der Persönlichkeit, es verbietet sich geradezu aus Selbsterhaltungstrieb in solchen Zeiten, kein Jonglieren mit dem eigenen Ich, aber ein treulich sich bewahren und sich wollen. Und das ist schwer genug.*[242]

Von November 1949 bis März 1950 war Erwin Walter Palm auf Forschungs- und Vortragsreisen durch Argentinien, Uruguay, Peru, Bolivien, Ecuador und Venezuela, immer mit dem Ziel, auf dem Festland eine Stelle als Dozent antreten zu können. Hilde Palm hatte längst erkannt, dass *dieses auswegslose Mitteilungsbedürfnis sich nun doch noch im Schriftstellerischen umsetzt*[243], sie ertrug die zunehmende Entfremdung nur, indem sie Zuflucht im Wort ihrer Gedichte suchte.

So entstanden bereits ab 1950 ihre ersten Gedichte in den Nächten, in denen sie in der Dunkelkammer auf die Abzüge der Fotos wartete. Die Zeilen waren anfangs schnell skizzierter, spontaner Ausdruck einer unendlich tiefen Isolation und Vertreibung aus der gemeinsamen Heimat der Liebe. Sie schrieen nach Nähe, waren *herrliche Liebesgedichte [...] schon die Grenze erreichende erotische Gedichte [...] die auch mit der Vertreibung, der Fremde zu tun haben.*[244] Aus den Versen, die wie kleine Notizen entworfen waren, die kaum einer Korrektur bedurften und später zum Teil unverändert in die Lyrikbände aufgenommen wurden, sprach Vollkommenheit. Palms lange Abwesenheit nutzten missgünstige Kollegen, um gegen ihn zu intrigieren. Hilde Palm versuchte verzweifelt, die Reputation des Ehemanns zu retten, indem sie in der Tageszeitung kleine Artikel über die großartigen Erfolge des Archäologen auf dem südamerikanischen Kontinent lancierte, doch dabei so übertrieb, dass Erwin Palm aus der Ferne um Mäßigung bat. Die Neider setzten daraufhin zur Gegenoffensive an und publizierten einen kompromittierenden Artikel in der *Nación*, über den Palm entsetzt war. Beruflich und emotional schien die Situation in Santo Domingo zu eskalieren.

Erwin Walter Palm fühlte, dass er an einem Wendepunkt in seinem Leben angekommen war, der ihm eine Entscheidung abverlangte. *Ich muss mich entschließen am Ende dieser Reise quoi faire?*[245] Von seiner Frau fühlte er *sich nicht mehr beschützt. [...] Das Erreichte schien ihm nicht mehr dankenswert.*[246]

Den Übergang in das neue Jahr 1950 verbrachte Hilde Palm emotional und geografisch weit entfernt von ihrem Mann. Sie feierte nicht, sondern ging früh schlafen. Erwin Walter Palm wollte noch bis März in Mexiko unterwegs sein. Selbst das malerische Constanza bot ihr unter diesen Umständen keinen Trost und wurde zur Stadt, in der *es keinen Menschen gibt, den man gerne sehen möchte.*[247]

Waren die Palms endlich wieder vereint, so war die rare Zeit nur noch ein *von Entschlüssen geplagtes, von Verpflichtungen verpestetes Zuzweitsein.*[248] Und Hilde Palm klagte frustriert: *Aus Einsamkeit habe ich alle Maron glacés gefressen, obwohl sie gar nicht besonders gut sind. Ab morgen Zigaretten – und Abnehmen!*[249] Ein gemeinsamer Weg schien kaum noch möglich.

*Alle meine Schiffe*
*haben die Häfen vergessen*
*und meine Füße den Weg.*
*Es wird nicht gesät und nicht geerntet*
*denn es ist keine Vergangenheit*
*und keine Zukunft,*
*kaum eine Bühne im Tag.*

*Nur der kleine*
*zärtliche Abstand*

*zwischen dir und mir,
den du nicht verminderst.*[250]

Hilde Palm sehnte sich in ihrer Verlassenheit mehr denn je nach ihrer Mutter. Doch die finanzielle Situation erlaubte die Reise nach Deutschland nicht, das Ersparte war durch Palms Vortragsreisen aufgebraucht.

Eine Woche vor ihrem 42. Geburtstag, im Juli 1951, hatte sich Hilde Palm wieder einmal allein auf den Weg in die Berge gemacht. Doch bereits die Anreise nach Constanza stand unter keinem guten Stern: Der marode Autobus brach bei den ersten Anstiegen zusammen, das Gepäck wurde nicht nachgeliefert, und die erste Nacht musste Hilde Palm bei einer Bekannten übernachten, da kein Häuschen zur Miete mehr frei war. Constanza machte einen verlassenen Eindruck, keine vertrauten Menschen erwarteten sie, die wunderbaren Hügel waren diesmal nur *monoton grün*, der Tropenhimmel *halb blau* – die Schönheit der Natur schien zu verblassen.[251] Ihre innere Einsamkeit demonstrierte auch die Wahl des völlig isolierten, von Stacheldraht umzäunten Holzhäuschens, in dem sie schließlich blieb. Der schwere Hurrikan »Charlie« verursachte Ende August Erdrutsche und Verwüstungen. Hilde Palm schien nur knapp einem großen Unglück entkommen zu sein, denn sie wünschte 1952, dass sie bei dem großen Erdrutsch doch lieber gestorben wäre. In der Hauptstadt schloss Erwin Walter Palm die Vorbereitungen für seine neue Mexikoreise ab.

In dieser depressiven Lebensphase glich die Nachricht vom Tode der Mutter Hilde Palms einer Explosion und zerriss all ihren Lebensmut. Am 2. September 1951 war Paula Lorden in Bad Neuenahr in der Kur an den Folgen einer Unterzuckerung gestorben. Der Tod der Mutter war für Hilde Palm *schlimmer als damals die Abfahrt des Schiffs, die Verstoßung, die Flucht aus Europa*[252], sie fühlte sich *einer Dimension beraubt.*[253] Hilde Palms Gedanken in dieser belastenden Situation kreisten vor allem um die Art und Weise, wie die Mutter zu Tode gekommen war. In ihren Augen war es ein *pathetischer Tod* gewesen, sie konnte sich nicht von dem Gedanken befreien, dass die Mutter ihren Tod bewusst riskiert, *mit dem Verzicht auf das Leben gespielt* hatte, bis es *sich plötzlich nicht mehr halten ließ*.[254] Immer und immer wieder entwarf sie in ihren Briefen an Palm die Thesen vom Selbstmord der Mutter und blieb hilflos mit dem Gefühl zurück, dass sie versagt hatte, weil sie ihr nicht zu Hilfe gekommen war. Hatte sich Erwin Walter Palm in dieser Situation mit dem Gedanken getragen, seine Mexikoreise zu verschieben oder gar abzusagen, um seiner Frau in ihrer Trauer beizustehen? Fest stand nur, dass, als sie *Halt suchte, nichts da war, woran sie sich hätte halten können.*[255] Erwin Walter Palm war zu seiner Vortragsreise aufgebrochen; in seinen Briefen an seine Frau wird der Tod der Mutter und die Verzweiflung darüber nicht thematisiert.

Mehr noch als der mangelnde Beistand erschütterte Hilde Palm die Erkenntnis, dass ihr der Gedanke an das Weiterleben nach dem Tod keinen Trost, sondern geradezu einen kindlichen Schrecken einflößte; würde die Mutter weiterleben, so würde sie von der desolaten Situation der Tochter erfahren, die sie immer zu verbergen bemüht gewesen war. Vor allem würde die Mutter entsetzt darüber sein, dass Palm seine Frau im Moment der größten Verzweiflung allein gelassen hatte.

Die Briefe des Bruders aus Deutschland verstärkten die Seelenqualen zusätzlich, auch John Lorden peinigten Selbstzweifel, weil er sich eine Mitschuld am Tod der Mutter gab. Hildes Ansicht nach hatte er ihre zunehmende seelische Vereinsamung zwar realisiert, aber billigend in Kauf genommen, dass die Mutter wenig fürsorglich mit sich selbst angesichts ihrer Krankheit umging. Er war mit seiner Bekannten in den Sommerurlaub gefahren und hatte die Mutter in einem Sanatorium in Bad Neuenahr untergebracht. Das Schreiben des amerikanischen Militärkrankenhauses bestärkte Hilde Palms Überzeugung, dass die Mutter ihren Tod durch Unterzuckerung ganz bewusst provoziert hatte, denn die Ärzte bescheinigten, dass der Diabetes für die Mutter nicht bedrohlich gewesen wäre, wenn sie sich an die medizinischen Indikationen gehalten hätte.

Hilde Palm suchte in den Reden Buddhas Trost für ihre Trauer; sie stellte vor dem Bild der Mutter *Blumen auf, weiße Dahlien, und brannte eine Kerze ab.*[256] – Riten der Trauerbewältigung, die die Jahre überdauerten und auch Jahrzehnte später in Heidelberg vollzogen wurden: Die Fotografien der Mutter, des Vaters und Erwin Walter Palms hatte Hilde Domin in der Mitte des Wohnzimmers wie auf einem Altar inszeniert und immer mit frischen Blumen umgeben. Auch der Bruder suchte in ähnlichen Gesten seine

## Santo Domingo: 1940-1951

Trauer um die Mutter zu bewältigen: er schlief *im Zimmer, wo die beblumte Urne*[257] stand, und hatte sie mit den Fotos von sich, Hilde und Erwin umrahmt.

Hilde Palms Lebensatem war kaum spürbar, die Natur schien sich ihrer Apathie anzupassen, die Tage vergingen *in einem schläfrigen Stumpfsinn. Kein Blatt regt[e] sich.*[258]

Schmerzlicher denn je empfand sie in dieser Situation ihre Kinderlosigkeit. Auch in dem Gedicht *Friedhöfe in der Landschaft*, das sie Erwin Walter Palm am 6. September 1952 zuschickte, thematisierte sie wieder den traumatischen Verlust; später benannte sie das Gedicht um in *Erste Reihe* und machte das Thema der Kinderlosigkeit auch durch den Titel zum zentralen Aspekt des Gedichts.

*Mutter, du zärtlich im Sarg*
*mit dem roten Halstuch,*
*als lägest du in einem Boot*
*und könnest nicht ausfahren*
*aus meinem Herzen.*

*Vater – und der ihn ersetzt,*

*ach, ihr verlaßt uns*
*mit hilfloser Geste,*
*euere Linie*
*bricht.*
*Wer sind wir,*
*um in der ersten Reihe zu stehn*
*und standzuhalten?*
*Und welche Zeichen halten wir hoch*
*für welches Gefolge?*[259]

Hatte der Bruder die Mutter im Sarg fotografiert? Das realistische Bild schien Hilde Palm nicht mehr loszulassen.

Seine Reise führte Erwin Walter Palm von September bis Dezember 1951 über Miami und New York nach Havanna, Paraguay und Mexiko. Wie immer wohnte er in New York bei dem Maler Vela Zanetti. Zanetti hatte mittlerweile in Künstlerkreisen einen Namen und führte Palm in die Zirkel und Literatencafés ein, wo er auch Peggy Guggenheim nach der flüchtigen Zusammenkunft in

## 8. Kapitel

England wiedertraf. Palm hatte Begegnungen mit der Dichterin Gabriela Mistral (*die charmante Gabriela ist nicht wiederzuerkennen*) *und die Begegnung mit den Städten* war ein Genuss für ihn.[260]

Hilde Palm trauerte in der Einsamkeit der Berge, Erwin Walter Palm pries in seinen Briefen, dass er *dieses sich treiben lassen* als außerordentlich *stimulierend* empfand.[261] Er gestand, dass er nicht nachempfinden könne, wie es eigentlich um die Stimmung seiner Frau bestellt war, *physisch und seelisch und wie die Tage die Heißen ins Leere gehen. Die Entfernungen sind so ungewöhnlich.*[262] So öffnete Hilde Palm seine Briefe wie einen großen *buntfarbigen Frühstückskorb der vor einem ausgeschüttet wird, so holterdipolter dass er wie eine Art Fata Morgana ist.*[263]

Meere trennten die Eheleute, die Entfremdung schien unüberbrückbar. *Ich weiß selbst nicht recht wieso und warum, aber seit einigen Tagen kommt es mir so vor als wärst Du unendlich weit weg. Deine Briefe, so nett und unterhaltsam sie sich lesen, geben keine Nähe mehr, und das in ihnen beschriebene Milieu, in das du immer weiter hineingekehrt bist, hat für mich etwas geradezu verdrießlich Leeres und Falsches. Deine Stimmung ist – wie ich vor Deiner Reise befürchtet – um Welten von meiner getrennt. Und wenn Du auch schreibst: »près de toi« so sind es Worte. Mit keinem oberflächlichen Gedanken denkst Du an mich. Du bist wie eine Kugel, die man einmal losgemacht hat und rollst dahin. Ich habe kaum mehr Lust Dir zu schreiben, so entfernt bist Du. Es macht mich ganz unsagbar verlassen (und ich schreib Dir lieber, als ich beginne es Dir übel zu nehmen).*[264] Mit seiner Lebensführung war sie überhaupt nicht einverstanden: *die Beschreibungen von dauernden Saufgelagen, wo Du gerade noch weggehst ehe es zu Tätlichkeiten kommt, die verbummelten Nächte, wo Du wenigstens um 3 zu Bett gehst [...] all dies kann ich nicht mit Bewunderung oder Billigung lesen, und dass es Dir zuträglich sein könnte, bilde Dir absolut nicht ein. Ich sehe keinen positiven Erlebnisgehalt für Deinen Verbrauch Deiner Ressourcen.*[265]

Doch längst schon hatte sich Erwin Walter Palm in Mexiko in die schöne, zierliche, kubanische Millionärin Maria Luísa Gómez Mena verliebt, die Kuba nach der Revolution verlassen hatte.

Sie war offenbar die Muse von vielen Künstlern, wurde immer wieder von Malern porträtiert. Ihretwegen hatte sich der Dichter und Filmemacher Manuel Altolaguirre 1949 von seiner Frau getrennt. Vor allem mussten die finanziellen Anreize der Kubanerin verführerisch geklungen haben. *An keinem Bild hält man zäher fest als an dem Bild von sich selbst.*[266] Maria Luísa lockte mit dem Schlüssel, der Palm die Tür zum Schriftstellerdasein öffnen könnte. Noch dazu in Mexiko-Stadt, der Stadt, in der er am liebsten in Amerika leben würde.

*So war es kaum erstaunlich, daß der Tag kam, an dem er einer fremden Gottheit verfiel, die einen mächtigeren oder doch handfesteren Schutz verhieß. Auch kaum ein Zufall, daß dieser Fahnenwechsel sich zu einem Zeitpunkt vollzog, an dem sie gerade sehr darniederlag, schutzbedürftig und nicht schutzverheißend.*[267]

Hatte sich Hilde Palm etwas vorzuwerfen? Ihr Versagen könnte darin bestanden haben, eher *zu viel, als nicht genug getan zu haben.*[268] Hilde Palm war psychisch und physisch entkräftet, kam nur noch mit Schlafmitteln zur Ruhe und brach im September 1951 mit einer schweren Lungenentzündung zusammen. Sie wurde mit dem Krankenwagen aus den Bergen nach Santo Domingo gebracht und fühlte sich dem Tod näher als dem Leben:

*Ach, ich möchte hinausgehen*
*und mich auf die Wiese legen*
*mit offenen Adern*
*und der Regen*
*stark wie ein Zug*
*soll über mich wegfahren*
*und mich so weiß machen*
*wie ein leeres Flussbett*
*oder die Anemonen*
*auf meiner Mutter Grab.*[269]

Das Einzige, was sie damals von einem Selbstmord abhielt, war paradoxerweise *die Angst, es gäbe keinen Tod. Da bekam ich, als ich nicht leben und nicht sterben konnte, das Wort. Das mir deswegen so heilig ist. Das ich nie verraten kann. Mit dem ich leben und sterben werde, solange es bei mir bleiben will.*[270]

Das Schreiben wurde ihr zweites Leben. Sie war *ein Sterbender, der gegen das Sterben anschrieb.*[271] Solange sie schrieb, spürte sie, dass sie lebte. Sie schickte die Gedichte auch ihrem Bruder, der ihr durch die Trauer wieder sehr nahegekommen war. John war von den Gedichten seiner Schwester beeindruckt, wusste nicht, *ob es die Sprache war, die Gedanken oder Deine Gefühle, die dabei zum Ausdruck kamen, da man solche Wortkombinationen nicht nur aus dem Intellekt schöpfen kann.*[272]

Anfangs hatte Erwin Walter Palm in seiner Frau den Glauben geweckt, gemeinsam mit ihr in Mexiko eine neue Zukunft aufzubauen. Doch Hilde Palm war einerseits sensibel und realistisch genug zu erkennen, dass *in diesem so ausgebufften Zirkel [...] die Blauäugigen sicher fehl am Platze*[273] waren, während ihr andererseits bewusst war, dass er *den Mexikanern sympathisch* war, wo er doch *so oft für einen gehalten*[274] wurde.

*Ach Liebster verzeih*
*daß meine Augen so blau sind,*
*sie sind nur ein zärtlicher Spiegel*
*für deine braunen.*
*Vergib meine strahlende Weiße,*
*sie ist nur dein hellstes Bett.*
*Der Falke meines Verstands*
*fliegt für dich auf die Jagd.*
*Sieh, alle meine Tiere*
*sind so bescheiden zu Diensten*
*als wären sie in den Teppich*
*zu deinen Füßen gewebt.*[275]

Hilde Palm sah kaum Handlungsspielraum. Ihre Briefe an Palm schwankten zwischen zärtlicher Lockung und verdammender Verachtung: *Weißt Du dass ich immer noch intensiv ans Kindermachen denke (und das wird dann als Mexikaner mit Pistole im Maul geboren, in einer der unmöglichen Wohnungen) Maispilze, gespickte Würmer und verfaulter Magensaft werden an seiner Wiege getrunken.*[276]

Die Liebe entglitt, doch paradoxerweise blieb die Unterwürfigkeit, mit der Hilde Palm selbst in dieser deprimierenden Situation ihren Mann umwarb, erhalten. Sie tippte seine Manuskripte, übersetzte seine Stunden und warb in der Universität um Verständnis für die Verspätung ihres Mannes – das Semester hatte längst begonnen. Erst Anfang Dezember 1951 kam Erwin Walter Palm aus Mexiko zurück.

Nach seiner Rückkehr war Erwin Walter Palm trotz der räumlichen Nähe weiter weg als jemals zuvor und jemals wieder. Die letzte Nacht des Schicksalsjahres 1951 musste verheerend und trostlos gewesen sein: *Jedes Mal wenn ich Letzte Nacht 1951 lese, muss ich weinen*, schrieb Hilde Palms Bruder[277], dem sie das Gedicht zugeschickt hatte, das in der Einsamkeit der Silvesternacht 1951 entstanden war.

Letzte Nacht 1951          *Unsere langen Schatten*

Uns're langen Schatten
im Sternenlicht
und der Wein auf der Erde.
Wie eng am Tode
führt unser Weg.
Oh Lieber, bedenk es,
wie geliehen wir sind,
wie flüchtig das Unsre,
das Gefühl und der Träger.
Was Du heute an Ich sparst
und nicht bis zum Rand gibst
ist morgen vielleicht
so traurig &
wie die Puppe
nach dem Begräbnis des Kinds.

Nur das klingende
bis zur äussersten
Haut des Herzens gespannte
Erlebnis gilt.

Unsere langen Schatten
im Sternenlicht
und der Wein auf der Erde
Wie eng am Tode
führt unser Weg
Oh Lieber bedenk es
wie geliehen wir sind
wie flüchtig das Unsre
das Gefühl und wir selbst
Was Du heute an Ich sparst
und nicht bis zum Rand gibst
ist morgen vielleicht
so traurig und unnütz
wie die Puppe
nach dem Begräbnis des
Kinds

Nur die klingende
bis zur äußersten
Haut des Herzens gespannte
Stunde besteht

Erst 1999 veröffentlichte Hilde Domin das Gedicht in ihrem letzten Gedichtband *Der Baum blüht trotzdem* und nahm dem Gedicht mit dem neuen Titel *Unsere langen Schatten* die persönliche Betroffenheit.

1951 aber zog Hilde Palm die Bilanz ihrer Liebe und ihrer weiteren Zukunft.

## 9. Kapitel

# Santo Domingo
# 1951-1952

*You write your plays with my blood*
(Hilde Palm an Erwin Walter Palm vom 22.9.1952)

Voller Hoffnung und Zuversicht waren Hilde und Erwin Walter Palm 1940 in der Dominikanischen Republik gelandet. Die persönliche Bilanz, die Hilde Palm zwölf Jahre später über ihre Zeit im karibischen Exil zog, ist dagegen Ausdruck der Enttäuschung, des Verletztseins und der Verzweiflung.

*Bilanz der Liebeszerstörung*

| | |
|---|---|
| *Blaue Augen* | *kleiner weisser Scheitel* |
| *Zärtliches Rund* | *verkümmerter Körper* |
| *Gesundheit* | *Fäulnis bis ins Lebenszentrum* |
| *Reinheit, Fähigkeit zum Glück* | *Zertretensein aller Gefühle, Fähigkeit zum Unglück* |
| *Gewohnheit der Liebe* | *Neuer Reiz,* |
| *Jugend des Herzens* | *Enttäuschung* |
| *Möglichkeit aus Nichts Viel zu machen* | *Möglichkeit aus Viel Nichts zu machen* |
| *Intelligenz, Sensibiltät* | *Sensibilität* |
| *Stilgefühl, Proportion der Werte, sicherer Geschmack* | *Zufall, natürlicher Geschmack* |
| *Guter Charakter* | *Gute Anlagen, verlogen* |
| *Bewährter Glaube an Dich* | *Record im Zerstören von Selbstvertrauen* |
| *[...]* | *[...]* |
| *Nur die Liebe zu Dir und dem Willen Dir zu dienen* | *Plattform zum äusseren Erfolg (gesellschaftl. Beziehungen, Windmachen,)* |

## Santo Domingo: 1951-1952

*Wir und was wir in uns tragen*     *Eine Pseudoheimat in der Du ein*
*lebendige zitternde Liebe*     *Einzelner bist.*

*Die Möglichkeit und das Wir*     *um aus einem Wrack was zu*
*(und wie viel vom Du?)*     *machen?*[1]
*zu zerstören*

Ihre Worte mussten auf Erwin Walter Palm ernüchternd gewirkt haben. Die Ausweglosigkeit dieser Beziehung nahm sie auch in ihrem Gedicht *Wen es trifft* auf – das dennoch die Chance zur Versöhnung bot. Die erste Fassung des Gedichts, die 1957 in *Die Neue Rundschau 68* veröffentlicht wurde, trug noch den Prolog:

*Welch perverse/Mode der Angst/schneidert uns Kleider/aus der Haut eines Du/als sei es ein Tierfell im Winter?/Die Krähe/fürchtet die Krähe nicht/aber der Mensch/ist des Menschen/bangste Begegnung.*[2]

Worte, die an Erwin Walter Palm gerichtet waren und die Enttäuschung formulierten, die im Gedicht das lyrische Ich zu verarbeiten hatte. Der Prolog wurde in die Erstveröffentlichung schon nicht mehr aufgenommen und in der zweiten Auflage von 1962 einer weiteren Korrektur unterzogen; waren es auch nur zehn Verse, die wegfielen, so stellten sie nun nicht mehr den Bezug zu einem Menschen her, der sich mit falschen Attributen schmückte. Das Gedicht war entindividualisiert und nicht länger ein Abbild der eigenen, unlebbar gewordenen Wirklichkeit. Es fror die Erfahrung jedes Exilanten exemplarisch ein. Damit war Hilde Domins schriftstellerische Rolle aber zugleich auf die der verfolgten Jüdin festgelegt.

*Wen es trifft,*     *Wen es trifft,*
*der wird aufgehoben*     *der wird aufgehoben*
*wie von einem riesigen Kran*     *wie von einem riesigen Kran*
*und abgesetzt*     *und abgesetzt*
*wo nichts mehr gilt,*     *wo nichts mehr gilt,*
*wo keine Straße*     *wo keine Straße*
*von Gestern nach Morgen führt*     *von Gestern nach Morgen führt.*
*und der Boden*     *Die Knöpfe, der Schmuck und die Farbe*
*aus hitzigem Eisen ist*     *werden wie mit Besen*

## 9. Kapitel

*wie in der Tanzbärschule*
*oder schlüpfrig und kalt*
*wie eine Eisbahn.*

*Die Knöpfe, der Schmuck und*
*die Farbe*
*und alle Geschichte*
*werden wie mit Besen*
*von seinen Kleidern gekehrt*
*bis neben ihm*
*ein Kapuzinermönch*
*zum Paradiesvogel wird.*
*Dann wird er entblößt*
*und ausgestellt*
*auf dem Marktplatz des Abfalls.*
1959[3]

*von seinen Kleidern gekehrt.*
*Dann wird er entblößt*
*und ausgestellt.*
1962[4]

Welche Entscheidungsfreiheit hatte Erwin Walter Palm in dieser Auseinandersetzung mit seiner Frau? Seine Pläne, nach Mexiko überzusiedeln, bedeuteten für ihn die (vielleicht letzte) Möglichkeit, das Labyrinth zu verlassen, in dem er seit zwanzig Jahren seine psychische und berufliche Identität suchte. Doch Hilde und Erwin Walter Palm waren in emotionaler und wirtschaftlicher Hinsicht so miteinander verwoben, dass der Faden, der sie vielleicht aus diesem Labyrinth hätte führen können, nicht leicht zu finden war.

Hilde Palm schien in jenen Tagen den Kampfgeist zu verlieren, der für sie seit ihrer Vereinbarung in Heidelberg 1932 die treibende Kraft gewesen war: den Partner vor der harten Realität zu bewahren und ihm selbst noch unter der Gefahr der Selbstaufopferung und Verleugnung des eigenen Ich einen unbeschwerten Weg zu höchster Anerkennung zu ebnen. Mit jedem Tag trieb sie nun aber *mehr zu den Schatten.*[5]

*Der Wunsch nach der Landschaft/diesseits der Tränengrenze/ taugt nicht,/der Wunsch, den Blütenfrühling zu halten,/der Wunsch, verschont zu bleiben,/taugt nicht.*[6]

Bisher hatte Hilde Palm jede Verwundung ihrer Seele aus eigener Kraft geheilt. Warum war diese Heilung jetzt nicht mehr möglich? *Warum ist mirs so schwer? Ja warum?*[7], fragte sie sich und versuchte, in einem langen Briefgespräch an Palm Antworten zu finden. Ihre Erregung beruhte nicht darauf, *dass die Leute sagen werden – und es in allen Büchern stehen wird – dass eine Andere die grosse Liebe*[8] seines Lebens war. Auch dass Palm und seine Geliebte aus Mexiko ernsthaft einen Kinderwunsch diskutiert hatten, war für Hilde Palm weniger ein Beweis tiefer Liebe als erneuter Ausdruck der Ichbezogenheit Palms. Er hätte *damit einen festen claim an sie und ihre finanzielle Unterstützung gehabt,* weil er sie *in einem sehr materiellen Sinne mit dem Kind verpflichten* konnte.[9] Wenn es nicht die Hinwendung zu einer anderen Frau war, was bewirkte dann die Panik, die offensichtlich von Hilde Palm Besitz ergriffen hatte?

Wenn sie in ihren Briefen um Formulierungen rang, mit denen sie ihre Liebe benennen wollte, so bediente sie sich wieder der französischen Sprache. Das schien weiterhin die eleganteste Lösung zu sein, um kaum Sagbares auszudrücken: Hilde Palm bilanzierte, dass das ihr geltende Begehren Palms für sie selbst *n'a pas duré plus que quelques heures et alors tu es reculé chaque fois comme un fou d'un état d'amoureux [...] et tu m'a fait payer les moments de bonheur* (nicht länger als einige Stunden gedauert hat, und dann hast du jedes Mal verrückt gespielt und dich unserer Liebe entzogen [...] und hast mich für die Momente des Glücks büssen lassen).[10] Hatte Erwin Walter Palm seine Frau für die Momente der Glückseligkeit bestraft, weil beider Liebe ein *Spiel mit dem Feuer*[11] war und er sich diese Liebe nicht zugestand? Hilde Palm war überzeugt, dass der Reiz, den die Mexikanerin auf ihren Mann ausübte, *das Herzklopfen des Verbotenen* provoziert hatte, besonders, wenn dieses *Verbotene nicht im bürgerlichen Sinne, sondern des vom eigenen Gefühl verbotenen* war.[12]

Einen anderen Zugang zum Verständnis der besonderen Liebesbeziehung der Palms bietet möglicherweise der Mythos von Amor und Psyche, mit dessen Bildern Hilde Palm ihren Mann ebenfalls beschwor – wieder in der französischen Sprache. Er solle sich doch an die Güte, die Psyche durch Amor erfahren hatte, erinnern: *la bonté avec Psyche ne peut être jamais un risque.*[13]

Dem antiken Mythos zufolge ist die Königstochter Psyche so schön, dass sich alle von der Schönheitsgöttin Venus abwenden. Venus befiehlt daraufhin, Psyche mit einem Dämon zu verheiraten, und beauftragt ihren Sohn Amor, diesen Plan in die Tat umzuset-

## 9. Kapitel

zen. Amor aber widersetzt sich den Anweisungen seiner Mutter, als er Psyche sieht, und entführt die Königstochter in ein entlegenes Schloss. Nacht für Nacht besucht er Psyche im Schutz der Dunkelheit – darauf bedacht, seine Identität nicht preiszugeben – und führt mit ihr ein erfülltes Liebesleben. Psyche kennt sein wahres Gesicht nicht: Erst als sie die Identität des Geliebten aufdeckt, fühlt Amor sich betrogen und verlässt die Geliebte. Welches Bild von sich wollte Erwin Walter Palm verbergen?

Hilde Palm beschwor einstweilen die gemeinsame Vergangenheit; religiös in der Argumentation, klingt der 1. Brief der Korinther, 13 an: *Die Liebe fragt nicht:* »*war ich gestern, werde ich morgen sein? Bin ich Gabe oder Raub am Selbst?*« *Sie erfüllte das Heute und lief auf beiden Seiten hinab in die – unwichtige – Ebene des immer, des Nicht-anders-Denkbaren, des Nicht-anders-Wünschbaren. [...] Hier auf der Insel, im Erschlaffen des Heute, haben wir von dem unverdaulichen Brot der Zukunft gefrühstückt und es uns jahrelang mit der gefährlichen Marmelade des Gestern bestrichen (Parole* »*Rentner des Erlebten*«*). Oft, wenn wir in die süssen Töpfe des Gestern griffen, hatte ich ein unbestimmtes Gefühl von Trauer, als bestählen wir uns. We did. Die verbotene Kost, von der zu schwachen Gegenwart nur unregelmässig ins Gären gebracht, hat uns wie Steine im Magen gelegen und uns, wie Du sagst,* »*schwer gemacht*«*, schwer wie Karrengäule. [...] Du aber vergiss die Angst und betrüge Dich nicht mit der Zukunft.*[14]

Im Jahr 2003 hat Hilde Domin diese Verse zu ihren wichtigsten Bibelversen erklärt[15], die Bilder aus ihrem Brief nahm sie auch 1960 in ihrem Gedicht *April* wieder auf, denn der Konflikt sollte noch viele Jahre schwelen: *Die Welt riecht süß/nach Gestern./Düfte sind dauerhaft./[...]/Die Luft riecht heute süß/nach Gestern –/das süß nach Heute roch.*[16]

Erwin Palm jedoch wollte keine Veränderung. Bislang hatte Hilde ihm *sanft von hinten seinen Arm* gestützt, *ohne dass es auffiel. Sie selber so unsichtbar, als habe sie eine Tarnkappe aufgehabt.*[17]

Auch bildlich veranschaulichte sie ihr Dilemma:

Im Spiegel der Realität musste »Dorian Gray Aff« erkennen, dass er den *Hasen* nicht verleugnen konnte. Allerdings schien Hildes Verhalten Erwin Walter eher noch in seinen Fluchtgedanken zu bestärken.

Die wirtschaftliche Notlage, die sich seit März 1951 dramatisch verschärft hatte, konnte die vermögende Mexikanerin lindern. Die Lehrerlaubnis für Erwin Walter Palm war von der Universität nur bis März 1951 verlängert worden, und der Hochschuldozent war verzweifelt auf der Suche nach neuen Erwerbsquellen. Im Oktober 1951 hatte Hilde Palm für ihren Ehemann um Verlängerung der Lehrerlaubnis gebeten, die der »Excelentísimo Señor Presidente« vom 18. Oktober bis zum 18. November 1951 noch einmal gewährte; für seine Vorträge und Studien in Panama und Honduras war der Titel des Hochschulprofessors ein unerlässliches Attribut zur Legitimation seiner Vorträge.

Die Verlockungen der mexikanischen Generalswitwe konnten folglich zu keinem passenderen Moment kommen. Zumal der Wunsch nach finanzieller – und damit persönlicher – Freiheit wohl schon länger in Erwin Walter Palm schlummerte. Im Januar 1951 hatte er die Frankfurter »Deutsche Effecten- und Wechsel-Bank« angeschrieben und Auskunft über noch bestehende Konten und Depots seiner Verwandtschaft verlangt. Von dem »International Tracing Service« in Bad Arolsen hatte er im Herbst 1951 die trau-

## 9. Kapitel

rige Bestätigung erhalten, dass seine Großmutter am 18. August 1942 nach Theresienstadt deportiert worden *und von dort nicht mehr zurückgekehrt* war.[18] Waren alle Verwandten im Holocaust umgekommen, so war Erwin Walter Palm der einzige legitime Erbe seiner Großmutter und seiner Stiefmutter. Zur Unterstützung seiner Recherchen setzte er sich auch mit der »American Federation of Jews from Central Europe« in Verbindung.

Die Antwort der Leiterin des Verbands vom 12. März 1952 musste schockierend gewesen sein. Sie sprach Palm das Recht auf Entschädigung im Falle seiner Stiefmutter ab – das Amtsgericht Frankfurt hatte der New Yorker Behörde mitgeteilt, dass eine Anna Palm am 18. August 1946 von Bremen aus in die USA ausgewandert sei! Lebte die Stiefmutter noch?

Die Monate bis zur Aufklärung der Umstände müssen in vielerlei Hinsicht zermürbend und beunruhigend gewesen sein. Anna Palm hatte 1938 eine Auswanderungsnummer beantragt, doch die Korrespondenz aus jener Zeit hatte bezeugt, dass Anna Palm sie nicht eingelöst hatte. Eine andere Frau musste also mit Anna Palms Papieren 1946 in die USA eingereist sein. Doch deren Spuren hatten sich verloren, ihre Identität konnte nie geklärt werden.

Erwin Walter Palm wurde 1953 ein »beschränkter Erbschein« ausgestellt. Zu diesem Zeitpunkt hatten sich die Palms jedoch schon auf eine neue Lebenssituation eingestellt. Die Wiedergutmachungsangelegenheit ruhte vorerst. Hatte Hilde Palm von diesen Nachforschungen gewusst? In der Korrespondenz gibt es darauf keinerlei Hinweise.

Hilde Palm rettete sich wieder in die Dichtung. Die Heftigkeit, mit der Erwin Walter Palm auf die Poesie seiner Frau reagierte, lässt sich aus den Briefen nur erahnen; dem ewigen Kampf um die Anerkennung des wahren Dichters schien wieder ein dramatischer Streit vorausgegangen zu sein. Hilde schilderte 1952 auch Palms Jugendfreund Ernst Caspari ihr Dilemma: *In mir sind allerlei Riegel gesprungen [...] unter anderem habe ich begonnen zu dichten. Erwin ist so entsetzt als ob die Katze auf einmal Eier legte, dann ärgerlich »wegen Musenabfang«. Man kann nur hoffen, dass der Tag fern ist wo mir ein Gedicht gelingt, das ihm besser gefällt als die eigenen. [...] Dazu kommt, dass wir aus demselben Brunnen schöpfen.*[19] Tatsächlich wurde der Konflikt dadurch verschärft, dass die Palms durch ihre gemeinsame Übersetzungsarbeit »aus demselben Brunnen« schöpften. Doch immer setzte Hilde die Bilder souveräner um.

*Der Atem*  *Die Drossel die den Ton*
*in einer Vogelkehle*  *umdreht*
*der Atem der Luft*  *in der Kehle,*
*in den Zweigen.*[20]  *ihn zurücknimmt,*
  *schluchzt*
  *und ihn ausgibt [...].*[21]

Und genau in dieser dramatischen Zeit wurde Hilde Palm zum zweiten Mal schwanger, doch sie erlitt 1952 eine Fehlgeburt. Die Grenze des Erträglichen schien überschritten zu sein.

*Die Berge zwischen uns,*
*so sehr viel Luft*
*zwischen mir und niemand.*
*Ich bin allein*
*in sehr viel Luft.*[22]

Nach offenbar massiven Auseinandersetzungen floh Hilde Palm – am ganzen Körper *braun und blau und rot*[23] – in die Bergwelt Haitis. Die »conditio humana«: nicht im Stich zu lassen und nicht im Stich gelassen zu werden, ohne die für Hilde Palm das Leben nicht lebenswert war, schien in diesem Augenblick verwirkt. Hilde Palm fühlte sich bestraft wie ein Kind, das man

*[...] zum Knieen zwingt*
*auf dem großen Reibeisen*
*und ihm einen Stein auf den Kopf legt*
*damit der Schmerz ganz nah sei*
*oder es an den Balken der Hütte bindet*
*und ein Feuer aus Maisblättern macht*
*und ihm die kleinen Füße versengt,*
*so strafst du mich grausam*
*als der Tisch schon*
*zum Feste gedeckt war. Und ich,*
*ein Genesender,*
*die Schuppen der Narben verlor.*[24]

## 9. Kapitel

*Die Bürger der Dominikanischen Republik und die dort lebenden Haitianer sind nicht nur wirtschaftlich, sondern auch kulturell getrennt: Sie sprechen unterschiedliche Sprachen, kleiden sich unterschiedlich, nehmen andere Nahrungsmittel zu sich und sehen im Durchschnitt auch verschieden aus.*[25] Hilde Palm hätte mit ihrer Flucht nach Haiti die Entfremdung zwischen sich und ihrem Mann nicht deutlicher markieren können. Selbst die Natur hat eine *scharfe, gezackte Linie, [...] wie mit einem Messer quer über die Insel gezogen.*[26] Zwanzig Kilometer von der Hauptstadt Port-au-Prince entfernt, auf 1500 Meter Höhe, in Kenscoff, mietete sie sich ein Holzhäuschen, das von dichtgrünen Pinien- und Eukalyptuswäldern umgeben war. Von der Terrasse des »Chalet des Fleurs« aus, konnte sie den Blick in der klaren Bergluft kilometerweit bis zum Meer schweifen lassen und in Momenten großer Einsamkeit fühlte sie sich, *als hätte [sie] soeben [in Kenscoff] in der Sonne auf der Terrasse gesessen, und auf das kleine blaue Dreieck des Meers hinuntergesehen.*[27]

*Ich richte mir ein Zimmer ein in der Luft*
*unter den Akrobaten und Vögeln:*
*mein Bett auf dem Trapez des Gefühls*
*wie ein Nest im Wind*
*auf der äußersten Spitze des Zweigs.*[28]

In der Natur hatte Hilde Palm immer Trost gefunden, und die räumliche Trennung hatte sie und Erwin stets in der Einsicht bestärkt, dass sie ein Ganzes bildeten, das Hilde Palm auch diesmal wieder beschwor: *alles Beste in Dir, alles Beste in mir, ist <u>unser</u>.*[29] Im Moment der größten seelischen Erregtheit übersteigerte sie ihre Selbsteinschätzung bis hin zur Apotheose ihrer selbst: *Du weißt es selbst, ich bin, neben Deinem Schaffen, das Reine, das Göttliche das Dir gegeben wurde. Ich schreibe es ohne Stolz, ich bin nicht mehr als das Gefäss – und so unendlich zerbrechlich.*[30]

*Wer schreibt, versucht zu entkommen, entlastet zu werden von einer unerträglichen Umgebung und Situation.*[31] Entkommen war Hilde Palm, und nun drängten ihre Worte wie durch eine Vulkaneruption an die Oberfläche, nachdem sie schon seit Langem in ihrem Inneren eingeschlossen waren. Die kreative Triebkraft der enttäuschten Liebe ist gleichwohl kein neues Phänomen; seit eh und je ist die *sterbende Liebe [...] der vollkommenste [Poet]*.[32]

Die Sprache, die Hilde Palm für den so fernen Partner wählte, war wieder Französisch. Ihre Briefe zeugten einerseits von solch zärtlicher Poesie, dass Erwin Walter Palm riet, das Französische *in [die] deutsche Sprache zu incorporieren*[33], andererseits thematisierten sie immer wieder den Schmerz über das verlorene Kind, das sie nicht *haben durfte*[34]; ein Schmerz, der sich wie ein rotes Band durch Hilde Palms Gedichte und Leben zieht: *Das kleine rote Band*[35] – ein Symbol für das Ungeborene, das sie dennoch nie verbunden hätte – war endgültig zerschnitten. Nur ein Jahr später in New York, nach einer erneuten niederschmetternden Enttäuschung, verbrannte sie das reale kleine rote Band, das sie so lange in einem Brief aufbewahrt hatte – was immer sie auch damit zu bewahren versucht hatte.[36]

*Versengter Geruch meiner Hand,*
*ich bins nicht.*
*Weißes Haar auf dem Hals,*
*nicht du.*

*Aber ein einziger Schnitt und*
*auf dem kleinen roten Band,*
*das nicht wir sind,*

*fährt das Unsere hinaus*
*wie eine Schnur von Schleppkähnen*
*rheinabwärts.*

*Alles verläßt uns*
*auf dem kleinen roten Band,*
*das nicht wir sind.*

*Der feuchte Fleck*
*wie vergossenes Öl*
*oder verschütteter Wein,*
*waren wirs?*[37]

Wie üblich enthielten sich Erwins Briefe jeglicher despektierlicher Emotionalität, eher vermitteln sie Besonnenheit, Charme und Ruhe.

## 9. Kapitel

Er lobte seine Partnerin, dass *sie ein Dichter geworden* war.[38] *Von jetzt an Sternlein ziehe Deine eigne Bahn!*, ermunterte er und hoffte, dass sie *wirklich ein anderes Leben angefangen* hatte.[39] Die vielen Telegramme, die Maria Luísa aus Mexiko in dieser Zeit in die Avenida Independencia schickte, belegen, dass auch er längst andere Bahnen zog: *Estare puerto rico hilton hotel domingo noche mil cosas.*[40] »Ich werde Sonntag Nacht im Hilton Hotel in Puerto Rico sein«, lockte Maria Luísa und versprach ihm »tausend Dinge«.

Hilde Palm war überzeugt, dass er mittlerweile an ihren *Tod mit Gleichmut*[41] dachte.

Ihre Gedichte waren in dieser verzweifelten Lage die einzige *Rettung vor Selbstmord oder Irrenhaus [...] und abgesehen von dem Trost in der verzweifelten Einsamkeit, war es doch etwas wie die Höhlenzeichnungen der Primitiven.*[42]

Hilde Palms sinnliche Gedichte zeichnen tatsächlich in einfachsten Bildern ihre Sehnsucht nach menschlicher Nähe, gepaart mit Erotik: *herrliche[] [...] fast schon die Grenze erreichende erotische Gedichte.*[43] Sie entsprangen den Briefen, die sie an ihren Mann richtete. *[A]ch ich möchte dass Du mich ansiehst so wie Du es manchmal (selten) tust: Deine Augen in meinen, Dein Mund auf meinem, ich in Deinem Arm – bis nur noch Du da bist.*[44]

*Dein Mund auf meinem.*
*Ich verlor allen Umriß.*
*Tausend kleine Blüten*
*öffneten ihre Kelche*
*auf meinem Körper.*

*Du küßtest mich zärtlich*
*und gingst.*

*Trockene Scham wie ein Feuer*
*stand rot mir*
*auf Bauch und Brüsten.*[45]

Doch gerade ihre erotischen Gedichte widersprechen dem, was Hilde Domin später als Ursache für ihr Schreiben heranzog: sie habe aus Schmerz über den Tod der Mutter begonnen, Gedichte zu schreiben. Auf die Frage, warum sie dann ausgerechnet erotische Liebesgedichte schrieb, blieb sie eine Antwort schuldig.

Schon in jenen Tagen entwickelte Hilde Palm die Grundgedanken einer Poetik ihrer Gedichte, die sie später in ihren Essays zur theoretischen Grundlage ihrer Dichtkunst weiterentwickelte und in ihrem Nachwort der Anthologie *Nachkrieg und Unfrieden* ausführte: Ein Gedicht sollte ein *Erfahrungsmodell* sein, die darin eingefangene Zeit ein *gefrorener Augenblick, den jeder Leser wieder für sich ins Fließen* bringen kann.[46]

Im Sommer 1952 war Hilde Palm zur Dichterin geworden und hatte damit den Kampf um ihre schriftstellerische Akzeptanz eröffnet, der noch lange währen sollte. Dass sie damit in die Domäne ihres Mannes eindrang, war ihr wohl bewusst, sie entschuldigte sich deshalb im Anschluss an ein kleines Gedicht: *apologies for »pfuschen in Dein Handwerk«*.[47]

Nach Haiti schien eine Trennung des Paares schließlich unausweichlich. Trost spendete ihr in jenen Tagen die Korrespondenz mit ihrem Bruder in Deutschland. Sie schickte John Lorden ihre Gedichte, die ihn tief berührten. Er hatte bisher nichts von der poetischen Kraft seiner Schwester gewusst. Er war sich auch nicht sicher, ob die Gedichte *fremde Leute auch so beeindrucken würde[n], oder ob es mehr eine intim persönliche Sache ist, basiert auf unseren gemeinsamen Gefühlen und Leiden*.[48]

Offensichtlich wusste Hilde Palms Bruder auch nichts von der desolaten Lage, in der sich seine Schwester befand, denn sie hatte als Grund für ihren Aufenthalt in Haiti ihren Wunsch nach Luftveränderung genannt. Allerdings zeigte sich John erstaunt darüber, dass Hilde ihren Geburtstag allein verbrachte, wo sie doch ihr *celebrieren immer so besonders feierlich und schoen* betrieben hatten.[49] Auch wenn sie sich nach außen weiterhin bemühte, das Bild einer harmonischen Beziehung aufrechtzuerhalten, so spürte der sensible Bruder, dass seine Schwester in einer *alarmierenden Stimmung* war.[50] Doch er konnte sich darauf keinen konkreten Reim machen. Hatte er sich auch seine Gedanken darüber gemacht, warum ihm Hilde Palm von der Natur und den Möglichkeiten, in Haiti günstig eine Immobilie zu erwerben, vorschwärmte? Vieles deutet darauf hin, dass Hilde Palm 1952 mit dem Gedanken spielte, mit ihrem Bruder auf Haiti ein neues Leben zu beginnen. Und John Lorden schien nicht abgeneigt, denn auch er hatte in den zurückliegenden Jahren von vielen Illusionen lassen müssen und fühlte sich einsam.

Im September 1952 jährte sich der Todestag der Mutter zum ersten Mal. Das idyllische Häuschen in Oberammergau hatte John Lorden gegen ein kleines Zimmer eingetauscht, das die Armee ihren Angehörigen zur Verfügung stellte. Dort holten ihn die Erinnerungen an die Mutter nicht ein. Seinen Hund hatten Freunde aufgenommen, und mit seiner neuen Bekannten hatte er noch keine glückliche Beziehung aufgebaut. Infolgedessen konnte er sich durchaus einen Richtungswechsel in seinem Leben vorstellen.

Waren es die Gedichte seiner Schwester, die John Lorden animierten, auch seinen Gefühlen in eigenen Gedichten Ausdruck zu verleihen?

*Wenn an nebelkalten Herbstmorgen/blattlos die Bäume im Frühreif funkeln./Oder am Nachmittag/wie schlotschwarze Filigranwolken/gegen die untergehende Sonne schweben,/wer fragt dann noch nach dem Aroma der Frucht/oder nach der Farbe der Blätter?/Wichtig bleibt nur,/dass die Früchte früh genug reiften um die Kinder zu nähren,/und die Blätterkrone dicht genug war/um müden Wanderern Schutz/gegen die brennende Sommersonne zu spenden. [...]*[51]

Die Verse, die er Hilde Palm schickte, gefielen ihr <u>ganz im Ernst</u>.[52] Mit kleinen Verbesserungsvorschlägen schickte sie ihm das Gedicht zurück: ruhig noch weniger Kommata solle er setzen, und *ob schlotschwarze Filigranwolken letztlich ein gelungenes Bild ist, ist die Frage, weil man bei Schlot an Rauch, und somit an etwas Dichtes, gerade Unfiligranmäßiges denkt.*[53] Sie schrieb ihm, dass sie ein ähnliches Gedicht verfasst hatte, der Titel ist nicht überliefert, doch die poetischen Bilder John Lordens schienen im Oktober 1957 im Gedicht *Bitte* durchzuscheinen, der Tenor war ähnlich.

*[...]*
*Daß die Frucht so bunt wie die Blüte sei,*
*daß noch die Blätter der Rose am Boden*
*eine leuchtende Krone bilden.*[54]

Erwin Walter Palm dagegen hoffte, mit Prosa das zu erreichen, was ihm mit seiner Lyrik versagt blieb. In seinen Dramen *Cortés und*

## Santo Domingo: 1951-1952

*Marina* und *Labyrinth* stellte er sein persönliches Dilemma dar: die Schwierigkeit des Entkommens aus dem übermächtigen (inneren) Gefängnis. Die weibliche Retterin in *Labyrinth*, die wie Ariadne dem Mann aus seinem labyrinthischen Gefängnis heraushilft, nimmt ihn durch ihren großherzigen Rettungsakt jedoch wieder gefangen.

Die wahre Rettung bietet letztendlich nur die Flucht vor der Retterin selbst. In Erwin Walter Palms *Labyrinth* kann man in der Retterin unschwer die Züge Hilde Palms erkennen oder – wie es die *Aachener Nachrichten* am 2. Juni 1955 nach der Uraufführung in Deutschland lakonisch auf den Punkt brachten – den Drang eines jungen Mannes, *der der Frau überdrüssig wird und sich aus dem Staub macht*.[55] Auch Hilde Palm war klar, dass das, *was im Cortés an Problemen abgehandelt ist, das Resultat unseres Lebens, unserer täglichen Analyse [ist]: auch die darin verkochte (verhehlte?) erotische Erregung hat mit ihr kaum mehr zu tun als dass sie uns als eine Art Peitsche gedient hat*[56], gab Hilde Palm dem Partner zu bedenken. Dass Palm sein Drama der mexikanischen Geliebten widmete[57], war einerseits ein Hieb in die schon klaffende Wunde, forderte aber andererseits den Kampfgeist Hilde Palms umso mehr heraus. Der Gegenangriff kam zunächst verbal: *Wenn wir nach Mexiko gehen, so gehe ich mit einem Revolver, wie ich Dir vor Monaten gesagt habe. Und wenn auch nur der kleinste Zweifel in Deinem Auge ist, so [...] mache ich ein Exil, das Stil hat, das verspreche ich Dir. Die Idee, dass Du Maria Luísa im Tête-à-Tête den Cortés vorliest, schlage dir aus dem Kopf.*[58]

Hilde Palm war nicht gewillt, ihren Mann kampflos und ohne sie nach Mexiko reisen zu lassen, und hatte das auch Maria Luísa deutlich gemacht, mit der sie unterdessen Briefkontakt aufgenommen hatte.

Sie hoffte bis zuletzt, dass die zwei Dramen Palms kathartisch auf ihn wirken könnten und er sich seine Probleme *auf diese Weise von der Seele schriebe und es eine Selbstbehandlung wie auf der Couch des Psychiaters*[59] werde. Nur auf der Bühne sollten die beiden Stücke nicht gezeigt werden, denn das empfand sie als *eine Zeitbombe gegen [ihr] Leben*.[60] Vor allem, weil es nur seine *poetische Rache* an ihr war.[61]

## 9. Kapitel

Hilde Palm war vor ihrer Flucht nach Haiti mehrfach aus dem Haus geflohen, hatte sich mit dem Gedanken getragen, *mit dem Nächsten Besten zu schlafen*, nicht um nur Palm zu verlassen, *sondern die Männer en bloc*.[62]

*Harte fremde Hände*
*sollen über mich fahren*
*wie Pflüge*
*und deine Wurzeln zerreißen.*
*Ich will meinen Körper einreiben*
*mit fremdem Schweiß*
*wie mit einer beizenden Salbe*
*dass alle Poren vergessen*
*wie du riechst.*
*Haare ohne Namen*
*sollen auf meiner Haut liegen*
*wie Tannennadeln auf dem Waldboden,*
*andere Lippen die Augen küssen*
*die für dich weinen.*

*Und meine Seele, die dich sucht*
*so natürlich*
*wie abends ein Vogel über das Meer fliegt,*
*verliert die Richtung*
*und kommt*
*nie wieder an Land.*[63]

Palm schickte sein Stück *Cortés und Marina* dennoch im Juli 1952 an Hilde Palms Bruder nach München mit der Bitte, es dort schon aufführen zu lassen. Am 12. April 1954 wurde es nach der Rückkehr Palms nach Deutschland auf Veranlassung von Willi Kronauer (Bayerisches Kultusministerium) in München öffentlich vorgelesen, und *Labyrinth* wurde am 23. Mai 1955 in Darmstadt uraufgeführt.

Was beunruhigte Hilde Palm an diesem Stück so sehr, dass sie Angst vor der *humiliation in public*[64] hatte? War es nur die Erkenntnis, dass der »Zaubermantel« der »Hasengöttin« zerschlissen war und der schutzbedürftige »Aff« dabei war, sich vom Schutzschild der »Hasengöttin« zu befreien?

## Santo Domingo: 1951-1952

Hilde Palms kleines Theaterstück (in spanischer Sprache) *Schizophrene Unterhaltung über ein unconvenierendes Thema*, das sich in ihrem Nachlass im Deutschen Literaturarchiv Marbach befindet, war eine Replik auf Palms ironische Äußerung über ein Gedicht seiner Frau. Es zeigt ansatzweise, dass sich Hilde Palm ihrer eigenen Fehler bewusst war. Sie hatte ihrem Mann immer die Türen geöffnet, noch bevor er anklopfte, und ihn dadurch einem Handlungszwang unterworfen, den er strikt ablehnte.

Doch es legte auch das Dilemma ihrer Liebe offen durch die Worte, die sie dem *Aff* in den Mund legte: *Ich liebe Dich so neutral (»con un calor uniforme«) wie ein zärtlicher Bruder im Inzest oder wie ich meine Mutter liebe oder wie Ledige, die zusammenleben und ihre Gespräche lieben oder fast wie mich. Oder wie eine impotente Göttin, die man zwingen muss Wunder zu vollbringen.*[65]

Hilde Palm durchwanderte in diesem Dialog alle Sprachen, rang auf Englisch, Französisch, Spanisch und Deutsch um Erklärungen, die die Problematik ihrer Liebe zu benennen imstande wären.

Erwin Walter Palm brach nicht aus der Beziehung aus, die ihm Freiheit und Gefängnis zugleich war: Zum Geburtstag hatte er seiner Frau Blumen nach Haiti geschickt, dann reiste er selbst nach und flehte im *Hotel Commander auf Knien um Vergebung*.[66]

*Wie trag ichs,*
*im vollen Süden*
*deines Gefühls gewachsen,*
*daß du im Zwielicht*
*ganz wie ein Kranker*
*mir schweigend dein Herz bringst,*
*dies mein eigenstes Eigen,*
*als sei es gestohlenes Gut.*[67]

Maria Luísa, Palms Geliebte, heiratete Manuel Altolaguirre. Ihr tragisches Schicksal sollte Hilde Domin 1959 noch einmal berühren.

Hilde Palm befürchtete, dass ihr durch ihre Flucht in die Gedichte *auf der Seite des Rationalen und der Energie etwas* abhanden kommen könnte.[68] War es rational, die Hand, die sie strafte, wieder reinzuwaschen? Die Sehnsucht nach der liebenden Hand, die man nicht fürchten muss, verarbeitete sie ein Jahr später in ihrem langen Gedicht *Wen es trifft*.

Als sie 1955 in München ihrem Mann seine Lieblosigkeit vorwarf, griff sie die traumatischen Begebenheiten erneut auf: *Mein Lieb, ich knie vor Deinem Bett auf dem Boden wie ich es so viele Nächte getan habe, Du weißt. Und ich küsse Deine Hand, die mich geschlagen hat und die ich abgewaschen und die wieder so ganz ein Instrument der Zärtlichkeit geworden ist: bei all dem was uns so neu zurückgegeben wurde, bitte ich Dich, mein Lieb: [...] sei gut zu uns.*[69]

In Haiti näherte sich Hilde Palm ihrem Mann wieder in vielen kleinen, zärtlichen Briefen – vorwiegend in französischer Sprache –, und sie mobilisierte in jenem August 1952 alle Kräfte, die der alten »Hasengöttin« noch innewohnten. Sie knüpfte an die Kontakte ihres langen USA-Aufenthalts von 1947 an und schrieb in Palms Namen an die »John Guggenheim Memorial Foundation« (die Unterschrift Palms machte sie ja immer noch gut genug). Dr. Henry Moe, der Vorsitzende der Stiftung, hatte ihr damals in New York mit seinem Rat hilfreich zur Seite gestanden und die Konditionen für ein Stipendium mit ihr besprochen. Offensichtlich war ein erster Antrag auf das Guggenheim-Stipendium bereits abgelehnt worden, nun schickte sie Palm den Durchschlag des zweiten Bewerbungsantrags nach Santo Domingo zu:

> Dear Mr. Moe,
> Meanwhile I have received the publications I submitted to the Guggenheim Foundation. But though you yourself encouraged me to submit a renewed application for this year, so far I have had no hope of a positive outcome and can only regret to bother more of scholarly friends on behalf of this. I feel I should inform you of this omission.[70]

Das Guggenheim-Stipendium sah mittlerweile eine jährliche Unterstützung von dreitausend Dollar vor – das war viel, aber nicht genug, um zu zweit in New York davon leben zu können. Wieder einmal ließ die Freundin und Förderin Frieda Warburg Hilde Palm nicht im Stich: Mit ihrem Scheck über zweitausend Dollar konnten die Palms das Guggenheim-Stipendium annehmen.

## Santo Domingo: 1951-1952

Erwin Walter Palm hatte seine Frau gebeten, zurückzukommen. Er erwartete ihre Antwort in Haiti im »Maison Sabalat«. Dorthin war er ihr nachgereist, dort erreichte ihn ihr handschriftliches Telegramm:

*Liebster, ich komme ohne Conditionen zurück. Aber erwarte nicht, dass ich glücklich bin in diesem cochmar – und dass ich Dich glücklich machen kann. Tout le même, vergib mir, ich will Dich nicht überstürzen. H. Gib dem Überbringer 50 centimes (10 cents)*[71] – die alten Beziehungsmuster waren wieder aufgenommen worden. Aber Hilde Palms Wille zum Kampf schien gebrochen:

*Ich bin eine bunte*
*Topographie.*

*Blaue und rote Fahnen*
*auf weißem Grund*

*markieren die Hügel*
*wo aller Widerstand*

*der rebellischen Heere*
*deinem Durchbruch erlag*

*und meine Soldaten*
*zum Feind desertierten.*[72]

(Sie spielt hier auf die Flagge der Dominikanischen Republik an, die ein weißes Kreuz auf rot-blauem Hintergrund zeigt.)
*Lieber, rechne mir doch die Welt nicht an, die so stachlig ist. [...] Und schon ganz mein Herze: wie soll mir nicht der Mut sinken, wenn Du mich für Deinen Erfolg verantwortlich machst. Da bin ich wie ein kleiner Soldat mit einem Maschinengewehr der einen Hügel gegen eine Armee halten soll: Du sagst »Wenn Dir nur einer meiner verhassten Feinde entkommt, so will ich Dich kreuzigen«. Wie soll der kleine Soldat da Kampfgeist haben?*[73]

Von den poetischen Versuchen in der Dunkelkammer des provisorischen Fotolabors in der Avenida Independencia bis zur Geburt der Dichterin in der haitianischen Höhenluft von Kenscoff waren nur eineinhalb Jahre vergangen. Bis zum Herbst 1953 in New York

## 9. Kapitel

hatte die Lyrikerin nach eigenen Angaben *150 oder 200 Gedichte [...] sehr rasch hintereinander*[74] geschrieben; in der Anthologie *Gesammelte Gedichte* sind aus der Zeit in Santo Domingo und Haiti zweiundzwanzig Gedichte aufgenommen. Der Nachlass im Deutschen Literaturarchiv Marbach bestätigt diese hohe Zahl der Anfangsgedichte nicht. Hat Hilde Domin ihre Gedichte aus jener ersten Schaffensperiode als so überwältigend empfunden und zahlenmäßig so überschätzt? Oder waren etliche Gedichte einer Vernichtungsaktion zum Opfer gefallen, um die Eifersucht Erwin Walter Palms auf die poetische Kraft seiner Frau zu besänftigen? Denn als Hilde Domin im April 1959 in der Klausur von Astano ihre Manuskripte sichtete, zählte sie siebenundzwanzig Gedichte, die sie aus der Zeit vor ihrem USA-Aufenthalt gerettet hatte, *wie gesagt, nur zum Teil die, die ich dachte [...] es tut einem die Schreiberin fast leid.*[75]

Die Gedichte sind nicht von karibischer Leichtigkeit, sondern thematisieren Einsamkeit, Verfolgung, Schrecken, Trauer und Sehnsucht nach Liebe – Stimmungslagen, denen jeder Exilant ausgesetzt war, Stimmungstiefen, die die Abgründe einer desolaten Liebe spiegeln. Sie können so als *poetisches Ausdrucksmittel einer individuellen Lebenserfahrung*[76] gewertet werden und transportieren doch exemplarische Gefühle; sie sind Erlebnisträger, die sich längst von der Autorin gelöst haben. In Hilde Domins Gedichten werden die Leser *die nervös-vibrierende Gespanntheit einer sensiblen Seele und die Kurzatmigkeit der Gejagten, Verfolgten,* nachempfinden.[77]

Fast zwanzig Jahre später, 1969, wird Hilde Domin ihre Exilerfahrungen in einen neuen Kontext stellen. Das *gewaltsame und unfreiwillige Herausnehmen aus dem normalen Kontext,* die daraus resultierenden *Identifikationsprobleme*[78] sind Erfahrungsmodelle, wie sie der Exilant oder auch der aus der Liebe Vertriebene macht. Beide haben den Verlust von Vertrauen erlitten, das die Basis für die »conditio humana« ist. Das Interesse konzentrierte sich auf das eigene Überleben. Es war eine Lebensphase, die erforderte, dass man nach Halt suchte: *Meine Hand/greift nach einem Halt und findet/ nur eine Rose als Stütze.*[79] »Die Rose als Stütze« wurde später gedeutet als die deutsche Sprache, die Hilde Palm aus der Verzweiflung rettete und ihr Halt gab.

## Santo Domingo: 1951-1952

Ihre Gedichte sind *von Musik und Grazie erfüllt: aber auch streng im Gedanklichen und einer großen Klarheit verpflichtet, beschwören ein zentrales, immer wiederkehrendes Thema: Heimatlose sind unterwegs, [...] flüchtige Gäste, die man von Land zu Land treibt, Fremdlinge zwischen Ankunft und Abschied*, analysierte Walter Jens 1959 den gerade erschienen Band *Nur eine Rose als Stütze* und stellte Hilde Domin in eine Reihe mit Nelly Sachs, Marie Luise Kaschnitz und Ingeborg Bachmann.[80] Hilde Domins Gedichte waren niemals »Ingenieursgedichte«, die konstruiert und auf Rahmen und Formen überprüft wurden, damit sie Bestand haben. Hilde Domin hatte die Gabe, ihre Stimmungen und Gefühle sofort in lyrischen Bildern zu sehen, die zu Gedichten geformt an die Oberfläche drängten und nahezu druckreif waren.

Die den Gedichten innewohnende Wahrhaftigkeit überzeugt ihre Leser: *Dadurch, dass ich wirklich wiedergebe, was mir geschehen ist, und dadurch, dass ich vielleicht einer der Menschen bin, die sich der einfachsten Sprache bedienen [...] habe ich die Möglichkeit, auch Nichtintellektuelle anzureden [...] die eigene Erfahrung auszusprechen wie ein Katholik beichtet.*[81]

Das Trauma, das die aus ihrer Heimat Gejagte und die aus dem gemeinsamen Haus der Liebe Verstoßene erfahren hatte, war für Hilde Domin eins. Die Schrecken der ersten Vertreibung hatten Hilde und Erwin Walter Palm Hand in Hand in der Sicherheit des »Wir« hinter sich gelassen. Das war nun verloren.

Als Hilde Palm *die Augen öffnete, die verweinten, in jenem Hause am Rande der Welt, wo der Pfeffer wächst und der Zucker und die Mangobäume, [...], da stand [sie] auf und ging heim, in das Wort*[82], aus dem sie nicht zu vertreiben war. Doch die Besonderheit ihrer Gedichte besteht darin, dass sie *mit aufgerissenen Augen [sehen], wie abgefressen alle Wiesen sind, wie leer die Äste. Wie es überall hohl ist. Und vor Schrecken fliegen sie dann so weit und so hoch, dass sie irgendwo doch noch ein – schon ganz durchsichtiges – Blau oder Grün erwischen.*[83]

10. Kapitel

# New York
# 1953-1954

*Wären meine Tränen Perlen,*
*ich schenkte Dir heute lächelnd ein Diadem*
(Hilde Palm an Erwin Walter Palm zum Geburtstag 1953)

Die Antwort auf den Brief an Dr. Moe von der »Guggenheim Foundation« in New York ließ nicht lange auf sich warten: Erwin Walter Palm erhielt die *»Guggenheim Fellowship«, die ein gemeinsames Jahr in den US für [sie] bedeutete.*[1] In der »list of Guggenheim fellows« wird Palm geführt als: *Erwin Walter Palm, Deceased. Architecture: 1952, 1953.*[2] Dabei dürfte die Entscheidung für New York ihm nicht leichtgefallen sein: Nahm er das Stipendium an, so blieben einerseits die Zwänge bestehen, von denen er sich so verzweifelt zu befreien versuchte, andererseits aber stellte dieses Stipendium, das für ein halbes Jahr galt, ein Folgestipendium in Aussicht, das ihm intensive Studien über die iberoamerikanische Kunst und Kultur in Spanien ermöglichen konnte.

Hilde Palms Argumente über die unbefriedigenden Zustände an der Universität von Santo Domingo hatten ihren Mann offenbar letztendlich davon überzeugt, dass sich ihm dort keine weiteren Aufstiegschancen eröffneten. Und auch seine Vorträge in den südamerikanischen Ländern garantierten ihnen weder Ein- noch Auskommen.

Palms Kniefall vor seiner Frau im Hotel »Commander« in Haiti besaß deshalb vielleicht mehr als nur symbolischen Charakter: Er kann als Zeichen der Dankbarkeit dafür gewertet werden, dass nach den Jahren des Misserfolgs ihm nun die Anerkennung zuteil wurde, nach der sich seine *unmässige Eitelkeit*[3] sehnte. Der besondere Reiz des Stipendiums lag in der Freiheit, mit der der Stipendiat über die gewährten Gelder verfügen konnte. Frei vom Leistungsdruck und von beruflichen Verpflichtungen, an keine ihn belastenden Bedingungen gebunden, sollte der Nutznießer seine kreativen Neigungen uneingeschränkt ausleben dürfen; die »advanced professionals in mid-career« sollten lediglich bereits Veröffentlichungen vorweisen können. Erwin Walter Palm nahm das Stipendium schließlich an, dessen Bewerber aus zwei Gruppen rekrutiert wurden:

*Citizens of permanent residents of Canada or the United States* und *citizens and permant residents of Latin America or the Caribbean*.[4]

Dass Erwin Walter Palm als Vertreter der karibischen Region ausgewählt wurde, hatte dort umgehend viele Neider auf den Plan gerufen. Die Einheimischen murrten, dass schon wieder ein »Ausländer« das begehrte Stipendium erhielt, und sogar antisemitische Töne waren zu hören.[5]

Die neue berufliche Perspektive untermauerte Hilde Palm durch eine private Vereinbarung mit ihrem Mann. Immer wieder finden sich in Hilde Domins Nachlass ähnliche »Verträge«, die zwar gegenseitigen Respekt einforderten, in denen sich Hilde aber immer wieder demütig unterwarf. Hilde versprach Erwin:

*Ich will mich bemühen über die Stimmungsschwankungen hinwegzukommen, sowohl über die »deeps« wie über die »peaks«:*
*a) Ich will mein Bestes tun um diesen molesten und überkandidelten amourösen Zustand abzuschaffen*
*b) Ich will keine Gedichte mehr machen – und auf keinen Fall Dir zeigen, es sei denn sie handeln von ganz was Anderem*
*c) For the time being in the interest of promoting more even feelings I shall practise abstinence.*
*d) Ab Montag will ich wieder gute Sekretärin sein*[6]

Die Kompromisse sollten immer neue Zugeständnisse fordern.

*Demut ist wie ein Brunnen.*
*Man fällt und fällt*
*in den bodenlosen Schacht*
*und aller Trost wird*
*stetig teurer.*[7]

## 10. Kapitel

Schon im Herbst 1952 reisten beide nach New York. Das Haus in der Avenida Independencia 94 wurde nicht aufgegeben, denn die Zukunft war unbestimmt, sodass man die Tür nach Santo Domingo offen halten wollte. Der Untermieter, Herr Wiesbader, sollte sich um das Haus kümmern.

Ihr ursprünglicher Plan, in der New Yorker Wohnung von Hildes Bruder John Lorden günstig unterzukommen, erwies sich als nicht praktikabel. Die Räume waren mit alten Möbeln zugestellt, und das beschauliche Kew Gardens lag eineinhalb Stunden vom Zentrum entfernt. So ließen die anfallenden Hotelkosten das Stipendium schnell schrumpfen.

Hilde Palm war ihrem Mann in vielem entgegengekommen; jetzt forderte sie von ihm einen endgültigen Abschiedsbrief an Maria Luísa, einschließlich der Vernichtung sämtlicher vertraulicher Post zwischen ihm und der Kubanerin.

Erwin Walter Palm nutzte das Stipendium, um sich wieder dem Schreiben zuzuwenden, und feilte an dem Drama *Cortés und Marina*, das er bereits in Santo Domingo begonnen hatte. Hilde Palm wertete diesen Versuch als »Jetzt-oder-nie-Krise«, aus der sie ihm auf ihre Weise heraushelfen wollte: Beide hatten im Kino den Film *Limelight* von und mit Charlie Chaplin gesehen. Vielleicht wurde Hilde von der Ähnlichkeit inspiriert, die sie zwischen Palm und Chaplin entdeckte. Sie schrieb Chaplin einen Brief und wandte dabei alle rhetorischen Kniffe an: Sie lobte den Film (der vom Publikum nicht gut aufgenommen worden war), verwies auf die äußerliche Ähnlichkeit zwischen Chaplin und Palm, um dann endlich ihr eigentliches Anliegen vorzubringen:

*I ask help for s.th. very unprofitable – a personal sponsorship for a poet who is in the »now or never« crisis and needs some help.*[8] (Ich bitte Sie um etwas Uneigennütziges – eine persönliche Patenschaft für einen Dichter, der in der »Jetzt-oder-nie«-Krise steckt und Hilfe braucht.)

Ob Chaplin geantwortet hat, ist nicht dokumentiert. Die persönliche Widmung im Brief, mit dem Hilde Domin ihren druckfrischen ersten Band *Nur eine Rose als Stütze* Chaplin 1960 aus Spanien zukommen ließ, klingt immerhin vertraut und dankbar: *In fond admiration I repeat me yours* (in tiefer Bewunderung möchte ich mich in Ihre Erinnerung rufen) endet der Brief.[9]

## New York: 1953-1954

Auch bei Hans-Georg Pflaum in Paris hatte Hilde Rat gesucht. Hatte der anfangs noch gewünscht, dass Palms Drama *blühen, wachsen und gedeihen* solle[10], hielt er sich mit seiner Kritik nun nicht mehr zurück, nachdem er es gelesen hatte: *Wen interessiert der alte, verkrachte, abgenutzte Cortés?*[11] Das Drama hatte ihn nicht *fortgerissen.*[12] In München hatte sich Hildes Bruder für das Stück eingesetzt und konnte ebenfalls nur wenig Ermutigendes vermelden: Die Kritiker bemängelten die gekünstelte, kalte Leblosigkeit des Stückes.

Im New York der Fünfzigerjahre formierten sich die intellektuellen Kreise neu. Viele Emigranten hatten sich nach dem Krieg zur Rückkehr in ihre Heimatländer entschlossen; auch Emil Ludwig war wieder in die Schweiz zurückgekehrt. Die, die blieben, versuchten neue intellektuelle Maßstäbe zu setzen, indem sie zum Beispiel die französische Salonkultur aufleben ließen. In solchen Salons konnte man Kontakte knüpfen und berufliche Weichen stellen – vorausgesetzt allerdings, man verkehrte in den richtigen Zirkeln. Die Palms hatten Zugang zu einem dieser »richtigen« Salons, einem *Nachfolger der großen französischen Salons [...] in dem die geistige Elite New Yorks die großen Besuche aus der alten und auch der ältesten Welt empfängt.*[13] Es könnte der Salon von Frieda Warburg gewesen sein, mit der Hilde seit 1947 mehr als eine aufrichtige Freundschaft verband; sie empfand *eine Art Schulmädchenliebe [...], die sie auch erwiderte [...] wir verliebten uns irgendwie.*[14]

Die Begegnung mit der großen chilenischen Lyrikerin Gabriela Mistral, der die Palms so aufgeregt entgegengesehen hatten, verlief allerdings enttäuschend. Gabriela war inzwischen in diplomatischen Diensten, und so stand das Treffen in dem literarischen Salon zu Palms Leidwesen ganz im Zeichen der Politik und nicht der Poesie: *Die Unterhaltung war gänzlich unliterarisch.*[15] Hilde Palm nahm die Gelegenheit wahr und steckte Gabrielas Sekretärin beim Abschied eine spanische Übertragung eines eigenen Gedichts zu, das die jedoch gedankenverloren in ihrer Handtasche verschwinden ließ. Was Hilde Domin Jahre später in ihren *Gesammelten Autobiographischen Schriften* über die damalige Begegnung mit der Person Gabriela Mistral schreibt, liest sich wie eine Reflexion über das eigene Alter: *Wer diese alte Frau besuchte, besuchte zunächst [...] die Dichterin eines weit zurückliegenden Werks, jener verzweifelten,*

## 10. Kapitel

*fast archaisch großen Liebesgedichte, die sie schlagartig berühmt gemacht hatten, gute drei Jahrzehnte vorher.*[16]

Jeglichen poetischen Zaubers entbehrte auch die Begegnung mit dem andalusischen Dichter Juan Ramón Jiménez in Washington. Wie Mistral stand auch er mittlerweile in diplomatischen Diensten, man unterhielt sich folglich über *Visen und Aufenthaltserlaubnisse[]*.[17]

Überwältigend musste dagegen die amerikanische Uraufführung von Igor Stravinskys *The Rake's Progress* am 14. Februar in der Metropolitan Opera gewesen sein, die Stravinsky selbst dirigiert hatte und von der Hilde Domin auch 1981 noch schwärmte.[18] Und Genuss bereiteten immer wieder die gemeinsamen Museumsbesuche, bei denen Hilde sich ganz Erwins Führung anvertraute. Viele der ausgestellten Bilder lösten Wehmut über ihre unerfüllte Liebe aus:

*Hast du im Leben/den Arm so bewahrend/um sie gelegt,/toter Ägypter?/Hat sie sich an dich geschmiegt/und deine Hüfte umfaßt/ wie einen Baum?/Nahm sie hin/was du ihr gabst/und verstandst du zu geben?/Oder hat sie oft/die geschwollenen Augen/mit Nilwasser und Salben gekühlt/ehe die Gäste kamen?/Und war es ein glücklicher Kuß,/toter Ägypter,/oder ein schuldiger/als du so zärtlich ihr Schutz versprachst/für die Jahrtausende/nach ihrem Tod?*[19]

Auch die Theater in Harlem besuchten sie oft: *Es war schon dunkel. Als [sie] aus dem subway kamen, stand auf Amsterdam Avenue ein »Negerastrologe« mit einer grossen Himmelskarte auf der Straße, die dort wie in einem Schulzimmer aufgehängt war. »The lion needs to be petted«, sagte er zu [ihr].*[20] Der Löwe braucht Zärtlichkeit – 1992 griff sie diese Worte in einer Dankesrede auf. Hilde Domin war zugänglich für Mystisches dieser Art und erzählte Karl Krolow diese Episode noch zehn Jahre später. Insgesamt aber lag wenig Zauber über New York; nichts schien greifbar, vieles unsicher. Die Gedichte, die Hilde Palm in New York schrieb, nehmen ihre Zweifel in sich auf.

*Lieb ich einen andern/als dich/und den dein Umriß/fast ganz verdeckt?*[21]

Oder sie thematisieren ihre unerfüllte Liebe: *Ich, die ich die Schwere des Abends/nicht heben kann/wenn die Liebe auf meinen Brüsten glänzt/indiskret wie ein Schrei aus Jasmin/der die Leute auf der Straße verstört.*[22]

## New York: 1953-1954

Der Zugang zu Palm schien ihr versperrt: *Nur im Traum/könntest du eintreten/mit diesen Schlüsseln/die im Wachen so schwer/in den Händen wiegen.*[23]

Zehn Gedichte sind aus der New Yorker Zeit veröffentlicht. Es sind Bilder von Hilde Palms Zweifeln und Sehnsüchten. Scheinbar geht das Paar gemeinsam einen Weg in Harmonie: äußerlich *Hand in Hand*, öffnen sich *sonnige Luken von Zeit zu Zeit*, doch Hilde Palm geht diesen Weg *weinend*.[24] Abschriften der Gedichte schickte sie ihrem Freund Hans-Georg Pflaum nach Paris; der erschrak über den Pessimismus, hatte er sie bisher doch nur als Lebensbejaherin gekannt. Das Gedicht, das Hilde ihrem Mann zum 43. Geburtstag schenkte, vereint Liebe und Wehmut.

*Wären meine Tränen/Perlen,/ich schenkte Dir heute/lächelnd/ein Diadem.*[25]

Die *Rinde des Vertrauens*[26] schien sich gerade zu erneuern, als im Mai 1953 erneut eine Wunde geschlagen wurde. Hilde war fast schon auf dem Weg ins Theater, um dort ihren Mann zu treffen, als sie zwischen Erwins Büchern einen Brief entdeckte, den er eigentlich zu vernichten versprochen hatte. Den Kontakt zu seiner kubanischen Geliebten hatte er offensichtlich nicht abgebrochen. Außerdem gaben die Bücher noch eine geheime Kasse frei, die er vom gemeinsamen Geld angelegt hatte. Hilde war erschüttert, doch ihre Reaktion ungewöhnlich. Sie bestand darauf, sich das neueste Drama von Tennessee Williams (*Camino Real* feierte 1953 Premiere am Broadway) wie geplant gemeinsam anzusehen. Doch sollte Palm nicht umgehend nach der Vorstellung einen Abschiedsbrief an die Geliebte verfassen, würde sie am folgenden Montag die Scheidung einreichen. Sie sehe nach diesem Vertrauensbruch keine Möglichkeit mehr, an seiner *Seite älter zu werden*[27], schrieb sie ihm.

Nach diesem neuerlichen Zerwürfnis war sie in die vertraute Umgebung von Santo Domingo geflohen. In der Nacht, in der sie keinen Schlaf finden konnte, entstanden zärtliche Gedichte in französischer Sprache, voller Sehnsucht nach einer vollkommenen Liebe.

In Santo Domingo verstärkten sich Trauer und Mutlosigkeit noch, denn dort erfuhr Hilde Palm vom Tod Don Américos, der zum engsten Freundeskreis der Palms gehört hatte. Für Hilde Palm war sein Tod das endgültige Zeichen zum Aufbruch aus dieser

## 10. Kapitel

Stadt *der leeren Häuser*.[28] Trost spenden konnte dann wie immer in Zeiten großer seelischer Not nur noch die Natur. Hilde Palm hatte sich als Refugium Vinalhaven ausgesucht, eine kleine Insel in Maine, im nordöstlichsten Bundesstaat der USA.

Die Granitinsel Vinalhaven war so hoch im Norden gelegen, *daß das Meer schon wieder südliche Farben hat, und [...] in den Balsaltbrüchen der Lorbeer wächst wie in Italien.*[29] Von jedem Punkt der Insel aus sieht man auf unzählige kleine, unbewohnte Inseln, die wie Schaumkronen in der Penobscott Bay zu schwimmen scheinen. Mit dem Festland ist die Insel nur durch die Fähre von Rockland verbunden. Die Einfachheit der Umgebung reduziert den Menschen auf das Wesentliche und zwingt ihn zum Einklang mit der Natur. Hilde Domin entschloss sich später dazu, *von dem winzigen Haus auf Vinalhaven*[30] nicht zu erzählen, denn sie hätte – wie in Florenz – auf die prekäre Situation in ihrer Ehe eingehen müssen.

War es die Einsicht, die Sehnsucht oder die Unsicherheit, die Erwin Walter Palm veranlasste, im September 1953 das Guggenheim-Stipendium zu unterbrechen und seiner Frau hinterherzureisen? Oder hatte er erst jetzt erfahren, dass ihm in Santo Domingo während seiner Abwesenheit der Posten des Leiters der Abteilung der Kolonialarchitektur ohne Begründung von Trujillo persönlich entzogen worden war?[31] Die Deutsche Forschungsgemeinschaft (DFG) hatte zu diesem Zeitpunkt angeboten, Palm ab Februar 1954 ein Reisestipendium in Europa zu finanzieren, um ihm die Möglichkeit einer Rückkehr zu eröffnen. Suchte Palm deshalb Rat bei seiner Frau?

Das Angebot hatte Freude ausgelöst – zumindest bei Hilde Palm. Zuversicht und Hoffnung signalisieren die Gedichte, die sie auf Vinalhaven schrieb; sie gehören zu ihren zartesten Gedichten, sprechen von Glück und von Vertrauen. Die Luft war *[...] ein Archipel/von Duftinseln./Schwaden von Lindenblüten/und sonnigem Heu,/süß vertraut*[32], umhüllten die Seele, die sich nach Geborgenheit sehnte. Der Neubeginn war greifbar. Hilde Domin zählte diese Zeit auf der Insel zu den glücklichsten Tagen ihres Lebens und ihrer Liebesbindung zu Erwin Walter Palm. In Zeiten großer Enttäuschungen sehnte sie sich nach Vinalhaven zurück, denn dort hatte sie *ein solches Getragensein wie Blumensamen*[33] empfunden.

## New York: 1953-1954

Die acht Gedichte, die Hilde Domin in Vinalhaven schrieb, lassen die Sommerwärme und das zarte Glück lebendig werden, auch wenn sie melancholisch unterlegt sind, denn die Wunden, geschlagen durch das Exil und den Schmerz über den Verlust der Liebe, waren noch nicht verheilt. Vinalhaven setzte in ihrer *gemarterten Brust/ ein helles Orakel,/authentisch,/heilend,/ein Strom von Penicillin/ gegen Angst und Verrat*[34] frei. Das Gedicht *Magie* war ursprünglich ein Liebesgedicht und dem Gedicht *Wen es trifft* vorangestellt.

Zu den wenigen Glücksgedichten Hilde Domins gehört auch *Windgeschenke* mit seinen Bildern einer Leichtigkeit des Seins und traumähnlichen Schwerelosigkeit:

*[...]*

*Ich bin wie im Traum*
*und kann den Windgeschenken*
*kaum glauben.*
*Wolken von Zärtlichkeit*
*fangen mich ein,*
*und das Glück beißt*
*seinen kleinen Zahn*
*in mein Herz.*[35]

Die Gedichte lassen Hoffnung aufkeimen; sie umwerben die Pflanze Liebe, um sie neu wachsen zu lassen.

*Goldene und silberne Ampeln*
*die Regentropfen*
*auf jedem Grashalm.*
*Verweintes Wiesengesicht*
*leuchtend in Sonne.*

*Stille Kreise des Vogels,*
*rostbraune Schwingen,*
*so sanft im Himmel,*
*wie Liebe mit Liebe*
*im Gleichgewicht*
*in meinem Herzen.*[36]

## 10. Kapitel

Die Verse nahmen die Inselstimmung, die Weite und das Blau des Wassers auf, ließen *die Vergangenheit wie Kielwasser an unsern Fersen ab[laufen]*, bis sie *kein Netz der Erinnerung* hielt.[37] Hilde Palm schien genesen zu sein: Sie war *aus der Löwengrube und dem feurigen Ofen immer versehrter und immer heiler*[38] zu sich selbst entlassen worden.

Wie sollte sich das weitere Zusammenleben mit Erwin Walter Palm gestalten? Seine Hilflosigkeit wird offenbar in dem Gedicht *Auf welch verläßlichen Stern?*; *Der Kleine Prinz* von Antoine de Saint-Exupéry erwacht darin zu neuem Leben. Hilde Domin war offenbar gewillt, weiterhin der Hirte für das verlorene *Schäfchen mit den zärtlichen Augen* zu sein, um es auf einen *verläßlichen Stern mit guten Kräutern* zu retten.[39] Sie wollte die Aufgabe erfüllen, die sie für sich in dem Gedicht formuliert hatte: *Denn Gott gab mir das Schaf,/das stößige kleine Schaf/mit den zärtlichen Augen,/und sagte: »Hier hast du dein Schaf,/ein lebendiges Schaf/für die grünen Weiden des Herzens./Du darfst mit ihm spielen./Du bist nicht mehr allein./Doch Eines erwart ich von dir/in diesem Leben – nichts sonst:/paß mir gut auf auf mein Schaf.«*[40]

Hilde Domin hat damit in gewisser Weise die Schöpfungsgeschichte feministisch interpretiert: Nicht Adam wurde in seiner Einsamkeit das Weib zugeteilt, sondern zum Weib gesellte sich der Mann. Dass der noch dazu ein Schaf war, mit dem man spielen durfte, entbehrt nicht einer gewissen Ironie beziehungsweise zeugt von Humor – beides muss Hilde Palm in der damaligen Situation nicht notwendigerweise empfunden haben.

Die Zeit des Exils schien absehbar; und damit war für Hilde Palm wieder der Zeitpunkt gekommen, Bilanz zu ziehen. Sie schloss ihren Aufenthalt auf Vinalhaven mit dem Gedichtzyklus *Wen es trifft* ab und hatte in diesem Gedicht *die Rückkehr in ihrer ganzen Ambivalenz*[41] vorweggenommen. Hilde Palm trug den Entwurf des Gedichts monatelang im Koffer mit sich; es war eines der wenigen Gedichte, das sie ständig überarbeitete. Das längste von allen ihren Gedichten thematisiert Werte in Grenzsituationen: den Verlust der Liebe und die bittere Erfahrung der äußeren und inneren Heimatlosigkeit.

Hilde Palm war aus ihrem Leben herausgehoben worden, man hatte sie *abgesetzt wo nichts mehr gilt, wo keine Straße von Gestern* *nach Morgen führt.*⁴² Sie war *entblößt und ausgestellt [und] durch die feinsten Siebe des Schmerzes gepreßt* worden.⁴³ *Das letzte Korn Selbstgefühl* war ihr genommen worden.⁴⁴ Und doch war *keine Katze mit sieben Leben,/keine Eidechse und kein Seestern,/[...]/ kein zerschnittener Wurm/[...] so zäh wie der Mensch,/den man in die Sonne/von Liebe und Hoffnung legt* und dem *[...] die Rinde des Vertrauens* langsam nachwächst.⁴⁵ So *gewöhnt [er] sich an das veränderte/gepflügte Bild/in den Spiegeln,/[...]/Aber die Substanz/des Ich/ist so anders/wie das Metall, das aus dem Hochofen kommt./[...]/Doch eine gewisse Leichtigkeit/ist ihm/wie einem Vogel/geblieben.*⁴⁶

Trotz des ätzenden Schmerzes, den das Gedicht benennt, ist es eine große Versöhnungsgeste; der Mensch reicht seinem Mitmenschen die Hand, die so zu einem *liebenden Glied* zwischen ihm und der Welt wird.⁴⁷

Immer klammerte sich Hilde Palm an greifbare Zeichen des Vertrauens, und so besiegelte sie ihre Versöhnung mit Erwin Walter Palm mit einer kleinen Muschel, die sie bei einem Strandspaziergang gefunden hatte. Jede der beiden Hälften sollte sich nach der anderen sehnen und in der Vereinigung wieder das harmonische Ganze ergeben – die aristophanischen Bilder aus Florenz wurden wieder aufgenommen. Hilde Domin bewahrte ihre Muschelhälfte ihr Leben lang wie ein kostbares Schmuckstück im Kleiderschrank auf.

Der Aufenthalt in Vinalhaven, von Mai bis Oktober 1953, den Hilde Domin in ihren autobiografischen Aufzeichnungen überging, machte aus Hilde Palm endgültig die Dichterin Hilde Domin.

Im Oktober 1953 kehrte das Paar gemeinsam nach New York zurück; Erwin reiste bald darauf nach Washington. Würde die Harmonie, nach der sich Hilde Palm sehnte, Bestand haben? Die Euphorie hielt nicht lange vor. Erwin Walter Palm hatte eine Einladung des »Cosmos Club« in Washington angenommen, um dort Vorträge zu halten. Dieser private Eliteclub war (bis 1988) ein reiner Männerclub, dessen Mitglieder die Räume durch das Hauptportal betreten durften. Weibliche Besucher dagegen hatten den Seiteneingang zu benutzen; seine Frau, die schon 1928 in Köln für die Rechte der Frau eingetreten war, musste das empören.

## 10. Kapitel

Dass Hilde Palm im Oktober 1953 dann nach Washington reiste, um einen Vortrag ihres Mannes zu hören, obwohl er sich das ausdrücklich verboten hatte, verärgerte Palm. Er nahm seine Frau deshalb zu keinen Einladungen mit, bot ihr keine Übernachtungsmöglichkeit an, sondern schickte sie weg, *wie de[n] gleichgültigste[n] aller Hörer [...] möglichst noch per Bus, 10 oder 15 Stunden Fahrt am Tag – statt [sie] bei [sich] zu behalten, und falls der erlauchte Club [...] keine Frauen nimmt, mit [ihr] ins Hotel zu ziehen.*[48]

Viel Zeit für Auseinandersetzungen blieb nicht, denn die Vorbereitungen für die Rückkehr nach Europa wurden eilig vorangetrieben. Die »Guggenheim Foundation« verlangte Abschlussberichte über den Verlauf der Studien, und die Ausreiseformalitäten mussten geregelt werden. Die Reisepässe, die das deutsche Generalkonsulat in New York den Palms am 19. November 1953 ausstellte, wiesen nun beide als Universitätsprofessoren aus. Deutschland sollte, so stellte das Paar es sich vor, in jeder Hinsicht ein Neubeginn werden.

Das Weihnachtsfest 1953 war von der Unsicherheit des Aufbruchs geprägt. Das Buch *Les voix du silence* von André Malraux, das Hilde ihrem Mann geschenkt und mit einer handschriftlichen Widmung versehen hatte, war nur ein schwacher Trost.

> Comme petite consolation,
> « Noël inaperçu.
> H.
> 24. XII. 1953

(Als kleiner Trost für dieses ungewisse Weihnachten)

Hilde Palms Bruder in Oberammergau hatte sich großzügig bereit erklärt, die Kosten der Rückreise zu übernehmen. Um die praktischen Abwicklungen kümmerte sich wie immer Hilde Palm. Sie flog deshalb Ende Januar 1954 allein nach Santo Domingo zurück, um dort die Zelte abzubrechen. Die wenigen Habseligkeiten, die sie in ihrem Koffer aus New York mitnahm, waren ohne großen Wert – bis auf die unentbehrliche Schreibmaschine, auf der sie in den vergangenen Jahren Palms Arbeiten und ihre ersten Gedichte getippt hatte. Doch ausgerechnet dieser Koffer wurde beim Entladen des Flugzeugs zerstört; für Hilde Palm war es ein symbolträchtiger Verlust, in dem die Zerstörung so vieler Werte ihren Ausdruck fand. Das Jahr in den USA hatte Hilde Palm von Santo Domingo entfremdet und alle Zweifel über die Rückkehr nach Deutschland zerstreut. Die Wohnungsauflösung, die Vereinbarungen mit ihrem Nachmieter, Herrn Wiesbader, und das Entrümpeln waren zeitraubend. Die größte Sorgfalt jedoch galt wie schon in Italien und England dem akribischen Verpacken der Bücher. Kein Stück sollte verloren gehen oder Schaden nehmen, und so setzte Hilde Palm wieder Unmengen von DDT ein, verstaute die Bücher in doppelte Kisten, die wiederum noch einmal in Zinkkisten gepackt wurden, die schließlich ein Schlosser verlötete. Dreiundzwanzig Kisten wurden so wie die *Eier einer Bienenkönigin*[49] im Untergeschoss des Hauses abgelegt. Erst sechs Jahre später, im Herbst 1960, sollten diese Kisten ihre Reise nach Heidelberg antreten.

Viel Unnötiges wurde versilbert. Schweren Herzens hatten die Palms sich entschlossen, die wertvolle Kehler Voltaire-Ausgabe zu verkaufen, die bedauerlicherweise nicht den erhofften Gewinn einbrachte. Hilde Palm verkaufte der Universität noch zwanzig Exemplare von Palms *Pocket-Guide*.

Das Haus in der Avenida Independencia wurde offiziell als erster Wohnsitz behalten, der Mieter Wiesbader übernahm die Verwaltung. So hatte man die Option auf eine Rückkehr.

Hilde Palm erfüllte gewissenhaft die Aufträge ihres Mannes, darunter erstaunlicherweise auch den, seinen Schreibtisch auszuräumen; bislang hatte er ihn sorgfältig vor ihr verschlossen gehalten. Wie ist einer Frau zumute, die seit Jahren um die Liebe ihres Mannes ringt und dann im Schreibtisch auf einen großen Vorrat an *Desinfectanter, eine Stunde nach der Syphilitikerin zu gebrauchen*[50], stößt? Die Erkenntnis, dass ihr Mann Bordelle besucht hatte, verletzte Hilde Palm mehr, als dass es sie empört hätte; es stürzte sie in abgrundtiefe Verzweiflung. Alles Aufbegehren, alles Kämpferische wich einer großen Resignation, die noch verstärkt wurde, als sie ihren Mann telefonisch nicht erreichen konnte. Erwin Walter Palm sei nach einem nächtlichen Telegramm sofort für einige Tage mit unbekanntem Ziel abgereist, teilte ihr das New Yorker Hotel mit. Die Magie der Muschel aus Vinalhaven war verwirkt.

## 10. Kapitel

*Rot vor Scham vom Haaransatz bis in die Zehen* wurde sie beim Abschiedsessen, das Vela Zanetti gab, als er ihr gestand, dass er nach einer Frau suchte, *mit der er »Hand in Hand« durch die Welt gehen kann*, so wie Erwin mit ihr.[51]

Am 6. Februar 1954 schrieb Hilde Palm ihren letzten Brief aus Santo Domingo an Erwin Walter Palm. Drei Tage später sollte die Überfahrt nach Bremen stattfinden. Die Bilanz, die sie zog, konnte nur traurig sein. Doch sprach sie später immer davon, nie wieder so viele Freunde wie in der Dominikanischen Republik gehabt zu haben und dort *aufs aller-, allerherzlichste aufgenommen* worden zu sein.[52] Sie hatte *eigentlich nie geselliger gelebt*[53] als dort.

Die poetischen Bilder des letzten Briefes aus Santo Domingo nehmen alle Resignation und Distanz zum Partner auf und tragen dennoch wieder die Hoffnung auf einen Neubeginn der Liebe in sich – die Bilder kommender Gedichte kündigen sich schon an:

*Mein Herz, mein liebes. Verzeih mir wenn ich noch nicht wieder die alte Standfestigkeit habe. SIE wird schon kommen. Es ist wie eine neue Haut. Noch sehr dünn, die »Rinde des Vertrauens« die regeneriert wurde. Erspar mir Proben denen ich noch nicht gewachsen bin. [...] Wer bis an die Grenzen seiner Möglichkeit lebt, ist ein Held, sagt Esperanza, und da hat sie recht. Man kann aber nicht immer Held sein. Das verbraucht. Selbst Tata sagt, die letzten beiden Jahre »le hicieron el servicio de 10« [...] Dies ist einer der letzten Briefe. [...] Mein Lieb, ich möchte in Deinem Arm liegen und mich zuhause fühlen.*[54]

11. Kapitel

# Rückkehr nach Deutschland
# 1954-1955

*Noch sehr dünn die Rinde des Vertrauens*
(Hilde Palm an Erwin Walter Palm vom 6.2.1954)

Die Passagiere des Schiffes, die am 9. Februar 1954 New York in Richtung Bremerhaven verlassen hatten, mussten kein feindliches Bombardement mehr fürchten; der Kapitän konnte diesmal die schnelle Route quer über den Atlantik wählen, die 1940 unter den Kriegsbedingungen nicht möglich gewesen war.

Die Fahrt war dennoch unruhig: Der Atlantik warf hohe Wellen auf, und viele der Passagiere flüchteten sich vor den Urgewalten des winterlichen Meeres in einen *Dämmerzustand, infolge Drogen.*[1]

Die Palms erreichten Europa nach einer vierzehntägigen Seereise in den frühen Morgenstunden. Das Schiff legte in Frankreich einen Zwischenstopp ein: *Kleine Franzosen kamen an Bord und waren sehr grau und alt vom Krieg.*[2] Dreieinhalbtausend Seemeilen hatten die Palms zurückgelegt, als sie die Straße von Dover passierten und sich den Küsten Englands näherten, und die englischen Wiesen, greifbar nahe, erschienen ihnen friedlich und harmlos. Der Anblick hatte alle Dramatik verloren, die er im Herbst 1939 geboten hatte.

Die Reise endete in Bremerhaven mit einer unspektakulären Zollinspektion; die Passkontrolle war unaufdringlich bereits auf dem Schiff erfolgt, die Beamten aus Hamburg wirkten *höflich wie Tanzstundenlehrer.*[3]

Haushohe Kräne entluden die Container, in denen sich auch das Gepäck der Palms befand. Hilde und Erwin Palm verfolgten das eindrucksvolle Spektakel zusammen mit vielen anderen Pas-

## 11. Kapitel

sagieren und waren so Zeuge, wie sich ein Kran zu früh öffnete: *einer der Koffer löste sich und fiel aufs Pflaster. Später sahen sie, daß es der ihre gewesen war. Er war aufgeschlitzt, diagonal, von Ecke zu Ecke.*[4] Der Kofferinhalt kam bei diesem Unfall nicht zu Schaden, doch wie schon in Puerto Rico setzte gerade dieser Koffer eindrücklich das Zeichen für den Abschluss einer langen Reise: Es war genau der Koffer, mit dem Hilde Palm 1940 ihre Flucht ins Exil angetreten hatte.

*Zurückkommen – das ist etwas ganz anderes als man erwartet. Die Erinnerung spannt ein Netz mit merkwürdig ungleichen Maschen durch unser Herz: Niemand kann vorhersehen, was von einem Erlebnis übrigbleibt.*[5]

Die Last des Exils war von den Palms genommen; sie empfanden dennoch nicht die Leichtigkeit, die sie sich für ihre Rückkehr erhofft hatten. Hilde Palms Vertrauen in ihren Partner war zutiefst erschüttert, und Erwin Walter Palm litt unter der Abhängigkeit von seiner Frau und den damit verbundenen Zwängen. Und so war die Rückkehr vorerst *ein Erlebnis von äußerster Zerbrechlichkeit.*[6]

Dennoch waren sie gewillt, den Schritt zurück nach Deutschland gemeinsam zu proben, auch wenn Hilde Palm *noch nicht wieder die alte Standfestigkeit* hatte.[7]

Auch die Demokratie der jungen Bundesrepublik Deutschland war noch nicht gefestigt, als das Ehepaar Palm in Bremerhaven an Land ging. Die Siegermächte hatten von Deutschland das Attribut »besiegter Feindstaat« genommen, die weitreichenden Restriktionen der Nachkriegsjahre durch die Siegermächte waren schon gemildert und Deutschland war auf dem Weg, sich wieder einen *ehrenvollen Platz unter den freien und friedliebenden Nationen der Welt*[8] zu verdienen. Das Ende der deutschen Zentralgewalt war besiegelt, und der Staat Preußen, der einmal der Heimatstaat Hilde Palms gewesen war, hatte als Träger des Militarismus und der Reaktion als erstes seine Auflösung erfahren. Der ehemalige Kölner Oberbürgermeister Konrad Adenauer hatte dank seiner eigenen Stimme in der ersten Bundestagswahl vom 14. August 1949 einen knappen Sieg errungen und war zum ersten Bundeskanzler der jungen Republik gewählt worden. Die im Grundgesetz niedergeschriebenen Freiheits- und Unverletzlichkeitsrechte des Menschen sollten eine Diskriminierung aufgrund von Rasse, Religion oder Herkunft für alle Zeit ver-

## Rückkehr nach Deutschland: 1954-1955

hindern. Hilde Domin brachte trotz anderer politischer Gesinnung Konrad Adenauer als Stifter des Grundgesetzes zeitlebens ihre Wertschätzung entgegen. Die Attribute für einen aufrechten Demokraten hatte er sich ihrer Meinung nach durch seine wehrhafte Haltung gegenüber den Nationalsozialisten erworben, als er 1933 beim Besuch des neuen Reichskanzlers Hitler in Köln anordnete, die Nazibeflaggung abzunehmen. Eine Ausgabe des Grundgesetzes hatte Hilde Domin immer in ihrem Reisegepäck.

Die junge deutsche Republik der Fünfzigerjahre hatte in vielen politischen, gesellschaftlichen und kulturellen Handlungsbereichen noch keine »Vergangenheitsbewältigung« geleistet und stattdessen vielmehr restaurativen Charakter gezeigt. Eine »Stunde Null« hatte es eigentlich nicht gegeben, ein »Neubeginn« kam in der westdeutschen Nachkriegsgesellschaft nur schwer in Gang, weil viele Deutsche immer noch politisch und ideologisch im nationalsozialistischen Gedankengut verwurzelt waren. Gerade Remigranten begegneten diesem noch ungewissen Entwicklungsprozess verständlicherweise mit Misstrauen.

*Aber der Mensch*
*ist des Menschen*
*bangste Begegnung.*

*[...]*

*Mit ihm*
*werden alle Dämme gestopft.*
*Jedes baufällige Haus*
*wird mit ihm repariert*
*als sei er der lebendige Stein*
*[...]*

1953 in New York hatte Hilde Domin mit diesem Gedicht ihre Rückkehr poetisch antizipiert.

Wie ein Genesender stetig in sich hineinhört, ob die alten Symptome nicht wieder anklingen, so registrierten die Palms mit geradezu seismologischer Empfindsamkeit die Erschütterungen des sich neu orientierenden Deutschlands. Dass Deutschland im Oktober 1954

## 11. Kapitel

die Pariser Verträge unterzeichnete und damit der Weg zur endgültigen Remilitarisierung geebnet wurde, veranlasste die Palms, 1955 in München vorsichtshalber ein bis 1956 gültiges Durchreisevisum für die USA zu beantragen: *dann hat mans, im Fall einer Krise*.[10] Die Angst vor einem möglichen neuen Krieg legten sie auch in den kommenden Jahren nicht ab.

Deutschland war ein geteiltes Land, und das Vertrauen, das man in die Stabilität der neuen Demokratie setzte, war ebenso zerbrechlich wie Hilde Palms Vertrauen in ihre eigene Zukunft.

*Der Frühling/ein riesiger Specht/hat alle Bäume verwundet./Quellende Schnittflächen leuchten/wo das dunkle Skelett/auf die blaue Wirklichkeit trifft*[11], schrieb sie kurz nach ihrer Ankunft in Deutschland.

Deutschland arbeitete unterdessen auf vielen Ebenen an der Bewältigung seines Traumas der Hitlerzeit: Einerseits wollte man Remigranten die Entscheidung zur Rückkehr erleichtern, wollte die intellektuelle Elite und die Dichter, die der Heimat den Rücken gekehrt hatten, ins Land zurückholen. Andererseits gab es jedoch nur wenig Engagement; der einzige zentrale Aufruf an die Emigranten im Ausland, wieder nach Deutschland zurückzukehren, war von der Ministerpräsidentenkonferenz in München im Juni 1947 verabschiedet worden. Die exilierten Schriftsteller waren diesem Aufruf jedoch nur zögerlich gefolgt. Etliche der sogenannten »verbrannten Dichter« hatten längst vor der psychischen und physischen Entwurzelung kapituliert und wie Kurt Tucholsky, Stefan Zweig oder Walter Benjamin den Freitod gewählt; auch andere Schriftsteller und Dichter wie Klaus Mann und Paul Celan, der nach dem Krieg französischer Staatsbürger wurde, der Essayist Jean Améry sowie der Literaturwissenschaftler Peter Szondi wurden mit dem erlebten Grauen des Naziterrors nicht fertig und begingen später Selbstmord. Else Lasker-Schüler war vereinsamt in Jerusalem gestorben, Gertrud Kolmar 1943 in Auschwitz ermordet worden.

Erst nachdem der Exilaufenthalt in den USA durch die Bespitzelungen des amerikanischen Geheimdienstes während der McCarthy-Ära unerträglich geworden war, kehrten Bertolt Brecht 1949 nach Berlin und Thomas Mann 1952 in die Schweiz zurück. Heinrich Mann, Elias Canetti, Wolfgang Hildesheimer, Manès Sperber, Peter Weiss, Nelly Sachs, Erich Fried und Lion Feuchtwanger zogen es vor, im Ausland zu bleiben.[12] Als sich Nelly Sachs, die sich 1940

## Rückkehr nach Deutschland: 1954-1955

vor der Verfolgung durch die Nazis in letzter Minute nach Schweden retten konnte, 1960 dazu durchgerungen hatte, den Meersburger Droste-Preis in Deutschland anzunehmen, wählte sie den Weg von Zürich aus über den Bodensee, um möglichst wenig deutschen Boden zu betreten. Dennoch wühlte sie diese Erfahrung derart auf, dass sie anschließend drei Jahre in psychiatrischer Behandlung in einer Nervenheilanstalt bei Stockholm verbrachte.

Anna Seghers, die Tante Peter Szondis, war 1947 nach Ostberlin zurückgekommen und hatte – wie auch in ihrem Exil in Mexiko – nach Möglichkeiten gesucht, zur demokratischen Erneuerung Deutschlands beizutragen. Sie nahm 1949 an der Weltfriedenskonferenz in Paris teil, für die Pablo Picasso seine berühmte Friedenstaube entworfen hatte. Im Mai 1952 fand in Ostberlin der III. Deutsche Schriftstellerkongress statt, und Anna Seghers wurde zur Präsidentin des »Deutschen Schriftstellerverbandes« (der DDR) gewählt. Wollten Schriftsteller in der DDR beruflich anerkannt sein, so war die Mitgliedschaft im DSV unerlässlich, denn nur dann erhielten sie ihre Steuernummer und hatten Anspruch auf soziale Absicherung.

Das Verbot der literarischen Zeitschrift *Der Ruf* im Jahr 1947 durch die »Information Control Division« der US-Militärregierung veranlasste noch im selben Jahr eine Gruppe von Literaten um den Autor und Redakteur Hans Werner Richter, ein neues literarisches Diskussions- und Kommunikationsforum im Nachkriegsdeutschland zu schaffen. Man diskutierte, las eigene Texte, übte kollegiale Kritik und gab sich den Namen »Gruppe 47« in Anlehnung an die spanische Gruppe »Generación del 98«, die sich ihrerseits 1898, nach dem verlorenen Krieg Spaniens gegen die USA, für eine Erneuerung der Literatur und Gesellschaft eingesetzt hatte. Ihre Konstituierungs- und Formierungsphase hatte die Schriftstellergemeinschaft bereits hinter sich, als die Palms in Deutschland eintrafen – die Gruppe 47 befand sich im Aufwind.

Doch im Frühjahr 1954 wollten sich die Palms erst ein solides wirtschaftliches Fundament schaffen, bevor sie daran denken konnten, sich literarisch zu etablieren. Dazu sollte das für ein halbes Jahr bewilligte DFG-Forschungsstipendium Erwin Walter Palms dienen, von dem sie zu zweit aber nicht leben konnten. Umso dankbarer waren sie, dass die Verwandtschaft aus den USA ihnen auch weiterhin finanzielle Unterstützung gewährte.

## 11. Kapitel

Doch unmittelbar nachdem die offiziellen Formalitäten abgewickelt waren, reisten die Palms nach Hamburg weiter, und dort wurde Hilde Palm gleich für ihren Mann beim NDR vorstellig. Die Redakteure stöhnten auf, wenn die unnachgiebige kleine Person sich vor ihrer Bürotür postierte und erst wich, wenn sie einen Gesprächstermin erhalten hatte.[13] Doch Hilde Palms Beharrlichkeit führte zum Erfolg. Der *Norddeutsche Rundfunk* sagte nach wenigen Tagen zu, einzelne Gedichte der Palm'schen Lorca-Übertragungen zu senden. Erwin Walter Palms Stimme war weich und vereinnahmend, und so durfte er die Gedichte selbst lesen – was das Sprecherhonorar auf erfreuliche einhundertzwanzig Mark pro Sendung erhöhte. Gestärkt durch die Schule des Exils, hatten die Palms gelernt, ihre Fähigkeiten gezielt einzusetzen.

Das intellektuelle Deutschland nahm die moderne spanische Lyrik begierig auf, empfand sie als aufregend neu. Auch andere Rundfunkanstalten wurden so auf den Professor aus Übersee aufmerksam – der ersehnte Sprung in die literarische Szene schien für Palm damit realisierbar. Und so saß seine Frau bereits eine Woche nach der Rückkehr vor ihrer ersten »Olympia« und tippte – wie in Santo Domingo – die Manuskripte ihres Mannes.[14]

Lange kämpfte Palm für das Recht, eigene Übertragungen der Gedichte Lorcas veröffentlichen zu können, jedoch vergeblich. Heinrich »Enrique« Beck, der über die Exklusivrechte für die Übersetzung der Werke Lorcas eifersüchtig wachte, gab seine Einwilligung nur für einzelne »Fremdübertragungen«. Hilde und Erwin Palm hatten sich immer wieder über die unzureichenden Übersetzungen Becks geärgert, unterlagen jedoch bei den Verhandlungen.

Als Nächstes nahm Erwin Walter Palm Kontakt mit Gustav Rudolf Sellner auf, dem Intendanten des Hessischen Landestheaters in Darmstadt, der ihm zusagte, die Studiobühne des Darmstädter Theaters, den HEAG-Saal, mit der Uraufführung seines Dramas *Labyrinth* in der Inszenierung des jungen Regisseurs Klaus Bremer einzuweihen. Palm hatte auf rasche Aufführung gedrängt, die man ihm für den Winter 1954 in Aussicht gestellt hatte, doch es gab immer wieder neue Verzögerungen. Palm konnte seine Verpflichtungen gegenüber der Deutschen Forschungsgemeinschaft im Hinblick auf eine Premiere nicht endlos hinausschieben, er hatte Vorträge in Holland und Belgien zu halten. Das Stück kam letztlich erst

## Rückkehr nach Deutschland: 1954-1955

im Mai 1955 zur Aufführung. Man war jedoch nachsichtig mit den Rückkehrern – Palms Stipendium wurde um weitere drei Monate bis November 1954 verlängert.

Das Reisestipendium sollte Erwin Walter Palm ermöglichen, Kontakte zu Universitäten im In- und Ausland aufzunehmen: Freiburg, Heidelberg, Stuttgart, Bonn und Köln standen von Februar bis August 1954 auf seinem Reiseplan. Da man *Emigranten ohnehin nach Möglichkeit Wünsche zu erfüllen pflegte*[15], bot ihm die Universität Heidelberg im Sommersemester 1954 an, einen Vortrag über »Spanisch-Gotische Kunst in Mittelamerika« zu halten. Auf den Kunsthistoriker Walter Paatz aus Heidelberg machte Palm einen guten Eindruck, er bescheinigte ihm *einen beweglichen* Geist und dass er aus seinem *Emigrantenschicksal etwas gemacht habe.*[16] Doch insgesamt waren die Verhandlungen mit den deutschen Universitäten zäh, und Palm wurde mit vagen Zusagen hingehalten. Der Wiedergutmachungsaspekt beherrschte alle Verhandlungen und nagte am Selbstwertgefühl des Wissenschaftlers. Der inoffizielle Austausch innerhalb der Fakultäten der einzelnen Universitäten belegt, wie sehr Professoren und Dekane bemüht waren, sich gegen antisemitische Vorbehalte zu verwahren, und doch fühlte sich Palm ausgegrenzt: *Der Blick des Mannes sagte deutlich: sie gehören nicht hierher. Und das ist auch so, was man auf den Gängen begegnet, sind die Ausgeburten der Alliierten Karikaturisten.*[17]

Deshalb verfolgte Palm neben den Probevorlesungen weiterhin das Ziel, sich als Schriftsteller zu etablieren. Er unterbrach seine Vortragstour immer wieder für Abstecher zu den Rundfunkanstalten in Baden-Baden und Stuttgart, um seine Gedichte zu sprechen und Sendungen aufzunehmen.

Hilde Palm verbrachte die ersten Monate in Deutschland getrennt von ihrem Mann – was offenbar auch Teil einer Abmachung war – die Palms mussten einen neuen Modus für ihr Zusammenleben finden.

Die Behördengänge nahmen viel Raum ein: Neue Papiere und Legitimationen in Köln und Frankfurt wurden beantragt, wie zum Beispiel der Erbschein, ohne den man nicht zu familiären Nachforschungen berechtigt war.

*Wenn einer, der sein Leben draußen verbracht hat, wieder nach Hause kommt, ist es durchaus nicht, als werde ein Eimer Wasser*

## 11. Kapitel

*wieder in den Teich gegossen. Das Wesentliche ist wohl das Erleben unterschiedlicher Realitäten [...].*[18]

Die Palms reisten nach Köln und Frankfurt und suchten ihre Elternhäuser auf. Die Begegnung mit ihrem Haus in der Kölner Riehlerstraße war in der Realität viel beglückender, als Hilde Palm es sich in ihren Träumen in Santo Domingo ausgemalt hatte. Das Haus hatte den Krieg unversehrt überstanden, und schon im Februar blühte der Mandelbaum.

*Ein Mandelbaum sein*
*eine kleine Wolke*
*in Kopfhöhe über dem Boden*
*ganz hell*
*einmal im Jahr*

*Einer im kleinen Stoßtrupp*
*des Frühlings*
*keinem zu Leid als sich selber*
*im Glauben an einen blauen Tag*
*vor Kälte verbrennen*[19]

Auch Erwin Walter Palms Elternhaus in der Frankfurter Georg-Speyer-Straße 5 trug keine Kriegsspuren.

Schwer wurde beiden dagegen die Spurensuche auf den Friedhöfen: *Immer dachte ich an die Gräber auf der Überfahrt. Der einsame Friedhof. [...] Als wir kamen, früh im Frühjahr, und die Steine von denen sahen, die da lagen, und von denen, die nicht da lagen, die nirgends liegen, aber doch da liegen, und über allem, über den Wegen und über den Gräbern, ein Gespinst, ein dichtes Gewebe von grünen Ranken voll winziger blauer Blütensterne [...]. [...] da begann ich die Menschen daraufhin anzusehen, ob ich wieder mit ihnen leben und wieder bei ihnen zu Hause sein könnte.*[20]

Erwin Walter Palm ließ das Grab seines Großvaters mit einer Gedenktafel für seine Großmutter Johanna Helene Hess ergänzen: »gestorben in Theresienstadt 1942«. Er fügte auch die Daten seines Onkels Paul Hess hinzu: »gestorben in Majdanek 20.7.1942«. Auf der vorhandenen Grabplatte seiner Eltern ließ er eine Marmortafel für Anna Palm anbringen, die ihr Todesdatum festhielt: »Lodz No-

## Rückkehr nach Deutschland: 1954-1955

vember 1943«. Die Einfriedungen wurden neu gefasst, die Messingtafeln poliert, die Pflege für die Gräber in Auftrag gegeben. Nach wie vor wussten die Palms nicht, ob sie in Deutschland bleiben konnten. Sie befanden sich zwar *auf deutschem Boden*, doch *Ich wag nicht heimatlich zu schreiben*, empfand Erwin Walter Palm.[21] Deutschland und auch das Nachbarland Frankreich wirkten auf ihn unwirtlich, die Menschen fremd: der *eingefallene, schwindsüchtige Grubentyp der Saar*, ritterlich plumpe Frauen, hässliche Männer in Lothringen, die Cherusker, *die ärgsten aller Germanen*, assoziierte er auf der Fahrt nach Münster.[22] Und die alten Bekannten? Auch die hatten sich verändert, wie sein Freund, der klassische Archäologe Roland Hampe. *Die schönen roten Haare sind fort: er ist kahl. Die Augen, die so wunderbar irre blicken konnten sind eingesunken und ängstlich.*[23] Stets aufs Neue erschreckte ihn die Müdigkeit, mit der die alten Freunde ihm begegneten.

Im Exil hatte sie die erzwungene Untätigkeit, mit der sie die Ereignisse in der Heimat verfolgten, zermürbt. Die Rückkehr verlangte von ihnen aktives Handeln. Schritt für Schritt gingen sie den Weg der Erinnerung, versuchten, das Gefühl der Rückkehr mit dem Gefühl des Heimischwerdens zu tauschen.

*Du ißt die Erinnerung*
*mit dem Löffel des Vergessens.*

*Das ist ein böser Löffel, mit dem du ißt,*
*ein Löffel der Speise und Esser verzehrt,*

*Bis eine Schale aus Schatten*
*dir übrig bleibt*
*in einer Schattenhand.*[24]

Mitte April 1954, nachdem das Ehepaar eineinhalb Monate rastlos und vorwiegend getrennt durch Deutschland gehastet war und Palm ein auszehrendes Vortragsprogramm absolviert hatte, machten sie sich auf den Weg nach München. Nach fünfundzwanzig Jahren sollte Hilde Palm endlich ihren Bruder wiedersehen. Beiden schien vor dem Zusammentreffen bange gewesen zu sein; das Ver-

## 11. Kapitel

hältnis war belastet, weil Hilde ihren Bruder noch nicht von seiner Verantwortung am Tod der Mutter freigesprochen hatte.

*Da stand er auf dem Bahnsteig und sah meinem Vater erstaunlich ähnlich, was er als Junge gar nicht getan hatte. [...] Wir waren sicher sehr schüchtern*[25], erinnerte sich Hilde Domin an ihr Wiedersehen und war erstaunt, wie selbstbewusst der Bruder geworden war. Er hatte sie mit dem eigenen Auto abgeholt – einem großen amerikanischen Wagen – und hatte für sie Zimmer in einer kleinen Pension in der Amalienstraße gebucht. Er selbst kam nur am Wochenende nach München, residierte im Hotel »Osterbichl« in Oberammergau, seinem Dienstsitz; dieser sollte für die nächsten einhalb Jahre auch die feste Postanschrift der Palms sein. Für Hilde Palm war die bayrische Idylle wie ein Himmelreich, dort erholte sie sich von dem erschöpfenden Herumreisen.

Im beschaulichen Oberammergau und vor allem in Seeshaupt gesundete das Verhältnis zwischen Bruder und Schwester. Das südländische Ambiente und die Landschaft mit ihren Bergen und Seen mobilisierten in Hilde Palm wie stets neue Kräfte. Hilde Palm tat in Seeshaupt, was sie immer tat, wenn sie irgendwo neu ankam. Noch bevor sie die Koffer auspackte, erkundete sie die unbekannte Umgebung – mit dem Fahrrad, das ihr die Freunde des Bruders geliehen hatten.

*Ein Trost ist, zu wissen*
*wo die Tassen stehn und die Teller*
*in dem Haus, in dem du zu Gast bist,*
*und einen Anteil zu haben*
*an der Zärtlichkeit von Katze und Hund*
*deines Freunds,*
*und die Tücke des Fahrrads zu kennen*
*als sei es dein eignes,*
*auf dem du mit der verblichenen Tasche*
*in das fremde Dorf fahren darfst*
*[...]*[26]

Dass Hilde Palm im Haus von Freunden ihres Bruders so gastlich aufgenommen worden war, führte ihr die eigene Heimatlosigkeit nur umso deutlicher vor Augen. Sehnsucht, Melancholie und der

Wunsch nach einer festen Bleibe offenbaren sich in ihrem Gedicht *Apfelbaum und Olive*, das in Seeshaupt unter den Eindrücken der Rückkehr entstanden ist – eines der drei Gedichte von 1954. Noch war sie nur *der Wandrer/von Tag zu Tag/und von Land zu Land,/ an dem das Wort/von der Flüchtigkeit/allen Hierseins/Fleisch [...] geworden war* – und doch fühlte sie sich dort schon *[...] ein wenig mehr/als an andern Stätten/zuhaus [...].*[27] Das ambivalente Gefühl des Ankommenwollens und Nicht-bleiben-Könnens reflektierte sie ein Jahr später in San Rafael de la Sierra in ihrem Gedicht *Ziehende Landschaft* erneut.

Erwin Walter Palm bedrückte die provinzielle Idylle von jeher, und er war froh, der Einsamkeit durch seine Vortragsreisen schnell wieder entfliehen zu können. Basel, Freiburg, Heidelberg, Stuttgart, Baden-Baden, Bonn und Köln, Hamburg, Bremen, Saarbrücken – das erste Jahr in Deutschland hatten die Palms unter das Motto gestellt: *Wer sich hütet fest zuzufassen, riskiert nicht dass ihm etwas zwischen den Fingern zerrinnt.*[28] Sie wollten kein Risiko eingehen und waren dennoch voller Risikobereitschaft.

Erwin Walter Palm war in den kommenden Monaten bemüht, sich aus der Abhängigkeit von seiner Frau zu lösen, und beide gingen bis zum Herbst getrennte Wege. Hilde Palm verbrachte ihren 45. Geburtstag, den ersten in der Heimat nach so vielen Jahren des Exils, getrennt von ihrem Mann in Oberammergau, in der Nähe ihres Bruders. Von der *Angst des Verwaistseins*[29] überwältigt, suchte sie die Nähe des Partners in einem langen Briefgespräch. Mindestens einmal unterbrach Hilde Palm die vereinbarte Trennungsphase, weil sie den Anblick des leeren Stuhls oder Bettes nicht ertrug. Doch die Zusammenkunft war wenig erfreulich gewesen: Palm war missmutig, weil er sich durch die Arbeit überlastet fühlte. Er hasste es, unter Zeitdruck zu arbeiten, nun drängte der Piper Verlag auf das Vorwort zu dem Gedichtband *Rose aus Asche: Ich kann das einfach nicht leisten. [...] So von Arbeit verfolgt wie auf dieser Reise war ich wohl nie in meinem Leben*[30], klagte er in seinen Briefen. Unter diesen Umständen stand ihr Treffen zum Jahreswechsel in Hagen unter einem schlechten Stern; sie verbrachten ein trostloses Silvester, fanden keine Nähe.

## 11. Kapitel

*Das Zimmer ist offen.
Es fehlt eine Wand,
wir sitzen in der Ecke
eines großen leeren Raums.
In einer hellen Ecke
bei einer Lampe
in unserem offenen
Zimmer.*

*Draußen im Dunkel
sitzst du wie ein Fischer
an einem fernen Ufer.
[...]*[31]

Erwin Walter Palm erkrankte und verbrachte ab dem 3. Januar 1955 zwei Tage im Hamburger Klinikum. Die acht Blutuntersuchungen des Tropeninstituts belasteten das Monatsbudget sehr, doch sie ergaben keinen Befund. Als Erwin Walter Palm sich im Januar 1955 auf eine Vortragstour für die DFG begab, war er noch nicht völlig genesen. Wie üblich bagatellisierte er Krankheiten, während seine Frau sie mütterlich besorgt überbewertete und ihn in ihren Briefen unentwegt ermahnte, mit seinen Kräften hauszuhalten. Auseinandersetzungen über Krankheiten entsprachen nicht Palms ästhetischem Anspruch an Gespräche. Doch Erwin Walter Palm wurde auch in den kommenden Jahren immer wieder von Fieberschüben, Gelenkschmerzen und Gesichtsschwellungen heimgesucht – ob auch die kurzzeitige Lähmung, die er sieben Jahre später auf Sizilien erlitt, damit in Zusammenhang gebracht werden kann, ist ungewiss.

Hilde Palm hatte sehr bald nach ihrer Rückkehr zwei große Projekte in Angriff genommen: Zum einen wollte sie ihrem Mann zum schriftstellerischen Durchbruch verhelfen und zum anderen Wiedergutmachung und materielle Entschädigung als NS-Verfolgte beantragen. Die Auseinandersetzungen um die Wiedergutmachungsansprüche zogen sich von 1954 bis 1961 hin. Die Halbherzigkeit, mit der der erste Münchner Anwalt das Verfahren anging, verbitterte sie und trug nicht dazu bei, dass sie sich in Deutschland heimisch fühlte. Gleichzeitig bewies die kleinbürgerliche Argumentationsstrategie, die das Amt für Wiedergutmachung in Köln an den Tag legte, dass in den Köpfen der Bürokraten immer noch eine restaurative Gesinnung herrschte. Mit Geduld und Energie zugleich musste Hilde Palm immer wieder von Neuem Rechenschaft über ihre Flucht und Exilstationen ablegen. Wer von denen, die Hals über Kopf geflüchtet waren, konnte schon die geforderten Rechnungen und Frachtkosten zur Bewältigung der Flucht vorweisen? Wer hatte sich in der dramatischen Zeit der Verfolgung Quittungen ausstellen lassen, die nun verlangt wurden? Die Begründung, mit der der Vorsitzende des Amts für Wiedergutmachung in Nordrhein-Westfalen nach vier langen Bearbeitungsjahren im Mai 1958 seine Entscheidung über die Entschädigung wegen *Schadens im beruflichen Fortkommen durch Nichtaufnahme einer Erwerbstätigkeit trotz abgeschlossener Berufsausbildung*[32] belegte, musste Hilde Palms Widerspruch provozieren: Nach der Auffassung des Richters hatte *die Antragstellerin [...] 1936 einen Wissenschaftler geheiratet, von dem sie wusste, dass auch wenn er nicht zum rassisch verfolgten Personenkreis gehört hätte, sie nur ganz bedingt damit rechnen konnte, in den Genuss eines seiner Vorbildung entsprechenden Einkommens zu gelangen. [...] Die Schädigung endet deshalb zu dem Zeitpunkt, in dem sie sich entschließt, ihre eigene berufliche Existenz derjenigen des Ehemanns unterzuordnen. Die Antragsstellerin ist demnach 3 Jahre und 8 Monate als beruflich geschädigt anzusehen.*[33]

Hilde Palm hatte nach dieser Entscheidung umgehend den Anwalt gewechselt und sich an die Kölner Rechtsanwälte Dr. Carl und Cäcilie Herrmann gewandt, die energisch gegen die Argumentation der Gerichte vorgingen und sich auf keine hypothetischen Spitzfindigkeiten einließen. Sie schmetterten die Begründung des Richters mit der einzig möglichen Antwort ab: Die Palms gehörten aber zum rassisch verfolgten Personenkreis. Die Verhandlungen zogen sich hin. 1958 lehnte das Regierungspräsidium Köln die Klage erneut aufgrund von Spekulationen ab. Hätte der Ehemann ohne Verfolgung eine Festanstellung erhalten, so hätte die Klägerin ihren Beruf nach der späteren Eheschließung sicherlich aufgegeben. Sie hätte es nicht mehr »nötig gehabt«, weiter zu arbeiten. Die Argumentation entsprach dem Gesellschaftsbild im Nachkriegsdeutschland: Der deutschen Frau wurde weiterhin jegliche Eigenverantwortung und Selbstständigkeit abgesprochen – im Heim und am Herd und nicht in der Universität und an der Schreibmaschine sollte die deutsche

## 11. Kapitel

Frau stehen. Die Dimension des erlittenen Unrechts durch die Verfolgung schien dabei zweitrangig.

Hilde Palm beugte sich dem Urteil erwartungsgemäß nicht. Sie nahm Kontakt zu ihren ehemaligen Heidelberger Professoren Otto Regenbogen und Arnold Bergsträsser auf, die ihrer ehemaligen Studentin bescheinigten, dass sie ohne *die Maßnahmen der NS Regierung eine Fülle beruflicher Chancen gehabt hätte, die sowohl ihrer Begabung wie ihrer Ausbildung adäquat gewesen wären.*[34]

*Ob der, der mit dem Rücken zur Wand sich zu verteidigen gezwungen ist, es immer richtig macht? [...] Sich dabei die geistige Freiheit zu bewahren, [...] das ist die eigentliche Aufgabe.*[35]

Hilde Palm hatte bei der mündlichen Verhandlung ihre rhetorischen Fähigkeiten offenbar beeindruckend eingesetzt und die Kammer überzeugt, *dass die Klägerin zu jenen intellektuell betonten Frauen gehört, die durch den hausfraulichen Arbeits- und Pflichtenkreis innerhalb der Ehe nicht ausgefüllt werden und erwerbstätig werden, auch wenn sie es nicht nötig hätten.*[36]

In der deutschen Öffentlichkeit waren die zögerlichen Abwicklungen der Entschädigungsverfahren im Allgemeinen mit Unmut diskutiert worden. Im Februar 1960 hatte die FAZ ausgiebig recherchiert und Hilde Palms Erfahrung bestätigt: erst die Hälfte aller Anträge war bearbeitet worden, der »Bodensatz« würde wahrscheinlich auf ewig unbearbeitet bleiben und somit nie eine Entschädigung erhalten. Hilde Palm aber war nicht gewillt, sich dem »Bodensatz« zuordnen zu lassen. Die erste Kammer des Landgerichts sprach Hilde Palm die Entschädigung schließlich in voller Höhe zu. Ein zermürbender Kampf, den auch Erwin Walter Palm mit ähnlich erniedrigenden Erfahrungen ausfocht, fand sein Ende. Die Verhandlungen, die verlangte Beweispflicht über Hausrat und immer wieder Spekulationen der Richter darüber, dass Palms Großmutter ihren Hausrat vor der Zwangsauktion sicherlich gerettet hatte, mussten verbittern. Die Erstattung wurde schließlich nur in Raten ausgezahlt, weil die vorgesehenen Gelder, die das Bundesrückerstattungsgesetz bewilligt hatte, erschöpft waren. So zogen sich auch Erwin Walter Palms Wiedergutmachungsprozesse bis 1964 hin, doch auch er erhielt die Zuwendung in voller Höhe.

Hilde Palms zweite große Aufgabe bestand darin, die schriftstellerische Tätigkeit ihres Mannes zu unterstützen. Sein Gedichtband mit den Übersetzungen spanischer Dichter sollte endlich gedruckt werden. Hilde Palms Bruder hatte für den 12. April 1954 im »Studio Fink«, einer Theaterwerkstatt in der Kaulbachstraße 16 in München, wo Autoren ihre Werke in Anwesenheit von Kritikern und Theaterleuten vorlesen konnten, eine Lesung von Palms Theaterstück *Theseus im Layrinth* organisiert. Der Abend endete jedoch offenbar wenig erfreulich für ihn, seine Frau aber hielt eine engagierte Verteidigungsrede für ihren Mann und das Stück.[37]

Doch wieder war man auf den außergewöhnlichen Professor aus der Karibik aufmerksam geworden. Der Piper Verlag in München setzte sich mit Palm in Verbindung und bot ihm an, seine Übertragungen der spanischen Gedichte zu verlegen. Die Übersetzungen, mit denen die Palms in Santo Domingo die erste Zeit ihrer Einsamkeit überbrückt und sich in die neue Sprache eingearbeitet hatten, erregten mit dem Titel *Rose aus Asche* beachtliche Aufmerksamkeit im literarischen Deutschland. Der Titel war dem Gedicht *Drei Rosen* des befreundeten chilenischen Dichters Alberto Baeza Flores entnommen. Die Gedichte widmete Erwin Walter Palm »Hilde«. Standhaft weigerte er sich, den Verlagsvorschlag »für meine Frau« zu übernehmen. *Die Gedichte sind für Hilde ins Deutsche übertragen worden, als die Sprache die einzige Heimat war. Ihr gebührt der Dank. Ihre Unbestechlichkeit war die feinste Waage für die Worte*[38] – ihre Mitarbeit an den Übersetzungen blieb unerwähnt.

Für Hilde Palm war die Drucklegung dennoch der *Wendepunkt [ihres] Lebens. [...] Hilde Domin steckte zwar schon in der Person, aber praktisch gab es sie noch nicht.*[39] Ihren Briefen an den Herausgeber des *Merkur*, Hans Paeschke, legte sie acht eigene Gedichte bei, mit der scheinbar beiläufigen Anfrage, ob eine Veröffentlichung im *Merkur* möglich sei, und der gleichzeitigen Bitte, das Pseudonym zu wahren. Paeschke war zwar beeindruckt – *Besser als der Mann*, kommentierte er verlagsintern am Briefrand –, doch *leider alles zu metaphosphorisiert*[40], und so entschloss er sich letztendlich gegen die Veröffentlichung. Der Herausgeber der Literaturzeitschrift *Hochland* dagegen, Dr. Franz Joseph Schöningh, zeigte sich sehr interessiert. Hilde Domin erinnerte sich noch Jahre später, dass Schöningh sie in der Sendlingerstraße 80 fragte: *Und was tun Sie, Gnädige Frau? – Ach, ich habe auch einige Gedichte geschrieben.*[41] Schöningh bat um baldige Zusendung, war von der

## 11. Kapitel

Qualität beeindruckt. *Schale im Ofen*, Hilde Domins drittes Gedicht überhaupt, in den Bergen von Jarabacoa entstanden, erschien schließlich im Oktober 1954 in der Zeitschrift *Hochland* – unter ihrem neuen Künstlernamen »Hilde Domin«.

Domin hatte ein Faible für die Treffen mit ihrem Verleger im Café in der Maxburg. Der Herausgeber und seine neue Autorin kamen gut miteinander aus und genossen die gemeinsamen Abendessen.

*Hochland* war 1903 von dem Publizisten Carl Muth gegründet worden. Als reformorientierte katholische Zeitschrift bemühte sie sich um die Modernisierung der katholischen Kirche und trat für den Dialog zwischen Katholizismus und moderner Literatur ein. Im Jahr 1941 hatten die Nationalsozialisten sie verboten, weil die Redakteure den Namen Hitlers einfach totgeschwiegen hatten. Nach dem Krieg, im Winter 1946/47, hatte der ehemalige Redakteur der Zeitschrift, Franz Joseph Schöningh, die Monatsschrift wiederbelebt. Unter Beibehaltung ihrer katholischen Prägung thematisierte sie jetzt vor allem die Aufarbeitung der NS-Vergangenheit. Vertreter der katholischen Kirche gehörten zum festen Autorenkreis der Monatsschrift – darunter auch Joseph Ratzinger, der spätere Papst Benedikt XVI.

Hatte Erwin Walter Palm als Lyriker in Deutschland bisher eher glücklos gewirkt, sein Buch mit den Übertragungen der spanischen Gedichte war noch nicht gedruckt, so »passierte« ausgerechnet seiner Frau, wonach er selbst unaufhörlich strebte: Die Blüten, mit denen Hilde Palm ihren Mann im Sommer bekränzt hatte, verblassten angesichts des Lorbeerkranzes, der ihr nun aufgesetzt wurde.

Hätte Erwin Walter Palm das karibische Pseudonym seiner Frau, »Denise«, favorisiert? Es hätte sie mehr von der Person distanziert, mit der er um die Dichterkrone wetteiferte. Doch offenbar wollte Hilde Palm ihre Identität nicht völlig verleugnen. Auf Anregung von Wolfgang Weyrauch hatte sie, um nicht mit ihrem Mann in Konkurrenz zu treten, das Pseudonym »Hilde Domin« angenommen.

*Ich nannte mich*
*ich selber rief mich*
*mit dem Namen einer Insel.*

*[...]*

## Rückkehr nach Deutschland: 1954-1955

*Sie war eine Küste
etwas zum Landen
man kann sie betreten
die Nachtigallen singen an Weihnachten dort.*

*Nennen Sie sich, sagte einer,
als ich in Europa an Land ging
mit dem Namen Ihrer Insel.*[42]

Und so stellte sie im angehängten »Salat« eines ihrer Briefe im Januar 1955 kurz und knapp fest: *Es gibt keine Denise Domin, sie heisst doch Hilde Domin.*[43]

Immer wieder munkelte man, dass auch Friedrich Domin die Namensgebung beeinflusst haben könnte. Der Münchner Schauspieler und Frauenschwarm wirkte von 1934 bis zu seinem Tod 1961 bei den Münchner Kammerspielen und war durch Filmrollen damals recht bekannt. Da Hilde Domin 1954/1955 die Aufführungen dort regelmäßig besuchte, musste ihr der Schauspieler Domin ein Begriff gewesen sein. Doch durch ihr 1959 verfasstes Gedicht *Landen dürfen* hatte sie eindeutig den Bezug zum karibischen Exilland hergestellt.

Hilde und Erwin Walter Palm wären als Paar durchaus für die Medien interessant gewesen. War es männliche Solidarität, dass sich Kurt Pinthus für den Erfolg Erwin Walter Palms einsetzte? Er empfahl Hilde Domin, sich zurückzunehmen und nicht als *Doppelact* aufzutreten, um nicht ihrem Mann die Chancen zu nehmen.[44] Pinthus war von 1947 bis 1961 literarischer Berater für Theaterwissenschaften an der Columbia University; offenbar hatte Erwin Walter Palm bereits während seiner New Yorker Aufenthalte Kontakt mit ihm aufgenommen. Und von den USA aus hatte Pinthus die Rezeption der dramatischen Werke Erwin Walter Palms mit Interesse verfolgt. Doch Hilde Domin hatte sich nicht an Pinthus' Anweisungen gehalten: Sie hatte zwar *das Tellerwaschen in Erwins intellektueller Küche*[45] als Fulltime-Job übernommen, ihr eigenes Schreiben jedoch nicht vernachlässigt.

Sie wandte sich in der Phase der Trennung auch der Prosa zu. Der *Süddeutsche Rundfunk* hatte im Schwabinger »Café Freilinger« Dichterstimmen auf Tonträgern präsentiert. Hilde Domin

## 11. Kapitel

schickte Pinthus eine spritzige, intelligente Analyse der Veranstaltung zu, die durch sachliche Kompetenz und literarische Eloquenz bestach. Um Palm *die Palme ganz zu überlassen*[46], wie es Pinthus von ihr gefordert hatte, unterzeichnete sie ihren Beitrag mit dem Pseudonym:

*Denise Banz*

In der Prosa sah sie *die Ausübung der Freiheit innerhalb genauer Spielregeln. Das zwischen den Dingen hin und her gehen, sie heranziehen und erhitzen, sie wegschieben und abkühlen zu können.*[47] Sie verglich dieses Gefühl beim Schreiben von Prosa mit dem Liebesakt, in dem sie der männliche Part sein konnte, führend und lenkend. In der Lyrik fühlte sie sich in der weiblichen Rolle, ließ sich führen und lenken.

Die Vorbereitungen für Palms ersten Übersetzungsband dominierten den Alltag. Durch Albrecht Knaus, den leitenden Lektor des Piper Verlags, machte sie zahlreiche Bekanntschaften mit Jungschriftstellern. In dem kleinen Café des Verlags in der Tengstraße trafen sich die Kulturschaffenden, die sich bald in Rang und Namen schreiben sollten. Dort sollte Hilde Domin 1957 auch zum ersten Mal mit Ingeborg Bachmann zusammentreffen. Ingeborg Bachmanns Äußeres überzeugte Hilde Domin nicht; sie beschrieb sie ihrem Mann 1957 als *etwas schmuddelig. Merkwürdig unvital irgendwie. [...] Nichts glänzendes. Nichts charmantes. Sehr österreichisch. [...] Trotzdem irgendwie nett.*[48] Zu dieser Zeit hatte Bachmann sich gerade von Hans Werner Henze getrennt, mit dem sie seit 1952 – letztendlich unglücklich – liiert gewesen war. Ähnlich wie Domin und Palm in ihren Auseinandersetzungen fanden auch sie ihre größte Nähe nur in der platonischen Distanz. Haben die beiden Frauen über ihre Männer gesprochen? Ingeborg Bachmann faszinierte an Henze seine *Grazie, Noblesse, [sein] Witz, Enthusiasmus, kindlicher Übermut und [seine] außergewöhnliche ästhetische Sensibilität*[49] – Eigenschaften, mit denen auch Erwin Walter Palm Frauen beeindruckte. 1957 lieferte Hilde Domin ihm die Ursache für das Scheitern der Beziehung Bachmann/Henze: *Henze, stell*

## Rückkehr nach Deutschland: 1954-1955

*Dir vor, schwul [...] und zwar ganz penetrant. Daher also das Unglück.*[50] Zu Ingeborg Bachmann wuchs keine Freundschaft.

Nach der Anmut der Karibik schien der ästhetische Bruch in Deutschland den Palms besonders deutlich zu sein: *dicke Marktweiber, so dick, dass man es kaum für natürlich hielt.*[51] Und durch die anstehende Karnevalszeit fiel Domin auf, *wie die Menschen gerade ihre Fehler ausstellen und zum Komischen verwenden. Dabei fühlen sie sich sauwohl: das Hässliche, das Alte, Graue, das Doppelkinnige und Spreckschwadige wirkt für einen Tag wie Absicht und als wolle man es um es dem Hohn und Gelächter auszusetzen.*[52] Das Januarwetter überzog München mit Tristesse, Hilde Domin sehnte sich nach der Sonne der Karibik. Die finanzielle Situation war schlecht, wie üblich, das Budget – wenn auch aufgebessert durch einzelne Veröffentlichungen in Zeitschriften und durch Erwin Walter Palms Rundfunkvorträge – dennoch begrenzt. Der wöchentliche Speiseplan war entsprechend mager und eintönig, sodass Hilde Domin bald keine *Würstchen tauchgesotten* mehr sehen konnte.[53] Die Qualität der Pensionszimmer entsprach der Finanzlage: Hilde Domin freute sich, wenn ein kleines Dachzimmer einen Gartenblick hatte, und eine richtige Glühbirne erschien ihr als veritabler Genuss für *Alphabeten.*[54]

Sie empfand ihr Dasein als so wenig ereignisreich wie das eines *Holzwurms*[55], der sich durch sein Material frisst, und diskutierte mit ihrem Mann immer wieder die Optionen für einen möglichen Ortswechsel. Im Gespräch als dauerhafte Wahlheimat waren die Schweiz (Hilde Domins absolute Präferenz), München, Heidelberg, Harvard und eigenartigerweise auch Venezuela.

Die Palms lebten ihr im Exil gelebtes Lebensmodell auch in Deutschland weiter: Man ging sich im Alltag aus dem Weg, aus der Ferne überschwemmten Hilde Domin Palms Arbeitsaufträge und seine Berichte über seine schwelgerische Lebensführung (entzückendste Interieurs in den belgischen Hotels und große Diners, die mit Pfauenfedern dekoriert wurden) erheiterten sie; zu Hause jedoch ertrank Hilde Domin in Einsamkeit und Sehnsucht. Die Arbeit laugte sie aus, der häufige Zimmerwechsel erschöpfte sie. Aus der Ohmstraße floh sie vor der Ordnungswut der Wirtin: *Ein derartiger Hochgenuss beim Aufräumen, eine Art Orgasmus des Staubwischens, das gibt es wohl nur hierzulande.*[56] In der Siegfried-

## 11. Kapitel

straße 18 blieb sie nur einen Tag, um dann zwei Häuser weiter in derselben Straße Quartier zu beziehen. Sehr entzückt war sie von der Villa Biederstein, wo auch Wilhelm Furtwängler schon gewohnt hatte. Das kleine Haus in der Biedersteiner Straße 23 in Schwabing bestach durch seinen ländlichen Charme und die Freundlichkeit der Bewohner. Das Zimmer war allerdings nur befristet zu beziehen, sodass Hilde Domin nach einem Intermezzo in Mehen 23 wieder in die Ohmstraße zurückkehrte, wo der Akademische Austauschdienst über einige Zimmer verfügte und diese vergab, ohne dass man die Umsatzsteuer bezahlen musste. Sehr wesentlich bei der Zimmersuche war für Hilde Domin immer die Qualität der Matratzen. Schon in Rom hatte sie Palms Stiefmutter entsetzt, als sie die teuren Rosshaarmatratzen zerschneiden und neu zusammennähen ließ. In Madrid sollte man sie bald in allen Matratzengeschäften kennen, immer auf der Suche nach der optimalen Qualität. In Hotels wechselte sie manchmal in der Nacht, bepackt mit ihrem Bettzeug, in ein anderes Zimmer, weil ihr dort die Unterlagen besser zu sein schienen.[57]

In der Großstadt München begann Hilde Domin ihr Leben so zu gestalten, wie sie es in den Vierzigerjahren in den USA getan hatte. Sie genoss die kulturelle Vielfalt, knüpfte lohnende Kontakte und befriedigte ihre Gier nach Konzerten und Theater. Anschließend las sie bis in die Nacht hinein die Korrekturfahnen des Gedichtbandes ihres Mannes; die Einleitung, mit der er sich in Hagen so schwergetan hatte, schrieb sie völlig um: *linguistisches Dienstmädchen. Prompt service.*[58] Die Gedichte dagegen korrigierte sie trotz ihrer Vorbehalte nicht, zu unterschiedlich empfand sie ihren *Wortrhythmus.*[59]

Auf dem Gebiet der Politik hatte sie enormen Nachholbedarf. Dabei wurde ihr schnell bewusst, dass es ein Unterschied ist, ob man bedrohliche *Nachrichten hier oder jenseits des Atlantiks liest.*[60] Um sich ein differenziertes Bild vom Nachkriegsdeutschland zu machen, besuchte sie immer wieder politische Veranstaltungen. Dabei blieb die Konfrontation mit der Frage nach der Schuldzuweisung an Menschen, die sich in nationalsozialistische Machenschaften verstrickt hatten, selbstverständlich nicht aus. Vor allem Erwin Walter Palm fühlte sich verunsichert: *Ich bin völlig in meiner Menschenkenntnis getroffen. Alle Unbefangenheit geht zum Teufel*[61], klagte er seiner

Frau. Die sah die einzige Möglichkeit zum Leben in einem Land, in dem man jederzeit neben einem Mörder sitzen konnte, in der Vergebung. Hilde Domin war unmittelbar nach der Rückkehr dazu bereit, argumentierte christlich und machte eine Verurteilung davon abhängig, ob ein Mensch aktiv unmenschlich an seinen Mitmenschen gehandelt hatte oder nicht. Ihrer Meinung nach konnte man nicht von jedem Heldentum erwarten; niemand war in der Lage, ohne zu sündigen, durch das Leben zu gehen. Ihr genügte, dass sich in Deutschland *doch eine nicht geringe Gruppe von Menschen [...] in der äußersten Prüfung bewährt* hatte, Toleranz schöpfte sie aus der Erkenntnis: *Nur die Liebe erlöst.*[62]

Das Problem der Nachsicht wurde häufig öffentlich diskutiert, und in manchen Podiumsdiskussionen sickerte nationalsozialistisches Gedankengut immer wieder durch. Vorträge wurden von Referenten oft zur eigenen Rechtfertigung und Reinwaschung von Verantwortung missbraucht; das politische Klima schien Domin nicht der Aufklärung von Verbrechen zu dienen, sondern – im Gegenteil – nur die Integration der Täter in die neue Gesellschaft zu fördern. Der Vortrag in der »Münchner Scholastik«, den Hilde Domin am 25. Februar 1955 besuchte, steht stellvertretend für einen dieser typischen Rednerabende. Ein *blödelnder Werner Fink* führte durch das Programm, es folgte ein katholischer Pater, *nach echt katholischer Art Ziege und Kohl rettend. [...] Dann irgend ein Sabberer aus dem Publikum.*[63] Im Zentrum des Vortrags stand die Erörterung des Begriffs »Toleranz«. Hilde Domin stufte den Redner, der sich als Chefredakteur des *Münchner Merkur* erwies, als *flau und unmöglich* ein.[64] Unter dem Pseudonym »Alfons Dalma« hatte er es zum Lehrbeauftragten für Politik und Strategie an der Hochschule für Politische Wissenschaft und zum Chefredakteur des ORF gebracht. Seinen richtigen Namen, Stjepan Tomičić, hatte der Kroate nach 1945 abgelegt; nichts sollte mehr an seine Redakteurstätigkeit bei einem faschistischen kroatischen Blatt erinnern.

Hilde Domin wusste von diesem biografischen Hintergrund nichts, als sie sich spontan entschloss, zu diesem Vortrag Stellung zu beziehen. Sie marschierte, ohne auf der Rednerliste zu stehen, auf die Bühne und hielt dort eine kurze, flammende Rede, in der sie Alfons Dalmas Ansichten über Toleranz widerlegte. Sie nahm damit das Publikum so für sich ein, dass die Volkshochschule im österrei-

## 11. Kapitel

chischen Linz sie für einen Vortrag gewinnen wollte: *150 Schilling Honorar, plus Fahrt, plus Übernachtung.*[65] Ihrem Mann schilderte sie tags darauf ihren Auftritt enthusiastisch in einem Brief: *Dann ergriff ich das Wort und sagte etwa Folgendes:* »*Ich bin zum ersten Mal seit 1932 in einer derartigen Versammlung. Ich bin verblüfft über die Art, wie das Thema der Toleranz hier behandelt wird. Wenn der Vorredner (Herr Dalma, einer der Hauptleute des Münchner Merkur) sagt, dass Toleranz sich in ruhigen Zeiten ergibt, so möchte ich ihm als Soziologin beistimmen. Wenn er sie deswegen für schwierige und Krisenzeiten ablehnt, nachdem er sie doch gerade als Tugend bezeichnet hat, so möchte ich fragen: was ist das für eine Tugend, die sich bewährt, wo keine Schwierigkeiten sind. Ist diese Tugend nicht im Gegenteil gerade in schwierigen Zeiten vonnöten? (rauschender Beifall) Und dass man uns hier nach allem, was hier passiert ist, ausgerechnet Roosevelt als Beispiel der Intoleranz auftischt, ist doch ...«* (rauschender Beifall). *Ich sprach dann noch über die auch von Dalma aufgeworfene und diskutable Frage der Toleranz gegen die Intoleranten und Dinge wie das Flaggen der deutschen Botschaft in Rom in schwarz weiss rot zu Zeiten der Weimarer Republik [...] ein Thema was später aufgenommen wurde. – Kaum sass ich wieder, da wurde mir ein Zeitungsausschnitt gereicht, nach dem der erste Redner des Abends, ein Stadtrat Keller, ein Buch verfasst hat, in dem er die* »*Kristallnacht*« *gegen die Juden als gerechtfertigt bezeichnete. [...] Ich glaube das Ganze ist für Deutschland 1955 recht charakteristisch.*[66]

1987 sollte sie bei der Verleihung des Georg-Büchner-Preises an Erich Fried in ähnlicher Weise reagieren.

Hilde Domin hatte nicht nur politischen, sondern auch literarischen Nachholbedarf: Von Thomas Manns *Felix Krull* war sie hingerissen, beeindruckt von seinem unwiderstehlichen, glänzenden Stil. Enttäuschend empfand sie dagegen Ernst Jüngers Kriegstagebuchaufzeichnungen, die zwar stilistisch *einige gute Formulierungen* boten, im Übrigen aber *nicht sehr ergiebig* waren.[67] Das öffentliche Auftreten und die Berichte um die Gruppe 47 verfolgte sie mit großem Interesse, urteilte vor allem über die Gedichte, *davon eines excellent, von Celan. Dito Weyrauch, aus denen ich mir nichts mache. [...] Ingeborg Bachmann (deren Gedichte mir in der Zeitung gefielen).*[68] Bemerkenswert ist immer wieder, wie sehr sich Hilde

## Rückkehr nach Deutschland: 1954-1955

Domin mit anderen Frauenschicksalen identifizierte. Wenig Nachhall in der großen Presse, aber Zugang zu ihrem Innersten fanden die Memoiren von Misia Sert, die 1954 im Insel Verlag erschienen waren. Sie präsentierten das aufreibende, aufopferungsvolle Leben einer Frau, der zwar Genie zuerkannt wurde, die aber dennoch gleichsam nur einen verborgenen Einfluss auf die Größen der Kunst und Literatur im Paris der Jahrhundertwende ausüben konnte. Den Aspekt der aufopfernden Liebe von Misia Sert zu ihrem Mann diskutierte Hilde in mehreren Briefen und griff erschüttert immer wieder dasselbe Thema auf, nämlich wie das Schicksal dieser Frau *post festum, zurecht gelecht und servierbar gemacht worden ist: es muss eine Hölle gewesen sein. [...] Aber der Leser fühlt ganz deutlich die Kanten, wo alles abrutschen musste.*[69] In den Zeilen scheinen sich die Schicksale der beiden Frauen zu vermischen, etwa wenn Misia Sert schreibt: *Wie soll ich Dir mein Entsetzen schildern, die grauenhaften Minuten, in denen ich jene Zeilen las, deren Sinn zu verstehen ich mich weigerte, obgleich er so klar war, dass er mir in die Augen sprang? Es gibt in der brutalen Enthüllung des Unglücks, im Zerreißen des Vorhangs, das einen in vollem Licht mitten in die Katastrophe schleudert, eine Tiefe des Sturzes, an dessen Verzweiflung der Zusammenbruch der größten Städte nicht heranreicht.*[70] Erwin Walter Palm nahm dazu keine Stellung. In seinen Briefen zog er sich auf das Pragmatische zurück, informierte über die Stationen seiner verschiedenen Vortragsorte und erteilte Arbeitsaufträge: Persönliches ließ er außen vor. Seine Verhandlungen mit dem Darmstädter Landestheater und die Korrespondenz mit Freunden, in denen er über die bevorstehende Premiere seines Stückes sprach, zusammen mit Vorträgen an Universitäten und beim Rundfunk, nahmen seine Zeit und Aufmerksamkeit völlig in Anspruch. Fünfzig Städte hatte er in knapp einem Jahr bereist, die Zusage für eine Stelle war allerdings ausgeblieben.

Die Rastlosigkeit, mit der Hilde Domin ihr Arbeitspensum bewältigte, und der Einsatz, mit dem sie ihren Mitmenschen begegnete, schwächten in diesen Monaten ihre Gesundheit.

Da die Palms weiterhin keine feste Anstellung in Aussicht hatten, zögerte Hilde Domin den Abschluss einer Krankenversicherung immer wieder hinaus, um Kosten zu sparen. Als dann im März 1955 ihr Münchner Gynäkologe zu einer Ausschabung riet,

## 11. Kapitel

war die Verzweiflung groß. Narkosebereit lag sie am 7. März im Vorbereitungszimmer und notierte panisch mit Bleistift noch einige Anweisungen für ihren Mann, der sich schon seit Tagen nicht mehr bei ihr gemeldet hatte. Sie fühlte sich »totgearbeitet« und empfand, dass sie beide *im Emotionalen einfach durchgeschnitten* waren.[71] Sie hatte Glück im Unglück: der Gynäkologe der Freundin ihres Bruders operierte sie kostenlos und brachte sie anschließend in der nahe gelegenen Pension in der Biedersteiner Straße 21 unter, sodass sie die Pflegesätze des Krankenhauses sparte. Erwin Walter Palms Anteilnahme beschränkte sich auf die Nachfrage, ob die Operation denn auch tatsächlich notwendig gewesen sei und es sich dabei nicht wieder um eine Abtreibung gehandelt habe.

Hilde Domin fühlte sich als Schmarotzer, als der Chefdramaturg der Münchner Kammerspiele, Werner Bergold, und seine Frau die Rekonvaleszentin schließlich kurzentschlossen bei sich zu Hause aufnahmen und auf dem Sofa in ihrem Esszimmer einquartierten. Die Freundschaft war jung, Hilde Domin hatte Bergold im Literaturcafé in der Tengstraße 4 kennengelernt, von dem er nur ein paar Häuser entfernt wohnte.

Das kleine Paket, das Hilde Domin im März 1955 zugeschickt wurde, hätte unter anderen Umständen sicherlich große Euphorie ausgelöst: *Rose aus Asche* lag druckfrisch vor ihr. Doch unter den gegebenen Umständen nahm die lustlos am Schluss des Briefes platzierte Mitteilung die resignierte Gesamtstimmung jener Tage auf: *Bei alledem vergass ich ganz: der Piperband ist da, sehr nett und es regt mich doch nicht sonderlich auf. Dich?*[72]

*Rose aus Asche* gilt als Erwin Walter Palms Erfolg. Erst 1964, als verlagsinterne Querelen die gerade begonnene Dichterkarriere Hilde Domins ins Leere laufen zu lassen drohten, gestand sie in ihrer Ausweglosigkeit dem Cheflektor des Suhrkamp Verlags, Walter Boehlich, dass das Buch das Resultat ihrer gemeinsamen Übersetzungsarbeit war: *Ich habe es Erwin geschenkt, er wäre <u>unglücklich</u> gewesen, »unter Mitarbeit« zu schreiben. Aber wir haben eine Vereinbarung, dass es gesagt werden darf, soweit es beruflich mir schaden würde, es zu verschweigen.*[73] Der Kölner Freundin Marierose Fuchs und auch Edith Baron aus Princeton hatte sie ihre Mitarbeit an *Rose aus Asche* schon früher gestanden: *Ich selber habe stark daran mitgearbeitet, keine 6 Gedichte sind ohne Zeilen von mir.*[74]

## Rückkehr nach Deutschland: 1954-1955

Das hatte Edith Baron schon 1956 geahnt: *Beim Lesen der Übersetzungen denke ich mal hier, mal da: diese Zeile, das ist die Frau Palm – ob ich wohl Recht habe?*[75]

Was beide im Frühsommer 1955 aus ganz unterschiedlichen Beweggründen aufregte, war die bevorstehende Uraufführung von Erwin Walter Palms Stück *Labyrinth*. Zwischen Heidelberg und Darmstadt pendelnd, überwachte der Autor die Proben persönlich. Er war unglücklich über die kurzfristige Planung, mit der der Intendant Sellner das Stück anberaumt hatte.

Hilde Domin fieberte der Aufführung bei Hanna Grisebach in Heidelberg entgegen, wo beide untergekommen waren. Für sie rückte die Inszenierung das Szenario der aufwühlenden Entstehungsphase in Santo Domingo in bedrückende Nähe. Vierzehn Tage vor der Premiere flehte sie ihren Mann im Brief an, sie *mit Küssen und zärtlichen Blicken dagegen zu impfen*, davonzurennen.[76] Würde die öffentliche Demütigung, die sie damals befürchtet hatte, eintreten? Sie trat in anderer Weise ein als vermutet.

Das Drama bekam niederschmetternde und vernichtende Kritiken: eines *der hilflosesten Wirrsale der letzten Jahre* befand die *Frankfurter Abendpost* am 25. Mai 1955, *Glanzlose Dialoge* monierte die *Frankfurter Neue Presse* am 6. Juni 1955 nach der zweiten Aufführung. Die *Frankfurter Allgemeine* versuchte immerhin zu retten, was zu retten schien, und bescheinigte am 26. Mai 1955 der Aufführung *manches gute Wort aus der Sicht des lebendigen Intellekts, aber es geht unter im Wirrwarr, in der düsteren Szene*. Die *Aachener Nachrichten* vom 2. Juni 1955 entdeckten *höchst banal den Drang eines jungen Mannes […], der der Frau überdrüssig wird und sich heimlich aus dem Staub macht*, und sprachen von *poetisierendem Schwulst und unfreiwilliger Komik*. Doch einig waren sich alle Kritiker darin, dass die große Angst des Autors vor der Bewältigung des Lebens das eigentliche Thema des Stücks war.

Wer war nach der vernichtenden Kritik deprimierter? Hilde und Erwin Walter Palm verarbeiteten die bedrückende Erfahrung auf ihre Weise – getrennt voneinander; Hilde Domin ging zurück in die Idylle von Oberammergau, wo sie mit dem absurden »Beckettschen« Gefühl zurückblieb: *Ich vermisste Dich und war zufrieden Dich zu vermissen.*[77] Und Erwin Walter Palm flog nach Madrid zu Sondierungsgesprächen am dortigen Archäologischen Institut.

## 11. Kapitel

Die DFG hatte ihm die Möglichkeit eröffnet, einen Bildband zu veröffentlichen.

Für Außenstehende waren sie ein Paar im Gleichklang – wie schon früher in Heidelberg, in Italien oder in Santo Domingo: »*Als hättet ihr euch gestern kennengelernt*«, *sagte mein Bruder, als wir zurückkamen, und er uns das erste Mal zusammen sah.*[78] Wer den Palms beim Abschiednehmen zusah, gewann sogar den Eindruck, dass zwischen beiden ein geradezu außergewöhnliches Einvernehmen herrschte: *Der schönste Abschied meines Lebens! Wie auf der Bühne [...] nur wirklich*[79], kommentierte eine Dame die Abschiedsszene der Palms auf dem Flughafen. Wie nach jedem Abschied wurden Hilde Domin am Tag nach der Abreise ihres Mannes Blumen durch einen Blumendienst zugestellt. Diesmal waren es Veilchen: *Es blüht/hinter uns her.*[80]

Nach eineinhalb Jahren in Deutschland hatte sich für Erwin Walter Palm keine berufliche Perspektive eröffnet. Hilde Domin wurde wieder aktiv. Sie schrieb an den Rektor der Universität von Santo Domingo und griff die noch offenstehende Offerte auf: Die Universität hatte Unterstützung signalisiert, um den Druck von Palms zweibändigem Monumentalwerk über die iberoamerikanischen Denkmäler zu ermöglichen.

Eines der letzten Schreiben aus München ging an Rudolf Hirsch, den Verlagsleiter des S. Fischer Verlags und Herausgeber der *Neuen Rundschau*. Bereits im vorausgegangenen Winter hatte Hilde Domin ihm einige Gedichte ihres Mannes geschickt und um Protektion gebeten – Hirsch hatte nicht geantwortet. Jetzt erlaubte sie sich, *etwas Eigenes vorzulegen*, nachdem sie sich bisher *eigentlich nicht um den Vertrieb* ihrer Lyrik gekümmert hatte.[81] Sie bediente sich im Frühjahr 1955 bereits regelmäßig des Pseudonyms »Hilde Domin«. Die Reaktion Rudolf Hirschs auf ihre Gedichte kam diesmal schnell, war aber nicht eindeutig: Die Qualität der Gedichte überzeugte ihn durchaus, Domins sprachliche Bilder irritierten ihn aber, weil ihre Gefühle seiner Meinung nach Haken schlugen. Hilde Domin fand keine Zeit zur Antwort; der bevorstehende überstürzte Aufbruch nach Spanien nahm ihre ganze Aufmerksamkeit in Anspruch. Erwin Walter Palm hatte die von der DFG angebotene Stelle in Madrid angenommen.

Im Spätsommer 1955 reiste Hilde Domin nach Spanien.

12. Kapitel

# Spanien
# 1955-1957

*Lass uns lass uns wieder Wolkenhirten sein,*
*wenn die Bäume grün werden*
(Hilde Domin an Erwin Walter Palm vom 1.2.1956)

Kiefernwälder, durch die der Wind fächelt, Schmetterlinge, die im Sommersonnenlicht über duftende Thymianhänge gaukeln – das waren die ersten Spanieneindrücke, die die Palms von der Natur und der Landschaft südlich von Madrid in sich aufnahmen.

Ein kleiner Pferdeomnibus hatte sie am 27. Juli 1955 nach Aranjuez kutschiert. Dort feierten sie auf einer Terrasse mit überwältigendem Ausblick auf den Fluss Tajo Hilde Domins 46. Geburtstag. Es war wohl seit Langem einmal wieder einer jener ganz unbeschwerten Tage, die sich Hilde Domin immer dann ins Gedächtnis zurückrief, wenn ihr Optimismus zu versiegen drohte. Die schönen Tage von Aranjuez aber waren kurz, und die Palms zogen weiter in Richtung Madrid. Das Deutsche Archäologische Institut am nördlichen Rand der Stadt, in Serrano 159, war für die nächsten Monate die Arbeitsadresse. Hilde Domin nahm sich gleich ein Quartier in den Bergen. Entfloh sie nur der träge machenden Hitze der Großstadt?

Fünfzig Kilometer nördlich von Madrid, in der Sierra de Guadarrama, liegt das Naherholungsgebiet der Madrilenen, wo ein ständiger leichter Wind die Temperaturen erträglich macht. In dieser Region mit ihrer klaren Bergluft hatten schon die Schriftsteller der »Generación del 98« versucht, die nationale Sinnkrise von 1898, hervorgerufen durch den endgültigen Niedergang des spanischen Kolonialreiches, durch geistige Neuorientierung zu lösen.

## 12. Kapitel

Dort hatte sich der Maler Rafael Alberti von den avantgardistischen Tendenzen in der bildenden Kunst ab- und der dichtenden Kunst zugewandt. Und Ernest Hemingway hat seine Landschaftsskizzen in *Wem die Stunde schlägt* dieser Region entnommen.

Hilde Domin empfand diese karge Bergwelt trotz der Wälder, Wiesen und Seen als *trostlos grossartige[] Steinwüste[] Kastiliens*.[1] Wie ein Maler tupfte sie ihre Eindrücke von der Umgebung und Landschaft mit Worten auf das Papier: *flaches Gelb und Grau, verbrannte Wiesen, ein in den Staub gekauertes Haus, eine schnurgerade über die kahlen Hügel laufende Mauer, weil auch die Wüste Besitzer hat. Bisweilen die quichoteske Silhouette eines Reiters hoch am Himmelsrand oder ein stechend schwarzer Fleck: Mensch oder Tier. Das Ganze eine ideale Anfängeraufgabe für einen modernen Maler: es ist alles schon weggelassen, alles auf die knappste Formel gebracht, farblich, menschlich, sachlich.*[2]

Die Landschaft schien der Struktur ihrer Gedichte zu entsprechen: auf die knappste Formel gebracht waren auch sie – menschlich und sachlich.

Dort in den Bergen, in Miraflores de la Sierra, trafen die Palms zum ersten Mal Vicente Aleixandre in seinem Sommerdomizil. Der spanische Dichter und spätere Literaturnobelpreisträger (1977) stellte den Kontakt her zwischen Hilde Domin und Bernabé Fernández Canivell, dem Herausgeber der Literaturzeitschrift *Caracola*. Bernabé hatte die ursprünglich von Emilio Prados und Manuel Altolaguirre gegründete Zeitung wiederbelebt. Ob Hilde Domin mit ihm jemals über Maria Luísa sprach, die mittlerweile Altolaguirres Frau geworden war? Bernabé war aus der Emigration zu seiner Familie nach Spanien zurückgekehrt und war ein intimer Freund der Dichter der »Generación del 27«, wie sich die Gruppe um Lorca nannte, die sich 1927 in Spanien zu gemeinsamen Zielen zusammengeschlossen hatte. Bernabé benutzte sogar die alten Druckstöcke und die gleichen Drucker – und arbeitete zum Teil auch mit denselben Mitarbeitern zusammen, die ihm ihre Beiträge aus dem Exil lieferten.[3] Ihm widmete Hilde Domin ihr Gedicht *Abschied aus Andalusien*.

Hilde Domin hatte schon 1954 von München aus Kontakt mit Aleixandre aufgenommen, um für Erwin Walter Palm Aleixandres Zustimmung einzuholen, sein Gedicht *Cantad, Pájaros* (*Singt, Vö-*

*gel*) für den Band *Rose aus Asche* übersetzen zu dürfen. Die Zeilen gerade dieses Gedichts hatten sie tief berührt: *Singt für mich, Vögel, die jeder Tag neu gebiert,/und in deren Schrei die Unschuld der Welt ist./Singt, singt, und reißt die Seele mir aus und/steigt mit ihr auf, dass sie nie auf die Erde zurückkommt.*[4] Aleixandres Bilder klangen ihr vertraut; sie hatte 1952 in Haiti ihre Gefühle in ganz ähnliche Worte gefasst:

*Und meine Seele, die dich sucht*
*so natürlich*
*wie abends ein Vogel über das Meer fliegt,*
*verliert die Richtung*
*und kommt*
*nie wieder an Land.*[5]

Als sich Vicente Aleixandre und Hilde Domin zum ersten Mal persönlich trafen, empfanden beide sofort Sympathie füreinander. Der Spanier hatte in Hilde Domin bislang nur die kleine quirlige Frau des Herausgebers von *Rose aus Asche* gesehen. Nun lernte er eine Schriftstellerin kennen, deren Gedichte ihn berührten, die er als *profundo, [...] intenso, [...] poético* empfand[6] – erstaunt die männliche Endung »o« der Adjektive? *Wir sind alle Hermaphroditen*[7], schrieb Hilde Domin, bezeichnete sich grundsätzlich als »Dichter« und griff die Genderproblematik auf, bevor sie in den Fokus soziokultureller Studien rückte.

Aleixandre schlug Hilde Domin vor, sie solle ihr Gedicht *Herbstzeitlosen* ins Spanische übertragen. Inspiriert zu diesem Gedicht wurde Hilde Domin durch ihren ersten *Besuch bei dem spanischen Dichter Vicente Aleixandre, der [sie] in seinem Garten, im Schatten einer wundervollen Zeder, bewirtete. Die Zeder war noch klein, als Lorca, Miguel Hernández und Altolaguirre dort ständige Gäste waren. Aleixandre ist bei ihr geblieben, und wenn er in seinen Gedichten von Fremde spricht, hat es einen exotisch romantischen Klang.*[8]

Die geselligen Zusammenkünfte mit den spanischen Freunden im Garten Aleixandres konfrontierten Hilde Domin mit ihrer Heimatlosigkeit. Sie beneidete Aleixandre darum, dass er dem Wachsen seiner Zeder zusehen durfte. Sie und ihr Mann hatten in den Län-

## 12. Kapitel

dern, die sie auf ihrer Suche nach Heimat durchreist hatten, weder Bleibendes gepflanzt noch Überdauerndes zurückgelassen.

*Die wir keinen Baum*
*in unseren Garten pflanzten,*
*um den Stuhl*
*in seinen wachsenden Schatten zu stellen.*

*Die wir am Hügel niedersitzen,*
*als seien wir zu Hirten bestellt*
*der Wolkenschafe, die auf der blauen*
*Weide über den Ulmen dahinziehn.*[9]

Domins Übertragung von *Herbstzeitlosen* wurde 1956 in *Caracola* veröffentlicht, und von da an erschienen regelmäßig zweimal pro Jahr Gedichte von ihr in der Literaturzeitschrift; sie war für Hilde Domin *die beste lyrische Zeitschrift in Spanien, rein für Lyrik, mit einer kleinen kritischen Beilage auf einem Extrablatt. Ganz unfrankistisch.*[10] Erwin bezeichnete das Blatt gar als das *Gibraltar von Malaga.*[11] Doch aus Furcht, Francos Aufmerksamkeit zu erregen, verheimlichte Hilde Domin in ihren biografischen Angaben in deutschen Literaturzeitschriften ihre Mitarbeit bei *Caracola*, die hinsichtlich ihrer kritischen Haltung *dem Insula, Madrid, [entsprach,] gleichfalls unter der geistigen Patronage von Vicente Aleixandre. Während man die lyrische Zeitschrift in Frieden lässt, dreht man Insula von Zeit zu Zeit das Papier ab. So z. B., für über ein Jahr, nach dem explosiven Tod Ortegas*[12], wie Hilde Domin an den Herausgeber des *Merkur*, Hans Paeschke, schrieb.

Die Übersetzungsarbeit ging ihr leicht von der Hand und machte ihr darüber hinaus auch Spaß. Aleixandres Lob für Hilde Domins Gedichte riss bei Erwin Walter Palm dagegen wieder alte Wunden auf, die nie heilen wollten.

Hilde Domin ließ sich im September 1955 von der malerischen spanischen Landschaft inspirieren. Sie spürte eigenen Wurzeln nach, suchte nach der Bestimmung des Begriffs »Heimat« – der sich schließlich in ihrem Gedicht *Ziehende Landschaft* manifestierte.

## Spanien: 1955-1957

*Man muss weggehen können
und doch sein wie ein Baum:
als bliebe die Wurzel im Boden,
als zöge die Landschaft und wir ständen fest.
Man muß den Atem anhalten,
bis der Wind nachläßt
und die fremde Luft um uns zu kreisen beginnt,
bis das Spiel von Licht und Schatten,
von Grün und Blau,
die alten Muster zeigt
und wir zuhause sind,
wo es auch sei,
und niedersitzen können und uns anlehnen,
als sei es an das Grab
unserer Mutter.*[13]

Der Ort, an dem sie sich verwurzeln konnte, war noch nicht gefunden; noch immer trug sie das Gefühl des unentrinnbaren Exils in sich: *Unverlierbares Exil/du trägst es bei dir/du schlüpfst hinein/gefaltetes Labyrinth/Wüste/einsteckbar.*[14]

Sie war des Umherziehens müde, wollte nicht länger auf ihren Koffern hocken – ohne feste Bleibe, ohne Heimat, ohne berufliche Perspektive –, klagte sie in ihren Briefen aus Spanien an die Mäzenin Frieda Warburg in New York, die nach wie vor eine verlässliche Retterin aus finanziellen Nöten war.

Aleixandres enthusiastisches Lob hatte Hilde Domin bestärkt, einen neuen Versuch zu unternehmen, ihre eigenen Gedichte zu veröffentlichen: Sie nahm den Briefkontakt zu Rudolf Hirsch, dem Verlagsleiter des S. Fischer Verlags, wieder auf und schickte ihm einige neue Gedichte. Sie versicherte ihm, dass sie sich unterdessen weiterentwickelt hatte und ihre Gefühle nicht mehr die Haken schlugen, die Hirsch bei ihren ersten Gedichten bemängelt hatte. Sie fühlte sich mittlerweile *wie ein Maler, der eine neue Serie beginnt.*[15] Das Gedicht, das sie Hirsch zusandte, war zwar schon in der Münchner Zeitschrift *Hochland* erschienen, allerdings ohne Titel; in der *Neuen Rundschau* gab sie ihm zum ersten Mal den Titel *Herbstzeitlosen* und hatte es zudem stilistisch ausgefeilt. In der *Rundschau* veröffentlicht zu werden, war etwas Besonderes, *eine »hohe Plattform«*, wie ihr der Herausgeber versichert hatte, *die damals, 1957, außer Celan kaum irgendwelche zeitgenössische Lyrik gebracht hatte.*[16] Die *Neue Rundschau* galt also einerseits als wichtiges Literaturforum, deren elitären Anspruch man andererseits kritisierte und die sich von Marcel Reich-Ranicki den Vorwurf gefallen lassen musste, ein *goldener Sarg*[17] zu sein. Eigentlich war auch Hilde Domin der Überzeugung, dass die Zeitschrift eher *etwas langweilig, und [...] »museal«* war.[18]

In der Dezemberausgabe der *Neuen Rundschau* erschienen neben Gedichten von Saint-John Perse und *Das Pferd* von Tibor Déry auch ein Essay von Max Frisch und eine Erzählung von Eugène Ionesco – außerdem Hilde Domins *Wen es trifft*.[19] Hilde Domin empfand die Veröffentlichung als *etwas richtig Feierliches*[20], die nächste Annäherung an ein *bürgerliches Hochzeitskleid*[21], und sie brachte ihr die Einladung ein, Gedichte für einen eigenen Gedichtband zusammenzustellen.

Auf seinem Weg in den Süden besuchte Rudolf Hirsch die Palms – er war schon seit Längerem auf der Suche nach einem Haus auf Mallorca. Hirsch war zart und klein, hatte schwarze Locken – entsprach also wieder dem Bild eines Mannes, der an Hilde Domins Beschützerinstinkt appellierte. Er war ein *Schöngeist*, man sprach von ihm als dem *ungeheuer Kultivierten* und sagte ihm nach, dass er *List hatte und unendliche Bildung. Er war wohl kulturkonservativ.*[22] Wie Palm war auch Hirsch Kunsthistoriker und Archäologe. Er hatte Studien über Nicolas Poussin verfasst, dessen Bild *Schlaf der Hirten* seit ihrer Zeit in Rom über Hilde Domins Bett hing und zu ihren Lieblingsbildern gehörte, das sie auf allen Exilstationen begleitet hatte: *Eine Hirtin fährt aus dem Schlaf und sieht einen stehenden, auf den Stab gelehnten Hirten an. Eros über ihr, den Pfeil abschießend. Es ist ein solches Erstaunen. In dem gerade erwachten, auf- und anblickenden Gesicht ist der Augenblick in dem die Liebe geboren wird.*[23] Auch wenn vieles Rudolf Hirsch mit Erwin Walter Palm zu verbinden schien, so waren sie in ihrem Wesen wohl sehr unterschiedlich. Doch zwischen dem Verlagsleiter und Hilde Domin schien sofort der Funke der Zuneigung übergesprungen zu sein. *Sie haben etwas, das die Menschen zwingt, Ihnen ihre schönste Seite zuzukehren*[24], schmeichelte er ihr. Für Hilde Domin sollte dieses Zusammentreffen noch weitreichende Folgen haben. Vorerst jedoch fühlte sie sich noch zu sehr Palms Projekten verpflichtet.

Die Universität von Santo Domingo drängte auf eine zügige Drucklegung der zwei Bände von Erwin Walter Palm, denn der kleine Inselstaat musste mit seinem Etat haushalten und konnte den Spanienaufenthalt nicht unbegrenzt unterstützen – acht Monate höchstens, hatte er zugesichert. Und so nahm Hilde Domin die Tätigkeit als Lektorin und Sekretärin wie in den Tagen in Santo Domingo wieder auf: Ihr Arbeitsplatz war das »Instituto Arqueológico Alemán« in Madrid. Sie hatte ihr Bergdomizil aufgegeben, beide hatten zwei Zimmer im Gästehaus des Instituts in der »Casa de Arribas«, Juan Bravo 65, einem angesehenen Viertel von Madrid, bezogen. Palms karibische Manuskripte bedurften einer gründlichen Überarbeitung. Hilde Domin arbeitete rund um die Uhr und fand dennoch in den Pausen Zeit, ihre eigenen »karibischen Geschichten« zu bearbeiten, die sie unter dem Pseudonym »Denise« in der Dominikanischen Republik zu schreiben begonnen hatte.

Auf beiden lastete ein hoher Arbeitsdruck. Die neun veröffentlichten Gedichte Domins aus der Zeit in Madrid nehmen ihre Lebenssituation auf: zwei Individuen, doch *jeder für sich/[...]/– fast ohne Angst –/im Takt unsres Herzens,/als seien wir beschützt,/solange die Liebe/nicht aussetzt./So gehen wir/zwischen Schmetterlingen und Vögeln/in staunendem Gleichgewicht/zu einem Morgen von Baumwipfeln/– grün, gold und blau –/und zu dem Erwachen/der geliebten Augen.*[25] Waren die Morgen heiter und unbeschwert, ließ Erwin Walter Palm den Tag mit dem Amselruf beginnen, der seine Frau so entzückte, und dann war es gut, *[...] leicht zu sein wie neues Land/wenn der Tag kam,/und nicht zu fragen/und die Stimme ins Blau zu schicken/wie eine Lerche.*[26]

Doch sobald sich Hilde Domin ihrer Lyrik zuwandte, flammte Palms alte Eifersucht von Neuem auf: er lag schmollend im Nebenzimmer, wenn sie Eigenes schrieb. In seinen Augen blieb sie Abel; und so flehte sie in ihren Briefen weiterhin, dass er ihr *ein wenig mehr Freiheit* ließe, *so dass Platz bleibt, für die – und sei es nur Fiktion – <u>freiwillige</u> Mitarbeit. [...] Bitte bitte bitte lass uns lass uns lass uns wieder Wolkenhirten sein, wenn die Bäume grün werden.*[27]

Acht Jahre lang hatte Palm die Veröffentlichung seiner Bücher hinausgeschoben, im Februar 1956 setzte Hilde Domin alle Hoff-

## 12. Kapitel

nung auf den Sommer, in dem die Bücher Erwin Walter Palms endlich gedruckt werden sollten, und machte sich auf den Weg zu der Druckerei in Barcelona, die ihr Vicente Aleixandre empfohlen hatte. Hilde Domin wusste mit Druckern umzugehen. Sie führte streng Regie, akzeptierte keine Schludrigkeiten. Auch in Barcelona mussten etliche Seiten immer wieder neu gesetzt werden, doch der Drucker nahm die deutsche Kontrolle mit südlicher Gelassenheit: *Hätte ich gewusst, dass Sie erstklassige Arbeit brauchen...*[28]

Je weiter sich Hilde Domin von Madrid entfernte, umso heiterer und unbeschwerter lesen sich ihre Briefe. Auf der Höhe von Zaragoza entzückten sie die blühenden Mandelbäume und das noch *unordentliche*[29] Grün der Felder; und die Düfte des Frühlings ließen Hoffnung in ihr aufkeimen. Das Willkommen, das Barcelona bot, war unwirtlich, denn die gemietete Wohnung war eiskalt: Die Fenster waren ausgehängt, weil Erwin Walter Palm angeordnet hatte, die Zimmer streichen zu lassen. Domin machte umgehend alles rückgängig. Ohnehin wog der Blick auf den Tibidabo jede noch so schäbige Farbe auf. Das fehlende menschliche Gegenüber auf dem leeren Stuhl ersetzte sie wie üblich durch eine Flasche mit drei Tulpen darin.

Die Zeit in Barcelona bescherte ihr nach erledigter Druckarbeit viele freie Abende. Hilde Domin schien aufzuleben, konnte ungestört an ihren karibischen Geschichten schreiben oder übersetzte ihre Gedichte für die Veröffentlichung in Aleixandres Zeitschrift *Caracola*. Um sich ein Zubrot zu verdienen, fertigte sie für das Konsulat Übersetzungen an und bemühte sich beim S. Fischer Verlag um die Zusage, Vicente Aleixandres Gedichtband ins Deutsche übertragen zu dürfen. Doch dazu sollte es nie kommen.

Der Umgang mit der eigenen Prosa hatte sie dazu inspiriert, spanische Prosatexte zu sichten, um in einer Anthologie einen Querschnitt durch die spanische Prosa des 20. Jahrhunderts zu präsentieren. Die Korrespondenz über die Genehmigungsrechte hatte Hilde Domin zudem Kontakte zu bedeutenden Übersetzern und Lektoren wie Helmut Frielinghaus oder Walter Boehlich eröffnet, dessen Bekanntschaft sie in Madrid machte, noch bevor er Cheflektor des Suhrkamp Verlags wurde. Boehlich war vor allem Erwin Walter Palm freundschaftlich verbunden, er bewunderte ihn. Hilde Domin dagegen sprach ihn zu Beginn ihrer Bekanntschaft weder

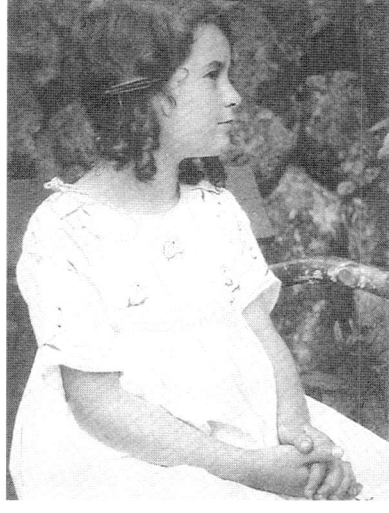

# Jahresbericht

der

Städtischen Merlo-Mevissen-Schule

in

Lyzeum mit Studienanstalt der gymnasialen Richtung

in

Köln am Rhein

Gilbachstraße 20. Fernruf West 57588.

Schuljahr 1928/29.

— 12 —

**b) Abgang ohne Reifezeugnis.**

Von den ohne Reifezeugnis abgegangenen Schülerinnen der Studienanstalt besuchten 10 weiterhin höhere Schulen, 2 eine Privatschule, 4 gingen wegen Krankheit ab, die übrigen ohne Angaben. Von den vor Erlangung der mittleren Reife vom Lyzeum abgegangenen Schülerinnen besuchten weiter höhere Schulen: 10, höhere Privatschulen: 3, Mittelschulen: 5, Handelsschule: 2, zurück zur Volksschule gingen 2, in Lehrstellen traten ein 1. Die übrigen gingen ohne Angabe des Verbleibs.

**c) Das Durchschnittsalter der Schülerinnen am 1. Februar des Berichtsjahres.**

| Gymnasiale Studienanstalt | | | | | | | Lyzeum | | | | | | | |
|---|---|---|---|---|---|---|---|---|---|---|---|---|---|---|
| O I | U I | O II | U II | O IIIa | O IIIb | U III | U II | O III | U III | IVa | IVb | Va | Vb | VIa | VIb |
| 19,3 | 18,6 | 17,2 | 16,5 | 15,3 | 15,5 | 14,4 | 17,6 | 15,1 | 14,8 | 13,5 | 13,6 | 12,1 | 12,7 | 11,3 | 11,3 |

**d) Religion, Staatsangehörigkeit und Heimat der Schülerinnen der gymnasialen Studienanstalt am 1. Februar 1929.**

| Religion | | | | Staatsangehörigkeit | | | Heimat | | |
|---|---|---|---|---|---|---|---|---|---|
| kath. | ev. | sonstige Christen | isr. | Preußen | Nichtpreuß. Reichsangehörige | Ausländer | aus dem Schulort | Fahrschüler | in Pflege |
| 32 | 94 | — | 21 | 137 | 6 | 4 | 132 | 15 | — |

Religion, Staatsangehörigkeit und Heimat der Schülerinnen des Lyzeums nach dem Stand vom 1. Februar 1929.

| Religion | | | | Staatsangehörigkeit | | | Heimat | | |
|---|---|---|---|---|---|---|---|---|---|
| kath. | ev. | sonstige Christen | isr. | Preußen | Nichtpreuß. Reichsangehörige | Ausländer | aus dem Schulort | Fahrschüler | in Pflege |
| 71 | 124 | — | 42 | 216 | 17 | 4 | 231 | 6 | — |

**e) Reifeprüfung der gymnasialen Studienanstalt.**

Die Reifeprüfung fand am 6. März 1929 statt unter Leitung von Herrn Oberschulrat Dr. Hartmann. Es erwarben das Reifezeugnis:

| Name | Geburtstag | Religion | Staatsangehörig. | Gewählter Beruf |
|---|---|---|---|---|
| 1. Blaurock, Hilde | 2. 9. 1910 | ev. | Preußen | Geschichte, Griechisch, Latein |
| 2. Böhm, Inge | 4. 2. 1910 | kath. | " | Kunstgeschichte |
| 3. Brandenstein, Alice | 4. 1. 1910 | isr. | " | Medizin |
| 4. Feith, Luise | 22. 8. 1909 | " | " | Medizin |
| 5. Feldhohn, Inge | 21. 6. 1910 | kath. | " | Deutsch, Griechisch, Latein |
| 6. Goldschmidt, Marguerite | 6. 1. 1910 | isr. | " | Zahnheilkunde |
| 7. Hoyer, Hilde | 4. 11. 1909 | ev. | " | Chemie und Biologie |
| 8. Hürtgen, Maria | 5. 10. 1909 | kath. | " | Technische Lehrerin |
| 9. Löwenstein, Hilde | 27. 7. 1909 | isr. | " | Jura |
| 10. Remy, Margarete | 3. 3. 1908 | kath. | " | Medizin |
| 11. Schwarz, Marianne | 24. 2. 1910 | " | " | Jura |
| 12. Sternberg, Ellen | 22. 9. 1909 | isr. | " | Medizin |
| 13. Wöllenstein, Agnes | 5. 8. 1909 | kath. | " | Griechisch, Latein, Französisch |
| 14. Wolter, Else | 8. 7. 1910 | " | " | Mathematik, Naturwissenschaft |

# Ruprecht-Karls-Universität-Heidelberg
### Rektorat des Professors Dr. Otto Erdmannsdörffer

Der Prüfungsausschuß für Diplom-Volkswirte hat der

## Fräulein Hilde Löwenstein
#### geboren 1909 zu Köln

den Titel eines Diplom-Volkswirts verliehen. Der Prüfungsausschuß hat das Gesamtergebnis der Leistungen als gut (2. Grad) anerkannt. € Gegenwärtige Urkunde ist zu Heidelberg im 547. Jahr seit Gründung der Universität am 29. Juli 1932 vollzogen worden

FIRMA DEL TITOLARE

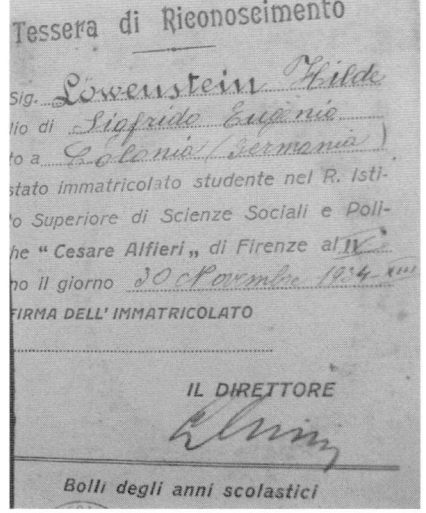

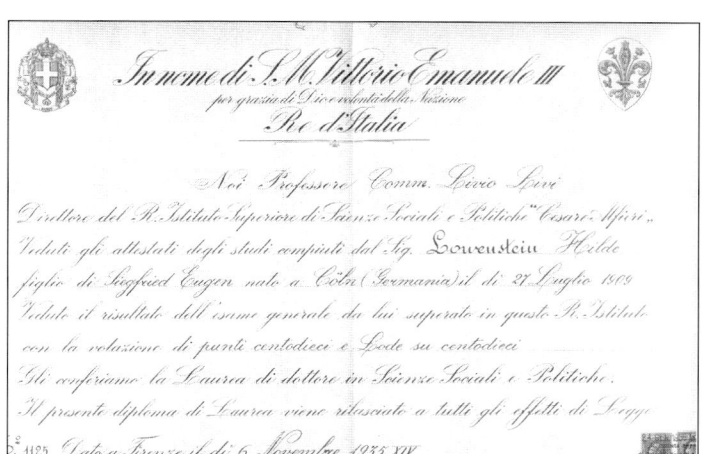

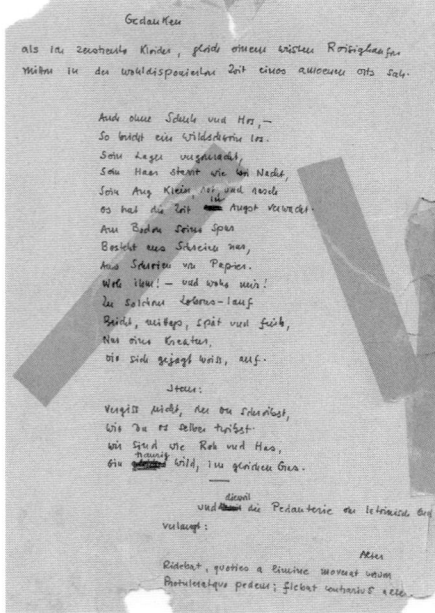

Verehrte Frau Palm, Danke für Ihren Brief und die schönen traurigen Gedichte.

Mein Name steht nicht im Telefonbuch, unsre Nummer ist 22 646 ( bitte sie nicht weiter zu sagen). Wenn Sie meine Frau anrufen, lässt sich eine Vereinbarung treffen, am besten einmal bei uns zum Thee, es hängt unter andrem von meinem Befinden ab, das zur Zeit nicht erfreulich ist.

Freundlich grüsst Sie Ihr

> Davon rede ich,
>         bitte bitte: die Frage ist doch
> verkehrt. Es gibt doch keine Wahl zwischen
> meinem Werk und Dir.
> Mein Werk, alles was ich tun muss,
> das bin doch ich. Du sagst doch auch
> nicht: "Komm vom Frühstück ohne Arme.
> Entscheide Dich zwischen uns. Deinen
> Armen." Du weisst doch, dass
> dies so ist. Es ist nicht traurig, es
> gibt ja keine Wahl, jede ist die
> ist. Eine Dichterin zu sein ist nichts schlechtes.
>                      Du weisst es doch.
>                                              H.

Weil
es so anfing
und
über Buochs

27. VII. 1984

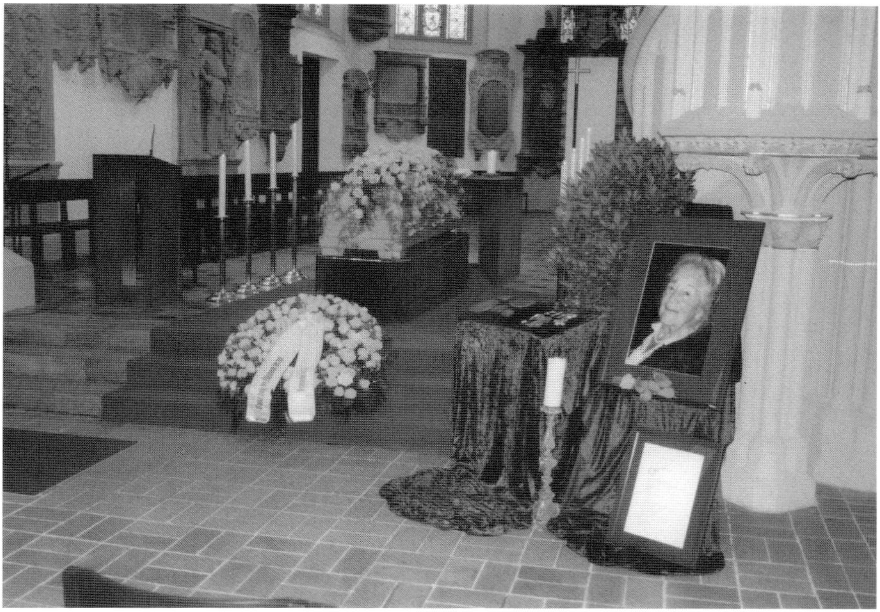

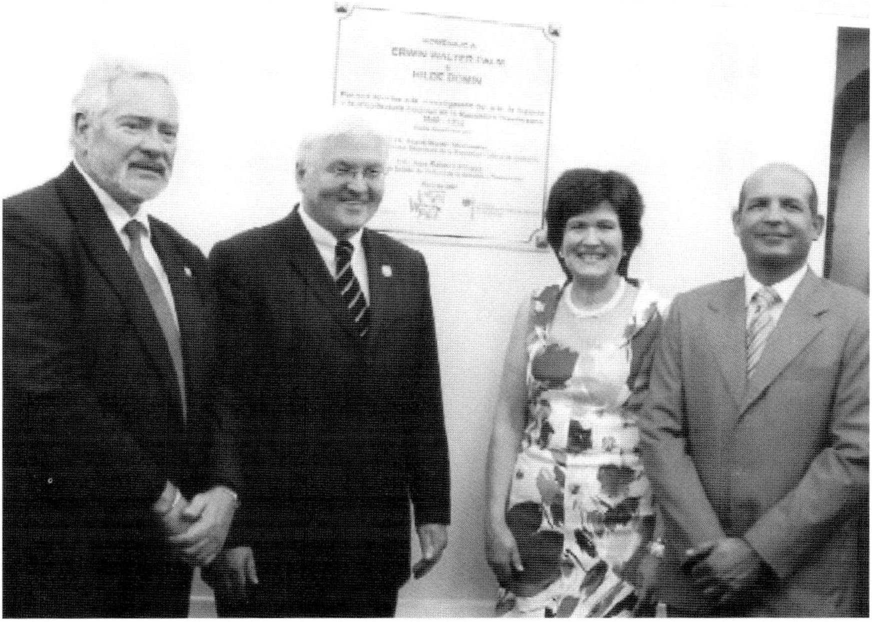
ERWIN WALTER PALM
HILDE DOMIN

Spanien: 1955-1957

menschlich noch intellektuell an. Seinen Einfluss in der deutschen Literaturszene sollte Hilde Domin in den folgenden Jahren noch zu spüren bekommen.

Ostern 1956 reisten die Palms nach Málaga, um sich die berühmten Karfreitagsprozessionen anzusehen. Der günstigeren Miete wegen hatten sie sich für umgerechnet etwa fünf Mark Pensionsentgelt außerhalb von Málaga in einem kleinen Häuschen in einer verlassenen Feriensiedlung eingemietet.

Die opulenten Prozessionen der »Semana Santa«, der Karwoche, bilden den Höhepunkt der österlichen Feierlichkeiten in Andalusien. Von dumpfen Klagelauten begleitet, ziehen sie durch die Straßen; Bruderschaften und Legionäre tragen die »pasos«, Schreine mit monumentalen Heiligenbildern, manchmal – und das beeindruckte Hilde Domin außerordentlich – auf ihren ausgestreckten Armen. Bei Hilde Domin lösten die zeremoniellen Darstellungen große Ehrfurcht aus. Die Prozessionen waren für sie Ausdruck des Auferstehungsgedankens und holten viele unverarbeitete Bilder aus den Tiefen ihrer Erinnerung. Am selben Abend noch machte sie sich Notizen über die bewegenden Eindrücke, die sie dann doch erst drei Jahre später im Tessin in dem kathartischen Gedicht *Die Heiligen* verarbeitete.

Zeitgleich mit den Palms nahmen auch einige junge Männer aus Deutschland in der Kolonie Quartier. Klaus Geitel war einer von ihnen. Er wurde später ein anerkannter Musikkritiker und erinnerte sich anlässlich des 100. Geburtstags von Hilde Domin an das Zusammentreffen in jener Osterzeit: *Es muss gegen 1956 gewesen sein, da fuhr ich mit Freunden in den Süden Spaniens, um dem Osterfest mit seinen spektakulären Karfreitagsprozessionen in Malaga beizuwohnen. Wir quartierten uns an der Küste ein, in einer anmutigen, bescheidenen Kolonie. Im Nachbarhaus entdeckten wir ein deutsches Ehepaar mittleren Alters [...]. Es war bis über die Hutschnur an Kultur interessiert. [...] Wir schwärmten natürlich von Federico García Lorca, dessen frisch übersetzte Dichtungen wir uns aus den Händen rissen. Palm wies uns als erster darauf hin, wie unzureichend diese Nachdichtungen seien, und las uns einige seiner eigenen Übertragungen vor. [...] Wir waren für sie offenbar so etwas wie Appetithäppchen des Deutschseins.*[30]

## 12. Kapitel

Obwohl Hilde und Erwin Walter Palm Gruppen immer mieden – vor allem Erwin Walter Palm hasste den »Herdenzwang«, wie Hilde Domin oft betonte –, unternahmen sie mit diesen kultivierten jungen Deutschen einige gemeinsame Ausflüge und tauschten sich über Musik und Literatur aus. Klaus Geitel erinnerte sich, dass Erwin Walter Palm begierig war, von ihm die Adresse des Komponisten Hans Werner Henze zu erhalten – die er ihm aber nicht gab. In der herrlichen Gartenanlage der Alhambra in Granada lasen sie sich im Schatten der Bougainvilleas gegenseitig Lorca-Übersetzungen vor.

Die Spannung, die zwischen Erwin Walter Palm und seiner Frau herrschte, blieb Klaus Geitel damals nicht verborgen. Keiner ließ dem anderen genug Luft zum Atmen, und doch lebten sie vom geistigen Austausch. Dichterische Ambitionen hatte damals nur Erwin Walter Palm erkennen lassen. Dass Hilde Domin auch Gedichte schrieb, erfuhr Geitel erst viel später. Die jungen Männer machten insgeheim ihre Witze über das seltsame Paar und empfanden, dass *Palm ein Wichtigtuer* war, der sich in Szene setzte und das Wort führte und *überall seine Nase drin hatte, [sie] bezweifelten aber, dass das sehr tief war. Seine kleine Frau kam kaum zum Essen, weil sie gierig auf die Momente wartete, in denen sie auch das Wort ergreifen konnte.*[31] Dabei waren Hilde Domins Worte in jenen Tagen reif wie Granatäpfel: *Worte sind reife Granatäpfel,/sie fallen zur Erde/und öffnen sich.*[32]

Die Region Spaniens, die landschaftlich und kulturell zu den schönsten zählt, vermochte die Spannung nicht zu mindern, die beide lähmte. Hilde Domin fühlte sich weiterhin als Gefangene ihrer eigenen Sprache, Palm lehnte ihr Schreiben weiterhin ab.

*Täglich*
*benutze ich deine Worte*
*als sei ich ein Sträfling*
*und hätte nur diesen Becher*
*und diesen Teller.*[33]

## Spanien: 1955-1957

Als die Gruppe um Klaus Geitel weiterzog, kehrten auch Erwin Walter Palm und Hilde Domin wieder nach Madrid und Barcelona zurück. Im Sommer 1956 waren die Bücher Erwin Walter Palms endlich gedruckt, einige Monate später hatte Hilde Domin mit viel Aufwand von Barcelona aus die Verschiffung zu den *tropischen Termiten*[34] organisiert und damit die Bücher ihrem weiteren Schicksal überlassen.

Nach der langen Trennung und der intensiven Arbeit kamen sie unter den *Nuss- und Kastanienbergen der salmantinischen Berge*[35] zwei Monate lang zur Ruhe, bevor sie sich anschließend zur geplanten Reise durch die Extremadura und durch Andalusien aufmachten, wo Erwin Walter Palm Material für sein nächstes Buch sammeln wollte, das sich mit der spanischen Architektur auseinandersetzen und an seine Zeit in der Dominikanischen Republik anknüpfen sollte. Die »Guggenheim-Foundation« hatte dafür Palms Stipendium, das er 1953 in New York unterbrochen hatte, von August 1956 bis Februar 1957 verlängert. Doch da zweihundertfünfzig Dollar monatlich ein eher karges Salär waren, appellierte Hilde Domin wieder einmal an die Hilfsbereitschaft Frieda Warburgs, die ihnen erneut großzügig aus der finanziellen Misere half.

Das Paar reiste mit öffentlichen Verkehrsmitteln von Córdoba bis Granada. Die überall wahrnehmbare Verschmelzung von Orient und Okzident faszinierte Erwin Walter Palm, die Stimmung übertrug sich aber nicht auf seine Frau. Da Hilde Domin nichts Eigenes schreiben durfte, fühlte sie sich unmotiviert und nutzlos. Und diesmal fand sie weder in der Landschaft noch in der reichen Kultur Andalusiens Trost.

*Wie wenig nütze ich bin,/ich hebe den Finger und hinterlasse/ nicht den kleinsten Strich/in der Luft./[...]/Ich gehe vorüber –/aber ich lasse vielleicht/den kleinen Ton meiner Stimme,/mein Lachen und meine Tränen/und auch den Gruß der Bäume im Abend/ auf einem Stückchen Papier./Und im Vorbeigehn,/ganz absichtslos,/zünde ich die ein oder andere/Laterne an/in den Herzen am Wegrand.*[36]

Denn Palms Zufriedenheit schwand umgehend, sobald sich seine Frau an die Schreibmaschine setzte. Sie flüchtete dann ins Freie oder auf die Terrasse.

## 12. Kapitel

*Das Meer, perlensanft gerieft*
*[...]*
*hypnotisiert mich*
*durch das Glas der Terrasse hindurch*
*mit dem schimmernden Streicheln,*
*bis es mich anbindet*
*mit hängenden Armen*
*auf meinem Stuhl*
*und vor mir*
*die Schreibmaschine*
*verwaist.*[37]

Zum Jahresende 1956 bezogen Hilde Domin und Erwin Walter Palm ein kleines Häuschen zwischen Málaga und Torremolinos. Gerade einmal fünf Ferienhäuser umfasste die kleine Kolonie La Verdad. Sie lag achtzehn Kilometer südwestlich von Málaga auf einer Erhebung, unterhalb des kleinen Bergdorfs Arroyo de la Miel (Honigbach). Von der Terrasse bot sich ein weiter Blick über das Meer. Die Geranien und Bougainvilleas, die das kleine Häuschen malerisch umwucherten, versöhnten Hilde Domin mit den Unzulänglichkeiten im Innern des Hauses. Vierzehn Tage nur hatten sie dort bleiben wollen, doch sie dehnten ihren Aufenthalt bis Mai 1957 aus, ließen ihre Bücher aus Madrid nachkommen und richteten sich häuslich ein. Nach der langen Zeit des Vagabundierens keimte in Hilde Domin endlich so etwas wie *Vorsichtige Hoffnung* auf einen *Aufbruch ohne Gewicht,* wie sie in ihren beiden gleichnamigen Gedichten aus dieser Zeit bekennt. Die Süße der Landschaft und ihre Sehnsucht nach Sesshaftigkeit nahm Hilde Domin explizit in dem Gedicht *Bau mir ein Haus* auf, in dem das lyrische Ich an sein Gegenüber appelliert, Beständigkeit und Stütze zu sein, und doch gleichzeitig den Atem der Zeit, den *Salpeteratem*[38], fürchtet, der wieder alles zunichte machen kann: *Der Wind kommt./Der Wind, der die Blumen kämmt/und die Blüten zu Schmetterlingen macht,/[...]/Der Wind kommt./Halte mich fest./[...]/Ich will einen festen Boden,/grün, aus Wurzeln geknotet/wie eine Matte./[...]/ Ein kleines Haus/mit einer weißen Wand/für die Abendsonne/und einem Brunnen für den Mond/zum Spiegeln,/damit er sich nicht,/wie auf dem Meere,/verliert./Ein Haus/neben einem Apfelbaum/*

Spanien: 1955-1957

*oder einem Ölbaum,/an dem der Wind/vorbeigeht/wie ein Jäger, dessen Jagd/uns/nicht gilt.*[39]

Zweimal im Leben – so Hilde Domin rückblickend – hatte sie *mit Glücksgefühl geschrieben*: in Vinalhaven und La Verdad.[40] Drei Jahre nach Vinalhaven wuchs in ihr in La Verdad die Hoffnung auf eine neue Annäherung an Erwin Walter Palm. Die Besonderheit ihrer Liebe, Leichtigkeit und Zärtlichkeit mit Schwere und Sprödigkeit mischend, findet sich in den Gedichten aus La Verdad wieder: *Ich liege/in deinen Armen, Liebster,/wie der Mandelkern in der Mandel.*[41] Geborgenheit und das Gefühl der Übereinstimmung verschmolzen mit dem Gefühl des isolierten Eingeschlossenseins. Wann würde die harte Schale den Kern endlich freigeben?

Eine kleine, schwarze andalusische Katze trug sicherlich das Ihre dazu bei, dass sich die Palms aus dem ausweglosen Kreisen um die eigene Situation lösen konnten. Die kleine Katze erkrankte, Hilde Domin wurde gebraucht und umsorgte das Tier mütterlich.

Die fröhliche Unbekümmertheit der »Denise Brühl« spricht aus der Erzählung *Die andalusische Katze*, die 1961 in der *Frankfurter Allgemeinen Zeitung* unter dem Titel *Missverständnis mit einer andalusischen Katze* erstmals veröffentlicht und 1971 als limitierter Sonderdruck mit Linolschnitten von Axel Hertenstein in der *Eremitenpresse* ediert wurde.

Die Unbeschwertheit in La Verdad verdankte Hilde Domin sicherlich auch Minne Bodenhorst, die sie später als ihre beste Freundin bezeichnen sollte. Die junge Frau aus Hamburg war eine *ungewöhnliche Frau, keine Intellektuelle, aber* sie verfügte über eine *hyperfeine Sensibilität*[42] und hatte bei Mary Wigman tanzen gelernt. In La Verdad kam sie dank Hilde Domins Hilfe über die Trennung von ihrem Mann hinweg: *Sie liebte ihren Mann, aber sie hatte ihn nach dem Verlust eines Kindes vernachlässigt und ganz mit dem Schatten des Gestorbenen gelebt. Eine andere Frau hatte sich seiner währenddessen angenommen.*[43] Minne leiht ihre Züge Domins Romanfigur Luise in *Das zweite Paradies*, und ihr widmete Hilde Domin das Gedicht *Orientierung*: *Mein Herz, diese Sonnenblume/auf der Suche/nach dem Licht.*[44]

Die Ginster trugen silberne Schoten, und der Lavendel war abgeblüht, als sich Hilde Domin und Erwin Walter Palm auf den Weg

## 12. Kapitel

zurück nach Madrid machten, um ihren ersten Spanienaufenthalt nach der Rückkehr aus dem Exil zu beenden.

Von ihrem Logis in Ramón de la Cruz aus reiste Hilde Domin allein zurück nach Deutschland, Erwin Walter Palm führte in Madrid noch seine Arbeit zu Ende.

Hilde Domin hatte bis zum letzten Moment ernsthaft erwogen, auf dem Rückweg in Paris ihren Freund Hans-Georg Pflaum zu besuchen. Hätte der Aufenthalt – sechs Wochen hatte Domin geplant, in Pflaums kleinem Arbeitszimmer zu logieren – Hilde Domins Leben eine Wende gegeben? Ihr intensiver und intimer Briefwechsel bezeugt ihre große Vertrautheit mit dem Freund. Aber Pflaums Frau Mia, der wohl genau diese Intimität missfiel, sprach sich energisch gegen den Besuch aus.

So reiste Hilde Domin ohne Umwege nach Deutschland zurück. Leicht wie im Märchen sollten die Unwägbarkeiten der Rückkehr nicht zu lösen sein – auch wenn das Gedicht *Abschied aus Andalusien*, das kurz vor der Rückkehr im Mai 1957 entstand, mit märchenhafter Leichtigkeit eine Lösung anbietet: sie fand *eine kleine gelbe Margerite/als Hausschlüssel./Damit schloss [sie] den Hügel auf/[...]/und ging hinein/und hatte eine Wohnung/bei den Wurzeln/der Blumen.*[45]

13. Kapitel

# Deutschland
# 1957-1959

*Und gönne mir meine Zeit.*
*Dann verlierst Du nichts.*
(Hilde Domin an Erwin Walter Palm vom 22.11.1957)

Zurückzukehren und dennoch nicht zu Hause zu sein – mit diesem ambivalenten Gefühl kehrte Hilde Domin im Sommer 1957 zum zweiten Mal nach Deutschland zurück. Frankfurt hatte sie als Quartier gewählt, wo der Cheflektor des Suhrkamp Verlags, Walter Boehlich – auch gerade aus Spanien zurückgekehrt –, für die Palms in der Gemündener Straße 32 ab Oktober zwei möblierte Zimmer gemietet hatte, *auf dem obersten Stock einer Villa, am Ende eines Gangs. Die Familie schläft auf dem gleichen, aber sehr breiten, Gang. Unsere Zimmer liegen beisammen, gegenüber, mit eignem Telephon, eignem Waschuscigattolo, eignem elekt. Herd, d. h. Kochplatten (Ofen in der Küche, sowie Eisschrank benutzbar.) Kosten im Winter, 280, 230 wenn die Heizung aus ist*[1], berichtete Hilde Domin ihrem Mann nach Madrid. Die Lage auf dem Mühlberg in einem Villenviertel war herrlich und entlohnte für die spartanische Einrichtung; der Blick von ihrem Zimmer aus zum entfernten »Goetheturm«, dem höchsten hölzernen Aussichtsturm Deutschlands, begeisterte sie. Die Bleibe entsprach in Ausstattung und Aufteilung weiterhin dem gültigen Wohnmodell der Palms: spartanisch, ja geradezu minimalistisch möbliert, zwei getrennte Zimmer, in denen jeder für sich leben, schlafen und arbeiten konnte. Die Bücher waren auch jetzt wieder das Wichtigste; wie die Kleider untergebracht wurden, war zweitrangig. Erwin Walter Palm sah seine Frau am liebsten im immergleich schlichten Outfit. Hilde Domin trug ihre Kleidung so lange, bis auch die Kunststop-

## 13. Kapitel

ferin nichts mehr ausrichten konnte. Dennoch fanden sich in ihrem Kleiderschrank extravagante, schillernde Stücke, die sie in der Öffentlichkeit aber nie trug.

Bis zum Einzug in die Gemündener Straße hatte der Fischer-Verlagsleiter Rudolf Hirsch Hilde Domin im »Bremerhaus« untergebracht. Nach den schlichten Unterkünften der zurückliegenden Jahre empfand Hilde Domin die Räumlichkeiten als puren Luxus: *Eine Trovata! Doppeltüren! Ein riesiger Schreibtisch. Platz. RUHE*[2] – war dies für Hilde Domin der Beweis einer besonderen Zuneigung vonseiten des Verlegers?

Zwischen Hilde Domin und Rudolf Hirsch hatte es nach dem ersten persönlichen Kontakt in Spanien keine weitere Begegnung gegeben. Doch über ihre Manuskripte und Gedichte waren sie im Gespräch geblieben, *aus dem Briefwechsel über eine Gedichtzeile, erwuchs dann ganz von selbst meine Beziehung zum S. Fischer Verlag.*[3]

Der zweiundfünfzigjährige Rudolf Hirsch vereinte Macht und intelligenten Charme und bestach durch seine Klugheit. *Dem reichen Schöngeist*[4] *lagen alle Frauen zu Füßen.*[5] *Er hatte eine besondere Begabung zur Verklärung. Vielleicht lag da die Verwandtschaft*[6] zu Erwin Walter Palm. Doch anders als ihr Mann war Hirsch jemand, der eher auf die leisen Töne hörte; wurde man heftig, hatte man es sich mit ihm verdorben.[7]

Der Jude Rudolf Hirsch war 1933 mit seiner Mutter und seinem Bruder Wolfgang vor der Naziverfolgung nach Amsterdam geflohen, wo seine Mutter bis 1940 eine einfache Pension führte. Seine profunde Bildung beeindruckte jeden, der mit ihm ins Gespräch kam, so auch Klaus Mann, der häufig Gast in der Pension der Mutter war. Ab 1940 musste die Familie Hirsch in der Stadt untertauchen und lebte dann fast drei Jahre in einem winzigen Zimmer, ohne es je zu verlassen. Domin zeigte sich gerührt von Hirschs *Anne-Frank-Schicksal*[8]*,* das ihr Gottfried Bermann Fischer in einem vertraulichen Gespräch offenlegte.[9] Hirsch sprach nicht viel über sich, kaum jemand kannte Details aus seiner Amsterdamer Zeit, in der er sich jahrelang unter einem Bett versteckt halten musste.

Hilde Domin war mit einem Traum aus Madrid zurückgekommen: Sie hoffte auf eine neue Liebe. Die Monate des Herbstes 1957 waren die emotional verwirrendsten seit langer Zeit. Hilde Domin hatte sich in Rudolf Hirsch verliebt. Es war nicht nur *a spell that will pass by*[10], wie sie ihrem Mann anfangs noch versicherte – dem die gegenseitige Zuneigung nicht verborgen geblieben war –, sondern *eine der Erschütterungen [ihres] Lebens.*[11] Und zwar *keine Liebe für einen Ehebruch*, sondern *eine Liebe für eine Ehe.*[12] Hatte gerade diese Konsequenz Rudolf Hirsch verstört? Denn nur auf ein Liebesabenteuer wollte sich Hilde Domin nicht einlassen.

Hilde Domin befand sich 1957 in einem labilen Zustand und hätte Hirschs geschäftliche Fürsorge als Zuneigung (miss)deuten können. Doch die Briefe, die die beiden austauschten, und die Gedichte, die Hilde Domin in jener Zeit verfasste, lassen auf ein nahes Verhältnis schließen, das allerdings *diese zwanzig dreißig Zentimeter zwischen zwei Körpern*[13] offenbar nicht überschritt. Auch Rudolf Hirsch mag in jenem Herbst für Hilde Domins Zuspruch offen gewesen sein. Er litt unter der schweren Krankheit seiner Mutter, die sich gerade von einem Herzinfarkt erholt hatte und nun mit einer Krebsdiagnose fertig werden musste. Hilde Domin zog für Hirsch Erkundigungen bei dem befreundeten Frankfurter Arzt Fonrobert ein, leitete bulletinreife Ergebnisse über mögliche Heilungschancen an Hirsch weiter und hatte sogar Geld gespart, um seine Mutter in Amsterdam zu besuchen. Im Engagement für Hirschs Mutter bot sich Hilde Domin eine Möglichkeit, den Tod ihrer eigenen Mutter zu bewältigen, und sie wollte die Fürsorge, die sie ihrer Mutter nicht hatte zukommen lassen können, auf Rudolf Hirschs Mutter übertragen. War der *zum Katholizismus übergetretene, sein ursprüngliches Judentum aber nicht verleugnende*[14] Hirsch gerührt, als ihn Domin kindlich ermunterte, *jener Instanz, die früher der liebe Gott genannt wurde, eine kleine Chance zu geben?*[15]

*Nimm eine Kerze in die Hand*
*wie in den Katakomben,*
*das kleine Licht atmet kaum.*
*Und doch, wenn du lange gegangen bist,*
*bleibt das Wunder nicht aus,*
*weil das Wunder immer geschieht,*
*und weil wir ohne die Gnade*
*nicht leben können[]*[16]

## 13. Kapitel

Das Gedicht *Die schwersten Wege* widmete Hilde Domin »R. H.«, der in dieser Zeit augenscheinlich litt und abgemagert war; *es entstand diese verzweifelte Bindung [...]. Dann bot er mir sein Leben an, als ich nicht zugriff, setzte er den Heiratstermin*[17] mit seiner Verlobten an, schilderte sie Edith Baron die Entwicklung der Beziehung.

Rudolf Hirsch war seit 1950 mit Gisela von Tümpling verlobt, die aber erst 1963 seine Frau wurde. Sie war wesentlich jünger als Hirsch und bei S. Fischer angestellt. Nachdem Rudolf Hirsch die Verlagsleitung übernommen hatte, war sie nach München zum Piper Verlag gewechselt, um familiäre Verquickungen auszuschließen. Dort begegnete sie oft Erwin Walter Palm, den sie *sehr beeindruckend, fast charismatisch* fand; von Hilde Domin blieb Gisela von Tümpling in Erinnerung, dass sie fast *manisch das Gespräch mit [ihr] suchte*.[18] Hatte Hilde Domin nicht auch in Santo Domingo versucht, sich mit der Nebenbuhlerin zu solidarisieren?

Gisela von Tümpling wusste, dass viele Frauen dem Charme ihres späteren Mannes erlegen waren.[19] Doch sie zählte Hilde Domin nicht zu denjenigen, die ihrer Beziehung ernsthaft hätten gefährlich werden können. *Da gab es andere, die weitaus gefährlicher waren als die Domin.*[20]

Die anfänglich große Nähe zwischen Rudolf Hirsch und Hilde Domin fand ein abruptes Ende. *Vertun Sie sich nicht. Es ist nicht von Leidenschaft, sondern von Leidenslast die Rede*[21], warnte er sie (in *Das zweite Paradies*). Gisela Hirsch erinnerte sich, dass er schließlich eine geheime private Telefonnummer beantragt hatte, um für Hilde Domin unerreichbar zu sein.[22]

Hilde Domin rettete sich aus dieser spannungsreichen Zeit mit einem produktiven Kreativitätsschub. Dreiunddreißig Gedichte aus jenen Frankfurter Tagen sind veröffentlicht, die durch ihre Einheit von Bildersprache, Rhythmus und Struktur überzeugen. Sie haben die kindliche Sehnsucht abgelegt, sind erwachsen geworden und scheinen wie die Dichterin *zu sich selbst entlassen*[23] worden zu sein. Sie komponieren Gefühlshöhen und -tiefen und nehmen Domins ambivalente Grundstimmung auf: fühlte sie sich anfangs *eingeladen zu einer Fahrt über rosa Wolken*[24], verlor sie bald die Richtung und wusste nicht mehr, ob *das Süße ins Bittre oder das Bittre ins Süße gepfropft*[25] war.

Domins Gedichte lasen sich für Eingeweihte wie ein intimes Tagebuch, ihre Gedichte waren doch *so sehr das Selbe [...] wie [sie]*[26], schrieb sie Rudolf Hirsch und gestand ihm in ihren Briefen immer wieder, dass er der Adressat für alles war, was sie schrieb.[27] Aber der war um Diskretion bemüht: *Man soll das Schwierige, dem nicht auszuweichen ist und nicht ausgewichen werden soll, im Titel nicht demonstrieren, sondern cachieren*[28], hatte er gerade in jenen Tagen an Paul Celan geschrieben, denn Rudolf Hirsch war von seinem Briefgespräch mit Paul Celan beansprucht, und Hilde Domin blieb deprimiert zurück. Sie nahm die ausweglose Stimmung in ihrem Gedicht *Die Flügel der Lerchen* auf, das in jener Frankfurter Zeit entstand.

*Die Flügel der Lerchen*
*sind unnütz*
*sie sitzen geblendet*
*im Käfig*
*Beweise gegen uns*

*Unsre Rosen sind schwarz*
*geworden*
*im Regen*
*Unser Wein wird zu Essig*
*schon in der Kelter*
*und unsre Feste*
*zu Tagen der Prüfung*

*[...]*[29]

Rudolf Hirsch saß als Verleger am längeren Hebel und war nicht gewillt, Domins Erinnerungssplitter in seinem Hause zu einem Spiegel zusammensetzen zu lassen. Doch hatten Dichter nicht immer schon Persönliches in ihr Werk eingebracht? Hilde Domin nannte Hirsch Ingeborg Bachmanns *Der gute Gott von Manhattan* oder auch *Die Buddenbrooks, T. Kröger, das muss für Manns persönliche Bekannte völlig durchsichtig gewesen sein [...]. G. Hauptmann hat dem Leser keine Einzelheiten seines 10jährigen Dilemmas vorenthalten [...] auch Joyce muss sich für seine Bekannten recht intim ge-*

*lesen haben.*³⁰ Aber Rudolf Hirsch blieb unnachgiebig. Er versenkte Domins Gedichte in seinem Schreibtisch und schränkte private Begegnungen mit ihr ein. Im Folgejahr sahen sie sich geschäftlich einige Male zum Essen im Hotel »Frankfurter Hof« und *zweimal Kaffee trinken, im ganzen Jahr 1958. Beides publice.*³¹ Die Treffen im Verlag absolvierte Hirsch nur noch bei geöffneten Türen.

*Gedichte sind einer der kürzesten Wege von Mensch zu Mensch, der Beruf des Autors ist es ja, sich vor den eigenen Erfahrungen, also vor der Wirklichkeit, nicht zu drücken, sondern sie zu formulieren.*³² Die Bilder ihrer aufgewühlten Gefühle verarbeitete Hilde Domin auch in Prosatexten: einzelne Geschichten zuerst, die dann zu ihrem Roman *Das zweite Paradies* zusammenwuchsen. *In der Zartheit der Sprache, der Feinheit und trotzdem Leuchtkraft der Bilder und der inneren Monologe und der sehr zarten seelischen Schwingungen und Deutung* war es *das Buch einer Lyrikerin.*³³

Hilde Domin legte in *Das zweite Paradies*, ebenso wie in den Briefen an ihren Mann, ihr persönliches Dilemma offen und fand darin eine kathartische Erlösung. Rudolf Hirsch erkannte sich in den Prosastücken wieder, er trug dort den Namen seines Bruders Wolfgang, und war über die Indiskretion verärgert. *[Wolfgang] hatte Hände wie Blütenblätter, viel zu leicht für einen Mann. Sie liebte seine Hände sehr.*³⁴

Tatsächlich sind immer wieder Passagen aus Hilde Domins Briefen an ihren Mann und an Rudolf Hirsch zum Teil fast wörtlich in *Das zweite Paradies* eingefügt.

Hans-Georg Pflaum schien mit analytischer Weitsicht schon 1931 Hilde Domins Dilemma vorausgesehen zu haben: *Du wirst noch eine ganze Weile mit zwei Männern zugleich zu tun haben, solange es noch 2 Hildes gibt. Der eine, einzige wird erscheinen, wenn Du eine einzige geworden bist.*³⁵

Und so trug Hilde Domin den Kampf mit ihrem Mann weiter aus. Während sie aber aus dieser Prüfung – und damit bezog sie das Exil ausdrücklich mit ein – *zu sich selbst entlassen worden war*, weigerte sich Palm, *hindurchzuwaten. Und auf der anderen Seite weiterzugehen.*³⁶ Er klammerte sich an die Jaspers'sche Formel »diximus hesternae die« – doch es gab kein »gestern haben wir gesagt«. In ihrem Gedicht *Bitte* aus den Frankfurter Tagen im Oktober 1957 reflektiert Hilde Domin die Verarbeitung der Vergangenheit:

## Deutschland: 1957-1959

*Wir werden eingetaucht*
*und mit dem Wasser der Sintflut gewaschen,*
*wir werden durchnäßt*
*bis auf die Herzhaut.*

*Der Wunsch nach der Landschaft*
*diesseits der Tränengrenze*
*taugt nicht,*
*der Wunsch, den Blütenfrühling zu halten,*
*der Wunsch, verschont zu bleiben,*
*taugt nicht.*

*[...]*[37]

Sie erwartete auch von Palm die *Anstrengung, das Gestern zum Gestern zu machen. Daß es ein Teil von uns wird.*[38]
Am Ende jeder Auseinandersetzung aber stand wieder und wieder dieselbe Forderung: Palm sollte endlich ihre Entwicklung akzeptieren und erwachsen werden. *Du kannst nicht das verzogene Kind mit mir spielen. [...] Du kannst Dich nicht in den Sand setzen und mit den Füssen um Dich hauen und brüllen aus Ärger wie ein eigensinniger Zehnjähriger. Das tust Du aber seit Monaten [...]. Auf Augenblicke kannst Du sein als hätt ich Dich gerade geboren. Aber von Tag zu Tag musst Du mir gegenüberstehen können und mich ansehen.*[39]
Hans-Georg Pflaum unterstützte Hilde Domin aus der Ferne: Palm sei zwar nett und liebenswert, aber er fand, dass er *nie ein Mann werden*, sondern ein *verspielter Prinz* wie aus dem Märchen bleiben würde.[40] Deshalb sollte Hilde für ihre Selbstständigkeit und Souveränität kämpfen. Pflaum war der Ansicht, dass Hilde zu lange »Martha« gewesen sei, wo sie doch das Zeug zur »Maria« hatte.[41]
Als Rudolf Hirsch sich weigerte, Hilde Domins Gedichte zu veröffentlichen, wandte sie sich hilfesuchend an den Suhrkamp Verlag. Doch wie konnte sie dort mit Unterstützung rechnen? Ihr Verhältnis zu Walter Boehlich war weiterhin problematisch. Hilde Domin war überzeugt, dass er sie *nicht ausstehen kann. Er bewunderte Erwin [...] machte sich zum Träger der literarischen Eifersucht, die Erwin gegen* sie *hegte.*[42] Argwöhnisch beäugt wurden

## 13. Kapitel

die Kontakte zu Boehlich und Unseld von Rudolf Hirsch ohnehin, denn seit der Spaltung des S. Fischer Verlags war der Suhrkamp Verlag zum Stammhaus in direkte Konkurrenz getreten. Hilde Domin fühlte sich von beiden Männern geknebelt, die Verlagsbeziehung trug ihrer Meinung nach ähnliche Züge wie ihre Ehe. Hans-Georg Pflaum hatte sie dem Lektor Friedrich Podszus empfohlen. Doch da Erwin Walter Palm bei Suhrkamp zu veröffentlichen gedachte, litt die Einladung zum Tee bei Verlagschef Siegfried Unseld unter dieser Spannung. Palms Rafael-Alberti-Übersetzungen *Zu Wasser und zu Land* erschienen 1960 bei Suhrkamp.

Der Grundkonflikt in der Beziehung Palm/Domin verschärfte sich unaufhaltsam: Palm nahm seiner Frau mittlerweile übel, *wenn sie einen halben Fuß vorneweg gehe. Als sei das etwas Symbolisches.*[43]

Die eigene berufliche Perspektivlosigkeit zermürbte Erwin Walter Palm. Die Universität Heidelberg, an der er sich unterdessen offiziell um eine Stelle beworben hatte, ließ sich mit konkreten Aussagen Zeit, auch wenn Walter Paatz, der Leiter des Kunsthistorischen Instituts, sich sehr für Palm einsetzte. Palms Gespräche mit den Verantwortlichen traten auf der Stelle, litten unter der ihm entgegengebrachten Gönnerhaftigkeit.

Hilde Domins Phasen höchster seelischer Unruhe waren seit jeher mit häufigen Ortswechseln verbunden, und so pendelte sie auch 1957 unruhig zwischen Oberammergau, München und Frankfurt, während Erwin Walter Palm zwischen Barcelona, Madrid, Sevilla und Bonn hin- und herreiste und immer wieder vergeblich Vorstellungsgespräche führte. Beide verbrachten kaum Zeit miteinander, die Perspektive für das kommende Jahr war wenig tröstlich und die gemeinsam verbrachte Woche im Mai in München von Streitigkeiten geprägt. Im Sommer 1958 bemühte sich Palm in Köln, Hamburg und Frankfurt um eine Anstellung, Hilde Domin meldete sich mit Briefen aus Frankfurt, Köln und München, wo sie den Fortgang ihrer Wiedergutmachungsklagen verfolgte.

Ihre Geburtstagsmonate Juli und August führten die Palms im Sommer 1958 wieder zusammen. Erwin Walter Palm hatte sich gewünscht, die Stätten seiner Kindheit aufzusuchen, und so hatten sich in den Mainauen in dem Traditionslokal »Die Wildsau im Spessart« einquartiert. Palm war oft mit seinem Vater dort gewesen, weil beide Hecht, die Spezialität des Hauses, liebten: *der Ruhm des Mainhechts ist nichts, was verjährt.*[44] Hilde Domins Erinnerungen an diesen Ort waren dagegen ambivalent; siebenundzwanzig Jahre war es her, dass sie mit ihrem Berliner Studienfreund Hans-Georg Pflaum dieses Gasthaus aufgesucht und mit ihm dort eine Nacht verbracht hatte: *Das erste Mal [...], dass sie mit einem Mann in einem Bett gelegen hatte. Das einzige Mal je.*[45] Ihre Erinnerungen waren voller Wehmut, und die Karte, die sie an Pflaum nach Paris schrieb, riss auch dort alte Wunden auf. Pflaum fühlte sich beim Lesen der Post sofort um siebenundzwanzig Jahre zurückversetzt und erinnerte sich sogar noch an Details des damaligen Ausflugs: die »Schiffchenfahrt« auf dem Main, das Eisessen und die Fußwaschung. Die Palms hatten gehofft, durch diesen Ausflug an die Stätten der Kindheit, *endlich wieder einmal ganz zu zweit zu sein.*[46] Hilde setzte ihrem Mann wieder Blütenkränze aufs Haar, doch es blieb nur eine Geste, die ihre Liebe nicht wieder erblühen ließ. Ihre Erinnerungen an Pflaum versetzten sie in Melancholie, ihre letzte Begegnung mit Rudolf Hirsch hatte sie noch nicht verarbeitet, *den Zusammenprall der Wirs [...], den er zu ihrer Bestrafung vor seiner Abfahrt für sie inszeniert hatte, noch nicht verwunden.*[47]

Rudolf Hirsch hatte am Telefon Hilde Domin mit einem *fatale[n] Wort*[48] tief verletzt. Ihre Bestürzung verarbeitete Hilde Domin in ihrem Gedicht *Unaufhaltsam: Das eigene Wort,/wer holt es zurück,/[....]/Besser ein Messer als ein Wort./Ein Messer kann stumpf sein./Ein Messer trifft oft/am Herzen vorbei./Nicht das Wort/ [...].*[49]

Die Tage in den Mainauen konnten unter diesen Umständen nicht unbeschwert sein. Am 28. August, Palms Geburtstag, hatte Hilde Domin im bayrischen Amorbach, an der Grenze zu Hessen, in der Wallfahrtskirche vor der Statue der Jungfrau Maria eine Kerze angezündet – und dann das Gedicht *Die schwersten Wege* geschrieben, das sie Rudolf Hirsch widmete. Was mochte sie sich gewünscht haben? *Immerhin, sie hatte es fertiggebracht, um das Rechte zu bitten, als die Wünsche sich kreuzten und einander auslöschten.*[50]

Der Museumsbesuch in Aschaffenburg machte endgültig jede mögliche Harmonie zwischen Hilde Domin und ihrem Mann zunichte. Nachdem sie sich eine *Kreuzigung von Baldung Grien*[51]

## 13. Kapitel

angesehen hatten, fiel der Blick von beiden gleichzeitig auf ein Gemälde, das vor allem Hilde erschütterte: Im hintersten Winkel hing *Johannes der Evangelist* von Rembrandt. Er war *da und wartete auf sie, als seien sie alle drei von lange her verabredet.*[52] »Johannes« war Rudolf Hirsch, hatte seine schmerzlichen Augen, seinen Mund. Auf ein kleines Höckerchen gezwängt, waren beide in den Anblick des Bildes versunken, bis Palm die quälende Situation zu entkrampfen versuchte, indem er das Gemälde kunsthistorisch analysierte: Rembrandts *mittlere Periode. Die Augen aus der Zeit des Dreißigjährigen Kriegs.*[53] Hilde Domin kaufte zwei Postkarten von dem Gemälde. Erwin Walter Palm war wütend. Zwei Tage später hatte Hilde Domin eine der Karten an Rudolf Hirsch geschickt: *[...] heute gelang es mir, nicht an Sie zu denken. Bis wir, auf dem Heimweg, am späten Nachmittag in das Museum in Aschaffenburg kamen: gewiss, da warteten Sie schon auf mich, sehr gut von Rembrandt gemalt [...] jener Teil von Ihnen der mir nie weh tun könnte.*[54] Die zweite Karte mit diesem Text bewahrte sie im Manuskript für ihren Roman auf.

Obwohl Hilde Domin und ihr Mann sich in jenen Tagen wieder emotional voneinander entfernt hatten, nahmen sie gesellschaftliche Verpflichtungen gemeinsam wahr, zum Beispiel die Verleihung des Friedenspreises des Deutschen Buchhandels am 28. September 1958 an Karl Jaspers. Jaspers' Assistent Kurt Rossmann, Palms Studienkollege aus Heidelberger Tagen, hatte ihnen die Einladung ermöglicht. Hilde Domin hatte vergeblich gehofft, dort die Bekanntschaft von Hannah Arendt zu machen, die die Laudatio auf Jaspers hielt, doch erst 1959 kam von Spanien aus der Briefkontakt zu ihr zustande.

Das gemeinsame Essen, zu dem der Verleger Rudolf Hirsch im Herbst 1958 anlässlich der Buchmesse geladen hatte, litt unter der Spannung zwischen Palm und Domin: *Ideal von seinem Verleger geliebt zu werden*[55], kommentierte Palm offenbar den Abend.

Der zweite Deutschlandaufenthalt war für Erwin Walter Palm wieder ohne konkrete Zusage für eine Anstellung an einer Universität verstrichen, die Behörden und Ministerien schienen um Stellenzuweisungen zu pokern. So kehrte Erwin Walter Palm im Oktober 1958 unverrichteter Dinge nach Madrid zurück, um dort in den kommenden zwei Monaten seine Arbeiten abzuschließen. Im

## Deutschland: 1957-1959

November schon war er wieder in Bonn, um mit der DFG Sondierungsgespräche für eine Anstellung an der Bonner Universität zu führen.

Auch Hilde Domin hatte vom S. Fischer Verlag keine konkreten Zusagen erhalten. Fest stand nur, dass Rudolf Hirsch in dem geplanten Gedichtband sich *zu weit mit dem Ihren* identifizierte, denn es war *ein Factum [...], dass ein Teil des Bändchens, sagen wir, ein Viertel aus der Spannung dieses Winters entstanden ist.*[56] Und deshalb hielt er Domins Manuskripte weiterhin unter Verschluss und zögerte die Edition ihres ersten Gedichtbandes hinaus, den er ihr seit 1957 in Aussicht gestellt hatte: *Es macht ihm Spaß, mich mit dieser verdammten Ausgabe zu quälen.*[57]

Im Sommer 1958 hatte diese Hinhaltetaktik bei Hilde Domin eine *bodenlose Depression*[58] ausgelöst, vor allem als Hirsch ihr eröffnete, dass er vor ihr noch Paul Celan verlegen würde und außerdem auch in Thomas Bernhard einen neuen Autor gefunden hatte. Hirschs Korrespondenz mit Celan erreichte in dieser Zeit ihre intensivste Phase. Wieder schien Angriff die beste Verteidigung: Hilde Domin nahm am 4. November 1958 Kontakt zu Paul Celan auf. Sie widmete ihm ihr Gedicht *Treulose Kahnfahrt* aus einem Sonderdruck der *Neuen Rundschau* im dritten Heft von 1957 in einer noch nicht überarbeiteten und damit unvollkommenen Version. Zu ihrer Enttäuschung war Paul Celan jedoch von Anfang an spröde und reagierte überhaupt nicht: Weder antwortete er ihr noch kam es je zu einer Begegnung der beiden. Nahm er ihr ihre Bereitschaft zur Vergebung und Rückkehr übel?

Doch »Tutti«, wie Brigitte Bermann Fischer, die Eigentümerin des Verlags, genannt wurde, ergriff offenbar für Hilde Domin Partei. Und Aufwind erhielt Domin auch durch das Interesse, das literarische Zeitschriften ihren Gedichten entgegenbrachten.

Auf Hilde Domins Lyrik hatten die Rezensenten wohlwollend reagiert. Einige Gedichte wurden 1957 in der *Neuen Rundschau* und in *Akzente* sowie im *Rheinischen Merkur* publiziert, davor waren 1954, 1956 und 1957 bereits Gedichte in *Hochland* erschienen. Noch musste man im Anhang über die Autorin informieren – von den Autoren, die mit Domin in *Akzente*, 6. Jahrgang, 1957, veröffentlicht wurden, stellte man nur sechs Autoren vor, darunter: *HILDE DOMIN, geb. 1909 in Köln, studierte in Heidelberg, Ber-*

## 13. Kapitel

lin, Rom und Florenz; lebte später in Westengland, Lateinamerika und in den Vereinigten Staaten. Kam 1954 wieder nach Deutschland. Gedichte seit 1954, in Hochland.[59] Diese Fassung hatte Hilde Domin selbst vorgegeben; sie verlor kein Wort über das Exil, kein Wort über ihr Judentum und sah auch keinen Grund, ihr Geburtsdatum zu beschönigen. Mit den Herausgebern von *Akzente*, Walter Höllerer und Hans Bender, eröffneten sich freundliche Dialoge, der »Jungautorin« schienen sich die Türen zu öffnen. Doch Domins wichtige, unveröffentlichte Gedichtmanuskripte blieben weiterhin in Hirschs Schreibtisch, sodass sie schließlich selbstbewusst und lautstark ihre Veröffentlichung oder ihre Freigabe forderte. Wie sehr doch die Strukturen ihrer Verlagsbeziehung denen ihrer Ehe glichen. Die so bitter erkämpften Freiräume wollte sie sich nicht nehmen lassen. *In der Tat ist sie mit anderen deutschen Dichterinnen unserer Zeit nicht vergleichbar, immer ging sie ihren eigenen Weg, trotzig und eigensinnig.*[60]

Hilde Domin zermürbte das Warten, und sie begann 1958 das, was sie in den frühen Sechzigerjahren fast den »Autorentod« hatte sterben lassen: Sie machte sich zur beredtesten *Kommentatorin und tüchtigsten Sachverwalterin ihres eigenen Werks*[61] – und damit bei Kritikern und Herausgebern höchst unbeliebt.

In den Gremien zur Vergabe der bekanntesten Literaturpreise in der Bundesrepublik saß zumeist auch Rudolf Hirsch. Es war seinem maßgeblichen Einfluss zu verdanken, dass Paul Celan 1958 den Bremer Literaturpreis erhielt, und auch auf die Verleihung des Georg-Büchner-Preises an Celan hatte er hingewirkt. Kein Wunder, dass Hilde Domin Hirsch bedrängte, endlich etwas für sie zu unternehmen.

Darüber hinaus knüpfte sie weiterhin unermüdlich Kontakte zu Schriftstellerkollegen, überzeugt, dass sie es mit einem ersten eigenen Gedichtband einfacher haben würde. Mit Günter Eich verband sie bald ein freundschaftlicher Briefkontakt. Günter Eich und Ilse Aichinger wirkten beruhigend und mäßigend auf Domin ein, wenn sie sich über Intrigen echauffierte, und Heinrich Böll mahnte zur Besonnenheit, wenn sie erregt Arglistiges vermutete. Dabei versicherte er ihr, dass es nichts Neues wäre, wenn hinter den Kulissen *ein Theater, ein Gehetze, ein mieses Getue im Gang war.*[62]

## Deutschland: 1957-1959

Noch zaudernder als mit Domins Lyrik ging man mit ihrer Prosa um; es dauerte zwei weitere Jahre, bis sie ihre karibischen Geschichten in *Die Welt* und in der *Frankfurter Allgemeinen Zeitung* unter dem Pseudonym »Denise Brühl« unterbringen konnte.

Während Hilde Domin trotz großer Schwierigkeiten allmählich in den Literaturbetrieb eintauchte, blieben Erwin Walter Palms Bemühungen um eine universitäre Karriere weiterhin erfolglos. Erneut hoffte er deshalb auf Anerkennung als Schriftsteller. Er veröffentlichte Essays über zeitgenössische spanische Dichtung in Zeitschriften wie *Akzente*.[63] Im Juni 1958 brachte er noch einmal sein Drama *Labyrinth* in Köln zur Aufführung, der Erfolg war allerdings *nur approximativ*.[64] Und schließlich gestaltete er Rundfunksendungen wie »Reiseführer ins Inselparadies«.

Walter Boehlich blieb dabei stets sein Bindeglied zum Suhrkamp Verlag. Dass die dort veröffentlichen Rafael-Alberti-Übertragungen *Zu Lande zu Wasser* das Resultat der gemeinsamen Arbeit mit seiner Frau waren, verschwieg er weiterhin.

Enttäuschung auf beruflicher und privater Ebene war das persönliche Fazit, das Hilde Domin für die Jahre 1957 und 1958 zog: *Das Jahr war zu schwer für mich. Oft warst Du reizend, aber oft war es kaum auszuhalten, die vielen Angriffe, wegen der Schreiberei*[65], schrieb sie ihrem Mann.

Ein Lichtblick war die Zusage des S. Fischer Verlags, dass ihr erster Gedichtband im Herbst 1959 endlich erscheinen sollte. Der andere positive Aspekt dieser Jahre – der Sieg bei den Prozessen um die Wiedergutmachungsansprüche und die damit verbundenen finanziellen Entlastungen – ging angesichts all der Zwistigkeiten fast unter.

Hilde Domin war inzwischen in Frankfurt aus den gemieteten Zimmern ausgezogen und hatte eine Unterkunft in einem Zimmer in der Frankfurter Pension »Prem« gefunden, das die Rundfunkanstalt bezahlte. Der Sender wollte von ihr selber vorgetragene Gedichte aufzeichnen. Erwin Walter Palm hatte die Trennung quittiert, indem er die Zigaretten und das Feuerzeug seiner Frau aus dem Fenster der Frankfurter Wohnung geworfen hatte.

Den Jahreswechsel verbrachten die beiden trotzdem gemeinsam und feierten mit dem Vorsitzenden der jüdischen Gemeinde in Frankfurt, Ernst Noam, und seiner Frau Lotte. Die Freundschaft

## 13. Kapitel

zu dem ehemaligen Richter bestand seit 1954. Hilde Domin empfand eine *fast zärtliche Freundschaft*[66] für Noam, der sie 1954 sehr in ihren Wiedergutmachungsangelegenheiten beraten und Erwin überzeugt hatte, dass Hilde kompetent genug war, sich in den Prozess einzumischen.

Am Neujahrsmorgen, wieder allein in ihrer Pension, vermisste sie die Zigaretten und das Feuerzeug nicht, wohl aber ihre liebgewonnene Sitte, die die Palms immer zelebriert hatten: gemeinsam aus Goethes *Faust II* zu lesen und dann mit einer Miniatur des Eiffelturms auf eine beliebige Stelle in der Bibel zu deuten, »Bibelstechen« nannten sie das. Aus dem Text versuchten sie, Omina für das kommende Jahr abzulesen.

Die zermürbenden Auseinandersetzungen der vergangenen Monate hatten Hilde Domin darin bestärkt, in Klausur zu gehen; sie musste zur Ruhe kommen und brauchte Distanz zu Erwin, um die Manuskripte für ihren ersten Gedichtband zu sortieren. Außerdem hatte bisher jede Trennung ihrer Beziehung wieder eine positive Spannung verliehen. Doch insgeheim verzehrte sich Hilde Domin weiterhin nach Rudolf Hirsch und hoffte, dass er ihr nachreisen würde. Gleich nach den Rundfunkaufnahmen wollte sie im Januar 1959 über München nach Astano im Tessin reisen. So litten die zwölf Tage, die sie bei ihrem Bruder in München verbrachte, unter der Anspannung und waren wenig erheiternd; Johnny ertrug die Depressivität seiner Schwester nur schwer und riet zu einem *Elektroschocktreatment*[67], das ihr über ihren Liebesschmerz hinweghelfen sollte.

Während Erwin Walter Palm in Stuttgart beim Kultusministerium erneut auf eine KW-Professur drängte und danach wieder nach Madrid zurückkehrte, stand für Hilde Domin – bei aller Ungewissheit, wie es weitergehen würde – eines fest: Sie wollte *nicht in die abgeworfenen Schalen zurück[]kriechen.*[68] Von München aus machte sie sich auf den Weg ins Tessin, ihren Mann hatte sie mit guten Wünschen nach Spanien entlassen: *Lasse es dir gut gehen, pflege dich, werde nicht dicker, und schreibe mir viel.*[69]

14. Kapitel

## Astano

## Januar-Mai 1959

> *[D]ass ich sein kann, wie ich bin*
> *und Du es trotzdem nett findest*
> (Hilde Domin an Erwin Walter Palm vom 5. Mai 1959)

Bauer Gosteli kam täglich an der »Casa Martha« vorbei, dem kleinen Gästehaus, das er nach seiner Frau benannt hatte. Es lag *ganz oben auf dem Hügel, ganz alleine und weit weg*[1] von dem abgeschiedenen Ort Astano im Tessin. Hier hatte sich die unkonventionelle Frau aus Deutschland für vier Monate einquartiert; seiner Frau Martha sollte die Vermietung ein kleines Zubrot einbringen, vielleicht aber auch für Abwechslung sorgen, denn die ehemalige Lehrerin war ihrem Mann aus Krauchthal bei Bern in die Einsamkeit der Berge von Astano gefolgt. Sie genoss die Gespräche mit Hilde Domin, die sie allerdings nur als »Frau Palm« kannte. Von der aber erzählte sie zu Hause so oft und so lebhaft, dass der Sohn Hans Gosteli, damals sechsundzwanzig Jahre alt, sich auch im Jahr 2008 noch genau an den ungewöhnlichen Gast erinnerte: *Ja, über die Frau Palm hat die Mutter immer gesprochen, das war damals ganz was Besonderes. Sie war traurig angekommen. Aber mit dem Vater ist sie oft zu den Bienen gegangen.*[2]

Denn mehr noch als der Landwirtschaft galt die Liebe Gostelis seinen Bienen. Ihnen konnte er sich ohne Schutzkleidung nähern, ihn stachen sie nicht. Das Bienenhaus lag auf dem höchsten Punkt der großen Blumenwiese, direkt oberhalb des Gästehauses, und Hilde Domin begleitete den Bauern oft, wenn er zu seinen Bienen ging. Dann war er gesprächig. Im Alltag war er ein eher schweigsamer Mensch, sodass seiner Frau die Sprache nach so langer Nichtanwendung fast verloren ging. Und die Liebe? *Reden Sie nicht von*

## 14. Kapitel

*Liebe. Die Liebe ist eine Säuerei*[3], entgegnete Martha Gosteli einmal müde, als sie mit Hilde Domin über die Liebe sprach.

Gosteli versorgte Hilde Domin mit Fleisch und allem Notwendigen, das sie nicht selbst zu der einfachen Hütte hinauftragen konnte. Denn der Dreihundert-Seelen-Ort Astano lag weit unterhalb des Hofs der Gostelis, die Wege hinauf waren unbefestigt und in der Zeit nach dem Winter noch weich und tief. Auch die Briefträgerin Iris musste ihr Auto vier Kilometer vor dem Holzhäuschen stehen lassen und dann den Trampelpfad nehmen. Doch sie scheute die Dreiviertelstunde Fußmarsch mit der schweren Hutte auf den Schultern täglich weniger, um die Briefe persönlich abzugeben; die einfache Frau war neugierig geworden und genoss die Momente, wenn sie sich von Hilde Domin Gedichte vorlesen ließ und endlich mit jemandem über Gefühle sprechen konnte, wie etwas Seltenes, Kostbares. Selbst bei Regen stapfte sie unverdrossen den Berg hinauf: in ein schwarzes Wachstuch gehüllt, über ihr rotkariertes Kopftuch hatte sie gegen die Nässe einen breitrandigen grauen Filzhut gestülpt. Zur Belohnung öffnete Hilde Domin noch in ihrer Gegenwart die Briefe und las etwas Nettes daraus hervor. In den vier Monaten, die Hilde Domin in Astano verbrachte, entwickelte sich fast so etwas wie eine Freundschaft zwischen den beiden Frauen, denn wie schon in Santo Domingo kam Hilde Domin bei diesen leichten Gesprächen zu sich selbst.

In Astano fand Hilde Domin endlich auch die nötige Ruhe, um ihre Gedichte für ihren ersten Gedichtband im S. Fischer Verlag auszuwählen, zu arrangieren und druckfertig zu machen; frei von der Angst, damit wieder die Eifersucht ihres Mannes zu provozieren.

Die Einsamkeit in der Hütte machte sich Hilde Domin auf ihre typische Art erträglich: Auf den leeren Stuhl ihr gegenüber stellte sie eine ausgediente Chianti-Flasche, in die sie drei Rosen steckte. Der Blick auf ihre Lieblingsblumen gab ihr Trost und war ihr eine Stütze. Sie stellte die Blumen aber ohnehin nie auf den Tisch, an dem sie mit der Schreibmaschine arbeitete: die Rosen hätten zu sehr erzittern müssen.

Bis an ihr Lebensende sah Hilde Domin in den Rosen eine Art Ansprechpartner; auch in ihrer Heidelberger Wohnung umgab sie sich mit Rosen, und die Fotos ihrer Toten belebte sie mit frischen

Rosen, wie um mit ihnen ins Gespräch zu treten. Bevor sie eine verwelkte Rose wegwarf, verabschiedete sie sie mit einem Kuss.

Nachdem so für ihre innere Wärme gesorgt war, rückte sie der äußeren Kälte mit einem kleinen Gasofen zuleibe. Bauer Gosteli hatte ihn heraufgeschleppt, und Hilde Domin amüsierte sich darüber, dass er mit seinem hellbraunen Aufsatz wie ein Löwe aussah. Er lieferte eine erträgliche Raumtemperatur (14°C!), doch an seiner Sauerstoffgefräßigkeit wäre sie fast erstickt.

*Ich sitze auf einem Berg/und habe alles,/das Dach und die Wände,/das Bett und den Tisch,/den heißen Regen im Badezimmer/und den Ofen mit löwenfarbener Mähne,/der atmet wie ein Tier/oder ein Mitmensch./Und die Postfrau/die den Brief bringen würde/auf meinen Berg.*[4]

Wunderte sich Bauer Gosteli nicht weiter über die selbstgewählte Einsamkeit Domins, so konnte sich der Knecht Domenico nicht vorstellen, dass eine Frau vergnügt so allein in der Berghütte lebte und nichts außer Ruhe und Blumen bedurfte oder sich mit den Bienen als Nachbarn begnügte. Seinem leidenschaftlichen Überfall entkam Hilde Domin nur durch ihre Redekunst – aber so überzeugend, dass sich der Knecht nie mehr bei ihr blicken ließ. Wie schon in den Bergen von Santo Domingo, als nächtliche Reiter ihren Besuch ankündigten, war Hilde Domin dem männlichen Begehren naiv ungeübt gegenübergestanden. Sie hatte dem Burschen von Bäumen und Gärten erzählt, er hatte es vom Italienischen her erotisch gedeutet: Bäume als Symbole männlicher Potenz, Gärten als Ort der weiblichen Lüste. Als sie ihm aus Freundlichkeit noch ein Glas Wein angeboten hatte, kam das in seinen Augen einer Einladung zu einem Liebesabenteuer gleich.

Das war im Nachhinein einer der wenigen Momente, über den sich Hilde Domin in Astano amüsierte. Denn in der Abgeschiedenheit der Berge holten sie wieder Gefühle ein, die sie aus der Zeit von 1952 und 1953 in Haiti und Vinalhaven kannte. Nicht nur, weil sie in den Bergen die dort begonnenen Gedichte überarbeitet hatte, sondern auch, weil sich die Bilder und Emotionen so glichen: Astano im Malcantone, nahe der italienischen Grenze, liegt in 638 Metern Höhe, eingebettet in die Tessiner Bergwelt. Wiesen mit Wildblumen und Kastanienwälder bieten ein tröstliches Refugium für eine Seele in Aufruhr – ähnlich hatte Hilde Domin sich im ab-

## 14. Kapitel

geschiedenen Zufluchtsort Kenscoff in den Bergen von Haiti oder im einsamen, nur vom Wasser umschlossenen, Vinalhaven gefühlt: Wieder hatte sie eine Liebe verloren, und wie damals war sie wieder einmal vor Erwin Walter Palms zermürbendem Neid auf die Leichtigkeit ihres Schreibens geflohen. Und wie zu jener Zeit erwachten neue Kräfte, wenn sie sich der Natur zuwandte: Sie schwärmte in ihren Briefen an Erwin vom Blick auf den noch schneebedeckten Monte Lema und den schimmernden Lago di Lugano oder Lago Maggiore, die das idyllische Bergdorf gleichzeitig abschirmten und schützend umschlossen. *Es war ein Ort, wie von [ihr] ausgesucht. Über dem Ort eine Wiese mit herrlichem Panorama. Ein Stück See, ganz klein, wie Feuer in der Abendsonne. Die Schneeberge, Luft, wunderbar*[5], schrieb sie ihrem Mann gleich nach der Ankunft.

Wie immer, wenn Hilde Domin an einem ihr unbekannten Ort ankam, hatte sie auch in Astano erst einmal alles stehen und liegen gelassen, um die Gegend zu erkunden und die Natur in sich aufzunehmen. Den Löwenzahn von der Wiese wollte sie als Salat essen – *man tut das hier. Warum nicht in Deutschland?*[6], fragte sie sich und war gewillt, Neues und Unbekanntes auszuprobieren. Wenn sie Gesellschaft suchte, konsultierte sie die vierundvierzig Maulwurfshügel, die sich zwischen den Bienen und ihr auf der Wiese aufgeworfen hatten, und fragte sich, warum die Hügel immer gerade nach Regentagen entstanden. Darauf wusste auch Bauer Gosteli keine Antwort. Sie nahm es als Inspiration, wenn sie in einen verborgenen Bach tapste oder im Regen zu Fuß quer über die nassen Wiesen zur Post marschierte: *Auf dem Rückweg sass [sie] auf irgend einem Stein am Wegrand und schrieb wieder. [Sie] dachte auch an die vielen Arten Tränen, die es gekostet hat, wie an verschiedene Blumensorten. Oder wie Regen an den Zweigen.*[7] Sie zählte die Tränen an den Zweigen wie Perlenschnüre, denn sie wartete auf Post von Erwin Walter Palm.

*Ich zähle die Regentropfen an den Zweigen,*
*sie glänzen, aber sie fallen nicht,*
*schimmernde Schnüre von Tropfen*
*an den kahlen Zweigen.*
*[…]*

Astano: Januar-Mai 1959

*Aber die Weidenkätzchen*
*treten nicht ein*
*und der Brief kommt nicht,*
*denn die Regentropfen*
*wollen sich nicht zählen lassen.*[8]

Die Natur prägte die Gedichte, die Hilde Domin in Astano schrieb. Von ihren Besuchen mit dem Bauern bei seinen Bienenvölkern floss vieles über das Wesen der Bienen und das Schicksal der Winterbienen in ihre Gedichte ein: *Die Bienen sterben/auf den ersten Blumen,/die Winterbienen.*[9]

Die Natur war nicht nur tröstlich. Mit den schweren Gedanken verdüsterten sich die Bilder. Dann warf das Gras, über das sie stapfte, bedrohliche Schatten, die Grashalme erschienen ihr so spitz wie Klingen: *Man hat fast Angst, sich zu schneiden.*[10]

Das lag sicher auch daran, dass sie die Schwere der zwölf vorausgegangenen Tage in München noch nicht abgeworfen hatte. Die Begegnungen in der Verlags- und Rundfunkwelt waren interessant gewesen, sie hatte finanzielle Probleme durch gewinnbringende Arrangements gelöst und freundschaftliche Besuche unter anderem bei Frida Gadamer gemacht. Johnny hatte schöne Fotos von ihr geschossen: Der Verlag sollte ein gepflegtes Bild von ihr erhalten – nicht wie bei *der Fischerschen Reklame [...]: alle Frauen dito mässig frisiert*[11] –, doch Domins augenblicklicher Kummer überschattete all diese kleinen Momente des Glücks.

Die Freude über die beiden Fotos, auf die sie so stolz war, hielt auch nicht lange an: Erwin Walter Palm lehnte die Portraits rundweg ab, präsentierten sie doch die *escritoria de cierte importancia*[12], die er nicht akzeptierte. Er beharrte auf seiner Forderung: dass *Du so bist wie Du warst.*[13] Das Urteil über das zweite Foto fiel noch unfreundlicher aus: er bezeichnete sie als den *Schmetterling aus der Frankfurter Puppe* und empfand *ihr Lächeln unter den Zweigen so clownisch.*[14]

Unter diesen Umständen erfreuten selbst positive Nachrichten, wie die über ein Honorar von vierhundertsiebzig Mark vom *Norddeutschen Rundfunk* für ihr Gedicht *Auf Wolkenbürgschaft*, nur kurz. Solange Erwin Walter Palm weiterhin an seiner Alternative

## 14. Kapitel

festhielt – entweder ein Zusammenleben mit ihm oder mit ihren Gedichten – würde es keine emotionale Annäherung geben.

Die ließ sich nur wieder in den Briefen finden, aber diesmal empörten Hilde Domin die liebevollen Briefe Erwin Walter Palms regelrecht, das »perpetuus« der Unterschriften erboste sie, und Palm musste sich fragen lassen, *ob Du schizophren bist und ob Du eigentlich weißt was Du mir so im Laufe der letzten beiden Jahre alles an den Kopf geworfen hast.*[15] Meist aber blieben die Briefe nüchtern und sachlich: So wie Hildes Brief vom 25. Februar 1959, der vierundfünfzig Anmerkungen enthielt, die kurz und knapp in einem Frage-Antwort-Spiel Alltägliches abhandelten. Von Erwin Walter Palm blieb ein geteiltes Bild: besonnen, zurückhaltend und von einer unvergleichlichen Bildung empfand man ihn im intellektuellen Austausch, *unberechenbar, jähzornig und angewidert beim Gedanken an Arbeit*[16], wenn man auf eine Zusammenarbeit mit ihm angewiesen war.

Doch zum Schreiben fand Hilde Domin erst, nachdem sie ihre größten Probleme mit Erwin Walter Palm im Briefgespräch geklärt hatte. Lange Verdrängtes war beim Ordnen alter Manuskripte oder beim Sortieren ihrer Gefühle aus dunklen Tiefen zutage gekommen. In den Schweizer Bergen erhielten viele Manuskripte, die in Santo Domingo begonnen worden waren, ihre endgültige Form und untermauerten ihren Entschluss, sich das Schreiben nicht länger verbieten zu lassen.

Am Ostersonntag trugen die Kirchenglocken aus dem Tal die feierliche Stimmung bis zu Hilde Domins Hütte empor und brachten Bilder des Lebens und des Todes zum Klingen: *Einsichten, Durchblicke. Nicht immer leicht zu tragen. Hier bei den Bienen. Worüber. Über den Tod. Also über das Leben. Der Kern. Österlich, im Fahrwasser des Heiligengedichts. Was – schrieb ich dirs – doch die Klage über die Kinderlosigkeit ist.*[17]

Hilde Domin hatte offensichtlich das Manuskript der *Heiligen* wieder hervorgeholt, das sie 1957 im spanischen La Verdad begonnen hatte. Der Gedanke der Passion und Auferstehung kommt in diesem Gedicht zum Ausdruck und thematisiert Domins Leidenschaft zum Schreiben und den Kummer über ihre Kinderlosigkeit:

*Sie verstehen zu leiden,/das haben sie bewiesen./Sie haben für einen Augenblick/ihr eigenes Schwergewicht überwunden./[...]/*

*Weil jeder doch immer von Neuem/in den eigenen Schatten tritt,/ der ihn schmerzt./[...]/Der Bruder wird nie/das Feuer wie Abel richten/und doch immer gekränkt sein./[...]/Sie sind müde, aber sie bleiben,/der Kinder wegen.*[18]

Die wichtigste Erkenntnis, die sie formulierte – vielleicht d i e Schlüsselerkenntnis für Domins Wirken als Dichterin überhaupt –, ließ sie zehn Tage ruhen, erst dann entschloss sie sich, den Brief an Erwin Walter Palm nach Spanien abzuschicken. Das war ungewöhnlich und deshalb bemerkenswert für die Frau, die üblicherweise spontan reagierte und sich auf ihr Gefühl verließ, weil Geduld und Abwarten stets eine Pein für sie waren.

In dem entscheidenden Brief versuchte Hilde Domin ihren Mann in ihren Erkenntnisprozess einzubeziehen. Sie hatte den Tod ihrer Mutter immer noch nicht verarbeitet, war aber mehr denn je von der Selbstmordthese überzeugt: Sie glaubte, die Mutter hätte versucht, ihre *Selbstvernichtung im Dienste eines andern*[19] zu betreiben, um niemandem eine Last zu sein.

Drei schwere Vorwürfe formulierte Hilde Domin in diesem Brief an ihren Mann, die im Kern doch immer auf ein und dasselbe hinausliefen: Palm hatte ihren Glauben an ein Weiterleben nach dem Tod zerstört. Kinderlos wie sie war, würde nichts von ihr bleiben. Und war sie vor dem Tod ihrer Mutter von einem Fortleben nach dem Tod überzeugt gewesen, so war ihr dieser Glaube durch Erwins liebloses Verhalten nach dem Tod der Mutter genommen worden. Damals betete sie, dass es kein Leben nach dem Tod geben möge, weil ja sonst der Mutter doch noch offenbart worden wäre, in welcher Hilflosigkeit und Verzweiflung Erwin Walter Palm seine Frau zurückgelassen hatte und auf Vortragsreisen gegangen war. In diesen Momenten der Selbstreflexion berief sie sich auf das Wort, das ihr heilig war. *Mit dem ich leben und sterben werde, solange es bei mir bleiben will.*[20] Der letzte Vorwurf war schließlich, dass Palm ihr Schreiben zu ersticken versuchte, und das kam in ihren Augen dem Brudermord gleich. Sie war überzeugt, dass der Katholik Rudolf Hirsch ihr den Glauben an ein Leben nach dem Leben zurückgegeben hätte. Nun musste sie in ihren Gedichten überleben. In den *einsamen Gesprächen mit sich selbst* fühlte sie die *eigene Unendlichkeit aufspringen* und konnte weiterleben.[21]

## 14. Kapitel

Diese österliche Erkenntnis lag dem Motto zugrunde, das Hilde Domin 1959 in Astano formuliert hatte und das der Schwere ihres Lebens immer Leichtigkeit entgegensetzen konnte. Lope de Vegas Worte: *Dando voy pasos perdidos/por tierra, que todo es aire (Verlorene Schritte tu ich auf Erden denn alles ist Luft)*[22] stellte sie dem ersten Teil ihres Gedichtbandes voran und setzte ihnen im zweiten Teil trotzig ihr eigenes Motto entgegen: *Ich setzte den Fuß in die Luft, und sie trug.*[23] Hilde Domin war überzeugt, *auf der Spitze des Augenblicks* würde ein Gott da sein.[24]

Nicht nur das Glockenläuten von Astano wurde in den Ostertagen zur »Casa Martha« hochgetragen. Die Postbotin brachte auch die Osterausgabe der ZEIT, die in ihrem Feuilleton Hilde Domins Gedicht *Auf Wolkenbürgschaft* abgedruckt hatte. Der Stolz und die Freude darüber waren durch den tristen Charakter der *lethalen Seite*[25] zwar getrübt, auf der sich ihr Gedicht neben einem *flaue[n] Artikel von Thilo Koch über Tod und Auferstehung, und dann noch etwas über den Selbstmord einer Studentin* befand.[26] Doch die Osterausgabe der ZEIT hatte offenbar wesentlich dazu beigetragen, Hilde Domin bekannt zu machen.

Und so »flau« Hilde Domin Thilo Kochs Artikel empfand, er stach dennoch genau in die Wunde, die immer noch so sehr schmerzte: Er hinterfragte Tod und Auferstehung.

In den kommenden Tagen brachte die Postlerin viele begeisterte Leserbriefe zu der kleinen Hütte auf der Bienenwiese, die die ZEIT veranlassten, Hilde Domin zu weiteren Gedichten zu drängen.

Der Hügel von Astano wurde in vielerlei Hinsicht zum Berg der Erkenntnis. Als die Manuskripte auf dem Weg zum Verlag waren, begann das Ringen um den Titel des ersten, in Astano entstandenen Gedichtbandes Hilde Domins, der schließlich so viel Beachtung finden und so viel Deutung erfahren sollte.

Rudolf Hirsch favorisierte von Anfang an als Titel *Das goldene Seil* aus dem gleichnamigen Gedicht, was Hilde Domin so unverzüglich wie beharrlich ablehnte. Das *Seelenseil, am Kopfende der Sterbebetten,* hatte sie aus dem Japanischen entlehnt.[27] Es sollte die Verbindung zwischen Sterbenden und Lebenden nicht abreißen lassen, war für sie aber kein Titel für einen Gedichtband. Der sollte das Bild der Rose aufnehmen, so wie Hilde Domin durch ihre Übersetzungsarbeit in Santo Domingo viele Rosen in sich trug: den

Rosenstrauch des Jiménez, die rote Rose des Lorca, die »Flügelseelen aus Rosen« des Hernández, die sterbende Rose des Jorge Carrera Andrade oder die »Rose aus Asche« von Baeza Flores. Doch letztendlich wird der Einfluss der Rose, die auf dem verwaisten, leeren Stuhl ihr tägliches Gegenüber und Trost und Stütze war, nicht unerheblich gewesen sein. Tagelang formte Hilde Domin in Astano neue poetische Bilder mit der Rose: »*die Rose als Balancierstab*«, »*nichts als eine Rose*«[28], »*auf eine Rose gestützt*«.[29]

Mit dem letzten Titelvorschlag im Gepäck machte sie sich am 12. März 1959 auf den Weg zu Hermann Hesse nach Montagnola. Nur drei Tage nachdem sie an Hesse geschrieben und ihm einige ihrer Gedichte beigelegt hatte, war ihr seine freundliche und persönliche Einladung zum Tee auf den Berg getragen worden.

Hilde Domin dachte mit Unbehagen an Hesses gefürchtete Besucherunlust. Doch sein Werk war ihr seit Kindheitstagen vertraut: *Seit ich zurückdenken kann, hat es ihn gegeben. Als ich noch ein Kind war, das im Bücherschrank der Eltern stöberte, lag er im untersten Fach, dort wo die Ordnung der Klassiker der unübersichtlich gestapelten Gegenwart wich.*[30] Von Italien 1938 rührten die ersten Kontakte zu Hesse über Erwin Walter Palm, der Hesse seine Gedichte zugesandt hatte. Hesses Urteil über den jungen Dichter war mild gewesen: *Es sind schöne Klänge in ihren Versen. Die Gefahr ist vielleicht eine Gefahr des Musikalischen: das Bild kommt leicht über dem Klang zu kurz.*[31] Auf den Antillen hatten Hilde und Erwin Walter Palm *Narziß und Goldmund* verschlungen. Jetzt hatte Hilde Domin das große, schöne Foto dabei, das Hesse ihnen damals geschenkt hatte – all die Jahre im Exil hatte er sie mit Trost und Rat begleitet.

Noch im Bus auf dem Nachhauseweg hielt sie ihre Eindrücke dieser denkwürdigen Begegnung fest, die sie später in ihren *Gesammelten Autobiographischen Schriften* veröffentlichte:

*Die Atmosphäre war eine ganz besondere, man hörte, wie die Luft fast knisterte. Dann kam also Hermann Hesse und ist keineswegs so alt, wie man ihn sich vorstellt [...]. Er ist ausgedörrt wie eine Grille oder ein bräunlicher Grashüpfer, und ebenso lebendig. [...] Er hatte auch eine ziemlich genaue Vorstellung, wo wir überall gewesen waren [...]. Frau Hesse nahm eine Karte aus der Kartei. All unsere Wanderungen waren dort aufgezeichnet, als simple*

## 14. Kapitel

*Adressenwechsel. [...] Unser Leben auf den sorgfältig beschrifteten Zentimetern Karton.*[32]

Der Nachmittag war anregend. Die Hesses nahmen Hilde Domin ihre unbekümmerte Offenheit nicht übel, mit der sie auf die Schilder reagiert hatte, mit denen sich Hermann Hesse unliebsame und neugierige Besucher vom Leib halten wollte: »*Bitte keine Besuche*« konnte man im Garten lesen, *und noch ein zweites Mal, etwas diskreter, an dem Klosettfensterchen neben der Tür, durch die man eintritt – stand der Spruch über den alten Mann, der alles schon kennt und gesehen hat und auch weiß, wie du sein wirst, und dem du daher nichts Neues bringen kannst, sondern an dessen Haus du höflicherweise vorbeizugehen hast, als wohne niemand dort.*[33] Hilde Domin gestand Hesses, dass dadurch die Freude über den Besuch, den sie ihr ermöglicht hatten, getrübt war, »*wie wenn man ein Geschenk bekommt, an dem noch das Preisschildchen hängt, und man wird über der Freude das Schuldgefühl nicht los, wegen der Unkosten, die man verursacht hat.*«[34]

Das Gespräch verlief freundlich und ungezwungen. Bei Linzertorte und Tee erzählten die Hesses, dass sie mit Adorno befreundet waren und den Sommer mit ihm im Engadin verbringen wollten, dass sich Hermann Hesse gut an die kleine Schrift von Erwin Walter Palm erinnern konnte, als der ihn von Italien aus um eine Empfehlung gebeten hatte. Man sprach über Leseleidenschaften, und Hilde erfuhr, dass die Hesses Enzensberger gerne lasen, *dito den Gefesselten.*[35] Hilde Domin war beeindruckt von dem *große[n] Büchertisch dort, der Angst macht.*[36] Auf ihm lag die Lektüre, aus der Ninon Hesse ihrem Mann vorzulesen pflegte, bevor er sich in seine Gemächer zurückzog, zu denen seine Frau weder Zugang noch Schlüssel hatte – beides war Privileg seines Arztes.

Doch fast noch mehr als von Hermann Hesse schien Hilde Domin von seiner Frau eingenommen gewesen zu sein und bekannte, dass Ninon Hesse *der Gegenstand [ihres] täglichen Neids* war, denn sie bewunderte das harmonische Verhältnis des Paares *ohne Eitelkeit.*[37] Hatte Hilde Domin die Nähe gefühlt, die sie durchaus mit Ninon Hesse verband? Auch Ninon hatte sich in Demut einem Leben unterworfen, dessen Regeln der Mann diktierte. *Kümmern müsstest Du Dich um nichts, nichts (auch nicht um mich! Das ist das Wichtigste!), wie überhaupt das richtige Dienen, wie ich es mir denke, nicht nur darin besteht, da zu sein, wenn einen der andere braucht, sondern vor allem darin: Nicht da zu sein, wenn einen der andere nicht braucht*[38], hatte Ninon Hermann Hesse schon 1926 versprochen. Wie ähnlich Hilde Domins Worte von 1931 klangen: *Meine Seele wird immer für Dich da sein. [...] Wenn Du aber, was ich Dir biete, und ich biete es Dir von Herzen, nicht annehmen kannst oder willst [...] so will ich Dir versichern, dass wann immer [...] Du mich brauchtest – oder auch nur irgendeine Frau, die Dir helfe – ich da sein will, und ebenso wieder verschwinden werde ohne den geringsten Dank zu verlangen, denn ich werde Dir meine Freundschaft bewahren.*[39] Doch als Hilde Domin die Parallelen zum eigenen Leben zog, fragte sie sich, ob das Verhältnis zwischen Hesse und seiner Frau wohl so *ist wie es aussieht?*[40]

Vor allem aber war Hilde Domin im Gegensatz zu Ninon Hesse gerade im Begriff, diese selbstlose Ergebenheit abzustreifen.

Im Laufe der Unterhaltung bat Hilde Domin Hesse um ein Urteil über den Titel, den sie für ihren ersten Gedichtband vorgesehen hatte: »Auf eine Rose gestützt«. Hesse empfand ihn zunächst als zu *sophisticated.*[41] Nach einigem Nachdenken erläuterte er seine anfangs unspezifizierten Bedenken und gestand, dass *ihm um die Rose bange sei, ob sie zerdrückt werden könne* – diese Argumentation überzeugte Hilde Domin vollends, sodass auch sie begann, sich um die *Rose zu ängstigen.*[42]

Auf der Wiese von Astano, beim Anblick der vierundvierzig Maulwurfshügel, fand sie schließlich zu dem schlüssigen Bild: *Nur eine Rose als Stütze. Man hat es nicht und hat es doch, was ja im Leben so schwer zu erreichen ist. Denn erstens hält sie den Kopf nach oben und tut es freiwillig, zweitens nimmt man es por supuesto nicht an, und drittens ist man immer noch in der prekären Lage nur eine Rose als Stütze zu haben. [...] Und niemand, der es wörtlich nimmt, kann mir vorwerfen, ich habe eine Rose zerdrückt.*[43]

Hilde Domin verteidigte diesen Titel so vehement gegen sämtliche Einwände und Alternativen der Lektoren des S. Fischer Verlags, dass die vor ihrer Beharrlichkeit kapitulierten und *Nur eine Rose als Stütze* schließlich als Titel akzeptierten.

In Astano gab es für Hilde Domin noch ein zweites Paket zu schnüren: Sie musste ihre Gefühle zu Rudolf Hirsch klären. Von Bewältigung konnte keine Rede sein, dazu empfand sie die Zeit von drei Monaten als *ein[en] Dreck*.⁴⁴ Hirsch hatte ihr noch im Dezember eröffnet, dass er seine Verlobte im Mai 1959 heiraten wollte. Für Hilde Domin bedeutete das den endgültigen Abschied von einem Traum: *Dies Frühjahr ist wie ein Herbst,/ein Abschiednehmen/von allem was kommt.*⁴⁵

Um mit sich selbst ins Reine zu kommen, begann sie in Astano, Begegnungen, Träume und Bilder ihrer emotionalen Bindung zu Hirsch aufzuschreiben. Sie schrieb kleine Erzählungen und Essays und hatte dabei das Gefühl, dass *die Stimmen der Gequälten in schöne Musik verwandelt wurden*.⁴⁶ Nicht alle konnten dem Roman *Das zweite Paradies*, der langsam, scheinbar absichtslos, Gestalt anzunehmen begann, schöne Musik abgewinnen. Vor allem Rudolf Hirsch weigerte sich, diese Töne im Verlag erklingen zu lassen.

Wie hatte sich Erwin Walter Palm beim Lesen des Romans gefühlt? Hilde Domin gedachte, sich bei ihrem Mann abzusichern: *Bitte sofort, ob Du dagegen bist. Zwei Gesichtspunkte a) kann man die Personen entdecken? b) stört es Dich? Wohl kaum Letzteres.*⁴⁷

Viele Jahre später, 2003, wurde sich Hilde Domin in einem Gespräch wieder der vollen Schlagkraft des Romans bewusst: *»Hast Du ›Das zweite Paradies‹ gelesen? Was hältst Du davon? Ich muss verrückt gewesen sein.« – »Wie hatte Erwin denn auf diesen Roman reagiert?« – »Merkwürdig, ich erinnere mich nicht, aber er hat doch immer grotesk auf mein Geschriebenes reagiert.«*⁴⁸

*Gedanken* nannte Erwin Walter Palm das Gedicht, mit dem er in den Sechzigerjahren auf den Roman reagierte, und das Hilde Domin innen an ihrer Kleiderschranktür befestigt hatte. 2006, als nach Hilde Domins Tod die Wohnung fast geräumt war, die Einzelteile des Wandschrankes zerlegt und zum Abtransport bereit im Flur lagen, konnte es noch rechtzeitig vor dem Verlust bewahrt werden.

*Auch ohne Schuh und Hos,-*
*So bricht ein Wildschwein los.*
*Sein Lager ungemacht,*
*Sein Haar starrt wie bei Nacht*
*Sein Aug klein, rot und rasch*
*Es hat die Zeit in Angst verwacht.*
*Am Boden seine Spur*
*Besteht aus Schreien nur*

Astano: Januar-Mai 1959

*Aus Schreien von Papier*
*Weh ihm! – und wehe mir!*
*Zu solchem Lebens-lauf*
*Bricht, mittags, spät und früh,*
*Nur eine Kreatur,*
*Die sich gejagt weiss, auf.*

ITEM
*Vergiss nicht, der du schreibst,*
*Wie du es selber treibst.*
*Wir sind wie Reh und Has,*
*Ein traurig Wild, im gleichen Gras.*

*und dieweil die Pedanterie ein lateinisch End verlangt:*
*Alter*
*Ridebat, quoties a limine moverat unum*
*Protuleratque pedem; flebat contrarius alter*

Das Gedicht bezeugt, wie ruhelos beide weiterhin in ihrer Beziehung gefangen waren.

1959 in Astano konnte Hilde Domin ihre Probleme nicht lösen, aber sie war auf dem Weg zu sich selbst ein gutes Stück vorangekommen. Ihre Forderung an ihren Mann war eindeutig: *Es KANN UND DARF aber keine solchen Kämpfe mehr geben*[49], bei denen sie sich aufgeben sollte, weil er eifersüchtig die Muse des Schreibens für sich beanspruchte. Palm durfte sich nicht länger an das Gestern klammern, sondern musste ihre Entwicklung respektieren. Sie konnte nicht mit dem Gefühl leben, dass man jemandem damit schade, *wenn man ist wie man ist.*[50] Palm sollte ab sofort akzeptieren – und zwar kampflos –, dass sie den größten Teil der kommenden Zeit für ihre eigene Arbeit in Anspruch nehmen würde. Es war mehr eine Bitte als eine Drohung, die sie formulierte: *dass ich sein kann wie ich bin und Du es trotzdem nett findest.*[51] Sollte Liebe nicht das Beste aus dem anderen herausholen und nicht nur das Bequemste?

Am 11. Mai 1959 machte sich Hilde Domin ein weiteres Mal auf den Weg nach Spanien, um Erwin Walter Palm in Madrid zu treffen. Die Aussichten waren nicht sonnig: Nach Palms Vorwurf, sie

## 14. Kapitel

habe aus dem gemeinsamen Leben *poetisches Material* geschlagen, war für ihn *[a]n gemeinsames Reisen unter diesen Umständen nicht zu denken. Ich mag mir auch nicht die Städte verderben.*[52]

Vierzehn neue Gedichte aus Astano hatte Hilde Domin im Gepäck, und viele Manuskripte für ihre Prosa warteten ungeduldig auf die Bearbeitung.

Doch unter den gegebenen Umständen erschienen die Farben der Zukunft eher fahl, und es gab kaum eine Perspektive für ein gemeinsames Leben mit Erwin Walter Palm:

*Alle Farbe ist leer,*
*auch das Nahe so fern.*
*Nichts ist vertraut:*
*[...]*[53]

## 15. Kapitel

# Spanien
# 1959-1961

*Wenn mein Körper unlustig ist
und meine Seele traurig*
(Hilde Domin an Erwin Walter Palm vom 29.6.1959)

Der Anblick der eindrucksvollen Gebirgsketten der Sierra de Guadarrama, der üppigen Ulmenwälder und der Heide- und Steppenlandschaften erheiterte die Palms bei ihrem zweiten Spanienaufenthalt wenig – die glücklichen Tage aus dem Jahre 1956 in Aranjuez konnten nicht zurückgeholt werden. Zu tief war die Kluft zwischen ihnen indessen geworden. Zwar gaukelten auch im Frühsommer 1959 wieder die Schmetterlinge über die Thymianhügel der Sierra, doch das kleine Haus in San Rafael, in den Bergen, bewohnte Hilde Domin die meiste Zeit allein. Erwin Walter Palm reiste – wie er es schriftlich angekündigt hatte – erst einmal ohne seine Frau nach Alicante, Porto, León und Santiago. Nach seiner Rückkehr bezog er eine kleine Wohnung: direkt hinter dem Prado, mit Blick auf das Museum und den angrenzenden Park, war es eine außerordentliche Wohnung für Madrid, während Hilde Domins Wunsch nach Sesshaftigkeit immer offenkundiger wurde. Sie hatte das Häuschen, die Villa Santa Barbara, in San Rafael so eingerichtet, dass ihr Mann jederzeit aus Madrid zu Besuch kommen könnte.

Doch Erwin Walter Palm war in Gedanken schon im Aufbruch. Die Verhandlungen, die er vor seiner Abreise nach Madrid im Februar 1959 in Stuttgart geführt hatte, trugen Früchte: Die Deutsche Forschungsgemeinschaft hatte endlich die Zusage für eine »KW-Professur« gegeben. Im universitären Stellenplan bedeutet KW »kann wegfallen«, sobald der Geförderte eine dauerhafte Professur

## 15. Kapitel

erhält. In den Fünfzigerjahren wurde in diesem Zusammenhang auch von »Wiedergutmachungsprofessur« gesprochen; unter dieser Bezeichnung litten die Träger jedoch häufig. Nach fast sechsjährigem Tauziehen war Erwin Walter Palm endlich eine Stelle als Wissenschaftlicher Rat an der Universität Heidelberg angeboten worden.

Hilde Domin hatte Palms Gepäck reisefertig gemacht, ihr Mann war auf dem Weg zur Vorstellung an der Heidelberger Universität. Sein kurzer Abschiedsbesuch in den Bergen endete unerfreulich. Hilde Domin war nicht mehr gewillt, Theater zu spielen, wenn der *Körper unlustig und die Seele traurig* war.[1] Sie war ihm zu *oft feil* gewesen, sehnte sich *nach Zärtlichkeit, Trost. Nicht nach Genuss*.[2] Erwin hatte das verärgert zur Kenntnis genommen und schmollte immer noch, als Hilde ihn zum Flughafen begleitete. Auch unterwegs bettelte sie erneut um die Antwort, um die sie schon so lange kämpfte: *die Antwort muß ja sein können/[...]/und [ich] fürchte mich täglich/vor der Antwort/die Luft in meiner Lunge wird weniger/wie ich auf die Antwort warte*.[3] Doch Palm weigerte sich nach wie vor, ihr den Freiraum für ihre schriftstellerische Tätigkeit einzuräumen. Er insistierte auf dem Gestern – sie sollte nur für ihn da sein – und verschloss sich dem Heute. *Die Luft riecht heute süß/nach Gestern –/das süß nach Heute roch.*[4]

Die Zeit in Madrid muss für Hilde Domin eine tränenreiche gewesen sein:

*Die Wiesen, die Augen*
*früh und spät*
*so naß.*

*Dazwischen*
*ist Tag.*[5]

Sie schien ausgezehrt und *zu müd [sich] zu wehren*.[6]

So blieb diesmal in San Rafael *nichts Festes*, nur die Erinnerung: *Mach ein Kreuz auf den Boden./Hier war ich glücklich./Aus gar keinem Grund,/wie man glücklich ist, ohne Gründe./Nachmittag am Guadalquivir,/die Brücke voll Sonne,/du selber tanzende Luft,/nichts Festes.*[7]

Spanien: 1959-1961

Als Hilde und Erwin Ende Juli gemeinsam zur Fahrt durch Kastilien aufbrachen, war *[d]as Kennwort für die Abfahrt*[8] immer noch nicht gefallen; Erwin Walter Palm war weiterhin nicht gewillt, seiner Frau ihre Souveränität zuzubilligen. Die gemeinsame Reise löste bei beiden keine Freude aus.

Die einzigartigen Baudenkmäler, die Erwin Walter Palm für sein neues Buch katalogisieren sollte, präsentierten sich Hilde Domin nüchtern als bloße Objekte der Spurensuche. Sie waren ihr diesmal nur zurückgelassene Reste von Brücken, Thermen und Aquädukten, die von den römischen Eroberern errichtet worden waren. Die ersten christlichen Kirchen, die romanischen Bauten, die rechts und links des Jakobswegs liegen, der sich hier durch die Landschaft windet, weckten nur bei Erwin Walter Palm Entdeckerlust.

Und Hilde Domin? Ihren 50. Geburtstag feierte sie auf der *Fahrt durch Kastilien* wohl eher in gedrückter Stimmung; sie litt darunter, dass sich ihr *[...] die Welt/[...] in zwei Hälften teilt.*[9] Am 27. Juli 1959 hatte Hilde Domin ein halbes Jahrhundert dramatischer politischer und persönlicher Geschichte erlebt. Sie hatte Exil und Verfolgung durchlitten und die Rückkehr gewagt – die längste Zeit ihres Lebens hatte sie mit Erwin Walter Palm geteilt. Nun sehnte sie sich nach einem anderen Mann. In ihrem Gedicht *Fahrt durch Kastilien*, das an diesem 50. Geburtstag entstand, sind ihre Worte an Rudolf Hirsch gerichtet.[10] Die Schönheiten *wollen nicht mein sein,/ohne auch dein zu sein.*[11] So nimmt es nicht wunder, dass das Gespräch mit Erwin Walter Palm zerfloss, *[w]eniger als der Stein*[12] war. Doch Rudolf Hirsch blieb stumm, und der Kontakt zum S. Fischer Verlag gestaltete sich deshalb weiterhin schwierig. Rudolf Hirsch hatte seit 1958 keine Gedichte oder Prosa mehr von Hilde Domin in der *Neuen Rundschau* veröffentlicht. Nach dem Gerangel um den Titel ihres ersten Buches konnte sie ihre Wünsche bezüglich der Umschlaggestaltung nicht durchsetzen: etwas ganz Zartes, Weiß in Weiß, transparent Wolkiges, hatte Hilde Domin gewünscht, mit einer Schrift, die leicht und dennoch fest steht. Sie war entsetzt, dass stilisierte Rosenblätter den Einband schmücken sollten, die ihr farblich zu grell schienen und sie an einen *roten Pferdefuß* erinnerten.[13] Wenn Hilde Domin etwas durchsetzen wollte, kannte sie keine Zurückhaltung, aber diesmal blieben alle Telegramme an die Lektoren erfolglos, ihren Telefonaten wich man aus.

## 15. Kapitel

Domins Gedichte aus dem Jahr 1959 thematisieren die tiefe Traurigkeit einer Schutz- und Wehrlosen, sie sprechen von Sehnsucht nach Geborgenheit und demonstrieren die Einsamkeit, die das lyrische Ich wie mit Mauern umschließt: *Ich schlafe im Schutz/meiner Traurigkeit./Das Leid wie das Glück/baut Mauern.*[14]

Vor allem die Wintermonate 1959/60 waren wohl unerträglich gewesen. Hilde Domin quälten in jenen Tagen immer wieder Selbstmordgedanken. Ihre Zerrissenheit spiegelt sich auch im Briefwechsel mit Rudolf Hirsch wieder; bis 1964 sind ihre Briefe an Hirsch emotionalen Höhen und Tiefen unterworfen, die Anreden schwanken wie die Stimmungen, Zerknirschtheit wechselt mit Empörung und Wut. Und wie mit Erwin versuchte sie auch mit Rudolf Verträge zu schließen. Als Hirsch ihr mitteilte, dass *Das zweite Paradies* auch 1960 nicht erscheinen sollte, weil er den Portugiesen Aquilino Ribeiro ins Programm nehmen wollte, löste das bei Hilde Domin eine Gefühlslawine aus. Ihr Brief vom 20. März 1960 beginnt poetisch, elegisch und wächst zu einer unbändigen Schimpftirade an: *Sie gedankenloser, Sie überheblicher, nur um sich selbst drehender, Sie liebloser, Sie undisziplinierter Mensch, Sie Hypokrit, Sie Sadist, Sie Masochist, [...]. Wechseln Sie Ihren Beichtvater, dies bornierte Rindvieh (pardon), dessen Sündenskala gut ist für Hinz und Kunz, nehmen Sie Ihren Spiegel zum Beichtvater [...].*[15] Hilde Domin war überzeugt, dass ihre *unmögliche Korrespondenz* in die Annalen des S. Fischer Verlags eingehen würde.[16]

Am 28. September 1959 war endlich ihr erster Gedichtband *Nur eine Rose als Stütze* nach Madrid geschickt worden. Von Verlagsseite hatte man ihr zu bedenken gegeben, dass es wohl besser wäre, wenn sie »offiziell« die fünfzig Jahre noch nicht überschritten hätte. Dass sich Dichterinnen jünger machten, war keine Seltenheit: Mascha Kaléko hatte das gemacht, die Schriftstellerin Irmgard Keun hatte sich nie zu ihrem wahren Alter bekannt und *die Wuppertalerin*[17] (Else Lasker-Schüler) hatte ihr Geburtsdatum statt mit 1869 mit 1876 angegeben. Doch Hilde Domin war damit gar nicht einverstanden gewesen, wie ein Brief an Hans Paeschke vom 15. April 1959 belegt: Ihre biografischen Daten hatte Domin zwar *gerne kurz, wenn ich wünschen darf. Aber nicht verkehrt, wie z. B. die in der »Neuen Rundschau« von Hirsch gebrachten. Er hat fabuliert.*[18] Doch der Wunsch nach ihrem ersten eigenen Buch machte

## Spanien: 1959-1961

Domin gefügig, und sie stimmte zu, dass ihre Lebensuhr um drei Jahre zurückgedreht wurde. Tatsächlich fühlte sich Hilde Domin ja *erstaunlich jung*[19], war sozusagen gerade erst geboren. Doch nicht bedacht hatte sie, dass eine direkte Verwandtschaft zu ihrem Bruder bei diesem Datum unmöglich war.

Mit dem Erscheinen von *Nur eine Rose als Stütze* wurde Hilde Domins neues Geburtsjahr öffentlich: »geb. 1912« las man jetzt in allen biografischen Angaben.

*Nur eine Rose als Stütze* war rechtzeitig zur Frankfurter Buchmesse erschienen, zu der Gottfried Bermann Fischer *Herrn Prof. Palm und Frau*[20] eingeladen hatte. Doch Hilde Domin fieberte zu sehr diesem Ereignis entgegen, als dass sie sich über den Affront geärgert hätte, mit der ihre eigene geistige Leistung erneut der des Mannes untergeordnet wurde.

Thematisch bestimmen die Motive »Gehen« und »Weg« die Gedichte in *Nur eine Rose als Stütze*: Hilde Domin hatte sich auf einen Weg gemacht, um ihre Traumata zu bewältigen – das Ende des Weges war jedoch noch lange nicht in Sicht. Als Grundstimmung durchziehen die Gedichte die Gedanken von Abschied und Verlassenwerden. Iso Camartin sagte viele Jahre später in einer Laudatio, dass ihm keine Autorin der Gegenwart bekannt sei, *in deren Texten die Füße bewegter wären und die Segel der Schiffe voller im Wind, um aus der Gefangenschaft zu kommen.*[21]

Die Presse reagierte wohlwollend auf den ersten Band, die Verkaufszahlen spiegelten das Interesse der Leserschaft und auch der Kontakt zum Verlag gestaltete sich wieder leichter. Dass sich Hermann Hesses lobende Worte über das Gedicht *Wahl* im Verlag positiv ausgewirkt hatten, ist anzunehmen. Es war zusammen mit dem Gedicht *Unaufhaltsamer Flug* (späterer Titel: *Unaufhaltsam*) in der Zeitschrift *Jahresring 1959/60* unter dem Titel *Unmögliche Wahl* publiziert worden. Ein Exemplar mit Widmung hatte Hilde Domin gleich an Hermann und Ninon Hesse geschickt.

Das Gedicht *Wahl* hatte Hilde Domin schon 1958 im Zug auf dem Weg zum Gerichtsprozess in Köln zu Papier gebracht. Die letzten vier Zeilen sollten sich verselbstständigen und zu den bekanntesten Versen Hilde Domins werden:

## 15. Kapitel

*Nicht müde werden*
*sondern dem Wunder*
*leise*
*wie einem Vogel*
*die Hand hinhalten.*[22]

Die Rezension ihres ersten Gedichtbandes von Walter Jens in der ZEIT vom 27. November 1959 war mehr als ein Lob; überschwänglich hob Jens die Dichterin Hilde Domin in den Rang von Ingeborg Bachmann, Paul Celan, Günter Eich, Marie Luise Kaschnitz und Nelly Sachs. Das Lob ließ aufhorchen: Der brillante Rhetoriker und Tübinger Professor der Klassischen Philologie, Mitglied der Gruppe 47, sprach von der *Spur der Meisterschaft in diesem Erstlingswerk.*[23] Domin sei eine Dichterin, die es verstanden habe zu warten und von der man keine krause Metaphorik befürchten müsse, um die sich gerade Laien bemühten, um nicht epigonal zu erscheinen. Man könne Vertrauen zu ihrer Sprache gewinnen, die *schwebendleicht wie eine Rose, und die geheimste Zuflucht der aus dem Paradies Vertriebenen, über Länder und Meere Gejagten ist.*[24]

Die Literaturkritiker waren verärgert über dieses exorbitante Lob. Die Würdigung von Walter Jens forderte geradezu zur Gegenposition heraus. *Es wäre mir leichter gefallen, Warmherziges, auch Rühmendes von mir zu geben, wenn Walter Jens nicht so übersteigert hätte*[25], gestand Suhrkamps Cheflektor Walter Boehlich. Hilde Domin fürchtete zu Recht, dass dieses Lob Neid provozieren könnte, denn *[s]owas kann man am Ende des Lebens verdienen, wenn man Glück hat.*[26] In den negativen Kritiken las Domin den Vorwurf heraus, *wie spät und vorübergehend [sie] nach Deutschland zurückgekommen sei.*[27] Dass bei manchen Kritikern auch die Nähe zu einem Verlag hinzukam, manchmal gar Verlagszugehörigkeit bestand, konnte objektiver Kritik hinderlich sein. Walter Boehlich hatte sich schon oft Feinde mit seiner Einschätzung gemacht. Auf Hilde Domin angesprochen *hob er nichtssagend die Schultern.*[28] Sein gleichgültiges *Achselzucken*[29] hatte für Hilde Domin vernichtende Auswirkungen: Die Herausgeber von *Akzente*, Walter Höllerer und Hans Bender, schlossen sich Boehlichs Schulterzucken an. Beide sandten Hilde Domin in den kommenden Jahren, trotz anfänglich positiver Reaktionen, ihre Manuskripte unveröffentlicht wieder zurück. Auch mit Walter Jens ging Walter Boehlich wenig zimperlich um: *Du hast ja einen Vogel mit dieser Domin*[30], war sein Kommentar zu dem Beitrag in der ZEIT. Jens ließ sich beeinflussen und zögerte lange, ehe er Hilde Domin für eine Einladung zur Gruppe 47 empfahl.

Hilde Domin nahm in Spanien Jens' positive Kritik zunächst aber einfach als das, was sie war: ein Lob. Es war sicherlich schonend für sie, dass sie im fernen Spanien von den Auseinandersetzungen um ihre Person noch wenig wusste. Rudolf Hirsch hielt die negativen Besprechungen vor Hilde Domin zurück – wie die von Curt Hohoff in der *Süddeutschen Zeitung*, der Domins Gedichte als »verstimmend« abqualifiziert hatte und ihr vorwarf, dass sie keine Antwort auf die Frage *Wo steht unser Mandelbaum* gegeben hätte.[31] In den kommenden Jahren drohte sie der scharfe Wind der Literaturkritiker von der literarischen Bildfläche zu wehen. Halt gab ihr in solchen Momenten immer die Rückmeldung von Hans-Georg Pflaum, dem sie natürlich umgehend ihren ersten Gedichtband zukommen ließ. Er genoss ihre Gedichte *in kleinen Schlucken wie kostbaren alten Wein, den man auf der Zunge zergehen lässt*[32], und äußerte sich einfühlsam zu ihren Versen, vor allem aber ermunterte er zum Weitermachen: *Du hast die Gabe was Dich bewegt im Innersten aussagen zu können. Es quellt aus Dir heraus [...], frisch, kühl und köstlich. Es ist harmonisch und tönt sanft und zart, fest und bestimmt, man sieht Landschaften, man geht mit Dir durch sie hindurch, fliegt darüber hinweg wie Wolken und Wind. [...] Du malst wie die Pointillisten, mit leisen Farbflecken, nirgends trägst du auf; es bleibt wie ein Libellenflügel. Federleicht, durchsichtig, zerstörbar und ein Wunder der Natur. [...] Bitte gib es nicht auf: hier ist Deine wahre Pflicht, der Dichter ist das Sprachrohr seiner Zeit. [...] Der Dichter singt wie ein Vogel zwitschert, unbekümmert um seine Zeit.*[33]

Hilde Domin widmete sich weiterhin mit ganzem Elan ihrem Roman, der am Jahresende abgeschlossen sein sollte. Stockte der Roman, wandte sie sich anderer Prosa zu. Mit ihrem Erstlingswerk hatte sie sich die Möglichkeit eröffnet, Korrespondenzen mit Schriftstellerkollegen aufzunehmen.

*As soon as I knew it would be printed, I knew that I wanted it to send it to you,* schrieb sie an Charlie Chaplin.[34] Wie Chaplin sehnte auch sie sich nach einem utopischen Frieden, verfügte über ähnlichen Optimismus: *the author beneath her tears, keeps smiling.*[35] Interessant ist, dass sich Hilde Domin in ihrem Brief an Chaplin ein einziges Mal auf das gemeinsame Judentum berief und dessen unerschütterlichen Optimismus hinter dem Tränenvorhang als wesentlichstes Merkmal betonte – *because how could we live otherwise.*[36]

Die Feinarbeit an ihrem Essay *Das Cognacglas* stockte immer wieder und war anfangs noch losgelöst von ihrem Roman *Das zweite Paradies*. 1961 wurde der Essay in der *Neuen Rundschau* veröffentlicht. Er war ihr *besonders lieb,* aber sie wusste auch, dass es eine *delikate Sache* war, schließlich hatte sie damit auch *die meisten Hemmungen.*[37]

*Das zweite Paradies* erregte noch mehr Aufsehen als ihre Gedichte; in seiner Endfassung waren die Protagonisten für Kenner der Literaturszene unschwer auszumachen. Aufseiten der Handlung verschmolz die Flucht aus der Heimat mit der Vertreibung aus dem Haus der Liebe. Hilde Domin hatte alle seelischen Verletzungen seit 1939 thematisiert, dazu die Manuskripte und Briefe aus der Exilzeit in der Dominikanischen Republik wieder hervorgeholt.

Hatte sie ernsthaft die Möglichkeit erwogen, den Roman ausgerechnet in dem Verlag herauszubringen, dessen Verlagsleiter hinter dem Namen »Wolfgang«, nach seinem Bruder so benannt, unschwer auszumachen war? Rudolf Hirsch wollte das Mosaik einer unglücklichen Beziehung jedoch nicht im eigenen Hause zusammensetzen lassen – *aus Gründen persönlicher Bezogenheit.*[38] Hilde Domin konnte nicht ernsthaft hoffen, dass man *alles Persönliche im engeren Sinne bei der Lektüre* vergessen könnte, weil sie nur *das Prekäre von Heimat und Liebe* behandelte, *nachdem die Selbstverständlichkeit verloren gegangen ist.*[39] Sie war sich durchaus bewusst, dass sie *auch wieder fast zuviel Mut gehabt*[40] hatte, als sie Orte und Personen festlegte. Natürlich hatte sich auch Hans-Georg Pflaum in »Friedrich« wiedererkannt. Gutmütig und selbstbewusst wie er war, hatte er keine Einwände gegen die Veröffentlichung gehabt, doch seine Frau war über seine unmännliche Rolle verärgert.

Die Gesamtsituation konnte nicht dazu beitragen, die Spannungen zwischen Hilde Domin und ihrem Mann abzubauen, zumal Hilde Domin mehr Zeit denn je in ihre eigenen Werke investierte. Trost für die Enttäuschungen in ihrer Ehe zog sie aus den Zuwendungen der Leser ihrer Gedichte und war besonders erfreut, dass die ersten zwei Leserzuschriften ausgerechnet aus der Heimatstadt Köln kamen: von einem jungen Germanisten und der Unternehmerin Marierose Fuchs.

Mit Marierose Fuchs entspann sich ein intensiver Briefwechsel, der schnell in ein inniges Vertrauensverhältnis mündete. Bei aller Offenheit hielt sich Hilde Domin aber vorerst Marierose Fuchs gegenüber bedeckt, wenn sie über ihre Beziehung zu Erwin Walter Palm sprach. Marierose Fuchs aber war sensibel, las zwischen den Zeilen und deutete versteckte Hinweise: *Eben hat mich mein Mann gerufen. Er sagte: Ist nicht viel Zeit vergangen? Ich verstand es nicht, es bezog sich ganz praktisch auf den Topf, der auf dem Feuer stand. Das Fleisch ist gerade noch essbar. Und plötzlich bin ich sehr müde.*[41] Marierose Fuchs schrieb selbst auch Gedichte, die Hilde Domin nach gewissenhafter Korrektur mit Tipps und Verbesserungsvorschlägen nach Köln zurückschickte. Bald sollte die Brieffreundin schicksalswendend in Hilde Domins Leben eingreifen.

Die Portugalreise, zu der die Palms im Spätsommer 1959 gemeinsam aufgebrochen waren, endete abrupt: Nach einem Krankenhausaufenthalt in Lissabon wegen einer Fußverletzung (Palm war seiner Frau im überfüllten Bus *sehr hart auf den Fuß* getreten[42]) kehrte Hilde Domin allein nach Spanien zurück – verschmerzte Verletzung und Trennung leicht, denn sie fand endlich Ruhe, um weiter an ihrem Roman zu schreiben und Anschluss an die Literaturszene in Deutschland und Spanien zu suchen.

Der Kontakt mit Hans Magnus Enzensberger 1959 begann eigentlich unglücklich für Hilde Domin. Er hatte Erwin Walter Palm um einen Beitrag für eine Anthologie gebeten. Dass er sich an Palm und nicht an Domin wandte, entsprach ihren bisherigen Erfahrungen; dass er aber als Dank ein Kinderbuch zuschicken wollte, musste ihr absurd erscheinen. Doch forsch beendete sie das Antwortschreiben mit der Ankündigung, dass sie Enzensberger ihren eigenen Band zusenden und Kontakt zu der Zeitschrift *Caracola* herstellen könnte. Wie immer überwand Hilde Domin in ihren Briefen schnell die Hürde der distanzierenden Höflichkeit und fand zu einem kollegialen Ton. *Um was Praktisches zu sagen: zahlen tut CARACOLA nicht. Man erhält nur ein paar Nummern.*[43] Enzensberger schien mit Domins Pragmatismus zurechtzukommen und empfahl ihr sei-

## 15. Kapitel

nerseits die italienische Literaturzeitschrift *Botteghe Oscure*, in der sie die italienischen Übersetzungen ihrer Gedichte veröffentlichen konnte. Domin wiederum brachte Enzensbergers Gedichte in Vicente Aleixandres *Caracola*. Eich, Bachmann, Busta, Celan, Grass, Holthusen, Krolow, Lavant, Sachs, Schnurre und Schwedhelm präsentierte sie als Vertreter der neuen deutschen Dichtergeneration in der Kulturzeitschrift *Humboldt*. Sie übersetzte auch für Vicente Aleixandre Gedichte – heimlich, ohne Palms Wissen, weil sie *das nicht sollte*, wie sie Nelly Sachs gestand, denn sie sollte *keine Familiensache* daraus machen.[44] Das Übersetzen betrachtete Palm als seine Domäne.

Enzensberger unterstützte Hilde Domin ein Jahr später im engagierten Einsatz für Nelly Sachs, bis er als Lektor des Suhrkamp Verlags zum wichtigsten Mittelsmann zwischen dem Verlag und Nelly Sachs wurde – und sich Hilde Domin ins Abseits gedrängt fühlte. Das Verhältnis kühlte infolgedessen ab. Dennoch erwies sich Enzensberger als galant, als Hilde Domin 1961 durch die Querelen in der Literaturszene bei der Geburtstagsgabe für Nelly Sachs, *Nelly Sachs zu Ehren*, übergangen worden war. Man hatte sie um keinen Beitrag gebeten, doch Enzensberger ermöglichte in letzter Minute ihre Mitarbeit und nahm in dem Büchlein einen Auszug aus ihrem Essay *Das Cognacglas* auf; jenen Prosatext, den sie aus Zeitmangel aus ihrem Roman separiert hatte.

Enzensberger und Domin waren beide Kämpfernaturen, mit unterschiedlichem politischen Anspruch, der gegenseitigen Respekt aber nicht ausschloss. Vehement verteidigte Domin ihren Standpunkt, als sie – zur Zeit des Algerienkriegs – ihre Unterschrift nicht unter Enzensbergers Aufruf setzte, mit dem deutsche Schriftsteller ihre Solidarität mit französischen Kollegen bezeugen sollten, die von ihrer Regierung abgestraft worden waren, weil sie in einem Manifest das Recht auf Gehorsamsverweigerung für Algerienkämpfer gefordert hatten. Domin war gegen Meinungsfreiheit *für alle und um jeden Preis. [...] Ich bin nicht bereit, mich neben einen Nazi zu stellen und sein Recht auf freie Meinungsäußerung zu verteidigen. Davon habe ich die Nase plein. Dringend scheint mir, dass etwas für Nelly Sachs geschieht.*[45]

In Spanien entfaltete sich ein intensiver Briefwechsel mit dem damals dreißigjährigen Journalisten und Schriftsteller Hans-Jürgen

Heise aus Kiel. Während der Trauer über den Tod seiner Frau hatte er in Domins Gedichten Trost gefunden. Heise schrieb auch Gedichte, und oft hatte die Korrespondenz zwischen beiden Werkstatt-Charakter: Mit Eilbriefen aus dem Norden wurde Domin auch an Sonntagen aus dem Schlaf geklingelt, um die korrigierten Fassungen der Gedichte auszutauschen.[46] Als Domin Heise drängte, seinen Artikel über sie in der Zeitschrift *Tat* zurückzuziehen, und sie auch seinen Essay über sie in *Neue Deutsche Hefte* vom Herausgeber Günther zurückforderte, war Heise empört, und das Briefgespräch brach ab. Hilde Domin hatte ihm viel Persönliches anvertraut. Fürchtete sie, dass er zuviel Biografisches verarbeiten könnte?

*Spanien erzählt* war eine Auftragsarbeit für den S. Fischer Verlag. Ursprünglich sollte die Sammlung spanischer Prosa schon 1960 abgeschlossen sein, doch Domins schwere Typhuserkrankung verzögerte die Fertigstellung. In der Erstausgabe wurde deshalb aus Zeitnot auf die Bibliografie verzichtet.[47] Die Eile erwies sich jedoch letztendlich als überflüssig, denn Rudolf Hirsch ließ seine Autorin zappeln: Die Anthologie wurde erst 1963 veröffentlicht, als Hirsch den S. Fischer Verlag schon verlassen hatte. Die Rezensionen waren durchweg positiv: Der nur *halbentdeckte Kontinent*[48] spanischer Prosa sei von Domin auf hervorragende Weise aufgearbeitet worden und gebe einen *vorbildlichen Überblick über die spanische Literatur des 20. Jahrhunderts.*[49] Vor allem wurde das kluge Vorwort der Herausgeberin gewürdigt, in dem sich ihr literaturwissenschaftlicher Sachverstand mit Sprachkompetenz paarte.

1960 aber sah Hilde Domin dennoch wenig Anlass, mit mehr Zuversicht in ihre Zukunft zu blicken. Ihre depressive Stimmung wurde durch politisch beunruhigende und schockierende Meldungen noch gesteigert. Für die Kölnerin war es besonders schmerzlich, dass die schlimmsten Nachrichten ausgerechnet aus ihrer Heimatstadt kamen: Die frisch restaurierte Kölner Synagoge war in der Weihnachtsnacht 1959 mit Hakenkreuzen und Naziparolen geschändet worden. Die Aktionen schienen gezielt gesteuert gewesen zu sein, denn von ähnlichen Schmierereien berichtete man auch aus Paris, London und Antwerpen; die antisemitische Welle schwappte schließlich sogar bis in die USA. Dass sich Konrad Adenauer mit dem Präsidenten des Jüdischen Weltkongresses traf, war eine Geste, doch für die Palms kein Trost. Hilde Domin reagierte spontan und heftig und mit kindlichem Optimismus auf die Widerwärtigkeiten. Sie wollte ein Zeichen setzen, wollte mobilisieren: *WAS können wir tun? Was KÖNNEN wir tun? Was können WIR tun? Was können wir TUN?*[50], schrieb sie Günter Eich. Hilde Domin war überzeugt, dass sich die Masse mobilisieren lasse, man müsse nur verhindern, dass sie nach der falschen Seite schiele. So viele Menschen wie möglich sollten sich den »Judenstern«, den Stern der Ermordeten, als Zeichen der Solidarität mit den Opfern anheften. Presse, Radio, Kirchen, Universitäten, *sogar einen Teil der Regierung* wollte sie für die Idee gewinnen[51], die in eine überkonfessionelle und überparteiliche Aktion münden sollte. Sie war überzeugt: Die Menschen seien lieber gut als schlecht.

Hilde Domin hatte keine Zeit gehabt, sich über die Vergangenheit ihrer Schriftstellerkollegen kundig zu machen, wie Paul Celan es zum Beispiel getan hatte, der die Jahrgänge der Zeitungen 1940 bis 1944 aufgearbeitet und die Namen von Kollegen notiert hatte, die im Nationalsozialismus »mitmarschiert« waren. Eich, dem Domin geschrieben hatte, beschwichtigte; ihm konnte nicht daran gelegen sein, dass die öffentliche Aufmerksamkeit seine Tätigkeit als Journalist für den nationalsozialistischen Rundfunk möglicherweise wieder ins Bewusstsein gerückt hätte. 1965, nachdem Hilde Domin wieder vier Jahre in Deutschland gelebt hatte, tadelte sie sich für ihre kindliche Reaktion.

1960 hatte Marierose Fuchs Hilde Domin die Möglichkeit geboten, konkret Stellung zu beziehen: Domin sollte in Köln eine Lesung halten. Doch sie fühlte sich nicht gewachsen, *die Zielscheibe des so reichlich vorhandenen guten Willens zu werden.*[52] Sie wollte kein *kostbarer und einmaliger, noch dazu zerbrechlicher Museumsgegenstand* sein, auch wenn es eigentlich ihrem Wunsch entsprach, *sich durchaus als Fahne verwenden zu lassen.*[53] Sie war zwar überzeugt von ihrer Gabe, die Menschen anzusprechen – *[d]er der das Wort hat, der soll zu denen reden, die es nicht haben*[54] –, doch ihre Angst vor persönlichen antisemitischen Angriffen überwog. Zudem hatte auch Nelly Sachs eine Lesung abgelehnt.

Der Spanienaufenthalt hatte Opfer gefordert, viele Hoffnungen weiter bröckeln und die Mauer der Entfremdung zwischen Hilde Domin und Erwin Walter Palm wachsen lassen. In Momenten der Sehnsucht nach Zärtlichkeit entstanden wieder Gedichte, die nach Geborgenheit rufen und zugleich Ohnmacht signalisieren: *Aus Zärtlichkeit für das geschwollene Gesicht, die vielen weissen Haare, die mangelnde Selbstbeherrschung, den nutzlosen Trost*[55] schrieb sie *Zärtliche Nacht: Es kommt die Nacht/da liebst du/nicht was schön –/was hässlich ist./Nicht was steigt –/was schon fallen muss./ Nicht wo du helfen kannst –/wo du hilflos bist./Es ist eine zärtliche Nacht,/die Nacht da du liebst/was Liebe/nicht retten kann.*[56]

Erwin Walter Palm machte sich am 13. März 1960 auf den Weg nach Heidelberg, um über seine Einstellung an der Universität zu verhandeln. Wieder hatte sich das Paar im Streit getrennt, wieder hatte Hilde Domin um ihr Recht zu schreiben kämpfen müssen – mit dem Erfolg, dass Palm sie *mit Gewalt aus der Arbeit* gerissen hatte, *Schuldfrage klar*[57], wie sie der Kölner Freundin Marierose schrieb.

Die überwältigenden Gedanken von Heimatlosigkeit und Verlassenheit verarbeitete Hilde Domin noch gleich am Tag von Palms Abreise in ihrem Gedicht *Mit leichtem Gepäck*. Mehr denn je hatte sie das Gefühl: *Du riechst nicht nach Bleiben.*[58]

Die unerträgliche Spannung ihrer Beziehung hatte sie nach altem Muster wieder durch ein Zehn-Punkte-Programm zu lösen versucht: In einem regelrechten Vertrag sollten sich die Unterzeichner verpflichten, sich gegenseitige Freiheit hinsichtlich Stimmung und Zeit zu gewähren. Vor allem aber forderte der Vertrag vom anderen absolute Solidarität. Ob Erwin Walter Palm unterschrieben hatte? Mit ungewohnter Leichtigkeit und fast heiterer Ironie dokumentiert das Gedicht *Picara* Domins unumstößlichen Entschluss: War sie früher *der reife Apfel*, den Erwin Walter Palm ohne einen *Finger zu rühren* essen konnte, so musste er nun die *kleine grüne Frucht/ auf dem obersten Zweig/wo der frische Wind bläst*, locken, fangen, reifen lassen – soweit er es *zu locken zu fangen zu reifen zu pflücken/zu rupfen zu braten* verstünde.[59]

Palms Verhandlungen in Heidelberg waren erfolgreich verlaufen, mit der festen Zusage für eine Anstellung als Wissenschaftlicher Rat an der Universität Heidelberg kehrte er im Juni 1960 nach Madrid zurück. Allerdings auch mit Verärgerung: *in Madame, einem Slickpaper magazine, hat eine Bekannte die tolle Idee gehabt, ein Photo von [Domin] zu bringen, mit der Unterschrift: HD, die Dich-*

## 15. Kapitel

*terin, die mit ihrem ersten Band ..., ist die Gattin des bekannten Archäologen ... Gleich las es die Sekretärin des Dekans der Fakultät beim Friseur zufällig als Erwin dort war. Sic.*[60] Die Anonymität ihres Pseudonyms war damit aufgehoben.

Der kurze Mallorcaurlaub in jenem Sommer war als Wiederbelebungsversuch der Ehe gescheitert. Außenstehende ahnten nicht, wie es wirklich um das Paar stand. Doch es war *viel schwieriger und auch viel tragischer*[61], als man vermuten konnte. *Und ganz unheilbar,* denn letztlich *[e]ine Frage der Eifersucht.*[62] Die Brüchigkeit dieser Liebe nimmt das Gedicht *Fremder* auf, das unmittelbar nach dem Mallorcaaufenthalt entstand:

*Ich ziehe um mich*
*das kleine schon dünne Tuch*
*deiner Liebe,*
*mein einziges Kleid.*
*Ich gehe im Licht*
*eines fernen*
*längst erloschenen*
*Lächelns.*[63]

In den verbleibenden Monaten bis zum Semesterbeginn sollten Palms Projekte in Madrid zum Abschluss gebracht werden. Er war in großer Zeitnot, bat den Dekan der Heidelberger Universität mehrfach, den Zeitpunkt seiner Vereidigung aufzuschieben.

Die Möglichkeit des Getrenntlebens hatte das Paar offengelassen. Hilde Domin beschloss, vorerst in Spanien zu bleiben – nicht nur, um ihren Roman abzuschließen. Sie wollte sich *eine Art Arbeitsklause am Mittelmeer einrichten, winzigst*[64], und drängte umso mehr auf Veröffentlichungen bei S. Fischer, denn das Geld vom Verlag wollte sie in ihr Projekt investieren. Im Juni 1960 begab sie sich auf die Suche nach einem kleinen Haus, wie sie es in ihrem *Gelegenheitsgedicht*[65] *Ich lade dich ein* skizziert hatte, das – mit ironischen Anspielungen auf Palms hedonistische Vorlieben – während des ersten Spanienaufenthalts 1957 in La Verdad entstanden war. Deshalb bereiste sie von Juni bis August 1960 die Nordküste Spaniens – Pamplona, Bilbao, Arriondas – auf der Suche nach dem Haus ihrer Wünsche: für eine dauerhafte Bleibe lieber im klimatisch gemäßigteren Norden als in der Hitze des Südens. Als sie schließlich auf der kleinen Terrasse oberhalb des Rio Sella in Arriondas auf den Bus nach Cangas wartete, stand aber fest: was sie suchte, gab es nicht, was ihr gefiel, war nicht zu verkaufen. Sie hatte *das Ufer gewissenhaft und unbequem abgereist, so gut man es ohne Auto kann.*[66] Nun durfte sie *aufhören damit, welch Glück.*[67] Damit blieb das Geld in der Schweiz, wohin Hilde Domin die Wiedergutmachungsgelder nach Beratung transferiert hatte.

Trotz der finanziellen Rücklagen lebte Hilde Domin weiterhin sehr sparsam. Geprägt durch die Zeit im Exil, erweckte sie ihr Leben lang den Eindruck, jeden Groschen, jeden Cent umdrehen zu müssen: Sie ließ sich in den Restaurants die Reste ihres Essens einpacken und warf keine Lebensmittel weg. *Hilde lebte,* so eine Freundin, *wie ständig auf der Flucht, alles nur fürs Vorüber, spartanisch, asketisch, wie die Sprache der Gedichte, mönchisch, nonnisch.*[68]

Nachdem Erwin Walter Palm Ende Oktober endgültig nach Heidelberg abgereist war, um sein akademisches Amt anzutreten, übernahm Hilde Domin sein Zimmer in Madrid – nicht nur aus Sentimentalität, sondern auch, weil ihr Mann sich mit »leichtem Gepäck« auf den Weg nach Deutschland gemacht hatte. Die erforderlichen Abwicklungen für die Wohnungsauflösung wollte seine Frau übernehmen und die Verschickung der Bücherkisten und des Hausrats organisieren.

Im Herbst 1960 bereiteten sich beide zum ersten Mal unabhängig vom anderen auf eine neue Lebensphase vor. Domin blieb zunächst noch in Madrid, um zu schreiben.

Heidelberg sollte in vielerlei Hinsicht ein Neubeginn sein. Zum ersten Mal sollten sie eine richtige Wohnung haben, die sie mit niemandem zu teilen brauchten. Die Möbel suchte Hilde Domin auf dem berühmtesten Floh- und Antiquitätenmarkt Spaniens, dem »Rastro« in Madrid, aus. Sie erstand zwei große spanische Esstische, *»mesas de campo«, Tische wie sie auf den Feldzügen mitgenommen wurden, oder auch auf Reisen, und in den Zelten aufgeschlagen: einfache Nußbaumplatten, mit zusammenlegbaren Stützen, zwischen denen Eisenstäbe befestigt wurden.*[69]

Der eine, der heute in der Heidelberger Stadtbücherei aufgestellt ist, sollte ihr Schreibtisch werden, der andere diente als Esstisch. Selten nur erfüllte er diesen eigentlichen Zweck, denn er glich Hermann Hesses Büchertisch, der Hilde Domin 1959 so beeindruckt hatte und mit allem Lesenswerten beladen war.

Die Esszimmerstühle waren bemalt und aufwendig restauriert worden. Die Palms waren sich einig, dass sie die spanische Kultur in ihren deutschen Alltag mitnehmen wollten. Doch mehr als über alles andere freute sich Hilde Domin über eine *sehr summarische Holztaube, weiss mit einem abgebrochenen Flügel, rosa Füssen und Schnabel, von einer Kirche, 17. Jahrhundert. Ein Tier, das auch Picasso freuen könnte, im Flug. Kurz, einen heiligen Geist. Entzückend.*[70]

*Taube,*
*wenn mein Haus verbrennt*
*wenn ich wieder verstoßen werde*
*wenn ich alles verliere*
*dich nehme ich mit,*
*Taube aus wurmstichigem Holz,*
*wegen des sanften Schwungs*
*deines einzigen*
*ungebrochenen*
*Flügels.*[71]

Die Taube zählte für Hilde Domin zu ihren Haupteinrichtungsgegenständen. War es der gebrochene Flügel oder die Tatsache, dass die Taube dennoch fliegen konnte, die Hilde Domin so berührte? Die Taube, so legte die Dichterin später fest, sollte mit ihr zusammen beerdigt werden.

Am 25. November 1960 informierte Erwin Walter Palm den Rektor der Universität von Santo Domingo darüber, dass an seiner alten Universität ein neuer Lehrstuhl für ihn geschaffen worden sei. Er drückte in diesem Schreiben seine Verbundenheit zur Dominikanischen Republik aus und seinen Willen, der Kultur Lateinamerikas zu einem breiten Ansehen zu verhelfen. Anschließend erfuhren *todos los amigos*[72] in der dominikanischen Hauptstadt diese Neuigkeit über eine Annonce in der Zeitung *El Caribe*.

Bereits von Spanien aus hatten sich die Palms um eine Wohnung in Heidelberg bemüht. Der Heidelberger Wohnungsmarkt war in den Sechzigerjahren genauso umkämpft wie heute. Außergewöhnliche Wohnungen in exzellenter Lage werden weitergereicht wie ein kostbares Geschenk. Fast hätten sie in der Handschuhsheimer Landstraße die Wohnung von Erwin Wickert beziehen können, doch dann wurde das Domizil im Hainsbachweg 8 frei: Dolf Sternberger, der letzte Redakteur der *Frankfurter Zeitung* und der erste der *Frankfurter Allgemeinen Zeitung,* hatte abgesagt, und die Palms gaben daraufhin von Spanien aus, zwei Tage vor Erwins Geburtstag, am 26. August 1960, telefonisch ihre Zusage – ohne die Wohnung gesehen zu haben. Erwin Walter Palm besichtigte die Wohnung erst nach seiner Ankunft in Heidelberg, von Professorengattinen unterstützt, die sich des charmanten Neuankömmlings angenommen hatten. Emotionslos sachlich liest sich, was Erwin Walter Palm Hilde Domin in seinen Briefen über die Wohnung schrieb: die Maße und Höhe der Fenster, das Vorhandensein der Gummidichtungen und die Entfernungen zu Bus, Universität und Spazierwegen. Selbst der Garten wird wie ein Gegenstand in der Bestandsaufnahme aufgelistet: sehr nah den Fenstern, Birken und Kirschbäume, *nette schwarze Katze.*[73]

Erwin Walter Palm, auf sich allein gestellt, plante und organisierte seine weiteren Schritte erfolgreich – auch wenn er sich dabei heftig über die damit verbundene Arbeit beklagte. Doch er wirkte in seinen Briefen selbstbewusster, schien von seiner Unabhängigkeit zu profitieren. Er unterzeichnete den Mietvertrag trotz der Einwände seiner Frau, die vor einer endgültigen Zusage die Wohnung erst *beschlafen* wollte.[74] Erwin Walter Palm blieb bis zur Ankunft Hilde Domins im Hotel »Holländer Hof« wohnen. Die Alltagsarbeit in einer Wohnung allein zu bewältigen, sah er sich nicht imstande.

Erwin Walter Palm war am 8. September 1960 als Wissenschaftlicher Rat auf Lebenszeit eingestellt worden – man hatte die Einstellung ausnahmsweise ohne seine Anwesenheit beurkundet –, bereits am 19. Oktober 1960 wurde er *für die Dauer seiner Zugehörigkeit zum Lehrkörper der Universität Heidelberg zum Außerplanmäßigen Professor ernannt.*[75] Doch erst am 31. Oktober war er nach Heidelberg abgereist. Die schnelle Ernennung war im universitären Ablauf ungewöhnlich.

Erwin Walter Palm musste seinen Weg als Professor für Iberische und Iberoamerikanische Kunst- und Kulturgeschichte an der Heidelberger Universität finden. Die Lehre bewältigte er unkonventionell, lebendig, anekdotenreich, beredt, kurz: gegen den damaligen Trend. Er verkörperte für die Studenten einen, wenngleich anderen Professorentyp par excellence und hatte dabei *die ganze Demagogie dessen genutzt, der im Exil gelernt*[76], aber auch seine Erfahrungen von den Gastvorträgen in den USA eingebracht hat. Er ließ mit großer Leidenschaft seine persönlichen Erlebnisse und Abenteuer in seine Unterrichtsveranstaltungen einfließen. So strömten vor allem viele ausländische Studenten in seine Seminare. Palm richtete seinen Unterricht auf das praktische Leben und nicht auf die bloße Theorie aus. Die Studenten bewunderten ihn als *Polyhistor, der universell Bescheid weiß.*[77] Seine Seminare wurden zu etwas Besonderem – »Seminarkönig« nannte man ihn[78] –, während er stärker strukturierte Vorlesungen nicht gern hielt. Palm gönnte sich Ausflüge in die Literaturgeschichte, was bei einem Lehrstuhl für Iberische und Iberoamerikanische Kunst- und Kulturgeschichte durchaus möglich, aber im Kunsthistorischen Institut bislang unüblich war. Die Eigenständigkeit seines Instituts hatte er durch Lavieren auf den Weg gebracht und konnte so frei walten. Es umgab ihn immer etwas Mystisches – die Studenten waren im Glauben, *dass es Erwin Walter Palm in seinem dominikanischen Exil dem Vernehmen nach zum Kultusminister gebracht hatte.*[79] Ein ehemaliger Student von Erwin Walter Palm erinnert sich an den Professor, *Anfang fünfzig, als kleinen dicklichen älteren Herren. Sein Haar war naturgewellt, schon weitgehend ergraut, aber sehr gepflegt. [...] Wie er so mit kleinen Trippelschritten stets hastig durch die Flure schwirrte und wenn er sprach, oft hohe Kicherlaute von sich gab, wirkte er überhaupt nicht mehr wie der latin lover, als der er uns in frühen Fotografien entgegenzutreten schien.*[80]

Seine Lehrmethoden kamen an, seine Begeisterungsfähigkeit und Unkonventionalität überzeugten. Dem »Paradiesvogel« sah man auch manche Schrullen nach, zum Beispiel, dass er nach pünktlichem Beginn seinen Seminarraum verschloss, weil er Unpünktlichkeit und Störungen hasste. So wurde einmal die Witwe des berühmten Nationalökonomen Werner Sombart, Corina Sombart, ausgesperrt, die – wie auch viele andere Akademiker – des Öfteren in seinen Seminaren anzutreffen war, sich aber an dem betreffenden Tag unverschuldet verspätet hatte.

Spanien: 1959-1961

Einige in akademischen Traditionen mehr verhaftete Professoren trauten dem neuen Kollegen nicht so recht über den Weg. Wieviel Ernsthaftigkeit steckte wohl hinter der Frage, ob er seinen Studenten Haschisch gebe, weil sie so *besessen*[81] seien?

Wie ambivalent das Verhältnis der Universität zu ihrem außerplanmäßigen Professor blieb, zeigte sich darin, dass Erwin Walter Palm in der offiziellen, sechsbändigen Festschrift zur 600-Jahr-Feier der »Ruperto Carola« 1986 nicht erwähnt wird. Hatte er 1936 in Rom tief bedauert, bei der 550-Jahr-Feier nicht persönlich dabei sein zu können, so kränkte ihn diese Nichtbeachtung tief.

Obwohl die Studenten ihn liebten, fiel seine Bilanz nach mehrmonatiger Lehrtätigkeit niederschmetternd aus: Weil alle seine Kräfte in die Lehre geflossen waren, hatte er die Theorie vernachlässigt und keinerlei Zeit für die Forschung gehabt. Nach sechs Wochen Lehre war Erwin Walter Palm erschöpft. Vor allem zehrte die Angst vor einem möglichen Versagen an seinen Kräften: *Ich weiß am Anfang nie, wie ich es bis zum Ende aushalten soll*[82], und es kostete viel Energie, Unsicherheiten zu überspielen. *Denn ich weiß oft wirklich nicht was ionisch ist und bemühe mich mit den [...] ernsthaft Interessierten gemeinsam herauszubekommen was dargestellt ist.*[83]

Doch in den maßgeblichen akademischen Kreisen war Erwin Walter Palm schnell heimisch geworden. Er bemühte sich um Kontakt zu Hans-Georg Gadamer, der aber immer distanziert blieb, war Gast bei der Witwe Sombart mit ihren illustren Teegesellschaften, wo er auch den angesehenen Germanisten Peter Wapnewski traf, der mit Palm freundschaftlich verkehrte, zu Hilde Domin aber distanziert blieb. Hans-Georg Pflaum aus Paris hatte ihm Poeschl, Schmitthenner, Moreau, Schäfer und Weidemann empfohlen – alles angesehene Kunsthistoriker. Die Literaturwelt war klein: Peter Wapnewski kannte den Suhrkamp-Lektor Walter Boehlich, der ihn in den Konkurrenzkampf des Ehepaars eingeweiht hatte und von Zwistigkeiten zwischen Hilde Domin und ihrem Verlag zu berichten wusste. Und Wapnewski war eng mit dem Heidelberger Philosophen Gadamer befreundet; alle verkehrten in dem exklusiven Salon bei Corina Sombart. Vierzig Einladungen in vier Wochen hatte Palm absolviert und sich bei den typischen Sechzigerjahre-Begegnungen bekannt gemacht: »Schnittchen-Zeit« mit *Kaffee und Süssigkeiten, [d]ann Wein (oder Sekt) mit Bergen von Broten (Kaviar,*

## 15. Kapitel

überall *Hummer, Krabben, Schinken, Ei, Sardellen, Wurst), etwa 6-8 Leute.*[84]

Auch in der Heidelberger Gastronomie kannte man den Professor bestens, für den man *Feuersenf zu halten* hatte.[85] Doch der Kleinstadtcharakter Heidelbergs blieb Erwin Palm immer schwer erträglich: *ich bin auf allen Seiten von Verboten und Tabutafeln eingeengt*[86], und er bemäkelte, dass *man in der ganzen Stadt nicht anständig essen kann, [...] schlechtes Fleisch, schlechtes Brot, schlechter Käse.*[87] Viele Monate der kommenden Jahre verbrachte er auch deshalb immer wieder in der Millionenmetropole Mexiko-Stadt.

Von Hilde Domin wusste man nach wie vor nicht viel. Doch am 4. Dezember 1960 wurde ihr Gedicht *Nur eine Rose als Stütze* in der Heidelberger *Rhein-Neckar-Zeitung* abgedruckt – mitten in den Text einer Rezension über *eines der schönsten und lehrreichsten Bildwerke dieses Jahres*: *Der Käfer – Ein Wunder der Schöpfung.* Neben den drei königlichen Goliathkäfern verblasste das Wunder der Rose.

Hilde Domin hatte in Spanien währenddessen ihre Reise nach Heidelberg immer weiter hinausgezögert, ihr Roman musste abgeschlossen werden. Sie unterhielt in dieser Zeit kaum soziale Kontakte, freute sich deshalb im September 1960 umso mehr über den Besuch des Malers Vela Zanetti, des alten Freundes aus Santo Domingo – und nahm ihm bei dieser Gelegenheit gleich das Versprechen ab, die Rücksendung der vielen Kisten aus Santo Domingo im kommenden Jahr in die Wege zu leiten. Am 14. November 1960 wurden die Container dann für ihre lange Reise nach Deutschland verschifft, im Frühjahr 1961 trafen sie in Heidelberg ein.

Unablässig schickte Hilde Domin von Spanien aus ihre Gedichte an Zeitschriften. Aber *Akzente*, *Merkur* und *Neue Rundschau* veröffentlichten sie weiterhin nicht. Umso erfreuter war Hilde Domin, dass zwei ihrer Gedichte in *Das Schönste*, der Münchner Zeitschrift für Kunst, Literatur und Musik, in der März-Ausgabe 1961 erscheinen sollten: *Frühling* (später umbenannt in *April*) und *Nur der Eigensinnige*.

*Radio Bremen* hatte zudem ihren Beitrag über Gabriela Mistral gesendet. Die Veröffentlichungen und Sendungen bedeuteten konkret auch die Zahlung eines Honorars und damit finanzielle Unabhängigkeit – zum Schreiben und für einen längeren Verbleib in Spanien.

Das Schicksal von Nelly Sachs berührte Hilde Domin sehr. Als Nelly Sachs als zweiter Dichterin nach Erika Burkart der Meersburger Droste-Preis verliehen wurde, reiste sie Ende Mai 1960 von Stockholm nach Zürich, dann über den See nach Meersburg, um nicht deutschen Boden betreten zu müssen – zu tief saß bei ihr das Trauma der Verfolgung in diesem Land. Doch die Begrüßung am Züricher Flughafen war herzlich gewesen, Paul Celan hatte sie nach Meersburg geleitet. Hilde Domin hatte die Preisverleihung zum Anlass genommen zu gratulieren und Nelly Sachs den Gedichtband *Nur eine Rose als Stütze* zukommen zu lassen. Nelly Sachs' Dankesbrief kam umgehend und war ausgesprochen innig: Von Anfang an waren die Briefe zwischen den beiden Frauen von großer Vertrautheit und Zuneigung geprägt; *eine fast schwesterliche Korrespondenz.*[88] Immer wieder schickte Hilde Domin ihrer »Li« Gedichte, um ihr in dieser qualvollen Lebensphase Mut zu machen.

Als Nelly Sachs in tiefster Depression auf nur noch sechsunddreißig Kilogramm abgemagert war und mit Elektroschocks therapiert werden sollte, mobilisierte Hilde Domin Siegfried Unseld und Hermann Hesse. Sie wollte Sachs aus ihrer Umgebung herausholen und ihr ein freundliches Quartier im Tessin zur Genesung ermöglichen. Hilde Domin erteilte der Schwester im Geiste all die Ratschläge und gab ihr all die Fürsorge, die sie sich selbst in vergleichbarer Situation zu wünschen schien. Sie tröstete sie mit dem Wissen der Gnade um das Wort und sicherte ihr zu: *wir lassen dich nicht im Stich.*[89] Die Korrespondenz erstarb schließlich im Jahr 1967, als Hilde Domin, selbst in verzweifelter Lage, sich Hilfe suchend an Nelly Sachs wandte und sich von ihr Rückhalt in der Literaturszene erhoffte – den Nelly nicht geben konnte. Auch für Christine Lavant setzte sich Hilde Domin bei Rudolf Hirsch ein; er sollte ihre Erzählung *Das Krüglein* bei S. Fischer veröffentlichen. Die Armut Lavants dauerte sie.[90]

Ende Dezember war *Das zweite Paradies* abgeschlossen, die Zeit zur Rückkehr nach Heidelberg rückte näher. Hilde Domin hatte nur für ihr Werk gelebt, fühlte sich vom Verlag und der Literaturszene abgeschnitten und erfuhr so von den Auseinander-

## 15. Kapitel

setzungen über die Goll-Celan-Affäre erst später: Claire Goll, die Witwe Yvan Golls, hatte schwere Plagiatsvorwürfe gegen Paul Celan erhoben, die sich bald als haltlos herausstellten. Ingeborg Bachmann, Marie Luise Kaschnitz und Klaus Demus hatten sich in einer gemeinsamen *Entgegnung* mit Celan solidarisiert.[91] Auch Rudolf Hirsch unterstützte Celan. Als Verlagsleiter, der sich für seinen Autor engagierte, stand er in diesem polemischen Streit im Rampenlicht der literarischen Öffentlichkeit, und es war nachvollziehbar, dass er sich nicht durch Domins Roman kompromittieren lassen wollte. Hilde Domin klagte, dass Hirsch jegliche Korrespondenz zwischen Verlag und Autorin persönlich kontrollierte und gar den Telefonkontakt unterband. Nach der Lektüre des gesamten Manuskripts von *Das zweite Paradies* hatte er entschieden, dass der Roman nicht bei S. Fischer erscheinen würde.

Hilde Domin versuchte in dieser Situation, Rückhalt bei anderen Dichtern der jüngeren Generation zu finden, so bei Hans Magnus Enzensberger. Erwin Walter Palm sah die Lage wohl realistisch, wenn er den Freimut, mit dem seine Frau bei so vielen Leuten über den Verlag sprach, *gelinde gesagt [als] verrückt*[92] beurteilte. Sein Rat hieß: Zurückhaltung und »no acusar«. In ihrer Not hatte sich Hilde Domin auch an Walter Boehlich gewandt, wohl wissend, dass er eine enge Freundschaft zu Palm pflegte. Nach einer offenen Aussprache jedoch erwies sich Walter Boehlich als nobel und unterstützte Hilde Domin in ihrem Kampf »David gegen Goliath«.

Je näher die Weihnachtsferien 1960 und damit Palms Besuch in Spanien rückten, umso unruhiger wurde Hilde Domin. Sie rauchte wie ein Schlot und hatte Angst: *Wenn nur nicht in Dir einer steckte, der so unzufrieden mit sich und allem ist und so eifersüchtig auf mich. Dreh ihm doch den Kragen um, diesem Scheusal. Dann würden wir es heiterer haben*[93], beschwor sie ihn.

Die Ferien waren nicht heiter. Als Erwin Walter Palm am 4. Januar 1961 wieder im Flugzeug nach Frankfurt saß, blieb eine verstörte Hilde Domin zurück, die kaum noch Gutes erwartete. Die beiden ersten Januartage mussten dramatisch verlaufen sein. Ihre Hand war *noch unverheilt*.[94] Und trotzdem sprach sie schon wieder von Hoffnung, verbunden jedoch mit einer eindringlichen Warnung: *Eine »wilde Ehe« jedenfalls mag ich nicht führen. Ich empfinde es als eine Bedrohung, liesse mich ungern zum Krüppel schlagen.*

Spanien: 1959-1961

*Ich sag dirs im Ernst. Und man muss da beizeiten vorbeugen. Es ist beschämend. Auch ganz unerotisch. Simplement unter unserer Würde.*[95]

Ihre Angst und depressive Stimmung steigerten sich, je näher der Termin des endgültigen Aufbruchs nach Heidelberg rückte, und minderten ihre Freude darüber, dass *Die andalusische Katze* in der FAZ erschienen war. Da sie unter dem Pseudonym »Denise Brühl« geschrieben hatte, blieben direkte Reaktionen darauf aus.

Am 1. Februar 1961 schwebte nur noch die Taube an der Gardinenstange des leeren Zimmers in Madrid; alles andere, was nach Heidelberg mitgenommen werden sollte, hatte Hilde Domin bereits auf den Weg geschickt. Die Reise nach Deutschland führte über Paris; gerne hätte sie dort ihren Freund Hans-Georg Pflaum besucht, doch der hatte ein siebenmonatiges Stipendium für die Princeton University erhalten und befand sich seit September 1960 in den USA.

Am 3. Februar 1961 trafen Hilde Domin und ihre Taube in Heidelberg ein.

*Meine große Angst, mich noch fester an Dich zu binden [...] ich sehe [...] mit Unbehagen ins neue Jahr [...]. Ich habe eine solche Angst, mich unwiderruflich unglücklich zu machen*[96], hatte sie dreißig Jahre zuvor dem Studenten Erwin Walter Palm geschrieben. Die Worte hatten kaum an Gültigkeit eingebüßt.

## 16. Kapitel

# Heidelberg
# 1961-1963

*Und wie kann man nun hoffen,
dass es nun kampflos werde*
(Hilde Domin an Erwin Walter Palm vom 23.8.1963)

Der Kirschbaum vor dem Fenster trug noch keine Blüten, und auch die große Kastanie war noch kahl, als sich Hilde Domin früh am Morgen nach der Ankunft in Heidelberg allein auf den Weg machte, um die Wohnung zu sehen, die endlich ein Zuhause werden sollte.

Erwin Walter Palm war im Hotel »Holländischer Hof« an der Alten Brücke zurückgeblieben, wo beide die Nacht verbracht hatten.

Der Hainsbachweg ist eine kleine, steil zum Wald aufsteigende Straße im bevorzugten Heidelberger Stadtteil Neuenheim, wo großzügige alte Villen in üppige Parklandschaften und Gärten gebettet sind. Der erste Eindruck hätte selbst im tristen Februar beglückend sein können. Vieles sprach für Heidelberg – selbst Hermann Hesse hatte in einem seiner letzten Briefe an Hilde Domin geäußert, dass Heidelberg eine der wenigen Städte sei, wohin *er wollte falls er »müsste«.*[1]

Mehr noch als der Charme der Lage erregte Hilde Domin der eigene Briefkasten, *der außen am Hause war, noch ehe man die Außentreppe hochging, die zu dem turmartigen Treppenhaus führte. Es war der erste eigene Briefkasten in [ihrem] Leben*[2] – mit ihrem eigenen Schlüssel. Hilde Domin erwartete an jenem Tag keine Post – sie wohnte ja offiziell noch nicht dort –, öffnete aber dennoch neugierig den Kasten. Es lag Post darin, an sie adressiert: der Brief eines Rosenzüchters. Er hatte ihren Gedichtband *Nur eine Rose als*

## Heidelberg 1961-1963

*Stütze* gelesen und wollte ihr als Dank für das Titelgedicht Rosen schenken; die zwei Rosenstöcke trafen noch vor den Möbeln ein.

Die Räume machten einen freundlichen Eindruck: die Parkettböden waren neu abgeschliffen und versiegelt worden, und die Wände strahlten in hellem Weiß. Erwin Walter Palm hatte die Renovierungsarbeiten energisch veranlasst – und das alles ohne die Hilfe seiner Frau. Er hätte stolz auf das Resultat sein können, doch die Klagen über die Belastungen trübten die Freude. Die Wohnung im zweiten Stock im Hainsbachweg 8 hätte eine *wunderbare* Szene sein können, doch *nicht immer ist das Stück für die Szene geeignet*.[3]

Das lag nicht an den Kisten, die aus Santo Domingo, München und Frankfurt eingetroffen waren und sich nun im Keller und in den Zimmern stapelten, oder an den Büchern, die sich in allen Räumen türmten. Hätte Hilde Domin auf ihre Bücher verzichten können? *Wozu all dies, wo es doch ohne ging? Nie wieder Bücher, nie wieder Gegenstände. Wie schön, als die Zimmer leer waren. [...] Wir werden sie nie lesen. Wir haben die alten Italiener satt, die so komplett sind. Das zerfledderte Zeug, wozu es aufstellen*[4] – nein, sie würden nie auf ihre Bücher verzichten. Erwin Walter Palm hatte seinen Bücherschatz umgehend auspacken lassen; da die alten Bücher vielfach geleimt waren, konnten sie Hitze sehr wohl, die Kälte im Keller jedoch nicht vertragen. So schlängelten sich also hundertzwanzig Meter Bücher zu kleinen Häufchen geschichtet wie ein Fluss durch die Wohnung. Die Schreiner hämmerten und zimmerten die deckenhohen Maßregale bis April, dann folgten die Bände wieder der chronologischen Ordnung Erwin Walter Palms, von der er nicht lassen wollte. Hilde Domin haderte oft mit dieser Ordnung, selbst Hermann Hesse hatte seine Bücher innerhalb der Gruppen alphabetisch geordnet. Bei Palms System war *jeder Umzug ein literarisches Kolleg*.[5] Hilde Domin stand mit zunehmendem Alter immer ärgerlicher vor den unüberschaubar hohen Wänden und verfluchte deren Unübersichtlichkeit. Eine mehr als zwei Meter hohe, leichte Aluminiumleiter gehörte zum unentbehrlichen Inventar der Palm'schen Wohnungen. Noch am Tag vor ihrem Tod, mit sechsundneunzig Jahren, hatte Hilde Domin eine abenteuerliche Kletterpartie unternommen, um sich die Nachtlektüre aus den hohen Regalen zu angeln – die Sorge der Besucher ignorierend. Und als die Bücher endlich artig in ihren Regalen »saßen« – Hilde

## 16. Kapitel

Domin fühlte sich als Dompteurin ihrer Bücher, die ihrer Ordnung gehorchen mussten –, hingen die Kleider immer noch auf der quer durch das Zimmer gespannten Schnur, denn mit dem Kauf der Kleiderschränke hatte man sich Zeit gelassen.

Der Kirschbaum trug Blüten, und die Kastanien hatten ihre Kerzen aufgesteckt, als Hilde Domin im Mai an Günter Eich schrieb, dass sie weitgehend eingerichtet seien. Die Sonne, die ins Zimmer schien, war ihr hauptsächlicher »Einrichtungsgegenstand«, mit der Möblierung waren sie wie immer sparsam gewesen, doch mit der Mischung aus Alt und Neu hatten sie ihre Besucher beeindruckt.

Das alles half Hilde Domin nicht über ihre Qualen hinweg; sie litt nach wie vor, weil Erwin ihr das Schreiben verbot, nicht nur das der Gedichte. Seine Reaktion auf ihre Bemerkung, dass sie Lust hätte, ein Theaterstück zu schreiben, war unmissverständlich: »*Dann werf ich Dich endgültig raus*«, sagte Erwin (*wörtlich*).[6] Sie war zu deprimiert, um den verbalen Verletzungen und Demütigungen durch ihren Mann etwas entgegenzusetzen, und war tief gekränkt, als er bemerkte, *das Klosettfenster eigne sich für den Empfang der Journalisten, wenn [sie] den Nobelpreis bekäme.*[7]

*Alles könnte schön sein*, klagte sie ihrer Freundin Edith Baron, doch *[a]lles ist unsagbar schlecht. Ich stehe auf einem sehr engen Raum zwischen Irrsinn und Selbstmord.*[8] Aber sie stand!

Unter diesen Umständen war es nur ein kleiner Lichtblick, dass der Propyläen Verlag Mitte Mai mitteilte, dass Christine Brückner unter dem Titel *Botschaften der Liebe – Gedichte aus allen Ländern deutscher Zunge* vereint hatte und Hilde Domin mit ihrem Gedicht *Gleichgewicht* in dieser Anthologie neben Paul Celan, Günter Eich, Hans Magnus Enzensberger, Marie Luise Kaschnitz, Ingeborg Bachmann und anderen vertreten war. Der Band erfuhr so positive Aufnahme, dass Christine Brückner ein Jahr später eine vergleichbare Anthologie nachlegte: *An mein Kind*. Doch mit diesem Thema hatte sie bei Hilde Domin einen wunden Punkt getroffen; wie die kinderlose Ingeborg Bachmann sagte auch Domin ihre Mitarbeit umgehend ab. Der Abgabetermin war schon verstrichen, als Hilde Domin schließlich doch noch ihr Gedicht *Kindersarkophag* einschickte, das Brückner auch aufnahm; sie wollte lieber unter schmerzlichen Bedingungen veröffentlicht werden als gar nicht.

## Heidelberg 1961-1963

Hilde Domin litt in den Sechzigerjahren unter gesundheitlichen Komplikationen aller Art, wie sie Nelly Sachs klagte. Das Jahr 1961 war das dramatischste: Hilde Domin war mehrfach kollabiert, sodass Rudolf Hirsch persönlich in den Hainsbachweg gekommen war, um mit Reue und Rosen Genesungswünsche vom S. Fischer Verlag zu überbringen. Dennoch fühlte sich Hilde Domin *[g]anz an den Rand der Welt getrieben*[9], wusste oft vor lauter Tränen nicht mehr weiter. *Die Rose stützt nur, wenn man noch lächeln kann.*[10]

Hilde Domin verglich ihr Schicksal in diesen Tagen mit dem der russischen Dichterin Marina Zwetajewa: Nach einem dramatischen Leben und Exil in Prag, Berlin und Paris war sie in ihr Heimatland zurückgekehrt. In Russland war sie jedoch nicht willkommen, das lange Exil hatte sie in den Augen derer, die geblieben waren, zum Fremdling gemacht. Schriftstellerkollegen ignorierten sie, *die Cliquen machten ihr den Krieg.*[11] Heimatlos im eigenen Land und mit dem Gefühl der inneren Heimatlosigkeit, erhängte sie sich 1941. Schicksal, Gott, Liebe und Verstoßensein waren Themen, die die beiden Dichterinnen durchaus miteinander verbanden. Doch sie unterschieden sich in der Konsequenz, die sie jeweils daraus zogen: Hilde Domin resignierte nicht, sondern wollte für ihre Gedichte und ihr Überleben kämpfen.

*Ungewünschte Kinder*
*meine Worte*
*frieren.*

*Kommt*
*ich will euch*
*auf meine warmen*
*Fingerspitzen*
*setzen*
*Schmetterlinge im Winter.*

*Die Sonne*
*blass wie ein Mond*
*scheint auch hier*
*in diesem Land*
*wo wir das Fremdsein*
*zu Ende kosten.*[12]

## 16. Kapitel

Und doch war eines unabänderlich: solange sie Gedichte schrieb, würde sie zu Hause selten lächeln, *trotz der Innigkeit der Beziehung*[13], denn nach wie vor galt, was sie auf einem kleinen Zettel niederschrieb:

> Das Leben als Domin ist
> schwieriger als das Leben
> der Hilde Palm.

Erwin Walter Palm beharrte auf der Entscheidung, entweder Gedichte zu schreiben oder in Frieden mit ihm zu leben, während Hilde Domins wiederum auf einem Zettel notierte Bitten um Verständnis für ihr Schreiben nicht verstummten:

> *Pauvre petit* [armer Kleiner], *bitte, bitte: die Frage ist doch verkehrt. Es gibt doch keine Wahl zwischen meinem Werk und Dir. Mein Werk, alles was ich tun muss, das bin doch ich. Du sagst doch auch nicht:* »*Komm zum Frühstück ohne Arme. Entscheide Dich zwischen mir und Deinen Armen.*« *Du weißt doch, dass dies so ist. Sei nicht traurig, es gibt ja keine Wahl. Jeder ist, der er ist. Ein Dichter zu sein ist nichts Schlechtes. Du weißt es doch.*
> *H.*

1961 muss für Hilde Domin und Erwin Walter Palm ein Jahr voller heftiger, kraftraubender Auseinandersetzungen gewesen sein. Der Besuch von Hans-Georg Pflaum in Heidelberg im Mai tröstete darüber ein wenig hinweg. »*Friedrich« war gestern da, er kam meinetwegen über Heidelberg und ist riesig stolz auf mich. Er war wie ein Stück aus dem »Zweiten Paradies«. […] Er bereut schon lange – und sagte es laut – dass in dem erwähnten Bett nichts passiert ist*[14], schrieb sie an Marierose Fuchs.

In eine dieser zermürbenden Streitigkeiten mit Erwin platzte der Anruf von Hannah Arendt im Juli 1961. Sie war von Dolf Sternberger zu einem Kolloquium an der Universität Heidelberg eingeladen worden, und endlich sollte es zu einer ersten Begegnung der beiden Frauen kommen, der Hilde Domin schon so lange entgegenfieberte und die 1958 in Frankfurt bei der Feier für Karl Jaspers nicht möglich gewesen war. Später hatte Hilde Domin Hannah Arendt von Spanien aus ihren ersten Gedichtband zugeschickt und dabei erste zarte Gesprächsfäden geknüpft. Hilde Domin war viel an einer Begegnung mit Hannah Arendt gelegen. Als die beiden Frauen sich endlich trafen, fand Hannah Arendt eine aufgelöste Hilde Domin mit *geröteten Augen und Wangen* vor.[15] Hilde Domin musste auf Hannah Arendt einen Eindruck *am Rande der Vernunft* gemacht haben.[16] Sie war nicht in der Lage, mit Arendt *eine wirkliche Unterhaltung über die wirklichen Probleme* zu führen[17], und vertat die kostbare Gesprächszeit scheinbar leichtfertig. Gerne hätte sie mit Hannah Arendt über *politisch-philosophische Fragen, den Bundestagswahlkampf Adenauer-Brandt und die soziokulturellen Entwicklungen im Nachriegsdeutschland*[18] diskutiert, fühlte sich dazu aber nicht in der Lage. Domin wusste schon unmittelbar nach dem Treffen: *es sieht nicht aus, als ob das Versäumnis leicht nachzuholen wäre*[19], und ahnte, dass es nichts gutzumachen gab. Hannah Arendt musste enttäuscht gewesen sein, sie hatte bei Domin den intellektuellen Tiefgang vermisst. Literaturwissenschaftler sollten bei der Analyse des Briefwechsels ähnliche Schlüsse ziehen und den jähen Abbruch der Beziehung rätselhaft und unerklärbar finden, woraus schließlich Fehlinterpretationen der Wirkungswege zwischen Autor und Werk resultierten, wie zum Beispiel, dass sich möglicherweise *die Vertrauensebene der Briefe in der persönlichen Begegnung nicht wieder finden* ließ.[20] Es ist kaum nachvollziehbar, warum Hilde Domin das falsche Bild von sich (ent)stehen ließ.

Hilde Domin bezeichnete das Jahr 1961 als verheerend. Die Ermordung des Diktators Trujillo in der Dominikanischen Republik im Mai 1961 hatte die Zeit des Exils noch einmal aufleben lassen und die Schrecken der Diktatur Trujillos in vollem Umfang erst öffentlich gemacht. Die Erinnerung an die Vergangenheit machte die Risse der Gegenwart deutlich. Wie wenig hatten Hilde Domin und Erwin Walter Palm sich seitdem aufeinander zubewegt, wie heimatlos waren sie weiterhin. Daran schien weder der Ausflug nach Straßburg an Erwins 51. Geburtstag noch der gemeinsame Kurzurlaub im Oktober 1961 im schweizerischen Lenzerheide etwas geändert zu haben.

## 16. Kapitel

Die gesamtdeutsche politische Stimmung trug nicht zur Entspannung bei und spitzte sich mit der steigenden Zahl von Menschen, die die DDR legal oder illegal verließen, weiter zu. Die Polarisierung zwischen Ost und West erreichte am 13. August 1961 mit dem Mauerbau in Berlin eine erste Eskalation, die nicht nur die Palms schockierte und Hilde Domins Angst und Ohnmacht vertiefte; sie empfand Deutschland als *arges Pflaster*.[21] Unter diesen Umständen war die Bundestagswahl kein erhebendes Gefühl von Freiheit. *Brandt kann niemand wählen, der ihn während der Berlinkrise hat reden hören. [...] Da klang Adenauer doch weit besonnener und vertrauenerweckender. Dabei ist man wahrhaftig nicht in ihn verliebt, in diesen alten Starrkopf mit den zweifelhaften Mitarbeitern.*[22] Und die Parteien? *Es gibt Leute, die wählen SPD, damit die CDU eine stärkere Opposition antrifft. Es gibt Leute, die wählen FDU (die sogenannte Friedensunion), damit die SPD begreift, dass sie keinen so nationalistischen Kurs machen darf. Jemand[], der etwas wählt, weil er es will, und nicht um damit Billard zu spielen,* war ihr nicht begegnet.[23]

Die Querelen mit dem S. Fischer Verlag dauerten an, der »Bienenkorb« hatte mehr als einmal gewackelt, wenn die energische Hilde Domin und der entschlossene Rudolf Hirsch aufeinander prallten und sich *hysterische Wut*[24] entlud. Doch Rudolf Hirsch hatte sich 1961 im zweiten Heft der *Neuen Rundschau* über seine Bedenken hinweggesetzt und *Das Cognacglas* veröffentlicht. Der Auszug aus *Das zweite Paradies* war vom Verlag sogar für den Schweizer Charles-Veillon-Preis eingereicht worden. Dort, wie auch bei einem Wettbewerb für Liebeslyrik in Wien (wo Christine Busta in der Jury saß), ließ sich Hilde Domin dazu hinreißen, die Juroren anzurufen. Als harmloses Anfragen wollte sie ihre Anrufe verstanden wissen, vielleicht einen Blick auf die Werteskala der Juroren werfen und damit auf sich aufmerksam machen. Die Juroren aber wollten sich nicht unter Druck setzen lassen. Selbst wenn man von der Qualität des Geschriebenen überzeugt war – Carl Zuckmayer, der auch in der Veillon-Jury saß, gestand Hilde Domin Jahre später, dass ihm der Roman durchaus gefallen habe[25] –, so überging man die Autorin. Den Preis erhielt damals Edzard Schaper. Hilde Domin wusste, dass im Literaturbetrieb nach der *schönen Faustregel* verfahren wurde: *preisgekrönt wird, wer preisgekrönt ist.*[26] Sie war überzeugt, dass sie in die Riege der Preiswürdigen aufgenommen würde, wenn sie ihren ersten Preis erhalten hätte. *Nicht ich, die anderen brauchen es, um die Kraft zu haben, zu mir zu stehen*[27], schrieb sie 1963 an Rudolf Hirsch. Hilde Domin musste sich bis 1968 gedulden, erst dann verlieh ihr die GEDOK den Ida-Dehmel-Literaturpreis, und dann wirkte tatsächlich die zitierte »schöne Faustregel«: 1971, 1972, 1974, 1976, 1982, 1983, 1985, 1988, 1990, 1992, 1993, 1994, 1995, 1999, 2004, 2005 waren die Jahre, in denen sie geehrt wurde.

In der literarischen Öffentlichkeit verübelte man Hilde Domin das *Glockenläuten*[28], mit dem sie auf sich aufmerksam machte. Schriftsteller sind immer auf der Hut, ob man sich gegenseitig *ins Gehege kommen könne.*[29] Die Lyrikerin Margot Scharpenberg urteilte in einem Brief an Rose Ausländer abfällig über die Domin'sche Eigenreklame. Stutenbissigkeit? *Um Gottes Willen, die Domin nur ja vom Leibe halten, so sagten alle von Eich bis Böll, aber wenns drauf ankommt, kriegt sie doch ihre Empfänge, Buchausstellungen, Lesungen [...] ein solches überdimensionales menschenfresserisches Ich.*[30] Hilde Domin war nicht nachtragend, sie nahm immer wieder Kontakt auf, selbst wenn viele Freundschaftsbezeugungen ins Leere liefen – wie bei Arno Schmidt, dessen lakonische Antworten auf ihre Briefe sie nicht davon abhielten, ihm trotzdem Lob und Anerkennung auszusprechen oder ihn später zur Mitarbeit an ihrem Projekt *Doppelinterpretationen* aufzufordern, was er wiederum wortkarg ablehnte: *Sg Frau Domin, Dank für Ihren Brief vom 6.6. – Es ist mir leider nicht möglich, mich an Ihrem Lyrikplan zu beteiligen. Mit freundlichem Gruß, i.A.*[31] Dennoch gratulierte Domin ihm acht Jahre später herzlich zur Verleihung des Goethepreises der Stadt Frankfurt am Main. Vermittelte sie nach außen auch das »überdimensionale Ich«, so blieb sie im Innern verunsichert und einsam zurück – das Horoskop vom Februar 1961, das sie ausgeschnitten hatte, schien ihr recht zu geben: *in diesen Tagen werden Sie sich von einem nahestehenden Menschen endgültig trennen, sie werden diesen Entschluß nicht rückgängig machen dürfen, Ihr beruflicher Erfolg ist in bedeutendem Maße davon abhängig. Seien Sie diplomatisch, Ehrlichkeit ist zuweilen Grausamkeit!*[32]

Rudolf Hirsch schied am 1. Oktober 1962 beim S. Fischer Verlag in Unfrieden aus. Es traf Hirsch sehr, dass Paul Celan ihm sein

## 16. Kapitel

Vertrauen entzogen und ihn als *Drahtzieher*[33] der Plagiatsaffäre im Streit mit Claire Goll bezeichnete. *Das Personalkarussell drehte mitunter rasante Runden, Verlagsleiter und Lektoren wechselten in kurzen Intervallen.*[34] Hirsch hatte die Verantwortung an Klaus Wagenbach übergeben, doch auch mit dem *kleinen Klaus*[35] stand Hilde Domin auf Kriegsfuß. *Der Tumult nahm kein Ende, [...] Cheflektor Klaus Wagenbach wurde gefeuert.*[36] Der quälende Briefwechsel mit Rudolf Hirsch bestand weiter. Während die Manuskripte ihrer Gedichte für den nächsten Band *Rückkehr der Schiffe* angenommen wurden, blieb ihr Roman weiterhin unter Verschluss. Denn auch Klaus Wagenbach war gegen die Veröffentlichung. *Ich sterbe an diesem Buch, das Sie das »mutigste in vielen Jahren« nannten und das »die Hölle« heißen sollte*[37], schrieb sie Hirsch auch 1964 noch.

Dagegen kam Domins Arbeit an dem zweiten Gedichtband *Rückkehr der Schiffe* zügig voran, und sie war mit der Komposition der Gedichte ausgesprochen zufrieden. Der erste Zyklus thematisiert die große Trauer um den Verlust der Liebe und der Heimat, birgt aber in sich die Hoffnung, dass eine Umkehr möglich ist. Der zweite Zyklus ist mit *Lieder zur Ermutigung* überschrieben. Die Rückkehr nach Deutschland und das Leben mit Erwin Walter Palm hatten ihr allen Mut abverlangt: sie hatte ihn selbst nötig gebraucht, und sie wollte ihn weitergeben. Waren in Santo Domingo die Schiffe – die Hoffnung und die Möglichkeit zurückzukehren – noch mutwillig verbrannt worden (der spanische Eroberer Cortés hatte die eigenen Schiffe verbrannt, um eine Flucht seiner Mannschaft auszuschließen), so hoffte Hilde Domin 1962 trotz aller Unwägbarkeiten auf eine Möglichkeit zur *Rückkehr der Schiffe* und vielleicht zu einem Neubeginn, und das wäre schon ein drittes Leben, nachdem sie aus zwei Paradiesen vertrieben worden war.

*Die Erde/riecht noch nach Sommer,/und der Körper/riecht noch nach Liebe./Aber das Gras/ist schon gelb über dir./Der Wind ist kalt/und voll Distelsamen./Und der Traum, der dir nachstellt/ schattenfüßig/dein Traum/hat Herbstaugen.*[38]

Dunkelheit und Enge hatten die Jahre der äußeren und inneren Flucht geprägt, nun hoffte Hilde Domin, auf literarischem Terrain Licht und Weite zu finden.

Nach dem Abschluss des Gedichtband-Manuskripts schlug Hilde Domin dem S. Fischer Verlag die Veröffentlichung ihrer Ungaretti-Übertragungen vor. Doch Suhrkamp hatte die Übersetzungsrechte gekauft, und Ingeborg Bachmanns Übertragungen wurden dort publiziert. Ihre seelische Verfassung ließ Hilde Domin die üblichen Abläufe des Verlagsalltags als gezielte Maßnahmen gegen ihre Person interpretieren.

Verzweifelt reagierte sie, als sie erfuhr, dass sie in den gerade erschienenen Anthologien von Karl Schwedhelm und Klaus Wagenbach nicht aufgenommen worden war. *Haben Sie schon eine Anthologie gesehen, 60 Dichter, 90 Dichter, [...] in der ich stehe? Die Daten deutscher Dichtung [...]: gibt es mich? Die die mich lieben, es sind nicht einmal wenige, lieben sie mich nicht insgeheim als sei es verboten? [...] Nie war ich so im Exil wie hier.*[39]

Zur Ruhe mahnende Ratgeber und zuverlässige Mentoren wurden Karl Krolow und Kurt Pinthus. Seit der beglückenden Lesung in Hannover im April 1962, wo man Hilde Domin zum ersten Mal Blumen überreicht und Krolow die Spuren der *Schattengefechte*[40] abgelesen hatte, nahm Krolow Partei für Hilde Domin. In einem langen Brief, den sie mit »Streng vertraulich« überschrieben hatte, schilderte Hilde Domin im Februar 1962 auch Kurt Pinthus ihr Dilemma. Sie sprach von einem offenen Boykott des Verlags gegen seine Autorin: In der englischen *Literary Supplement*, die einen Überblick über die neue deutsche Autorenlandschaft lieferte, war der Verlag mit zwei Anzeigen über seine Autoren vertreten – Hilde Domin war nicht aufgeführt. Ebenso wenig hatte man ihr Buch zur Besprechung eingereicht – »vergessen«, hatte der Verlag erklärt –, sodass sie bei der Bestandsaufnahme, *bei der jeder Pinscher erwähnt war*[41], fehlte. Hilde Domin wusste, dass sich neue Anthologien oftmals an den Vorgängern orientierten und der *Hintern des Vordermannes die Sonne* war.[42] Sie fürchtete unterzugehen – nicht unberechtigt, wie das Beispiel *Inventur* zeigt, ein *Deutsches Lesebuch von 1945-2003*, das 2003 im Hanser Verlag in München erschien. Domin ist dort ebenso wenig vertreten wie in dem Buch von Peter Renz über die Aktivitäten im »Ravensburger Kreis«, in dem Hilde Domin 1965 gelesen hatte; doch in Renz' Buch wurde sie auch bei den »Höhepunkten der deutschen Nachkriegsliteratur«[43] übersehen. Ihr Eintrag in das Gästebuch prophezeite, dass sie dazu nicht schweigen würde, sondern sie wollte:

## 16. Kapitel

*furchtlos mit der kleinen Stimme*
*das Verschlingende beim Namen nennen*

*und leider mit heiserer »kleinster« Stimme,*
*bei meinem ersten Besuch in Ravensburg,*
*und zu vielerlei Dank verpflichtet.*
*Hilde Domin 4.5.65*

Als die Heidelberger *Rhein-Neckar-Zeitung* 1962 Hilde Domins Frankfurter Verleger Dr. Bermann Fischer anlässlich seines 65. Geburtstags einen anerkennenden Artikel widmete, hob man hervor, dass *auch die neue deutsche Literatur [...] beim Verlag gepflegt [wird]. Einige Beispiele: Ilse Aichinger, Paul Celan, Luise Rinser, Paul Schallück und Ernst Schnabel.*[44] Hilde Domin, die »Heidelbergerin«, blieb ungenannt; mittlerweile war aber bereits ihr zweiter Gedichtband bei Fischer erschienen.

Sie fehlte auch in Klaus Nonnenmanns *Deutsche Literatur der Gegenwart;* der als Schriftsteller glücklose Nonnenmann hatte dreiundfünfzig Kritiker deutscher Sprache gebeten, d i e lesenswerten Schriftsteller der Gegenwart zu porträtieren – Hilde Domin war nicht darunter. In einem langen Brief hatte sie Hans Mayer, dem alten Tanzstundenfreund, ihr Dilemma geschildert. Die Schützenhilfe des prominenten Literaturwissenschaftlers war »sophisticated«: In einer scharfzüngigen, pointiert ironischen Rezension in der ZEIT – ausgerechnet neben einem Artikel mit dem Titel »Was es heißt, ein Neger zu sein« – prangerte Mayer Nonnenmanns fragwürdige Autorenauswahl an und ließ auch die ausgewählten Kritiker, die *Herren über Feuilletons*[45], nicht ungeschoren. Seiner Meinung nach hatte Nonnenmann seinen Auftrag verfehlt, ein »*Nachschlagewerk auf Zeit*«[46] vorlegen zu wollen. Stattdessen machte Mayer die Gegenrechnung auf. Er vermisste begabte junge Dramatiker und vor allem auch eine Übersicht über DDR-Schriftsteller, die Liste der fehlenden bedeutenden Namen war groß: *Da fehlen also Kaschnitz und Hagelstange und Hermlin und Fühmann. Auch die begabte Lyrikerin Hilde Domin ließ man draußen vor der Tür, von Anna Seghers gar nicht zu reden.*[47] Die Wirkung blieb nicht aus: Schon am nächsten Tag wurden Hilde Domin von Lesern die ausgeschnittenen Kritiken, mit Ausrufezeichen versehen, in den Hainsbachweg geschickt.

Die stetig wachsenden Verkaufszahlen ihrer Gedichtbände dokumentierten, dass sie gelesen wurde, die Flut der liebevollen Briefe ihrer Leser waren ein Trost – und später kaum noch zu bewältigen, denn Hilde Domin war wie Hermann Hesse bemüht, jede Zuschrift sorgfältig zu beantworten. Die Postbotin erinnerte sich an Körbe privater Zuschriften, die sie Hilde Domin an der Wohnungstür ablieferte. Warum also Nächte verweinen, wenn die Bücher sich fast ohne Zutun verkauften? *Man spuckt dir ins Gesicht/zieh eine Wolke um dich/sage es regne./Ein regennasses Gesicht/ist gesellschaftsfähig/ selbst ein verweintes.*[48] Hilde Domin wollte nicht in den eigenen Tränen ertrinken, sie beschloss, durch Lesereisen auf sich aufmerksam zu machen und sich selbst zu vermarkten.

Über Marierose (Steinbüchel-)Fuchs aus Köln kam Domins erste Lesung überhaupt zustande. Die Kölnerin Fuchs war eine erfolgreiche Unternehmerin, Chefin der Kölner Wach- und Schließgesellschaft mit fünfhundert Angestellten, die sie zu einem der erfolgreichsten Sicherheitsdienstleistungsunternehmen mit schließlich 4000 Beschäftigten führte, der W.I.S.-Gruppe. Kaum bekannt hingegen war, dass Marierose Fuchs ein zweites Leben als Schriftstellerin, Dichterin und Journalistin führte. Sie war die Frau, die ihren Briefwechsel aus den Dreißigerjahren mit Kurt Tucholsky jahrzehntelang verschwiegen und die Briefe vor der Gestapo gerettet hatte, bis sie sie 1969 zur Veröffentlichung freigab. Sie stand auch mit anderen namhaften Persönlichkeiten in intensivem Briefwechsel, wie etwa mit den Witwen der Schriftsteller Kurt Tucholsky und Romain Rolland oder mit dem jüdischen Dichter und Arzt Ernst Weiss, der mit Kafka befreundet gewesen war.

Die Katholikin Fuchs hatte sich mit missionarischem Eifer immer wieder helfend für andere eingesetzt – und war darin Domin nicht unähnlich. Der Beginn des Briefwechsels zwischen Fuchs und Domin geht auf das Jahr 1959 zurück. Die Kölner Musikwissenschaftlerin Grete Wehmeier hatte Marierose Fuchs Hilde Domins Gedichte, *die schönsten Gedichte, die [sie] je las*[49], zukommen lassen. Der erste Brief der Unternehmerin war Hilde Domin über den Verlag in ihre Klausur nach Astano und dann nach Madrid nachgesandt worden. Marierose Fuchs, durch ein Gelenkleiden in ihrer

## 16. Kapitel

Bewegungsfreiheit eingeschränkt, begab sich geistig auf Wanderschaft: Sie schrieb eigene Gedichte, die sie Domin zuschickte und die dann mit Verbesserungsvorschlägen versehen wieder den Weg nach Köln nahmen. Einerseits bewunderte Marierose Fuchs Hilde Domin, legte eine Sammlung der schönsten Metaphern und Verse aus ihren Gedichten und Briefen an (*Tränenzoll an allen Toren durch die der Weg führt*[50]), doch andererseits nahm sie kein Blatt vor den Mund, wenn sie Domin beratend zur Seite stand. Als Hilde Domin zum Beispiel ihrem Ärger über den Verlag Luft machte, gab Marierose Fuchs zu bedenken, dass bei jedem Kampf das, worum gekämpft wird, unabhängig vom Ausgang des Kampfes, zugrunde gehe. Marierose Fuchs war eine Frau der klaren Worte und benannte offen – wie sie es schon bei Tucholsky getan hatte – die verborgenen Schwächen Hilde Domins. Sie warf ihr vor, unter einer Tarnung zu leben und ihr Judentum zu verleugnen, und forderte sie auf, sich zu ihrem Judentum zu bekennen. Wie ein Fisch an der Angel wand sich Domin in kindlicher Argumentation zur Selbstrechtfertigung: Sie sei ein rheinländischer Typ, man könne sie eher für eine Französin halten, aber nicht für eine Jüdin. Marierose Fuchs insistierte nicht weiter, schien erkannt zu haben, dass die Zeit für eine Auseinandersetzung Domins mit ihrer jüdischen Herkunft noch nicht reif war.

Als Künstlerin war Marierose Fuchs Mitglied der GEDOK Köln. In dieser Eigenschaft hatte sie Hilde Domin nach den Anschlägen auf die Kölner Synagoge schon 1960 zu einer Lesung nach Köln eingeladen. Domin hatte sich damals nicht den Angriffen von Rechtsextremisten aussetzen wollen und war zudem überzeugt gewesen, dass ihre Gedichte keinen Katalysator brauchten.

Im April 1961 hatte sie aber genügend bittere Erfahrungen gesammelt und nahm das Angebot von Marierose Fuchs zu einer Lesung in Köln dankbar an; Marierose Fuchs hatte sich nicht nur persönlich, sondern auch finanziell dafür eingesetzt, dass *eine großzügigere Veranstaltung für Hilde Dumin [sic!] aufgezogen*[51] werden konnte. Die Bedingung war, dass Hilde Domin Mitglied der Kölner GEDOK wurde, was sie schließlich ihr Leben lang blieb. Domin war für die GEDOK eine Unbekannte (wie der falsch geschriebene Name zeigt), das erste Anschreiben ging deshalb auch an *Frau Dr. Hilde Bonin*.[52] Doch *[n]ach zweijährigem Kampf [fand] endlich*

# Heidelberg 1961-1963

*der Vortragsabend*[53] am 26. April 1961 im Festsaal des Kölnischen Stadtmuseums, Zeughausstraße 1-3, statt. Hilde Domin wohnte bei Marierose Fuchs, die beiden Frauen streiften durch Köln, stiegen in Hildes Elternhaus in der Riehlerstraße 23 bis zur Wohnungstür hinauf. Doch Köln war ihr fremd, und sie war fremd in Köln; als die GEDOK-Präsidentin Wehmeier sie um Referenzen bat, konnte Domin ihr niemanden in Köln nennen, der sie noch gekannt hätte.

*Die versunkene Stadt*
*für mich*
*allein*
*versunken.*
*[...]*
*Die Toten und ich*
*wir schwimmen*
*durch die neuen Türen*
*unserer alten Häuser.*[54]

*Das Gedicht KÖLN, obwohl viel später geschrieben, entstand in mir, als ich aus dem Museum [...] aus dem Fenster sah, auf den Appellhofplatz und das Gericht mit den grossen neuen Glastüren.*[55]

Viele Gedanken machte sich Hilde Domin darüber, dass Heinrich Böll am Abend nach ihr lesen würde – konnte das ihrer Besucherzahl abträglich sein?

Der Ansturm auf das Zeughaus des Kölnischen Stadtmuseums war riesig – obwohl die Kölner Presse die Veranstaltung nicht so nachdrücklich angekündigt hatte, wie Hilde Domin sich das gewünscht hätte. Doch rundum zufriedenstellen konnten Veranstalter sie in dieser Hinsicht nie; immer waren die eigenen Erwartungen zu hoch gesteckt. Hilde Domin saß auf einem Podium; der riesige gotische Stuhl mit den aufwendigen Schnitzereien schien die kleine Frau zu verschlucken.

Die Resonanz auf die Lesung durch private Zuschriften war enorm; eine Besprechung in der Presse hatte Domin dagegen vergeblich gesucht. Doch Schriftstellerkollegen wie Hans Bender waren ebenso wie Vertreter ihres Verlags gekommen, um sich ein Bild von »der Domin« zu machen. Später saßen unter anderen auch Hesse, Böll, Szondi und Golo Mann in ihren Lesungen.

## 16. Kapitel

Auch bei der nächsten Lesung 1961 in Berlin, wozu die Kulturgemeinschaft »Urania« geladen hatte, waren Schriftstellerkollegen anwesend. Nachhaltig wirkte ihre Begegnung mit Joachim Günther, dem Herausgeber der Literaturzeitschrift *Neue Deutsche Hefte*. Günther hatte die Dichterin für den nächsten Tag in sein Haus in Lankwitz eingeladen. Aus den Gesprächen erwuchs eine *unausrottbare* Freundschaft[56], die Domin auf eine Seelenverwandtschaft zurückführte: beide waren Einzelkämpfer, und beide handelten nach dem Motto *Die Tür zur Welt aufreißen und sie immer wieder dicht verschließen.*[57] Man wollte sich einmischen, ohne dass man sich der großen Öffentlichkeit aussetzte. Hilde Domin zählte Günther zu den Männern, die sich nicht vor ihren Stärken fürchteten; Günther seinerseits nahm ihr ihre Spontaneität nicht übel. Beide engagierten sich für junge, unbekannte Künstler, und beide waren in Kollegenkreisen nicht vorurteilsfrei aufgenommen worden. Günther veröffentlichte Domins Gedichte und Essays in seiner Zeitschrift, als andere Verleger ihr ablehnend gegenüberstanden, und druckte auch Domins Dankesreden ab, wenn andere Blätter diese mit einer kleinen Notiz abtaten. Hilde Domin empfand so viel Sympathie für Günther, dass sie, als sie im Sommer 1961 einen Lungeninfarkt hatte und auf der Schwelle ihrer Wohnung ohnmächtig zusammenbrach, das Bild des ihr zum Abschied winkenden Günthers am Berliner Flughafen vor Augen hatte. Domin setzte sich schließlich für Joachim Günther ein, als der 1964 massiven Anfeindungen aus Kollegenkreisen ausgesetzt war, die ihm Mitläufertum während der Nazizeit vorwarfen. Sein Kriegstagebuch widerlegte ihrer Ansicht nach nicht nur die Vorwürfe, sondern wies ihn sogar als Widerstandskämpfer aus. Hilde Domin wollte ihn *retten. Dies ist ein Saustall hier, das literarische Deutschland*[58], ereiferte sie sich bei Kurt Pinthus. Sie zählte Günther zu den wenigen Aufrechten in der Literaturlandschaft. Anlässlich seines Todes 1990 ehrte Hilde Domin den Freund und *großen alten Begleiter*[59] ihres Lebens mit einem sehr persönlichen Nachruf.

Im ersten Jahr nach der Rückkehr aus Spanien hatte sich Hilde Domin auch bei der Hamburgerin Ida Ehre um eine Lesung bemüht. Die Palms hatten sich 1954, gleich nach ihrer Rückkehr nach Deutschland, in dem Theater der jüdischen Schauspielerin und Prinzipalin der Hamburger Kammerspiele eine Aufführung angesehen, persönlich hatte Ida Ehre Hilde Domin allerdings noch nicht zu Gesicht bekommen.

Ende November 1961 lud Ida Ehre anlässlich der Woche der Brüderlichkeit Siegfried Lenz und Hilde Domin zu einer Lesung in die Hamburger Kammerspiele ein. Ida Ehre war von Domins Gedichten *fasziniert und gerührt* zugleich.[60] Es war kurz vor Beginn der Lesung, und Ida Ehre schaute nervös auf ihre Uhr. Sie saß mit Siegfried Lenz – der Domin später wiederum mit Marcel Reich-Ranicki bekannt machte –, Manfred Hausmann und Hilde Domin zusammen. »*Wir warten jetzt nur noch auf Hilde Domin.*« – »*Ja, was denken Sie denn, wer ich bin*«, entgegnete Hilde Domin amüsiert.[61] Ida Ehre hatte keine fröhliche, unbekümmerte Frau erwartet, sondern nach den Erfahrungen des Leids zu urteilen, die aus Domins Gedichten sprachen, mit einem schwermütigen, tieftraurigen Menschen gerechnet.[62]

Manfred Hausmann, der zu Domins Jugendzeit als schriftstellerischer Trendsetter gegolten und dessen Romane Hilde damals verschlungen hatte, moderierte die Lesung. Noch über seinen Tod hinaus schien Hausmann lange zu den wenigen zu gehören, die die Zeit des Nationalsozialismus moralisch integer überstanden hatten – was inzwischen aber auch widerlegt ist.

Auch diese Lesung war ein großer Erfolg. Hilde Domin las in Hamburg zum ersten Mal öffentlich das Gedicht *Wen es trifft*; die Betroffenheit beim Publikum war groß. Domin hatte sich bisher gescheut, dieses Gedicht öffentlich vorzutragen, nachdem ihr unter anderem Walter Boehlich vorgeworfen und verübelt hatte, dass sie darin den Seitensprung ihres Mannes thematisiert hatte. Doch mittlerweile hatte sich Hilde Domin vom lyrischen Ich gelöst, die Gedichte waren auf diese Weise entindividualisiert. In Hamburg kamen nach der Lesung zum ersten Mal Schüler auf die Dichterin zu: »*Würden Sie in unserem Deutschunterricht auch mal so über Gedichte sprechen?*«[63] Domin entschloss sich spontan, am nächsten Tag zu einem Interpretationskurs in die Schule zu kommen. Der Dialog mit der Jugend intensivierte sich und sollte für Hilde Domin unverzichtbar werden, sodass Lesungen in Schulen – bei reduziertem Honorar – bald zum festen Leseprogramm gehörten. Noch vierzehn Tage vor ihrem Tod hatte die Sechsundneunzigjährige im

## 16. Kapitel

Heidelberger Hölderlin-Gymnasium gelesen und die Schülerschaft durch ihre Vitalität beeindruckt.

Als Ostern 1962 der Lyrikband *Rückkehr der Schiffe* erschien, war ihm einige Aufregung vorausgegangen. Die Auslieferung des angekündigten Bandes hatte sich verzögert, weil die Druckereien auf IBM-Maschinen umgestellt worden waren. Am Gründonnerstag wurden die Presseexemplare endlich verschickt. Pinthus, Jens, Krolow und Schwedhelm mochten die Gedichte von Anfang an. *Rückkehr der Schiffe* war für Hilde Domin *ein Buch der Heimkehr, wenn man weiss, dass es kein Zuhause geben kann und es trotzdem staunend annimmt.*[64]

Doch die Schriftstellerkollegen, die das Exil psychisch zerstört hatte, standen den Gedichten ambivalent, wenn nicht gar verachtend, gegenüber. Paul Celan ergänzte den Titel in seinem Widmungsexemplar in großer, grober Schrift mit Worten, die für seine Exilerfahrungen standen: *Aus der Welt der Ich-losen, der Ich-Diebe.*[65]

Offenbar empfand er den euphemistischen Titel als »singerie« (frz. Affentheater), als unangebrachtes Possenstück, und begegnete den *Liedern zur Ermutigung* mit Sarkasmus. Celan litt weiterhin unter den Auseinandersetzungen um die Goll-Affäre und sah wenig Helles.

Hatte sich Celan auch von Kurt Pinthus verletzt gefühlt, der in seiner Rezension in der ZEIT vom 13. Juli 1962 die Klarheit und *die helle Hoffnung*[66] der Gedichte Domins hervorgehoben hatte, die sich wohltuend gegen die dunkle Dichtung abhob? *Sicherlich muss es Lyrik geben, die das Dunkel braucht, um zu leuchten.*[67] Pinthus folgte dem neuen Klang der Gedichte, der *hellen Hoffnung, der »Rückkehr der Schiffe«.*[68] Er bescheinigte sowohl den Gedichten als auch der Dichterin einen großen Reifungsprozess und stellte Hilde Domin gar über die *schmerzvoll hymnischen Ausbrüche ihrer Schwester im Exil und Leid, Nelly Sachs.*[69] Beeindruckt zeigte er sich von Domins Fähigkeit, von ihrem eigenen Schmerz zu sprechen, als wäre er nicht ihr eigener, und bescheinigte ihren Versen Professionalität und Meisterschaft in der *hart erarbeiteten Struktur, dem bewusst Kontrapunktischen, Fugenhaften.*[70] Die Besprechung gipfelte in dem Lob, dass Hilde Domin für ihn ein *Stern in der düsteren Wirrnis der Zeit* war.[71]

Die Redaktion hatte Pinthus' Würdigung gekürzt, was bisher bei dem *Patriarchen unter den Lyriklesern*[72] noch nie gewagt worden war. Die Heidelberger Presse veröffentlichte Pinthus' Rezension erst ein Vierteljahr später, obwohl er mit dem Feuilletonchef befreundet war. Und doch zeigte seine Stellungnahme Wirkung, das Eis schien zu schmelzen. Etliche Literaturwissenschaftler nahmen mit Domin Kontakt auf, wie zum Beispiel der Freiburger Literaturwissenschaftler Hugo Friedrich.

Wenn Hilde Domin las, trug sie nicht einfach nur ihre Gedichte vor, sie las jedes Gedicht grundsätzlich zweimal. Dieses Vorgehen hatte sie eigenen Angaben zufolge von einer Engländerin übernommen. Man bescheinigte ihr *platform personality*.[73] Die Assoziationen ihrer Erinnerungen verliehen ihren Gedichten während der Lesung Lebendigkeit. Dass Domin viel Biografisches in ihren Gedichtvortrag einband, ein Erinnerungssplitter sich oftmals an den nächsten reihte, nahm man ihr nicht übel, sondern sah gerade darin den besonderen Reiz. Doch aller Spontaneität lag kühle Kalkulation zugrunde: Hilde Domin gab von der »Kopfgeburt« Domin nur so viel preis, *als ich darüber zu berichten Lust habe.*[74] Und ihre Gedichte konnte sie mittlerweile als Erfahrungsmodell für jedermann weitergeben, hatte sie vom eigenen Ich zum Leser geführt. Ihre Erkenntnisse über diesen Erfahrungsprozess mündeten in theoretische Essays über Lyrik. *Worte sind reife Granatäpfel,/sie fallen zur Erde/und öffnen sich./Es wird alles Innre nach außen gekehrt,/die Frucht stellt ihr Geheimnis bloß/und zeigt ihren Samen,/ein neues Geheimnis.*[75]

Hilde Domin kalkulierte nicht nur den Inhalt ihrer Lesungen, sondern bemaß auch das Ambiente: es sollte akzentuiert, aber nicht aufwendig sein. Deshalb inspizierte Hilde Domin die Räumlichkeiten vor jeder Lesung genau, besah sich den Büchertisch und monierte fehlende Werke.

Für die erste Lesung im Frankfurter Cantate-Saal, am 19. Februar 1964, sollte alles bestens aufeinander abgestimmt sein, denn die Größen der Frankfurter Literatur- und Universitätskreise hatten sich angekündigt: Suhrkamp-Lektor Walter Boehlich, der Rektor der Frankfurter Universität Helmut Viebrock, der Direktor der Universitätsbibliothek Hanns Wilhelm Eppelsheimer – und Domin erwartete natürlich wieder Vertreter ihres Verlags. Eine Art Heim-

## 16. Kapitel

spiel, auf das sie sich besonders vorbereiten wollte. Die Nachttischlampe des Hotels »Intercontinental« – dort ungeeignet – fand sich am Abend auf dem Konzertflügel des Saals wieder – hier bestens platziert. Die Lesung war ein Erfolg, die Stimmung anschließend deshalb unbeschwert und *heiter*.[76]

Ob eine Lesung gelang, hing für Domin auch von der Möglichkeit ab, unmittelbaren Kontakt zu den Zuhörern zu haben. Dazu mussten schon mal die Beleuchtung geändert, die Stuhlreihen näher gerückt oder das Mikrofon abgeschaltet werden. Domin suchte Blickkontakt zu ein oder zwei Personen – und speziell für diese Erwählten las sie dann und vermittelte so die besondere persönliche Atmosphäre, die ihre Hörer bei ihren Lesungen schätzten. So hatte sie im Februar 1963 in Göttingen nur für Peter Szondi gelesen, ja sie *hatte das Gefühl, kopfüber über das Pult hinweg in [ihn] hineinzuschweben.*[77]

Sie stellte ein Programm kurzerhand um, wenn die aktuelle Politik das erforderlich machte – wie bei einer Lesung in Mexiko im November 1964. Am Nachmittag waren ihr die deutschen Zeitungen der vergangenen Woche ins Hotel gebracht worden. Die Meldungen über die Neugründung der NPD in Hannover hatte sie völlig aus der Bahn geworfen. Sie fühlte sich nicht in der Lage, ihre Gedichte zu lesen, stattdessen trug sie ihre Prosa und Lyriktheorie vor.

Vielen vermittelte Hilde Domin dadurch den Eindruck besonderer Kapriziosität. Doch hatte sie nicht schon als Schülerin zu Extremen geneigt und war aus leichter Heiterkeit in tiefe Traurigkeit gestürzt, hatte sich in der Toilette eingeschlossen, wenn ihr die Gemeinschaft der Klasse zuviel wurde? Während der Aufführung von Tollers *Hoppla, wir leben* war sie in ihrer Schulzeit geschockt und weinend aus der Aula gerannt. Betroffenheit und Mitgefühl waren sehr oft Antrieb ihres Handelns.

1978 sollte sie anlässlich der Heidelberger Bücherschau in der Stadtbücherei lesen. Es war der Totensonntag im November. In dem großen Saal der Bibliothek drängten sich die Menschen und warteten geduldig auf Hilde Domin; die aber fühlte sich nicht in der Lage, morgens am Totensonntag ihre Gedichte zu lesen, wie sie der verzweifelten Bibliotheksdirektorin Regine Wolf-Hauschild am Telefon erklärte. Der Oberbürgermeister der Stadt Heidelberg,

Reinhold Zundel, den Domin zu ihren vertrauenswürdigen Ratgebern zählte, wurde eingeschaltet. Er zögerte nicht lange, sondern schickte seinen persönlichen Fahrer, um Hilde Domin abzuholen. Die Lesung wurde ein Erfolg; nur die Direktorin der Stadtbücherei war mit den Nerven am Ende.[78]

Eine Fortbildungsveranstaltung für Lehrer im schweizerischen Leukerbad, die auf den Nachmittag anberaumt war, musste auf den Abend verschoben werden, weil die damals Dreiundneunzigjährige unbedingt mit der Seilbahn auf den Gemmi-Pass fahren und das Grün und Blau der Natur in der Sonne genießen wollte. Bergschuhe, Schirmmütze und Sonnenbrille hatte sie sich vor Ort ausgeliehen.[79]

Nach einer Lesung nahm sich Hilde Domin viel Zeit zum Signieren der Bücher und suchte das Gespräch mit den Lesern, die um eine Widmung baten. Manch neue Freundschaft, manch unerwarteter Kontakt entsprang diesen Augenblicken.

So auch im November 1962 in Krefeld: *Nach der Lesung bildete sich, wie meist, eine kleine Gruppe. Hans Peter Keller war gekommen [...]. Das war das Ereignis des Abends. Am Rande der Gruppe [...] ging ein großer, schlaksiger junger Mann mit, blaß, schweigsam, überzählig. Dazugehörig und nicht dazugehörend, als sei es sein Lebensstil überzählig zu sein. Damals war er 24, aber er sah aus wie ein Gymnasiast. Mit trauriger Selbstverständlichkeit, auf ganz unaggressive Weise, war er »asozial«. Er hatte keinen Bart, er trug sich nicht zur Schau, nichts Demonstratives war an ihm, seine Augen genügten.*[80]

Der Blickkontakt eröffnete ein Briefgespräch mit Joachim Rochow, das die ungewöhnliche Biografie des jungen, melancholischen Bibliothekars preisgab: er hatte Jugoslawien, Griechenland, Kleinasien und den Vorderen Orient als Tramper bereist – hochbegabt und doch auf der Suche nach sich selbst. Seine Gedichte und seine Sprache ließen die Besonderheit an ihm ahnen, die Domin reizte. Sie versah seine Verse mit freundlichen Korrekturen oder auch strenger Kritik und sandte sie an ihn zurück. Joachim Rochow sollte der einzige Dichter sein, den Hilde Domin 1966 in ihren *Doppelinterpretationen* nur aufgrund seiner Manuskripte aufnahm. Im Mai 1966 verunglückte er tödlich, und Hilde Domin war von Rochows Schicksal so betroffen, dass sie sich 1968 dazu entschloss, seine hinterlassenen Manuskripte zu veröffentlichen. *Der leise Krieg* nannte sie den kleinen Band.

Leserbriefe nahm Hilde Domin ernst, und auch sie mündeten mehr als einmal in eine intensive Bekanntschaft. So zum Beispiel die mit dem Lehrerehepaar Vogt aus Bochum, die Ostflüchtlinge waren und in dem Gedicht *Bau mir ein Haus* die Sehnsüchte und Wünsche nach ihrem Traumhaus erfüllt fanden: *Ein kleines Haus/ mit einer weißen Wand/für die Abendsonne/und einem Brunnen für den Mond/zum Spiegeln,/damit er sich nicht,/wie auf dem Meere,/verliert.*[81]

Auch ihr Haus sollte ein Refugium werden, an *dem der Wind vorbeigeht.*[82] Hilde Domin hatte die Einladung des Ehepaars angenommen und nach der Lesung bei ihnen übernachtet. So lernte sie das Haus kennen, für das ihr Gedicht als Bauanweisung gedient hatte und dessen Balken im Wohnzimmer als Gästebuch dienten.

Lesereisen waren für Domin nicht nur belebend, sondern auch der direkteste Weg zu ihren Lesern. Konnten die nicht zu ihr kommen, so ging sie zu ihnen, so wie in der kleinen, malerischen Gemeinde Dreieichenhain. Und gab es keinen Büchertisch, so reiste Hilde Domin mit dem eigenen Koffer an, der prall gefüllt mit Büchern war – und leer, als sie nach Heidelberg zurückfuhr.

Im Laufe der Jahre verlagerte sich Domins Anspruch an Lesereisen, die sie mehr und mehr als politische Mission verstand: *Wir müssen für die Verfolgten zeugen. […] Die Juden sind eine Mär geworden, eine bedrückende. Ich will ihnen zeigen, dass es Menschen sind wie Du und jeder.*[83] Hilde Domin wollte vorleben, dass Juden nach Deutschland zurückgekommen und zur Vergebung bereit waren. Doch auf ihr Judentum angesprochen, stand Hilde Domin mit ihrer Argumentation eher im Widerspruch zu sich selbst. *Mein Mädchenname ist weg aus allem, ungern sähe ich ihn auftauchen. Ich habe ja diese Domin erfunden.*[84] Hilde Domin definierte ihre Rolle als Jüdin nie unumwunden, obwohl sie mehrfach dazu Stellung bezogen hatte, wie in dem Essay *Offener Brief an Nelly Sachs* oder in Jürgen Schulzes Buch *Mein Judentum*.

*Vom Trauma der Nazi-Epoche ist viel im Innern hängengeblieben, aber doch so weit verarbeitet, dass es keine Borniertheit im Hinblick auf Beurteilung und Parteinahme für entgegengesetzte Kulturtheorien hinterlassen hat*[85], urteilte Joachim Günther über sie und lobte ihren liberalen Umgang mit heiklen Beziehungen; auch dass sie sich *als Jüdin einer bleibenden Diaspora nie durch dick und dünn verpflichtet fühlte.*[86] Domin beanspruchte für sich das Recht, *die Juden öffentlich zu tadeln*[87], wie sie es im Falle von Günter Grass 1967 getan hatte, als Grass nicht genehmigt wurde, vor dem israelischen Schriftstellerverband zu reden.

Nach ihrer ersten Veröffentlichung in *Hochland* hatten ihr Leser geraten, ihre jüdische Herkunft zu verschweigen. Domin sah dazu keine Notwendigkeit, wollte aber als Jüdin keine Betroffenheit erregen. Sie hatte ihr »Jude-Sein« so wenig gelebt, dass sie dem Begriff keine bedeutende Rolle zumaß und sich nicht zum Judentum bekannte. Jude war man ihrer Meinung nach in den Augen der anderen, zur Jüdin war sie von Hitler gemacht worden. Dass man von ihrem Äußeren nicht auf eine Jüdin schloss, schien ihr wichtig gewesen zu sein, und sie unterstrich das auch (bewusst?), indem sie sich ihre dunkelbraunen Haare blondieren ließ. Immer wieder wurden Bekannte Zeugen von Diskussionen mit ihrem Mann, in denen sie zu bestimmen versuchten, wer von ihnen beiden jüdischer sei: immer war es Erwin Walter Palm. Geprägt durch sein orthodoxes Elternhaus, hatte er sich mit seinem Judentum auseinandergesetzt, aber auch gegen die jüdischen Wurzeln angekämpft. Hilde Domin hatte nie den gleichen Selbsthass entwickelt wie Erwin Walter Palm, der erst im Alter von fünfzig Jahren zum ersten Mal mit Stolz sein »Anderssein« auf seine Ursprünge zurückführte: *ist das doch der Jude? Ich meine der jüdische Intellekt? Nie hätte ich gedacht, dass ich mir diese Frage aus der Bewunderung nicht aus dem Angriff stellen würde.*[88]

Hilde Domin hatte Deutschland aufrecht und freiwillig verlassen, und so hatte ihr erst die Ausweisung aus Italien 1939 deutlich gemacht, dass sie Emigrantin war. Mit den *verdammten Schlüsseln aus »Auf Wolkenbürgschaft«, die der alten Juden, die sie jahrhundertelang aufheben*[89], hatte Hilde Domin offenbar angefangen, ihr Leben als Schicksal zu empfinden. *Ich habe Heimweh nach einem Land/in dem ich niemals war,/[...]/Ich fahre/nach Inseln ohne Hafen,/ich werfe die Schlüssel ins Meer/gleich bei der Ausfahrt*[90], hatte Hilde Domin 1958 in Frankfurt geschrieben. Das war in der Zeit der Wiedergutmachungsprozesse gewesen, wo sie die Widerwärtigkeiten einholten, denen man als von Hitler Verfolgter ausgesetzt gewesen war. Schlüssel aufzuheben ist keine spezifisch jüdische Tradition. Eher bewahren zum Beispiel Palästinenser ihre Schlüssel auf als Symbol für ihr Rückkehrrecht. Wollte Hilde Domin damals ganz bewusst ihre Wurzeln kappen? Verszeilen wie *Für uns, denen der Pfosten der Tür verbrannt ist*[91] oder *Was für ein Zeichen mache ich über die Tür*[92] tragen sowohl einen christlichen als auch jüdischen Symbolcharakter. Den kleinen Schriftbehälter mit den Abschriften der Thora, die Mesusa, befestigte man in jüdischen Haushalten am oberen Drittel des rechten Türpfostens. Hilde Domin bewahrte eine kleine, goldene Mesusa unter ihren geerbten Schmuckstücken auf. Möglicherweise ist daraus der Türpfosten-Topos entstanden.

Hilde Domin sah in ihrer Rückkehr die Chance zu einem Neubeginn. Doch ihr Schicksal ließ sich nicht so einfach wie die Schlüssel über Bord werfen. Man hört nicht einfach auf, Jude zu sein. Vor allem im restaurativen Nachkriegsdeutschland erfuhr sie das immer wieder. Erst durch ihre Rückkehr nach Deutschland schien sie sich im politischen Sinne mit der Schicksalhaftigkeit des Judentums auseinanderzusetzen. Natürlich wäre sie am liebsten *gar kein Adressat für [diese] Frage geworden.*[93] Weder verstand sie sich als gläubige Jüdin noch reihte sie sich selbst unter die jüdischen Schriftsteller ein: *[V]erkehrt ist, dass ich ein jüdischer Lyriker sei, ich bin es ja gerade nicht*[94], schrieb sie 1963 an Peter Szondi. Auch in einem langen Brief an Marcel Reich-Ranicki, der ihr ein Buch über die Judenfrage zugeschickt hatte, setzte sie sich vehement mit ihrem Judentum auseinander. Ein Schulbuchverlag hatte eine Anthologie herausgegeben, *Die Stimme Israels*, mit Texten von Autoren von Werfel bis Domin. Die »Stimme Israels« sind *Amichai und die anderen*[95], ereiferte sich Hilde Domin. Noch mehr regte sie sich über die dazugehörige Plakataktion auf: *Jüdinnen als deutsche Dichterinnen der Gegenwart: Lasker, Sachs, Domin. Gut gemeint, aber dennoch: Der Affe als Onkel.*[96]

Das Verfolgtsein machte Hilde Domin zum Symbol eines prekären Lebensgefühls, einer Fragilität schlechthin. Ihre Gedichte zeugen deshalb, sofern sie Unrecht und Leid anklagen, immer vom Schrecken jedes Unrechts, wovon der Mord an den Juden eines der schändlichsten war. Jude zu sein war für sie somit vor allem die Zugehörigkeit zu einer Schicksalsgemeinschaft, die sie nicht frei gewählt hatte. Gemeinsames und Verbindendes war die Heimatlosigkeit und das Provisorische ihrer Existenz – das war zu ihrem existenziellen Lebensgefühl geworden.

Mit nahezu kindlicher Aufrichtigkeit über ihr Jude-Sein hatte sich Hilde Domin gegenüber Marierose Fuchs geäußert. *Ich selber wirke ja ganz unjüdisch, physisch und wohl auch im Wort. Wenn ich es den Leuten sage, was ich ja tue, dann glauben sie es erst nicht. Und das deutsche Erbteil überwiegt bei mir so sehr. Obwohl ich doch Gemeinsames sehe zwischen mir und der verspielten Melancholie von Chagall. Aus wie viel man zusammengesetzt, zusammengeströmt ist.*[97] Solidarität bezeugte sie gegenüber der Schicksalsgemeinschaft, definierte ihren Standort aber als vom Judentum emanzipiert. Wie wenig gefestigt ihre Haltung gegenüber dem eigenen Standort dann doch war, offenbarte sich immer dann, wenn konkrete Anlässe ein Bekenntnis gefordert hätten: Sie entwickelte eine Scheu, in Synagogen zu lesen, eine Haltung, die sie gegenüber Kirchen nicht hatte. Mehr als einmal zog sie die bereits gegebene Zusage für eine Lesung in einer Synagoge im letzten Moment wieder zurück.

Ihren Schriftstellerkollegen fiel die jeweilige Positionierung zu dem Begriff »jüdisch« ähnlich schwer. Als Günter Grass 1967 in Israel vor dem Hebräischen Schriftstellerverband sprechen wollte, verweigerte der ihm das Rederecht, obwohl Grass als Ehrengast des israelischen Außenministeriums reiste. Hilde Domin war empört über diese Sippenhaft und mobilisierte Schriftstellerkollegen für eine Protestnote. Nelly Sachs unterschrieb an prominenter Stelle; doch fast drohte der Aufruf daran zu scheitern, dass sich die Mitunterzeichner Erich Fried und Peter Weiss mit der Definition ihres Standorts als Schriftsteller schwertaten: »*Naziverfolgte, Jüdische Schriftsteller, Deutsche in Brüderlichkeit, Dichter deutscher Sprache, deutsche Dichter*« fanden keine Akzeptanz.[98] Persönliches Fazit von Hilde Domin blieb: Jude war, wen Hitler dazu erklärt hatte. Das Telegramm an den jüdischen Schriftstellerverband sollte dann lauten: *Wir von Hitler als Juden verfolgte Dichter deutscher Sprache protestieren aufs Schärfste gegen das an Günter Grass begangene Unrecht, fordern Neuentscheid.*[99] Für die Endfassung hatte Hilde Domin schließlich den Rat Walter Boehlichs befolgt: *Wir protestieren [...]*, und schlicht folgten die Namen der Unterzeichnenden. Das israelische Schriftstellergremium tagte daraufhin ein zweites Mal – und blieb bei seiner Absage.

## 16. Kapitel

Nach eineinhalb Jahren Lesetätigkeit war Hilde Domin 1962 überzeugt: *Dies Jahr oder nie werde ich endlich in diese erste Linie aufrücken, sichtbar. Als Einzelgänger, alle anderen, Eich, Bachmann, Celan, hatten Gruppen hinter sich. Ich kam zurück, als alle Gruppen schon fest gebildet waren, habe nur meine kleine Stimme.*[100] Die Verkaufszahlen ihrer Gedichtbände rechtfertigten ihre Annahme. 1963 meldete Hilde Domin ihrem Mann nach Mexiko, dass sich ihre Bücher besser verkauften als die von Paul Celan. Nelly Sachs bewunderte das Engagement Hilde Domins für Lesungen – doch Domin sah darin die Notwendigkeit, um als Schriftstellerin in der Öffentlichkeit präsent zu bleiben. Ihr Arbeitspensum war entsprechend: Im November 1963 las sie zum Beispiel am 5.11. in Hamburg, am 7.11. in Kiel. Über Düsseldorf und Neuss fuhr sie weiter nach Bochum zur Lesung am 12.11. im dortigen Theater. Am 15.11. stand Castrop-Rauxel auf dem Programm, am 18.11. Köln (Gürzenich) – dort aß sie mit Heinrich Böll zu Mittag. Über Bielefeld und Hameln am 21.11. reiste sie zurück nach Heidelberg, um vor der nächsten Lesung am 29.11. in Biberach noch Kurt Pinthus in Marbach zu besuchen. Dazwischen lag ein kurzer Abstecher nach München zu ihrem Bruder und zur Braque-Ausstellung, am 18.12. kehrte sie nach Heidelberg zurück. Ein ähnlich intensives Leseprogramm absolvierte sie bis zum letzten Atemzug.

Die Einladung zur Lesung in Biberach am 29. November 1963 war im Rahmen der Veranstaltungsreihe »Wege und Gestaltung« erfolgt und stellte Hilde Domin neben Martin Walser, Siegfried Lenz, Günter Grass, Ingeborg Bachmann, Ernst Bloch, Golo Mann, Günter Herburger und Käte Hamburger. Die Aula des Wieland-Gymnasiums war voll besetzt, die kleine Frau im rosa Twinset beeindruckte durch ihren wachen Blick und die Besonderheit, dass sie ihre Gedichte jeweils zweimal vortrug.[101] Eine Woche zuvor war John F. Kennedy gestorben. Hilde Domin eröffnete die Lesung deshalb mit einer kurzen Ansprache über Kennedy und las ihm zu Ehren das Gedicht *Ruf*. Die sich anschließenden vierzehn Tage der Ruhe in Heidelberg sollten eigentlich der Vorbereitung für ihre Reise nach Paris dienen – doch dazu kam es nicht. Hilde Domin erkrankte an einer Gürtelrose, die sie über die Wintermonate hinweg auszehrte. Die Ärzte rieten dringend dazu, den Stress zu verringern. Der Krankheitsausbruch könnte aber auch durch

## Heidelberg 1961-1963

die Aufregung über das geplante Treffen mit Hans-Georg Pflaum ausgelöst worden sein: Im Dezember 1963 wollten sie sich endlich wiedersehen.

Die innere und äußere Unruhe resultierte auch aus der Tatsache, dass Heidelberg immer noch nicht zu einem Zuhause geworden war. Bis 1964 hatte Hilde Domin dort noch keine Lesung gehalten. Man war in Professorenkreisen der Ansicht, dass Hilde Domin eben eine zurückgezogen lebende Dichterin sei und kapriziös obendrein. Heidelberg war für Hilde Domin durch ihre Auseinandersetzungen mit Erwin um ihr Schreiben geprägt. Wirkliche Freunde hatte sie hier nur wenige. Sperrte sich Erwin Walter Palm dagegen? *Manchmal denke ich, dass es beängstigend ist, dass der Mensch keine Freunde haben soll*[102], klagte sie 1964 in einem Brief an ihren Mann.

Am 16. Januar 1964 aber sollte sie zum ersten Mal in Heidelberg lesen. Die Lesung fand im Rahmen der Studium-Generale-Reihe »Kunst im 20. Jahrhundert« statt. Hilde Domin sah diesem ersten Auftritt in ihrer Stadt mit gemischten Gefühlen entgegen und sorgte sich mehr noch als sonst um die Inszenierung. In Heidelberg wollte sie überzeugen, die Heidelberger sollten sie mögen. In einem roten Kleid und lasziv an einen schwarzen Flügel gelehnt, wollte sie ihre Gedichte lesen – was ihr ihre Freunde jedoch ausreden konnten. Die Heidelberger Studenten waren gespannt und drängten sich im großen Hörsaal 13 der Neuen Universität. Der Germanist Peter Wapnewski hielt die Einführung, sinngebend zu Domins erstem Gedichtband mit einer roten Rose in der Hand. Hilde Domin hatte Walter Boehlichs Rat befolgt und Wapnewski, der ihr weiterhin ironisch distanziert und kritisch gegenüberstand, in die Veranstaltung eingebunden. In der Öffentlichkeit spielte schließlich jeder gekonnt seine Rolle; man vergaß die Seitenhiebe, die man das Jahr über ausgeteilt hatte.

Wie groß die Anspannung durch die heimische Kulisse und die anwesenden Professoren waren, lässt sich daran ablesen, dass Hilde Domin bei dieser Lesung kaum Biografisches in ihre Gedichte einflocht. Sie wollte in Heidelberg so wenig wie möglich von sich – und Erwin – preisgeben und hielt sich streng an die Auswahl aus ihren mittlerweile drei Gedichtbänden. Im anschließenden Gespräch mit den Zuhörern, wurden dann doch persönliche Fragen gestellt.

## 16. Kapitel

Hilde Domin erzählte von ihrer Kindheit, von ihrem zartblauen Seidenkleid mit *Härchen wie ein Fell*[103], das sie gern gestreichelt hatte. Die Studenten lachten. Direkt nach der Lesung fand eine Studentin eine aufgelöste Hilde Domin im Vorraum der Toilette: *Sie haben mich ausgelacht, sie haben mich ausgelacht*[104], schluchzte sie. Sie konnte kaum getröstet werden und war nur schwer davon zu überzeugen, dass sich niemand über sie lustig gemacht hatte.

Die Rezensenten der lokalen Presse äußerten sich positiv über die Lesung. Man lobte, dass man *Schönes und Schreckliches, Tröstliches und Ernüchterndes, Vergangenes und Künftiges in ungeahnter Fülle und ungreifbar-schwebender Gegenwart* in Domins Werk entdecken könne.[105] Doch da sich Kritiker gerne als *Mittelpunkt des literarischen Kosmos*[106] sehen, monierte ein Rezensent den *pausenreichen Wort-für-Wort-Vortragsstil, der bisweilen fast abgehackt und monoton anmutet [...] wie Worte, die man an Schwerhörige richtet – sorgsam betonend, wiederholend.*[107] Wie sollte sich auch dem Beobachter offenbaren, dass die sorgsam betonten Wörter möglicherweise Domins Aufgeregtheit geschuldet waren? Dennoch wollte Hilde Domin an ihrem Vortragsstil arbeiten. Und bald beeindruckte die »kleine furchtlose Stimme« der Frau, die oft kaum über das aufgestellte Vortragspult ragte, durch ihre Eindringlichkeit und zog die Zuhörerschaft in ihren Bann. Ihrer Bekannten, der Schauspielerin Anna Dammann, hatte sie die Tipps für anschauliches Vortragen zu verdanken, sodass Domin bald – vor allem, wenn sie literaturtheoretische Vorträge hielt – überzeugte: *Sie kann »reden«, nicht bloß nach sorgfältig vorbereitetem Manuskript, sondern auch frei. [...] Energie des Geistes wie des Wortes* bescheinigte ihr Joachim Günther.[108] Hilde Domin hatte die Erfahrung gemacht, dass *Lesen analytisch, Hören emotional*[109] sei; ihre Leserschaft sollte sich ihren Gedichten von beiden Seiten nähern.

Offenheit war Hilde Domins Stärke, mangelnde Diplomatie ihre Schwäche. Sie betrieb energisch Eigenwerbung und übte Druck auf all jene aus, die sich ihrer Meinung nach nicht genug für ihre Sache einsetzten. Mit ihrer Auffassung, dass Verlage *bloße Getriebe von Geltungsbedürfnis, Machtwillen und Intrigen oder Auffangbecken für zerschmetterte Existenzen*[110] seien, schlug sie dabei manche Tür zu. Wolfgang Koeppen fühlte sich von ihrem Drängen nach einer Besprechung irritiert und erteilte ihr eine ironische Abfuhr, und

Walter Boehlich mahnte, *[f]rei Handelnde frei und ohne Druck handeln zu lassen*.[111] Doch den wohlgemeinten Rat ignorierte sie, auch ihr freundschaftliches Verhältnis zu Walter Jens ging darüber in die Brüche: Zur Rede gestellt, warum er sich nicht für ihren Roman einsetzte, qualifizierte er ihn als *Entgleisung* ab, bei dem es *nichts zu retten* gäbe.[112] Sie gab ihm daraufhin ordentlich Kontra, *Prügel wie von einem Familienmitglied*, nannte ihn feige und warf ihm vor, dass es ihm an Bescheidenheit fehle.[113]

Nach der »Affäre Hans Baumann« hatte sie es sich mit Rudolf Walter Leonhardt, dem Feuilleton-Chef der ZEIT, verdorben. Hans Baumann hatte das Lied *Morsche Knochen* mit dem denkwürdigen Vers »Und heute gehört uns Deutschland und morgen die ganze Welt« für die Hitlerjugend getextet. Nach 1945 hatte es Baumann dann unter einem Pseudonym zu einem bedeutenden Jugendbuchautor gebracht, von seiner Nazivergangenheit wollte er sich distanzieren. Nun sollte ihm für sein – unter dem Pseudonym eingereichtes – Theaterstück *Im Zeichen der Fische* der Berliner Gerhart-Hauptmann-Preis verliehen werden. Doch als die Jury entdeckte, wer sich hinter dem Pseudonym verbarg, zog sie die Vergabe zurück. Leonhardt hatte für eine differenziertere Beurteilung des Autors und Übersetzers Baumann plädiert. Domin dagegen beharrte darauf, dass Baumanns Stück antisemitisch sei. *Da war es aus mit der Freundschaft [...]* und *die kaum begonnene Bekanntschaft mit Reich-Ranicki ging sofort in die Brüche*.[114] Doch hier irrte Hilde Domin: Sie hatte mit ihrem Urteil nicht allein dagestanden, denn auch Marcel Reich-Ranicki kritisierte seinen Freund Leonhardt und sprach sich dagegen aus, dass man Baumann einen Persilschein auszustellen versuchte[115]; Ingeborg Bachmann wollte ihren Hausverlag Piper verlassen, weil er Baumann in sein Programm aufgenommen hatte.

Hilde Domin machte ihrer Überzeugung mit Beharrlichkeit Luft; das isolierte sie. Man überging sie bei Einladungen: sei es, dass die Akademie der Künste in Berlin zu einem Empfang für Ingeborg Bachmann lud, wo *alles was kreucht und fleucht eingeladen war*[116] – nur Domin eben nicht –, obwohl sie sich gerade zu einer Lesung in Berlin aufhielt, sei es, dass Ingeborg Bachmann zu einem Sektfrühstück lud, als Arno Schmidt im März 1964 der Fontane-Preis verliehen wurde, und etliche Kollegen – nicht aber Domin – dazukamen,

## 16. Kapitel

um dem Preisträger *das Brimborium durch private Nettigkeiten zu vergolden.*[117] Domin hatte das Gefühl, eine Figur aus Kafkas Roman zu sein, sah sich als *jüdischer Neger*[118] und klagte, dass sie zum Juden der deutschen Literatur geworden sei und es keine Bank gäbe, auf die sie sich setzen dürfe.

Die psychischen Belastungen führten wieder zu massiven körperlichen Beeinträchtigungen, bis hin zu Zusammenbrüchen. Aus Domins Briefen geht hervor, dass sie unter Herzrhythmusstörungen litt und Blut spuckte. Die Blutungen aus der Lunge waren besonders besorgniserregend. Die Diagnose, dass eine geplatzte Ader in der Lunge aufgrund von übermäßigem Stress die Blutungen ausgelöst haben könnte, war nicht befriedigend. Domins spätere Hausärztin Dr. Rüdt-Schauenburg, die sie ab 1964 vierzig Jahre lang betreute, wusste von Domins Krankheiten in diesen Anfangsjahren in Heidelberg nichts, hielt jedoch eine Tuberkuloseerkrankung nicht für ausgeschlossen.

So trat Hilde Domin die Lesung in Mailand im November 1965 geschwächt an. Zum ersten Mal seit ihrer Ausweisung aus Italien 1939 besuchte sie Rom. Da sie ohne Erwin reisen musste, stand die ganze Reise unter einem unglücklichen Vorzeichen, und sie empfand sie als wenig beglückend. Sie suchte im Telefonbuch nach alten Freunden, doch deren Namen standen nicht mehr darin. Die wenigen, mit denen sie sich traf, hatten sich verändert. Nicht nur der Novemberregen deprimierte; Hilde fühlte sich als Gespenst – *zu zweit wäre es anders.*[119]

Von Erwin Walter Palm erfuhr Hilde Domin in dieser Zeit keine Unterstützung. Er hatte sich mit seiner Sonderstellung am Kunsthistorischen Institut der Universität Heidelberg nach außen hin arrangiert, litt weiterhin, dass nach wie vor der Akt der Wiedergutmachung angesprochen wurde, wenn es um seine Stelle ging, und sah als Ausweg nur die Flucht nach vorn, indem er bewusst als unkonventioneller Akademiker auftrat. Denkwürdig blieb seine Antrittsvorlesung im Juli 1962 in der Alten Aula der Heidelberger Universität: *Viele verließen damals nach Schluss der Vorlesung den Saal mit Kopfschütteln: Solche Töne waren sie, auf detaillierte Falten-Analysen fixiert, in Heidelbergs Kunsthistorischer Landschaft nicht gewohnt.*[120] Die Studenten liebten *seine umfassenden interdisziplinären Talente*[121], obwohl *die Zahl seiner wirklichen Schüler klein blieb, geradezu mikroskopisch blieb*[122], was durchaus beabsichtigt war: Palms Übungen fanden in den späten Nachmittagsstunden statt. Die Ansprüche, die der Professor an seine Studenten stellte, verschreckten manche und hielten etliche davon ab, bei ihm zu promovieren: *Sie sprechen natürlich Spanisch und Italienisch sowie Englisch und Französisch. Latein setze ich voraus, Hebräisch wäre nicht schlecht*[123], empfing er eine Studentin, die gerne bei ihm promoviert hätte. Palms Doktoranden mussten sich auch auf mannigfache Nachforderungen und Erweiterungsvorschläge einstellen, die die Vollendung ihrer Arbeit erschwerten und hinauszögerten.

Doch *wenn im verdunkelten Hörsaal die Garben des Palmschen Feuerwerks über [die Studenten] niederprasselten*[124], überwog die Bewunderung für diesen Kosmopolit. *Gelegentlich gab es Fehlzündungen, doch im Ganzen fraglos ein Brillantfeuerwerk par excellence.*[125] Unvergessen blieb den Teilnehmern auch die erste Exkursion nach Spanien, wo Palm *vor der großen Spanienreise das Zungenschnalzen beibrachte, mit dem allein man allzu aufdringlicher Straßenverkäufer Herr wird. Unvergesslich auch, wie er, mitten im turbulenten Berufsverkehr, den Madrider Linienbus von seiner vorgeschriebenen Route abbrachte, um uns vor unserem Hotel absetzen zu lassen.*[126] »*Erwin ist einer der zehn gebildetsten Menschen auf der Welt*«, *pflegte Hilde Domin zu sagen*, »*das Leben mit ihm war nie langweilig.*«[127] Und das schätzte sie.

Der deutsche Universitätsbetrieb aber blieb eine ungeliebte Last, Palms Liebe galt nach wie vor Lateinamerika. Im Herbst 1962 sollte sein großes Forschungsprojekt in Mexiko beginnen, vorher jedoch noch ein vierzehntägiger Aufenthalt auf Sizilien eingeschoben werden, wo er Ausgrabungsergebnisse studieren wollte. Hilde Domin reiste dann nach einem Schriftstellerkongress in Berlin im September zu ihrem Mann.

Der Aufenthalt auf Sizilien wurde von einer schweren Krankheit beider überschattet, sodass Erwin Walter Palm deswegen sogar sein Mexiko-Projekt um ein Jahr verschieben musste. Er lag vierzehn Tage lang mit schweren Entzündungen von Magen, Darm und Gelenken im Hospital von Catania. Seine linke Körperhälfte war vorübergehend gelähmt.[128] Man schwankte in der Diagnose zwischen Vergiftung, Virusinfektion und Typhus. Hilde Domin sprach in Briefen davon, dass sie selbst eine leichte Form von Typhus ge-

## 16. Kapitel

habt habe.[129] Angst vor physischem Verfall und Tod beherrscht deshalb das Gedicht *Ruf*, das sie in Agrigent am Bett ihres Mannes verfasste: *Mich ruft der Gärtner./Unter der Erde seine Blumen/sind blau./Tief unter der Erde/seine Blumen/sind blau.*[130]

Im Krankenhaus von Catania begann Hilde Domin, Giuseppe Ungarettis Gedichtzyklus *Taccuino del vecchio* (Tagebuch des alten Mannes) zu übertragen: *Angeleimt ans Heute/die Tage der Vergangenheit/wie die kommenden.*[131] Ungaretti hatte den Zyklus kurz nach dem Tod seiner Frau verfasst. Ein wehmütiger Blick zurück spricht aus den Versen. Ungaretti sei nur sehr schwer zu übertragen, hatte man Hilde Domin gewarnt. Doch Ungaretti war mit Domins Übertragungen einverstanden, das Ehepaar hatte den Dichter in Palermo getroffen. Für Hilde Domin schienen Ungarettis Worte wie für sie geschrieben: *Jahre und Jahrhunderte entlang/jeder Augenblick ein Staunen/dass wir noch hier sind, Lebende/[...]/Wenn ein Tag dich verlässt,/denk an den nächsten der aufgeht.*[132] Die liebste Stelle war ihr immer: *Geheime Rose, die sich öffnet über dem Abgrund,/zitternd erinnre ich/wie du zu duften beginnst/während die Klage hochsteigt.*[133] Nicht ohne Grund bezeichnete Hilde Domin Ungaretti als den Dichter, der ihrem Herzschlag am nächsten war.

Wegen der Sizilienreise hatte sie die (einzige) Einladung der Gruppe 47 im »Alten Casino« am Wannsee vom 26. bis 28. Oktober 1962 ausgeschlagen, der lange interne Diskussionen vorausgegangen waren. Als dann die Einladung ausgesprochen wurde, hatte sich Hilde Domin für Erwin entschieden, doch im Nachhinein ihre Entscheidung bereut. Die Gruppe nahm ihr die Absage übel, die das Bild einer überheblichen Domin prägte, die sie hinter dem Vorhang ihres Herzen eigentlich nicht war. Vielleicht hatte der Ehezwist Hilde Domin vor einer Demütigung bewahrt, denn es war bekannt, dass die Gruppe nicht zimperlich mit den »Delinquenten« umging; auch gestandene Männer sahen mit einiger Anspannung den Lesungen und dem anschließenden Urteil entgegen. Josef W. Janker, Mitglied des Ravensburger Kreises, erinnert sich an seine Lesung 1963, die zum ersten Mal im Fernsehen übertragen wurde:

*Klaus Nonnenmann [...] präparierte mich denn auch gleich für den bevorstehenden Auftritt. – Ob ich denn wenigstens ein Zimmer gemietet hätte, damit ich nach erfolgter Abservierung flüchten und ungestört weinen könnte? – Das Ritual [...] folgte bewährten*

*Regeln. Hans Werner Richter [...] teilte den Eingeladenen ihre Termine zu. Es gab günstige Auftrittszeiten, morgens nach dem verspätet eingenommenen Frühstück und am frühen Nachmittag, wenn die literarischen Feuerwerker noch jede Menge Pulver parat hatten. Und es gab ungünstige Zeiten, unmittelbar vor dem Mittagessen, wenn der Appetit stärker war als jede Redelust.*[134]

Und Hans-Jürgen Heise war überzeugt, dass es Hilde Domin *auch nicht verkraftet [hätte], in der Gruppe zwischen Mittags- und Zigarettenpause verhackstückelt zu werden.*[135]

Hans Mayer argumentierte ähnlich: Hilde Domin sei nicht hart genug im Nehmen, und man habe sie quasi zu ihrem Schutz später weiterhin übergangen. »Schutzboykott« nach »Schutzhaft«[136], kommentierte das Hilde Domin.

Immer wieder haben kritische Stimmen bei der Analyse des Domin'schen Werkes betont, dass die schriftstellerische Ausbeute in den Sechzigerjahren eher mager war. Negative Bemerkungen über mangelnde Schöpfungskraft blieben nicht aus. Man mokierte sich über das wenig umfangreiche Werk. *Und wenn man weiß, wie leicht und schnell Hilde Domin spricht, wundert man sich, wie schwer und langsam sie schreibt. Mit Gedichten ist das eben etwas anderes [...] sie wollen erarbeitet und überarbeitet, geschrieben und wieder getilgt, verworfen und neu gestaltet sein. Hilde Domin ist nicht schnell fertig, sondern sorgsam beim Schreiben. [...] Einfach sein ist bekanntlich schwer.*[137]

Domin schwieg zu persönlichen Angriffen. Bedenkt man ihr fragiles Gemüt in den Jahren 1961 und 1962, so erstaunt das magere Ergebnis von nur zwölf Gedichten nicht. Der Freundin Edith Baron in Amerika klagte sie, dass das große Staunen erloschen sei, ohne das eben keine Gedichte entstehen. Diese Jahre des Kampfes hatten ihren Tribut gefordert, doch Domin hatte ihre Konsequenz daraus gezogen: *Fischer ist schon zusammengezuckt. Sie werden mich verändert vorfinden, ich bin entsetzlich abgebrüht seither*[138], schrieb sie Hans-Jürgen Heise 1963.

Das Gespräch mit Erwin Walter Palm war so gut wie verstummt. Domin musste in jenen Tagen eine neue Sprache finden. Immer wieder tröstete in solch einer labilen Seelenlage der Austausch mit der Natur: *die Kirschblütensprache,/Apfelblütenworte,/rosa und weiße Worte,/die der Wind/lautlos/davonträgt./Vertraue dich dem Obst-*

## 16. Kapitel

*baum an/wenn dir ein Unrecht geschieht./Lerne zu schweigen/in der rosa/und weißen Sprache.*[139]

*Notrufer, Flucht, Bedrohung, Rückwanderung, Keine Zeit für Abenteuer*, heißen die Gedichte, die in dieser Zeit entstanden und in die Frage mündeten: Was würde passieren, wenn sie sich nicht anpassen würde, nicht lernte, *Fisch unter Fischen zu sein*[140], sondern weiterhin gegen den Strom schwimmen würde?

Sich treiben zu lassen, fiel ihr schwer: Die Hausgemeinschaft im Hainsbachweg hatte einen belastenden Neuzugang zu verkraften, der schon vor seinem Einzug für Unruhe sorgte. Die Mieterin der Dachwohnung über den Palms hatte geheiratet. Sie hatte schon im Vorfeld um Verständnis für ihren Mann geworben, einen »Persilschein« gezeigt, um vor allem Hilde Domin zu beruhigen. Sie hatte Hitlers Schwager geheiratet, dessen Ehe mit der Schwester von Eva Braun kurz zuvor geschieden worden war. Als Hilde Domin ihm im Treppenhaus zum ersten Mal leibhaftig gegenüber stand, ließ sie den Pappkarton mit den Eiern, den sie gerade in der Hand hielt, fallen.

Als die Nachricht von Kennedys Ermordung im November 1963 eintraf, war Hilde Domin allein in Heidelberg, ihr Mann hielt sich in Mexiko auf. Sie lief hilflos durch die Wohnung, Erwin fehlte ihr. Trotz aller Divergenzen gaben sie einander in Extremsituationen immer Halt und Trost. Für Hilde Domin war das Attentat das Schlimmste seit dem Tod des amerikanischen Präsidenten Roosevelt, dessen außenpolitische Visionen der »good neighbor policy« der ihren entsprachen. Doch ihre Klagen mündeten sogleich wieder in Hoffnung: *Und doch, zeigt es nicht, wie immer, dass ein Einzelner durch Fähigkeit, Zuversicht, Tapferkeit die Welt verändern kann?*[141]

Mit ebendiesen Tugenden wollte Hilde Domin auch ihre privaten Kämpfe befrieden. Die Flucht voreinander und die lange Leine, die sie und Palm einander ließen, empfand sie zwar als schmerzlich, aber es wurde dadurch auch so *extrem friedlich.*[142] Beide litten unter der psychischen Auswegslosigkeit ihrer Situation und suchten Hilfe in psychiatrischer Beratung.[143] Die Tabletten, die man Hilde Domin empfohlen hatte, um ihre Psyche aufzuheitern, setzte sie nach drei Tagen ab, denn sie dämpften alles, was in ihr vibriert hatte. Lieber wollte sie bei Sanatoriumsaufenthalten körperlich und geistig genesen. Von 1961 bis 1964 verbrachte sie immer wieder viele Wochen des Jahres in Luftkurorten wie dem Schwarzwald-Höhensanatorium in Höchenschwand. Im Juli und August 1963 wurde ein sechswöchiger Aufenthalt dort erforderlich, nachdem massive Lungenblutungen eingesetzt hatten. Gleich daran schloss Domin einen Erholungsurlaub in den Schweizer Bergen, in Beatenberg am Thunersee, an. Wieder schien die Natur als letztes Refugium ihr die heilende Kraft zu geben, um die Gegenwart zu bewältigen: *Ich flüchte mich zu dem kleinsten Ding/der Ewigkeit eines Mooses/feucht/fingergroß/von der Kindheit/bis heute.*[144]

Weit entfernt von Palms Eifersucht, trauten sich dort Bilder und Worte wieder ans Licht:

*Das Gefieder der Sprache streicheln.*
*Worte sind Vögel*
*mit ihnen*
*davonfliegen.*[145]

Dem großen Zusammenbruch Hilde Domins schien eine heftige Auseinandersetzung mit Erwin Walter Palm vorausgegangen zu sein. Aus den vielen Briefen, die sie in Höchenschwand an ihn richtete, sprach immer wieder ihre Angst vor der Heftigkeit seiner Reaktion: *ich bitte Dich um Eines, beschütze mich auch vor Dir selbst.*[146] In einem anderen Brief schrieb sie: *Und ich habe ja auch Angst vor Dir, denn ich bin, vom Haar bis in die Zehen, voll Entsetzen vor möglicher Verkrüppelung.*[147] Wieder und wieder analysierte sie die ausweglose Situation, um zu demselben Resultat wie schon Jahre vorher in Santo Domingo oder Haiti zu kommen: Trotz aller Vorbehalte und Vorwürfe lehnte sie eine Trennung, die dem Schrecken und der Ausweglosigkeit ein Ende bereiten könnte, ab, auch wenn vieles ihr sagte: *renne fort, falls Du es überstehst, rette Dich vor ihm, mit der Kraft, die bleibt, falls welche da ist.*[148]

Hilde Domin hatte Angst vor Verkrüppelung psychischer und physischer Art: Warum konnte sie nicht von Erwin Walter Palm lassen? *Ich weiss nicht, was ich erwarte, aber es ist furchtbar, wie ich es nicht lassen kann immer neue Leben zu erwarten. Ich meine, hiesige, auf dieser Erde*[149], schrieb sie ihm wenige Tage vor seinem 53. Geburtstag aus dem Sanatorium in Höchenschwand. Reichten die

## 16. Kapitel

Glücksmomente immer wieder aus, ihre Hoffnung neu zu beleben, um dann beiden die Spannung zu geben, die ihre positiven Energien freisetzte? Hilde Domin war trotz aller Qualen von der Einzigartigkeit ihrer beider Persönlichkeiten überzeugt: *zusammen, wenn man uns in einen Topf täte und kochte und aus Zweien eines machte, würde es unsresgleichen nicht geben. Kontinente weit.*[150] Die Stärke des einen war die Schwäche des anderen. In einem Fragebogen der FAZ antwortete Hilde Domin auf die Frage, welche Eigenschaften sie bei einem Mann am meisten schätze: *Herz, Kopf und Rückgrat und eine kleine Dosis Frau. – Herz, Kopf und Rückgrat und eine kleine Dosis Mann* sollte auch die Frau besitzen.[151] Ist es dann verwunderlich, dass Hilde Domin zu dem Schluss kam: *Wir sind alle Hermaphroditen*?[152]

Eine gewisse Arroganz bescheinigten dem Paar die einen, eine beeindruckende Einheit sahen andere, wenn Hilde Domin und Erwin Walter Palm zusammen auftraten. Aus dem Wissen um die geistige Außergewöhnlichkeit erwuchs immer neu die gegenseitige geistige Attraktion. Doch dazu war Distanz unerlässlich. Und die ergab sich aus der Lebensform, die beide in den kommenden Jahren wählten und die Erwin Walter Palm schon in Santo Domingo gefordert hatte.

Sie hatten ihre beste Zeit immer dann, wenn sie sich nach dem anderen sehnen konnten. Dabei fühlte sich Hilde Domin Erwin Walter Palm auch aus der Ferne nah: *Sieh Dich nicht um/nach mir/ Eurydike,/immer mit dir/die Hand/deine Schulter berührend/unter den fernen Bäumen.*[153]

Auf dieses Gedicht reagierte ihr Mann heftig, warf ihr offensichtliche Unkenntnis der Mythologie vor. Domin beharrte auf ihrer Feststellung: *Eurydike, die arme, geht hinter Dir, doch. Ich klammere sie also ein, damit Missverständnisse vermieden werden. Für wen hältst Du mich denn, dass ich die griech. Mythologie nicht kennen sollte.*[154] Das Gedicht schickte sie ihm in ihrem Anwortbrief gleich noch einmal zu.

Fühlte sich Hilde Domin durch Erwin Walter Palm in das Schattenreich verstoßen?

Das Eurydike-Motiv nahm Hilde Domin in dem zärtlichen Abschiedsgedicht an ihren Mann erneut auf, das sie unmittelbar nach seinem Tod 1988 in Portugal verfasste: *Mein Herze/wir sind verreist/nach verschiedenen Weltteilen/Eurydike/meine Hand/deine Schulter berührend.*[155]

Eurydike blieb zurück, als Orpheus das Glück greifen wollte. Jetzt waren ihre eigenen Kräfte gefordert.

Hilde Domin verharrte in jenen Jahren der körperlichen Schwäche dennoch nicht in Untätigkeit, sondern knüpfte in der Zeit der Rekonvaleszenz Kontakte zu anderen Schriftstellern. In Beatenberg machte sie die Bekanntschaft mit dem Literaturwissenschaftler Walter Muschg. Ihr anfangs herzliches Verhältnis wurde jedoch bald durch Misstöne gestört, die sich Hilde Domin nicht erklären konnte, bis der Kontakt schließlich abrupt abriss. Hilde Domin bezeichnete den Verlauf einer solchen Bekanntschaft bald als »Muster Muschg«: Nach herzlichem, intensiven Austausch fühlte sie sich plötzlich ohne Angabe von Gründen fallen gelassen. Der Energie, mit der Hilde Domin ihr Gegenüber vereinnahmte, schienen Viele nicht gewachsen zu sein und zogen sich deshalb zurück.

Auf dem Rückweg nach Heidelberg besuchte sie 1963 den Freiburger Romanisten Hugo Friedrich. Das Briefgespräch zwischen beiden begann 1963, Kurth Pinthus' Artikel in der ZEIT von 1962 hatte den Anstoß dazu gegeben. Der Briefwechsel zeugt von Domins literaturtheoretischer Kompetenz, konnte aber letztlich über die Gräben zwischen der Dichterin und dem Freiburger Literaturwissenschaftler nicht hinweghelfen.[156] Der Besuch in Freiburg war in mehrfacher Hinsicht erinnerungswürdig. Friedrich machte Hilde Domin auf einen irreversiblen Irrtum aufmerksam. Der Freiburger Ordinarius wohnte an einer eindrucksvollen Pappelallee, und Hilde Domin zeigte sich von den wunderbaren »Ulmen« entzückt. Die Bestürzung war groß, als Friedrich sie darauf hinwies, dass es Pappeln waren, die sie so erfreuten: *für immer sind nun alle Ulmen in meinen Gedichten mit Ihren Pappeln und dem Nachmittag bei Ihnen verbunden*[157], schrieb sie. Eine spanische Bäuerin in San Rafael de la Sierra hatte ihr diese Art von Bäumen als »olmos« vorgestellt und damit falsch bezeichnet. Doch ändern konnte Domin die Namen der Bäume in ihren Gedichten nicht mehr, *weil es Bäume mit einem »u« sind, ein »a« würde stören.*[158] Sie nahm sich zumindest vor, zum Jahresende alle Bäume in ihren Gedichten zu kontrollieren.

## 16. Kapitel

Die intellektuelle Auseinandersetzung mit Friedrich endete nach einer vierjährigen Korrespondenz ebenfalls in Missklängen nach dem »Muster Muschg«. Friedrich wollte sein äußerst erfolgreiches enzyklopädisches Bändchen von 1956 *Die Struktur der modernen Lyrik – Von Baudelaire bis zur Gegenwart* neu fassen. Er trat mit Hilde Domin in einen leidenschaftlichen literaturwissenschaftlichen Diskurs, der von beiden Seiten mit großem Eifer geführt wurde. Domin lieferte Friedrich lange Listen von den zeitgenössischen Dichtern, die es ihrer Meinung nach wert waren, in den neuen Band aufgenommen zu werden. Naiv vertrauensvoll nahm sie offen zu den einzelnen Vertretern Stellung, obwohl Erwin Walter Palm sie zur Zurückhaltung gemahnt hatte. Selbstverständlich ging Hilde Domin davon aus, dass Hugo Friedrich auch sie in seine Neufassung aufnehmen würde, nachdem er eine Interpretation ihres Gedichts *Köln* angefordert hatte.

Umso enttäuschter reagierte Domin, als Friedrich ihr mit wenig überzeugenden Argumenten mitteilte, dass sie nicht in seinem Buch vertreten sein werde. Domin verlangte daraufhin von Friedrich eine Erklärung – das hatte er offenbar nicht erwartet. In ihrem Briefwechsel folgten hitzige Wortgefechte, denen sich Hugo Friedrich entziehen und Hans-Georg Gadamer in einen Vermittlungsversuch einschalten wollte, was der jedoch ablehnte: Domin sei eine *höchst begabte Frau, aber selbst die briefliche Distanz ist manchmal noch nicht groß genug, um es mit ihr auszuhalten. Man muss ihr wohl ihr Schicksal zugute halten, dass sie ständig einem gewissen Verfolgungswahn erliegt,* außerdem gäbe es in Domins *Metier wohl ganz andere Konkurrenzkämpfe und Intrigen [...], als sie der luxurierende Beamtenstatus von Akademikern herbeizuführen pflegt.*[159]

Ihre Kritik an dem für sie unvollständigen Spektrum in Friedrichs überarbeiteter *Struktur der modernen Lyrik* nahm sie in einem Essay auf, der im November 1968 in *Der Monat* erschien, und setzte dort gleich auch die Diskussion über die Übersetzungsprobleme fort, die sie mit Friedrich erörtert hatte, ohne ihn von ihrem Standpunkt einer Theorie der Übersetzung von Dichtung überzeugen zu können. So brach der Kontakt zu Hugo Friedrich bald ab.

Die seinerzeit von Friedrich nicht aufgenommene Selbstinterpretation ihres Gedichts *Köln* lieferte Hilde Domin 1974 zur Festschrift Hugo Friedrichs anlässlich seines 70. Geburtstags nach; da war ihr freundschaftliches Verhältnis bereits beendet.

Erwin Walter Palms Rolle in diesen Prestige- und Anerkennungskämpfen in der Literaturszene kann nur aus Hilde Domins Briefen und letztendlich aus der symbolischen Verbeugung Walter Boehlichs gefolgt werden, der sein anfänglich negatives Urteil über Domin revidierte. Sie hatte sich direkt in die Höhle des Löwen begeben und Boehlich ihre Prosa mit der Bitte um ein Urteil persönlich überreicht – und das, nachdem sie ihm Jahre zuvor in harschen Worten unterstellt hatte, dass seine Macht vor allem durch *das Schildchen eines Verlags*[160] an seiner Tür gestärkt werde. Tat, Text und Mut schienen Boehlich überzeugt zu haben, denn von da an empfand Hilde Domin ihn als aufrichtigen Freund und Berater. Hilde Domin hatte das Gefühl, dass entfernt stehende Menschen ihr mehr Solidarität zukommen ließen als ihr Mann. Die Bitten, dass sich ihr Mann zu ihr bekennen und seine Rolle in diesem Stück literarischer Intrigen aufdecken solle, durchziehen nahezu alle Briefe, die sie in den Sechzigerjahren schrieb. Manchmal unterschrieb Hilde Domin deshalb mit »Abel«, denn Palm war nach wie vor verärgert, dass Abels Feuer brannte, während das von Kain nur schwelte.

Domin gab ihrem Mann eine Mitschuld, dass sie in der Schriftstellerszene als *DER Jude der Literatur*[161] gemieden wurde: *Schon hier in Hdg reden die Leute so abschätzig von mir, ganz wie Du es – seit dem Besuch bei Schöningh – gewollt hast. [...] Der Winter, der Schattenkrieg, den Du hast inszenieren lassen u der mein Leben frisst. Merkwürdig schwer die Rettung, man kann da nur beten. [...] Ich bitte Dich hiermit sehr ausdrücklich Dich jeder derartigen Attacke auf »Lyrik« als genre zu enthalten. Du hast es mir schwer genug gemacht. Ich warne Dich.*[162]

Sie legte Palm die Anfangszeilen ihres Gedichts *Mit den gleichen Augen* bei, das sie bereits 1959 auf der Durchreise in Heidelberg verfasst hatte. *Der Zweikampf/Die Augenblicke/ich helfe dir/gegen mich/Es riecht nach Veilchen/sagtest du die erste Nacht/Die Sterbenden/entlang den Weg/kleiner werdend/durchsichtig.*[163]

Im Deutschen Literaturarchiv Marbach findet sich bei den Unterlagen zu Erwin Walter Palm ein auf das Jahr 1966 zu datierender, mit Schreibmaschine verfasster Brief an Walter Boehlich, der aber

## 16. Kapitel

weder unterschrieben noch abgeschickt wurde. Der Verfasser des Briefes gesteht mit großer Offenheit seine Schuld an den Schwierigkeiten ein, mit denen Hilde Domin in der Literaturszene zu kämpfen hatte. Er habe es nicht ertragen, dass seine Frau geschrieben, geschweige denn veröffentlicht habe. Seiner Empörung, dass sie nach all den vergeblichen Versuchen von Boehlich so groß aufgenommen worden war, verlieh er Ausdruck, indem er falsches Zeugnis ablegte und gestand, den Adressaten auf eine falsche Fährte geführt zu haben. (Domin hatte Boehlich vorgeworfen, maßgeblich Schuld an ihrem negativen Bild zu haben.) *Ich war nicht guten Glaubens, ich wusste, dass Sie in einem Irrtum befangen waren, aber ich freute mich, dass ihr Schwierigkeiten gemacht wurden. Ich will nichts beschönigen, es ist gleichgültig, ob es verzeihlich oder nicht verzeihlich war, und ob ich mir die Folgen, die ich zunächst bejahte, richtig vorgestellt habe.*[164] Gegen Ende des Briefes gesteht der Verfasser, dass er das, was er sei, ganz wesentlich seiner Frau verdanke. *Wie oft hätte ich alles aufgegeben, in den 20 Jahren der Emigration. Mit Heiterkeit, mit Mut, hat sie alle Schwierigkeiten weggelacht, hat immer neue Auswege erfunden, mir aufs Selbstloseste gedient. [...] Ich habe buchstäblich von ihrem Glauben an mich gelebt.*[165]

Auf den ersten Blick scheint es keinen Zweifel zu geben, dass Erwin Walter Palm der Verfasser des Briefes ist. Doch dann hätte er spätestens 1966 eine Wandlung vom Saulus zum Paulus vollzogen. Es ist eher anzunehmen, dass Hilde Domin diesen Brief selbst verfasst und sich von Erwin Walter Palm die Großherzigkeit Goethes gewünscht hatte; der hatte 1832 der Welt enthüllt, dass Marianne Willemer die kongeniale Mitdichterin der Suleika-Lieder gewesen war, und ihr ihre versiegelten Briefe wieder zurückgesandt. Erwin Walter Palm hat die Mitarbeit seiner Frau bei *Rose aus Asche* nie eingestanden.

Doch auch Erwin Walter Palm versuchte seinen eigenen Standort zu definieren, seine kleinen Fluchten nach Südamerika wurden für ihn zum erfolgreichen Großprojekt: Er hatte für den Winter 1963/64 ein Urlaubssemester beantragt und verbrachte acht Monate in Mexiko. Ab 1964 engagierte er sich dort für die DFG fast eineinhalb Jahrzehnte lang. Erwin Walter Palm forschte jeweils vom Frühherbst bis zum späten Frühjahr des Folgejahres an dem »Puebla-Tlaxcala-Projekt« in Mexiko. Dort erwarb er sich die Anerkennung, nach der er so lange gestrebt hatte, und profilierte sich zum Experten für iberoamerikanische Kunst und Kultur.

Viele Jahre war Hilde Domin infolgedessen jeweils von August/September bis April allein, viele Weihnachten und Jahreswechsel gestaltete sie ohne Erwin Walter Palm. Aber hatte nicht auch eine befreundete Psychologin ihr bestätigt, dass Trennungen alle Zärtlichkeit aktivieren können?

In ihren Briefgesprächen hielt Hilde Domin ihren Mann auf dem fernen Kontinent über ihr Leben in Deutschland auf dem Laufenden oder versorgte ihn mit Universitätsinterna: So erfuhr Palm, dass der erste Prorektor der neuen Heidelberger Universität nach dem Krieg, der Historiker Fritz Ernst, kurz vor Weihnachten 1963 mit einer Überdosis Tabletten aus dem Leben geschieden war.

Es scheinen nicht alle Briefe Erwin Walter Palms aus jenen Jahren in Mexiko erhalten zu sein. Enthielten sie Kompromittierendes? *Nein, nicht wegen der Indiskretion. Wieweit man sie frisieren kann, sodass man sich den Ast nicht absägt, muss sich zeigen,* schrieb Domin ihrem Mann schon 1964.[166]

Die Entfernung zwischen beiden blieb groß: *[...] Kontinente/voneinander./Unendlich weit./Nur dieses/Hand in Hand./Und doch es gilt nur/unter Gehenden.*[167]

Sie glichen Marionetten, die über Kontinente hinweg nur durch das Band des Regenbogens noch zusammengehalten wurden. *Der Regenbogen/das Gängelband/am anderen Ende/die Traumfigur/eine Puppe aus Fleisch und Blut/mit ausgebreiteten Armen/immer/mit ausgebreiteten Armen.*[168]

Sie gingen sich aus dem Weg und hielten sich kaum noch in ihrer Wohnung auf. *Was für ein Zeichen/mache ich über die Tür/um bleiben zu dürfen?*[169] Die erste Strophe des Gedichts, im ersten Jahr im Hainsbachweg geschrieben, hatte die unsichere Zukunft vorweggenommen. Ihr Zuhause schien nur noch ein Umschlagplatz für Koffer zu sein, die gewechselt oder neu gepackt wurden. War Erwin Walter Palm in Mexiko, suchte Hilde Domin Luftkurorte in der Schweiz auf, um ihre angeschlagene psychische und physische Gesundheit zu stabilisieren. Die Hoffnung auf einen Neubeginn ihres Zusammenlebens, auf ein *3. Paradies*[170], gab sie dennoch nicht auf.

Die räumliche Distanz zu Erwin Walter Palm entzog sie seinem mäßigenden Einfluss, wenn sie sich politisch engagiert äußerte. Aus

## 16. Kapitel

der Ferne mahnte er zwar weiterhin zu »no acusar«, doch Hilde Domin konnte ungebremster walten und setzte ihre Zivilcourage ein, wo es ihr nötig schien. Spontaneität überwog dabei zumeist das rationale Abwägen des Erforderlichen. *Es waren immer Aktionen und Reaktionen einer Person, die vor allem wachsam war und sein wollte, die es für richtig hielt, gegen dieses und jenes zu protestieren.*[171]

Mit ihrer Leidenschaftlichkeit und Diskussionsfreudigkeit, mit ihren raschen Sprüngen und ihrem Temperament ging sie manch einem *auf die Nerven.*[172] Mit ihren Gedichten aber zog Hilde Domin ihre Leser in ihren Bann – mit manchmal ungewöhnlichen Folgen.

So etwa nach dem Tod des Heidelberger Professors Gustav F. Hartlaub. Der Vater der Schriftstellerin Geno Hartlaub war am 30. April 1963 gestorben. Die Hinterbliebenen riefen Hilde Domin an und teilten ihr den letzten Wunsch des Verstorbenen mit: *Falls er noch höre, solle [ihre] die letzte Stimme sein, für ihn.*[173] Das Lesen vor einem Toten muss einer der befremdlichsten Momente für die Lyrikerin gewesen sein. Hilde Domin las das Gedicht *Ruf*. Einige Wochen danach bedankte sich die Witwe bei Hilde Domin und schenkte ihr das gravierte Lieblingstrinkglas des Verstorbenen, mit Maiglöckchen darin.

Hilde Domin war eine engagierte Zeitungsleserin. Der Tag begann für sie mit der Lektüre der lokalen *Rhein-Neckar-Zeitung* und der FAZ. Sie sortierte die Zeitung zunächst aus: Sport und Anzeigenteile flogen raus, ohne dass sie auch nur einen Blick darauf geworfen hatte; Lokales und das Feuilleton wurden dagegen nach dem ersten schnellen Überblick über die Politik ausführlich und sorgfältig gelesen. Meist noch im Bett, bäuchlings, wie seit frühesten Jugendtagen. *Was ich an der Zeitung schätze, außer den politischen und kulturellen Nachrichten, ist die Tatsache, dass sie dem aktiven Bürger die Möglichkeit gibt, sich einzumischen: zum Guten.*[174]

Sich einmischen – davon machte sie energisch Gebrauch. Die Aktionen, die sie initiierte, waren keinem Programm verpflichtet, entsprangen politischer, sozialkritischer oder kultureller Motivation; gemeinsam war allen Aktionen, dass es meist Schwache oder Ausgegrenzte waren, für die sie sich einsetzte – immer für das Individuum. Sie wurde bei kleinen Fällen aktiv, denn da sah sie eine reelle Chance auf Erfolg, und engagierte sich nicht generell für eine Sache, von der dann auch diejenigen profitieren könnten, die die Demokratie einseitig für ihre Interessen ausnutzten. Sie setzte sich für Flüchtlinge ein, um deren Abschiebung zu verhindern, sie verschaffte einem arbeitslosen Lehrer eine Stelle und einem ausländischen Studenten ein Stipendium. Sie verteidigte die Präsenz von exotischen Pflanzen auf heimischem Boden – über die Argumente der Naturschützer hinweg. Sie rettete die Bäume im Heidelberger Schlosspark, die einer Umgestaltung zum Opfer fallen sollten. »Heimat« bedeutete für Hilde Domin auch, in ihrem Lebensumfeld Mitverantwortung zu tragen, sich einbringen zu dürfen.

Der damalige Heidelberger Oberbürgermeister Zundel wusste mit der streitbaren Dichterin umzugehen: Er schickte Hilde Domin mit dem Förster durch die Wälder, wenn sie gegen Abholzungen der Hänge protestiert hatte. Oder er rief die Kommission wieder zusammen, die über das Schicksal der Bäume im Schlosspark zu entscheiden hatte, als sich Domin über so viele Todesurteile aufregte. Baum für Baum schritt sie mit der Kommission ab, die Bäume, die überleben sollten, wurden mit einer Nummernplakette versehen. Die Lyrikerin griff bei ihrer Argumentation auf prominente literarische Vorbilder zurück: auch Brentano hatte das Fällen der Bäume im Schlosspark zu Tränen aufgeregt.[175]

Als die Presse über die Ankunft eines kleinen Wanderzirkus berichtete, der über Weihnachten kein Quartier fand, startete Hilde Domin einen ihrer (gefürchteten) Telefonanrufe: Welcher der Bekannten würde sie am Heiligabend zu den Zirkusleuten fahren, damit sie ihnen einige Worte der Zuwendung geben konnte? Wie so oft in solchen Situationen war es der Anglist Horst Meller; er und seine Frau Margrit zählten zu den ersten und beständigen Freunden der Palms. In einem Leserbrief an die heimische Zeitung empörte sich Hilde Domin über die mangelnde Zuwendung und Hilfe, die man den Zirkusleuten bot. Dass ihre Stimme gehört wurde, Besucher und Futter für die Tiere eintrafen, machte sie glücklich.

Für Unbesonnenheit oder für Mangel an Selbstdisziplin hatte sie kein Verständnis. Bei heiklen Themen holte sie sich Rat ein, berief sich dabei immer wieder auf Walter Boehlich. Der hatte auch den Aufruf für die Ostermärsche der Atomgegner unterzeichnet, sodass Hilde Domin sich anschloss. Doch wirklich große Themen,

## 16. Kapitel

die sie ins Licht der Öffentlichkeit gerückt und Angriffsfläche geboten hätten, ließ sie aus. Erwin Walter Palms Rat »no acusar« wurde dann befolgt.

Domin war ihre strengste Archivarin und redigierte sämtliche Artikel, die über sie erschienen waren, höchst akribisch. *Zum Bericht über ihren Vortrag »Exilerfahrungen« in Mannheim stellt uns Hilde Domin die folgenden Ergänzungen zur Verfügung*[176] – ähnliche Gegendarstellungen und Ergänzungen musste die Lokalpresse immer wieder abdrucken: *Mit Unbehagen lese ich den gut gemeinten Fehlbericht meines am 2.7. im Politologischen Institut gehaltenen Vortrags.*[177] Die Redaktionen standen ihr deshalb mit einiger Skepsis gegenüber.

Auch im engeren Bekanntenkreis traf sie nicht nur auf Zustimmung, wenn sie aufgeregt auf politische Ereignisse reagierte. Übersensibel nahm sie jedes Auflodern antisemitischer Umtriebe wahr.

Im August 1962 hatte sie in der Heidelberger Tagespresse vehement mit einer Leserzuschrift auf einen Artikel reagiert: Bei einer rechtsradikalen Versammlung war eine Frau von Neonazis verprügelt worden. Die Presse sprach davon, dass diese Frau in *tätliche Auseinandersetzungen verwickelt* worden war.[178] *Sind die 6 Millionen Juden auch in handgreifliche Auseinandersetzungen »verwickelt« worden?*[179], fragte Domin daraufhin bei der Zeitung an. Und tatsächlich las man am nächsten Tag einen Nachtrag in der Presse; der Bericht sprach nun von einem brutalem Überfall auf die Frau, und Domin war zufrieden.

Hilde Domin erwartete *Zivilcourage zum Beispiel/diesen Mut den kein Tier hat/Mit-Schmerz zum Beispiel/Solidarität statt Herde/Fremd-Worte/heimisch zu machen im Tun.*[180]

Erwin Walter Palms Meinung nach exponierte sie sich durch ihr offensives Auftreten in der Öffentlichkeit viel zu sehr. Und er schien recht zu behalten; 1961 hatten die nächtlichen Drohanrufe angefangen, die die Palms in höchste Unruhe versetzten.

Hilde Domin schaltete den befreundeten Kommilitonen aus Heidelberger Studientagen, Fritz Bauer, ein. Bauer war mittlerweile Generalstaatsanwalt geworden, hatte 1960 dem israelischen Geheimdienst den entscheidenden Hinweis zur Ergreifung Adolf Eichmanns geliefert und die Prozessführung bei den Auschwitz-Prozessen inne. Die eingerichtete Fangschaltung im Hainsbachweg 8 brachte jedoch

## Heidelberg 1961-1963

keine Erkenntnisse. Die Drohungen allerdings nahmen massivere Formen an. Nachts patrouillierten Neonazis mit ihren Schäferhunden vor dem Haus und drohten den Mitbewohnern, die Hunde auf sie zu hetzen, falls sie nicht dafür sorgen würden, dass »diese Juden« ausziehen. So wurde die Wohnung *[t]rotz Rosen und Nachtigallen [...] eine schlimme Wohnung [...], vielleicht die schlimmste seit Rom. Enttäuschungen und widerwärtige Erfahrungen wie fast nie.*[181] Dass Hitlers Schwager den Anstoß für die Bedrohungen gegeben haben könnte, ist nicht ausgeschlossen. Fritz Bauer riet den Palms, sich nach einer anderen Wohnung umzusehen.

Nachdem Erwin Walter Palm im Winter 1963 für acht Monate nach Mexiko abgereist war, verbrachte Hilde Domin die letzten Wochen des Jahres allein.

Wie schon von Anbeginn ihrer Freundschaft an, schickte Erwin Walter Palm unmittelbar nach seiner Abreise über einen Kurierdienst Blumen – meist dunkelrosa Nelken. Am Weihnachtstag arrangierte Hilde Domin dann die Blumen mit besonderer Sorgfalt: Palms Gebinde auf dem Boden mitten im Zimmer und auf dem *Kinderwagen*[182] – so bezeichnete sie den altmodischen Servierwagen, der tatsächlich an solch ein Gefährt erinnerte – als Symbol ihrer besonderen Verbundenheit und eines nicht gelebten Familienlebens eine Schale mit zwei Hyazinthen und zwei kleinen Tulpen. Die Weihnachtsfeste der kommenden Jahre liefen fast identisch ab. *Fast fluchtartig ging [Domin] mit Freunden in den Weihnachtsgottesdienst*[183] und verbrachte dann das Weihnachtsfest mit ihnen. Ihre Impressionen verarbeitete sie gleich literarisch, später nahm sie sie in ihre *Gesammelten Autobiographischen Schriften* auf – und verstimmte damit Freunde, die sich wiedererkannten. Vom S. Fischer Verlag kamen ab 1974 – da hatte Monika Schoeller die Leitung des Verlags übernommen – regelmäßig Weihnachtsgeschenke; auch Freunde und Bekannte kamen mit Geschenken in ihrer Wohnung vorbei. Solche Geschenke wurden gleich auf ihre Weiterverschenkbarkeit getestet, zum Beispiel der von Günter Grass bemalte Rosenthal-Weihnachtsteller »Der Fortschritt ist eine Schnecke«. Oftmals wanderten dabei wertvolle Präsente in andere Haushalte, während scheinbar unbedeutende Kleinigkeiten wie ein Schatz gehütet wurden.

## 16. Kapitel

An den Silvesterabenden, die sie allein verbrachte, verschmähte sie den geschenkten Sekt und mixte sich ihren Silvester-Drink: »*Whisky Sour nach Hasenart*«: *ein Eiweiß, eine Zitrone, ein Fingerhütchen Whisky*[184] und dazu gab es ein Riesenstück Panettone. Später, im Graimbergweg, wartete sie darauf, dass die Gefangenen des nahe gelegenen Gefängnisses eine Minute vor Mitternacht ihr rhythmisches Löffelkonzert anstimmten, um so das neue Jahr zu begrüßen.

Der letzte Abend des Jahres 1963 war ein einsamer und trostloser Abend für Hilde Domin; ein »alleiniger Mensch«, wie sie sich oft nannte, ohne Erwin, von dem sie diesmal nicht einmal wusste, wo und mit wem er den Beginn des neuen Jahres feierte – er hatte lange nicht geschrieben.

So wünschte sie für das neue Jahr 1964, beim anderen eine Spur zu hinterlassen, um wieder Hand in Hand gehen zu können, selbst wenn sie getrennt wären. Und getrennt sollten sie im kommenden Jahr oft sein. Es war sicherlich nicht nur Hilde Domins weiterhin angeschlagene Gesundheit, die sie zwang, fast die gesamte erste Hälfte des Jahres 1964 in der Schweiz zu verbringen. Würde sie wieder bei Kräften sein, wollte sie im Herbst des kommenden Jahres eine Mammut-Lesereise in den USA unternehmen. Die Einsamkeit des Winters 1963 sollte sich auf keinen Fall noch einmal wiederholen.

17. Kapitel

# Heidelberg
# 1964-1968

*Es ist so leer ohne dich.*
*Wenn auch so extrem friedlich.*
(Hilde Domin an Erwin Walter Palm vom 5.9.1966)

Wenn der *hellblaue Herbst*[1] die Tage kürzer werden ließ und Erwin Walter Palm Kontinente weit weg war, suchte Hilde Domin Trost in langen Spaziergängen durch die bereits kahlen Wälder von Ziegelhausen oder in den abgeernteten Weinbergen an den Handschuhsheimer Berghängen. Der Natur rang sie kleine Bilder ab: Die einzelnen Birnen, die einer Ernte widerstanden hatten, erinnerten sie an die Fülle des Sommers, und die ersten Knospen, die unter dem welken Herbstlaub trieben, kündeten von einem neuen Frühling.

Auf den stillen, grauen Wanderungen trug sie die bunten Briefe Palms bei sich, Berichte vom lärmenden Treiben in Südamerika, wie in ihren einsamen Zeiten in Rom. Sie legte sich in die braunen Farne am Wegrand und las – und konnte die Entfernung nicht mehr messen, die zwischen ihnen lag.

Die ersten Monate dieser Jahre waren mit Lesungen gefüllt. Kehrte Erwin Walter Palm von seinen Exkursionen zurück, gab es ein Wiedersehen, eine kurze Begrüßung, Besprechung grundsätzlicher Organisationsfragen, Kofferwechsel – und eine erneute Trennung. Hilde Domin verbrachte 1964 die Zeit bis zum Frühsommer in der Schweiz: Beatenberg, Lauterbrunnen, Interlaken, Sils, Nifelheim waren dabei die bevorzugten Aufenthaltsorte. Mit Ninon Hesse unternahm sie Ausflüge, in der Ruhe der Berge kam allmählich die Luft zum Atmen und damit zum Arbeiten wieder.

## 17. Kapitel

Im Schweizer Beatenberg traf sie im Juni 1964 ihre jüdische Freundin Alice Brandenstein aus der Kölner Gymnasialzeit wieder. Die war inzwischen Landärztin in der Schweiz und hatte somit ihren Berufswunsch aus Schulzeiten umgesetzt. Den Verfolgungen der Nationalsozialisten war sie entkommen, doch sie fühlte sich heimatlos, schien sich in der Zeit des Exils verloren zu haben. Fünf Tage verbrachten die ehemaligen Freundinnen gemeinsam, unternahmen Ausflüge und fütterten sich gegenseitig mit Bildern aus der gemeinsamen Kölner Schulzeit, zum Beispiel mit der Erinnerung an Hildes Abiturrede in der Robe des Vaters. Hilde Domin konnte sich daran schon nicht mehr erinnern und begann gleich nach dem Urlaub in der Schweiz, ihre Kindheitserinnerungen festzuhalten. Die einst so nahe Verbindung zwischen den beiden Frauen hatte allerdings ihre lebendige Spannung verloren; es kam zu keinem weiteren Treffen.

Hilde Domin intensivierte in der Schweiz den Kontakt zu Peter Szondi, den sie 1961 kennengelernt und dann 1963 auf einer Lesung in Göttingen wieder getroffen hatte. Sie war ihm herzlich zugetan, offen – so wie Domin immer auf Männer reagierte, die bei ihr *eine fast zärtliche Protektion* hervorriefen.[2]

Viele Briefwechsel Hilde Domins scheiterten nach einem euphorischen Beginn und unbefangenem Mitteilungsbedürfnis – wie der Austausch mit Hannah Arendt, Günter Eich, Hans-Jürgen Heise, Ingeborg Bachmann, Nelly Sachs, Hugo Friedrich, Hans Magnus Enzensberger, Erich Fried, Ingeborg Drewitz, Marcel Reich-Ranicki –, ohne dass sich Freundschaften daraus entwickelt hätten. Hilde Domin bemühte sich dabei oftmals bis zur Unterwürfigkeit um Kontakte. Doch die vorherrschende Meinung in der Literaturwelt war: Domin sei ein Sonderfall, lasse sich nur schwer einordnen und mache es ihren Kritikern nicht leicht.

Wieso setzte sich das ambivalente Bild über die Schriftstellerin fest? Hilde Domin wirkte in ihrer Hinwendung zu Menschen oftmals distanzlos. Sie verstimmte viele durch ihre intellektuelle Radikalität, Akzeptanz scheiterte oft an ihren hohen Erwartungen an den geistigen Austausch. Wandte sich Hilde Domin jemandem zu, so tat sie es mit aller Macht; man konnte sich dem nur schwer entziehen. *Ich möchte von den Dingen die ich sehe/wie von dem Blitz/gespalten werden.*[3]

## Heidelberg: 1964-1968

Die Energie dieses Blitzes wirkte oft zerstörerisch. So blieb die Zahl wirklicher Freundinnen in Heidelberg gering. Sie rekrutierte sich aus Professorenkreisen und war oft Resultat intellektueller Begegnungen; Hilde Domin genoss die Ausflüge mit Georgia Mitscherlich, der zweiten Frau des bedeutenden Psychoanalytikers Alexander Mitscherlich, um dessen Rat sie 1965 bat. Frau Mitscherlich war eine sehr musische Frau, die ein Auto besaß für Ausflüge in die nähere Umgebung und viel Interessantes über Natur und Landschaft zu erzählen hatte. Sie lenkte Hilde Domins Blick auf das Phänomen, dass im Herbst schon wieder die Knospen des Frühjahrs sprießen – der Kreislauf des Lebens, den Hilde Domin im Gedicht festhielt: *Es knospt/unter den Blättern/das nennen sie Herbst.*[4] Die Verse entstanden unmittelbar nach einer Fahrt durch das Odenwälder Brombachtal.

Mit der Frau des Romanisten Kurt Baldinger verband Hilde Domin eine langjährige Freundschaft und ein gemeinsames Interesse an Theaterbesuchen. Ruth Alexandridis, die Frau des renommierten Augenarztes Evangelos Alexandridis, begleitete Hilde Domin auf ihren Reisen nach Israel. Sie war ihre Gastgeberin bei gemeinsamen Griechenlandurlauben und Freundin bis zum Tod. Der Heidelberger Anglist Rudolf Sühnel hatte Hilde Domin mit Horst Meller und dessen Frau Margrit bekannt gemacht. Horst Meller wurde nach Erwin Walter Palms Tod Hilde Domins geduldiger Berater. Bei Mellers feierte sie auch schon mal Weihnachten, wenn Erwin Walter Palm sich auf Reisen in Mexiko befand, Horst Meller chauffierte das Paar, das zeitlebens ohne Auto und Führerschein auskam, zu Flughäfen und Veranstaltungen und machte dabei seine Erfahrungen mit der »Gefahrenen«, wie Hilde Domin sich selbst bezeichnete: *Wir fuhren zu dritt nach Freudental. Im Gewirr der Kreuzungen und Umleitungen des südwestdeutschen Straßennetzes behauptete Hilde unvermittelt, man habe einen Wegweiser übersehen und müsse nun die genau entgegengesetzte Richtung einschlagen. Souverän bestand Hilde darauf: Man solle zumindest umkehren bis zum übersehenen Wegweiser. Man kehrte um. Die Zeit verstrich. Als Hildes hartnäckige Behauptung sich nach beinahe zwanzig Minuten als falsch erwiesen hatte, wendeten wir erneut. Freudental erreichten wir mit einiger Verspätung. [...] Unser kleines Autode-*

## 17. Kapitel

bakel kommentierte sie wie gehabt: »*Ich bin kein Fahrer, ich bin eine Gefahrene.*«[5]

Manon Andreas-Grisebach, die Tochter des Kunsthistorikers August Grisebach, hatte Hilde Domin schon 1954, gleich nach deren Rückkehr nach Deutschland, kennengelernt; die damals Dreiundzwanzigjährige vergaß niemals die dramatische Geste, mit der Hilde Domin auf der Alten Brücke ihr erstes graues Haar in den Neckar geworfen hatte. Nach Erwin Walter Palms Tod zählten Manon und ihr Mann zu den Freunden Hilde Domins, die sie mit Museumsbesuchen und gemeinsamen Reisen von ihrer Trauer ablenkten. Sie gehörten dadurch auch zu den nahen Freunden, die sich gegen eine Vereinnahmung wehren mussten. Eine Erfahrung, die Freunde immer wieder machten: *Freunde hatten ein anderes Verhältnis zu ihr, erst eng und begeistert, dann zogen sie sich ohne Skrupel zurück, ließen sich verleugnen, schlichen im Ferienhotel zur Hintertür hinaus, spielten ein paar Mal Chauffeur, ja, zogen sogar um in eine andere Stadt oder sonnten sich in Hildes Glanz, wenn es opportun war. Ruhmsucht, Geltungssucht, Herrschsucht, bis zur Blutsaugerei – alles wurde erträglich, wenn [man] in die andere Waagschale die Gedichte (nicht die Prosa), ihre Liebe, ihren Humor [warf].*[6]

Meist war Hilde Domin mit nur jeweils einem Teil eines Ehepaars befreundet, wie in ihrer Freundschaftsbeziehung zu Heinz Häfner, Psychiater und Therapeut von Erwin Walter Palm und Hilde Domin: *Mitunter verführerisch gewann sie die Sympathie vieler Menschen. Meist waren es Männer. Für Frauen hat sie erst spät vergleichbare Aufmerksamkeit entwickelt. In frühen Jahren unserer Freundschaft meldete sie sich, wenn meine Frau am Telefon war, mit der Frage »Ist Heinz da?« Bei Verneinung hing sie auf. Erst langsam gelang es meiner Frau, das gleiche Maß an Aufmerksamkeit und Sympathie zu erwerben wie ihr Ehemann.*[7] Doch dann gehörte das Ehepaar Häfner zu Hilde Domins bleibenden Freunden.

Der Austausch mit dem Psychoanalytiker Max Habermas war herzlich und blieb ungetrübt. Mit ihm hätte Domin gerne den Club derer gegründet, die sich trauten, die Dinge richtig zu benennen: *Wir wären dann unter uns: Habermas, Sühnel, Boehlich. Der kleine Wieckenberg. Baldingers.*[8] Ernst-Peter Wieckenberg, Gründungsmitglied des Lehrstuhls für Jüdische Geschichte und Kultur am

Heidelberg: 1964-1968

Historischen Seminar der Ludwig-Maximilians-Universität München, hatte 1962 Domins Bekanntschaft gemacht. Der junge Germanist war kurzfristig als Lektor beim S. Fischer Verlag für den ausgeschiedenen Klaus Wagenbach eingesprungen. Damals war er jung genug gewesen, um Hildes Telefonanrufe, die ihn auch zu unkonventionellen Tages- und Nachtzeiten überfielen, gelassen entgegenzunehmen. Er betreute ihren Band *Spanien erzählt* und hat seinen ersten Besuch im Hainsbachweg 8 nie vergessen. Er traf eine erschütterte Hilde Domin an, die scheinbar immer noch unter dem Eindruck des tragischen Tods des Dichters Manuel Altolaguirre stand.

Altolaguirre, der in Mexiko lebte, hatte sich der Filmkunst zugewandt und eng mit Buñuel zusammengearbeitet. Erwin Walter Palm hatte die Bekanntschaft des Autonarren in den Vierzigerjahren in Mexiko gemacht. Eine Gedichtauswahl von Altolaguirre hatte er in seinen Band *Rose aus Asche* aufgenommen. Altolaguirre war nach Spanien gekommen, um einen neuen Film vorzustellen. Bei Vicente Aleixandre in Málaga traf er die Palms wieder. Die halsbrecherischen Fahrkünste Altolaguirres kannte Palm von gemeinsamen Ausflügen in Mexiko-Stadt; sie wurden Altolaguirre in Spanien zum Verhängnis. Im Anschluss an die Filmpräsentation 1959 in der Nähe von Burgos verunglückten er und seine Frau bei einem selbstverschuldeten Autounfall tödlich.

Obwohl der Unfall fast drei Jahre zurücklag, schilderte Domin den Vorgang so dramatisch intensiv, dass Wieckenberg damals an Fiktion dachte. Was Wieckenberg nicht ahnen konnte: Altolaguirres Frau war Luísa Gómez, die Frau, deretwegen Erwin Walter Pam 1951 gewillt gewesen war, seine Frau zu verlassen.

Nach *Spanien erzählt* widmete sich Hilde Domin ihrem dritten Gedichtband *Hier*. Themen und Komposition der Gedichte hatte sie sorgsam bedacht: Entfernungen, Exile, Aktuelles und Bleibendes werden von dem *Nicht-Wort*[9] überspannt, um welches das Paar Palm/Domin schon so lange rang. So, wie Erwin Walter Palm in den Museen der Welt die Gemälde eigens für Hilde Domin neu arrangieren wollte, schien die Komposition der Gedichte in *Hier* auf ihren Mann zugeschnitten zu sein: *Den Kopf hochzuhalten ist das Merkmal des Menschseins*[10], setzte Domin dem Band als Motto voran. Sie war bereit, den Kampf für den Atem, der ihr Schreiben

## 17. Kapitel

und Überleben garantierte, aufzunehmen und schloss die Gedichtsammlung deshalb mit *Ars Longa* ab.

*Der Atem/in einer Vogelkehle/der Atem der Luft/in den Zweigen./Das Wort/wie der Wind selbst/sein heiliger Atem/geht es aus und ein./Immer findet der Atem/Zweige/Wolken/Vogelkehlen./Immer das Wort/das heilige Wort/einen Mund.*[11]

Der in Deutschland geborene und in den USA lehrende Literaturwissenschaftler und Schriftsteller Richard Exner, den Hilde bald auf ihrer USA-Lesereise treffen sollte, besprach diesen Gedichtband am 2. Oktober 1964 in der ZEIT. Exner sprach ihr zwar großes Lob aus, doch mit der Überbetonung der Leichtigkeit der Gedichte nahm er der Lyrik ihre Tiefe. Domins frühe Gedichte stufte er gar als *geschwätzig* ein.[12]

Erwin Walter Palm hatte das Kapitel »Lyrik« für sich noch nicht zugeschlagen. Er versuchte im Mai 1964, gleich nach seiner Rückkehr aus Lateinamerika, den »poeta« in sich noch einmal zu aktivieren. Er las in einem Theater und hatte mit Bedacht, um die Schwere seiner Gedichte wissend, die leichte Poesie ausgesucht. Wie ein geprügeltes Kind schickte er nach der Lesung seiner Frau den dicken Packen mit den durchweg negativen Rezensionen in die Schweiz nach: Wieder war der Erfolg ausgeblieben. Vor allem traf ihn, dass man ihm Unvermögen im Gedichtvortrag vorgeworfen hatte.

Hilde Domin glaubte zu wissen, warum die Gedichte ihres Mannes die Menschen nicht erreichten: das Leiden, die Durchlässigkeit des Erlebten fehlte ihnen ihrer Meinung nach, weil er sich weigerte, *Stellvertreter zu sein, das lässt Dein so Besonderes, so Geliebtes, so Schönes, nicht zum Allgemeinen werden. Dies ist ein Schicksal. Vielleicht, denke ich, sind Deine Briefe an mich Dein eigentliches Werk. Alles atmet da, was die Welt von Dir erwartet. Auch, was Du von Dir erwartest.*[13] Seine fehlgeschlagenen Ambitionen wurden wie eine überwundene Krankheit nicht mehr thematisiert: *Bitte nicht an diese Wunde rühren*[14], flüsterte Hilde Domin später, wenn Besucher sie auf die lyrische Neigung ihres Mannes ansprachen und er in Hörweite war.

Palm setzte den Zweikampf auf der literarischen Bühne dennoch fort: Hatte Hilde Domin in *Landen dürfen* das Bild der Nachtigall aufgegriffen (*die Nachtigallen singen an Weihnachten dort*[15]), so stellte Erwin Walter Palm in einem Essay klar: *Es gibt (und gab) aber keine Nachtigallen auf dem amerikanischen Kontinent.*[16] Während Hilde Domin sich mit ihrer Lyriktheorie auseinandersetzte, veröffentlichte Palm zeitgleich in *Akzente* 1966 seine eigene Analyse über die schöpferische Kraft beim Dichten.[17]

Wollten sie diese Kämpfe überstehen, mussten sie sich aus dem Weg gehen. Doch Hilde Domin schien unter dem neu gewonnenen Freiraum zu leiden: *Ich will heim*[18], klagte sie und bedauerte in ihren Briefen, noch nicht nach Hause kommen zu dürfen. Und doch ermöglichte ihr die Trennung, den Blick auf sich selbst zu richten. *That then is happiness*, pflegte Virginia Woolf diese intensiven Momente, das *Erkennen des nur für einen Atemzug sichtbaren Sinns*[19], zu benennen. Mit Woolfs Schicksal hatte sich Hilde Domin 1964 in ihrer Eremitage im schweizerischen Beatenberg auseinandergesetzt, schien in vielen Passagen ihr eigenes Schicksal mit dem der englischen Dichterin zu vergleichen. *Virginia Woolfs Bücher gehen aus vom verlorenen Paradies, davon, daß alles zerbrochen, daß das Absolute nicht möglich ist: ganze Liebe, ganze Hingabe, ein ganzes Glück. Immer ist bei ihr im Ja das Nein. [...] Der Verzicht [...], da die Welt zerbrochen ist und Heiles uns nicht beschieden.*[20] Wie Woolf hatte auch Hilde Domin die *außerordentliche Kraft zur Freude wie zur Traurigkeit.*[21] Ihr Essay *Über Virginia Woolf* trägt somit kathartische Züge; bei Hilde Domin überwog immer der Optimismus. Im Gedicht, das sie in Beatenberg schrieb und *dem Andenken Virginia Woolfs* widmete, durchschritt sie den Tunnel der Trauer mit der Gewissheit: *es blüht/hinter uns her.*[22]

Im Oktober 1964 trat Hilde Domin die große Lesereise endlich an, die sie schon Ende des Jahres 1963 geplant hatte: Mexiko, Nordamerika, England.

Monatelange Planungen waren dieser Auslandsreise vorausgegangen. Domin war im Vorfeld bemüht, die Reise geheim zu halten, denn sie fürchtete eine kritische Einflussnahme von Deutschland aus. Tatsächlich waren die Querelen in der Literaturszene schon bis in die USA gedrungen, der Philosoph Herbert Marcuse sprach sie auf ihre Probleme an.

Bevor sie sich in ihr Mammutprogramm in den USA stürzte, machte sie Anfang Oktober noch einen Abstecher nach Mexiko. Sie wollte sich endlich ein Bild von Erwins »Puebla-Tlaxcala-Projekt« machen und hatte bis zuletzt gehofft, dass Palm sie persönlich an

## 17. Kapitel

die Schlucht bei der Ausgrabungsstätte fahren würde. Doch stattdessen holte sie ein Dr. Pappe am Flughafen ab. Sie war bei dem renommierten Kunstsammler und -förderer Kurt Stavenhagen untergebracht, dessen Gastfreundschaft auch Erwin Walter Palm immer wieder genoss. In Mexiko-Stadt traf Hilde Domin Sabka Goldberg wieder. Die polnische Jüdin und erste Frau des Malers Vela Zanetti, die selbst auch *einfache, volksliedhafte* Gedichte schrieb[23], hatte offenbar Hildes Besuch vorbereitet, denn einige Wochen vor Domins Ankunft in Mexiko waren Sabkas Übertragungen von *Wen es trifft* und *Vogel Klage* in *México en la cultura* erschienen.

Die Eröffnung der deutschen Buchhandlung in Mexiko-Stadt war publikumswirksam gewesen, die Lesung an der Deutschen Schule »Alexander von Humboldt«[24] kam gut an, die sich anschließende Lesung in Guadalajara war erfolgreich – und dennoch tröstete nichts über Hilde Domins große Enttäuschung hinweg: Erwin Walter Palm hatte dem Wunsch seiner Frau, ihr sein Puebla-Projekt persönlich vorzustellen, nicht entsprochen, sondern den befreundeten Architekten Horst Hartung aus Guadalajara damit beauftragt. Palm reiste erst nach Mexiko, als Hilde Domin sich schon auf dem Weg in die USA befand.

Es war bereits Mitte Oktober, als sie die USA *von Küste zu Küste bereisen* wollte.[25] Houston in Texas war ihre erste Station mit einer Lesung an der Rice University, und die Einladung hatte *Prof. Kahn, ein sehr netter Germanist*[26], ausgesprochen; er hatte Domin *schlechte aber rührende Gedichte*[27] zugeschickt, mit denen er bei der Gruppe 47 durchgefallen war. Sie empfand ihn als *sanft* und *herzensgut* und war erschüttert, als sie 1970 von seinem Freitod erfuhr, in den ihn die *Demütigungen durch seine Assistenten* getrieben hatten.[28] Ihren gedanklichen Essenzen *The task of a poet* folgten hundertzwanzig Hörer, die theoretischen Reflexionen sollten später Eingang in *Wozu Lyrik heute* finden. Rundum begeistert zeigte sie sich von San Francisco, machte einen Zwischenstopp in Iowa und hielt sich ab dem 3. November in Ohio-City auf, wo der Marcuse-Schüler Richard Exner am Oberlin College lehrte und für Domins Unterkunft sorgte. Toronto war eine Zwischenstation vor der Reise in den Bundesstaat Massachusetts, wo sie an der Harvard University in Cambridge las; nach der Lesung überreichte ihr Herbert Marcuse ein Exemplar seiner Studie *Eros und Kultur* von 1957, dessen Widmung Hilde Domin als Ermutigung nahm: *für Hilde Domin, weil sie nach Auschwitz noch Lyrik geschrieben hat und schreiben muss, in Dankbarkeit.*[29]

Harvard hatte Domin erfreulich viele Einladungen beschert und zu interessanten Begegnungen geführt, wie etwa mit dem Germanisten und Duzfreund von Peter Wapnewski, Henry Hatfield. Hatfield galt als ausgewiesener Thomas-Mann-Kenner und Stefan-George-Liebhaber; er hatte sich in der schwierigen Nachkriegszeit an der amerikanischen Universität für deutsche Literatur stark gemacht.

Dann folgte ein vierzehntägiger Aufenthalt in New York, der in erster Linie der persönlichen Spurensuche diente und viele Türen in die Vergangenheit aufstieß. Die Wiedersehensfreude mit der Verwandtschaft und den Freunden aus alten Studententagen, Ernst Scheurer, Edith Baron und Ernst Caspari, war ambivalent. Sie alle kannten Hilde Domin aus ihren schwersten Zeiten in New York, und sie war gerade dabei, diese Erinnerungen auszumerzen: *mein Mädchenname ist weg aus allem, ungern sähe ich ihn auftauchen.*[30] Nur an Hilde Domin sollte man sich erinnern. Und doch rief der Breughel-Blick aus dem 28. Stock der eleganten Unterkunft Barbizon Plaza, 106 Central Park South, auf den verschneiten Park, wo Schlittschuhläufer ihre Pirouetten drehten, Erinnerungen an den Osterspaziergang über die 5th Avenue aus dem Jahr 1953 wach: damals hatte sie das Gedicht *Rücken* geschrieben.

*Der Rücken des Geliebten am Fenster*
*steil*
*vor den Rücken*
*der Wabentürme New Yorks.*
*Stadt der einsamsten Bienen*
*gärend*
*von ungefragtem Honig.*
*Rücken aus Fremde.*[31]

Hatten sie und Erwin Walter Palm sich denn seit dieser Zeit aufeinander zubewegt?

Ihr Mann hatte sich bisher nicht aus Mexiko gemeldet. Hilde Domin fühlte sich innerlich einsam, selbst das großartige Mozart-

## 17. Kapitel

Requiem, zu dem sie eingeladen war, bereitete ihr keinen Genuss, die Erinnerung an das Mittagessen mit Hans Sahl verblasste bald. Hilde Domin beendete ihre USA-Lesetour im kanadischen Montreal, das sie als *as bad as can be* empfand[32], denn mit dem Leiter des dortigen Goethe-Instituts, Fritz Genzel, kam sie überhaupt nicht zurecht, musste aber zwei Tage in seiner Gesellschaft verbringen. *Widerlich* blieben die Erinnerungen an ihre Lesung in Montreal auch deshalb, weil gleich in der ersten Reihe ein Deutscher saß, ein Ex-Nazi und Angehöriger des Ku-Klux-Klans, wie sich herausstellte, der lauthals seinen Unmut darüber kundtat, dass Domins Gedichte keine Reime enthielten, wie es die Gedichte zu Hitlers Zeiten getan hätten.[33]

Die Vergangenheit ließ sich nicht abstreifen, auch nicht in England, als Hilde Domin am 8. Dezember im Deutschen Kulturinstitut in London las und zum ersten Mal seit ihrer Flucht wieder britischen Boden betreten hatte.

Die pekuniäre Bilanz dieser Reise dagegen war überaus positiv: Domin hatte nur geringe Ausgaben für den Lebensunterhalt gehabt und ihre Honorare kaum angerührt.

1964 war auch in anderer Hinsicht erfolgreich: Mindestens zwei Mitglieder müssen der Mitgliederversammlung des P.E.N. einen Neuzugang vorschlagen – 1964 nahm man Hilde Domin in die Vereinigung der »Poets, Essayists, Novelists« auf. Sie hatte lange auf diese Anerkennung gewartet, sodass sich die Anspannung löste und in überschäumende Aktivität überging: Hilde Domin hatte endlich eine Plattform gefunden, sie wollte mobilisieren, den P.E.N. nicht den Alten überlassen. Die vielen emotionalen Rückschläge der vergangenen Jahre setzten neue Energie frei – und verschreckten viele Mitglieder. Bald schon stand man den Redebeiträgen von Hilde Domin sehr verhalten gegenüber und zog sich zurück, wenn die kleine Person aufstand, um einen eindringlichen Appell an die Runde zu richten. Wieder waren es vor allem die männlichen Mitglieder, die sich echauffierten. Erich Fried gestand Hilde Domin 1967, dass sie das *unbequemste* Mitglied sei.[34] Vor allem, dass sie sich auch für den Regisseur und Filmemacher Rainer Werner Fassbinder einsetzte, der, wie Domin meinte, das *faschistoide Grundverhalten im Alltag*[35] in seinen Filmen anprangerte, stieß auf Ablehnung in der Vereinigung. Es war schon ihr *4. Antrag dieser Art in zwei Jahren*.[36] Und gleich

## Heidelberg: 1964-1968

1964 forderte sie das Verbot der NPD, *solang das Ding noch klein ist und ohne Mystik. Ach.*[37]

Mit diesem Leumund hatte sie vorerst keine Chance, in die Deutsche Akademie für Sprache und Dichtung aufgenommen zu werden. Erst 1978 nahm man sie im dritten Wahlgang auf.[38] Zu dieser Zeit hatte sich Hilde Domin eine Reputation als Wissenschaftlerin erworben, sodass etliche Kollegen – wie das Akademiemitglied Dr. Eberhard Horst 1975 – der Meinung waren, dass sie längst zu ihrem Kreis gehörte: *Ich Ahnungsloser hatte gehofft, Sie bei der Herbsttagung der Darmstädter Akademie und der Vergabe des Büchner-Preises zu sehen. Dann erfuhr ich, dass Sie diesem ehrenwerten Gremium gar nicht angehören und fragte: wieso eigentlich? Ja, wirklich, wieso ist Hilde Domin nicht Mitglied der Darmstädter Akademie?*[39]

Wieso eigentlich nicht? Fürchtete man einen Aufruhr? Die gesellschaftspolitischen Prozesse der Sechzigerjahre boten reichlich Anlass für Engagement. Und die Menschen – aus allen Schichten –, die sich gesellschaftlich engagierten, waren auf der Suche nach neuen Werten. Doch auch Altes, vermeintlich Überwundenes, Restauratives suchte und fand in der neuen Bundesrepublik vorerst immer noch einen Platz. Innerhalb des Parteienspektrums schien die NPD wieder auf dem Vormarsch zu sein, und mit dem 1964 erneut zum Bundespräsidenten gewählten Heinrich Lübke sowie 1966 mit Kurt Georg Kiesinger als Bundeskanzler waren zwei ehemalige NSDAP-Mitglieder in die höchsten Ämter der Bundesrepublik gewählt worden. Diese Ereignisse versetzten Erwin Walter Palm im fernen Lima in höchste Unruhe. Er sprach nach der Wahl von Kiesinger vom *schwärzesten Tag seit dem Kennedymord. Oder wenn man so will, seit 1933.*[40] Palm schämte sich, *als Deutscher Deutschland zu vertreten*[41], und trug sich ernsthaft mit Auswanderungsplänen nach Italien, Spanien, Mexiko oder in die USA – ob ihm klar war, welche Regime und politischen Entwicklungen ihn in diesen Ländern erwartet hätten?

Hilde Domin setzte sich der Öffentlichkeit aus, in der unterschwellig immer noch die Ansicht verbreitet war, dass sich ein jüdischer Schriftsteller zurückzunehmen hatte, wollte er nicht erneut Ausgrenzungen und Anfeindungen ausgesetzt sein.

Hilde Domin unterstützte die Gegner des Verjährungsgesetzes für NS-Verbrechen. Von Auschwitz nichts mehr hören zu wollen,

## 17. Kapitel

wie es Franz-Josef Strauß angesichts der anstehenden Verjährungsfrist für Verbrechen gefordert hatte, weckte in Hilde Domin energischen Widerspruch. Mitstreiter fand sie in Ingeborg Drewitz, Heinrich Böll, Joachim Günther, Rudolf Hartung, Wolfgang Koeppen, Rudolf Krämer-Badoni und Peter Schneider, die ihren Aufruf gegen die Abschaffung dieses Gesetzes 1965 unterzeichneten. Die Diskussion wurde bundesweit mit großer Emotionalität geführt: Die extremen Positionen auf beiden Seiten verschärften das Klima, und der Druck aus dem Ausland heizte die Debatte zusätzlich an. Karl Jaspers äußerte sich in einem langen Interview im *Spiegel* eindeutig: Für Mord kann es keine Verjährung geben. Bis zum Jahr 1969 sollte die Amnestie für Naziverbrecher ausgesetzt werden. Die neu angefachte Debatte führte im Juni 1969 dazu, dass die Verjährung für Völkermord ganz aufgehoben und 1979 jeglicher Mord von der Verjährungsfrist ausgenommen wurde.

Erwin Walter Palm riet in diesen Debatten zur Mäßigung und Zurückhaltung. Er wollte keine Angriffsfläche bieten. Die Umstände schienen ihm recht zu geben, denn die nächtlichen Drohanrufe mit antisemitischen Hetztiraden gegen die Palms nahmen zu. Die Wohnung im Hainsbachweg war kein wohnliches und sicheres Zuhause mehr. Bis 1969 schienen Hilde Domin und Erwin Walter Palm ständig auf der Flucht gewesen zu sein. Wie war ihnen mittlerweile zumute? *Schrecklich, wir sind keine Emigranten, keine Nichtemigranten. Wir sind der lebende Stein, mit dem jegliche Bresche gestopft wird.*[42] Hilde Domin registrierte antisemitische und ausländerfeindliche Strömungen mit höchster Sensibilität. Auf das neue Ausländergesetz und die Verschärfung der Einreisemodalitäten für Emigranten, mit denen der Strom der Zuwanderer gestoppt werden sollte, reagierte Hilde Domin mit dem Gedicht *Graue Zeiten*. Sie selbst hatte zu den Menschen gehört, die auf Schiffen hin und her fuhren, nirgends landen konnten, weder bleiben noch gehen durften. *Menschen wie wir wir unter ihnen/standen an fremden Küsten/um Verzeihung bittend daß es uns gab.*[43] Sie hatte erfahren, wie leicht man *ausgezogen [...]/und nackt gemacht* werden kann, und war sich bewusst, dass *Glück hatte wer nur/gestoßen wurde/von Pol zu Pol.*[44]

Hilde Domin fühlte sich 1965 oft dem Selbstmord nahe: *Es schien kaum noch wahr, daß ich vor zwei Tagen die halbe Ration meines Schlaftablettenvorrats aufgelöst hatte, in einem Cognacglas. Immer dachte ich, es würde ein dicker Brei, ganz untrinkbar. Es würde einem die Kehle verstopfen. Davon kann keine Rede sein. [...] Plötzlich war ich sehr müde gewesen und war eingeschlafen. [...] Als ich aufwachte, goß ich das Wasser ab, sorgfältig, und stellte das Glas mit dem Pulver in den Schrank, hinter die Manuskripte. Da steht es noch. Ich fuhr dann ab, um meine Verträge einzuhalten.*[45] Wirklich angenommen fühlte sie sich nur bei ihrer Leserschaft – und so war sie auch an jenem Abend, an den sie sich in ihren *Gesammelten Autobiographischen Schriften* erinnerte, nach der Lesung heiter und flüchtete sich in die Arbeit. Einen kompletten Ungaretti-Band mit Übertragungen schloss sie ab und bot ihn dem Suhrkamp Verlag an, der aber ablehnte. So kam es nur zu Einzelveröffentlichungen in Joachim Günthers *Neuen Deutschen Heften*.

*Es ist merkwürdig, wie schwer Du es hast zu meinen Gedichten.*[46] Waren es die Vorbehalte Erwin Walter Palms gegenüber ihren Gedichten, die 1966 den Anstoß zu den *Doppelinterpretationen* gaben, um den Beweis zu erbringen, dass sich das Gedicht *im Augenblick der Veröffentlichung befreit vom »Zufall der Entstehung«*?[47] Schwer hatte sie es selbst mit dem »Experiment« gehabt: *Der Fischer-Verlag hat damals abgelehnt, denn es war noch nie eine Doppelinterpretation da gewesen.*[48] Ihre Idee galt als *Novität.*[49] *Eine Böse-Buben-Idee.*[50] Deshalb erschien der Band schließlich im Athenäum Verlag in Frankfurt am Main. Damit war der erste Schritt getan, sich vom S. Fischer Verlag zu lösen, »fremd zu gehen«, wie Domin es nannte.

Das Experiment der doppelten Interpretationen sollte dem souveränen Umgang mit Gedichten dienen. Etwa dreißig Lyriker sollten eine Eigeninterpretation eines ihrer Gedichte abliefern. Ein anderer Interpret sollte anschließend denselben Text analysieren. Hilde Domin hoffte, dass *das Gedicht zwischen den beiden Interpretationen [...] zu flimmern beginne, sozusagen an Horizont und Lebendigkeit zunehme.*[51] Da fast die gesamte Elite der deutschen Nachkriegslyriker in dem Band vereint war, galt Hilde Domins Sorge im Vorfeld, dass jemand von *Niveau und Kenntnissen* übrigbleiben musste, um den Band zu würdigen, denn *die einen sind drinnen, die andern »draussen« (also verschnupft).*[52]

## 17. Kapitel

Hilde Domin hatte alle bestehenden Vorbehalte aus Kollegenkreisen ignoriert, als sie um Mitarbeit für ihr Projekt bat, um wie zu einem Stelldichein Gedicht und Interpret zusammenzuführen. Etliche der Autoren, die sie sich als Mitwirkende gewünscht hätte, sagten jedoch ab: Hugo Friedrich, Siegbert Salomon Prawer, Michael und Käte Hamburger, Arno Schmidt. *Wegen Schwierigkeiten hinsichtlich der Textauswahl schieden Richard Exner, der Piontek interpretieren wollte, und Margot Scharpenberg aus. Brobowsky und Max Rychner starben kurz nach ihrer Zusage. Der jüngste und der älteste Mitarbeiter des Bandes, Joachim Rochow und Hans Arp, erlebten sein Erscheinen nicht. Dass Paul Celan in keiner Form teilnehmen wollte, haben alle Mitarbeiter bedauert.*[53] Wieder spielten auch verletzte Eitelkeiten eine Rolle, doch Hilde Domin hatte sich nicht gescheut, die internen Schwierigkeiten beim Zustandekommen des Bandes in einem *Rechenschaftsbericht*[54] offenzulegen. Richard Exner quittierte diese Art der Bloßstellung, indem er mit seiner grundsätzlich wohlwollenden Kritik dennoch kleine Seitenhiebe setzte. Er prangerte an, dass Paul Celan nicht mitgearbeitet hatte – wohl wissend, dass er selbst der Auslöser für Celans Absage war: Exner hatte die Vorwürfe Claire Golls, Celan habe sich des Plagiats an Yvan Goll schuldig gemacht, zunächst unterstützt, dies später aber dementiert, doch er blieb für Celan unglaubwürdig. Da Exner bei den *Doppelinterpretationen* mitarbeiten sollte, war das für Celan Grund genug, abzusagen. Außerdem ließ Celan Domin wissen, dass er grundsätzlich niemanden an seinen Reflexionen über seine Arbeit teilhaben lassen wolle, selbst wenn er Dritten nicht verbieten könne, sich über seine Veröffentlichungen Gedanken zu machen.

Lediglich einen knappen Dank ließ er Hilde Domin über den Verlag zukommen – *Dank für Ihre freundliche Zeile im Nachwort*[55] – und der bezog sich auf Hilde Domins Anmerkung: *Paul Celan hat an dem Band in keiner Form teilgenommen, was wir alle bedauern.*[56] Doch hoch erfreut war sie über die Zusage Hans Mayers.

Hilde Domin dagegen hätte sich über eigene Vorbehalte zugunsten einer literaturtheoretischen Diskussion und objektiven Auswahl der deutschen Nachkriegsliteratur hinweggesetzt. Sie erwartete deshalb von Celan – wie von allen Menschen, mit denen sie sich auseinandersetzte – Bereitschaft zum Vergeben und Neube-

## Heidelberg: 1964-1968

ginn. 1973, drei Jahre nach Celans Tod, unterstrich sie ihre Haltung in ihrem *Plädoyer gegen die »Verniemandung« von Yvan Goll: In keiner Anthologie arbeitete er mit, in der ein Vers von Yvan Goll stand oder ein Wort der Germanisten, die auf der Gollschen Seite impliziert waren. Wie eine Billardkugel stieß er den toten Freund vom Tisch. Das war mehr noch als seine Schuld die der andern, die glaubten, Celan auf Golls Kosten unbedingt schonen zu müssen.*[57] Allerdings hatte Hilde Domin in Briefen an den Frankfurter Ernst Noam schon 1959 bedauert, dass sie in Celans Gedichtband *Sprachgitter* dort als *kalt verarbeitet* fand, was bei ihm *in früheren Bänden Erregung war.*[58] Ihrer Meinung nach war Celan durchaus intelligent, doch seine Poesie empfand sie mittlerweile nur mehr als eine *technische Übung.*[59]

Unter der Auseinandersetzung mit Celan über die *Doppelinterpretationen* litt auch Hilde Domins Verhältnis zu Peter Szondi. Die rege Korrespondenz darüber wurde von Domin sehr emotional geführt, aus Szondis Briefen sprach dagegen bereits seine zurückhaltende Melancholie. Beide schienen sich zu mögen, aßen *immer wenn [Domin] nach Berlin zu einer Lesung kam, [...] zusammen bei Kempinski zu Mittag.*[60] Doch ihre Auffassungen über Verfolgtsein und Vergebung waren zu konträr und entsprachen damit ihrer unterschiedlichen Beziehung zum Judentum. Obwohl Szondi die Idee der *Doppelinterpretationen* ansprach, verweigerte er seine Mitarbeit bei einem *Plan zusammen mit Exner [...], der in der gegen Celan gerichteten Verleumdungskampagne seinerzeit eine gewisse Rolle gespielt hat.*[61] Domins engagierte Überredungskünste nutzten nichts, Szondi stand zu seiner Solidarität mit Celan. Kurz nach Paul Celans Selbstmord traf Hilde Domin Peter Szondi 1970 noch einmal in Berlin; da erschien er ihr sehr deprimiert und sprach offen von eigenen Suizidabsichten.

Die »großen Namen«, die Hilde Domin in ihrem Interpretationsexperiment unbedingt dabei haben wollte, lieferten zwar keine unveröffentlichten Manuskripte ab, doch es zählte viel, dass sie mitmachten. Die Selbstinterpretation von Nelly Sachs bestand aus Exzerpten, die Hilde Domin drei Briefen von Nelly Sachs an sie entnommen hatte.

Dass Domin Hans Bender das Interpretationsduo Hans-Georg Gadamer/Hilde Domin für seine Zeitschrift *Akzente* anbot, erwies

## 17. Kapitel

sich als geschickter Schachzug. Der renommierte Philosoph wurde ohne Zögern veröffentlicht, und Hilde Domin war für die Zeitschrift wieder präsentabel.

Zur Buchmesse 1966 erschien die erste Auflage der *Doppelinterpretationen*. Süffisant hatte der *Spiegel* in seiner Nummer 37 aus dem Jahr 1966 das Werk deklassiert. Hilde Domin hatte auf den Verriss mit einem empörten Leserbrief reagiert. Freunde Domins lasen aus der Rezension gar einen antisemitischen Unterton heraus. Der Verfasser des Artikels wurde nicht genannt, doch Domin war sich sicher zu wissen, aus wessen Feder die Rezension geflossen war – die alten Animositäten zwischen ihr und dem Verlag blitzten erneut auf.

Drei Monate später war die erste Auflage der *Doppelinterpretationen* vergriffen, und der Band wurde noch im selben Jahr neu aufgelegt. Bis zum April 2005, so hieß es seinerzeit, seien 81 000 Exemplare verkauft worden. *Doppelinterpretationen* gehört zum festen Kanon eines jeden Germanisten und steht selbst in Japan auf dem Lehrplan. Hilde Domin freute sich noch im hohen Alter über den Erfolg des Buches, wenn die Kiste mit den Belegexemplaren eine weitere Neuauflage dokumentierte.

Mit *Doppelinterpretationen* hatte sich Hilde Domin einen Namen als Literaturwissenschaftlerin gemacht, denn mehr noch als die Interpretationen selbst überzeugte wieder das Vorwort: Es war der Ballon, an dem die Texte aufstiegen.[62] Doch die Anerkennung in Form von Auszeichnungen oder Preisen blieb weiterhin aus.

Als Nelly Sachs am 17. Oktober 1965 als erster Frau der Friedenspreis des Deutschen Buchhandels verliehen wurde, hätten sich die beiden Frauen nach siebenjähriger Brieffreundschaft zum ersten Mal persönlich begegnen können. Nelly Sachs hatte sich auf die Begegnung gefreut und Hilde Domin zur Feier in die Frankfurter Paulskirche eingeladen. Doch Hilde Domin fuhr stattdessen mit Erwin Walter Palm zur Jahrestagung des P.E.N. nach Meran – und handelte damit ähnlich wie im Jahr 1962, als sie die Einladung der Gruppe 47 ausschlug und stattdessen mit Palm nach Sizilien reiste.

Reisen war für Domin ein adäquater Ersatz für die mangelnde offizielle Anerkennung. Der deutsche P.E.N., dessen Generalsekretär 1966 Janheinz Jahn war, organisierte im selben Jahr die nächste USA-Reise, an der Hilde Domin teilnahm. Mit elf Vertretern der neuen deutschen Schriftstellergeneration war Jahn, Ehrenkonsul der Republik Senegal (für das Land Hessen), angereist. Und da sich Jahn ganz der afroamerikanischen Literatur zugewandt hatte, stand der Aufenthalt in New York nicht nur unter dem Motto der Verständigung zwischen jüdischen und deutschen Schriftstellern, sondern war geprägt von Begegnungen zwischen Schwarz und Weiß. Jahn hatte deshalb die Gruppe zu einem »Revival-Gottesdienst« angemeldet. Und da saßen dann *elf weiße Hühner, ziemlich weit vorne in der riesigen Gebetshalle.*[63] Sie ließen sich von dem *Redner von Rang*[64] mitreißen: ein freies menschenwürdiges Dasein würde allen gewährt werden, wenn sie nur ein gottgefälliges Leben führten. *Wenn sie nur arbeiten und sich nicht betrinken und nicht Frau und Kinder prügeln würden. Wollt Ihr? (Oh yes, we will, we will, Our Lord. Sie versprachen es schluchzend.)*[65] Auch Hilde Domin und ein weiteres weibliches P.E.N.-Mitglied ließen sich mitreißen und weinten, während die Männer der Gruppe sich unbehaglich fühlten. Hilde Domin hatte während der Ansprache des Predigers ein paar Zeilen auf einen kleinen Zettel geschrieben, den sie nach dem Gottesdienst dem Priester übergab: *Wie die Tränen gleich sind/auf den Gesichtern/aller Hautfarben/durch die Kontinente, die Jahrhunderte […].*[66] Domin hatte spontan gehandelt; der Priester war verblüfft, die P.E.N.-Mitglieder reagierten auf Domins Exzentrik ungehalten. Mit einer Ausnahme: Ingeborg Drewitz hatte neben Hilde Domin geweint und zeigte sich solidarisch. Gleich in den darauffolgenden Tagen agierten die beiden Frauen noch einmal gemeinsam. Als es zu einem Treffen mit jüdischen Schriftstellern kam, waren die nicht bereit, einem deutschen Autor die Hand zu reichen. Hilde Domin zog die dreiundvierzigjährige Ingeborg Drewitz vor die jüdischen Kollegen: »*Hier haben Sie das unschuldige Deutschland. Sie ging mit achtzehn aus dem BDM. Sie hat an nichts mitgemacht. Was werfen Sie ihr vor?« Ingeborg Drewitz wurde über und über rot. Diese New Yorker Juden strahlten, glücklich reichten sie dem unschuldigen Deutschland die Hand: ganz erlöst von dem selbstauferlegten Zwang.*[67]

Die Spontaneität und das Engagement, sich für ihre Ziele einzusetzen, verbanden beide Frauen auch weiterhin; so wie auch beide immer wieder die Rolle der Frau in der Gesellschaft thematisierten. Wie Domin las auch Ingeborg Drewitz vor Inhaftierten und setzte

## 17. Kapitel

sich in ihrem literarischen Werk mit der Verlassenheit des Einzelnen in der Gesellschaft auseinander. Beide waren sensibel und doch resolut, das Unvermögen ihrer Mitmenschen anzuprangern, wenn die es an Zivilcourage fehlen ließen.

Nach diesem USA-Trip war der kurze Aufenthalt im Hainsbachweg für Hilde Domin wieder nur ein Zwischenstopp vor ihrer nächsten Reise: Kräfte sammeln in Sils im Engadin. Erwin Walter Palm war schon unterwegs nach Brasilien.

Vom 16. bis zum 30. Oktober nahm Hilde Domin an einer Schriftstellertagung in Paris teil. Da sie in ihrem Hotel nur bis zum 26. Oktober bleiben konnte, hoffte sie, drei Tage bei Wolfgang Hildesheimer zu überbrücken.

In Paris erreichte Hilde Domin die Nachricht, dass Nelly Sachs den Literaturnobelpreis erhalten hatte. Auch Erwin Walter Palm im fernen Südamerika hatte die Meldung den Zeitungen entnommen und kommentierte mittlerweile von Lima aus die Nominierung: *also wieder ein Preis für die Zugehörigkeit: zwei halbe Juden, 1 Kommunist, 1 abgefärbter Kommunist.*[68] Nelly Sachs teilte sich den Nobelpreis mit dem jüdischen Schriftsteller Samuel Josef Agnon, der die israelische Staatsbürgerschaft angenommen hatte. Domin gab ihr Glückwunschtelegramm in Paris auf: *Glücklich ganz glücklich deine gedichte sind liebe nur liebe rettet die welt.*[69]

Paris war auch in privater Hinsicht ein Ereignis von höchster Emotionalität: Dort traf Hilde Domin im Oktober 1966 Hans-Georg Pflaum wieder. Der Zufall wollte es, dass das Ehepaar Meller zu einem Kurzurlaub in Paris weilte und Hilde Domin und ihren alten Studienfreund im Quartier Latin traf. Domin stellte die Freunde frisch und unverkrampft einander vor. Hatte Hilde Domin mit Hans-Georg Pflaum ein neues Glück gefunden? Ab 1966 existieren keine Briefe mehr aus dieser Beziehung. Doch Hilde Domin nahm gerade in jenen Jahren ihre literaturtheoretischen Projekte in Angriff. Gab ihr Hans-Georg Pflaum den nötigen Rückhalt?

Hilde Domin drängte es nach öffentlicher Anerkennung als Dichterin und Literatin. Immer noch hatte sie keine Auszeichnung erhalten, hatte bereits 1963 Rudolf Hirsch darauf aufmerksam gemacht, dass nur eine große Ehrung verhindern könne, dass sie *abgedrosselt* werde.[70] Ein Preis müsse vergeben werden, damit die anderen es wagten, sich zu ihr zu bekennen. Je länger man mit einer

Würdigung wartete, umso mehr Courage erforderte es von einer Jury, mit ihr den Anfang zu machen. Einen Monat, bevor Nelly Sachs den Nobelpreis erhielt, hatte Hilde Domin ihr im Brief ihr Dilemma geschildert. Sie hatte gehofft, dass sich Nelly Sachs als Nobelpreisträgerin für sie verwenden würde. Doch die wehrte erschrocken ab, hatte die Erfahrung gemacht, dass Einmischen wenig förderlich sei. Der Briefwechsel mit Nelly Sachs erstarb schließlich 1967 – durch Missverständnisse.[71]

Von Paris aus flog Hilde Domin weiter nach England: London, Oxford, Cambridge, Birmingham und Newcastle standen auf dem Programm. Der besondere Höhepunkt sollte ein »high table« sein, den der Jurist David Daube im elitären Oxforder College All Souls ihr zu Ehren ausrichtete. Die feierliche Zeremonie, bei der der Präsident eines Colleges besondere Gäste und die Professorenschaft in den großen Speisesaal einlädt, unterliegt einem strengen Zeremoniell. Die versammelten Studenten erheben sich, während die Professoren in feierlichem Aufmarsch und festlich gewandet, vom Präsidenten angeführt, in den Saal einziehen. Die Sitzordnung auf dem erhöhten Podest im Angesicht der Studenten am Kopfende des Speisesaals erinnert an eine religiöse Abendmahldarstellung, doch man hat ein Gegenüber. Man unterhält sich drei Minuten nach rechts, drei Minuten nach links, drei Minuten mit seinem Tischnachbarn auf der anderen Seite. Zum Sherry führt der Präsident seine Gäste in eine Lounge, eine neue Sitzordnung bricht feste Gesprächskonstellationen auf; köstliche Süßigkeiten, üppige Fruchtkörbe und eine Folge von leichten Dessertweinen geben den Gesprächen die nötige Beschwingtheit.

Das exklusive College All Souls konnte sich den Luxus erlauben, gänzlich auf Studenten zu verzichten und nur sogenannte »fellows«, also Akademiker mit Abschluss, aufzunehmen. Auch wenn Hilde Domin ihr Jüdischsein nur als Schicksalsgemeinschaft empfand, so waren es doch immer wieder Anknüpfungen an ihre jüdische Herkunft, durch die neue Kontakte entstanden oder alte belebt wurden. Der Oxforder Professor David Daube, gebürtiger Freiburger Jude, dem Domin ihre Einladung verdankte, war 1933 nach England geflohen. In seinem Jurastudium hatte er die Bibel zu seinem wissenschaftlichen Schwerpunkt gemacht und mit seinen

## 17. Kapitel

Ausführungen über Talmudische Gesetze Reputation erlangt. Bis 1970 lehrte er in Oxford, dann wanderte er in die USA aus.

Schließlich hatte der P.E.N. Schottland Hilde Domin in den Norden der Insel eingeladen, wo ihre Tour durch Großbritannien endete.

Die Lesung auf dem Rückweg im »Fraenger Haus« in Amsterdam zählte Hilde Domin zu den bewegendsten ihres Lebens. In ihrem Haus hatte die Amsterdamer Künstlerin Gisèle van Waterschoot van der Gracht während des Krieges einer Gruppe rassisch verfolgter junger Männer das Überleben ermöglicht. Ohne Kontakt zur Außenwelt sicherten das Lesen von Gedichten und andere geistige Tätigkeiten das Überleben der Gruppe und ließen sie zeitweise sogar die Gestapo vergessen. Sie gaben ihrem Refugium in Anlehnung an die Burg der Tempelritter bei Haifa den Decknamen »Castrum Peregrini« und damit ihrer Hoffnung Ausdruck, wie diese unversehrt zu überleben. Domin las in den gleichen Zimmern, in denen sich die jungen Männer damals versteckt hielten. Überlebende waren zu ihrer Lesung angereist und zeigten Hilde Domin ihre damaligen Verstecke: *die Möbel waren da, und die Treppe mit all ihren furchtbaren Erinnerungen. Und die Gracht, in der sich die Häuser spiegelten, so ruhig, wie sie es auch in den fürchterlichsten Augenblicken gewiss getan haben.*[72] Hilde Domin las *Wen es trifft* – die Betroffenheit auf beiden Seiten war groß.

Obwohl die Lesereise rundum ein großer Erfolg gewesen war, blieb Hilde Domin ungeduldig und mit dem Gefühl zurück, nach wie vor in der *Taille des Eierglases* zu sitzen.[73] Ihre Gedichte stießen zwar auf positive Resonanz in der Leserschaft, doch in der literarischen Öffentlichkeit fühlte sie sich weiterhin in der Rolle eines Außenseiters.

Vielleicht war sie deshalb bereit zum geistigen Duell und willigte 1966 in Kay Hoffs Projekt ein, einen »Hundertdruck« anzufertigen: *Höhlenbilder*, eine Auswahl erotischer Liebesgedichte aus der Anfangszeit in Santo Domingo, erschien 1968 in einer aufwendigen limitierten, großformatigen Auflage, kunstvoll gestaltet mit Ätzungen des Bildhauers und Malers Heinz Mack, von beiden Künstlern signiert. *Ich habe mit diesen Gedichten getan, was ich mit den Gedichten anderer junger Autoren tue. Ich habe gestrichen. [...] Geändert habe ich nichts, dazu sind diese Gedichte heute zu*

## Heidelberg: 1964-1968

*weit fort von mir*[74], erklärte Hilde Domin zu dieser besonderen Ausgabe.

*In der Höhle meiner Angst siehst du deine Symbole groß an den Wänden*[75], hatte Hilde Domin den Gedichten als Motto vorangestellt. Die Kritiker, die mit dem Titel nur primitive Höhlenmalereien assoziierten, waren der Deutung nahe, ohne es zu wissen. Denn wie Höhlenmalereien als ältestes Zeugnis der Menschheit die archaische Kultur- und Glaubenswelt darstellten, hat Hilde Domin gerade mit ihren Gedichten aus der »Urzeit« versucht, ein Abbild ihrer Seele zu liefern. Doch meist ließen die Kritiker den Band unkommentiert und wissenschaftlich wenig beachtet. Wie sollte man diese Sammlung auch als Schritt der Selbstbefreiung werten können, ohne um die besondere Situation von Hilde Domin zu wissen?

Die gesellschaftspolitischen Forderungen der Sechzigerjahre korrespondierten mit Hilde Domins Wunsch, ihre Rolle als Frau und als Schriftstellerin neu zu definieren, sich ihrer Demutshaltung gegenüber Erwin Walter Palm zu entledigen. Ihrer schriftstellerischen Souveränität war sie sich sicher und widersetzte sich deshalb der ihr zugewiesenen Rolle als Frau: *So ziehe ich dahin, im Bewusstsein totaler Unbescheidenheit, mich rechts und links vergewissernd, und erneuere die Denkschemata.*[76]

In zwanzig Thesen setzte sie sich in ihrem Essay *Über die Schwierigkeiten, eine berufstätige Frau zu sein* mit der Degradierung der Frau zum Objekt auseinander. Gegenseitige Toleranz und die Festschreibung bloß eingeräumter Konzessionen in Rechte – weil sie ja mitgeborene Rechte waren – waren ihre Forderungen. In dem gut gemeinten Lob eines Kollegen, sie sei *unter Poeten ein Mann*[77], sah sie eine diskriminierende Beförderung der Frau als Menschen zweiter Klasse, *zum Menschen erster Kategorie*[78], als der der Mann immer noch galt. Sie empfand wie Virginia Woolf, dass die *Frauen [...] wie Juden unter Nazis*[79] seien, und ihre Thesen gipfelten in der Erkenntnis: *Wir sind alle Hermaphroditen.*[80]

Wer ahnte, dass sie in ihrer »These vier« den ehelichen Geschlechterkampf aufnahm? *Daß logisches Denken nur mittels des Penis zu bewerkstelligen ist, scheint ein unausrottbares Axiom der Vulgärmedizin zu sein. Daß der Penis zum Auspissen des Feuers geeignet ist, während Frauen »den Strahl nicht lenken können« (Freuds Erklärung für den Primat der Männer), ist dagegen nach-*

*weisbar, jedoch im Zeitalter der zweiten Industrierevolution ziemlich unwichtig. Frauen können auch keine »Rosen in den Guadalquivir« pissen, wie Lorca vorschlägt, und sind auch im Pißduell, wie Breton es übte, nicht satisfaktionsfähig.*[81]

Fast wörtlich hatte sie diese Gedanken schon in einem Brief an ihren Mann formuliert: *Ich würde das nicht sagen, wenn Du hier wärest. Ich sehe Dich rot anlaufen, wenn Du an der Tür stehst. Und bloss weil ich ein Unglücklicher bin, mit Mühe, auch nur gedruckt zu werden, machst Du die Tür zu und kommst erst wieder, wenn du es gefressen hast, statt Dich auf mich zu stürzen mit Brachialgewalt: weil es empörend ist, dass ein Mensch, der zur andern Rasse gehört, als zur Rasse derer, die das Feuer nicht auspinkeln können, und der ein Loch hat an der Stelle der Protuberanz, etwas so Entscheidendes unternimmt, was die Feuerauspinkler für sich reserviert haben. Und dies (sonst wäre es ja schnuppe) unter Deinem geheiligten Dach, wo Du der Boss zu sein beanspruchst im Hinblick auf die Erkenntnis der Welt: nach gut feudalistischem Herkommen.*[82]

Als *Postulat* (so war ihr Gedicht *Drei Arten Gedichte aufzuschreiben* erstmalig in Köln veröffentlicht worden) wollte sie deshalb ihr Gedicht verstanden sehen: *Ich will einen Streifen Papier/so groß wie ich/ein Meter sechzig/darauf ein Gedicht/das schreit/sowie einer vorübergeht/schreit in schwarzen Buchstaben/das etwas Unmögliches verlangt/Zivilcourage zum Beispiel/diesen Mut den kein Tier hat/Mit-Schmerz zum Beispiel/Solidarität statt Herde/Fremd-Worte/heimisch zu machen im Tun.*[83]

Resoluter Widerstand spricht aus den sechs politisch motivierten Gedichten, die von Hilde Domin 1966 und 1967 veröffentlicht worden sind und in denen sie sich für ihr Recht als Schriftstellerin einsetzte und ihrer aufkeimenden Angst vor dem Erstarken der NPD das *Dennoch jedes Buchstabens*[84] entgegensetzte; denn die nächtlichen telefonischen Anfeindungen hatten wieder zugenommen.

*Der Herbst kommt*
*wir müssen Löwen an die Leine nehmen*

*Niemand kommt uns zu nah*
*wenn wir die richtigen Haustiere haben*
*Größeres als der Mensch*
*wenn es auf den Hinterbeinen steht.*[85]

## Heidelberg: 1964-1968

Ihren Pessimismus angesichts der politischen Entwicklungen teilten Bekannte im universitären Umfeld nicht, sondern kritisierten die radikale Exaltiertheit der Dichterin, gegen die sich Erwin Walter Palm als *besonnener* Mann auszeichnete, der Marcel Reich-Ranickis Meinung nach *ein vorzüglicher Berater der Gattin, auf die er bisweilen sanft bremsend zu wirken vermochte,* war.[86] Warum ließ Hilde Domin diese Sicht der Dinge in der Öffentlichkeit zu? Bei einer Einladung zu Kollegen von Erwin Walter Palm hatte sich Hilde Domin im Gespräch eifernd auf das geistige Terrain ihres Mannes begeben: Erwin Walter Palm nahm seine Frau bei der Hand, führte sie ohne weitere Erklärung in ein Nebenzimmer des Gastgebers und – schloss seine Frau darin ein. Hilde Domin verharrte dort zwei Stunden lang. »*Warum hast Du Dir das gefallen lassen, und was hast Du in dem Zimmer gemacht?*« – »*Was hätte ich tun können. Sollte ich ihn bloßstellen? Ich habe dann gelesen. Die hatten enorme Lektüre.*«[87]

Doch 1968 wollte sich Hilde Domin endlich durch die Enge des Stundenglases zwängen und es zum Jahr ihrer Entscheidungen machen. Dafür war sie ununterbrochen in Bewegung, aber *[e]s war ja alles in Bewegung, und es passierte dauernd etwas Neues, Gewaltiges, anno 68. Der Krieg in Vietnam und die Proteste dagegen [...], der Kampf gegen Springer, die anarchistisch-terroristischen Anfänge [...]. Der Mai-Aufstand der Pariser Studenten. Dann der Tiefschlag vom August, der Warschauer Pakt unterdrückt mit Panzern den Prager Frühling. [...] Schließlich der von den USA geförderte Militärputsch in Griechenland. [...] Falls also zu 68 noch irgend etwas Erhellendes zu sagen ist, dann wäre es vielleicht dies: von der Suche zu sprechen, der Suche auch nach der eigenen Nützlichkeit und dem Gebrauchswert eigenen Tuns.*[88]

Genau das hatte Hilde Domin gemacht und ein gewaltiges Arbeitspensum absolviert.

*Das zweite Paradies* sollte auch nicht länger in den Schubladen des S. Fischer Verlags vor sich hin dämmern. Da der Schritt zum »Fremdgehen« mit anderen Verlagen bereits durch die *Doppelinterpretationen* vollzogen war, und Piper mit *Wozu Lyrik heute* eine glückliche Hand bewiesen hatte, willigte Hilde Domin ein, ihren Roman ebenfalls dort herauszubringen. Verlag und Autorin waren sich einig, dass die Begriffe »Heimat« und »Rückkehr« im

## 17. Kapitel

Deutschland der Achtundsechziger eine veränderte gesellschaftliche Bewertung erfahren mussten. *Was kann ein Autor mit abgeschlossenem Manuskript ein Jahrzehnt später anstellen? [...] Hilde Domin entschied sich für Aktualisierung durch Kontrast. Sie ließ das Manuskript im ganzen unangetastet, baute ihm aber durch kontrastierende »Spiegel«-Zitate Widerhaken [...] ein.*[89]

Domin schien die Zeit für experimentelle Prosa reif zu sein, in der sowohl die Handlung als auch die Charaktere die Grenzen zwischen Fiktion und Dokumentation überschreiten – wie es Ingeborg Bachmann (*Das dreißigste Jahr*) und Ulla Hahn (*Das verborgene Wort*) auch umgesetzt haben.

Der Roman erfuhr jedoch keine positive Rezeption. Man tat sich schwer, die Sprachkraft einer Lyrikerin in deren Prosa zu akzeptieren. Vielfach überging das Feuilleton den Roman einfach. Auch Hilde Domins Freunde hatten Schwierigkeiten, sich dem Werk zu nähern: vier- bis fünfmal begannen sie mit der Lektüre, um das Buch dann doch wegzulegen und resignierend zu konstatieren, dass es ihm wohl an Stoff mangele. Das kritisierte auch Hans-Jürgen Fröhlich, dessen Besprechung Bettina von Wangenheim mit Domins Einwilligung in ihre Materialiensammlung aufgenommen hatte und die in der aktualisierten Neuauflage von 1998 nicht mehr erschien. Er vermutete außerdem: *nicht das Individualschicksal soll geschildert werden, sondern das Kollektiverlebnis.*[90] Doch die Brisanz des Romans liegt ja gerade in der Intimität, die Hilde Domin zuließ und mit der sie ihren individuellen Verlust von Heimat und Liebe offenlegt.

Domins Essays zur Poetik, in denen sie sich seit 1962 auch regelmäßig mit der Ortsbestimmung des Gedichts auseinandergesetzt hatte und die bereits in Zeitschriften und Zeitungen veröffentlicht worden waren, sowie ihre Vorlesungsreihe aus den USA mündeten in ihre Lyrikanalyse *Wozu Lyrik heute*: Kein Fragezeichen, sondern eine Feststellung. Der Freund und Kollege Joachim Günther widersetzte sich in seiner alles in allem einfühlsamen Rezension dennoch Hilde Domins These, dass es keine Frauen- oder Männerliteratur gäbe. Für Günther war es gerade ihrem Frausein zu verdanken, dass ihr literaturtheoretisches Werk *ein Superlativ von Dichtung* geworden war und *über die allgemeine Essaysprache einerseits, die Wissenschaftssprache andererseits in einem Spannungsbogen hinaus-*

*führt*[91], denn so verkam der theoretische Gehalt nicht zu ins Leere laufenden analytischen Feststellungen, sondern bewahrte sich die Eleganz und Vitalität, die jeden Satz durch seine Ausdruckslust erzittern ließ: *[E]r atmet wie ein ängstlicher Vogel in der Hand [...] und es ist Poesie darin mitten im scharfen Akt der Analyse.*[92]

Mit dieser Analyse hat Joachim Günther auch das Wesen Hilde Domins treffend beschrieben.

18. Kapitel

# Preisverleihungen
# 1968-1992

*Es besteht eine gewisse Aussicht, dass ich aufhöre,
für meine Freunde anstrengend zu sein*
(Hilde Domin an Walter Boehlich vom 22.1.1963)

Eine kleine Gesellschaft, einer Familienfeier nicht unähnlich, war der Einladung der GEDOK gefolgt, die sich die Ehre gab *zum Sonnabend, dem 8. Juni 68, vormittags 11 Uhr aus Anlass der erstmaligen Verleihung des Ida-Dehmel-Literaturpreises (GEDOK-Literaturpreis) an Frau Hilde Domin in die Akademie der Künste (Clubräume) einzuladen.*[1]

*Die Autorin hat lange gewartet*[2], hatte Walter Jens 1959 ohne Ironie geschrieben, und niemand hätte nach der großartigen Rezension gedacht, dass Hilde Domin neun Jahre auf ihren ersten Literaturpreis warten sollte. Dass die Wartezeit sie zermürbt hatte, war der Dichterin anzusehen.

Preise fügen einem Werk nichts hinzu, doch sie haben Signalwirkung und sind für den Autor *manifeste Zustimmung*[3], eine Art Kapital, das zwar nach außen dem Ansehen dient, ein künstlerisches Werk aber tatsächlich weder besser noch schlechter macht. Doch Hilde Domins erster Preis hatte umgehend die erhoffte Wirkung: Kurz nach der Verleihung erhielt Hilde Domin eine Einladung zu einem Symposium mit Martin Walser und Victor Lange und wurde im selben Jahr erstmalig in eine Evangelische Akademie eingeladen.

Der Ida-Dehmel-Literaturpreis der GEDOK war eine Anerkennung für Hilde Domins Werk. An diesem Junitag berührte er drei Frauenschicksale.

Die Jüdin Ida Coblenz – nach ihrer unglücklichen Ehe mit Leopold Auerbach – mit Richard Dehmel verheiratet, war schon vom jungen Stefan George leise umworben worden. Sie war Anfang des 20. Jahrhunderts Gastgeberin literarischer Salons in Hamburg gewesen und hatte angesichts der unterdrückten künstlerischen Arbeit von Frauen in jener Zeit die verschiedenen Künstlerinnengruppen in einem Hamburger Dachverband zusammengeführt, unter den sich dann auch die österreichischen Künstlerinnenvereinigungen stellten und fortan die GEDOK bildeten. Ida Dehmel wurde 1933 von den Nationalsozialisten aus ihrer eigenen Vereinigung ausgeschlossen; 1942 nahm sie sich das Leben.

Hinter dem Ida-Dehmel-Literaturpreis stand kein Land, keine Stadt und kein Industrieverband, sondern er war von der Kölner Unternehmerin Marierose Fuchs gestiftet worden: Die Unternehmerin und Dichterin Fuchs hatte auf der Jahrestagung 1967 in Mannheim in ihrer Funktion als Fachbeirätin für Literatur Hilde Domin als erste Preisträgerin vorgeschlagen. Bei der Vergabe im Juni 1968 hatte sie sich bewusst im Hintergrund gehalten, ihr Name wurde in Berlin nicht erwähnt. So nimmt es nicht Wunder, dass auch bei der GEDOK in Vergessenheit geraten ist, auf wessen Initiative der Preis zurückging. Marierose Fuchs aber hatte testamentarisch verfügt, dass der GEDOK auch noch nach ihrem Tod 1978 zehn Jahre lang ermöglicht werden sollte, den Preis durch Zuwendung aus dem Kapital ihrer Firma zu stiften.[4] Heute wird der Preis, der alle drei Jahre für das Gesamtwerk einer deutschsprachigen Autorin vergeben wird, vom Bundesfamilienministerium unterstützt.

Der Gießener Professor und Ordinarius für deutsche Literaturgeschichte, Clemens Heselhaus, sollte die Laudatio auf Hilde Domin halten. Zwei Jahre zuvor hatte sie ihn zur Mitarbeit an ihrem Band *Doppelinterpretationen* eingeladen. Weder die GEDOK noch Hilde Domin ahnten, welch unglückliche Wahl sie mit Heselhaus getroffen hatten. Zwar waren der zu Ehrenden und ihrem Laudator Stationen ihres Lebens im Ausland gemeinsam – Paris, Pisa, Mailand. Allein der »Zweck« konnte gegensätzlicher nicht sein. Während Hilde Domin mit diesen Orten die dramatischen Stationen ihrer Flucht 1939 in Italien verband, hatte Heselhaus in jener Zeit auf der Seite der Verfolger gestanden: In Livorno und

Mailand war das SA-Mitglied Heselhaus Schulungsleiter der SA-Ortsgruppen gewesen.

Im Juni 1968 also sollte der mittlerweile anerkannte Germanist Clemens Heselhaus eine Frau ehren, die durch den Naziterror der Verfolgung ausgesetzt und nur durch ihren frühen Weg ins Exil vielleicht dem Tode entkommen war. (Rudolf Hirsch schien um die nationalsozialistische Vergangenheit von Heselhaus gewusst zu haben: Den Germanisten hatte er nie in die *Neue Rundschau* aufgenommen.[5])

Dem Laudator waren offenbar angesichts der zweihundert Gäste in letzter Minute Bedenken gekommen; er hielt die im Programm versprochene Laudatio nicht. Stattdessen sah er sich nur in der Lage, ein Gespräch zu führen, das sehr durch die »rhetorischen Rückfragen« zerredet wurde. Und *die verehrungsvolle, keineswegs unkritische Ansprache («das Vertrackte an den Dichtern ist, dass man bei ihnen auch hören muss, was man nicht hören will«) endete mit einer Meditation über das [...] moderne Tätigwerden der Frau in ihrer zweiten Lebenshälfte für die Gesellschaft.*[6]

Als Hilde Domin zu ihrer Dankesrede ans Pult trat, die Kostümjacke lässig über die Schultern gelegt, musste sich Clemens Heselhaus tatsächlich »anhören, was er nicht hören wollte«. Hilde Domin klagte das Auflodern des rechten Gedankengutes an und gestand ihre Angst, in Heidelberg in einem Stadtteil leben zu müssen, in dem dreizehn Prozent der Wähler für die NPD votiert hatten. Als 1968 *Das zweite Paradies* erschienen war, nahmen die Drohanrufe von NPD-Anhängern bei den Palms weiter zu. Umso deutlicher machte Domin, dass sie den verliehenen Preis als eine Art Schutz empfand, der sie »unvertreibbar« aus dem Wort machte.

Mit scharfen, ironischen Worten ging sie auf ihre Ausnahmesituation in der deutschen Literatur ein: *Ich bin – oder war es doch bis heute – ein rarum. [...] Wo hätten Sie sonst eine Autorin gefunden, der Sie Ihren neugestifteten Preis hätten geben können ohne in jemandes Fußstapfen zu treten? [...] Jeder, der nur »pap« sagt, hat heute seinen Preis weg. Wird »eingelocht« und kommt bei einigem guten Benehmen auf dem Fließband der Ehrungen weiter, selbst Frauen [...].*[7] Sie führte aus, dass es 1964 bereits hundertzwanzig Preisträgerinnen gegeben hatte, *einzelne Namen kannte man kaum, die bekanntesten hatten bis zu zwanzig Preise pro Person.*[8]

Hilde Domin hatte sich intensiv auf diese Rede vorbereitet, unterstrich die Wahrhaftigkeit des dichterischen Werks, das stärker als sein Autor sei. Doch wenn das Werk so viel stärker sei als der Autor, zeige das wiederum die Schwäche und Verletzlichkeit des Dichters. Marierose Fuchs war vielleicht eine der wenigen unter den Gästen, die die Worte richtig zu deuten wusste und die persönliche Not kannte, der diese Rede entsprang.

Für die Medien hätte solch eine ungewöhnliche Preisverleihung ein gefundenes Fressen sein müssen. Doch die Berichterstattung war mager, die Presse berichtete nur in kleinen Meldungen über das Ereignis. Die flammende Rede der Preisträgerin wurde in den Zeitungsnotizen lapidar mit dem Satz kommentiert, dass sich die *Dichterin in einer improvisierten Rede* bedankte.[9] Der Berlin-Korrespondent der *Frankfurter Allgemeinen Zeitung*, Rolf Michaelis, war sich in seiner Empörung über die Berichterstattung mit Hilde Domin einig: seinen dreiseitigen Stimmungsbericht über die Preisverleihung hatte man auf eine kurze Meldung zurechtgestutzt. Zur eigenen Rechtfertigung schickte er Hilde Domin das Originalmanuskript zu, das er an die Frankfurter Redaktion gefaxt hatte.

Die *Stuttgarter Zeitung* reagierte auf Domins empörte Zuschrift wegen mangelnder Beachtung drei Wochen später mit einem Teilabdruck ihrer Rede. Dagegen hatte der Berliner *Tagesspiegel* ausführlicher berichtet, doch in ihrer Verletztheit holte Hilde Domin zum Rundumschlag aus: Den Artikel, den die Redakteurin in bester Absicht verfasst hatte, zerpflückte die Dichterin unerbittlich. Die *junge Dame, die superklug sein wollte und auch kein Deutsch kann,* hatte durch den falsch eingesetzten Begriff »reputabel« *den Tenor der Kritik gänzlich ins Negative verkehrt.*[10]

Das alles war drei Jahre später vergessen, als Hilde Domin den Preis an die Schweizer Dichterin Erika Burkart übergab. Domins Anregung, auch einen GEDOK-Literaturförderpreis für unbekannte Künstlerinnen zu schaffen, nahm man auf. Das Verhältnis zwischen Erika Burkart und Hilde Domin wurde allerdings unmittelbar vor der Preisverleihung durch einen Zwischenfall überschattet, den Ernst Halter, Schriftsteller und Ehemann der Schweizerin, in dem Gedenkband für Hilde Domin *Unerhört nah* in seiner Erinnerung an diesen Tag schildert:

## 18. Kapitel

Hilde Domin traf kurz vor der Preisverleihung Erika Burkart in einem schönen, mit Gold durchwirkten Kleid in ihrem Hotelzimmer an und hielt ihr daraufhin eine *Strafpredigt*.[11] So ein aufwendiges Kleid schicke sich nicht für Dichter, sie solle sich wieder umziehen. Erika Burkart nahm den Preis verweint in ihrem verschwitzten Reisekleid entgegen, was ihren Mann derart erboste, dass er noch am Abend Hilde Domin in ihrem Hotelzimmer zur Rede stellte. Domin blieb kleinlaut zurück – verwirrt darüber, dass ihre Einmischung einen anderen verletzt hatte. Doch beeindruckt zeigte sie sich davon, dass ein Mann sich derartig für seine Frau einsetzte.[12]

Hilde Domins Dankesreden sind fast alle in ihrem Band *Gesammelte Essays* dokumentiert – allerdings nicht ihre Dankesrede für den Ida-Dehmel-Literaturpreis.

Der Droste-Preis der Stadt Meersburg wurde anfangs alle vier Jahre verliehen. Das Telegramm von Bürgermeister Dr. Eickmeyer erreichte Hilde Domin am 27. April 1971 morgens um halb zehn: *Verleihungsausschuss hat Ihnen Drostepreis der Stadt Meersburg mit DM 3000 dotiert verliehen. Herzlichen Glückwunsch. Brief folgt. Dr. Eickmeyer, Bürgermeister.*[13] Die erste Preisträgerin des Droste-Preises war Erika Burkart gewesen, dann folgten Nelly Sachs, Christine Busta und Rose Ausländer. 1971 fragte sich die Jury in einem Handzettel verwundert, welchem Umstand sie es eigentlich zu verdanken hatten, eine Autorin dieses Ranges auszeichnen zu können – auch sie konnte nicht verstehen, dass Hilde Domin dieser Preis nicht längst schon verliehen worden war.

Als die Auszeichnung am 6. Mai 1971 im Spiegelsaal des Neuen Schlosses in Meersburg verliehen wurde, war diesmal auch Erwin Walter Palm dabei, den der Freund Horst Meller am frühen Sonntagmorgen an den Bodensee chauffiert hatte. Die Liste der geladenen Gäste war kurz, als weiterer Gast aus Heidelberg war nur noch Georgia Mitscherlich anwesend.

Die Laudatio in Meersburg hielt der Philosoph Hans-Georg Gadamer in seiner Eigenschaft als Präsident der Heidelberger Akademie der Wissenschaften. Auch wenn Hilde Domin bei ihrer Dankesrede fast hinter dem Blumenschmuck verschwand, so waren ihre deutlichen Worte keineswegs durch die Blume gesprochen:

*Ein Literaturpreis ist heute eine heikle Sache. Wie fast schon das Bekenntnis zur Literatur. Daher hat sich bereits ein fester Ritus herausgebildet, wie der – konformistische – Autor eine solche Ehrung anzunehmen hat: Unter kräftigen Beschimpfungsformeln ergreift er das Geld und knallt die Türe hinter sich zu.*[14] Sie kritisierte damit die rebellische Haltung der Dichter der späten Sechzigerjahre und sprach mit erstaunlicher Weitsicht an, womit sie 1987 in die Annalen der Darmstädter Akademie anlässlich der Verleihung des Büchner-Preises an Erich Fried eingehen sollte – ohne diesen bedeutenden Preis selbst je erhalten zu haben.

Die Kolleginnen Rose Ausländer und Christine Busta sowie der Intendant des Staatstheaters Braunschweig schickten herzliche Glückwünsche zur Verleihung des Droste-Preises. Mitglied der Jury war der Schriftsteller Josef W. Janker gewesen, der sich angesichts der Berichterstattung über den Droste-Preis vom 9. Mai 1971 verärgert zeigte; Anlass dazu hatte wieder die FAZ gegeben. Man konnte ihr diesmal nicht Ignoranz unterstellen, sie hatte einen großen Artikel über die Preisverleihung gebracht. Doch Janker warf der Journalistin Frisé vor, *absichtlich einseitig unterrichtet zu haben*.[15] Die Reporterin hatte sich in ihrem Bericht detailverliebt in Nebensächlichkeiten ergangen, die eigentliche Preisverleihung aber kaum berücksichtigt: *Wer sich so auf die Vorspeise stürzt, kann nicht behaupten, bei einem Essen anwesend gewesen zu sein. [...] Mit zwei Sätzen abzutun, was einer fünfköpfigen Jury den Aufwand von 5 Arbeitstagen und Hans-Georg Gadamer eine Laudatio wert war, erfüllt meines Erachtens den Tatbestand mutwilliger Berichterstattung*, empörte sich Janker.[16]

Domin war Janker dankbar für seine Einschätzung, bestätigte er doch ihre Wahrnehmung: Sie fand es weiterhin unglaublich, wie in *diesem Lande*[17] mit ihr verfahren wurde, und war überzeugt, dass man ihr Image systematisch zerstören wollte. Ja, es schien ihr, als ob *eine Art Strafe darauf gesetzt* worden wäre, sich ihr gegenüber normal zu verhalten.[18]

Die Öffentlichkeit aber nahm nur wahr, dass die alte »goldene Faustregel« der Preisverleihung griff: Ist der erste Preis erst verliehen, folgen weitere Auszeichnungen.

Als Hilde Domin am 26. Oktober 1972 vom ersten Vorsitzenden der Heinrich-Heine-Gesellschaft die noch junge Heinrich-Heine-

## 18. Kapitel

Plakette angeboten wurde, nahm sie freudig an. Endlich honorierte man ihr Bekenntnis *in Lyrik und Prosa gegen Neutralismus, Opportunismus, Dogmatismus und Konformismus*.[19] Nach Max Brod war sie die zweite Preisträgerin, der am 8. Dezember 1972 die Auszeichnung zugesprochen wurde. Damit fühlte sie sich auch in ihrer geistigen Haltung geehrt, die sie mit Heinrich Heine verband. Diesmal hielt Karl Krolow in seiner Funktion als Präsident der Deutschen Akademie für Sprache und Dichtung die Laudatio und mag es als Genugtuung angesehen haben, weil er sich zehn Jahre zuvor anerkennend für die Lyrik Hilde Domins eingesetzt hatte. Mit der Preisvergabe war Hilde Domin gleichzeitig Ehrenmitglied der Heinrich-Heine-Gesellschaft geworden.

Im Juli 1974 hatte Marie Luise Kaschnitz bei einem Besuch in Bad Gandersheim noch gehofft, dass Hilde Domin nach ihr die nächste Trägerin der Roswitha-Gedenkmedaille der Stadt Bad Gandersheim sein würde, deren Verleihung jeweils im Rahmen der Internationalen Buchmesse in Frankfurt am Main vorgenommen wird. Als der mit zehntausend Mark dotierte Preis am 11. Oktober 1974 dann tatsächlich an Hilde Domin verliehen wurde, überschattete der Tod von Marie Luise Kaschnitz die Feierlichkeiten; sie war am Tag zuvor gestorben. In ihrer Dankesrede gedachte Hilde Domin deshalb als erstes der verstorbenen Dichterin, erinnerte aber auch an den tragischen Tod Ingeborg Bachmanns im Oktober des Vorjahres.

Mit der FAZ schien Hilde Domin weiterhin auf Kriegsfuß zu stehen; sie las deshalb das Frankfurter Blatt besonders sorgfältig und hielt später fest, dass in drei Folgejahren – 1981, 1982 und 1983 – im Rahmen der Berichterstattung über die Verleihung der Roswitha-Gedenkmedaille bei der Auflistung der Preisträger der Name »Domin« regelmäßig ausgelassen worden war. Die Stadt Bad Gandersheim bestätigte Hilde Domin auf ihre Nachfrage hin, dass sie immer die vollständige Liste aller Preisträger an die Redaktion weitergegeben habe. Domin schrieb daraufhin einen erbosten Leserbrief – den die FAZ veröffentlichte.

Alles, was in der Literaturszene Rang und Namen hatte, war am 4. Dezember 1975 nach Frankfurt geladen, um des 100. Geburtstags von Rainer Maria Rilke zu gedenken. Auch Hilde Domin gehörte zu den sechshundert geladenen Gästen. Im Funkhaus ehrte man Rilke mit einer Lesung: Siegfried Unseld begrüßte die Gäste, der Philosoph Gadamer hielt eine flammende Lobrede auf Rilke – Hilde Domin berichtete Erwin Walter Palm, dass diese von der Presse *aufs höhnischste* verrissen wurde und sich Nicolas Born und Helmut Heißenbüttel erst kritisch und negativ äußerten, bevor sie sich auf ein Lob einließen.[20] Hilde Domin las Rilkes *Neunte Elegie* aus den *Duineser Elegien*. Immer unterstrich Hilde Domin mit ihren Beiträgen ihre Überzeugung: *Sprich und bekenn. [...] Zwischen den Hämmern besteht/unser Herz, wie die Zunge/zwischen den Zähnen, die doch,/dennoch die preisende bleibt.*[21]

Zur Überraschung aller Anwesenden wurde bei dieser Feier ein neuer Literaturpreis aus der Taufe gehoben: der Rainer-Maria-Rilke-Preis für Lyrik. Selbst Karl Krolow als erster Preisträger wurde von der Auszeichnung überrascht. Der Rilke-Preis sollte in Zukunft vom jeweiligen Träger an den designierten Nachfolger weitergegeben werden, ähnlich wie der Iffland-Ring oder der Kleist-Preis bis 1932.

Am 28. März 1977 übergab Karl Krolow den Rilke-Preis für 1976 an Hilde Domin in Zürichs eindrucksvollem Barockbau, dem Zunfthaus »Zur Meisen«. Es war die Demonstration einer Freundschaft. Und so richtete Hilde Domin ihren Dank speziell an Karl Krolow, denn er hatte zu ihr gehalten, als sie noch *ziemlich isoliert war*.[22] Die Narben aus den Anfangsjahren brachen bei solchen Anlässen wieder auf. Domin griff in ihrem Schlusswort deshalb noch einmal auf die *Neunte Elegie* zurück: *Sagen und Sagbar-machen des Unsagbaren* sah sie wie Rilke als Auftrag des Dichters an.[23]

Die Liste der Gratulanten wurde mit jeder Preisverleihung länger, die Namensträger prominenter. Siebzehn Jahre nach ihrem ersten Gedichtband schien Hilde Domin endgültig in die Reihe der bedeutenden Lyriker aufzurücken – der Rilke-Preis war schließlich ein Preis, zu dem auch der Kritiker Marcel Reich-Ranicki gratulierte.

Das Preisgeld betrug fünftausend Mark, die sorgfältig archivierten Zeitungsausschnitte gaben keinen Anlass zum Sich-Ärgern. Doch was hatte Hilde Domin wohl von Marcel Reich-Ranickis Worten gehalten, der die Glückwünsche mit einem Lob auf seine Zeitung verband? Er schmeichelte sich, dass es gerade seine Zei-

## 18. Kapitel

tung, die FAZ, war, die in den *letzten Jahren einiges dazu beigetragen hatte, Domins Ruhm hierzulande zu verbreiten.*[24]

Als Hilde Domin den Rilke-Preis 1978 in Paris an Ernst Meister weitergab, war der Verleihung ein erbitterter Kleinkrieg hinter den Kulissen vorausgegangen. Der Kölner Jürgen Becker war der Favorit des Suhrkamp-Verlegers Siegfried Unseld gewesen. Hilde Domin hatte trotz eines »poetry hearing« in ihrer Heidelberger Wohnung und eines gediegenen Essens im eleganten Heidelberger Restaurant »Schloss Wolfsbrunnen« sich nicht den Wünschen des Verlegers gebeugt, sondern war bei ihrem Favoriten geblieben: Ernst Meister. Nach einiger Verstimmung einigte man sich darauf, dass Meister den Preis dann an Jürgen Becker weitergeben sollte. Doch auch Meister bestand auf seiner freien Entscheidung, und Jürgen Becker ging erneut leer aus. Interessant ist: Jürgen Becker saß lange Zeit in der Jury für die Vergabe des Kölner Literaturpreises, den Hilde Domin nie erhalten hat.

Colonia sui genuit – auch wenn sie in Köln geboren war, so hatte Heidelberg Hilde Domin entscheidend geprägt. Heimat bedeutete für sie, sich einmischen zu dürfen und Verantwortung zu tragen – beides tat sie in der Stadt, in der sie leben und begraben werden wollte.

Der Anlass für die Verleihung der Richard-Benz-Medaille der Stadt Heidelberg am 4. Oktober 1982 war der 70. Geburtstag der Dichterin – wobei man weiterhin davon ausging, dass 1912 ihr Geburtsjahr wäre. Ihr Bruder Johnny, mit dem sie das Geburtsjahr seit 1960 teilte, war angereist, um bei der Verleihung dabei zu sein. Er hatte Stillschweigen über das wahre Geburtsdatum bewahrt, das Hilde Domin erst 1999, vier Jahre nach dem Tod des Bruders, preisgab – als ein Journalist auf die Unvereinbarkeit der geschwisterlichen Geburtsdaten verwies.

Mit der Richard-Benz-Medaille werden Bürger geehrt, die sich für Heidelberg engagiert haben. Dass sich Hilde Domin immer wieder positiv für ihre Stadt einsetzte, lobte der Laudator Manès Sperber, er gab ihr aber in seiner persönlichen und freundschaftlichen Festrede den Rat mit auf den Weg, dass sie bei Ärger lieber ein Gedicht schreiben solle – dieses Engagement würde nicht verwehen. Eine ganz besondere Freude hatte Oberbürgermeister Zundel für Hilde Domin parat: In seinem Gratulationsbrief versprach er, dass ab sofort immer zwei Ehrenkarten für die Symphoniekonzerte des Heidelberger Theaters für Hilde Domin bereit lägen. Dieses Versprechen hielten auch die nachfolgenden Stadtoberhäupter, sodass sich Hilde Domin schon als Ehrenbürgerin fühlte, lange bevor sie damit ausgezeichnet wurde.

Der vermeintlich 70. Geburtstag veranlasste die Stadt Dortmund, Hilde Domin den Nelly-Sachs-Preis zu verleihen. Fast tausend Gäste hatten sich dazu am 4. Dezember 1982 im Großen Haus in Dortmund versammelt; Erwin Walter Palm war spät abends am Vortag mit dem Zug angereist. Einen kleinen Wermutstropfen hatte es im Vorfeld der Feierlichkeiten gegeben, denn Domins Wunschkandidat für die Laudatio hatte abgesagt: Walter Jens stand nicht zur Verfügung. Doch über Marcel Reich-Ranickis dreiseitiges Telegramm freute sich Hilde Domin außerordentlich.

Auf der festlichen Einladung zum anschließenden Essen musste die relativ einfache Speisenfolge die Gäste in Erstaunen versetzt haben: der klaren Ochsenschwanzsuppe folgten Kalbsmedaillons mit Steinpilzrahmsauce und als Nachtisch Früchtequark. Dazu wurde Dortmunder Pils gereicht. Oberbürgermeister Samtlebe hatte damit dem ausdrücklichen Wunsch Hilde Domins entsprochen, die auf einen Artikel in den *Dortmunder Nachrichten* reagierte: Sie war entsetzt über die Kürzungen der öffentlichen Mittel für die Dortmunder Bibliotheken um neunundvierzig Prozent und fürchtete angesichts des Preisgeldes von zwanzigtausend Mark den Unmut der Stadträte. Also verzichtete sie auf ein opulentes Essen – wollte sich vom Preisgeld aber endlich einen neuen Plattenspieler mit Verstärker leisten und sich um die Einstellung einer Schreibhilfe bemühen.

Am 23. Mai 1983, dem Verfassungstag, wurde Hilde Domin von Bundespräsident Karl Carstens das Bundesverdienstkreuz angeheftet – als »Nummer 11«, alphabetisch korrekt vor dem Metallbildhauer Carlo Dürselen. Ausgezeichnet wurden ihre besonderen Verdienste um die deutsche Sprache und Kultur während ihres zwanzigjährigen Exils und ihr Aufrufen zur wachen Teilnahme des Bürgers am politischen Leben. Auch Lothar Späth, Joachim Fuchsberger und Reinhard Mey wurden an diesem Maitag geehrt.

Hilde Domins Ehrungen nahmen zu: Mittlerweile trug sie das Verdienstkreuz des Landes Nordrhein-Westfalen (1988) und hatte

## 18. Kapitel

außerdem die Verdienstmedaille des Landes Baden-Württemberg (1990) entgegengenommen.

Auch zum vermeintlich 80. Geburtstag beschenkte man Hilde Domin reich. Den Reigen der Gratulanten eröffnete das Land Rheinland-Pfalz, das Hilde Domin am 18. Januar 1992 in der Mainzer Staatskanzlei mit der Carl-Zuckmayer-Medaille auszeichnete. Die Ehrung ist mit keinem Preisgeld, aber mit einem großen Weinfass verbunden, das Ministerpräsident Rudolf Scharping überreichte. Herbert Heckmann von der Deutschen Akademie für Sprache und Dichtung hielt die Laudatio und gab eine Begebenheit des Nachmittags zum besten, die typisch für Hilde Domin war: Als die Dichterin in der Straßenbahn nach ihrer Fahrkarte gefragt wurde, verwickelte sie den Schaffner in ein lebhaftes Gespräch über Gedichte.

In ihrer Dankesrede unterstrich Hilde Domin ihre Gemeinsamkeiten mit Zuckmayer. Mit viel Mozart, gespielt vom Mainzer Kammerorchester, einem anschließenden Empfang in der Staatskanzlei und einem privaten Abendessen mit Ministerpräsident Scharping klang die Ehrung aus.

Bad Homburg schloss sich dem Jubiläumsreigen an und verlieh Hilde Domin am 6. Juni, dem Pfingstsonntag des Jahres 1992, im Bad Homburger Kurhaus den bedeutenden, mit fünfundzwanzigtausend Mark dotierten Friedrich-Hölderlin-Preis. Juror Marcel Reich-Ranicki hatte die Wahl Domins befürwortet – die Lyrikerin hatte sich ihre Anerkennung hart erkämpft. Hilde Domins Laudatorin anlässlich des Friedrich-Hölderlin-Preises war Ulla Hahn, die Hilde Domin Anfang der Achtzigerjahre, nach Erscheinen ihres ersten Gedichtbandes, kennengelernt hatte.

Hilde Domin empfand es im Nachhinein als Glücksfall, dass gerade Ulla Hahn auf ihr Leben und ihr Werk öffentlich eingehen sollte. Von den üblichen Laudationes hob sich Ulla Hahns Würdigung auch deshalb ab, weil sie als eine der ersten dem theoretischen Werk Domins mit intuitiver Sensibilität Respekt zollte und den analytischen Verstand einer souveränen Frau hervorhob. Ein solches Werk, so Hahn, *stammte es aus der Feder eines männlichen Theoretikers,* hätte sich längst die Beachtung erworben, die es verdiente.[25] Sie wertete *Wozu Lyrik heute* als die bedeutendste Lyrikanalyse seit Gottfried Benns Marburger Vortrag über die *Probleme der Lyrik* von 1951.

Genau deshalb verwies Hilde Domin in ihrer Dankesrede auf ihr Recht, sich als Mensch einzumischen. Hölderlin bezeichnete sie als Quelle der Kraft, aus der sich schöpfen ließe: *Des Herzens Woge schäumte nicht so schön empor, und würde Geist, wenn nicht der alte stumme Fels, das Schicksal ihr entgegenstünde.*[26]

Die *Frankfurter Neue Presse* monierte in ihrem Bericht tags darauf die kritischen Worte Domins und rührte an einer nie heilenden Wunde: *mit ihrer stark ichbezogenen Intensität ist Hilde Domin auch Freunden öfter auf die Nerven gegangen. Es ist sicherlich ein Grund, daß manch ein Preis, darunter der beste, der Büchner-Preis, mit seiner Traube für sie bisher zu hoch gehangen hat.*[27]

Über den tanzenden Löwen auf der Heidelberger Universitätsmedaille freute sich Hilde Domin besonders: *Ich bin selber Löwe und Löwen brauchen viel Zärtlichkeit.*[28] Mit dieser Auszeichnung zollte man endlich ihrer wissenschaftlichen Leistung Respekt. Den scharfen Intellekt und Esprit Hilde Domins würdigte 1992 auch die Ehrenprofessur des Landes Baden-Württemberg.

Die Stadt Heidelberg nahm den »80.« Geburtstag zum Anlass und schuf 1992 den Preis »Literatur im Exil«, der, bevor er überhaupt verliehen werden konnte, fast an der oft zitierten Ichbezogenheit der Dichterin zu scheitern drohte. Hilde Domin war im September 1992 gerade aus dem Baltikum zurückgekehrt, als sie die Nachricht erhielt, ihr solle als Erster dieser Preis verliehen werden.

Mit der Bezeichnung des Preises für »Literatur im Exil« sah sie sich falsch eingeordnet. Vierzig Jahre hatte sie in Deutschland geschrieben und nur zwei Jahre im Exil. Sie fragte sich, ob sie den Preis unter dieser Bezeichnung überhaupt annehmen könne, und verlangte, dass der Preis umbenannt werden sollte.

Dass die Ehrung 1992 in Heidelberg doch ein versöhnliches Ende nahm, war in erster Linie der damaligen Oberbürgermeisterin Beate Weber zu verdanken. Die hatte sich umgehend nach dem nachmittäglichen Telefonanruf Hilde Domins hingesetzt und in vier handgeschriebenen Seiten diplomatisch einfühlsam Hilde Domin von der Sinnhaftigkeit des Preises überzeugt: nicht alle dürften das Glück erwarten, nach dem Exil wieder in ihre Heimat

## 18. Kapitel

zurückzukehren. Vor allem aber das Versprechen, dass der Preis nach dem Tode der Dichterin als »Hilde-Domin-Preis für Literatur im Exil« vergeben werden würde, stimmte Domin versöhnlich, sodass sie die Auszeichnung am 30. Oktober 1992 schließlich doch mit großer Freude entgegennahm. *Partisanin des klaren Wortes* nannte Laudator Iso Camartin die Geehrte.[29]

Ihre Dankesrede stellte Hilde Domin unter die Worte des »größten Exildichters« aller Zeiten, nämlich Dante: *Liebe, die die Sonne bewegt und die anderen Sterne.*[30]

Für die betagte Lyrikerin blitzte offenbar das wieder auf, was auch sie selbst ein Leben lang bewegt hatte: die Liebe.

Gesellschaftspolitisches Engagement und klare Worte charakterisierten Domins Dankesreden auch bei zwei anderen Preisverleihungen. Bei der Entgegennahme des Büchner-Preises im Oktober 1987 sorgte der schon von seiner Krankheit schwer gezeichnete Erich Fried für einen Eklat. Aus Sicht des Freiburger Romanisten Hans-Martin Gauger trug sich die Begebenheit im überfüllten Staatstheater in Darmstadt folgendermaßen zu: Herbert Heckmann, damals Präsident der Deutschen Akademie für Sprache und Dichtung, hatte die Laudatio auf Erich Fried gehalten. Dann ergriff Fried das Wort und hielt eine aggressive Rede: gegen Deutschland und gegen Darmstadt im Besonderen. *Das Publikum in seiner modernen Mehrheit jubelte.*[31] Hilde Domin war wenig einverstanden mit dem Redner, und sie war erregt. Sie tippte nach einiger Zeit dem vor ihr sitzenden Dolf Sternberger, dem *gebildeten, weltmännisch klugen*[32] Politologen und Philosophen auf die Schulter: *Soll ich etwas sagen? fragte sie leise. Er hob skeptisch die Schultern: Ich weiß nicht – lieber nicht.*[33] Noch während des kräftigen Beifalls stand Domin auf, *ging zugleich rasch und zögernd nach vorn, dann nach oben aufs Podium. Vom Pult aus machte sie lächelnd einige schüchterne Bewegungen, mit denen sie um Ruhe bat. Die Leute, die bereits aufgestanden waren, denn die Veranstaltung war eigentlich zu Ende, hielten inne. Rasch wurde es ruhig in dem großen Saal. Eine eigentümliche, völlig unvorgesehene Situation. Domin sagte einige kurze Sätze. Lieber Erich, sagte sie, sie sei ja mit Vielem ganz einverstanden, aber ein wenig einseitig sei es doch gewesen, was er da vorgebracht habe. Man könne vieles kritisieren in Deutschland, und müsse dies auch, aber »Wenn dies Land die letzte Hölle wäre, wie es bei Dir herauskam, dann hättest Du diese Rede nicht halten können.*«[34] Es gab viele Buhs, einige aber klatschten verhalten. Die alten Herren der Akademie fanden Domin nun ausgezeichnet. Am nächsten Tag in nicht öffentlicher Runde, im Kuratorium der Akademie, wandte sich Oberbürgermeister Metzger direkt an Dolf Sternberger: »*Ich hätte eigentlich erwartet, Herr Professor Sternberger, dass SIE etwas gesagt hätten.*« *Dolf Sternberger tat, was er selten tat, er schwieg.*[35]

Dass Hilde Domin nicht jeden Preis um der Ehre willen anzunehmen gewillt war, hat die Stadt Alzey bestätigt. Hilde Domin sollte 1988 die erste Preisträgerin des Elisabeth-Langgässer-Preises sein. Doch sie verweigerte die Annahme des Preises. In einer scheinbar sachlichen Begründung an die Stadtverwaltung hatte Domin darauf verwiesen, dass sie in ihrer Dankesrede ja auf die Dichterin eingehen müsse, über sie aber nichts zu sagen wisse.

Doch 1995, als Hilde Domin mit dem Konrad-Adenauer-Preis ausgezeichnet wurde, verschwieg sie nicht länger ihre damaligen tatsächlichen Beweggründe: Elisabeth Langgässer habe ihre Tochter Cordelia so schäbig behandelt, dass sie sich nicht in der Lage sah, den Preis anzunehmen. Er ging 1988 stattdessen an Luise Rinser.

Ein Ereignis, das mit Sicherheit das Leben der Hilde Domin noch einmal verändert hätte, ist mehr als eine Randnotiz: In den Neunzigerjahren, so erinnert sich der emeritierte Anglistikprofessor Horst Meller, erhielt er einen Anruf aus Stockholm. Ein Beauftragter des Nobelpreis-Komitees bat ihn, unter dem Siegel der größten Verschwiegenheit, eine Laudatio auf Hilde Domin vorzubereiten. Die Dichterin war in die Auswahl für den Literaturnobelpreis aufgenommen worden. Die Laudatio blieb, wie wir wissen, in der Schublade; Horst Meller hielt sich zu Lebzeiten Domins an seine Verschwiegenheit.

19. Kapitel

# Heidelberg
# 1969-1974

*An den Graimbergweg denke ich*
*trotz allem mit Zärtlichkeit*
(Hilde Domin an Erwin Walter Palm, 1971)

Mit der Metapher »*atmet wie ein ängstlicher Vogel in der Hand*« hatte Joachim Günther Hilde Domin treffend charakterisiert[1]; Hilde Domin hatte tatsächlich Angst. Nächtliche Telefonanrufe belästigten die Palms weiterhin. Sie provozierten Bilder von »grauen Zeiten«, gegen die Hilde Domin anschreiben wollte: *Es muss aufgehoben werden/als komme es aus grauen Zeiten.*[2]

Das Aufheben erschien ihr umso notwendiger, weil die geistigen Größen, die sie geformt hatten, nach und nach starben: Karl Jaspers im Februar 1969, Theodor Adorno im August desselben Jahres.

Als eine befreundete Maklerin ihnen in dieser Situation eine außergewöhnliche Wohnung in Schlossnähe anbot, zögerten die Palms nicht. Am 27. November 1969 zogen sie in den Graimbergweg 5 ein, kurz nachdem Erwin Walter Palm am 10. November in Frankfurt mit der Aufführung seines Tanzspiels *Der Mann von Rabinal* gescheitert war.

Hilde Domin hatte ihren Einzug in das »dritte Paradies« mit der endgültigen Fassung ihres Gedichts *Abel steh auf* manifestiert, das den »makabren Wettkampf« zwischen beiden endgültig beenden sollte. Als Motiv in Santo Domingo entstanden, als Notiz 1956 im Zug auf der Rückreise von Málaga skizziert, als Gedicht 1959 im Tessin gedanklich gereift in eine poetische Form gebracht, schrieb Hilde Domin am 17. Juli 1969 die Endfassung des Gedichts, das ihr definitiver Appell (an Erwin) zu einem Neubeginn sein sollte.

Heidelberg: 1969-1974

*Ursprünglich war das Gedicht (wie ja alle Gedichte) für mich selbst geschrieben. Um eine mich bedrückende Erfahrung zu formulieren und mich von ihr zu befreien. [...] Es ist ein Aufruf, sich der Misshandlung anderer zu enthalten – zu widerstehen zum Beispiel der Wut gegen andere, [...] Geschwisterlichkeit zu praktizieren.*[3] Deshalb trug Hilde Domin dieses Gedicht bei Lesungen immer als letztes vor, deshalb sollte es in ihren *Gesammelten Gedichten* als letztes stehen und das *Überleben und Neu-Anfangen* möglich machen.[4] Einen Tag, nachdem sich die bemannte amerikanische Rakete »Apollo 11« auf ihren Weg zum Mond gemacht hatte, aktualisierte Hilde Domin das seit 1959 abgeschlossene Gedicht; die zwei angehängten Strophen sind ein überflüssiges, unharmonisches Anhängsel geblieben.

Der Einzug in das Haus am Graimbergweg besiegelte den weiteren gemeinsamen Lebensweg, und tatsächlich schien ein Neubeginn der Beziehung möglich zu sein. Die Wohnung wurde fürs Bleiben eingerichtet: die Palms hatten Wände entfernen, Türen zumauern und Zwischenwände einziehen lassen. Wieder hatte jeder sein eigenes Arbeits- und Schlafzimmer, dessen Türen schalldämpfend unterfüttert worden waren. Die Wahl der Vorhänge zeugte von ihrem persönlichen Lebensgefühl: gewebte, mexikanische Stoffe in Erwins Zimmer, karibischer Tropenwald mit Paradiesvögeln in den gemeinsamen Räumen und Zimmerpflanzen, wie sie in der Dominikanischen Republik wachsen. Hilde Domin war glücklich über ihr *Turmzimmer, halbrund wie das Zimmer der Droste und mit vier Fenstern, den Gaisberg gleich gegenüber mit seinen wunderbar dichten Bäumen, zu jeder Jahreszeit schön [...]. Ein Hölderlinblick, sagen die Leute. Es ist ein Zimmer, in dem man nie freiwillig auf das Leben verzichten könnte, denn wenn man nur über die Nacht kommt, ist das Aufwachen zu schön.*[5]

Auf der Zwischenwand in ihrem Turmzimmer hatte Hilde Domin bestanden, denn aus der künstlich geschaffenen Ecke, *von wo die Taube nicht kommen kann aber kommt*[6], schien ihre Madrider Taube direkt in das Zimmer zu fliegen. Sie war Hilde Domin nicht unähnlich: *[a]bgestürzt aus dem Licht* nahm sie ihre Energie aus dem *sanften Schwung [ihres] einzigen ungebrochenen Flügels.*[7]

In der Wohnung sollte vierzig Jahre lang nichts verändert werden. Gebrauchsspuren waren Lebenslinien, und so wurde Altes

## 19. Kapitel

aufwendig und teuer repariert, selbst wenn eine Neuanschaffung wesentlich günstiger gewesen wäre. Eine Renovierung aller Räume hätten ohnehin die Unmengen an Büchern vereitelt, die wie schützende Mauern Flure und Zimmer umschlossen.

Der Umzug selbst war ein Kraftakt gewesen, und deshalb hatten die Palms einfach alles stehen und liegen gelassen und waren dem tristen Winterwetter in den Süden entflohen. Deshalb saß Hilde Domin aber auch noch im Spätsommer 1970 mit einer *Hilfe*, dem *Frl. Zimmer*, in der Wohnung und warf *alle Manuskripte und Druckfahnen fort, die man vor dem Umzug hätte ausräumen sollen*.[8]

Diese Wohnung hatte für Hilde Domin in jeder Jahreszeit ihren Reiz. Bei den abendlichen Rundgängen durch die Wohnung gaben die kahlen Winterbäume den Blick auf die Altstadt und den Neckar frei, im Sommer flatterten *Türkentauben mit ihren zarten Hälsen*[9], Amseln, Drosseln und Pirole durchs dichte Blattwerk. Beeindruckend war die Aussicht aus ihrem Fenster nach Westen, wo man an guten Tagen die Silhouette der Pfälzer Berge sehen konnte, und Mannheim und Ludwigshafen waren dann in der Ferne *wie eine Küste, die Schornsteine werden zu Schiffskaminen, und wir haben Sonnenuntergänge wie an einem südlichen Meer, wenn die Sonne die Abgase rötet.*[10] Das Glockengeläut der drei großen Kirchen tönte zum Graimbergweg hinauf, und bei gutem Wind konnte Hilde Domin sogar das Glockenspiel des Heidelberger Rathauses auffangen. Wenn sie ihren abendlichen Rundgang in Erwins Zimmer beendete, hatte sie das Gefühl, als käme er gleich zurück; dabei empfand sie sein Zimmer schon als *eine Art Abstellraum*[11] – denn Erwin war weiterhin regelmäßig monatelang auf Reisen in Südamerika.

Er nahm im Wintersemester 1970/71 sein »Puebla-Tlaxcala-Projekt« wieder auf und verbrachte dort regelmäßig die Wintersemester, selbst nach seiner Emeritierung. Die Abreise war weiterhin oft schon im August oder September, die Rückkehr pünktlich zum Beginn des Sommersemesters. 1972 hatte die DFG ihn zum Field-Director seines Projekts berufen, sodass die Universität Heidelberg ihm nicht den Weg verstellte, sondern den Widerstand der Verwaltung gegen die regelmäßigen Beurlaubungen mit einem verwaltungstechnischen Trick ausschaltete: Man verlegte Palms Dienstort jeweils im Wintersemester nach Mexiko.

## Heidelberg: 1969-1974

Die Distanz zu Deutschland und zu seiner Frau tat Erwin Walter Palm gut: In Südamerika lief er *vor dem Wind*, entfloh dem *unausstehlichen Leben* in Deutschland.[12] Vieles genügte aber auch dort seinen Ansprüchen nicht, denn die anfänglichen Reize verblassten. An dem Hotel, in dem er abzusteigen pflegte, nagte der Zahn der Zeit, viele Stammgäste blieben aus, der Hotelbesitzer klagte, dass er die Keller voller Möbel von *all den homosexuellen Männern* habe[13], *die Sekretärin so schlecht und schlechter als die Heidelberger Analphabetin*[14] sei, und schließlich war ihm *die Routinearbeit am Schreibtisch [...] hier so zuwider [...] wie in Heidelberg*.[15] Worin lag dann aber der besondere Reiz am Leben in Mexiko-Stadt? *Wahrscheinlich noch immer, um Dir klarzumachen, dass ich in dieser Fremde zuhause bin. [...] Sicher ein untrügliches Zeichen dass ich immer noch nicht REIF bin*[16], schrieb er seiner Frau. Reif vielleicht nicht, aber frei, sich dem einengenden Leben in Deutschland zu entziehen, und *nicht dazuzugehören, nichts zu müssen, sein Leben auszusitzen.*[17]

Ihr »Lebensgespräch« erhielten beide aufrecht; auch ohne ihn lebte Hilde Domin mit ihm. Erwin Walter Palms bunte Stimmungsbilder transportierten sein Lebensgefühl: Der Ton seiner Briefe hatte sich mit den Jahren jedoch verändert. War es, dass beide mittlerweile die geistige und körperliche Freiheit des anderen akzeptierten und sich deshalb zwang- und tabuloser mitteilten? Palms Briefe erzählen von bizarren Veranstaltungen in New York, die er mit seinem Freund Kurt Stavenhagen besuchte: Ein nackter Mann mit Sonnenbrille saß auf dem Boden, dann wurde die Nationalhymne gesungen, *hinter jeder Zeile kackt er zum Schluss kräftig. Reinigt sich mit den Händen. Pisst darauf. Trocknet sich dann am eigenen Körper. Nach dieser homosexuellen Aufführung hatten wir genug*[18], schrieb er 1970 aus New York, dem Zwischenstopp auf der Reise nach Mexiko.

Kurt Stavenhagen war deutsch-jüdischer Abstammung, lebte seit 1940 in Mexiko und war als bedeutender Kunstsammler auch Mittelpunkt einer illustren Künstlerszene: Rufino Tamayo, Max Aub, Diego Rivera, Alberto Giacometti, Henry Moore, Yves Tanguy, Salvador Novo, auch Pablo Picasso und Pablo Neruda waren oft genannte Persönlichkeiten, die Erwin dort traf. Mit dem Schriftsteller Max Aub und dem Psychiater von Luís Buñuel analy-

## 19. Kapitel

sierte Palm bei privaten Sessions alte Buñuel-Filme – Skurrilitäten, die er in den Graimbergweg schickte: Nackte Frauen wurden auf Treppen erschossen, ein vierzehnjähriges Mädchen deflorierte ein zwölfjähriges bei einem Ausflug.[19] Palm feierte mit Max Aub, seinem Verleger und dem schottischen Übersetzer Alistair Reid das einhundertste Buch Aubs; der Verleger, der einen *Band homosexueller Gedichte von [Salvador] Novo veröffentlicht hat, die 1500 ein Wagnis gewesen wären*[20], präsentierte bibliophile Kostbarkeiten.

Der mexikanische Dichter und Schriftsteller Salvador Novo bekannte sich offen zu seiner Homosexualität. In intellektuellen Kreisen schätzte man seinen Geist und sein Wissen, er hatte Zugang zu höchsten Regierungskreisen. Auch Erwin Walter Palm bewegte sich in diesen Kreisen. Seine Briefe erzählen von üppigen Partys und Einladungen in den Deutschen Botschaften von Mexiko und Chile. Ob die Nazivergangenheit des deutschen Botschafters in Chile, Gottfried von Nostitz-Drzewiecki, bei dem Palm im Oktober 1966 zum Essen eingeladen war, je thematisiert wurde? In den deutschen Botschaften in Lateinamerika waren viele *Altnazis im Sold der Bonner Republik und Wirtschaft.*[21]

Immer wieder waren es solche unkonventionellen Veranstaltungen, die Erwin Walter Palm die Möglichkeit boten, der Routine des Alltags zu entkommen: Kurt Stavenhagen hatte ihn mitgenommen auf ein *Homosexuellengehöft [...] 5 Häuser, Amphitheater entzückend dekoriert. Bei etwa 0° im Freien eisigkalt. 2-300 Gäste. Man zieht mit einer Kerze singend über die Strasse, aber es kam keine Adventsstimmung auf [...] dass es in Mexiko immer wieder diese Akteure von ausgespielten Dramen gibt.*[22] Es hatte lange gedauert, bis die *Krusten von Deutschland wieder aufgeweicht*[23] waren, wo er sich wie eine *Schildkröte in einem Panzer* fühlte.[24] Weshalb liebte er das Leben in Südamerika? *Wegen des Lebens am Rande. Die Zukunft ist suspendiert. Oder allgemein. Man scheint weniger arm. Man ist seinen Verdiensten enthoben.*[25]

*Auf der andern Seite des Monds*
*gehen*
*in goldene Kleider gehüllt*
*deine wirklichen Tage*
*sie wohnen*

## Heidelberg: 1969-1974

*wie sonst du*
*in Helle*
*verscheucht von hier*
*weggescheucht*
*wandeln sie dort*
*du weißt es sind deine.*[26]

Erwin Walter Palm gewann in den Siebzigerjahren neues Selbstbewusstsein, und auf der anderen Seite des Kontinents wurde ihm akademische Anerkennung zuteil: Man schätzte seine Arbeit und stellte ihm ab 1971 zwei Archäologen als feste Mitarbeiter zur Seite. Er hatte den Ruf, voller *Energie und Strenge*[27] zu sein, seine Mitarbeiter begegneten ihm deshalb mit großem Respekt. Am 10. Dezember 1971 würdigte man durch seine Ernennung zum »corresponding member of the Hispanic Society of America« seine Verdienste um die iberoamerikanische Kultur. 1973 berief man sich ausdrücklich auf Palms Verdienste, als in Santo Domingo ein Museum eingeweiht wurde, und die Universtiät von Santo Domingo ernannte ihn schließlich am 1. Januar 1975 zum »corresponding member«. Heute gibt es dort eine Erwin-Walter-Palm-Stiftung, in der sich vierzig Architekten zusammengeschlossen haben und das koloniale Erbe der Altstadt von Santo Domingo pflegen.

Eine prestigeträchtige Anerkennung in Deutschland blieb dagegen weiterhin aus: Der Antrag, Erwin Walter Palm in die Heidelberger Akademie der Wissenschaften aufzunehmen, wo herausragende Wissenschaftler sich zum interdisziplinären Austausch treffen, wurde mehrfach abgelehnt. Hilde Domin vermutete, dass die Professorenschaft sich an Palms Titel »außerplanmäßiger Professor« stieß. Erst im November 1982 wurde Erwin Walter Palm – bereits emeritiert – doch noch in diese Gelehrtengesellschaft aufgenommen, nachdem seine ehemaligen Kollegen Peter Anselm Riedl, Rudolf Sühnel, Hans-Joachim Zimmermann und Kurt Baldinger auf Palms außergewöhnliche, vielseitige Begabung hingewiesen und noch einmal seinen methodischen Einfallsreichtum unterstrichen hatten. Erwin Walter Palm bedankte sich für die Aufnahme, doch seine Akte in der Akademie blieb schmal; der Zeitpunkt, mit wissenschaftlichen Vorträgen in Heidelberg ins Rampenlicht zu treten, war für ihn überschritten.

## 19. Kapitel

Die politische Situation der Sechzigerjahre hatte Erwin Walter Palms ambivalentes Verhältnis zu Deutschland noch verstärkt. Als Studenten seiner Seminare ihn als Vertreter des maroden Establishments nicht mehr grüßten, verglich er das mit der Ausgrenzung der Juden während der Nazizeit. Er hatte deshalb seine Pläne, außerhalb Deutschlands beruflich Fuß zu fassen, nicht aufgegeben. Doch die Bewerbung an der Columbia University 1971 wiegelte Hilde Domin ab; die Emigranten dort empfand sie als *Strampelnde, Ausrangierte*, die alle sehr ermüdet waren, die Studenten erschreckten sie durch ihre *Unwissenheit und [...] mangelnde Historizität*.[28] Sie traute Erwin Walter Palm außerdem nicht zu, sich in der amerikanischen Ellbogengesellschaft zu behaupten.

Hilde Domin reflektierte die gesellschaftspolitischen Prozesse der Sechzigerjahre in ihrem Gedichtband *Ich will dich*, der 1970 erschien. Zweiundzwanzig Gedichte schlagen der Freiheit des Wortes eine Bresche. *Damit es anders anfängt zwischen uns allen*[29], hatte sie ihrem Band als Motto vorangestellt und damit nicht nur den persönlichen Neubeginn thematisiert. Auch Domins politische Gedichte sind ein Erfahrungsmodell über die bloße Evokation der historischen Ereignisse hinaus. Die Gedichte aus *Ich will dich* sprechen das historische Moment des persönlich Erlittenen an und transzendieren doch den konkreten Moment in einen zeitlosen Raum.

Das Titelgedicht, 1967 geschrieben, erschien 1968 in der Zeitschrift *Die Horen* und gleichzeitig in einem Hommageband für Peter Huchel, der vom DDR-Regime seiner Gedankenfreiheit beraubt wurde und dem die Chefredaktion der Zeitschrift *Sinn und Form* entzogen worden war. Der universelle Impetus von *Ich will dich* war auch auf den Freiheitswillen der Tschechen übertragbar, als der Prager Frühling 1968 gewaltsam im Keim erstickt wurde. Hilde Domin hatte ihrer Manuskriptfassung einen Epilog angefügt, der den Bezug zu den tschechischen Ereignissen herstellte: *Freiheit/Ich will dich/für die Tschechen/die dich wollen/Freiheit benimm dich*[30], den Nachtrag aber wieder gestrichen. Sich an ihrer eigenen Maxime messend, sollte das Gedicht nicht als Steuerungsinstrument missbraucht werden. Es sollte das Bewusstsein der Lesenden ändern, nicht die Gesellschaft.

So wenig glatt wie das Gedicht sollte die Umschlaggestaltung sein. Der Künstler HAP Grieshaber war Domins Bitte nachgekommen und hatte für das Cover einen Vogel entworfen, der leicht sein sollte: *Fliegen muss er, los vom Boden,* und Grieshaber zeichnete einen *leicht dahinfliegenden etwas impertinenten Vogel mit offenem Schnabel, als käme er rufend daher. Ein Friedensvogel auf seine Weise.*[31] Grieshaber hatte ein Foto von einer Trümmerlandschaft mitgeschickt – im Fall von »Ich will dich nicht« –, falls Domin den Entwurf also ablehnen sollte. Doch Entwurf und Foto gefielen Hilde Domin so gut, dass sie die Rückseite des Gedichtbands damit gestaltete: »Ich will dich – Ich will dich nicht« gehörte zu ihren Lieblingsumschlägen.

1992 wurde der Band *Ich will dich* im S. Fischer Verlag neu aufgelegt und um einundzwanzig Gedichte erweitert; die Ausgabe wurde dann mit zwei Widmungsgedichten für Erwin Walter Palm eingerahmt, der zu diesem Zeitpunkt bereits vier Jahre tot war. Richtete sich der leidenschaftliche Appell *Ich will dich* auch an Erwin Walter Palm? *Das Dennoch jedes Buchstabens*[32] forderte die Freiheit des Wortes, immer noch hatten ihre Worte *Angst vor dem Verrat des Menschen an dem Menschen.*[33]

Die Auseinandersetzung mit der Aufgabe und Existenzberechtigung von Gedichten nahm Hilde Domin – ebenfalls 1970 – in *Nachkrieg und Unfrieden* auf. Sie hatte Gedichte zusammengestellt, die *eine Kurve des geistigen und politischen Bewusstseins der letzten 25 Jahre in der Bundesrepublik*[34] aufzeigen und ihren Bezug zum wirklichen Leben in Deutschland durchsichtig machen sollten.

Aus der Ferne bedauerte Erwin Walter Palm die Aktivitäten seiner Frau, der bei diesem Arbeitspensum *die Zunge heraushängt – aber nicht vor Vergnügen, wie der Chimära.*[35] Arbeit und Reisen prägten die Jahre des Alleinseins, die gleichwohl keine Jahre der Einsamkeit waren, denn Hilde Domin absolvierte Mammutprogramme – sie lebte von den Begegnungen mit Menschen.

Im September 1971 stand der Schriftstellerkongress in Irland auf dem Programm, und Hilde Domin verband den Besuch mit einer Stippvisite bei Heinrich Böll auf Achill Island, wo der Schriftsteller ein Landhaus hatte: *congress boring, Böll alright*[36] war ihr Fazit. Von Dublin aus flog sie direkt weiter ins griechische Delphi, dem sie als Kultstätte nichts abgewann: *eine Stätte manifesten Hasses. [...] Die Pythia ein Riesenschwindel, so schlimm wie Manipulation heute.*[37] Die Palms hatten von jeher einen elitären Anspruch an Kul-

## 19. Kapitel

tur, und so wussten sie genau, welche Tageszeit dem Betrachter das beste Bild einer Sehenswürdigkeit vermitteln könnte: die Akropolis am Morgen und bei Sonnenuntergang, während man sich den »Sunset« am Cap Sunion sparen konnte, *ein Affenfelsen, 1000-1500 Menschen auf engstem Raum photographieren den Sonnenuntergang.*[38] Hilde Domin begeisterte sich dagegen für den Parthenon und das Keramaikos-Museum in Athen, das sie gleich dreimal hintereinander besuchte und an dessen Vasensammlung sie sich nicht sattsehen konnte.

Irland und Griechenland waren 1971 Zwischenstationen auf dem Weg zu ihrem eigentlichen Reiseziel gewesen: Hilde Domin war der Einladung des Philosophen Michael Landmann gefolgt und besuchte zum ersten Mal Israel. Die Reise sollte ein politisches Zeichen setzen, denn Landmann fürchtete, dass die aufkommende Israelfeindschaft der extremen Linken jener Jahre letztlich in einen Antizionismus münden könnte. Hilde Domin sah sich als Botschafterin der Versöhnung. Doch man hatte es ihr in Israel nicht leicht gemacht. Ihre Lesung an der Bar-Ilan-Universität in Tel Aviv rührte die Menschen zwar zu Tränen, doch unterschwellig meinte Domin die Feindseligkeit der israelischen Schriftstellerkollegen zu fühlen, die ihr ihre Rückkehr nach Deutschland verübelten; der eine oder andere zögerte sogar, sie zu empfangen. Ob man ihr auch ihre Parteinahme für Grass von 1967 nachtrug?

Nach den positiven Erlebnissen in Athen empfand sie den Aufenthalt in Tel Aviv nur als Enttäuschung, fühlte sich dort fremder als irgendwo sonst und entsetzte sich über die Taktlosigkeit, dass ein Botschaftsempfang *am Jahrestag der Kristallnacht!*[39] ausgerichtet wurde. Daran änderte auch der Besuch bei ihrer Freundin aus Kölner Schultagen nichts: Hilde Domin hatte bei Ellen Sternberg gewohnt und bei ihr herzliche Gastfreundschaft erfahren. Jerusalem gefiel ihr ausnehmend gut, und die Kultur und Landschaft Israels beeindruckte sie tief. Sie genoss das Tote Meer und war fasziniert vom Katharinenkloster auf der Halbinsel Sinai. Sie gab Rundfunkinterviews und aß mit dem Verleger Gershom Schocken zu Mittag, der Herr über das größte Medienunternehmen in Jerusalem war. Mit dem Fazit der Reise konnte Hilde Domin also durchaus zufrieden sein: Sie hatte in Israel überzeugt.

## Heidelberg: 1969-1974

Bepackt mit zwei Schreibmaschinen, die in Mexiko gefragtes Handelsgut waren und die sie dort zu verkaufen gedachte, flog sie anschließend gleich weiter nach New York. Im Flugzeug über Grönland erreichte sie am 31. Oktober 1971 die Nachricht, dass Peter Szondi seit acht Tagen spurlos verschwunden war, man nur sein Auto herrenlos am Halensee aufgefunden hatte – aus dem man ihn wenig später tot barg: *Celan nachgestorben, denke ich. Es tut mir sehr sehr leid, ich mochte ihn*[40], schrieb sie an Erwin.

*[...] Paul Celan, Peter Szondi, Jean Améry, die nicht weiterleben wollten*[41], widmete sie das Gedicht *Ausbruch von hier: ich springe ab/ich tauche/weg vom Tag/hindurch/tauche ich auf/auf der andern Seite der Erde/Dort will ich/freier atmen/dort will ich ein Alphabet erfinden/von tätigen Buchstaben.*[42]

Die schlimmsten Befürchtungen Michael Landmanns wurden ein knappes Jahr später Wirklichkeit: Die brutale Geiselnahme israelischer Sportler bei den Olympischen Spielen 1972 in München durch die palästinensische Terrorgruppe »Schwarzer September« schockierte die Welt. Das Attentat war grausam genug gewesen, doch Hilde Domin war entsetzt, als linke Studenten in Heidelberg bei der Nachricht über die Ermordung der israelischen Sportler applaudierten. In solch einem Deutschland konnte sie keine Minute länger bleiben. Sie setzte sich umgehend in einen Zug und entfloh für vierzehn Tage in die Schweiz.

Zweimal noch reiste Hilde Domin nach Israel: 1995 und 2000. Hans-Georg Meyer, der Leiter der Landeszentrale für politische Bildung in Mainz, hatte einen großen trilateralen Austausch zwischen deutschen, israelischen und palästinensischen Autoren in der Bildungsstätte Givat Haviva organisiert. Hilde Domin überzeugte die Versöhnungsarbeit so, dass sie 1995 einen Teil ihres Preisgeldes aus der Konrad-Adenauer-Stiftung dieser Initiative spendete und dem Kibbuz Givat Haviva testamentarisch einen großen Betrag zukommen ließ.

Auf ihren Israelreisen beeindruckte Hilde Domin immer wieder durch ihre Spontaneität und offene Unbefangenheit, die sie auch vor den strengen Kontrollen der israelischen Sicherheitskräfte nicht verlor. *»Sagen Sie, junger Mann, kennen Sie Jehuda Amichai – nein! Das muss sich ändern, also dieses Land ist ja so aufregend und Sie stellen hier solche Fragen, wie lange am Tage, – 8 Stunden! Also,*

## 19. Kapitel

*als ich 1972 oder 1975 hier gewesen bin, da war das alles noch ganz anders. Wie alt sind Sie? Natürlich, den Michael Landmann haben Sie nicht mehr gekannt, der hat uns damals durch das Land geführt. Wissen Sie, viele, die ich kannte, stehen nicht mehr im Telefonbuch, wahrscheinlich sind sie alle verstorben in diesem aufregenden Land und das Grab der Else Lasker-Schüler, wussten Sie noch, wo das war, ich denke das ist unter diesem scheußlichen Hotelkomplex dort oben begraben – ach, wir brauchen unsere Koffer nicht zu öffnen, das ist ja reizend von Ihnen, junger Mann, er ist so voll, obwohl ich gar nichts gekauft habe in diesem aufregenden Land, aber in meinem Alter braucht man nichts mehr.« [...] Der junge Mann, total verwirrt zwischen Zuneigung und Pflicht, hebt unsere Koffer auf einen Wagen, schüttelt uns leidenschaftlich die Hände, spricht plötzlich Englisch: »Good bye, have a nice flight, I am looking forward to Jehuda Amichai!« Hilde zu Ruth, ihrer Urlaubsbegleitung: »Der reizende junge Mann wird J. Amichai lesen.«*[43]

Die Wiederbegegnungen der Schriftsteller in Speyer 1997 und Mainz 2001 – und dazwischen 2000 wieder in Jericho – bereicherte Hilde Domin mit ihrer Anwesenheit und ihren Beiträgen, doch sie verließ auch oft resigniert den Saal, wenn man vier Stunden über eine Formulierung stritt: *Wenn es nicht möglich ist, sich über einen Relativsatz zu einigen, wie sollte dann eine Einigung über die Haupt-Sachen möglich sein?*[44]

Resignation und Ohnmacht hatten sich breitgemacht, als die Bundesrepublik der Siebzigerjahre vom linken Terror erschüttert wurde und die Gewalt gegen den Staat eskalierte. Die Studentenbewegung der Sechzigerjahre hatte das gesellschaftspolitische Interesse an Reformen geweckt, die aufkeimende Reformwilligkeit aber wurde durch den sich abzeichnenden RAF-Terrorismus erstickt. Die Morde an Siegfried Buback, Jürgen Ponto und Hanns Martin Schleyer erschütterten das Land. Die Sympathie mit den Studenten, die sich einem repressiven Staat widersetzten – Extremistenbeschluss, Antiterrorgesetze –, erstarb angesichts der eingesetzten Brutalität und der sich drehenden Gewaltspirale schnell. Erwin Walter Palm dehnte seine Forschungen in Südamerika zunehmend aus, um Deutschland immer länger fernbleiben zu können.

In den langen Wintermonaten der Siebzigerjahre begann Hilde Domin, ihre Lebenserinnerungen aufzuzeichnen. Ihre alten Briefe dienten als Erinnerungsstütze – und riefen ihr so auch die dunklen Seiten ihres Lebens mit Erwin wieder ins Bewusstsein, sodass sie sich in ihren Briefen an Palm immer wieder selbst beklagte. Den kleinen Band *Von der Natur nicht vorgesehen*, der am 26. Februar 1974 erschien, widmete sie Erwin. Das als Motto vorangestellte Heinrich-Heine-Zitat konnte sich *sowohl auf die Nazis wie auf das Jetzige beziehen*[45]: *Ich sah die Vögel ausbrüten, welche später die neuen Gesangesweisen anstimmten.*[46]

In loser Form hatte Hilde Domin Kindheitserinnerungen, Leseerfahrungen, Essays und Interviews zusammengetragen und ungeordnet aneinandergefügt. Ganz bewusst hatte sie dabei einer umfassenden Biografie entgegengewirkt, sah dafür die Zeit noch nicht gekommen. Doch kleine Einschübe provozierten Fragen: *[v]on unserer florentinischen Wohnung [...] erzähle ich nicht*[47], ebenso *nicht von dem winzigen Haus auf Vinalhaven in der Penobscot Bay im Staate Maine.*[48]

Ihre gemeinsamen Riten um die Weihnachts- und Neujahrszeit verbanden die Palms auch über Kontinente und Ozeane hinweg: Am Neujahrsmorgen las Hilde Domin wie immer aus Goethes *Faust II*, stach auch ohne Erwin weiterhin in die Bibel und teilte ihrem Mann über die Meere hinweg die Resultate der biblischen Prophezeihung mit.

Im fernen Mexiko-Stadt gaben Riten auch Erwin Walter Palm Halt. Zwanzig Jahre lang war er im selben Hotel abgestiegen: Hotel »Maria Cristina«, Lerma 31, in dem immer dieselben Fenster nicht schlossen. Er erhielt sofort sein altes Zimmer, sein *Kinderzimmer*[49], wie er es nannte, telefonierte dann mit alten Freunden und nach *hundert Telefonaten*[50] war er über den neuesten Tratsch informiert und hatte Einladungen zu Frühstück, Mittag- und Abendessen für die kommenden Wochen. *Weg aus Heidelberg und fern von diesem Grab von Universität* konnte er seine *alte Position des Nichtbeteiligtseins* beziehen.[51] *Escapeo from hell*, seufzte er erleichtert und fühlte sich dort endlich als jemand, *der nicht jeden Tag verzweifelt.*[52]

An Heiligabend hatte der Florist Hilde Domin diesmal eine rosa Azalee von Erwin überbracht, die sie auf dem »Kinderwagen«-Tischchen arrangierte. Sie nahm ein Rosmarinbad und hörte sich auf der Tonbandkassette die Weihnachtsbriefe berühmter Männer an. Sie richtete sich Schnittchen mit Spargelspitzen, Mayonnaise

## 19. Kapitel

und einem Stückchen Roquefort. Den geliebten Panettone, den sie in der Weihnachtszeit immer in großen Mengen vorrätig hatte und auch an Freunde verschenkte, aß sie zur Teezeit. Anschließend sah sie sich im Fernsehen einen der weihnachtlichen Märchenfilme an; sie liebte Theateraufführungen für Kinder. Dann begann sie die Weihnachtspost zu beantworten, die mit den Jahren immer umfangreicher wurde, sodass sie trotz eiserner Disziplin vor der Flut kapitulierte. Als sich die letzten Besucher am Silvesternachmittag 1973 verabschiedet hatten, blieb Hilde Domin allein auf dem *letzten Zipfel des Jahres* zurück; sie hatte tags zuvor mit ihrem Mann *sechs Minuten von Heidelberg nach Mexiko gesprochen.* »*Wie geht es Dir in deinem geliebten Turm?*«*, sagte er.* »*Ich bin gut an der Arbeit*«*, sagte ich.* »*Morgen werde ich fertig. Und bald bin ich reisefertig.*«[53]

Denn meist stand eine Lesereise gleich in den ersten Wochen des neuen Jahres an. Das Gefühl der Ruhelosigkeit war dem Gefühl gewichen, dass sie angekommen war, dass sie *den Schlüssel umdrehen, [ihre] Türe öffnen und die Treppe heraufgehen und zu Hause sein darf, wie andere Menschen auch*[54] – sodass sie an den Graimbergweg trotz allem mit Zärtlichkeit dachte.

In den Wintermonaten der Jahre 1971/72, 1974 und 1976 verbrachte Hilde Domin jeweils mehrere Monate mit ihrem Mann in Südamerika, man hatte sich auf dem langen Weg getroffen: *Komm bald, lies hier keine Zeitungen, vergiss und schreibe*[55], lockte er sie aus der Ferne, doch sie hatte es mittlerweile nicht mehr so eilig, musste ihm nicht länger voraus- noch nacheilen. Aus den anfangs geplanten fünf oder sechs Monaten des gemeinsamen Reisens wurden so am Ende oft nur zwei. Doch wenn Erwin Walter Palm seine Arbeit beendet hatte, reisten beide anschließend zum gemeinsamen Urlaub weiter.

Abenteuerlich musste die Reise nach Malaysia, Singapur, auf die Philippinen und nach Indonesien im April 1972 gewesen sein. In Malacca war die Cholera ausgebrochen, Hilde Domin war in Manila schwer erkrankt und hatte dennoch ihre Lesung in Jakarta gehalten.

Auch 1973 wurde zum großen Reisejahr. Anfang Februar war Hilde Domin zu Vorträgen nach Montpellier eingeladen, anschließend rüstete sie sich vier Wochen im Hochgebirge für die emotional sicher berührendste Unternehmung seit Langem: den ersten

Besuch in der Dominikanischen Republik seit 1954. Erwin Walter Palm sollte in seinem ehemaligen Exilland seine Erfahrung als Experte für die Erhaltung des historischen Baubestands des Landes zur Verfügung stellen und die Altstadt inspizieren sowie bei der Planung eines Museums beratend mitwirken. Hilde Domin hatte auf dem Weg zu ihm in New York eine Lesung arrangiert, anschließend trafen sie sich in Mexiko, und diesmal zeigte Erwin Hilde »sein« Land.

Ende April 1973, nach fast zwanzig Jahren also, betraten Hilde und Erwin Walter Palm zum ersten Mal wieder die Dominikanische Republik. Die Ankunft muss verwirrend und überwältigend zugleich gewesen sein. Die Zuckerrohrfelder, in denen sie 1940 gelandet waren, zogen sich zwar immer noch endlos hin, doch Santo Domingo hatte sich ausgedehnt, ihr ehemals weit außerhalb gelegenes Haus lag mittlerweile im Zentrum.

Man hatte für die Besucher gleich nach der Ankunft eine erste Rundfahrt durch Santo Domingo arrangiert; ihre Neugier, die alten Domizile wiederzusehen, war groß. Sie hatten Glück, dass sie ihr ehemaliges Haus noch einmal sahen: es stand leer und zum Abriss bereit, denn es sollte einem Krankenhausneubau weichen.

Nach der ersten Erkundungsfahrt hatte man sie zum Ausruhen im Hotel abgesetzt – doch die Palms machten auf dem Absatz kehrt, nahmen sich ein Taxi und fuhren noch einmal zu ihrem Haus zurück: *Richtig, die Küchentür war nur zugeklemmt. So konnten wir nach 20 Jahren unser Haus ohne Zeugen begehen [...]. Wir nahmen es richtig wieder in Besitz, ehe wir gingen. Wir machten überall die Läden auf, an seinen fast unzählbaren Fenstern [...]. Die Risse im Treppenhaus von dem Erdbeben von 1949 waren noch zu sehen.*[56]

Erst auf dieser Reise besuchte Hilde Domin die ehemalige landwirtschaftliche Kolonie Sosúa, in der europäische Juden im Mai 1940 Aufnahme gefunden hatten. Palm und Domin hatten damals Sosúa gemieden und sich stattdessen den exilierten Spaniern zugewandt, die die intellektuellen Werte verkörperten, auf die die Palms auch im Exil setzten: Trujillo *baute die Universität neu auf mit den Spaniern, eine Kunstakademie, mit den Spaniern, ein Orchester, mit den Spaniern, eine Diplomatenschule, mit den Spaniern*[57], urteilte Hilde Domin auch nach vielen Jahren noch und bekräftigte ihre Distanz zu den Juden aus dem Siedlungsprojekt.

## 19. Kapitel

Den Ausflug in die Vergangenheit reflektierte Hilde Domin in ihrem Gedicht *Tokaidoexpress*: *während ich atme sehe ich mir nach/ich bin das Rücklicht.*[58] Wo war ihre Heimat? *Als Rücklicht/leuchte ich vor euch her/euch Dichtern eines vielleicht zweifachen/Zuhauses.*[59]

Auf ihrem Rückweg von Santo Domingo nahm Hilde Domin, anlässlich des 100. Geburtstags des ungarischen Dichters und Freiheitskämpfers Sándor Petöfi, an einem Lyrikertreffen in Budapest teil. Gerade mal sechsundzwanzig Jahre alt, war Petöfi während der ungarischen Freiheitskämpfe (1848/1849) im Juli 1849 gestorben. Nicht nur deshalb war das Lyrikertreffen politisch geprägt, sondern es ermöglichte auch DDR-Schriftstellern, Kontakt zu ihren Kollegen aus der Bundesrepublik aufzunehmen. Hilde Domin machte dort die Bekanntschaft von Reiner Kunze und seiner Frau Elisabeth – *sehr sehr nett. Dito seine Frau.*[60]

Hilde Domin bezog vermehrt politisch Stellung und zögerte nicht, die 1975 gegründete Initiative der Schriftstellerin Astrid Gehlhoff-Claes »Mit Worten unterwegs – Schriftsteller arbeiten mit Inhaftierten« zu unterstützen. Auch Astrid Gehlhoff-Claes wollte Türen öffnen, Literatur sollte sich in einem sozialen Umfeld bewähren. Wenn Resozialisierung das Ziel einer Strafmaßnahme sein sollte, dann musste den Gefangenen die Möglichkeit einer zweiten Chance eingeräumt werden, mit Worten statt mit Gewalt wollte sie helfen, die Vergangenheit aufzuarbeiten. *Wer schreibt, versucht zu entkommen, entlastet zu werden von einer unerträglichen Umgebung und Situation.*[61] Wenn Schreiben auch im Gefängnis wie Atmen war, dann würden die Inhaftierten Hilde Domins Gedicht *Abel steh auf* verstehen, mit dem sie ihre Lesungen im Gefängnis gestaltete. Der Möglichkeit einer zweiten Chance standen die Häftlinge anfangs skeptisch, dann aber hoffnungsvoll, gegenüber.

Domins erste Gefängnislesung fand in einem hochmodernen, krankenhausartig kalten Frauengefängnis statt. Kafkaeske Bilder drängten sich auf: von Amtspersonen eskortiert, jede Tür hinter ihr abgeschlossen, lange gespenstische Gänge, der Leseraum vergittert. Auch der wurde von innen abgeschlossen, die Schlüssel von innen abgezogen. Beklemmung sowohl aufseiten der Dichterin als auch aufseiten ihres Publikums. Doch gleich nach ihren ersten Sätzen war der Damm gebrochen, und am Ende der Lesung waren alle Frauen bereit, der Dichterin ihre Lebensgeschichte zu erzählen. Die einer jungen Bibliothekarin berührte Hilde Domin besonders: Als Steuerberaterin hatte die junge Frau ihrem Geliebten zu einem Betrug verholfen, als der Schwindel aufflog, brachte er sich um. Im Laufe eines langwierigen Prozesses hatte sich die Frau ein neues Leben aufgebaut, geheiratet, als schließlich doch der *trottende Amtsgaul [...] vor ihrer Tür [stampfte], die Haft musste angetreten werden. [...] Ein undramatischer Fall, für keine Zeitung oder Gruppe interessant. Außer für den Einzelnen.*[62]

Hilde Domin war tags darauf bei Hilda Heinemann zu Besuch. Über das Gedicht *Abel steh auf* war der Kontakt zu der Frau des ehemaligen Bundespräsidenten entstanden. Hilda Heinemann hatte Domin schon bei ihren Gefängnislesungen begleitet, gemeinsam hatten die Frauen den Verhandlungen des Majdanek-Prozesses beigewohnt. Gustav Heinemann (zu der Zeit nicht mehr Bundespräsident) gab Hilde Domin die Privatadresse von Justizminister Posser, der sich der Sache der Bibliothekarin persönlich annahm. Sechs Monate später wurde die junge Frau begnadigt und auf Bewährung aus der Haft entlassen. Doch *Rettungsaktionen sind oft nicht Ankünfte, wie man hofft, sondern Abfahrten: in neues Unglück. [...] Sie ist nicht rückfällig geworden [...]. Die Freiheit hat ihr viele Möglichkeiten geboten, unglücklich zu werden. Sie soll davon ausgiebig Gebrauch gemacht haben.*[63]

Die Gefängnislesungen zeigten Erfolge und wirkten nachhaltig: In den Gefängnissen bildeten sich Literaturgruppen, und bald gab es Gefangene, die selber schrieben. Mit der englischen Inhaftierten »Cathleen« übersetzte Domin deren Gedichte ins Deutsche. *Um seine Erfahrung zu formulieren, braucht der Schreibende Mut [...], den Mut zum Sagen, den Mut, er selbst zu sein, den Mut zur eigenen Identität.*[64] Alle drei Arten Mut waren gefordert, als sich Hilde Domin über die Art und Weise empörte, wie man mit Reiner Kunze in der DDR umgegangen war. Das erlittene Unrecht empörte sie, sein Schicksal berührte sie: Nachdem Kunze sich zunehmend von den Vorstellungen der SED entfernt hatte, musste er 1959 die Karl-Marx-Universität in Leipzig verlassen, ohne seine Promotion beenden zu dürfen. Hilde Domin setzte sich bei ihrem Verlag für Kunze ein und beeindruckte ihre Verlegerin Monika Schoeller durch ihre *aktiv sorgende Ader. Das sah ich zum ersten Mal an ihrer innigen Bemühung, etwas für Reiner Kunze zu tun,*

## 19. Kapitel

*der in der DDR unter schwerer Diffamierung litt und sich, wie wir wussten, in Lebensgefahr befand.*[65] Nach der Veröffentlichung seines Prosabands *Die wunderbaren Jahre* im Jahr 1976 – das Manuskript war illegal in die Bundesrepublik geschleust worden –, kam sein Ausschluss aus dem DDR-Schriftstellerverband einem Berufsverbot gleich. Dass vor allem auch seine Tochter und seine Frau unter den staatlichen Repressalien zu leiden hatten – die Tochter konnte nicht länger das Gymnasium besuchen –, rief Hilde Domins Engagement auf den Plan. Sie setzte sich bei einflussreichen Literaten und Kritikern ein und warb um Unterstützung für Kunze; oft reagierten die Angesprochenen abweisend. Kunze erhielt Briefe, in denen er in unhöflichem Ton aufgefordert wurde, *dafür zu sorgen, dass die Belästigungen durch Hilde Domin* aufhörten.[66] Doch Hilde Domin hatte Reiner Kunze das Gefühl gegeben, dass es auch außerhalb der Mauern für ihn Sicherheit geben könne: Nicht verlassen und nicht verlassen zu werden, das war die Mindestutopie, ohne die es sich für Domin nicht zu leben lohnte. Kunze hatte in den Zeiten der größten Bedrängnis mit Hilde Domin vereinbart, dass *eine harmlose Grußkarte, auf der ein Schäferhund abgebildet war, [seine] Verhaftung signalisieren würde. Die Karte lag bereit;* er wusste, *gegebenenfalls würde jemand seine Stimme erheben.*[67]

*Mensch/Tier das Zivilcourage hat/Mensch/Tier das den Mit-Schmerz kennt/Mensch Fremdwort-Tier Wort-Tier/Tier/das Gedichte schreibt/Gedicht/das Unmögliches verlangt*[68], hatte Hilde Domin 1968 in ihrem Gedicht *Drei Arten Gedichte aufzuschreiben* gefordert.

Reiner Kunze hatte Hilde Domin nach seiner Übersiedlung in die Bundesrepublik 1977 oft in ihrem Turmzimmer besucht und sich das Gefühl der Dankbarkeit für ihre Solidarität bewahrt. Hilde Domin bleibt für ihn *einer der solidarischsten Menschen, denen [er] zeit [s]eines Lebens begegnet [ist].*[69]

Domin war mittlerweile eine gefragte Referentin, um auf Tagungen die Eröffnungsreden zu halten: *Für und Wider zeitgenössischer Literatur* und *Ist das Poetische zu Ende?* lauteten etwa ihrer Vorträge. Sie nahm an Lyrikertreffen teil und blieb auch ein streitbarer Geist, als sie auf einer Veranstaltung in Brüssel als »jüdische Dichterin« vorgestellt wurde. Domin schnellte von ihrem Stuhl hoch, um klarzustellen, wofür sie schon so lange kämpfte: *Ich bin eine d e u t s c h e Dichterin jüdischer Herkunft.*[70]

Sie nahm teil an der Biennale der Poesie in Knokke 1970 und 1976 und an Schriftstellertagungen: 1972 in Klagenfurt, im April 1973 in Budapest.

Karl Krolow, Ludwig Harig, Yüksel Pazarkaya, Ernst Meister und andere erhielten aus ihrer Hand Literaturpreise. Sie unterschrieb Resolutionen gegen Atomkraft und setzte sich 1978 für die Vietnam-Flüchtlinge ein, nachdem die Heidelberger Lokalpresse in einem Leitartikel gefordert hatte, dies *Schiff ohne Hafen mit Lebensmitteln und Medikamenten zu versorgen und die hohen Kosten aufzubringen, das gesamte Schiff zur Küste Vietnams zurückzuschleppen*[71], denn es sei das Gebot der Stunde, den Flüchtlingsstrom zu stoppen. Empört schrieb Hilde Domin einen leidenschaftlichen Leserbrief und fragte: *Sind diejenigen, die den vietnamesischen Flüchtlingen das Asyl versagen, in irgend etwas besser als die Zeitgenossen, die Menschen [d]ie uns nicht landen ließen?*[72] – wie sie selbst im Jahr 1940, als man ihnen den Zugang nach Jamaika verwehren wollte.

*[...]*

*Menschen wie wir wir unter ihnen*
*fuhren auf Schiffen hin und her*
*und konnten nirgends landen*

*Menschen wie wir wir unter ihnen*
*durften nicht bleiben*
*und konnten nicht gehen*

*[...]*

*Menschen wie wir wir unter ihnen*
*standen an fremden Küsten*
*um Verzeihung bittend dass es uns gab*

*[...]*[73]

20. Kapitel

# Heidelberg
# 1974-1988

*Wie lange muss man probieren, [...]
um so im Gleichklang gehen zu können?*
(Ulla Hahn in ihrer Laudatio für Hilde Domin 1992)

So unruhig die Siebzigerjahre in gesellschaftspolitischer Hinsicht auch waren, Hilde Domin hatten sie mit dem S. Fischer Verlag versöhnt. Sie war trotzig ihren Weg gegangen. Nachdem sie sich schon einmal im November 1967 auf eine – wie sie es immer nannte – »Verlags-Bigamie« eingelassen hatte, erschienen bei Piper 1970 *Ich will dich*, 1974 *Von der Natur nicht vorgesehen* und 1982 *Aber die Hoffnung*. Dass Piper im letzten Moment Bedenken wegen der Veröffentlichung des Romans gekommen waren, hatte Hilde Domin mit sachlicher Argumentation kurz und knapp entkräftet: Sie hatte Piper die Problematik des *Zweiten Paradieses* nicht vorenthalten, der Verlag müsse nun zu seinem Schritt stehen. Dennoch sah sie sich zwischen zwei Stühlen sitzend: Piper *empfand es schmerzlich, dass die 3 Bände [Lyrik] bei Fischer sind*, und Fischer bedauerte, *dass Piper Sie so fest in der Hand hat.*[1] Denn *Gesammelte Essays* und *Gesammelte Autobiographische Schriften* erschienen auch 1992 noch bei Piper. Domin hatte gelitten und sich bei keinem Verlag heimisch gefühlt: *Ich werde ganz traurig, wenn ich lese [...], wie andere Autoren in dem Verlag zuhause waren und sind, während ich am Katzentisch sitze (wo der kleine F. ja in einer netten Weise gelegentlich Gesellschaft hält, damit es nicht ganz so schlimm sei.*[2]

Warum war Hilde Domin Piper-Autorin? Nach dem jahrelangen Verlags-Gezerre gab sie eine prosaische Antwort: *Die Wahr-*

*heit: ich habe das Buch der SERIE PIPER gegeben, weil dies Jahr nicht nur das Benzin, sondern auch das Geld knapper sein wird.*[3]

Wer sich solch eine Antwort erlauben konnte, musste dem Überlebenskampf als Schriftstellerin zwar versehrt, aber heil entstiegen sein. Möglicherweise hatte sie sich Rat von Gewerkschaftsseite eingeholt, denn 1974 war sie der Industriegewerkschaft Druck und Papier beigetreten – in dem Jahr, in dem Monika Schoeller die Verlagsleitung des S. Fischer Verlags von ihrem Vater Georg von Holtzbrinck übernahm. Monika Schoeller war mit Weitsicht und Behutsamkeit von Anfang an bemüht, ihre Autorin wieder ganz in ihr Haus zurückzuholen: 1976 hatte sie dem Athenäum Verlag die Rechte an den *Doppelinterpretationen* abgekauft, 1986 kaufte sie dann dem Piper Verlag alle Rechte an Hilde Domins Lyrik ab. 1980 erfolgte die Neuauflage von *Das zweite Paradies* bereits bei Fischer – die verfremdenden Einschübe der ersten Ausgabe waren gelöscht –, und ab 1993 lagen schließlich alle Rechte der Bücher Hilde Domins beim S. Fischer Verlag.

War Erwin Walter Palm aus seinen Kämpfen ähnlich siegreich wie seine Frau hervorgegangen? Palm war überzeugt, dass sich sein Leben einem Sieben-Jahres-Rhythmus unterworfen hatte: 1933 bis 1940 Exiljahre, 1940 bis 1947 geistiger Überlebenskampf in Santo Domingo, 1947 bis 1954 Suche nach beruflicher Anerkennung, 1954 bis 1961 Neuorientierung in Europa, 1960 bis 1967 Anpassung an das Heidelberger Universitätsleben, 1967 bis 1974 Erfolg mit den Forschungsprojekten in Südamerika. Sollte 1974 wieder ein Jahr der Entscheidung werden?

Hilde Domin hatte, wie üblich während der Abwesenheit ihres Mannes im Wintersemester, auch Weihnachten 1974 die Glückwunschtelefonate bei den Heidelberger Professoren übernommen. Dabei erfuhr sie aus einer Nebenbemerkung Dr. Anneckes, einem Mitglied des Verwaltungsrats der Universität, zufällig, dass Erwin Walter Palms Stelle an der Universität im kommenden Jahr 1975 nicht mehr im Haushalt der Universität vorgesehen war. Eine kleine Notiz nur hielt fest, dass der außerplanmäßige Professor am 28. August 1975 sein 65. Lebensjahr vollendet haben würde und die Stelle damit wegfiele: *Offenbar vom Finanzminister gestrichen.*[4] Hilde Domin war außer sich und mobilisierte Palms Kollegen, den Dekan und Kultusminister Hahn persönlich. Ein Antrag Palms,

## 20. Kapitel

seine außerplanmäßige Professorenstelle in eine ordentliche Professur umzuwandeln, war zuvor schon einmal abgelehnt worden. Sollte er nun sang- und klanglos ausscheiden? Nach Rücksprache mit der Universitätsverwaltung *machte [Hilde Domin] ein optisch gut frisiertes Ding* und warf *alles Politische in die Waagschale [...] erst kein normales Leben und keine normale Karriere wegen Hitler, und dann wird man noch von den neuen Linken torpediert.*[5] Für Kultusminister Hahn verfasste sie ein Memorandum, damit er das Problem bei der nächsten Kabinettssitzung persönlich ansprechen konnte. Zwölf Seiten über Palms Publikationsnachweise hängte sie ihrem Schreiben an, angefangen mit der ersten Veröffentlichung des jungen Studenten Erwin Walter Palm in Italien. Als Verwaltungsrat Annecke sie damit zu trösten versuchte, dass Erwin doch eine schöne Zeit an der Heidelberger Universität gehabt hatte, entlud sich die Frustration der vergangenen Jahre: *Unglücklicher kann man gar nicht sein als an dieser Scheiss Univ.*[6]

Die Bundesrepublik wurde seit Beginn der Siebzigerjahre durch den RAF-Terrorismus erschüttert und befand sich in einer politischen Struktur- und Klimaveränderung: Der Radikalenerlass 1972 und die Zensurbestimmungen und Terrorgesetze 1976 führten bald zu *einer Intellektuellen-Hetze, die im »deutschen Herbst« des Jahres 1977 kulminierte.*[7] Linke Gruppierungen wandten sich vom jüdischen Staat ab und fühlten sich zur Solidarität mit Israels arabischen Kontrahenten verpflichtet. Man befürchtete einen wachsenden Antizionismus. Die Palms wollten keine Angriffsfläche bieten.

Auf Behördenseite wollte man sich nicht dem Vorwurf antisemitischer Ausgrenzung aussetzen, und so hatte Hilde Domins Argumentationsstrategie Erfolg: Am 23. Mai 1975 wurde Erwin Walter Palm zum ordentlichen Professor ernannt. Diese Ernennung war eine Altersvorsorge – auch für Hilde Domin. Die alten Kräfte der »Hasengöttin« waren noch einmal wirksam geworden. Palms 65. Geburtstag konnten beide unbeschwert im Urlaub in der Türkei feiern. 1977 wurde Erwin Walter Palm auf eigenen Antrag emeritiert. Einen Nachfolger für seine Stelle gab es nicht.

Hilde Domin hatte sich ihre *Humanität bei Lebzeiten* erkämpft und ihre Römerberg-Rede von 1978 so überschrieben, weil sie selber *ein so gründliches Training im Unterscheiden von Humanität und Nicht-Humanität, von Menschlichkeit und Unmenschlichkeit bekommen*[8] hatte. Duldsamkeit und Demut stellte sie als Grundbedingungen für ein menschliches Miteinander ebenso ins Zentrum ihrer Rede wie Toleranz und Aufrichtigkeit, die sie auch von der Sprache forderte: Bäume werden nicht *abgetragen*, sondern gefällt, Fingerkuppen hatte man einem Entführungsopfer nicht *abgetrennt*, sondern abgehackt.[9] Die Sprache ist das Geheimnis des Menschseins – damit schloss sie sich Karl Jaspers an und schwang sich zu der Forderung auf: *Nicht im Stich zu lassen. Sich nicht und andere nicht. Und nicht im Stich gelassen werden. Das ist die Mindestutopie, ohne die es sich nicht lohnt, Mensch zu sein.*[10]

Erwin Walter Palm hatte nach seiner Emeritierung das Gefühl, endlich Mensch sein zu dürfen. Seine Freunde erlebten ihn wie von einer Last befreit, erleichtert, das Korsett des deutschen Universitätsbetriebs nicht mehr tragen zu müssen. Sein jugendlicher Humor und Sprachwitz blitzten auf, wenn er heimische Orte im Odenwald sprachlich aufpeppte: aus »Mückenloch« machte er »El Mosquital«, der Ort »Waldwimmersbach« mutierte zum elegisch klingenden »Riva di lamenti della silva«.[11] Man sah Hilde und Erwin oft gemeinsam im Heidelberger Schlosspark wandeln, Hand in Hand. Dort rettete der Nichtschwimmer Palm, jugendlich ungestüm, einen Hund aus dem Teich, der vergeblich versucht hatte, an den glatten Wänden Halt zu finden: In voller Bekleidung sprang Palm in das ungeliebte Nass und fischte den triefenden Hund aus dem Tümpel.

Nach seiner Emeritierung begann Palm mit der Aufzeichnung seiner Lebenserinnerungen. Aus den (wenigen) vollendeten Teilen spricht karibische Lebendigkeit. Sie scheinen im Nachhinein alle Entscheidungen, die das Schicksal ihm aufgezwungen hatte, zu rechtfertigen: *Wenn ich jetzt von diesen Menschen, [...] von diesem Anfang, dieser Ariels- und Prospero-Insel, auf der alles anfing, von den glücklichen und unglücklichen und falschen Jahren [...] wenn ich von ihnen allen Abschied nehme und gefühlt habe, wie sie [...] das Blut der Erinnerung aus meiner Hand tranken, so weiß ich doch ganz genau, wie nah sie mir in diesem Moment gewesen sind und wie nah sie mir bleiben werden.*[12]

Die autobiografischen Erinnerungen blieben allerdings fragmentarisch. Nach anfänglicher Euphorie überwog bei Palm wieder das

## 20. Kapitel

Gefühl, das er in so vielen Briefen schon thematisiert hatte: *nicht in Heidelberg zurecht[zu]kommen.*[13]

Das historische Gedächtnis vieler Heidelberger Weggefährten setzte in jenen Jahren ein, als die Palms ihr »Drittes Paradies« bezogen hatten. Und viele dachten wie Ulla Hahn: *Ein Paar. Ihr hieltet euch an den Händen und ihr stiegt in einem unerschütterlichen Gleichmaß der Schritte die Treppe zum Festsaal hinauf, und ich dachte: so müssen sie durch Länder und Jahre gegangen sein, so einander haltend, so aneinander haltend. Und ich dachte: Da gehen zwei Kinder, oder besser, zwei wie die Kinder in einem Paradies für Erwachsene, einem Zweiten Paradies, aber ein Paradies doch. Trotz allem. Und später dachte ich: wie lange muß man probieren, wie oft stolpern, fallen und sich wieder aufrappeln, wie viel Ausdauer, Geduld und Zuversicht braucht es, um so im Gleichklang gehen zu können, als hätte es nie anderes gegeben. Als sei vierfüßiges Gehen die natürlichste Sache der Welt.*[14] Wie lange hatte Hilde Domin für diesen harmonischen Gleichschritt gekämpft! Erwin Walter Palm fühlte sich in Heidelberg – und damit in Deutschland – weiterhin unbehaglich.

*Geh hin umarme/einen Baum/geh hin/umarme einen Baum/geh hin umarme einen Baum/er weint mit dir [...]*[15], schrieb Hilde Domin in ihrem Gedicht *Geh hin*. Erwin Walter Palm jedoch empfand *soviel nördlichen Baumwuchs als klar übertrieben und beklagte sich über die hiesige Seltenheit von interessanten Grabungsfunden.*[16]

So bedurfte es keiner langen Überlegung, als er gebeten wurde, trotz Emeritierung weiterhin für Kongresse in Lateinamerika zur Verfügung zu stehen und das Puebla-Projekt auch künftig zu leiten. In der Welt der Latinos fühlte er sich zu Hause, dort ging es familiär zu, und Palm wurde wie *ein Baby unter Tanten*[17] herumgereicht. Seine Briefe aus Lateinamerika transportierten wieder Lebenslust, signalisierten aber zunehmend seine Beunruhigung über die steigende Kriminalität und Brutalisierung im Alltag.

Die Umstellung auf die jeweilig neue Lebenssituation war anstrengend, und das aufreibende Leben forderte von dem Siebzigjährigen seinen Tribut: 1980 und 1981 erlitt Erwin Walter Palm zwei Herzinfarkte, die seine Frau mehr erschütterten als ihn. Nach den Krankenhausaufenthalten begleitete Hilde Domin ihren Mann zu den Kuraufenthalten auf der »Bühlerhöhe« – mietete sich allerdings

## Heidelberg: 1974-1988

in einer preisgünstigeren Pension in der Nähe ein. Domin verlor nie ihre Furcht, Neider auf den Plan zu rufen, und war stets um Understatement bemüht. Erwin Walter Palm unterwanderte in der Kur mit kindlicher Freude die Anweisungen des Pflegepersonals: er schaltete den kleinen Kontrollmonitor auf seinem Rücken kurzerhand ab und freute sich, so der Aufsicht zu entkommen.

Galt der Sieben-Jahres-Rhythmus weiterhin, der bisher sein Leben geprägt hatte? *Nie war er so locker, so voll kreativen Elans, wie in diesen letzten Jahren*[18], schrieb Hilde Domin. Während der nächsten sieben Jahre nach den Herzinfarkten lebte Erwin Walter Palm sein Leben mit unverminderter Intensität, »rastlos« bezeichneten es Freunde. In diesen Jahren endlich lebten Hilde Domin und Erwin Walter Palm ihr »Drittes Paradies«. Sie reisten viel und verbrachten den Frühsommer 1985 auf Madeira. Die Glückwünsche zu seinem 75. Geburtstag erreichten Erwin Walter Palm im August 1985 in Rom. Hilde Domin war von August bis November 1985 als Ehrengast in die römische »Villa Massimo« eingeladen worden. Das Stipendium der Deutschen Akademie Rom Villa Massimo ist eine bedeutende Auszeichnung für deutsche Künstler. Elisabeth Wolken, die damalige Direktorin, hatte die alten, starren Regeln aufgebrochen und zugelassen, dass auch Familienangehörige der Stipendiaten in der Villa Massimo mit aufgenommen werden konnten. Den Palms stand ein großes zweigeteiltes Zimmer in der Villa zur Verfügung, die von einem beeindruckenden Park mit altem Baumbestand umgeben war. Doch anstatt *auf der großen Terrasse zu sitzen und zu schreiben*, lebten die beiden wie zu ihren Studentenzeiten: Sie *stürzten [sich] auf Rom, wollten alles wiedersehen, neu sehen, hatten Pläne für jeden Tag.*[19]

Auch Hildes Bruder Johnny war nach Rom gekommen, als ob er nachholen wollte, was er vor nahezu fünfzig Jahren verpasst hatte: Hildes und Erwins Hochzeit 1936 auf dem Kapitol.

Es war der letzte unbeschwerte Urlaub. Im Jahr darauf wurde bei Erwin Walter Palm Nierenkrebs diagnostiziert, im Juli 1986 wurde er zum ersten Mal operiert. Für Hilde Domin zeichnete sich die kommende Katastrophe ab.

*Morgen such ich dir das Grab/in dem ich über dir liegen werde/es ist ein Wettlauf/überhole mich doch nicht*[20], notierte sie am 9. September 1986 auf einem kleinen Zettel.

## 20. Kapitel

Im Mai 1987 erfolgte die zweite Operation, die Prognose war schlecht. Für Hilde Domin hätte das Jahr 1987 positiv enden können, doch die Sorge um ihren Mann überschattete ihre Freude über die Frankfurter Poetikdozentur, die sie im Wintersemester 1987/88 erhalten hatte. Die Stiftungsprofessur über jeweils ein Semester war 1959 von Ingeborg Bachmann eröffnet, dann aber 1968 – dem vermeintlichen Zeitgeist geopfert – für fast zehn Jahre unterbrochen worden. Mit *Wozu Lyrik heute* hatte Hilde Domin 1968 ihr Plädoyer gegen die drohende Hinrichtung der Poesie gehalten und damit viel Gehör gefunden. 1978 wurde die Reihe mit Uwe Johnson fortgesetzt. Bis zum Wintersemester 1987/88 hatten nur noch zwei weitere Frauen die Gastprofessur innegehabt; nach Marie Luise Kaschnitz und Christa Wolf war Hilde Domin nun die vierte Autorin der Frankfurter Vorlesungsreihe. Mit dem Begleitband *Das Gedicht als Augenblick von Freiheit*, der wiederum bei Piper erschien, positionierte sich Hilde Domin innerhalb der Literaturszene und bekräftigte ihr Lebensmotto: das »Dennoch«. Wie viel Intimität und zugleich Bekenntnis lag in diesem Titel!

Das Interesse, die Lyrikerin live zu erleben, war enorm, der größte Hörsaal der Frankfurter Universität war bereits eine Stunde vor Veranstaltungsbeginn restlos besetzt, sodass man per Videokamera den Vortrag auf eine Großbildleinwand projizierte – auch Marcel Reich-Ranicki war unter den mehr als eintausend Hörern. Fernsehkameras zeichneten die Lesung für das Regionalfernsehen des *Hessischen Rundfunks* auf. Eine begleitende Ausstellung zeigte die Lebens- und Werkstationen Hilde Domins anhand von Dokumenten, Büchern, Rezensionen und Widmungsexemplaren wie dem von Herbert Marcuse, mit dem er Hilde Mut zu einer Lyrik nach Auschwitz zugesprochen hatte.[21]

Dankbarkeit für die Lyrik Domins war auf den Gesichtern der Zuhörenden zu lesen, hielt der Redakteur der Heidelberger Tageszeitung *Communale* fest. Das *Maß an Hingegebenheit und Hoffnung auf Hoffnung bewegten*[22], schrieb der Initiator der Vorlesungsreihe, der ehemalige Rektor der Frankfurter Universität Helmut Viebrock, Hilde Domin am Ende des Semesters. Domin hatte ihr Konzept, *ein Dennoch gegen die fatale »No-future« Panik zu setzen*[23], erfolgreich umgesetzt. Zum Wintersemester 1988/89 folgte die Poetikdozentur an der Johannes Gutenberg-Universität Mainz.

In ihren Gedichten aus jenen Tagen thematisierte Hilde Domin schon den Abschied von ihrem Mann und setzte doch dem Schicksal ihr trotziges Dennoch entgegen: *da ist keiner tot der gelebt hat/ solange du bei mir bist*[24], schrieb sie in der ersten Dezembernacht 1987.

Als die Ärzte Hilde Domin im Mai 1987 eröffneten, dass die Krankheit ihres Mannes bereits im Endstadium wäre, beschloss sie, ihrem Mann diese Wahrheit vorzuenthalten und verordnete auch den Freunden Stillschweigen darüber. Stattdessen sollten sie Erwin Hoffnung auf Genesung machen. Im April 1987 hatte Erwin noch an einem Symposium im spanischen La Rabida teilgenommen; es war der letzte große Kongress, an dem Palm mitwirkte. Seine ihn begleitende Kollegin Helga von Kügelgen wusste nichts von seiner schweren Erkrankung.

Domin stand den nachlassenden Kräften ihres Mannes hilflos gegenüber: *ich liebe dich, verzeih, dass meine Kräfte nicht ausreichen, dir zu helfen*, steht auf einem der vielen kleinen Notizzettel, die sie 1987 schrieb und die sich in Domins Nachlass im Deutschen Literaturarchiv Marbach befinden. Sie hatte sich in ihrer Verzweiflung sogar an einen Naturheiler in Darmstadt gewandt. Erwin war zwar mitgefahren, weigerte sich vor Ort jedoch, mit dem Arzt zu sprechen, sodass Hilde Domin die Unterredung allein führte.

Den Sommerurlaub 1987 verbrachten die beiden auf der Kanalinsel Guernsey – es war ihr letzter gemeinsamer Urlaub.

Die Achtzigerjahre waren für Hilde Domin intensive Arbeitsjahre gewesen. 1981 entstand das Projekt *Träume* in einer limitierten Auflage von fünfhundert Exemplaren: Die Traumsequenzen aus ihrem Roman *Das zweite Paradies*, die die seelischen Verstrickungen und Kämpfe der vergangenen Jahre offenlegten, hatte der polnische Künstler Sascha Juritz mit Originalgrafiken illustriert.

1982 erschien bei Piper der Band *Aber die Hoffnung*, den der WDR als das *Dokument einer Stimme, die sich unüberhörbar und engagiert immer wieder zu Wort gemeldet hat und deren An-Ruf man sich nicht zu entziehen vermag*[25] wertete. Autobiografisches vermischt sich hier mit Beobachtungen aus und über Deutschland. Der Band dokumentiert Domins Anerkennung als Dichterin: Die

## 20. Kapitel

Laudationes und die Dankesreden der mittlerweile vielfach Geehrten sind Mosaiksteine eines Dichterporträts.

Die Stadt Heidelberg hatte 1982 begonnen, ihre Mitbürgerin an deren vermeintlichem 70. Geburtstag zu ehren, und Hilde Domin am 4. Oktober mit der Richard-Benz-Medaille ausgezeichnet.

Fünf Jahre später, zum mutmaßlichen 75. Geburtstag, luden die Stadt und die beiden Verlage Hilde Domins am 7. Oktober 1987 zu einem festlichen Stehempfang. In vielerlei Hinsicht wurde eine Brücke geschlagen: nicht nur das Geschenk der Stadt, ein Stich der »Alten Brücke« Heidelbergs, symbolisierte die Verbundenheit der Stadt mit ihrer Dichterin, sondern auch die Anwesenheit der beiden Verleger Hilde Domins, Ernst Reinhard Piper und Monika Schoeller vom Hause Fischer, schlug eine Brücke der Versöhnung im angespannten Dreiecksverhältnis zwischen der Autorin und ihren Verlagen. Beide Verleger hielten eine Ansprache, und Hilde Domin war glücklich, dass sich ihre »ménage à trois« so feiern ließ. Monika Schoeller hatte als Geschenk die *Gesammelten Gedichte* mitgebracht. Diese Ausgabe enthielt nun Hilde Domins Lyrik von den Anfängen in Santo Domingo bis 1985, zusammen mit Neuem und bislang Unveröffentlichtem. In ihrer Dankesrede kam Domin, als *Partisanin des Wortes*[26], in einem ironisch-heiteren Bild auf ihr schwieriges Verlagsverhältnis zu sprechen: Sie habe vor Jahren *den S. Fischer Verlag mit dem Piper Verlag betrogen*[27]; das war nicht ohne Gewissensbisse geschehen. Doch jetzt freute sie sich, dass die Prognose eines Freundes eingetreten war, der sie damals beruhigt hatte: Die Verlage werden sich zusammentun, um ihre Autorin zu feiern. Der Geburtstag war der geeignete Anlass. Er sollte Hilde Domin auch deshalb in Erinnerung bleiben, weil Erwin Walter Palm zum letzten Mal bei einer Geburtstagsfeier seiner Frau dabei sein konnte.

Erst 1987, anlässlich dieses vermeintlichen 75. Geburtstags, las Hilde Domin zum ersten Mal auch in der ehrwürdigen Alten Aula der Universität in Heidelberg – am selben Pult, an dem fünfundfünfzig Jahre zuvor Karl Jaspers seine Vorlesungen gehalten und die Studentin Löwenstein ihm zugehört hatte.

Das Privatleben stimmte dagegen wenig hoffnungsfroh. Erwin Walter Palms Gesundheitszustand verschlechterte sich zusehends. Im April 1988, drei Monate vor seinem Tod, arbeitete er an der

Heidelberg: 1974-1988

Aufzeichnung seiner Lebenserinnerungen weiter. Die mit Palms befreundete Aleida Assmann besuchte ihn regelmäßig und zeichnete seine Ausführungen auf Tonband auf. Der junge Medizinstudent Stéphane Zake unterstützte Hilde Domin bei der Pflege ihres Mannes.

Erwin Walter Palm hatte der Natur bisher als nüchterner Betrachter gegenübergestanden und die übertriebene Freude, die seine Frau beim Anblick von Bäumen empfand, mit Skepsis und Ironie kommentiert. Doch als er im Juni 1988 zum letzten Mal auf eigenen Füßen das Haus verließ, um sich einem weiteren Eingriff im Krankenhaus zu unterziehen, hielt er vor dem kleinen Mandelbaum am Haus inne und umarmte ihn.

*Ein harmloser Gang so dachten wir so sagtest du lächelnd voll Vertrauen in den kleinen Schnitt eines heilenden Messers. Der Engel im Kittel war tödlich*[28], notierte Hilde Domin auf einem kleinen Zettel.

Hilde Domin war bemüht, ihren Mann weiterhin vor der Wirklichkeit abzuschirmen – so, wie sie es ein Leben lang getan hatte. In seinem Zimmer wurde täglich zum Mittagessen ein kleiner Tisch liebevoll mit Erwin Walter Palms Lieblingsspeisen gedeckt: geräucherte Forellen aus dem nahe gelegenen Restaurant »Schloss Wolfsbrunnen« und rote Grütze aus dem »Europäischen Hof«. In Anwesenheit ihres Mannes verbreitete Hilde Domin Optimismus, doch bei den täglichen Waldspaziergängen mit ihrer portugiesischen Freundin Maria José Peixoto Lieberwirth schrie sie ihre Verzweiflung den Bäumen entgegen.

Freunde versorgten Palm mit Musikkassetten, die er auf dem kleinen Gerät abspielte, das vor seinem Bett stand. Die Musik, an der sich die Palms seit jeher berauscht hatten, war für Palm wie Opium, das ihn von den Schmerzattacken ablenkte. »Musik von drüben« nannte er Mozarts »Adagio ma non troppo« des G-moll-Quintetts.[29] Der nahe Tod war ihm wohl bewusst.

Vier Wochen vor Erwin Walter Palms Tod bat Hilde Domin den über ihr wohnenden Fotografen Francis Kelly, Aufnahmen von ihrem Mann zu machen. An einem Sonntagvormittag im Juni 1988 entstanden so die letzten Fotos von Erwin Walter Palm.

Viele der Freunde zeigten für die übersteigerte Aktivität Hilde Domins kein Verständnis, empfanden es gar als pietätlos, dass sie

## 20. Kapitel

bereits die Todesanzeige entwarf, obwohl Erwin Walter Palm noch lebte.

Drei Tage vor seinem Tod brach Erwin Walter Palm vor seinem Bett zusammen, als er versucht hatte, ohne Hilfe allein aufzustehen. Ratlos saß er danach auf seinem Bett und fragte völlig fassungslos, was mit ihm los sei.

21. Kapitel

# Heidelberg
# Juli-Oktober 1988

> *Dein Mund auf meinem.*
> *Ich verlor allen Umriß.*
> *[...]*
> *Du küßtest mich zärtlich*
> *und gingst.*
> (Aus: Hilde Domin: Dein Mund auf
> meinem. In: Gesammelte Gedichte, S. 54.)

In der Woche vor dem 7. Juli 1988 war im Graimbergweg 5 ein Kommen und Gehen, es herrschte eine bisher nicht geduldete Unruhe.

Hilde Domin saß an ihrem Schreibtisch – angesichts des nahen Todes von Erwin Walter Palm war sie in hektische Betriebsamkeit verfallen: Sie entwarf die Inschrift für den Grabstein und gestaltete die Traueranzeige, sie telefonierte und besprach mit dem Beerdigungsinstitut die notwendigen Schritte für eine Beerdigung. Sie kontaktierte Palms Kollegen, den Kunsthistoriker Peter Anselm Riedl, der angeregt hatte, eine Totenmaske abnehmen zu lassen, sie regelte Bankangelegenheiten. Voller Ungeduld erwartete Hilde ihren Bruder John und dessen Lebensgefährtin Mimi, denn auch sie sollten noch rechtzeitig von Erwin Abschied nehmen können, sowie auch die engen Freunde, die Hilde Domin benachrichtigt hatte.

Im Zimmer nebenan, das in diesem Meer der Betriebsamkeit eine Insel der Stille war, rang Erwin Walter Palm mit dem Tod. Hilde Domin hatte die Matratze aus ihrem Zimmer vor das Bett ihres Mannes gezogen und ruhte sich immer wieder neben ihm aus. Sie legte sich zu ihm ins Bett, schrieb dort Gedichte und übertrug

## 21. Kapitel

sie ins Italienische. In der gemeinsamen Nähe blendete sie jegliche Wirklichkeit aus.

Am Morgen des 7. Juli bereitete die Krankenschwester Hilde Domin darauf vor, dass Erwin Walter Palms Kräfte wohl endgültig versagten.

In diesen letzten Lebensminuten umarmte Hilde Domin ihren Mann zärtlich. Doch plötzlich wuchtete sie ihn mit unerwarteter Entschlossenheit und Kraft auf ihren Schoß. Angesichts der Unabwendbarkeit des Todes verschmolz Hilde Domin nun mit ihrem Mann in einem letzten leidenschaftlichen Kuss, den erst der Tod Erwins beendete. Auf unzähligen Notizzetteln hielt Hilde Domin diesen ungewöhnlichen letzten Atemzug fest, thematisierte ihn in schlaflosen Nächten: *Dieser Kuss ausserhalb der Zeit als könnten sie nicht enden diese sanften Küsse Die Furcht hörte auf Mund an Mund deine wie meine wir küssten nur dann hieltest du inne deine Lippen standen still jemand sagte weinend, das sei der Tod wir starben zusammen wieso bin ich hier*[1], notierte Hilde Domin unmittelbar nach Erwins Tod. Es war kein Kuss, mit dem man einen Sterbenden loslässt. *Deine Zunge in meinem Mund stand plötzlich still/nie mehr/öffneten sich deine Augen.*[2]

Die Freundin Maria José Peixoto Lieberwirth wird das Bild nicht vergessen, das sich ihr unmittelbar nach Erwins Tod bot: Hilde saß im zerwühlten Bett, ihren toten Mann auf dem Schoß hielt sie fest umschlungen. Die Szene glich einem Gemälde von Maria mit ihrem Kind oder war, als ob eine Mutter ihr geliebtes Kind in den Armen hält.

Hilde und Erwin hatten früher immer davon gesprochen, *wie ein italienisches Liebespaar der Renaissance im Coitus sterben [zu wollen]. Jetzt war es annähernd einer, wir haben uns geküsst.*[3] Mit den Füßen zueinander hatten sie gemeinsam begraben werden wollen, sodass sie im Jenseits beim Auferstehen als erstes das geliebte Gesicht des anderen sahen.

*Dein Mund auf meinem./Ich verlor allen Umriß./[...]/Du küßtest mich zärtlich/und gingst.*[4]

Dieser Kuss des Sichverlierens war als Bild schon in einem ihrer ersten Gedichte in Santo Domingo angelegt gewesen. Anwesende assoziierten mit diesem letzten Akt mehr Heftigkeit als Liebe. Hatte Hilde Domin ihrem Mann mit diesem ersterbenden Kuss ihre Liebe für ewig mit auf den Weg gegeben?

Hilde Domin zögerte den Abschied von Erwin solange hinaus, wie es die gesetzliche Frist zuließ. Sechsunddreißig Stunden lang lag und schlief sie neben ihrem toten Mann, wie ein Kind an seine Seite gekuschelt.

Den Abschied hatte sie sorgfältig vorbereitet, ritualisiert, Grabbeigaben herausgesucht: Eine römische Medaille legte sie Erwin um, mit Rosen bedeckte sie seinen toten Körper, ihre Gedichte breitete sie zu seinen Füßen aus. Ganz zum Schluss schnitt sie dem Toten eine Locke ab.

Die Palms hatten bedeutende Ereignisse ihr Leben lang zelebriert. Es lag nahe, dass auch die Wahl der letzten Ruhestätte rituellen Charakter tragen sollte. Zu keiner Zeit wurde erwogen, sich im jüdischen Teil des Heidelberger Bergfriedhofs bestatten zu lassen. Hilde Domin hatte stattdessen hoch oben und weit abgelegen einen Platz ohne direkte Nachbarschaft ausgewählt. Das Grab sollte vor antisemitischen Anfeindungen geschützt liegen. Der gewählte Platz bot nur ihnen beiden Raum und dokumentierte auch im Tod die gelebte Zweisamkeit. In nächster Nachbarschaft liegt Friedrich Gundolf begraben, der von Erwin so Verehrte. Seinetwegen war Palm 1931 nach Heidelberg gekommen. Doch zwischen Gundolf und Palm sollte später Hilde Domin liegen und im Tod endlich die Einzige an seiner Seite sein.

»*Wir setzten den Fuß in die Luft und sie trug*«, steht auf der großen Buntsandsteinplatte und bescheinigt dem so wenig kalkulierbaren Lebensgespräch im Nachhinein Bestand.

Die Heidelberger Trauerfeier fand im kleinen Rahmen statt. Das anschließende Essen in Erwins Lieblingslokal, dem Waldgasthaus »Schloss Wolfsbrunnen«, bleibt in der Erinnerung von Freunden von einem Eklat überschattet. Als Hilde Domins Bruder eine scheinbar unbeschwerte Unterhaltung mit seinem Tischnachbarn führte, löste sich bei Hilde Domin die ganze Anspannung der belastenden vergangenen Monate, aus tiefstem Innern brach der immer noch unbewältigte Schmerz über die mysteriösen Todesumstände der Mutter durch: Außer sich, verbat sich Hilde Domin jegliche Fröhlichkeit und warf dem Bruder im gleichen Atemzug Gefühlskälte und Versagen bei der Fürsorge um die Mutter vor.

## 21. Kapitel

Und weil *die Heidelberger Universität keine Zeit fand, des bedeutenden Kollegen mit einer würdigen Feier zu gedenken*[5], würdigte der Direktor des Heidelberger Deutsch-Amerikanischen Instituts, Jakob Köllhofer, den Freund in der Alten Aula mit Gedichten von Lorca.

In Santo Domingo gedachte man Erwin Walter Palms mit großer Emotionalität. Mario Bonetti, der Direktor des Humboldt-Instituts, hatte am 27. September 1988 zum »último adiós« in Palms Lieblingskloster, den Dominikanerkonvent, geladen. Dort hatte er gearbeitet, dort hatte Hilde die Fotos ihres Mannes entwickelt, dort war Palm von dem kauzigen spanischen Kapuzinermönch Fray Cipriano de Utrera mit den alten Dokumenten versorgt worden, ohne die sein großes Werk *Los Monumentos* nicht hätte entstehen können. Im Beisein von Präsident Joaquín Balaguer und seinem Kabinett zelebrierte man eine Trauermesse, zu der der Maler Ramón Oviedo eine eindrucksvolle Einladungskarte gestaltet hatte: vor dem sich verneigenden Konvent stürzt eine Heldenbüste, doch der Geist erhebt sich, symbolisiert durch aufsteigende Tauben.

Hilde Domins latente, niemals abgelegte innere Unruhe, die bei jeder Nachricht über antisemitische Ausschreitungen sofort aufloderte, erhielt wenige Wochen nach dem Tod ihres Mannes neue Nahrung. Nur wenige Tage, nachdem der Grabstein gesetzt war, der auch schon ihren Namen trug, hatten Unbekannte die Steinplatte mit Hakenkreuzen beschmiert.

Der letzte persönliche Angriff auf Hilde Domin aus der rechtsradikalen Szene lag vier Jahre zurück, sie hatte damals auf eine Anzeige verzichtet, um keine Öffentlichkeit zu schaffen: Mit einer Schaufel bewaffnet, hatte ein Unbekannter mitten in der Nacht die Wohnungstür der Palms eingeschlagen und die in ihren Betten Liegenden bedroht. Hilde Domin war in den Hausflur geflohen, laut um Hilfe rufend, und hatte so die Mitbewohner des Hauses alarmiert, die den flüchtenden Mann zwar noch sehen, aber nicht stellen konnten. Die Palms ließen daraufhin ihre Eingangstür zur Wohnung mit Panzerglas sichern.[6]

Nach dem Tod ihres Mannes errichtete Hilde Domin in ihrem Wohnzimmer wie schon beim Tod ihrer Mutter einen altarähnlichen Andachtstisch: Erwins Portrait ergänzte nun die Fotos der Eltern,

## Heidelberg: Juli-Oktober 1988

frische Rosen umgaben die Fotografien. Hilde Domin blieb mit Erwin im Dialog, als sei ihr Lebensgespräch niemals abgerissen.

Von der Freundin Maria José Peixoto Lieberwirth, die Hilde Domin schon während der Zeit von Palms Krankheit beigestanden hatte, kam im Herbst 1988 die Einladung nach Portugal. Hilde Domin sollte losgelöst vom erinnerungsschweren Zuhause um ihren Mann trauern können – in einem Haus auf einer Felsklippe, hoch über dem Meer. Selbst vom Bett aus blickte sie hinunter auf Wasser und Brandung.

Täglich kletterte sie den kleinen Pfad zum Strand hinab und saß bis weit nach Sonnenuntergang bei den großen ausgewaschenen Felsentrichtern, stumme Zeugen der Ewigkeit. Dort unten am Meer entstand das Gedicht *Mein Herze wir sind verreist*.

*Mein Herze*
*wir sind verreist*
*nach verschiedenen Weltteilen*
*Eurydike*
*meine Hand*
*deine Schulter berührend*
*Ich schreibe mit deinem Stift*
*ich möchte eintreten*
*durch diese großen Trichter*
*am Meer*
*in das Reich*
*in dem du gehst oder liegst*
*oder stehst*
*in dem du jetzt alles weißt*
*oder alles vergisst*

*[...]*

Hilde Domin griff damit das Gedicht von 1964 wieder auf, das sie ihrem Mann nach Mexiko geschickt und das ihn so erzürnt hatte. Die damals gehegte Hoffnung, dass Palm sie aus dem Schattenreich führen könnte, war überlebt, Eurydikes Hand auf seiner Schulter nicht länger ein Akt der Hilflosigkeit, sondern zärtliches Zeichen ihrer Folgschaft.

## 21. Kapitel

Wie immer in Momenten der größten Verzweiflung schöpfte Hilde Domin auch in Portugal Trost in der Natur und im Schreiben: bei endlosen Spaziergängen am langen Strand und bei Flut, wenn sie so weit ins offene Meer hinausschwamm – Warnungen, Wellen und Strömung ignorierend –, dass die Freunde fürchteten, ihre Kräfte könnten für den Rückweg nicht ausreichen.

22. Kapitel

# Heidelberg
# 1988-1995

*Der Baum blüht trotzdem*
(Titel von Hilde Domins letztem Gedichtband)

*Für mich war die Liebe im Leben immer das Wichtigste, wichtiger als Erfolg [...]. Durch Liebe hatte ich meine Aufgabe im Leben*[1]; als Hilde Domin dem MDR 2003 das Interview gab, las sie dazu die entsprechende Bibelstelle vor: *[...] und hätte der Liebe nicht, so wäre ich ein tönend Erz oder eine klingende Schelle.*[2]
Nach Erwin Walter Palms Tod schien Hilde Domin ihrer Lebensaufgabe enthoben zu sein, entsprechend leer und schwer waren die Monate unmittelbar nach dem Tod ihres Mannes. Sie beklagte seinen Verlust unablässig – und blieb doch weiterhin mit ihm im Gespräch, als ob Erwin nur über die Wintermonate in Mexiko seinen Forschungen nachgehen würde.

Freunde und Bekannte übernahmen nun die Rolle der Ansprechpartner, doch die wichtigste Bezugsperson wurde ihr Bruder John. Er lenkte seine Schwester behutsam und energisch zugleich bei wichtigen Entscheidungen und besprach geduldig Manuskriptfragen. Er beruhigte sie, wenn ihre Arbeit sie zu erdrücken drohte. Johnny war bei Geburtstagsfeiern dabei und begleitete seine Schwester zu Ehrungen und Veranstaltungen.

Blieben dennoch Fragen, ersuchte sie Freunde telefonisch um Rat. In jenen Jahren kultivierte Hilde Domin ihre Art zu telefonieren: spontan, zu jeder Tageszeit und ohne sich mit ihrem Namen zu melden, doch an ihrer hohen Stimme leicht auszumachen. Sie wurde ihr Anliegen los und legte kommentarlos den Hörer auf, wenn sie das Gespräch für beendet hielt. Damit verärgerte sie nicht nur Marcel Reich-Ranicki: *[S]ie pflegte mich besonders gern um acht Uhr morgens anzurufen, auch an Sonntagen. Gespräche über das persön-*

## 22. Kapitel

*liche Befinden und das Wetter hat es zwischen uns nie gegeben. Sie kam sofort zur Sache: »Grass unmöglich, Enzensberger gut.« [...] Sie war so sehr im Banne dessen, womit sie sich gerade beschäftigte, dass sie nicht auf den Gedanken kam, der Gesprächspartner könne nichts davon wissen.*[3] Das persönliche Verhältnis zu »Don Marcel«, wie Hilde Domin den Kritiker in Briefen gern titulierte und um dessen Gunst sie ihr Leben lang vergeblich buhlte, gestaltete sich ohnehin schwierig. Er stellte sich zwar als Laudator für große Ehrungen zur Verfügung, tauschte sich auch am Telefon über Politisches mit ihr aus, doch freundschaftlich wurde die Beziehung nie. 1993 tadelte Domin Reich-Ranicki in einem Brief, dass er noch nie eine Lesung »von dieser Domin« besucht hätte. Beim Balanceakt, *Kritiker und zugleich ein Gentleman zu sein*[4], geriet er ins Trudeln.

Hilde Domin hielt sich zur eigenen Stabilisierung nach Erwins Tod strikt an ihre täglichen Rituale. Nach der morgendlichen Duschzeremonie – dreimal heiß, dreimal kalt – bereitete sie sich ihr Frühstück, das sie am Tisch in der Küche einnahm, den sie bereits am Abend zuvor gedeckt hatte: Grüner Tee mit Zitrone und ein Toast, halb mit Orangenmarmelade, halb mit rohem Schinken oder etwas anderem »Scharfen« belegt. Nach der Lektüre der Morgenzeitungen erfolgte umgehend der Anruf bei Freunden, um sich über brisante Themen auszutauschen. Anschließend traf sie ihre Verabredungen: Mit wem esse ich zu Mittag, wer geht mit mir spazieren, wen nehme ich zu Konzert- und Theaterbesuchen mit? Der Nachmittag diente der Bewältigung der Büroarbeit – auch am winzigen Küchentisch, eingeklemmt zwischen Heizung und Küchenbüffet. Pünktlich um sieben Uhr abends verfolgte sie die Nachrichten im Fernsehen – vor dem Sport und der Wettervorhersage wurde abgeschaltet. Ihre Nachtlektüre wählte sie vor dem Schlafengehen aus und bewältigte dabei oft einen beängstigenden Kletterakt, denn die gewünschten Klassiker standen im Regal ganz oben. Und wie schon fünfzig Jahre zuvor in Italien, trank Hilde Domin vor dem Zubettgehen ihre heiße Milch mit Honig.

Die sonntäglichen Gottesdienstübertragungen im Fernsehen verpasste Hilde Domin selten: *Hast Du den Gottesdienst gesehen? – Unglaublich, da hatten die Besucher ihre Tiere dabei.* Und ähnlich beeindruckt war sie, als ein Pfarrer nur für Polizisten gepredigt hatte. Überrascht war sicherlich Schuldekan Erich Eßlinger, als keine zehn Minuten nach seiner Rundfunkansprache die Lyrikerin am Apparat war: *Das ist Hilde Domin. Ach, wunderbar, was Sie da eben gesagt haben.*[5] Der Theologe wunderte sich lange, wie es Hilde Domin möglich war, in dieser kurzen Zeitspanne seine Adresse und Telefonnummer ausfindig zu machen.

Hilde Domin wandte sich neuen Projekten zu, doch ein Unternehmen sollte unvollendet bleiben: ihr Versuch, ihrem Mann als Dichter posthum zu Ehren zu verhelfen. Die Intendanten deutscher Theater, die Hilde Domin zur Aufführung von Erwins Tanztheater *Der Mann von Rabinal* zu bewegen suchte, winkten ab. Rätselhaft bleibt, warum Hilde Domin ausgerechnet dieses unglückliche Stück aufleben lassen wollte, mit dem Erwin Walter Palm nur Misserfolge verzeichnet hatte. Umso mehr beglückte sie das Geschenk ihrer Verlegerin Monika Schoeller, die Hilde Domin Erwins Übertragungen und Gedichtfragmente in einer ansprechenden, limitierten Sonderausgabe zum Geschenk machte.

Unterstützt von zwei Studenten katalogisierte Hilde Domin den Bestand ihrer Bibliothek. Annähernd zehntausend Bücher wanderten von Hand zu Hand, erhielten eine Nummer und den Stempel, der ihnen ihren kommenden Standort aufdrückte: die Heidelberger Universitätsbibliothek sollte als »Schenkung Palm-Domin« ein Konvolut Bücher erhalten, das zur Benutzung im Lesesaal zugänglich sein sollte. Der wissenschaftliche Nachlass ihres Mannes wurde im März 1989 der iberischen und lateinamerikanischen Abteilung des Historischen Seminars der Universität Köln als Eigentum übertragen, den eigenen literarischen Nachlass sollte die Deutsche Schillergesellschaft in Marbach erhalten. Diese Entscheidungen hatten Hilde Domin und Erwin Walter Palm 1986 gemeinsam getroffen, nachdem Palms Krebserkrankung diagnostiziert worden war. Das Deutsche Literaturarchiv Marbach entschied sich letztlich, nur diejenigen Bücher aus dem großen Bestand von Hilde Domin in sein Bibliotheksmagazin aufzunehmen, *die eine biografische und literarische Bedeutung für die Entwicklung Domins haben.*[6]

Der Chinese Wu, die Griechin Alexandra, die Österreicherin Elfe, die Portugiesin Domenica waren nur einige der zahlreichen Promovenden, die lange Anreisen nicht scheuten, um der Dichterin persönlich zu begegnen. Domin unterstützte, ihre Empfehlungen bewirkten Stipendien oder ermöglichten jungen ambitionierten

## 22. Kapitel

Kollegen Kontakte für ihre Erstveröffentlichungen. Domins Gedichte waren mittlerweile in einundzwanzig Sprachen übersetzt, darunter isländisch, lettisch, litauisch, chinesisch, japanisch, polnisch, rumänisch, ungarisch, tschechisch, hebräisch, griechisch, serbokroatisch, russisch und schwedisch.

Doch Lesungen blieben Domins Lebenselixier. Einen politischen Akzent setzte Hilde Domin mit ihrer Lesereise 1990 gleich nach der Wiedervereinigung, als sie auf Initiative der Konrad-Adenauer-Stiftung in Jena, Weimar, Eisenach, Leipzig und Dresden las; dem damaligen Stiftungsvorsitzenden und späteren Ministerpräsidenten von Thüringen Bernhard Vogel fühlte sich Hilde Domin freundschaftlich verbunden.

Domins Lust und Spontaneität, sich auf neue Freundschaften einzulassen, ließ die Karteikästen überquellen. Die Karteikartenkultur hatten die Palms von Beginn an gepflegt. Früher waren die Empfehlungen und Adressen oft überlebensnotwendig gewesen oder hatten wie ein »Sesam öffne dich« in einflussreiche Kreise geführt; sie hatten sie deshalb über Länder und Meere begleitet. Doch mit den Jahren fügte sich die Unzahl keiner Ordnung mehr. Umso unentbehrlicher wurden die nahen Freunde. Die Literaturwissenschaftlerin Manon Andreas-Grisebach hatte im Jahr nach Erwin Walter Palms Tod auf dem nahen »Kohlhof«, einem beliebten Heidelberger Ausflugsziel, das ehemalige städtische Forsthaus erworben, um mit städtischer Unterstützung eine »Kulturscheune« zu etablieren. Hilde Domin verpasste kaum eine der etwa fünfundvierzig Veranstaltungen, die dort in den Jahren 1991 bis 1999 stattfanden; viele Geburtstage feierte Hilde Domin auf der Anhöhe. Dass Manon Andreas-Grisebach 1999 nach Kärnten zog, war für Hilde Domin ein herber Verlust.

Die tägliche Korrespondenz war mit den Jahren in beängstigendem Maße angewachsen, Hilde Domin bewältigte sie nur noch mit Hilfe. Da sie nie eine Teamarbeiterin gewesen war, endeten viele der Hilfsversuche zur Arbeitsbewältigung in Missstimmung. Hilde Domin war ungeduldig, erwartete die eigene Perfektion auch von anderen und hielt mit Kritik nicht hinterm Berg, wenn ihre Ansprüche nicht erfüllt wurden. War die gemeinsame Arbeit befriedigend, ging das Arbeitsverhältnis oft in eine Freundschaft über.

## Heidelberg: 1988-1995

Diese verkomplizierte sich, wenn der Mitarbeiter jung, männlich und intelligent war. Der damals zwanzigjährige Medizinstudent Clemens Greve hatte Hilde Domin in Frankfurt bei einer Lesung zu Ehren von Nelly Sachs kennengelernt. Glücklich fügte sich, dass er im Graimbergweg 4 und damit Hilde Domin gegenüber wohnte. So wurden Verabredungen Domin-typisch unkonventionell arrangiert: ein weißes Handtuch im Fenster signalisierte dem Studenten: »ich habe etwas zu besprechen«, das rote Tuch ließ bedauerlich verkünden: »ich habe heute keine Zeit«. Hilde Domin fand Gefallen an dem jungen Mann – *ja, in den war sie wirklich verliebt. Und verfolgte ihn und ließ nicht los. Freilich alles jenseits von ausgeübter Erotik. Aber so heftig, daß derjenige aus der Stadt floh.*[7]

*Durch Liebe hatte ich meine Aufgabe im Leben* – nun hatte Hilde Domin wieder das Gefühl, gebraucht zu werden, konnte positiv auf den Werdegang Greves einwirken, der sich mittlerweile dem Germanistikstudium zugewandt hatte: *Später empfahl mir Hilde Domin den jungen Germanistikstudenten Clemens Greve für die Verlagsmitarbeit, dessen Verständnis für Literatur, verbunden mit seinem wunderbaren Einfallsreichtum für deren Vermittlung, für unser Haus ein großer Gewinn war – und ist*[8], lobte ihre Verlegerin Monika Schoeller Hilde Domins Engagement, sich für andere einzusetzen. Und auch die Lust zum Arbeiten stellte sich wieder ein. 1992 erschienen bei Piper Hilde Domins *Gesammelte Essays*, mit denen sie auf fast ein Jahrhundert zurückblickte. Sie widmete den Band deshalb ihren Eltern, die sie *ausrüsteten das Leben in diesem Jahrhundert zu überstehen*. Die Essays tragen *den Atem des Autobiographischen* und versammeln als *Thema Deutschland, das Thema Exil [...] die Arbeiten von Schicksalsgenossen, die Nachrufe auf Freunde, die verschiedenen Reden und Stellungnahmen.*[9]

Mit Clemens Greve legte Hilde Domin die Anthologie *Nachkrieg und Unfrieden* neu auf. Die Tatsache, dass darin auch ein Gedicht ihrer späteren Mitarbeiterin Ilse Metz aufgenommen wurde, die somit in eine Reihe mit Bachmann, Celan, Fried und Grass rückte, führte zur Verstimmung.

Als Hilde Domin am 14. März 1993 der damals mit dreitausend Mark dotierte Hermann-Sinsheimer-Preis verliehen wurde, feierte man das zehnjährige Bestehen des Preises, den die Stadt Freinsheim zum 100. Geburtstag des jüdischen Journalisten und Schriftstellers

## 22. Kapitel

Hermann Sinsheimer 1983 gestiftet hatte. Marcel Reich-Ranicki hielt als vorangegangener Preisträger die Laudatio – und Reich-Ranicki wurde gleich wieder als Laudator angesprochen, als die Konrad-Adenauer-Stiftung Hilde Domin am 11. Mai 1995 als *große Zeitzeugin des Jahrhunderts* ehrte, die sich mit *ihrem Werk für die Freiheit und Wahrhaftigkeit des Wortes* eingesetzt hatte.[10]

Die Preisverleihung fand im Haus am Frauenplan in Weimar statt. Der Preis war mit zwanzigtausend Mark dotiert, von dem Hilde Domin einen beträchtlichen Teil der jüdisch-palästinensischen Bildungsstätte Givat Haviva in Israel spendete, die sie mit Hans-Georg Meyer zweimal besucht hatte. Birgit Lermen, Jurorin aus dem Vorstand der Stiftung, hatte für Domin und Reich-Ranicki ein sorgsam ausgearbeitetes Programm aufgestellt, denn auch ihr war bekannt, dass *dieses Duo in keine gemeinsame Spur zu bringen war*.[11] Doch Goethe versöhnte, der Sommersitz der Frau von Stein beglückte ebenso wie die Aufführung der *Iphigenie auf Tauris* im Weimarer Nationaltheater. In ihrer wohlvorbereiteten Dankesrede – Hilde Domin hatte unzählige Gespräche mit Adenauers langjähriger Sekretärin Anneliese Popinga geführt, um die Ansprache persönlich zu gestalten – hatte sie als bisher einzige Preisträgerin den Namensgeber des Preises ausführlich gewürdigt. Clemens Greve hatte Hilde Domin zu dieser Ehrung das letzte Mal offiziell begleitet.

Doch nicht nur das Ende dieser Zusammenarbeit trug dazu bei, dass Hilde Domin 1995 als Unglücksjahr empfand. Am 21. März 1995 erlag Hilde Domins Bruder John im Alter von dreiundneunzig Jahren einem Krebsleiden. Hilde Domin markierte Johns Todestag in ihrem Kalender mit drei großen schwarzen Kreuzen.

Ende der Neunzigerjahre traf man Hilde Domin häufig bei Spaziergängen am Neckar, Hand in Hand mit dem jüngeren Pädagogikprofessor Georg Becker aus Schwäbisch Gmünd. Als pädagogischer Berater leitete er ein Integrationsprojekt für Flüchtlingskinder. Es wurde ein *Flirt – ich muss es so nennen – mit einem jüngeren Literatur-Professor [...], bevor der wegen politischer Differenzen energisch auseinander ging, »ich weiß nicht, wenn der G. mich mit seinen blauen Augen ansieht, dann ist das etwas anderes, als bei sonstigen Männern.«* Sie war etwa 82[12], erinnerte sich die nahe Freundin Manon Andreas-Grisebach an diese Episode, die ein schnelles Ende fand, das ebenso heftig war wie der Flirt. Hilde Domin verließ nach einer politisch unkorrekten Bemerkung des Germanisten empört mitten im Wald auf der Strecke nach Wilhelmsfeld sein Auto und trampte nach Heidelberg zurück.[13]

Aufgrund des Altersunterschieds hätten aus Hilde Domins Sicht diese Beziehungen nicht scheitern müssen. Sie fühlte sich jung in Geist und Körper und war neugierig und unkonventionell geblieben. Ersatz für Erwin gab es ohnehin nicht.

*Die Kunst im Leben ist, dass man mit sich selber leben kann*[14], hatte John Lorden schon 1967 seiner Schwester zum Geburtstag geschrieben. Seinem Ratschlag verdankte sie ihre Urlaubsaufenthalte auf Schloss Elmau: Dreimal pro Jahr regenerierte sich Hilde Domin in tausend Metern Höhe in der eindrucksvollen Natur und mit umfangreichem Kulturprogramm. Auch hochbetagt knüpfte sie in Elmau neue Kontakte und Freundschaften, die sie von Heidelberg aus weiter pflegte.

Ihr letzter Aufenthalt in Elmau fand jedoch ein dramatisches Ende. In den frühen Morgenstunden des 7. August 2005 verwüstete ein Großfeuer das denkmalgeschützte Luxushotel. Hilde Domin überstand eine bemerkenswerte Rettungsaktion unbeschadet: Evakuierung im Nachthemd, vier Tage mit geliehener Kleidung, ohne ihre persönlichsten Dinge.

*Daß wir aus der Löwengrube und dem feurigen Ofen*
*immer versehrter und immer heiler*
*stets von neuem*
*zu uns selbst*
*entlassen werden.*[15]

## 23. Kapitel

# Heidelberg
# 1995-2006

*Da ist keiner tot der gelebt hat*
(Aus: Hilde Domin: Antwort.
In: Der Baum blüht trotzdem, S. 9)

Clemens Greve hatte Hilde Domin mit Ilse Metz bekannt gemacht. Die intelligente alte Dame, zwanzig Jahre jünger als Hilde Domin, schrieb ebenfalls Gedichte und besserte ihre Rente durch eine Aushilfstätigkeit in der Heidelberger Universitätsbibliothek auf, wo Greve ihre Bekanntschaft gemacht hatte. Ilse Metz wurde für die nächsten sieben Jahre Hilde Domins neue Mitarbeiterin; die alten Damen verband eine ambivalente Abhängigkeit. Domin fühlte Verantwortung für Ilse Metz, der sie sich gleichzeitig zu entziehen suchte. Die täglichen Anrufe vor dem Schlafengehen waren ein Pflichtritual.

Mit Ilse Metz aktualisierte Hilde Domin 1998 die »Materialien zu Hilde Domin« in der Neuauflage *Vokabular der Erinnerungen* – ein Jahr vor der Bekanntgabe ihres wahren Geburtsjahres konservierte das Buch das falsche Geburtsdatum. Und Hilde Domin ermöglichte Ilse Metz, eine eigene kleine Gedichtauswahl zu veröffentlichen.

1999 erschien Hilde Domins letzter Gedichtband *Der Baum blüht trotzdem*. Doch das Neue blieb aus. Als schmerzhaft empfand sie deshalb Fragen nach zukünftigen Projekten. *Ich schreibe an meinen Kindheitserinnerungen*, war ihre stereotype Antwort auf Fragen von Journalisten nach neuer Kreativität.

*So, jetzt sag mir mal, was ich dieses Jahr gemacht habe,* fragte sie am Abend ihres 94. Geburtstags. Sie unterbrach unwirsch, als die lange Liste der gehaltenen Lesungen aufgezählt wurde: *Nein, Blei-*

*bendes! Hab ich etwas geschrieben? – Also hab ich nur die Domin ausgebeutet? Ist ja unglaublich.*

Domin ließ sich »ausbeuten«, und es entsprach dem Zeitgeist, Kunst zu kommerzialisieren: Die zwei Shampoo-Flaschen, die Freunde im Supermarkt entdeckt hatten, warben mit Domins Gedichten *Windgeschenke* und *Linguistik* für »Schönheit und Poesie der Natur«. Hilde Domin versenkte die Flaschen wortlos im Regal hinter Goethe.

Hilde Domins Platz in der Gunst ihrer Leserschaft war gesichert. *Aber wo ist der Platz von Hilde Domin in der Geschichte der deutschen Literatur?*[1], fragte Marcel Reich-Ranicki in seiner Laudatio für Hilde Domin anlässlich der Verleihung des Konrad-Adenauer-Preises 1995. Zwischen den Seiten des Leipziger Literaturlexikons *Lexikon deutschsprachiger Schriftsteller* hatte Hilde Domin Zeitungsausschnitte gesammelt: neben Studien über den Briefwechsel zwischen Paul Celan und Nelly Sachs, über den 100. Geburtstag des Dichters Johannes R. Becher und der Rezension der Lebensgeschichte von Hannah Arendt steckte auch der »Nachkriegs-deutsche Lyrikbaum«, dessen Quelle auf »Dieterichs Literaturzeitschrift« verweist.

An einem eigenständigen Ast zwischen Brecht und Benn sprießt Hilde Domin als kleines, aber kräftiges Blatt und gedeiht neben Kaschnitz, Krolow, Eich und Huchel auf dem einzigen Ast, der weitergrünt, Blüten treibt und anziehend wirkt, denn ihn umgaukeln Schmetterlinge. Die Einschätzung könnte Hilde Domin gefallen haben. Als Gratwanderer empfand sie sich, mit viel Welt, aber wenig Boden unter den Füßen, fühlte sich als seltene Pflanze unter den Autoren; sie sah sich als spanischer Autor in deutscher Sprache, geprägt vom arabischen Erbe des Spanischen und damit Ungaretti verbunden, der vom Ägyptischen beeinflusst war. Das Besondere an ihren Gedichten ist, dass aus ihnen Lebensform und nicht Arbeitsweise spricht. In ihren späten Gedichten ließ sie sich von der japanischen Kunsttheorie inspirieren und sah den Einfluss Hölderlins.[2] Schon 1966 war sie sich sicher, dass die Untersuchung über die Ursachen und Wirkung ihrer ambivalenten Rezeption *die Aufgabe der Literaturgeschichte oder der Literatursoziologie sein [wird], diese Leute müssen auch etwas zu tun vorfinden, schließlich.*[3] Doch un-

## 23. Kapitel

bestritten ist: *die Gedichte haben ja den Kampf überlebt. Gedichte sind ungeheuer lebenskräftig.*[4]

Hilde Domin war die beste Botschafterin ihres Werks, und sie begab sich weiterhin unermüdlich auf Lesereisen. Sie reiste überhaupt gern: 1990, 1995 und 1996 nach Portugal zu ihrer Freundin Maria José Peixoto Lieberwirth, 2002 las sie anlässlich der Hundert-Jahr-Feier der deutschen Schule im portugiesischen Amarant. Israel stand 1995 und 2000 auf dem Programm. Dazwischen unterbrachen mehrtägige Reisen zu Freunden ihren Alltag, bevorzugt ins heimatliche Rheinland, wo sie in ihren letzten zehn Lebensjahren regelmäßig bei der befreundeten Literaturwissenschaftlerin Birgit Lermen zu Gast war: In deren Wohnung baute sie die Sitzmöbel so um, dass sich ihr der Blick zum Petersberg und Drachenfels bot. Und noch im Jahr 2005 stieg sie *ohne Stock auch über die letzten Felsen bis zur Spitze* des Drachenfels.[5]

Der Reisehöhepunkt 1998 war eine Italienreise, die nicht nur wegen der prominenten Zusammensetzung der Reisegesellschaft erinnerungswert ist. Die Reise war sehr kurz, sehr teuer und sehr exklusiv. Geladen hatte ein bekannter Kölner Rechtsanwalt, der sich auf die finanzielle Beratung prominenter Kulturschaffender spezialisiert hatte. Entsprechend illuster waren die Teilnehmer, die in den besten Hotels in Venedig untergebracht waren. Zu den einhundert handverlesenen Gästen gehörte auch Marcel Reich-Ranicki, dessen Vortrag über Thomas Manns *Tod in Venedig* an Originalschauplätzen der angekündigte Programmhöhepunkt war.

Auch Hilde Domin hatte eine Lesung gehalten und sich damit die Einladung von dem renommierten Anwalt und Honorarprofessor der Universität Heidelberg und Träger des Bundesverdienstkreuzes erworben, der zu der exklusiven Venedigtour eingeladen hatte. Seine Generosität überzeugte Hilde Domin so, dass sie drei Jahre später gerne seinem Anerbieten zustimmte, ihn als ihren Testamentsvollstrecker einzusetzen. Die turbulenten Konsequenzen dieser Entscheidung erlebte Hilde Domin nicht mehr: Im Februar 2007 verurteilte ein Kölner Gericht den Anwalt wegen schweren Betrugs zu drei Jahren Freiheitsstrafe ohne Bewährung. Der Richter begründete sein Urteil damit, dass der Anwalt *mit einem hohen Maß an krimineller Energie vorgegangen* sei.[6] *Teilweise seien die Taten über einen längeren Zeitraum hinweg vorbereitet worden.*[7]

Das Heidelberger Notariat hatte nach Domins Tod den Rechtsanwalt von seiner Tätigkeit als Testamentsvollstrecker entbunden, bevor das Erbe Domins Schaden nehmen konnte.

Die offenkundige Vitalität der betagten Dichterin ermutigte die Goethe-Institute in Barcelona und London, die Vierundneunzigjährige zu Vorträgen nach Spanien und England einzuladen: Vom 4. bis 15. Oktober 2003 – *im Oktober ist diese Region am lieblichsten*[8] – reiste Hilde Domin nach Spanien und las in Barcelona, Gerona und Valencia. Der endgültigen Zusage war die Bereitschaft des S. Fischer Verlags vorausgegangen, sich an den Reisekosten für Domins Begleitung zu beteiligen.

Mit vierundneunzig Jahren absolvierte Hilde Domin in Spanien ein beeindruckendes, fast durchweg zweisprachiges Programm: Fototermin und Interview mit der Tageszeitung AVUI, umfangreiche Besichtigungsprogramme und immer wieder Einladungen. Vor den Lesungen am folgenden Tag im Goethe-Institut und bei der »Associació d'Escriptors en Llengua Catalana«, dem katalanischen Schriftstellerverband, bestand Hilde Domin auf einem enormen Kulturprogramm: Casa Milà, Park Güell, Sagrada Familia, Picasso-Museum – wo sie sich so lange aufhielt, dass die Zeit bis zur Veranstaltung knapp wurde.

Die Lesung am Abend im Goethe-Institut stieß auf reges Interesse: Eine unübersehbare Schlange von Besuchern stapfte unverdrossen die vielen Treppen zum Lesesaal im fünften Stock hinauf – denn der Fahrstuhl sollte wegen »technischer Ermüdungserscheinungen« nicht benutzt werden. Hilde Domin ließ ihn einmal zur Probe fahren, und nachdem die Leerfahrt erfolgreich absolviert worden war, schwebte sie in Begleitung einer mutigen Institutsangehörigen zum fünften Stock empor.

Nach Barcelona schien Valencia keine Steigerung bieten zu können. Doch der Empfang in der »Estació del Nord« war überwältigend: Kaum betrat Hilde Domin den Bahnhofsvorplatz, donnerten ein Dutzend Kanonenschüsse Salut. Doch was Hilde Domin für einen persönlichen Empfang zu ihren Ehren hielt, war der Auftakt für den Tag der Comunidad Valenciana, mit dem man am 9. Oktober der Rückeroberung der Stadt von den Mauren gedenkt. Auch in Valencia verpasste Hilde Domin keine Sehenswürdigkeit – der Markt, die Seidenbörse, das Porzellanmuseum, die Kathedrale, die

## 23. Kapitel

Kirche für die Armen und Bedürftigen wurden zu Fuß erobert, wobei sie immer energisch bemüht war, ihre Erschöpfung zu verbergen. Den ausführlichen Sicherheitskatalog des Goethe-Instituts in Barcelona hatte Domin als übertriebene Vorsicht abgetan – in Valencia kam er zum Einsatz: Ausgerechnet in der »Catedral de Santa María de Valencia« wurde Hilde Domin Opfer eines Diebstahls. Bargeld, Scheckkarten, vor allem aber die unersetzlichen Jugendfotos von Erwin wurden aus ihrer Handtasche gestohlen. Typisch war letztendlich Hilde Domins Reaktion, sich mit Unabänderlichkeiten abzufinden: *was passiert ist, ist nicht zu ändern. Lass uns an den erfreulichen Dingen dieser herrlichen Stadt wieder guten Mutes werden*, sagte sie spät in der Nacht vor dem Schlafengehen, nachdem Anzeige erstattet, Scheckkarten gesperrt und die Wege zur Kathedrale noch einmal abgesucht worden waren. Die Lesung am folgenden Tag absolvierte Hilde Domin wieder außerordentlich erfolgreich.

*Wir freuen uns alle schon sehr auf Hilde Domin, die Nachricht hat sich wie ein Lauffeuer verbreitet*[9], schrieb der junge Student Thomas Gruber 2004, als Hilde Domin seine Einladung nach England angenommen hatte. Der Stipendiat im Oxforder St. John's College hatte in Zusammenarbeit mit dem Londoner Goethe-Institut und der Deutschen Botschaft in London die Reise nach England organisiert. *Im Mai reist man am besten nach England*[10], wusste Hilde Domin aus Erfahrung, und so brach die fast Fünfundneunzigjährige am 1. Mai 2004 zur großen, zehntägigen Lesereise nach Oxford und London auf. Nach der langen Anreise – S-Bahn nach Mannheim, Zugfahrt nach Frankfurt, endlose Wege im Frankfurter Flughafen, doch die Weigerung, den vom Flughafenpersonal bereitgestellten Rollstuhl zu benutzen (*seh ich wirklich schon wie hundert aus?*), Flug nach London, Bustransfer nach Oxford – folgte unmittelbar nach der Ankunft in Oxford das Highlight: Der Präsident des renommierten St. John's College hatte zum sogenannten »high table« geladen, Zeit zum Ausruhen gab es nicht.

Die Lesung in Oxord in der großen Lecture Hall der »Taylorian Institution« fand in historischem Ambiente statt: Hilde Domin las (fast am gleichen Tag) im selben Saal, in dem fünfundfünfzig Jahre zuvor auch Thomas Mann gelesen hatte.

## Heidelberg: 1995-2006

Das rege Interesse an Hilde Domin hatten selbst die euphorischen Veranstalter nicht erwartet und waren vor allem über die große Zahl der Professoren aus anderen Fakultäten überrascht. Man ernannte Hilde Domin zum Ehrenmitglied der German Society of Oxford, deren Präsident, Christophe Fricker, mit Thomas Gruber das Programm des Aufenthalts in Großbritannien gestaltete, das auch einen zweitägigen Abstecher für eine Lesung am Londoner Institute of Germanic and Romance Studies am Russell Square einschloss. Statt eines Erholungstages in London hatte Hilde Domin die Einladung zum Teegespräch an der Deutschen Schule in Richmond vorgezogen. Und irgendwie passte in die anderthalb Tage in London auch noch ein Besuch im British Museum.

Seit 1982 rückten Hilde Domins Geburtstage in das Interesse der Öffentlichkeit und wurden im Fünf-Jahres-Rhythmus gefeiert. 1982 wollte Hans Mayer den ersten Band seiner Lebenserinnerungen vorstellen, für den er sich von seiner ehemaligen Tanzstundendame biografische Angaben zu ihrer gemeinsamen Zeit in Köln erbeten hatte. Die Daten übermittelte sie ihm – *übrigens ich trat 1930 der SPD bei und ihrer Kölner Gruppe. Nach Bonn ging ich wegen Schumpeter.*[11] Im Sommersemester 1930 hatten beide in Köln bei Erwin von Beckerath und Fritz Stier-Somlo im selben Seminar gesessen, doch gleichzeitig bat Hilde Domin Mayer, ihr wahres Geburtsdatum nicht zu ihren Lebzeiten »aufzutischen«: *Also sei gut zu mir*[12], ersuchte sie ihn, war Mayer doch einer der wenigen, der noch von Domins Mogelei um ihr Geburtsdatum wusste. Nur ungern sähe sie ihren Mädchennamen wieder auftauchen – Hilde Domin blieb in Hans Mayers Lebenserinnerungen völlig unerwähnt.

Zum 75. Geburtstag im Oktober 1987 hatte der Heidelberger Oberbürgermeister Zundel ins Rathaus geladen; die offiziellen Feierlichkeiten wurden zwischen dem Ende der Sommerferien und dem Beginn der Frankfurter Buchmesse anberaumt, um alle Gäste zeitlich unter einen Hut zu bringen.

Einen großen Empfang bereitete die Stadt Heidelberg der Dichterin auch zum 80. Geburtstag, an dem ihr als erster Preisträgerin der neu gestiftete »Literaturpreis des Exils« verliehen wurde. Ministerpräsident Erwin Teufel lud zu diesem Ehrentag 1992 ins Stuttgarter Schloss und zeichnete Hilde Domin mit der Ehrenprofessur des Landes Baden-Württemberg aus.

## 23. Kapitel

Das 85. Jubiläum wurde in Heidelberg und an der Bonner Universität begangen, das war im Jahr 1997. Und nur zwei Jahre später lud der Baden-Württembergische Ministerpräsident Erwin Teufel am 12. Juli 1999 erneut ein. Hilde Domin und achtzig Gäste – ausgewählte Freunde und ein Kreis Prominenter – waren in den Marmorsaal des Neuen Stuttgarter Schlosses gekommen, alle warteten gespannt auf die Ansprache des Ministerpräsidenten: *Ohne mit der Wimper zu zucken flocht er in seine Ehrenrede fast unbemerkt den Schnipsel ein: »Am 27. Juli 1909 in Köln geboren ... «*[13], so unspektakulär las sich die Sensation in der Zeitung, mit der Hilde Domin die drei geraubten Jahre ihres Lebens wieder zurückgab. Ein Journalist hatte nach einer Lesung festgestellt, *dass ihr Bruder eigentlich ein Halbbruder sein müsse, denn er sei ja im gleichen Jahr mit nur wenigen Monaten Abstand geboren.*[14] Der Zeitpunkt, die Mogelei zu berichtigen, war gekommen. Das Geburtsdatum 1909 war wieder amtlich, die Lexika haderten allerdings noch jahrelang mit dem Datum. In Marcel Reich-Ranickis Lyrikanthologie *Deutsche Gedichte und ihre Interpretationen* war auch 2002 noch nicht das falsche Geburtsdatum, »1912«, getilgt. *Dieser kleine, munter gebeichtete Fehler*[15] brachte auch die Stadt Heidelberg in Verlegenheit, die ihr dann nach überstürzter Vorbereitung 1999 die Bürgermedaille verlieh.

Literarisch feierte Hilde Domin das Jahr 1999 mit ihrem letzten Gedichtband *Der Baum blüht trotzdem*, der ihr Lebensmotto aufgriff: das »Dennoch«. Von den fünfundsechzig Gedichten waren in dem zweigeteilten Band zweiundvierzig zum ersten Mal in Buchform erschienen. Das Gedicht *Mein Herze wir sind verreist*, das Hilde Domin unmittelbar nach Erwin Walter Palms Tod in Portugal verfasst hatte, eröffnete die Sammlung.

Auch Ehrungen gab es weiterhin: Die Stadt Fürth verlieh Hilde Domin am 7. März 1999 den Jakob-Wassermann-Preis. Die Sehnsucht nach Gerechtigkeit und das Anschreiben gegen die »Trägheit des Herzens« waren sowohl Hilde Domin als auch dem Autor von *Caspar Hauser oder die Trägheit des Herzens* verbindende Anliegen.

Das Land Nordrhein-Westfalen ehrte seine Tochter am 20. Dezember 1999 mit dem Staatspreis Nordrhein-Westfalen.

Heidelberg vergab an Hilde Domins 95. Geburtstag die höchste Auszeichnung, die die Stadt zu vergeben hat. In einem Festakt wurde Hilde Domin als dritte Frau nach Anna Blum (1913) und Maria von Graimberg (1965) zur Ehrenbürgerin der Stadt Heidelberg ernannt. – Sie verschwieg, dass sie sich schon längst wie eine Ehrenbürgerin ihrer Stadt gefühlt hatte.

Die Vorbereitungen zu diesem 95. Geburtstag begannen schon im Frühjahr. Hilde Domin hatte ihre Kräfte nicht geschont und sich noch zwei Wochen vor dem großen Fest für zwei Lesungen in Karlsruhe und Köln verpflichten lassen. Im Hotelzimmer in Köln brach sie am Nachmittag des 15. Juli 2004 zusammen, entkräftet, verwirrt. Sie schlief bis kurz vor der Lesung, die sie dann aber souverän wie eh und je meisterte; niemand bemängelte, dass einige Lebensdaten durcheinandergeraten waren. Am nächsten Morgen klagte sie über große Schmerzen im Bein. Sie fühlte sich matt, die Zugfahrt nach Hause war ihr unerträglich und ihr war so *jämmerlich* zumute, dass sie einwilligte, zur Beobachtung eine Nacht im Krankenhaus zu verbringen. Eine ernsthafte Erkrankung konnte nicht diagnostiziert werden, weil sich Hilde Domin am nächsten Tag auf eigene Verantwortung entlassen ließ – empört, dass sie ihr Zimmer mit einer anderen alten Dame teilen musste, aber mehr noch, dass man sie ihrem Alter entsprechend behandelt hatte.

Die folgenden zehn Tage bis zu ihrem Geburtstag verbrachte Hilde Domin völlig erschöpft im Bett, apathisch, fast durchweg schlafend, den Besuch eines Arztes verbat sie sich ausdrücklich. Sie aß kaum, litt unter Sprachstörungen, sodass die wenigen Freunde, die sie besuchen durften, das Schlimmste befürchteten. Man hatte sich schließlich doch über ihren Wunsch hinweggesetzt und einen Arzt gerufen. Zehn Minuten vor seiner Ankunft bereitete sich Hilde Domin mit Konzentration und sichtbarem Kraftaufwand auf den Besuch vor: Sie puderte sich die Nase, zog sich die Lippen nach, sprühte sich mit ihrem Lieblingsparfüm »Diorissimo« ein – und empfing den Hausarzt wie eine Diva, herzlich Smalltalk haltend. Kaum hatte der Arzt das Haus verlassen, musste sie zum Bett getragen werden, konnte sich kaum mehr auf den Beinen halten und schlief sofort wieder ein. Doch den zwanzigminütigen Arztbesuch hatte sie mit unbändiger Disziplin bewältigt.

Mit ähnlicher Energie absolvierte sie ihre Geburtstagsfeierlichkeiten, die der persönliche Besuch von Ministerpräsident Erwin Teufel im Graimbergweg eröffnete.

## 23. Kapitel

Beim großen Festakt am Spätnachmittag im Heidelberger Rathaussaal war Hilde Domin in bester Stimmung und genoss auch ihre private Feier im Spiegelsaal des Hotels »Molkenkur«.

Nach den sich anschließenden Urlaubswochen in den bayrischen Bergen auf Schloss Elmau hatte sie ihre alten Kräfte wieder mobilisiert.

An diesem 95. Geburtstag hatte Hilde Domin der jungen Filmemacherin Anna Ditges zum ersten Mal gestattet, Filmaufnahmen von ihr zu machen. Freunde hatten Domins anfängliche Skepsis gegenüber einem Filmprojekt zerstreut, und die junge Frau hatte sich bei etlichen Besuchen vorher Domins Sympathie erworben. Hilde Domin hat die Fertigstellung des Filmes allerdings nicht mehr erlebt. Der Film zeichnet die Lyrikerin, die sich vehement gegen allzu unerbittliche Kameranähe wehrte, unnachgiebig scharf. *Dieses dauernde Gefilmtwerden hasse ich... Du machst alles kaputt*, empörte sich die Dichterin, weil man ihren Protest ignorierte. Domins Freunde bedauerten im Nachhinein das Versäumnis, nicht auf einen rechtlichen Vertrag über die Autorisationsrechte gedrängt zu haben.

Die Dominikanische Republik würdigte die Verbundenheit der Dichterin zu ihrem Exilland anlässlich Hilde Domins 95. Geburtstag. Als am 28. November 2005 der Botschafter der Dominikanischen Republik, Dr. Pedro Vergés, Hilde Domin den höchsten Orden »del Mérito de Duarte, Sánchez y Mella, en el grado de Comendador« anheftete, wurde damit auch den Verdiensten von Erwin Walter Palm Anerkennung ausgesprochen. Folglich sollten die Laudationes dem Ehepaar Palm/Domin gelten. Hilde Domin hatte jedoch auf einer getrennten Ehrung bestanden: Der Kunsthistoriker Professor Peter Anselm Riedl erinnerte an die Verdienste seines ehemaligen Kollegen, der Arzt und Freund Professor Heinz Häfner legte *aus intimer Kenntnis der beiderseitigen Biografien heraus die einzelnen Phasen des Überlebens und Bewältigens des Alltags dar.*[16] Endgültig beruhigt war Hilde Domin erst, als die Laudatoren zugesichert hatten, dass man auch mit der zeitlichen Bemessung der Würdigung ihr mehr Ehre als ihrem Mann zollen würde.

Der Literaturpreis ihrer Heimatstadt Köln, der Heinrich-Böll-Preis, blieb Hilde Domin aber verwehrt; niemand kann so recht nachvollziehen, wieso diese Auszeichnung regelmäßig an Hilde Domin vorbeigereicht wurde. Domin sprach von privaten Gefechten – die Querelen bei der Vergabe des Rilke-Preises könnten als Erklärung dienen. Auch Alice Schwarzer zeigte sich enttäuscht, dass Köln Hilde Domin links liegen ließ: *Ich werde dem Oberbürgermeister plus Kulturdezernent nie verzeihen, wie kühl sie meinen Vorschlag, sie zur Ehrenbürgerin von Köln zu machen, abblitzen ließen.*[17] Der Kölner Literaturprofessor Walter Hinck formulierte seine Enttäuschung ähnlich: *Leider sind unsere Anregungen, der bedeutenden Tochter jüdischer Eltern, die 1933 schmählich aus Köln und aus Deutschland hinausgetrieben wurden, die Ehrenbürgerschaft der Stadt Köln zu verleihen, nicht aufgegriffen worden. Das ist besonders bedauerlich angesichts der Versöhnungsgesten, an denen Hilde Domins Wirken so reich war.*[18]

Im Dezember 2005 ließ deshalb Ulrike von Ascheraden als private Bürgerinitiative mit Freunden in Hilde Domins Anwesenheit eine Bronze-Gedenktafel an ihrem Geburtshaus in der Riehlerstraße 23 anbringen.

Im Juni 2008 ehrte Köln endlich offiziell seine berühmte Tochter. Hilde Domin wäre zu Lebzeiten entzückt gewesen, dass die weitläufige Parkanlage Fort X, eine der zwölf Befestigungsanlagen von Köln, zu der ein zauberhafter Rosengarten gehört, fortan ihren Namen trägt.

Das P.E.N.-Zentrum deutschsprachiger Autoren im Ausland hatte Hilde Domin am 15. Februar 2006 die Ehrenmitgliedschaft im P.E.N.-Club des Exils angeboten, und die Dichterin hatte die späte Ehrung erfreut angenommen; sie war damit das älteste und zugleich das jüngste Mitglied des Zentrums. Das erste Schreiben mit dem Angebot der Ehrenmitgliedschaft vom 14. November 2005 war verloren gegangen, sodass Hilde Domin nur eine Woche lang Mitglied sein konnte.

Auch für das Jahr 2006 waren Lesereisen bis weit in den November geplant, und gesellschaftliche Termine schienen sich zu häufen. Hilde Domin genoss jede Minute ihres Lebens: *Wohin geht man am besten?*, fragte Hilde Domin am 25. Januar 2006. Das unpersönliche »man« pflegte Hilde Domin schon seit frühen Jahren, ließ es dem Adressaten doch eine scheinbare Handlungskompetenz. Der Heine-Vortrag, das Mozart-Konzert und der Theaterabend verlangten an diesem Januar-Mittwoch eine Entscheidung. Domin bedauerte,

## 23. Kapitel

nicht alle Termine wahrnehmen zu können, und entschied sich für Mozart.

Am 17. Februar reiste Hilde Domin zur Verleihung der Heinrich-Heine-Gabe an Alice Schwarzer nach Düsseldorf, und am 21. Februar 2006 war sie Gast bei der Verleihung des Bundesverdienstkreuzes an den befreundeten Professor Jan Assmann im Heidelberger Rathaussaal.

Für den darauffolgenden Tag, den 22. Februar 2006, hatte sich Hilde Domin einen Stadtbummel vorgenommen. Allein, ohne Begleitung, wollte sie in der Stadt Handschuhe kaufen. Einwände, dass die winterlichen Straßenbedingungen mit den Schnee- und Eisresten besondere Vorsicht geboten, ließ sie nicht gelten.

In Hilde Domins Schrank fanden sich viele Handschuhpaare. Die geplante Urlaubsfahrt am kommenden Sonntag in Begleitung der Schauspielerin Ursula Ruthardt sollte außerdem ins milde Tessin führen. Doch Hilde Domin bestand auf diesem Einkauf. Die Kaufhäuser hatten das Wintersortiment bereits ausgelagert, Hilde Domin konnte keine Handschuhe erstehen. Auf dem Rückweg zum Taxistand stürzte sie schwer.

Sturz – Operation – Tod. *Drei Rosen rot, Beginn – Liebe – Tod*, hatte ihr Erwin Walter Palm 1932 auf einen kleinen Zettel geschrieben.

*Wenn es mit der Domin mal zu Ende geht, dann so*; die dazugehörige Handbewegung demonstrierte ein rasches, absturzartiges Lebensende ohne langes Leiden.

Noch am Abend des Unfalltages, am 22. Februar 2006, erlosch das Leben einer außergewöhnlichen Frau und einer bedeutenden Dichterin, die sich ihrem unsanften Jahrhundert und Schicksal mit unbändiger Energie und nie versiegender Hoffnung entgegengestellt hatte.

*Möge Dein Jahrhundert ein*
*sanfteres sein.*

*Amen.*

# Quellen- und Archivangaben

Die Rekonstruktion der Lebensstationen von Hilde Domin und die Details der Biografie beruhen auf der Auswertung folgender Dokumente und Briefwechsel (unter anderem mehr als tausend Ehebriefe zwischen Hilde Domin und Erwin Walter Palm):

**Deutsches Literaturarchiv Marbach (DLA):**

Die Dokumente und Manuskripte von Hilde Domin finden sich unter: HS.2007.0002, A: Domin.

Die ausgewerteten Briefwechsel Hilde Domins mit folgenden Personen liegen im DLA unter der Signatur A: Domin vor:

Adams, Harriet; Adorno, Theodor W.; Aichinger, Ilse; Bachmann, Ingeborg; Baron, Edith; Bauer, Fritz; Bender, Hans; Bergner, Elisabeth; Boehlich, Walter; Böll, Heinrich; Brückner, Christine; Buber, Martin; Buckwitz, Harry; Caspari, Ernst; Celan, Paul (auch unter D: Celan); Chaplin, Charlie; Cohen, John Michael; Dammann, Anna; Ehre, Ida; Eich, Günter; Enzensberger, Hans Magnus; Fried, Erich; Friedrich, Hugo; Fuchs, Marierose; Hartlaub, Geno; Heise, Hans-Jürgen; Herrmann, Carl; Hesse, Hermann (auch unter A: Palm); Hesse, Ninon; Hirsch, Rudolf; Höllerer, Walter; Kästner, Erich; Krolow, Karl; Kunze, Reiner; Laughlin, James; Levertov, Denise; Lorden, John (Hans Löwenstein); Löwenstein, Arthur; Löwenstein, Paula; Mayer, Hans; Minder, Robert; Mitscherlich, Alexander; Noam, Ernst; Paatz, Walter; Paeschke, Hans; Palm, Erwin Walter (auch unter A: Palm); Pflaum, Hans Georg; Pinthus, Kurt; Piper, Klaus; Reich-Ranicki, Marcel (auch unter A: Reich-Ranicki); Rochow, Joachim; Rusterholz, Peter; Sachs, Nelly; Spender, Stephen; Szondi, Peter; Warburg, Frieda.

## Quellen- und Archivangaben

Die Dokumente, Manuskripte und Briefwechsel Erwin Walter Palms mit folgenden Personen liegen unter der Signatur HS.2007.0008, A: Palm vor:

Breton, André; Char, René; Charlot, Jean; Goll, Yvan; Hindemith, Paul; Jiménes, Ramon; Kober, Käthe; Ludwig, Ernst; Mann, Thomas; Palm, Anna; Palm, Arthur; Valéry, Paul; Wilder, Thornton; Wolfskehl, Karl; Zech, Paul; Zimmer, Heinrich.

Der Briefwechsel mit Paul Celan findet sich unter der Signatur HS.2007.0029, D: Celan, der Briefwechsel mit Hans-Georg Gadamer unter A: Gadamer.

Im **Historischen Archiv der Stadt Köln (HAStK)** liegen die Nachlässe folgender Personen und Institutionen:

Mayer, Hans, HAStK, Best. 1333; Steinbüchel-Fuchs, Marierose, HAStK, Best. 1271; der Jahresbericht der Merlo-Mevissen-Schule, HAStK, Best. 29/437.

Im **Archivio di Stato di Firenze** werden folgende Dokumente aufbewahrt:

Studienunterlagen, Fotos und Dokumente aus Florenz und Rom: Best. Hilde Löwenstein/7.7.1909; Studienunterlagen, Fotos und Dokumente aus Florenz und Rom: Best. Erwin Walter Palm/27.8.1910.

Im **Universitätsarchiv Berlin (UAB)** finden sich folgende Dokumente:

Universitäts-Chroniken der Friedrich-Wilhelm-Universität der Jahrgänge 1930/31; Melderegister der Neuimmatrikulierten.

Für die freundliche Genehmigung, aus dem Brief von Margot Scharpenberg an Rose Ausländer vom 21.11.1964 zitieren zu dürfen, dankt die Autorin herzlich Herrn Helmut Braun.

# Anmerkungen

## Anmerkungen zur Einleitung

1 Hilde Domin an Hugo Friedrich vom 30.9.1966.
2 Hilde Palm an Erwin Walter Palm vom 23.10.1951.
3 Heinrich Böll an Hilde Domin vom 1.4.1968.
4 Hilde Domin an Kurt Pinthus vom 28.2.1962.
5 Ulla Hahn in ihrer Laudatio anlässlich der Verleihung des Friedrich-Höderlin-Preises an Hilde Domin 1992.
6 Aus: Hilde Domin: Bitte. In: Dies.: Gesammelte Gedichte. Frankfurt/M.: S. Fischer Verlag, 1999, S. 117.
7 Aus: Hilde Domin: Französischer Gobelin. In: Dies.: Gesammelte Gedichte, S. 96.
8 Hilde Domin: Manuskript. A: Domin.
  Hilde Domin zitierte in ihrer Dankesrede anlässlich der Verleihung des Friedrich-Hölderlin-Preises am 17.6.1992 aus *Hyperion*.
9 Susanne Amrain: So geheim und vertraut. Virginia Woolf und Vita Sackville-West. Frankfurt/M.: Suhrkamp Taschenbuch, 1994, S. 9.

## Anmerkungen zum Prolog

1 Aus: Hilde Domin: Mit leichtem Gepäck. In: Dies.: Gesammelte Gedichte, S. 210.
2 Aus: Hilde Domin: Gleichgewicht. In: Dies.: Gesammelte Gedichte, S. 18.
3 Hilde Domin: Ruf. In: Dies.: Gesammelte Gedichte, S. 290.

## Anmerkungen zu Kapitel 1

1 *Kölnische Zeitung*, Morgenausgabe, vom 27.7.1909.
2 *Kölnische Zeitung*, Mittagsausgabe, vom 27.7.1909.
3 Eintrag in der Geburtsurkunde Hildegard Löwensteins.
4 Paula Löwenstein: Tagebuch. Nachlass Hilde Domin.
5 Vgl. Herrad Schenk: Wieviel Mutter braucht ein Kind? In: Mutterglück – Anspruch und Wirklichkeit. Hrsg. v. Frauenbüro Salzburg. Salzburg: Hausdruckerei, 2003, S. 18.

## Anmerkungen

6   Hilde Domin: Ganz selten erwähne ich... Manuskript.
7   Vgl. Klaus Luig: Weil er nicht arischer Abstammung ist. Jüdische Juristen in Köln während der NS-Zeit. Köln: Verlag Dr. Otto Schmidt, 2004, S. 269.
8   Hans Mayer: Ein Deutscher auf Widerruf. Erinnerungen. Frankfurt/M.: Suhrkamp Verlag, 1982, S. 58.
9   Brief des ehemaligen Kollegen Dr. Hugo Cahn vom 7.1.1959, Wiedergutmachungsunterlagen Hilde Domin.
10  Brief des ehemaligen Kollegen Dr. Hugo Cahn vom 7.1.1959, Wiedergutmachungsunterlagen Hilde Domin.
11  Vgl. Rudolf Callmann in einem Brief vom 12.1.1959.
12  Claire Goll: Ich verzeihe keinem. Vollständige Taschenbuchausgabe. München: Th. Knaur Nachf., 1980, 1995, S. 9.
13  Vgl. Hilde Domin: Gesammelte Autobiographische Schriften (im Folgenden GAS). Frankfurt/M.: Fischer Taschenbuch Verlag, 1998, S. 80.
14  Hilde Löwenstein an Erwin Walter Palm vom 24.9.1931.
15  Hilde Löwenstein an Erwin Walter Palm vom 24.9.1931.
16  Hilde Löwenstein an Erwin Walter Palm vom 24.9.1931.
17  GAS, S. 80.
18  Vgl. Paula Löwenstein an Hilde Löwenstein vom 27.4.1932.
19  Hilde Löwenstein an Erwin Walter Palm vom 4.10.1932.
20  GAS, S. 16.
21  Paula Löwenstein an Hilde Löwenstein vom 18.9.1938.
22  Aus: Hilde Domin: Windgeschenke. In: Dies.: Gesammelte Gedichte, S. 99.
23  John Lorden an Hilde Palm vom 13. Mai 1953.
24  Claire Goll: Ich verzeihe keinem, S. 10.
25  Hans Mayer: Ein Deutscher auf Widerruf, S. 58.
26  Vgl. Klaus Luig: Weil er nicht arischer Abstammung ist, S. 269.
27  Hilde Löwenstein an Erwin Walter Palm von 1931 (ohne genaues Datum).
28  GAS, S. 75.
29  Claire Goll: Ich verzeihe keinem, S. 11.
30  GAS, S. 75.
31  Hinweis Rolf Clostermann.
32  Hilde Domin an Marcel Reich-Ranicki vom 3.3.1988.
33  Hilde Domin an Erwin Walter Palm vom 30.4.1959.
34  GAS, S. 77.
35  Vgl. GAS, S. 74f.
36  GAS, S. 16.
37  GAS, S. 161.
38  Hans-Georg Pflaum an Hilde Löwenstein vom 15.8.1931.

## Anmerkungen

39  GAS, S. 13.
40  Paula Löwenstein: Tagebuch. Nachlass Hilde Domin.
41  Paula Löwenstein: Tagebuch. Nachlass Hilde Domin.
42  Paula Löwenstein: Tagebuch. Nachlass Hilde Domin.
43  Paula Löwenstein: Tagebuch. Nachlass Hilde Domin.
44  Paula Löwenstein: Tagebuch. Nachlass Hilde Domin.
45  GAS, S. 271.
46  GAS, S. 12.
47  Hilde Domin an Erwin Walter Palm vom 12.3.1955.
48  Paula Löwenstein an Hilde Palm vom 20.8.1948.
49  Vgl. GAS, S. 13.
50  Hilde Löwenstein an Erwin Walter Palm vom 4.10.1932.
51  Hilde Domin: Ganz selten erwähne ich... Manuskript.
52  Hilde Domin im Gespräch mit Marion Tauschwitz.
53  Vgl. GAS, S. 13.
54  Hilde Domin im Gespräch mit Marion Tauschwitz am 29.9.2005.
55  Hilde Löwenstein an Erwin Walter Palm vom 29.3.1932.
56  GAS, S. 10.
57  Hans Mayer: Ein Deutscher auf Widerruf, S. 35.
58  GAS, S. 76.
59  GAS, S. 23.
60  Vgl. GAS, S. 272.
61  Hilde Domin. In: Zeugen des Jahrhunderts. Rüdiger Schwab im Gespräch mit Hilde Domin. Prod. Nr. 6354/1543 und 1544. ZDF-Interview vom 24./25.1.1989. Manuskript, Privatbesitz.
62  GAS, S. 16.
63  Vgl. Jahresbericht des Merlo-Mevissen-Gymnasiums 1928/29. HAStK.
64  Jahrbuch der Merlo-Mevissen-Schule von 1929. HAStK.
65  Vgl. Jahrbuch der Merlo-Mevissen-Schule von 1929. HAStK.
66  Jahrbuch der Merlo-Mevissen-Schule von 1929. HAStK.
67  Vgl. Golo Mann: Erinnerungen und Gedanken. Eine Jugend in Deutschland. Frankfurt/M.: S. Fischer Verlag, 1986, S. 227.
68  Vgl. Beglaubigte Übersetzung des Abiturzeugnisses im Historischen Archiv der Stadt Florenz.

## Anmerkungen zu Kapitel 2

1  Robert Schumann. In: Sabine Underwood (Hg.): Heidelberg in alten und neuen Reisebeschreibungen. Düsseldorf: Droste Verlag, 1993, S. 75.

## Anmerkungen

2  Beate Zerfaß: Heidelberg wie es früher war. Gudensberg-Gleichen: Wartberg Verlag, 1996, S. 14.
3  Eike Wolgast: Die Universität Heidelberg. 1386-1886. Heidelberg: Springer Verlag, 1986. S. 127.
4  Eike Wolgast: Die Universität Heidelberg, S. 127.
5  Eike Wolgast: Die Universität Heidelberg, S. 127.
6  Hilde Löwenstein an Erwin Walter Palm vom 17.4.1932.
7  Norbert Giovannini: Zwischen Kaiser und Führer. Die Kommilitionen von Ernst Toller, Carl Zuckmayer, Joseph Goebbels und Golo Mann. In: Karin Buselmeier (Hg.): Auch eine Geschichte der Universität Heidelberg. Mannheim: Edition Quadrat, 1985, S. 195-210, hier: S. 202.
8  Vgl. Norbert Giovannini: Zwischen Kaiser und Führer, S. 202.
9  GAS, S. 132.
10 Dolf Sternberger: Erinnerung an die Zwanziger Jahre in Heidelberg. In: Die Geschichte der Universität Heidelberg: Vorträge im Wintersemester 1985/86, Sammelband Studium Generale, WS 1985/86. Heidelberg: Heidelberger Verlagsanstalt, 1986, S. 176.
11 GAS, S. 24.
12 Studienbuch Hilde Löwenstein. A: Domin.
13 GAS, S. 63.
14 GAS, S. 63.
15 Dolf Sternberger: Erinnerungen an die Zwanziger Jahre in Heidelberg, S. 177.
16 Golo Mann: Erinnerungen und Gedanken, S. 279.
17 Hilde Domin: 22. Oktober 1995. In: Michael Buselmeier (Hg.): Erlebte Geschichte erzählt. 1994-1997. Heidelberg: Verlag Das Wunderhorn, 2000, S. 125-138, hier: S. 125.
18 Golo Mann: Erinnerungen und Gedanken, S. 281.
19 Golo Mann: Erinnerungen und Gedanken, S. 279.
20 Norbert Giovannini: Zwischen Kaiser und Führer, S. 203.
21 Ingrid Warburg Spinelli: Erinnerungen. Die Dringlichkeit des Mitleids und die Einsamkeit, nein zu sagen. Hamburg: Sammlung Luchterhand, 1991, S. 78.
22 Ingrid Warburg Spinelli: Erinnerungen, S. 75.
23 Ingrid Warburg Spinelli: Erinnerungen, S. 77.
24 Vgl. Dolf Sternberger: Erinnerung an die Zwanziger Jahre in Heidelberg, S. 179.
25 Dolf Sternberger: Erinnerung an die Zwanziger Jahre in Heidelberg, S. 179.
26 Hilde Domin: 22. Okobter 1995, S. 126.
27 Vgl. GAS, S. 80.

Anmerkungen

28 Hilde Löwenstein an Erwin Walter Palm vom 15.4.1932.
29 Hilde Löwenstein an Erwin Walter Palm vom 15.4.1932.

## Anmerkungen zu Kapitel 3

1 Hans-Georg Pflaum an Hilde Palm vom 15.11.1959.
2 Hans-Georg Pflaum an Hilde Palm vom 27.9.1953.
3 Vgl. Pierre Salama: Témoignage de Pierre Salama. Tableaux de Maîtres, Frontières et Limites géographiques de l'Afrique du nord antique. Hommage à Pierre Salama, 1999. S. 298-299. Festschrift in Privatbesitz.
4 Hans-Georg Pflaum an Hilde Domin vom 3.9.1958.
5 Hans-Georg Pflaum an Hilde Domin vom 3.9.1958.
6 Vgl. Hans-Georg Pflaum an Hilde Löwenstein vom 15.8.1931.
7 Hans-Georg Pflaum an Hilde Löwenstein vom 15.8.1931.
8 Hans-Georg Pflaum an Hilde Löwenstein vom 15.8.1931.
9 Hans-Georg Pflaum an Hilde Löwenstein vom 15.8.1931.
10 Hans-Georg Pflaum an Hilde Löwenstein von 1931 (ohne genaues Datum).
11 Hans-Georg Pflaum an Hilde Löwenstein vom 3.2.1932.
12 Hilde Domin: Zeugen des Jahrhunderts. ZDF-Interview vom 24.1.1989.
13 Hans-Georg Pflaum an Hilde Löwenstein vom 6.8.1932.
14 Hilde Domin: Zeugen des Jahrhunderts. ZDF-Interview vom 24.1.1989.
15 Hilde Löwenstein an Erwin Walter Palm vom 12.4.1932.
16 Vgl. Albert Speer: Erinnerungen. Berlin (u.a.): Ullstein, 1969, S. 32.
17 Gert Eisenbürger: Lebenswege. Hilde Domin im Interview mit Gert Eisenbürger vom Juli 1994. www.ila-bonn.de/lebenswege/schicksaldomin.
18 Vgl. Albert Speer: Erinnerungen, S. 32.
19 Hilde Domin in ihrer Dankesrede bei der Verleihung der Carl-Zuckmayer-Medaille am 18.1.1992. RNZ vom 8.2.1992.
20 Chronik der Friedrich-Wilhelms-Universität zu Berlin, April 1930/ März 1931. Universitätsarchiv Berlin.
21 Hans-Georg Pflaum an Hilde Löwenstein vom 27.12.1931.

## Anmerkungen zu Kapitel 4

1 GAS, S. 271.
2 Norbert Giovannini im Gespräch mit Marion Tauschwitz vom 2.7.2007.

## Anmerkungen

3   Vgl. Studienverzeichnis der Ruprecht-Karls-Universität, 1931/32. Universitätsarchiv Heidelberg.
4   Hilde Löwenstein an Erwin Walter Palm vom 29.9.1932.
5   Vgl. Hilde Löwenstein an Erwin Walter Palm vom 29.9.1932.
6   Hilde Löwenstein an Erwin Walter Palm vom 29.9.1932.
7   GAS, S. 132.
8   GAS, S. 132.
9   Erwin Walter Palm: Tagebuch. A: Palm.
10  GAS, S. 133.
11  Paula Löwenstein an Hilde Löwenstein vom Herbst 1931 (ohne genaues Datum).
12  GAS, S. 15.
13  Vgl. Zettel von 1931. A: Palm.
14  Peter Anselm Riedl: Trauerrede vom 11.7.1988. In: Ibero-Amerikanisches Archiv, Heft 4, 1989, S. 642.
15  Hilde Domin in ihrer Dankesrede zum Friedrich-Hölderlin-Preis 1992. Manuskript. A: Domin.
16  Erwin Walter Palm an Hilde Löwenstein vom 31.12.1931.
17  Vgl. Erwin Walter Palm an Hilde Löwenstein vom 17.9.1931.
18  Erwin Walter Palm an Hilde Löwenstein vom 5.4.1932.
19  Erwin Walter Palm an Hilde Löwenstein vom 11.4.1932.
20  Hilde Domin: Das zweite Paradies. Frankfurt/M.: Fischer Taschenbuch Verlag, 2004, S. 91.
21  Hilde Domin: Das zweite Paradies, S. 90.
22  Peter Anselm Riedl: Trauerrede vom 11.7.1988, S. 640.
23  Hilde Domin: Das zweite Paradies, S. 97.
24  GAS, S. 32.
25  Erwin Walter Palm in seiner Eidesstattlichen Erklärung vom 7.10.1958. Wiedergutmachungsunterlagen. A: Palm.
26  Anna Palm an Erwin Walter Palm vom 21.4.1939.
27  Erwin Walter Palm: Erinnerungen. In: Ibero-Amerikanisches Archiv, Heft 4, 1989, S. 433.
28  Erwin Walter Palm: Erinnerungen, S. 437.
29  Erwin Walter Palm: Erinnerungen, S. 434.
30  Arthur Palm an Erwin Walter Palm vom 9.2.1936.
31  Thomas Karlauf: Stefan George. Die Entdeckung des Charisma. München: Karl Blessing Verlag, 2007, S. 605.
32  Thomas Karlauf: Stefan George, S. 607.
33  Erwin Walter Palm an Hilde Löwenstein Mitte Oktober 1932 (ohne genaues Datum).
34  Hilde Löwenstein an Erwin Walter Palm vom Oktober 1931 (ohne genaues Datum).

## Anmerkungen

35 Erwin Walter Palm an Hilde Löwenstein vom 28.9.1932.
36 Ernst Caspari an Erwin Walter Palm vom 25.10.1933.
37 Erwin Walter Palm an Hilde Löwenstein vom 21.5.1933.
38 Erwin Walter Palm an Hilde Löwenstein vom 23.10.1932.
39 Hilde Domin: Ecce Homo. In: Dies.: Gesammelte Gedichte, S. 345.
40 Thomas Karlauf: Stefan George, S. 127.
41 Erwin Walter Palm an Hilde Palm vom Karfreitag 1954.
42 Erwin Walter Palm an Hilde Domin vom 31.1.1960.
43 Erwin Walter Palm an Hilde Palm vom 1.1.1940.
44 Erwin Walter Palm an Hilde Löwenstein vom 12.2.1936.
45 Erwin Walter Palm an Hilde Löwenstein vom 12.2.1936.
46 Erwin Walter Palm an Hilde Löwenstein vom 21.5.1931.
47 Erwin Walter Palm an Hilde Löwenstein vom 29.3.1932.
48 Erwin Walter Palm an Hilde Löwenstein vom 31.3.1932.
49 Hilde Löwenstein an Erwin Walter Palm vom 13.10.1931.
50 Hilde Löwenstein an Erwin Walter Palm vom 8.10.1932.
51 Hilde Löwenstein an Erwin Walter Palm vom 13.10.1931.
52 Friedrich Wolters: Stefan George und die Blätter für die Kunst. Deutsche Geistesgeschichte seit 1890. Berlin: Bondi Verlag, 1930, S. 64.
53 Erwin Walter Palm an Hilde Domin vom 6./7./9.4.1932.
54 Hilde Domin im Interview mit Horst Meller 1971. In: Benno von Wiese (Hg.): Deutsche Dichter der Gegenwart. Ihr Leben und Werk. Berlin: Erich Schmidt Verlag, 1973, S. 360.
55 Erwin Walter Palm: Tagebuch. A: Palm.
56 Erwin Walter Palm an Hilde Löwenstein vom Frühjahr 1931 (ohne genaues Datum).
57 Hilde Domin: Das zweite Paradies, S. 96.
58 Hilde Löwenstein an Erwin Walter Palm vom 31.12.1931.
59 Hilde Domin im Gespräch mit Marion Tauschwitz vom 4.5.2004.
60 Vgl. Erwin Walter Palm an Hilde Löwenstein vom 5.11.1931.
61 Hilde Löwenstein an Erwin Walter Palm vom 31.12.1931.
62 Käthe Kober an Erwin Walter Palm vom 6.6.1936.
63 Käthe Silberberg an Erwin Walter Palm vom 6.12.1931.
64 Käthe Kober an Erwin Walter Palm vom 23.8.1935.
65 Käthe Kober an Erwin Walter Palm vom 6.6.1936.
66 Erwin Walter Palm an Hilde Löwenstein vom 21.5.1931.
67 Erwin Walter Palm: Tagebuch von 1931.
68 Vgl. Hilde Palm an Erwin Walter Palm 1951.
69 Vgl. Käthe Silberberg an Erwin Walter Palm vom 29.6.1936.
70 Käthe Silberberg an Erwin Walter Palm vom 6.12.1935.
71 Käthe Kober an Erwin Walter Palm vom 6.6.1936.

## Anmerkungen

72  Paula Löwenstein an Hilde Löwenstein vom Herbst 1931 (ohne genaues Datum).
73  Hilde Domin: Das zweite Paradies, S. 34.
74  Hilde Domin: Das zweite Paradies, S. 34.
75  Hans-Georg Pflaum an Hilde Löwenstein vom 10.12.1934.
76  Hans-Georg Pflaum an Hilde Löwenstein vom 27.12.1932.
77  Hilde Löwenstein an Erwin Walter Palm vom 17.10.1931.
78  Hilde Löwenstein an Erwin Walter Palm vom 17.10.1931.
79  Hilde Domin: Ratloser Abend. In: Dies.: Gesammelte Gedichte, S. 75.
80  Hilde Domin: Das zweite Paradies, S. 96ff.
81  Vgl. Paula Löwenstein an Hilde Löwenstein vom 27.4.1932.
82  Hilde Domin an Edith Baron vom 28.4.1960.
83  Hilde Löwenstein an Erwin Walter Palm vom 18.4.1932.
84  GAS, S. 63.
85  Hilde Domin an Erwin Walter Palm vom 2.3.1959.
86  Erwin Walter Palm an Hilde Palm vom 14.10.1944.
87  Hilde Domin: Indischer Falter. In: Dies.: Gesammelte Gedichte, S. 176.
88  GAS, S. 40.
89  Hilde Palm an Erwin Walter Palm vom 13.9.1947.
90  Hilde Palm an Erwin Walter Palm vom 4.12.1951.
91  Erwin Walter Palm an Hilde Palm vom 15.8.1952.
92  GAS, S. 35.
93  GAS, S. 33.
94  Hans-Georg Pflaum an Hilde Löwenstein vom 12.1.1936.
95  Hans-Georg Pflaum an Hilde Löwenstein vom 12.1.1936.
96  Hilde Palm an Erwin Walter Palm vom 9.10.1947.
97  GAS, S. 81.
98  Erwin Walter Palm an Hilde Löwenstein vom 3.1.1932.
99  Erwin Walter Palm an Hilde Löwenstein vom 27.3.1932.
100 Vgl. Hilde Löwenstein an Erwin Walter Palm vom 23.10.1931.
101 Hilde Löwenstein an Erwin Walter Palm vom 15.10.1931.
102 Karte von Hilde Löwenstein an Erwin Walter Palm vom 5.10.1931.
103 Karte von Hilde Löwenstein an Erwin Walter Palm vom 15.10.1931.
104 Hilde Löwenstein an Erwin Walter Palm vom 6.11.1931.
105 GAS, S. 134.
106 Hinweis von Kurt Fischer im Gespräch mit Marion Tauschwitz vom 7.1.2009.
107 Hilde Löwenstein an Erwin Walter Palm vom 6.9.1931.
108 Hilde Löwenstein an Erwin Walter Palm vom 6.9.1931. (Die Existenz dieser Büste ist bisher in historischen Aufzeichnungen der Geschichte Heidelbergs nicht belegt gewesen.)
109 Erwin Walter Palm an Hilde Löwenstein vom 28.10.1937.

## Anmerkungen

110 Erwin Walter Palm an Hilde Löwenstein vom 5.2.1936.
111 Vgl. Vorlesungsverzeichnis 1931/32. Universitätsarchiv Heidelberg.
112 Hilde Löwenstein an Erwin Walter Palm vom 23.10.1931.
113 Hilde Löwenstein an Erwin Walter Palm vom 17.10.1931.
114 Vgl. Hilde Löwenstein an Erwin Walter Palm vom 23.10.1931.
115 Hilde Löwenstein an Erwin Walter Palm vom 27.3.1932.
116 Michael Buselmeier: Literarische Führungen durch Heidelberg. Eine Kulturgeschichte im Gehen. Heidelberg: Verlag Das Wunderhorn, 1991, S. 102.
117 GAS, S. 66.
118 Vgl. GAS, S. 134.
119 Erwin Walter Palm an Hilde Löwenstein vom 7.4.1932.
120 Erwin Walter Palm an Hilde Löwenstein vom 7.4.1932.
121 Hilde Löwenstein an Erwin Walter Palm vom 23.10.1931.
122 Vgl. *Neue Mannheimer Zeitung* vom 19.10.1931.
123 Aus: Hilde Domin: Ich will dich. In: Dies.: Gesammelte Gedichte, S. 332.
124 Vgl. Golo Mann: Erinnerungen und Gedanken, S. 281.
125 Golo Mann: Erinnerungen und Gedanken, S. 281.
126 Prof. Dr. Reiner Wiehl im Gespräch mit Marion Tauschwitz vom 24.9.2007.
127 Hilde Domin: Vorwort. In: Georg Stein (Hg.): Die Insel im Wald. 300 Jahre Heidelberger Kohlhof. Heidelberg: Palmyra Verlag, 2006, S. 8.
128 Erwin Walter Palm an Hilde Löwenstein vom 26.3.1932.
129 GAS, S. 339f.
130 Hilde Domin: Vorwort. In: Themen. Private Sonderausgabe des S. Fischer Verlags 1989. Privatbesitz.
131 Erwin Walter Palm an Hilde Palm vom 13.10.1944.
132 GAS, S. 83.
133 Hilde Löwenstein an Erwin Walter Palm vom 29.9.1932.
134 Erwin Walter Palm an Hilde Löwenstein vom 8.10.1932.
135 Erwin Walter Palm an Hilde Löwenstein vom 4.10.1932.
136 Heidelberger Universitätskalender WS 1932/33, S. 3f. Universitätsarchiv Heidelberg.
137 GAS, S. 137.
138 Hilde Domin: Exilerfahrungen. In: Dies.: Gesammelte Essays. Heimat in der Sprache. München: Piper Verlag, 1992, S. 185.
139 Hilde Löwenstein an Erwin Walter Palm vom September 1932 (ohne genaues Datum).
140 Hilde Löwenstein an Erwin Walter Palm vom September 1932 (ohne genaues Datum).
141 Hilde Löwenstein an Erwin Walter Palm vom September 1932 (ohne genaues Datum).

Anmerkungen

142 Hilde Löwenstein an Erwin Walter Palm vom 4.10.1932.
143 Hilde Löwenstein an Erwin Walter Palm vom 4.10.1932.
144 Erwin Walter Palm an Hilde Löwenstein vom 9.10.1932.
145 Erwin Walter Palm an Hilde Löwenstein vom 9.10.1932.
146 Erwin Walter Palm an Hilde Löwenstein vom 9.10.1932.
147 Erwin Walter Palm an Hilde Löwenstein vom 25.10.1932.
148 Paula Löwenstein an Hilde Löwenstein von 1932 (ohne genaues Datum).
149 Hilde Domin: Zeugen des Jahrhunderts. ZDF-Interview vom 24.1.1989.
150 Hilde Domin: Zeugen des Jahrhunderts. ZDF-Interview vom 24.1.1989.
151 Hilde Domin: Zeugen des Jahrhunderts. ZDF-Interview vom 24.1.1989.
152 Vgl. Erwin Walter Palm an Hilde Löwenstein vom 19.10.1932.

## Anmerkungen zu Kapitel 5

1 Hilde Domin: Das zweite Paradies, S. 95.
2 Erwin Walter Palm an Hilde Löwenstein vom 30.9.1932.
3 Hilde Domin: Fragment. In: Dies.: Gesammelte Gedichte, S. 172.
4 Hilde Löwenstein an Erwin Walter Palm vom 29.9.1932.
5 Hilde Löwenstein an Erwin Walter Palm vom 29.9.1932.
6 Erwin Walter Palm an Hilde Palm vom 1.11.1942.
7 Hilde Domin: Zeugen des Jahrhunderts. ZDF-Interview vom 24.1.1989.
8 Hilde Domin: Zeugen des Jahrhunderts. ZDF-Interview vom 24.1.1989.
9 Hilde Domin: Zeugen des Jahrhunderts. ZDF-Interview vom 24.1.1989.
10 Hilde Domin: Zeugen des Jahrhunderts. ZDF-Interview vom 24.1.1989.
11 Erwin Walter Palm an Hilde Palm vom 23.9.1951.
12 Erwin Walter Palm: Tagebuch. Eintrag vom 23.11.1932.
13 Erwin Walter Palm an Hilde Löwenstein vom 8.2.1936.
14 Erwin Walter Palm an Hilde Löwenstein vom 8.2.1936.
15 Vgl. Hilde Löwenstein an Erwin Walter Palm vom 16.11.1932.
16 Erwin Walter Palm: Tagebuch. Eintrag vom 20.12.1032.
17 GAS, S. 265.
18 Erwin Walter Palm: Tagebuch. Eintrag vom 25.11.1932.
19 Erwin Walter Palm an Hilde Löwenstein vom 18.7.1933.
20 Erwin Walter Palm: Tagebuch. Eintrag vom 28.1.1933.
21 GAS, S. 91.
22 Vgl. Erwin Walter Palm an Hilde Domin vom 10.1.1974.
23 Vgl. Erwin Walter Palm: Tagebuch.
24 Erwin Walter Palm: Tagebuch. Eintrag vom 23.11.1932.

## Anmerkungen

25  GAS, S. 91.
26  GAS, S. 39.
27  Hilde Domin in ihrer Dankesrede zur Verleihung des Konrad-Adenauer-Preises vom 11.5.1995.
28  Klaus Staeck: Rede anlässlich der Einweihung des Gedenksteins vom 7.5.2008.
29  Vgl. GAS, S. 17.
30  German Jewish Special Interest Group (GerSIG), Erfasste Steuersteckbriefe der Stadt Köln. www.home.arcor.de/kerstinwolf/koeln.htm. Die Quelle gibt fälschlicherweise die Hausnummer 17 an, anstelle von 16.
31  www.alfredrichter.de/Reiseberichte/Kampanien/Amalfikuste/amalfikuste.html.
32  John Steinbeck: Positano. In: *Harper's Bazaar*, May 1953.
33  Übersetzung: Marion Tauschwitz.
34  Vgl. Frieder Hepp: Kunstwerk des Monats, Nr. 244, Juli 2005. Kurpfälzisches Museum der Stadt Heidelberg.
35  GAS, S. 67.
36  Erwin Walter Palm: Tagebuch. Eintrag vom 4.6.1933.
37  Hilde Löwenstein an Erwin Walter Palm vom 10.2.1936.
38  Hilde Löwenstein an Erwin Walter Palm vom 10.2.1936.
39  Hilde Domin: Gespräch mit meinen Pantoffeln. In: Dies.: Gesammelte Gedichte, S. 320.
40  Erwin Walter Palm an Hilde Löwenstein vom 14.8.1933.
41  Hans-Georg Pflaum an Hilde Löwenstein vom 20.9.1936.
42  Vgl. Hilde Domin an Hans Mayer vom 7.5.1994.
43  Erwin Walter Palm an Hilde Löwenstein vom August 1933 (ohne genaues Datum).
44  Erwin Walter Palm an Hilde Löwenstein vom 18.8.1933.
45  Erwin Walter Palm an Hilde Löwenstein vom 18.8.1933.
46  Erwin Walter Palm an Hilde Löwenstein vom 22.8.1933.
47  Erwin Walter Palm an Hilde Palm vom 7.9.1946.
48  Paul Löwenstein an Hilde Löwenstein vom 27.4.1932.
49  Vgl. Erste Seite des Studienbuches. Archivio di Stato di Firenze.
50  Vgl. Il portale per la storia della città; dizionario degli storici di Firenze. www.dssg.unifi.it/SDf/dizionario/sapori.htm.
51  Hilde Löwenstein an Erwin Walter Palm vom 10.2.1936.
52  GAS, S. 83.
53  Vgl. GAS, S. 83.
54  Erwin Walter Palm an Hilde Löwenstein von 1936 (ohne genaues Datum).
55  Erwin Walter Palm: Das Buch, das ich schreiben wollte. In: Ders.: Erinnerungen. In: Ibero-Amerikanisches Institut, Heft 4, 1989, S. 429.

## Anmerkungen

56 Käthe Kober an Erwin Walter Palm vom 6.6.1936.
57 Hilde Domin: Literarische Bestandsaufnahme. In: Ibero-Amerikanisches Archiv, Heft 4, 1989, S. 651.
58 Erwin Walter Palm: Das Buch, das ich schreiben wollte, S. 429.
59 Vgl. Arthur Palm an Erwin Walter Palm vom 20.1.1936.
60 Vgl. Hilde Domin an H. J. Heise vom 18.12.1960.
61 Erwin Walter Palm an Hilde Löwenstein vom 7.2.1936.
62 Hilde Löwenstein an Professor Sapori vom 22.10.1935. Archivio di Stato di Firenze. Aus dem Italienischen von Angela Parravicini.
63 Hilde Löwenstein an Professor Sapori vom 22.10.1935. Archivio di Stato di Firenze. Aus dem Italienischen von Angela Parravicini.
64 GAS, S. 83.
65 GAS, S. 33.
66 Erwin Walter Palm an Hilde Löwenstein vom 7.2.1936.
67 Hans-Georg Pflaum an Hilde Löwenstein vom 25.12.1935.
68 Hans-Georg Pflaum an Hilde Löwenstein vom 25.12.1935.
69 Erwin Walter Palm an Hilde Löwenstein vom 6.2.1936.
70 Erwin Walter Palm an Hilde Löwenstein vom 2.2.1936.
71 Erwin Walter Palm an Hilde Löwenstein vom 2.2.1936.
72 Erwin Walter Palm an Hilde Löwenstein vom 2.2.1936.
73 Erwin Walter Palm an Hilde Löwenstein vom 2.2.1936.
74 Erwin Walter Palm an Hilde Löwenstein vom 2.2.1936.
75 Hilde Löwenstein an Erwin Walter Palm vom Februar 1936 (ohne genaues Datum).
76 Erwin Walter Palm an Hilde Palm vom 5.10.1944.
77 Vgl. Hilde Domin an Hans Mayer vom 14.8.1965.
78 Vgl. Anna Palm an Erwin Walter Palm vom 6.1.1936.
79 Erwin Walter Palm an Hilde Palm vom 9.11.1944.
80 Erwin Walter Palm an Hilde Löwenstein vom 7.2.1936.
81 Erwin Walter Palm an Hilde Löwenstein vom 12.2.1936.
82 Erwin Walter Palm an Hilde Löwenstein vom 12.2.1936.
83 Erwin Walter Palm an Hilde Löwenstein vom 12.2.1936.
84 Hilde Domin: Das zweite Paradies, S. 101.
85 Hilde Domin: Das zweite Paradies, S. 101.
86 Hilde Palm an Erwin Walter Palm vom 3.1.1955.
87 Hilde Domin: Das zweite Paradies, S. 100.
88 Hilde Löwenstein an Erwin Walter Palm von Anfang Februar 1936 (ohne genaues Datum).
89 Hilde Löwenstein an Erwin Walter Palm von Anfang Februar 1936 (ohne genaues Datum).
90 Aus: Hilde Domin: Katalog. In: Dies.: Gesammelte Gedichte, S. 265.

## Anmerkungen

91  Vgl. Hilde Löwenstein an Erwin Walter Palm von Anfang Februar 1936 (ohne genaues Datum).
92  Erwin Walter Palm an Hilde Löwenstein vom 6.2.1936.
93  Erwin Walter Palm an Hilde Löwenstein vom 8.2.1936.
94  Hilde Löwenstein an Erwin Walter Palm vom 10.2.1936.
95  Erwin Walter Palm an Hilde Löwenstein vom 8.2.1936.
96  Hilde Löwenstein an Erwin Walter Palm vom 10.2.1936.
97  GAS, S. 86.
98  GAS, S. 83ff.
99  Aus: Hilde Domin: Ich lade dich ein. In: Dies.: Gesammelte Gedichte, S. 46.
100 GAS, S. 89f.
101 GAS, S. 90.
102 GAS, S. 89.
103 Erwin Walter Palm an Hilde Löwenstein vom 7.2.1936.
104 Erwin Walter Palm an Hilde Löwenstein vom 10.2.1936.
105 Vgl. Eike Wolgast: Die Universität Heidelberg, S. 145ff.
106 Arthur Palm an Erwin Walter Palm vom 23.7.1936.
107 Hilde Domin: Das zweite Paradies, S. 99.
108 Anna Palm an Erwin Walter Palm vom 2.10.1936.
109 Erwin Walter Palm an Hilde Palm vom 10.11.1936.
110 GAS, S. 33.
111 GAS, S. 33.
112 Paula Löwenstein an Hilde Palm vom 18.9. (ohne genaue Jahreszahl).
113 Vgl. Steven P. Remy: Deutsch-Jüdische Flüchtlinge in der US-Armee. In: Stiftung Jüdisches Museum Berlin/Stiftung Haus der Geschichte der Bundesrepublik Deutschland (Hg.): Heimat und Exil. Emigration der deutschen Juden nach 1933. Frankfurt/M.: Jüdischer Verlag im Suhrkamp Verlag, 2006, S. 201-204, hier: S. 201.
114 Erwin Walter Palm an Hilde Löwenstein vom 19.10.1936.
115 Erwin Walter Palm an Hilde Palm vom 15.11.1937.
116 GAS, S. 90.
117 Erwin Walter Palm an Hilde Palm vom 17.11.1937.
118 GAS, S. 90.
119 GAS, S. 90.
120 GAS, S. 90.
121 Erwin Walter Palm an Hilde Palm vom 1.8.1938.
122 Erwin Walter Palm an Hilde Palm von 1936 (ohne genaues Datum).
123 Erwin Walter Palm an Hilde Palm vom 1.8.1938.
124 Hans-Georg Pflaum an Hilde Palm vom 16.8.1938.
125 Paula Löwenstein an Hilde Palm vom 27.9.1938.

## Anmerkungen

126 Paula Löwenstein an Hilde Palm vom 28.9.1938.
127 Paula Löwenstein an Hilde Palm vom 28.9.1938.
128 Inschrift auf der Rückseite des Passfotos von Hilde Löwenstein vom September 1938 in Mailand.
129 Paula Löwenstein an Hilde Palm vom 28.9.1938.
130 Hilde Domin: Zeugen des Jahrhunderts. ZDF-Interview vom 24.1.1989.
131 Paula Löwenstein an Hilde Palm vom 28.9.1938.
132 Paula Löwenstein an Hilde Palm vom 28.9.1938.
133 Anna Palm an Erwin Walter Palm vom 2.2.1939.
134 Anna Palm an Erwin Walter Palm vom 2.2.1939.
135 GAS, S. 35.
136 GAS, S. 119.
137 In: Rebekka Göpfert: Der jüdische Kindertransport von Deutschland nach England 1938/39. Frankfurt/M.: Campus Verlag, 1999, S. 42. Sie zitiert hier aus: Chaim Weizman. In: *Manchester Guardian* vom 23. Mai 1936.
138 GAS, S. 35.
139 GAS, S. 340.

## Anmerkungen zu Kapitel 6

1 Erwin Walter Palm: Tagebuch. Eintrag von 1940.
2 GAS, S. 36.
3 Stefan Zweig: Tagebücher. Frankfurt/M.: S. Fischer Verlag, 1984. S. 418.
4 Hilde Domin: Das zweite Paradies, S. 100.
5 Hilde Domin: Das zweite Paradies, S. 99.
6 Hilde Domin: Das zweite Paradies, S. 99.
7 Hilde Domin: Vorarbeit zu: Das zweite Paradies. Manuskript.
8 Steffen Pross: »In London treffen wir uns wieder«. Vier Spaziergänge durch ein vergessenes Kapitel deutscher Kulturgeschichte nach 1933. Frankfurt/M.: Eichborn Verlag, 2000, S. 106.
9 Steffen Pross: »In London treffen wir uns wieder«, S. 105.
10 Steffen Pross: »In London treffen wir uns wieder«, S. 105.
11 GAS, S. 36.
12 Hilde Domin: Prosa. Vorarbeit zu: Das zweite Paradies. Manuskript.
13 Steffen Pross: »In London treffen wir uns wieder«, S. 111.
14 Steffen Pross: »In London treffen wir uns wieder«, S. 111.
15 Stefan Zweig: Tagebücher, S. 453.
16 Stefan Zweig: Tagebücher, S. 461.

Anmerkungen

17 Aus: Hilde Domin: Wen es trifft. In: Dies.: Gesammelte Gedichte, S. 103f.
18 Hilde Palm an Erwin Walter Palm vom 18.10.1942.
19 Hilde Palm an Erwin Walter Palm vom 18.10.1942.
20 Hilde Domin: Zeugen des Jahrhunderts. ZDF-Interview vom 24.1.1989.
21 GAS, S. 9.
22 GAS, S. 92.
23 Abschlusszeugnis Iris Auer. A: Domin.
24 Hilde Palm an Erwin Walter Palm vom 1.1.1940.
25 Erwin Walter Palm an Hilde Palm vom 3./4.1.1940.
26 Erwin Walter Palm an Hilde Palm vom 3./4.1.1940.
27 Erwin Walter Palm an Hilde Palm vom 3./4.1.1940.
28 Erwin Walter Palm an Hilde Palm vom 1.1.1940.
29 Eugen Siegfried Löwenstein auf Hilde Palms Karte vom 2.1.1940.
30 Vgl. Hilde Domin an Edith Baron vom 11.9.1961.
31 Hilde Domin: Exilerfahrungen. In: Dies.: Von der Natur nicht vorgesehen. Frankfurt/M: Fischer Taschenbuch Verlag, 2005, S. 177.
32 Hilde Domin: Zeugen des Jahrhunderts. ZDF-Interview vom 24.1.1989.
33 Hilde Domin: Denk ich an Deutschland in der Nacht. In: Dies.: Gesammelte Essays, S. 51.
34 Hans Magnus Enzensberger: Politik und Verbrechen. Frankfurt/M.: Suhrkamp Verlag, 1964, S. 62.
35 Vgl. Hans Magnus Enzensberger: Politik und Verbrechen, S. 43ff.
36 Golda Meir: My Life, New York 1975, S. 158. Zitiert nach: Jerzy Tomaszewski: Auftakt zur Vernichtung. Zitiert nach: www.schoah.org/pogrom/evian.htm+Jerzy+Tomaszewski%2Bgolda+meir.
37 Hans-Ulrich Dillmann: Ein karibischer Ausweg – Die Siedlung Sosúa in der Dominikanischen Republik. In: Stiftung Jüdisches Museum Berlin/Stiftung Haus der Geschichte der Bundesrepublik Deutschland (Hg.): Heimat und Exil. Emigration der deutschen Juden nach 1933. Frankfurt/M.: Jüdischer Verlag im Suhrkamp Verlag, 2006, S.171.
38 GAS, S. 99f.
39 Hans-Ulrich Dillmann: Ein karibischer Ausweg – die Siedlung Sosúa in der Dominikanischen Republik, S. 171.
40 Vgl. Hans Ulrich Dillmann: Ein karibischer Ausweg – die Siedlung Sosúa in der Dominikanischen Republik, S. 171.
41 Vgl. Tony Kushner: Fremde Arbeit. Jüdische Flüchtlinge als Hausangestellte in Großbritannien. In Stiftung Jüdisches Museum Berlin/ Stiftung Haus der Geschichte der Bundesrepublik Deutschland (Hg.): Heimat und Exil. Emigration der deutschen Juden nach 1933. Frankfurt/M.: Jüdischer Verlag im Suhrkamp Verlag, 2006, S. 72.
42 Anna Palm an Erwin Walter Palm vom 21.4.1939.

Anmerkungen

43  Stefan Zweig: Tagebücher, S. 472
44  Erwin Walter Palm: Tagebuch. A: Palm.
45  Hilde Domin: Auf Wolkenbürgschaft. In: Dies.: Gesammelte Gedichte, S. 131.

## Anmerkungen zu Kapitel 7

1  Vgl. Peter Baumgartner: Zum Grab der Titanic. RNZ vom 4.10.2008.
2  Vgl. Hilde Domin: Das zweite Paradies, S. 127.
3  Erwin Walter Palm: Flucht-Tagebuch.
4  Hilde Domin: Das zweite Paradies, S. 110.
5  Vgl. GAS, S. 37.
6  Hilde Domin im Gespräch mit Marion Tauschwitz vom 6.6.2005.
7  Hilde Domin: Landen dürfen. In Dies.: Gesammelte Gedichte, S. 229.
8  Hilde Domin: Dienstpflichtig. In Dies.: Gesammelte Gedichte, S. 203.
9  Erwin Walter Palm: Flucht-Tagebuch.
10 Erwin Walter Palm. In: Ibero-Amerikanisches Archiv, Heft 4, 1989, S. 450.
11 Erwin Walter Palm: Flucht-Tagebuch.

## Anmerkungen zu Kapitel 8

1  Erwin Walter Palm: Erinnerungen. In: Ibero-Amerikanisches Archiv, Heft 4, 1989, S.452.
2  Erwin Walter Palm: Erinnerungen, S. 452.
3  Hilde Domin: Bitte. In: Dies.: Gesammelte Gedichte, S. 117.
4  Erwin Walter Palm: Erinnerungen, S. 452.
5  Gesine Froese: Dominikanische Republik. Ostfildern: Mairdumont, 2008, S. 278.
6  Vgl. Julia Alvarez: Die Zeit der Schmetterlinge. München: Piper Verlag, 1996, S. 155.
7  Marcel Niedergang: 20mal Lateinamerika. Von Mexiko bis Feuerland. Überarb. u. erg. Neuausg. München: Piper Verlag, 1978, S. 471.
8  GAS, S. 282.
9  Erwin Walter Palm: Erinnerungen, S. 455.
10 Erwin Walter Palm: Erinnerungen, S. 456.
11 Erwin Walter Palm: Erinnerungen, S. 457.
12 Erwin Walter Palm: Erinnerungen, S. 457.
13 Hans-Ulrich Dillmann an Marion Tauschwitz vom 8.3.2008.

## Anmerkungen

14 Erwin Walter Palm: Erinnerungen, S. 458.
15 Hilde Domin: Das zweite Paradies, S. 97.
16 Hilde Domin: Inselmittag. In: Dies.: Gesammelte Gedichte, S. 97.
17 Hilde Domin an Nelly Sachs vom 7.2.1960.
18 Hilde Palm an Erwin Walter Palm vom 19.8.1952.
19 Hilde Domin: Das zweite Paradies, S. 120f.
20 Clemens Greve im Gespräch mit Marion Tauschwitz am 27.10.2008.
21 Hilde Domin: Heckenrose. In: Dies.: Gesammelte Gedichte, S. 89.
22 Hilde Domin: Geburtstage. In: Dies.: Gesammelte Gedichte, S. 312.
23 GAS, S. 100.
24 GAS, S. 105.
25 GAS, S. 101.
26 GAS, S. 96.
27 GAS, S. 97.
28 Aus: Hilde Domin: Apfelbaum und Olive. In: Dies.: Gesammelte Gedichte, S. 15.
29 GAS, S. 107.
30 Vgl. GAS, S. 107.
31 Vgl. GAS, S. 108.
32 Erwin Walter Palm: Erinnerungen, S. 461.
33 GAS, S. 142.
34 GAS, S. 143.
35 Hilde Palm an Erwin Walter Palm vom 3.11.1942.
36 Hilde Palm an Erwin Walter Palm vom 18.10.1944.
37 Vgl. Hilde Palm an Erwin Walter Palm vom 7.10.1942.
38 Hilde Palm an Erwin Walter Palm vom 7.10.1942.
39 Hilde Palm an Erwin Walter Palm vom 7.10.1942.
40 Hilde Palm an Erwin Walter Palm vom 23.10.1941.
41 Erwin Walter Palm an Hilde Palm vom 1.10.1944.
42 Hilde Palm an Erwin Walter Palm vom 7.10.1942.
43 Hilde Palm an Erwin Walter Palm vom 20.9.1942.
44 Hilde Palm an Erwin Walter Palm vom 20.9.1942.
45 Hilde Palm an Erwin Walter Palm vom 27.9.1945.
46 Hilde Palm an Erwin Walter Palm vom 17.9.1942.
47 Guy Stern: Literarische Kultur im Exil. Gesammelte Beiträge zur Exilforschung. Dresden: University Press, 1998, S. 53.
48 Frank Schirrmacher: Er denkt also, wie er will. In: *Frankfurter Allgemeine Sonntagszeitung* vom 9.3.2008.
49 Aus: Hilde Domin: Älter werden. In: Dies.: Gesammelte Gedichte, S. 360.
50 Aus: Hilde Domin: Wortloses Lied. In: Dies.: Gesammelte Gedichte, S. 378.

## Anmerkungen

51 Aus: Hilde Domin: Gleichgewicht. In: Dies.: Gesammelte Gedichte, S. 18.
52 Ramón Guirao: Lerche über mir. In: Erwin Walter Palm (Hg): Rose aus Asche. Frankfurt/M: Bibliothek Suhrkamp, 1981, S. 101.
53 Hilde Palm an Erwin Walter Palm vom 23.9.1942.
54 Hilde Palm an Erwin Walter Palm vom Oktober 1942 (ohne genaues Datum).
55 Hilde Palm an Erwin Walter Palm vom 23.9.1942.
56 Hilde Palm an Erwin Walter Palm vom 23.9.1942.
57 Hilde Palm an Erwin Walter Palm vom 19.10.1942.
58 Hilde Domin: Schale im Ofen. In: Dies.: Gesammelte Gedichte, S. 59.
59 Hilde Domin: Bericht von einer Insel. In: Gertraud Middelhauve (Hg.) Dichter erzählen Kindern. München: Deutscher Taschenbuch Verlag, 1969, S. 132.
60 Hilde Domin: Erdbeben. Manuskript.
61 Hilde Domin: Die Hexe Vitalia. Manuskript.
62 Hilde Palm an Erwin Walter Palm vom Oktober 1943 (ohne genaues Datum).
63 Aus: Hilde Domin: Neues Land. In: Dies.: Gesammelte Gedichte, S. 133.
64 Hilde Palm an Erwin Walter Palm vom 9.9.1946.
65 Vgl. Denise Brühl: Die Hexe Vitalia. In: *Die Welt* vom 4.4.1959. Denise Brühl: Zwei Schätze an einem Tag kann man nicht verlieren. In: *Die Welt* vom 30.4.1960.
66 Hilde Palm an Erwin Walter Palm vom 7.10.1942.
67 Hilde Palm an Erwin Walter Palm vom September 1942 (ohne genaues Datum).
68 Hilde Palm an Erwin Walter Palm vom September 1942 (ohne genaues Datum).
69 Hilde Palm an Erwin Walter Palm vom September 1942 (ohne genaues Datum).
70 Hilde Palm an Erwin Walter Palm vom September 1942 (ohne genaues Datum).
71 Auskunft der Meldebehörde, Dr. Maier, St. Gallen.
72 Hilde Palm an Erwin Walter Palm von 1942 (ohne genaues Datum).
73 Vgl. Erwin Walter Palm an Hilde Löwenstein vom August 1932 (ohne genaues Datum).
74 Erwin Walter Palm: Requiem für die Toten Europas. In: Ibero-Amerikanisches Archiv, Nr. 14, S. 503.
75 Yvan Goll an Erwin Walter Palm vom 12.6.1945. Hinweis: Dr. Jan Bürger, Deutsches Literaturarchiv Marbach.
76 Edith Baron an Hilde Domin vom 18.11.1954.
77 Hilde Palm an Erwin Walter Palm vom 15.10.1951.

## Anmerkungen

78 Hilde Palm an Erwin Walter Palm vom 16.10.1944.
79 Hilde Palm an Erwin Walter Palm vom 30.10.1942.
80 Hilde Palm an Erwin Walter Palm vom 23.10.1941.
81 Hilde Palm an Erwin Walter Palm vom 28.9.1951.
82 Hilde Palm an Erwin Walter Palm vom 11.10.1942.
83 Hilde Palm an Erwin Walter Palm vom 28.10.1951.
84 Hilde Palm an Erwin Walter Palm vom 18.10.1942.
85 GAS, S. 120f.
86 Hilde Palm an Erwin Walter Palm vom 3.11.1942. (Übersetzung: Marion Tauschwitz).
87 Hilde Palm an Erwin Walter Palm vom 23.10.1941.
88 Hilde Palm an Erwin Walter Palm vom 30.10.1942.
89 Marcel Reich-Ranicki: Außerhalb jeder Regel. Literaturpreis der Konrad-Adenauer-Stiftung (1995). In: Bettina von Wangenheim (Hg.): Vokabular der Erinnerungen. Zum Werk von Hilde Domin. Aktualisierte Neuausgabe von Ilseluise Metz. Frankfurt/M.: Fischer Verlag, 1998, S. 176-186, hier: S. 179f.
90 Hilde Domin: Wie ein lidloses Tier. In: Dies.: Gesammelte Gedichte, S. 65.
91 Hilde Palm an Erwin Walter Palm vom 9.11.1942.
92 Vgl. Hilde Palm an Erwin Walter Palm vom 17.10.1942.
93 Hilde Palm an Erwin Walter Palm vom 30.9.1943.
94 Hilde Palm an Erwin Walter Palm vom September 1943.
95 Hilde Palm an Erwin Walter Palm vom 11.11.1942.
96 Hilde Palm an Erwin Walter Palm vom 17.9.1942.
97 Hilde Palm an Erwin Walter Palm vom 6.8.1951.
98 Stefan Zweig: Tagebücher, S. 421.
99 Hilde Palm an Erwin Walter Palm vom 8.11.1942.
100 Hilde Palm an Erwin Walter Palm vom 18.10.1942.
101 Hilde Palm an Erwin Walter Palm vom 7.10.1942.
102 Hilde Palm an Erwin Walter Palm vom 18.4.1944.
103 Hilde Domin: Zu »Aktuelles«. In: Dies.: Gesammelte Essays, S. 21.
104 Hilde Domin: Zu »Aktuelles«. In: Dies.: Gesammelte Essays, S. 21.
105 Hilde Domin: Zu »Aktuelles«. In: Dies.: Gesammelte Essays, S. 21.
106 Hilde Palm an Erwin Walter Palm vom 8.1.1950.
107 Hilde Palm an Erwin Walter Palm vom 11.1.1950.
108 Brief des Vetters Franz an Erwin Walter Palm vom 14.8.1936.
109 Erwin Walter Palm: Erinnerungen. In: Ibero-Amerikanisches Archiv, Heft 4, 1989, S. 472.
110 Erwin Walter Palm: Erinnerungen. In: Ibero-Amerikanisches Archiv, Heft 4, 1989, S. 472.

Anmerkungen

111 GAS, S. 106.
112 GAS, S. 106.
113 Hilde Domin an Hans Magnus Enzensberger vom 27.9.1960.
114 Alberto Baeza Flores: Hilde Domin. In: Ibero-Amerikanisches Archiv, Heft 4, 1989, S. 556.
115 Erwin Walter Palm. In: Ibero-Amerikanisches Archiv, Heft 4, 1989, S. 474.
116 Erwin Walter Palm an Hilde Palm vom 21.10.1941.
117 Erwin Walter Palm: Personalakte. Archivo Central der UASD.
118 Hilde Domin: Zeugen des Jahrhunderts. ZDF-Interview vom 24.1.1989.
119 GAS, S. 118.
120 GAS, S. 118.
121 Ivelise Práts-Ramíres de Pérez: Ein »chin« Erinnerung für Erwin Walter Palm und Hilde. In Maron Tauschwitz (Hg.): Unerhört nah. Erinnerungen an Hide Domin. Heidelberg: Kurpfälzischer Verlag, S. 132-135, hier: S. 132ff.
122 Hilde Palm an Erwin Walter Palm vom 15.10.1951.
123 Hilde Palm an Erwin Walter Palm vom 17.8.1952.
124 Aus: Hilde Domin: Wen es trifft. In: Dies.: Gesammelte Gedichte, S. 105.
125 Hilde Domin: Das zweite Paradies, S. 121.
126 Hilde Palm an Ernst Caspari von 1952 (ohne genaues Datum).
127 Tekla Szymanski: Die legendäre deutsch-jüdische Zeitung *Aufbau*. »Unser aller Tagebuch«, zitiert nach: www.tekla-szymanski.com/germ14aufbau.
128 Hilde Palm an Erwin Walter Palm vom 14.9.1947.
129 Detlef Junker: Weltwirtschaftskrise, New Deal, Zweiter Weltkrieg, 1929-1945. In: Peter Lösche/ Hans Dietrich von Loeffelholz (Hg.): Länderbericht USA. Geschichte, Politik, Wirtschaft, Gesellschaft, Kultur. Frankfurt/M.: Campus Verlag, 2004, S. 129-152, hier: S. 136.
130 John Lorden an Hilde Palm vom August 1948 (ohne genaues Datum).
131 John Lorden an Erwin Walter Palm vom August 1942.
132 Vgl. Bertha Schiff an Erwin Walter Palm vom 15.7.1945.
133 John Lorden an Erwin Walter Palm vom August 1942 (ohne genaues Datum).
134 John Lorden an Hilde Palm vom 7.5.1953 (ohne genaues Datum).
135 GAS, S. 38.
136 Hilde Palm an Erwin Walter Palm vom 25.9.1941.
137 Hilde Palm an Erwin Walter Palm vom 25.9.1941.
138 Erwin Walter Palm an Hilde Palm vom 20.10.1941.
139 Erwin Walter Palm an Hilde Palm vom 2.10.1944.
140 Hilde Palm an Erwin Walter Palm vom Oktober 1942 (ohne genaues Datum).

Anmerkungen

141  Hilde Palm an Erwin Walter Palm vom 16.10.1944.
142  Vgl. Erwin Walter Palm an Hilde Palm vom 12.10.1944.
143  Hilde Palm an Erwin Walter Palm vom September 1942 (ohne genaues Datum).
144  Erwin Walter Palm an Hilde Palm vom 2.10.1944.
145  Erwin Walter Palm an Hilde Palm vom 16.10.1944.
146  Hilde Palm an Erwin Walter Palm vom 20.10.1942.
147  Miguel Mena im Gespräch mit Marion Tauschwitz vom 20.5.2008.
148  Erwin Walter Palm an Hilde Palm vom 11./14.9.1942.
149  GAS, S. 114.
150  GAS, S. 114.
151  GAS, S. 110.
152  GAS. S. 110.
153  Volker Weidermann: Das Buch der verbrannten Bücher. Köln: Kiepenheuer & Witsch, 2008, S. 181.
154  Erwin Walter Palm an Hilde Palm vom 9.10.1944.
155  Ernst Ludwig an Erwin Walter Palm vom 16.9.1944.
156  J. Hellmut Freund: Vor dem Zitronenbaum. Autobiographische Abschweifungen eines Zurückgekehrten. Berlin – Montevideo – Frankfurt am Main. Frankfurt/M.: S. Fischer Verlag, 2005, S. 254.
157  Patrik von zur Mühlen: Fluchtziel Lateinamerika. Die deutsche Emigration 1933-1945. Politische Aktivitäten und soziokulturelle Integration. Bonn: Verlag Neue Gesellschaft, 1988, S. 281.
158  Patrik von zur Mühlen: Fluchtziel Lateinamerika, S. 281.
159  Hilde Domin: Offener Brief an Nelly Sachs. In: Dies.: Von der Natur nicht vorgesehen, S. 156.
160  Hilde Domin: Offener Brief an Nelly Sachs. In: Dies.: Von der Natur nicht vorgesehen, 1993, S.157.
161  Vgl. Hilde Domin: Offener Brief an Nelly Sachs. In: Dies.: Von der Natur nicht vorgesehen, 1993, S.156.
162  Hilde Domin: Offener Brief an Nelly Sachs. In: Dies.: Von der Natur nicht vorgesehen, 1993, S.156f.
163  Erwin Walter Palm: Erinnerungen, S. 475.
164  Peggy Guggenheim: Ich habe alles gelebt. Bekenntnisse einer Sammlerin aus Leidenschaft. Bern/München: Scherz Verlag, 1980, S. 208.
165  Erwin Walter Palm an Hilde Palm vom 10.11.1951.
166  Erwin Walter Palm an Hilde Palm vom 16.8.1946.
167  Erwin Walter Palm an Hilde Palm vom 31.10.1951.
168  Erwin Walter Palm an Hilde Palm vom 31.10.1951.
169  Erwin Walter Palm an Hilde Palm vom 31.10.1951.
170  Vgl. Erwin Walter Palm an Hilde Palm vom 20.2.1950.

## Anmerkungen

171 Erwin Walter Palm an Hilde Palm vom 21.10.1951.
172 Erwin Walter Palm an Hilde Palm vom 23.10.1951.
173 Erwin Walter Palm an Hilde Palm vom 7.3.1950.
174 Erwin Walter Palm an Hilde Palm vom 12.9.1946.
175 Erwin Walter Palm an Hilde Palm vom 7.10.1942.
176 Erwin Walter Palm an Hilde Palm vom 10.11.1951.
177 Erwin Walter Palm an Hilde Palm vom 20.9.1946.
178 Hilde Domin: Erdbeben. Manuskript.
179 Erwin Walter Palm an Hilde Domin vom 4.8.1946.
180 Hilde Domin an Erwin Walter Palm vom 9.8.1946.
181 Hilde Domin an Erwin Walter Palm vom 10.8.1946.
182 Hilde Domin an Erwin Walter Palm vom 9.8.1946.
183 Hilde Domin: Erdbeben. Manuskript.
184 Hilde Domin: Erdbeben. Manuskript.
185 Hilde Domin: Erdbeben. Manuskript.
186 Aus: Hilde Domin: Wen es trifft. In: Dies.: Gesammelte Gedichte, S. 103f.
187 Guy Stern: Literarische Kultur im Exil, S. 63.
188 Hilde Palm an Erwin Walter Palm von Anfang Oktober 1946 (ohne genaues Datum).
189 GAS, S. 124.
190 Tekla Szymanski: Die legendäre deutsch-jüdische Zeitung *Aufbau*. »Unser aller Tagebuch«, zitiert nach:www.tekla-szymanski.com/germ-14aufbau.
191 Hilde Palm an Erwin Walter Palm von Anfang Oktober 1946 (ohne genaues Datum).
192 Hilde Palm an Erwin Walter Palm von Anfang Oktober 1946 (ohne genaues Datum).
193 Hilde Palm an Erwin Walter Palm vom 12.10.1945.
194 Hilde Palm an Erwin Walter Palm vom 26.10.1946.
195 Hilde Palm an Erwin Walter Palm vom 8.10.1945.
196 Hilde Palm an Erwin Walter Palm vom 7.11.1945.
197 Hilde Palm an Erwin Walter Palm vom 7.11.1945.
198 Hilde Palm an Erwin Walter Palm vom 1.11.1945.
199 Hilde Palm an Erwin Walter Palm vom 20.10.1945.
200 Vgl. Hilde Domin: Erstes Treffen mit Bermann Fischer. Manuskript.
201 Hilde Palm an Erwin Walter Palm vom 12.10.1945.
202 Hilde Palm an Erwin Walter Palm vom 2.12.1945.
203 Maxi Sickert: Fünf Sekunden Stille. In: Die ZEIT online vom 11.2.2006.
204 Hilde Palm an Erwin Walter Palm vom 14.10.1947.
205 Hilde Palm an Erwin Walter Palm vom 26.9.1947.
206 Hilde Palm an Erwin Walter Palm vom 25.12.1945.

## Anmerkungen

207  Hilde Palm an Erwin Walter Palm vom 25.12.1945.
208  Hilde Palm an Erwin Walter Palm vom 29.10.1947.
209  Hilde Palm an Erwin Walter Palm vom 26.10.1947.
210  Hilde Palm an Erwin Walter Palm vom 26.9.1947.
211  John Lorden an Hilde Palm vom 29.8.1952.
212  Paula Lorden an Hilde Palm vom 20.8.1948.
213  Hilde Palm an Erwin Walter Palm vom 2.11.1946.
214  Hilde Palm an Erwin Walter Palm vom 26.9.1947.
215  Hilde Palm an Erwin Walter Palm vom 26.9.1947.
216  Hilde Palm an Erwin Walter Palm vom 9.10.1947.
217  Hilde Palm an Erwin Walter Palm vom 21.10.1947.
218  Hilde Palm an Erwin Walter Palm vom 9.10.1947.
219  Hilde Palm an Erwin Walter Palm vom »Sonnabend« 1947 (ohne genaues Datum).
220  Hilde Palm an Erwin Walter Palm vom November 1947 (ohne genaues Datum).
221  Hilde Palm an Ernst Caspari vom 25.10.1952.
222  GAS, S. 176.
223  Hilde Domin an Edith Baron vom 6.11.1960.
224  GAS, S. 176.
225  Hilde Domin an Erwin Walter Palm vom Frühjahr 1955 (ohne genaues Datum).
226  Aus: Hilde Domin: Wen es trifft. In: Dies.: Gesammelte Gedichte, S. 109.
227  Hilde Domin an Ernst Caspari vom 25.10.1952.
228  Hilde Domin an Ernst Caspari 1952 (ohne genaues Datum).
229  Friedrich Schorlemmer: ...an die Dichterin Hilde Domin. In: Klaus Möllering (Hg.): Eigentlich ein Liebesbrief... Leipzig: Evangelische Verlagsanstalt, 2002, S. 30-41, hier: S. 38.
230  Friedrich Schorlemmer: ...an die Dichterin Hilde Domin, S. 39.
231  Hilde Domin: Abel steh auf. In: Dies.: Gesammelte Gedichte. S. 365.
232  Reiner Wiehl: Hilde Domin – Karl Jaspers. In: Marion Tauschwitz (Hg.): Unerhört nah. Erinnerungen an Hilde Domin. Heidelberg: Kurpfälzischer Verlag, 2009, S. 211-214, hier: S. 213.
233  Reiner Wiehl: Hilde Domin – Karl Jaspers, S. 213f.
234  Hilde Domin: September 1961. In: Dies.: Gesammelte Gedichte, S. 398.
235  Hilde Palm an Erwin Walter Palm vom September 1946 (ohne genaues Datum).
236  Hilde Palm an Erwin Walter Palm vom 28.10.1951.
237  Hilde Palm an Erwin Walter Palm vom 25.10.1951.
238  Hilde Palm an Erwin Walter Palm vom 2.3.1950.
239  Hilde Palm an Erwin Walter Palm vom 28.11.1950.

## Anmerkungen

240 Hilde Palm an Erwin Walter Palm vom 28.11.1950.
241 Hilde Palm an Erwin Walter Palm vom 27.10.1951.
242 Hilde Palm an Erwin Walter Palm vom 8.11.1942.
243 Hilde Palm an Erwin Walter Palm vom 23.2.1951.
244 Marcel Reich-Ranicki: Außerhalb jeder Regel, S. 182.
245 Erwin Walter Palm an Hilde Palm vom 20.2.1950.
246 Hilde Domin: Das zweite Paradies, S. 112.
247 Hilde Palm an Erwin Walter Palm vom 3.8.1951.
248 Hilde Palm an Erwin Walter Palm vom 23.7.1951.
249 Hilde Palm an Erwin Walter Palm vom 31.7.1951.
250 Hilde Domin: Alle meine Schiffe. In: Dies.: Gesammelte Gedichte, S. 56.
251 Hilde Palm an Erwin Walter Palm vom 31.7.1951.
252 Hilde Domin: Das zweite Paradies, S. 122.
253 Hilde Domin: Das zweite Paradies, S. 123.
254 Hilde Domin: Das zweite Paradies, S. 122.
255 Hilde Domin: Das zweite Paradies, S. 123.
256 Hilde Palm an Erwin Walter Palm vom 2.10.1951.
257 Hilde Palm an Erwin Walter Palm vom November 1951 (ohne genaues Datum).
258 Hilde Palm an Erwin Walter Palm vom 20.10.1951.
259 Aus: Hilde Domin: Erste Reihe. In: Dies.: Gesammelte Gedichte, S. 80.
260 Erwin Walter Palm an Hilde Palm vom 16.11.1951.
261 Erwin Walter Palm an Hilde Palm vom 31.10.1951.
262 Erwin Walter Palm an Hilde Palm vom 31.10.1951.
263 Hilde Palm an Erwin Walter Palm vom 19.10.1951.
264 Hilde Palm an Erwin Walter Palm vom 27.10.1951.
265 Hilde Palm an Erwin Walter Palm vom 27.10.1951.
266 Hilde Domin: Das zweite Paradies, S. 106.
267 Hilde Domin: Das zweite Paradies, S. 113.
268 Hilde Domin: Das zweite Paradies, S. 114.
269 Hilde Domin: Tage der Heimsuchung. In: Dies.: Gesammelte Gedichte, S. 74.
270 Hilde Domin an Erwin Walter Palm vom 9.4.1959.
271 GAS, S. 177.
272 John Lorden an Hilde Palm vom 19.8.1952.
273 Hilde Palm an Erwin Walter Palm vom 19.10.1951.
274 Hilde Palm an Erwin Walter Palm vom 9.10.1951.
275 Hilde Domin: Französischer Gobelin. In: Dies.: Gesammelte Gedichte, S. 96.
276 Hilde Palm an Erwin Walter Palm vom 15.10.1951.

Anmerkungen

277  John Lorden an Hilde Palm vom 19.8.1952.

## Anmerkungen zu Kapitel 9

1 Hilde Domin: Notiz, wohl Herbst 1952 (ohne genaues Datum).
2 *Neue Rundschau* 68/1957, S. 462.
3 Aus: Hilde Domin: Wen es trifft. In: Dies.: Nur eine Rose als Stütze. Frankfurt/M.: S. Fischer Verlag, 1959, S. 46f.
4 Aus: Hilde Domin: Wen es trifft. In: Dies.: Gesammelte Gedichte, S. 103.
5 Hilde Palm an Erwin Walter Palm vom 4.9.1952.
6 Hilde Domin: Bitte. In: Dies.: Gesammelte Gedichte, S. 117.
7 Hilde Palm an Erwin Walter Palm vom 19.7.1952.
8 Hilde Palm an Erwin Walter Palm vom 16.8.1952.
9 Hilde Palm an Erwin Walter Palm vom 15.5.1953.
10 Nachlass: A: Domin. Aus dem Französischen von Marion Tauschwitz.
11 Hilde Palm an Erwin Walter Palm vom 19.8.1952.
12 Hilde Palm an Erwin Walter Palm vom 15.5.1953.
13 Hilde Palm an Erwin Walter Palm vom 4.12.1951.
14 Hilde Palm an Erwin Walter Palm vom 25.1.1952.
15 Vgl. Hilde Domin. In: Im Anfang war das Wort. Leipzig: Evangelische Verlagsanstalt, 2003, S. 51-53.
16 Hilde Domin: April. In: Dies.: Gesammelte Gedichte, S. 209.
17 Hilde Domin: Das zweite Paradies, S. 124.
18 Wiedergutmachungsunterlagen Erwin Walter Palm.
19 Hilde Palm an Ernst Caspari vom 25.10.1952.
20 Aus: Hilde Domin: Ars longa. In: Dies.: Gesammelte Gedichte, S. 295.
21 Aus: Erwin Walter Palm: Vor Tag. In: Erwin Walter Palm: Themen Griechisch und Deutsch (ohne Seitenzahlen).
22 Aus: Hilde Domin: Winterbienen. In: Dies.: Gesammelte Gedichte, S. 151.
23 Hilde Palm an Erwin Walter Palm vom 3.6.1954.
24 Aus: Hilde Domin: Tage der Heimsuchung. In: Dies.: Gesammelte Gedichte, S. 74.
25 Jared Diamond: Kollaps. Warum Gesellschaften überleben oder untergehen. Frankfurt/M.: Fischer Taschenbuch Verlag, 2006, S. 441.
26 Jared Diamond: Kollaps, S.409.
27 Hilde Palm an Erwin Walter Palm vom 30.10.1953.
28 Aus: Hilde Domin: Nur eine Rose als Stütze. In: Dies.: Gesammelte Gedichte, S. 113.
29 Hilde Palm an Erwin Walter Palm vom 4.9.1952.

## Anmerkungen

30 Hilde Palm an Erwin Walter Palm vom 4.9.1952.
31 Astrid Gehlhoff-Claes: Zur Einführung: Mit Worten unterwegs. In: Astrid Gehlhoff-Claes (Hg.): Bis die Tür aufbricht. Mit Worten unterwegs. Literatur hinter Gittern. Düsseldorf: Erb Verlag, 1982, S. 8.
32 Frank Schirrmacher: Er denkt also, wie er will. In: FAZ vom 9.3.2008.
33 Erwin Walter Palm an Hilde Palm vom 15.8.1952.
34 Hilde Palm an Erwin Walter Palm vom 19.8.1952.
35 Hilde Domin: Das kleine rote Band. In: Dies.: Gesammelte Gedichte, S. 82.
36 Vgl. Hilde Palm an Erwin Walter Palm vom 19.8.1952.
37 Hilde Domin: Das kleine rote Band. In: Dies.: Gesammelte Gedichte, S. 82.
38 Erwin Walter Palm an Hilde Palm 4.9.1952.
39 Erwin Walter Palm an Hilde Palm 4.9.1952.
40 Maria Luísa Gómez: Telegramm vom August 1952 (Datum nicht lesbar).
41 Hilde Palm an Erwin Walter Palm vom 4.9.1952.
42 Hilde Palm an Erwin Walter Palm vom 19.8.1952.
43 Marcel Reich-Ranicki: Außerhalb jeder Regel: In: Bettina von Wangenheim (Hg.): Vokabular der Erinnerungen. Zum Werk von Hilde Domin. Aktual. Neuausg. bearb. v. Ilseluise Metz. Frankfurt/M.: Fischer Taschenbuch Verlag, 1998. S. 176-183, hier: S. 182.
44 Hilde Palm an Erwin Walter Palm vom 16.8.1952.
45 Hilde Domin: Dein Mund auf meinem. In: Dies.: Gesammelte Gedichte, S. 54.
46 Hilde Domin: Das politische Gedicht und die Öffentlichkeit. In: Hilde Domin/Clemens Greve (Hg.): Nachkrieg und Unfrieden. Gedichte als Index. 1945-1995. Frankfurt/M.: Fischer Taschenbuch Verlag, 1995. S. 222.
47 Hilde Palm: Nachmittag ohne dich. Vom 16.8.1952. A: Domin.
48 John Lorden an Hilde Palm vom 19.8.1952.
49 John Lorden an Hilde Palm vom 9.7.1952.
50 John Lorden an Hilde Palm vom 3.11.1952.
51 John Lorden an Hilde Palm vom 13.5.1953.
52 John Lorden an Hilde Palm vom 13.5.1953.
53 John Lorden an Hilde Palm vom 13.5.1953.
54 Aus: Hilde Domin: Bitte. In: Dies.: Gesammelte Gedichte, S. 117.
55 Fidelio am Ariadnefaden. In: *Aachener Nachrichten* vom 2.6.1955.
56 Hilde Palm an Erwin Walter Palm vom 19.8.1952.
57 Hilde Palm an Erwin Walter Palm vom 19.8.1952.
58 Hilde Palm an Erwin Walter Palm, wohl vom September 1952 (ohne genaues Datum).
59 Hilde Palm an Erwin Walter Palm vom Juni 1952 (ohne genaues Datum).

## Anmerkungen

60 Hilde Palm an Erwin Walter Palm vom Juni 1952 (ohne genaues Datum).
61 Hilde Palm an Erwin Walter Palm vom Juni 1952 (ohne genaues Datum).
62 Hilde Palm an Erwin Walter Palm vom Juni 1952 (ohne genaues Datum).
63 Hilde Domin: Harte fremde Hände. In: Dies.: Gesammelte Gedichte, S. 76.
64 Hilde Palm an Erwin Walter Palm vom 19.8.1952.
65 Hilde Domin: Schizophrene Unterhaltung über ein unconvenierendes Thema. A: Domin.
66 Hilde Palm an Erwin Walter Palm von 1953, wohl April (ohne genaues Datum).
67 Hilde Domin: Wie trag ichs. In: Dies.: Gesammelte Gedichte, S. 60.
68 Hilde Palm an Erwin Walter Palm vom 19.8.1952.
69 Hilde Domin an Erwin Walter Palm vom 18.3.1955.
70 Hilde Palm an Henry Moe vom 20.8.1952.
71 Handschriftlich überbrachtes Telegramm in das Maison Sabalat. A: Domin.
72 Hilde Domin: Topographie. In: Dies.: Gesammelte Gedichte, S. 67.
73 Hilde Palm an Erwin Walter Palm vom 15.5.1953.
74 GAS, S. 25.
75 Hilde Domin an Erwin Walter Palm April 1959 (ohne genaues Datum).
76 Birgit Lermen/Michael Braun (Hg.): Hilde Domin – »Hand in Hand mit der Sprache«. Bonn: Bouvier Verlag, 1997, S. 23.
77 *Schwäbische Zeitung* vom 7.5.1965.
78 Hilde Domin: Exilerfahrungen. In: Dies.: Von der Natur nicht vorgesehen, S. 167ff.
79 Aus: Hilde Domin: Nur eine Rose als Stütze. In: Dies.: Gesammelte Gedichte, S. 113.
80 Walter Jens: Vollkommenheit im Einfachen. In: Bettina von Wangenheim (Hg.): Vokabular der Erinnerungen. Zum Werk von Hilde Domin. Aktual. Neuausg. bearb. v. Ilseluise Metz. Frankfurt/M.: Fischer Taschenbuch Verlag, 1998, S. 53-56, hier: S. 54.
81 Hilde Domin: Zeugen des Jahrhunderts. ZDF-Interview vom 24.1.1989.
82 GAS, S. 21.
83 Hilde Domin: Unter Akrobaten und Vögeln. In: Dies.: Von der Natur nicht vorgesehen, S. 47.

Anmerkungen

## Anmerkungen zu Kapitel 10

1. GAS, S. 121.
2. List of Guggenheim fellows: 2.1952: Latin American and Caribbean Fellows. Zit. nach: wapedia.mobi/en/List_of_Guggenheim_Fellowships_awarded_in_1952.
3. Erwin Walter Palm an Hilde Palm vom Herbst 1952 (ohne genaues Datum).
4. Statuten der Guggenheim Fellowship.
5. Vgl. Hilde Palm an Ernst Caspari vom 25.10.1952.
6. Hilde Palm an Erwin Walter Palm vom Herbst 1952 (ohne genaues Datum).
7. Hilde Domin: Demut. In: Dies.: Gesammelte Gedichte, S. 66.
8. Hilde Palm an Charlie Chaplin von 1953 (ohne genaues Datum).
9. Hilde Domin an Charlie Chaplin vom 15.1.1960.
10. Hans-Georg Pflaum an Hilde Palm vom 28.9.1954.
11. Hans-Georg Pflaum an Hilde Palm vom 28.9.1954.
12. Hans-Georg Pflaum an Hilde Palm vom 28.9.1954.
13. GAS, S. 317.
14. Hilde Domin an Marierose Fuchs vom 24.7.1960.
15. GAS, S. 319.
16. GAS, S. 321.
17. GAS, S. 320.
18. Hilde Domin: Meine Schallplatten. In der Sendung des NDR vom 9.4.1981.
19. Hilde Domin: Ägyptisches Grabmal. In: Dies.: Gesammelte Gedichte, S. 90.
20. Hilde Domin an Karl Krolow vom 11.8.1962.
21. Aus: Hilde Domin: Zweifel. In: Dies.: Gesammelte Gedichte, S. 86.
22. Hilde Domin: Ratloser Abend. In: Dies.: Gesammelte Gedichte, S. 75.
23. Hilde Domin: Hausschlüsel. In: Dies.: Gesammelte Gedichte, S. 146.
24. Aus: Hilde Domin: Zikkurat. In: Dies.: Gesammelte Gedichte, S. 69.
25. Hilde Palm an Erwin Walter Palm vom 26.8.1953.
26. Hilde Palm an Erwin Walter Palm vom 6.2.1954.
27. Hilde Palm an Erwin Walter Palm vom 15.5.1953.
28. Hilde Palm an Erwin Walter Palm vom 9.8.1953.
29. GAS, S. 121.
30. GAS, S. 121.
31. Vgl. Eintrag in der Personalakte Erwin Walter Palms. Archivo Central der UASD.

## Anmerkungen

32  Aus: Hilde Domin: Windgeschenke. In: Dies.: Gesammelte Gedichte, S. 99.
33  Hilde Domin an Erwin Walter Palm vom 2.3.1955.
34  Aus: Hilde Domin: Magie. In: Dies.: Gesammelte Gedichte, S. 92.
35  Hilde Domin: Windgeschenke. In: Dies.: Gesammelte Gedichte, S. 99.
36  Hilde Domin: Vogelschwingen. In: Dies.: Gesammelte Gedichte, S. 79.
37  Aus: Hilde Domin: Inselnachmittag. In: Dies.: Gesammelte Gedichte, S. 97.
38  Hilde Domin: Bitte. In: Dies.: Gesammelte Gedichte, S. 117.
39  Aus: Hilde Domin: Auf welch verläßlichen Stern. In: Dies.: Gesammelte Gedichte, S. 44.
40  Aus: Hilde Domin: Auf welch verläßlichen Stern. In: Dies.: Gesammelte Gedichte, S. 45.
41  GAS, S. 121.
42  Aus: Hilde Domin: Wen es trifft. In: Dies.: Gesammelte Gedichte, S.103.
43  Aus: Hilde Domin: Wen es trifft. In: Dies.: Gesammelte Gedichte, S. 103.
44  Aus: Hilde Domin: Wen es trifft. In: Dies.: Gesammelte Gedichte, S. 103.
45  Aus: Hilde Domin: Wen es trifft. In: Dies.: Gesammelte Gedichte, S. 105.
46  Aus: Hilde Domin: Wen es trifft. In: Dies.: Gesammelte Gedichte, S. 105ff.
47  Aus: Hilde Domin: Wen es trifft. In: Dies.: Gesammelte Gedichte, S. 109.
48  Hilde Palm an Erwin Walter Palm vom 30.10.1953.
49  Hilde Palm an Erwin Walter Palm von Anfang Februar 1952 (ohne genaues Datum).
50  Hilde Palm an Erwin Walter Palm von Anfang Februar 1952 (ohne genaues Datum).
51  Hilde Palm an Erwin Walter Palm vom 4.2.1954.
52  Hilde Domin: Zeugen des Jahrhunderts. ZDF-Interview vom 24.1.1989.
53  Hilde Domin: Zeugen des Jahrhunderts. ZDF-Interview vom 24.1.1989.
54  Hilde Palm an Erwin Walter Palm vom 6.2.1954.

## Anmerkungen zu Kapitel 11

1  Hilde Domin: Das zweite Paradies, S. 62.
2  Hilde Domin: Das zweite Paradies, S. 115.
3  Hilde Domin: Das zweite Paradies, S. 115.
4  Hilde Domin: Das zweite Paradies, S. 116.
5  GAS, S. 335.
6  GAS, S. 156.
7  Hilde Palm an Erwin Walter Palm vom 6.2.1954.

## Anmerkungen

8 Hans Georg Lehmann: Deutschland-Chronik 1945 bis 2000. Bonn: Bundeszentrale für politische Bildung, 2002.
9 Aus: Hilde Domin: Magie. In: Dies.: Gesammelte Gedichte, S. 91.
10 Hilde Domin an Erwin Walter Palm vom 25.1.1955.
11 Aus: Hilde Domin: Der Frühling ein riesiger Specht. In: Dies.: Gesammelte Gedichte, S. 88.
12 Vgl. Marcel Reich-Ranicki: Außerhalb jeder Regel. In: Bettina von Wangenheim (Hg.): Vokabular der Erinnerungen. Zum Werk von Hilde Domin. Aktual. Neuausg. bearb. v. Ilseluise Metz. Frankfurt/M.: Fischer Taschenbuch Verlag, 1998, S. 179.
Und: Marcel Reich-Ranicki: Immer noch Exil. In: Ders.: Literarisches Leben in Deutschland. Kommentare und Pamphlete. München: Piper Verlag, 1965, S. 262-269.
13 Manon Andreas-Grisebach im Gespräch mit Marion Tauschwitz am 17.11.2008.
14 Vgl. GAS, S. 55.
15 Walter Paatz an den Leiter der DFG vom 17.4.1958.
16 Walter Paatz an den Leiter der DFG vom 17.4.1958.
17 Erwin Walter Palm an Hilde Domin vom Oktober 1957 (ohne genaues Datum).
18 GAS, S. 338.
19 Aus: Hilde Domin: Wahl. In: Dies.: Der Baum blüht trotzdem, S. 12.
20 GAS, S. 158.
21 Erwin Walter Palm an Hilde Domin vom 13.1.1955.
22 Erwin Walter Palm an Hilde Domin von Anfang Januar (ohne genaues Datum).
23 Erwin Walter Palm an Hilde Domin vom 26.1.1955.
24 Hilde Domin: Gefährlicher Löffel. In: Dies.: Gesammelte Gedichte, S. 125.
25 GAS, S. 53.
26 Aus: Hilde Domin: Apfelbaum und Olive. In: Dies.: Gesammelte Gedichte, S. 14.
27 Aus: Hilde Domin: Apfelbaum und Olive. In: Dies.: Gesammelte Gedichte, S. 14ff.
28 Hilde Palm an Kurt Pinthus vom 27.5.1954.
29 Hilde Palm an Erwin Walter Palm vom 27.7.1954.
30 Erwin Walter Palm an Hilde Domin vom 25.1.1955.
31 Aus: Hilde Domin: Angler. In: Dies.: Gesammelte Gedichte, S. 140.
32 Bescheid vom 30.5.1958, S. 3. Wiedergutmachungsunterlagen Hilde Domin. A: Domin.
33 Bescheid vom 30.5.1958, S. 3. Wiedergutmachungsunterlagen Hilde Domin. A: Domin.

## Anmerkungen

34 Arnold Bergsträsser an Hilde Domin von 1957 (ohne genaues Datum).
35 GAS, S. 164.
36 Urteilsbegründung vom 21.10.1958, S. 9. Wiedergutmachungsunterlagen Hilde Domin. A: Domin.
37 Hilde Domin an Erwin Walter Palm vom 13.12.1960.
38 Erwin Walter Palm: Nachwort. In: Ders.: Rose aus Asche, S. 154.
39 GAS, S. 53.
40 Hans Paeschke an Hilde Palm vom 1.4.1954.
41 Hilde Domin: Zeugen des Jahrhunderts. ZDF-Interview vom 24.1.1989.
42 Aus: Hilde Domin: Landen dürfen. In: Dies.: Gesammelte Gedichte, S. 229.
43 Hilde Domin an Erwin Walter Palm vom 3.1.1955.
44 Hilde Domin an Erwin Walter Palm vom 3.1.1955.
45 Hilde Domin an Kurth Pinthus vom 25.11.1954.
46 Hilde Domin an Kurth Pinthus vom 25.11.1954.
47 Hilde Domin an Walter Boehlich vom 18.4.1961.
48 Hilde Domin an Erwin Walter Palm vom 7.10.1957.
49 Peter Hamm: Meine liebe arme kleine Allergrößte. In: Die ZEIT vom 18.11.2004.
50 Hilde Domin an Erwin Walter Palm vom 7.10.1957.
51 Hilde Domin an Erwin Walter Palm vom 24.2.1955.
52 Hilde Domin an Erwin Walter Palm vom 24.2.1955.
53 Hilde Domin an Erwin Walter Palm vom 24.1.1955.
54 Hilde Domin an Erwin Walter Palm vom 5.2.1955.
55 Hilde Domin an Erwin Walter Palm vom 25.1.1955.
56 Hilde Domin an Erwin Walter Palm vom 19.1.1955.
57 Hinweis Clemens Greve.
58 Hilde Domin an Erwin Walter Palm vom Januar 1955 (ohne genaues Datum).
59 Hilde Domin an Erwin Walter Palm vom 25.2.1955.
60 Hilde Domin an Erwin Walter Palm vom 27.1.1955.
61 Erwin Walter Palm an Hilde Domin vom 1955, Brief Nr. 5 (ohne genaues Datum).
62 Hilde Domin an Erwin Walter Palm vom Februar 1955 (ohne genaues Datum).
63 Hilde Domin an Erwin Walter Palm, wohl vom 26.2.1955.
64 Hilde Domin an Erwin Walter Palm, wohl vom 26.2.1955.
65 Hilde Domin an Erwin Walter Palm, wohl vom 26.2.1955.
66 Hilde Domin an Erwin Walter Palm, wohl vom 26.2.1955.
67 Hilde Domin an Erwin Walter Palm vom 15.2.1955.

Anmerkungen

68 Hilde Domin an Erwin Walter Palm vom 15.2.1955.
69 Hilde Domin an Erwin Walter Palm vom 5.2.1955.
70 Misia Sert: Pariser Erinnerungen. Frankfurt/M.: Suhrkamp Taschenbuch, 1999, S. 252.
71 Hilde Domin an Erwin Walter Palm vom 7.3.1955.
72 Hilde Domin an Erwin Walter Palm vom März 1955 (ohne genaues Datum).
73 Hilde Domin an Walter Boehlich vom 17.2.1964.
74 Hilde Domin an Marierose Fuchs vom 24.7.1960.
75 Edith Baron an Hilde Domin vom 14.1.1956.
76 Hilde Domin an Rudolf Hirsch vom Sommer 1955 (ohne genaues Datum).
77 Hilde Domin an Erwin Walter Palm vom 2.6.1955.
78 Hilde Domin: Das zweite Paradies, S. 89.
79 Erwin Walter Palm an Hilde Domin vom 6.10.1957.
80 Aus: Hilde Domin: Tunnel. In: Dies.: Gesammelte Gedichte, S. 291.
81 Hilde Domin an Rudolf Hirsch (ohne genaues Datum).

## Anmerkungen zu Kapitel 12

1 Hilde Domin an Hans Paeschke vom 5.10.1955.
2 Hilde Domin an Hans Paeschke vom 5.10.1955.
3 Hilde Domin an Paul Celan vom 4.11.1958.
4 Aus: Vicente Aleixandre: Singt Vögel. In: Erwin Walter Palm (Hg.): Rose aus Asche. München: Piper Verlag, 1955, S. 27.
5 Aus: Hilde Domin: Harte fremde Hände. In: Dies.: Gesammelte Gedichte, S. 76.
6 Hilde Domin an Rudolf Hirsch vom 16.9.1956.
7 Hilde Domin: Über die Schwierigkeiten, eine berufstätige Frau zu sein. In: Dies.: Von der Natur nicht vorgesehen, S. 48.
8 Hilde Domin an Rudolf Hirsch vom 15.12.1955.
9 Aus: Hilde Domin: Herbstzeitlosen. In: Dies.: Gesammelte Gedichte, S. 17.
10 Hilde Domin an Hans Paeschke vom 23.4.1959.
11 Hilde Domin an Hans Paeschke vom 23.4.1959.
12 Hilde Domin an Hans Paeschke vom 23.4.1959.
13 Hilde Domin: Ziehende Landschaft. In: Dies.: Gesammelte Gedichte, S. 13.
14 Hilde Domin: Silence and exile. In: Dies.: Gesammelte Gedichte, S. 257.

## Anmerkungen

15 Hilde Domin an Rudolf Hirsch vom 18.11.1955.
16 GAS, S. 225.
17 Marcel Reich-Ranicki: Neue Rundschau – kein goldener Sarg. In: Ders.: Literarisches Leben in Deutschland. Kommentare und Pamphlete. München: Piper Verlag, 1965, S. 147.
18 Hilde Domin an Edith Baron vom 25.2.1958.
19 GAS, S. 225.
20 GAS, S. 226.
21 GAS, S. 226.
22 J. Hellmut Freund: Vor dem Zitronenbaum, S. 418.
23 Hilde Domin an Marierose Fuchs vom August 1961 (ohne genaues Datum).
24 Hilde Domin an Hans-Jürgen Heise vom 13.12.1961.
25 Hilde Domin: Gleichgewicht. In: Dies.: Gesammelte Gedichte, S. 18.
26 Aus: Hilde Domin: Neues Land. In: Dies.: Gesammelte Gedichte, S. 133.
27 Hilde Domin an Erwin Walter Palm vom 1.2.1956.
28 Hilde Domin an Erwin Walter Palm vom 2.2.1956.
29 Hilde Domin an Erwin Walter Palm vom 1.2.1956.
30 Klaus Geitel: Als die große Hilde Domin noch die kleine Frau Palm war. In: Marion Tauschwitz (Hg.): Unerhört nah – Erinnerungen an Hilde Domin. Heidelberg: Kurpfälzischer Verlag, 2009, S. 43-44, hier: S. 43.
31 Klaus Geitel im Gespräch mit Marion Tauschwitz vom 27.3.2005.
32 Hilde Domin: Worte. In: Dies.: Gesammelte Gedichte, S. 124.
33 Hilde Domin: Gefängnis. In: Dies.: Gesammelte Gedichte, S. 126.
34 Hilde Domin an Kurt Pinthus Frühjahr 1957 (ohne genaues Datum).
35 Hilde Domin an Kurt Pinthus Frühjahr 1957 (ohne genaues Datum).
36 Aus: Hilde Domin: Wie wenig nütze ich bin. In: Dies.: Gesammelte Gedichte, S. 30f.
37 Aus: Hilde Domin: Auf der Terrasse. In: Dies.: Gesammelte Gedichte, S. 36.
38 Hilde Domin: Bau mir ein Haus. In: Dies.: Gesammelte Gedichte, S. 28.
39 Hilde Domin: Bau mir ein Haus. In: Dies.: Gesammelte Gedichte, S. 27.
40 Hilde Domin an Erwin Walter Palm vom Ostermontag 1959 (ohne genaues Datum).
41 Hilde Domin: Wo steht unser Mandelbaum. In: Dies.: Gesammelte Gedichte, S. 25.
42 Hilde Domin an Edith Baron vom 19.7.1960.
43 Hilde Domin: Das zweite Paradies, S. 32.

Anmerkungen

44  Aus: Hilde Domin: Orientierung. In: Dies.: Gesammelte Gedichte, S. 213.
45  Aus: Hilde Domin: Abschied aus Andalusien. In: Dies.: Gesammelte Gedichte, S. 35.

## Anmerkungen zu Kapitel 13

1  Hilde Domin an Erwin Walter Palm vom 19.10.1957.
2  Hilde Domin an Erwin Walter Palm vom 15.10.1957.
3  GAS, S. 27.
4  J. Hellmut Freund: Vor dem Zitronenbaum, S. 373.
5  Gisela Hirsch im Gespräch mit Marion Tauschwitz vom 6.1.2008.
6  Hilde Domin: Das zweite Paradies, S. 85.
7  Hilde Domin an Hans-Jürgen Heise vom 12.9.1961.
8  Hilde Domin an Hans-Jürgen Heise wohl von 1963 (ohne genaues Datum).
9  Hilde Domin an Edith Baron vom 28.5.1962.
10  Hilde Domin an Erwin Walter Palm vom 22.11.1959.
11  Hilde Domin an Erwin Walter Palm vom 23.4.1959.
12  Hilde Domin an Erwin Walter Palm vom 23.4.1959.
13  Aus: Hilde Domin: Zentimeter. In: Dies.: Gesammelte Gedichte, S. 138.
14  J. Hellmut Freund: Vor dem Zitronenbaum, S. 227.
15  Hilde Domin an Rudolf Hirsch vom 25.8.1957.
16  Aus: Hilde Domin: Die schwersten Wege. In: Dies.: Gesammelte Gedichte, S. 118.
17  Hilde Domin an Edith Baron vom 28.5.1962.
18  Gisela Hirsch im Gespräch mit Marion Tauschwitz vom 6.1.2008.
19  Gisela Hirsch im Gespräch mit Marion Tauschwitz vom 6.1.2008.
20  Gisela Hirsch im Gespräch mit Marion Tauschwitz vom 6.1.2008.
21  Hilde Domin: Das zweite Paradies, S. 12.
22  Gisela Hirsch im Gespräch mit Marion Tauschwitz vom 6.1.2008.
23  Aus: Hilde Domin: Bitte. In: Dies.: Gesammelte Gedichte, S. 117.
24  Aus: Hilde Domin: Treulose Kahnfahrt. In: Dies.: Gesammelte Gedichte, S. 114.
25  Aus: Hilde Domin: Bittersüßer Mandelbaum. In: Dies.: Gesammelte Gedichte, S. 115.
26  Hilde Domin an Rudolf Hirsch vom 15.8.1957.
27  Vgl. Hilde Domin an Rudolf Hirsch vom Dezember 1959 (ohne genaues Datum).

## Anmerkungen

28 Rudolf Hirsch an Paul Celan vom 22.7.1958. In: Joachim Seng (Hg.): Paul Celan/Rudolf Hirsch: Briefwechsel. Frankfurt/M.: Suhrkamp Verlag, 2004, S. 43.
29 Aus: Hilde Domin: Die Flügel der Lerchen. In: Dies.: Der Baum blüht trotzdem, S. 23.
30 Hilde Domin an Rudolf Hirsch vom 30.4.1960.
31 Hilde Domin an Erwin Walter Palm vom April 1959.
32 GAS, S. 192.
33 Marierose Steinbüchel-Fuchs an Hilde Domin vom 30.10.1968.
34 Hilde Domin: Das zweite Paradies, S. 84.
35 Hans-Georg Pflaum an Hilde Löwenstein vom 4.12.1931.
36 Hilde Domin an Erwin Walter Palm vom 28.5.1958.
37 Aus: Hilde Domin: Bitte. In: Dies.: Gesammelte Gedichte, S. 117.
38 Hilde Domin: Das zweite Paradies, S. 125.
39 Hilde Domin an Erwin Walter Palm vom 27.9.1957.
40 Hans-Georg Pflaum an Hilde Domin vom 28.9.1954.
41 Vgl. Hans-Georg Pflaum an Hilde Domin vom 9.3.1958.
42 Hilde Domin an Kurt Pinthus vom 28.2.1962.
43 Hilde Domin an Erwin Walter Palm vom 28.5.1958.
44 Hilde Domin: Das zweite Paradies, S. 34.
45 Hilde Domin: Das zweite Paradies, S. 36.
46 Hilde Domin: Das zweite Paradies, S. 37.
47 Hilde Domin: Das zweite Paradies, S. 67.
48 Hilde Domin an Rudolf Hirsch vom Dezember 1959 (ohne genaues Datum).
49 Aus: Hilde Domin: Unaufhaltsam. In: Dies.: Gesammelte Gedichte, S. 170.
50 Hilde Domin: Das zweite Paradies, S. 47.
51 Hilde Domin: Das zweite Paradies, S. 142.
52 Hilde Domin: Das zweite Paradies, S. 142.
53 Hilde Domin: Das zweite Paradies, S. 143.
54 Hilde Domin an Rudolf Hirsch vom 30.8.1958.
55 Hilde Domin an Erwin Walter Palm vom August 1958 (ohne genaues Datum).
56 Hilde Domin an Erwin Walter Palm vom 13.7.1858.
57 Hilde Domin an Erwin Walter Palm vom Juli 1958 (ohne genaues Datum).
58 Hilde Domin an Erwin Walter Palm vom 12.7.1958.
59 *Akzente* Heft 6/1957, S. 576.
60 Marcel Reich-Ranicki: Außerhalb jeder Regel. In: FAZ vom 24.2.2006.
61 Marcel Reich-Ranicki: Entgegnung. Zur deutschen Literatur der siebziger Jahre. Erw. Neuausg. München: Deutscher Taschenbuch Verlag, 1982, S. 81.

Anmerkungen

62  Heinrich Böll an Hilde Domin vom 1.4.1968.
63  Vgl. *Akzente* Heft 6/1958.
64  Hilde Domin an Erwin Walter Palm vom 24.6.1958.
65  Hilde Domin an Erwin Walter Palm vom 20.1.1959.
66  Hilde Domin an Rudolf Hirsch vom 23.11.1969.
67  Hilde Domin an Marierose Fuchs vom 16.10.1960.
68  Hilde Domin an Erwin Walter Palm vom 9.4.1959.
69  Hilde Domin an Erwin Walter Palm vom 5.2.1959.

## Anmerkungen zu Kapitel 14

1  Hilde Domin an Erwin Walter Palm vom 20.2.1959.
2  Hans Gosteli im Gespräch mit Marion Tauschwitz vom 1.9.2008.
3  Hilde Domin an Erwin Walter Palm vom 7.5.1959.
4  Aus: Hilde Domin: Abzählen der Regentropfenschnur. In: Dies.: Gesammelte Gedichte, S. 166.
5  Hilde Domin an Erwin Walter Palm vom 15.2.1959.
6  Hilde Domin an Erwin Walter Palm vom 9.3.1959.
7  Hilde Domin an Erwin Walter Palm vom 25.3.1959.
8  Aus: Hilde Domin: Abzählen der Regentropfenschnur. In: Dies.: Gesammelte Gedichte, S. 166.
9  Aus: Hilde Domin: Winterbienen. In: Dies.: Gesammelte Gedichte, S. 151.
10  Hilde Domin an Erwin Walter Palm vom 9.4.1959.
11  Hilde Domin an Erwin Walter Palm, Brief Nr. 5 (ohne genaues Datum).
12  Hilde Domin an Erwin Walter Palm vom 7.2.1959.
13  Erwin Walter Palm an Hilde Domin vom 7.2.1959.
14  Erwin Walter Palm an Hilde Domin vom 15.2.1959.
15  Hilde Domin an Erwin Walter Palm vom 30.4.1959.
16  Victor Oehm im Gespräch mit Marion Tauschwitz vom 5.4.2008.
17  Hilde Domin an Erwin Walter Palm vom 14.4.1959.
18  Aus: Hilde Domin: Die Heiligen. In: Dies.: Gesammelte Gedichte, S. 40ff.
19  Hilde Domin an Erwin Walter Palm vom 9.4.1959.
20  Hilde Domin an Erwin Walter Palm vom 9.4.1959.
21  Hilde Domin an Erwin Walter Palm vom 9.4.1959.
22  Motto im Gedichtband: Hilde Domin: Nur eine Rose als Stütze. Frankfurt/M.: S. Fischer Verlag, 1959, S. 5.
23  Motto im Gedichtband: Hilde Domin: Nur eine Rose als Stütze, S. 53.
24  Hilde Domin an Erwin Walter Palm vom 24.9.1959.

## Anmerkungen

25  Hilde Domin an Erwin Walter Palm vom Ostersonntag 1959 (ohne genaues Datum).
26  Hilde Domin an Erwin Walter Palm vom Ostersonntag 1959 (ohne genaues Datum).
27  Hilde Domin an Hans Paeschke vom 23.4.1959.
28  Hilde Domin an Erwin Walter Palm vom März 1959 (ohne genaues Datum).
29  Hilde Domin an Erwin Walter Palm vom 11.3.1959.
30  GAS, S. 41.
31  Hermann Hesse an Erwin Walter Palm von 1938 (ohne genaues Datum).
32  GAS, S. 44f.
33  GAS, S. 43.
34  GAS, S. 44.
35  Hilde Domin an Erwin Walter Palm vom 14.3.1959.
36  Hilde Domin an Erwin Walter Palm vom 14.3.1959.
37  Hilde Domin an Erwin Walter Palm vom 25.3.1959.
38  Mathias Iven: Hermann Hesse in Montagnola. Menschen und Orte. Berlin: Edition A.B. Fischer, 2007, S. 19.
39  Hilde Löwenstein an Erwin Walter Palm vom 17.12.1931.
40  Hilde Domin an Erwin Walter Palm vom März 1959 (ohne genaues Datum).
41  Hilde Domin an Erwin Walter Palm vom 17.3.1959.
42  Hilde Domin an Erwin Walter Palm vom 16.3.1959.
43  Hilde Domin an Erwin Walter Palm vom 16.3.1959.
44  Hilde Domin an Erwin Walter Palm vom Mai 1959, Brief Nr. 44 (ohne genaues Datum).
45  Aus: Hilde Domin: Noch gestern. In: Dies.: Gesammelte Gedichte, S. 148.
46  Hilde Domin an Erwin Walter Palm vom 25.3.1959.
47  Hilde Domin an Erwin Walter Palm, wohl 1960 (ohne genaues Datum).
48  Hilde Domin im Gespräch mit Marion Tauschwitz vom 11.4.2003.
49  Hilde Domin an Erwin Walter Palm vom Mai 1959 (ohne genaues Datum).
50  Hilde Domin an Erwin Walter Palm vom Mai 1959 (ohne genaues Datum).
51  Hilde Domin an Erwin Walter Palm vom Mai 1959, wohl der 5. (ohne genaues Datum).
52  Erwin Walter Palm an Hilde Domin vom Mai 1959, Brief Nr. 41 (ohne genaues Datum).
53  Aus: Hilde Domin: Lilie. In: Dies.: Gesammelte Gedichte, S. 181.

Anmerkungen

## Anmerkungen zu Kapitel 15

1 Hilde Domin an Erwin Walter Palm vom 29.6.1959.
2 Hilde Domin an Erwin Walter Palm vom 29.6.1959.
3 Aus: Hilde Domin: Abel steh auf. In: Dies.: Gesammelte Gedichte, S. 364.
4 Aus: Hilde Domin: April. In: Dies.: Gesammelte Gedichte, S. 209.
5 Aus: Hilde Domin: Morgens und abends. In: Dies.: Gesammelte Gedichte, S. 199.
6 Aus: Hilde Domin: aus: Morgens und abends. In: Dies.: Gesammelte Gedichte, S. 199.
7 Aus: Hilde Domin: Nachmittag am Guadalquivir. In: Dies.: Gesammelte Gedichte, S. 159.
8 Aus: Hilde Domin: Nachmittag am Guadalquivir. In: Dies.: Gesammelte Gedichte, S. 159.
9 Aus: Hilde Domin: Fahrt durch Katilien. In: Dies.: Gesammelte Gedichte, S. 191.
10 Hilde Domin an Rudolf Hirsch vom 3.2.1960.
11 Aus: Hilde Domin: Fahrt durch Kastilien. In: Dies.: Gesammelte Gedichte, S. 191.
12 Aus: Hilde Domin: Fahrt durch Kastilien. In: Dies.: Gesammelte Gedichte, S. 193.
13 Hilde Domin an Rudolf Hirsch vom 5.10.1959.
14 Aus: Hilde Domin: Behütet. In: Dies.: Gesammelte Gedichte, S. 200.
15 Hilde Domin an Rudolf Hirsch vom 20.3.1960.
16 Hilde Domin an Rudolf Hirsch vom 2.10.1960.
17 Hilde Domin an Hans Mayer vom 5.1.1980.
18 Hilde Domin an Hans Paeschke vom 15.4.1959.
19 GAS, S. 21.
20 Hilde Domin an Erwin Walter Palm vom 15.9.1959.
21 Iso Camartin in der Laudatio zum Preis »Literatur im Exil«, 1992. A: Domin.
22 Aus: Hilde Domin: Nicht müde werden. In: Dies.: Gesammelte Gedichte, S. 294.
23 Walter Jens: Vollkommenheit im Einfachen. In: Die ZEIT vom 27.11.1959.
24 Walter Jens: Vollkommenheit im Einfachen. In: Die ZEIT vom 27.11.1959.
25 Walter Boehlich an Hilde Domin vom 21.3.1960.
26 Hilde Domin an Günter Eich von Ende 1959 (ohne genaues Datum).
27 Hilde Domin an Günter Eich von Ende 1959 (ohne genaues Datum).
28 Hilde Domin an Kurt Pinthus vom 28.2.1962.

## Anmerkungen

29 Hilde Domin an Kurt Pinthus vom 28.2.1962.
30 Hilde Domin an Walter Boehlich vom 6.7.1965.
31 Hilde Domin an Edith Baron vom 16.10.1960.
32 Hans-Georg Pflaum an Hilde Domin vom 15.11.1959.
33 Hans-Georg Pflaum an Hilde Domin vom 9.3.1958.
34 Hilde Domin an Charlie Chaplin vom 15.1.1960.
35 Hilde Domin an Charlie Chaplin vom 15.1.1960.
36 Hilde Domin an Charlie Chaplin vom 15.1.1960.
37 Hilde Domin an Erwin Walter Palm vom 24.9.1959.
38 Hilde Domin an Walter Boehlich vom 3.4.1961.
39 Hilde Domin an Walter Boehlich vom 3.4.1961.
40 Hilde Domin an Walter Boehlich vom 18.4.1961.
41 Hilde Domin an Marierose Fuchs vom 9.1.1960.
42 Hilde Domin an Günter Eich vom Herbst 1959 (ohne genaues Datum).
43 Hilde Domin an Hans Magnus Enzensberger vom Juli 1960 (ohne genaues Datum).
44 Hilde Domin an Nelly Sachs vom 11.4.1960.
45 Hilde Domin an Hans Magnus Enzensberger vom 29.10.1960.
46 Vgl. Hilde Domin an Hans-Jürgen Heise vom 13.8.1962.
47 Vgl. Hilde Domin an Hans-Jürgen Heise (ohne genaues Datum).
48 Hilde Domin: Vorwort. In: Hilde Domin (Hg.): Spanien erzählt. Frankfurt/M.: Fischer Taschenbuch Verlag, 1977, S. 7.
49 *Hessischer Rundfunk*: Klappentext. In: Hilde Domin (Hg.): Spanien erzählt, S. 2.
50 Hilde Domin an Günter Eich vom 3.2.1960.
51 Hilde Domin an Günter Eich vom 3.2.1960.
52 Hilde Domin an Marierose Fuchs vom 17.2.1960.
53 Hilde Domin an Marierose Fuchs vom 17.2.1960.
54 Hilde Domin an Marierose Fuchs vom 17.2.1960.
55 Hilde Domin an Erwin Walter Palm vom 16.4.1960.
56 Hilde Domin: Zärtliche Nacht. In: Dies.: Gesammelte Gedichte, S. 215.
57 Hilde Domin an Marierose Fuchs vom Oktober 1960 (ohne genaues Datum).
58 Aus: Hilde Domin: Mit leichtem Gepäck. In: Dies.: Gesammelte Gedichte, S. 210.
59 Aus: Hilde Domin: Picara. In: Dies.: Gesammelte Gedichte, S. 77.
60 Hilde Domin an Edith Baron vom 28.4.1960.
61 Hilde Domin an Marierose Fuchs vom 25.6.1960.
62 Hilde Domin an Marierose Fuchs vom 25.6.1960.
63 Aus: Hilde Domin: Fremder. In: Dies.: Gesammelte Gedichte, S. 212.
64 Hilde Domin an Rudolf Hirsch vom 12.3.1960.

## Anmerkungen

65 Hilde Domin an Hans-Jürgen Heise von 1960 (ohne genaues Datum).
66 Hilde Domin an Erwin Walter Palm vom 22.6.1960.
67 Hilde Domin an Erwin Walter Palm vom 22.6.1960.
68 Manon Andreas-Grisebach: Die Wucht der Gedichte. In: Marion Tauschwitz (Hg.): Unerhört nah – Erinnerungen an Hilde Domin. Heidelberg: Kurpfälzischer Verlag, 2009, S. 47-53, hier: S. 49.
69 GAS, S. 128.
70 Hilde Domin an Erwin Walter Palm vom 21.1.1961.
71 Hilde Domin: Versprechen an eine Taube. In: Dies.: Gesammelte Gedichte, S. 245.
72 Hilde Domin an Erwin Walter Palm vom 20.11.1960.
73 Erwin Walter Palm an Hilde Domin vom 4.11.1960.
74 Hilde Domin an Erwin Walter Palm vom 18.12.1960.
75 Ernennungsurkunde Erwin Walter Palm vom 19.10.1960.
76 Erwin Walter Palm an Hilde Domin vom 17.12.1960.
77 Karin Buselmeier (Hg.): Auch eine Geschichte der Universität Heidelberg, S. 476.
78 Michael Buselmeier im Gespräch mit Marion Tauschwitz vom 1.12.2007.
79 Dr. Carsten Sternberg: Erinnerungen an Erwin Walter Palm. Privatbesitz.
80 Dr. Carsten Sternberg: Erinnerungen an Erwin Walter Palm. Privatbesitz.
81 Erwin Walter Palm an Hilde Domin, Brief Nr. 5 vom Dezember 1960 (ohne genaues Datum).
82 Erwin Walter Palm an Hilde Domin vom 28.1.1961.
83 Erwin Walter Palm an Hilde Domin, Brief Nr. 5 vom Dezember 1960 (ohne genaues Datum).
84 Erwin Walter Palm an Hilde Domin, Brief Nr. 5 vom Dezember 1960 (ohne genaues Datum).
85 Erwin Walter Palm an Hilde Domin, Brief Nr. 5 vom Dezember 1960 (ohne genaues Datum).
86 Erwin Walter Palm an Hilde Domin vom 17.12.1960.
87 Erwin Walter Palm an Hilde Domin vom 17.12.1960.
88 Anlässlich der Verleihung des Kulturpreises der Stadt Dortmund an Hilde Domin. Nelly-Sachs-Preis 1983, S. 23.
89 Hilde Domin an Nelly Sachs vom 17.10.1960.
90 Vgl. Hilde Domin an Rudolf Hirsch vom 10.4.1960.
91 Joachim Seng (Hg.): Paul Celan/Rudolf Hirsch: Briefwechsel, S. 389.
92 Erwin Walter Palm an Hilde Domin vom 3.12.1960.
93 Hilde Domin an Erwin Walter Palm vom 6.1.1961.

Anmerkungen

94 Hilde Domin an Erwin Walter Palm vom 11.1.1961.
95 Hilde Domin an Erwin Walter Palm vom 11.1.1961.
96 Hilde Löwenstein an Erwin Walter Palm vom 30.12.1931.

## Anmerkungen zu Kapitel 16

1 Hilde Domin an Erwin Walter Palm vom 28.11.1960.
2 GAS, S. 126.
3 GAS, S. 125.
4 Hilde Domin: Von der Natur nicht vorgesehen, S. 59.
5 GAS, S. 43.
6 Hilde Domin an Edith Baron vom 3.12.1960.
7 Hilde Domin an Edith Baron vom 22.1.1961.
8 Hilde Domin an Edith Baron vom 11.3.1961.
9 Hilde Domin an Nelly Sachs vom 21.11.1961.
10 Hilde Domin an Nelly Sachs vom 21.11.1961.
11 Hilde Domin an Kurt Pinthus vom 28.2.1962.
12 Hilde Domin: Fünf Ausreiselieder. Hier. In: Dies.: Gesammelte Gedichte, S. 253.
13 Hilde Domin an Hans-Jürgen Heise vom 13.12.1961.
14 Hilde Domin an Marierose Fuchs vom 6.5.1961.
15 Thomas Wild: Hannah Arendt und die deutsche Literatur seit 1960. Wirkungswege von Person und Werk. Privates Exposée, S. 43.
16 Thomas Wild: Hannah Arendt und die deutsche Literatur seit 1960, S. 43.
17 Thomas Wild: Hannah Arendt und die deutsche Literatur seit 1960, S. 43.
18 Thomas Wild: Hannah Arendt und die deutsche Literatur seit 1960, S. 43.
19 Thomas Wild: Hannah Arendt und die deutsche Literatur seit 1960, S. 43.
20 Thomas Wild: Hannah Arendt und die deutsche Literatur seit 1960, S. 43.
21 Hilde Domin an Edith Baron vom 11.9.1961.
22 Hilde Domin an Edith Baron vom 11.9.1961.
23 Hilde Domin an Edith Baron vom 11.9.1961.
24 Hilde Domin an Walter Boehlich vom 14.7.1961.
25 Vgl. Hilde Domin an Erwin Walter Palm vom Mai 1964.
26 Marcel Reich-Ranicki: Literarisches Leben in Deutschland, S. 51.
27 Hilde Domin an Rudolf Hirsch vom 29.8.1963.
28 Marcel Reich-Ranicki: Poesie und Glockenläuten. In: Bettina von Wangenheim (Hg.): Vokabular der Erinnerungen. Zum Werk von Hilde Domin. Aktual. Neuausg. bearb. v. Ilseluise Metz. Frankfurt/M.: Fischer Taschenbuch Verlag, 1998, S. 108.

## Anmerkungen

29 Arno Schmidt an Heinrich Böll vom 28.11.1956.
30 Margot Scharpenberg an Rose Ausländer vom 21.11.1964. Dank an Helmut Braun für die Erlaubnis zum Abdruck.
31 Arno Schmidt an Hilde Domin vom 6.6.1965. In: Gregor Strick (Hg.): Arno Schmidt. Briefwechsel mit Kollegen. Frankfurt/M.: Suhrkamp Verlag, 2007, S. 274.
32 Ausgeschnittenes Horoskop. A: Domin.
33 Zit. nach: Joachim Seng (Hg.): Paul Celan/Rudolf Hirsch. Briefwechsel, S. 338.
34 Lothar Menne: Verlegerin des Jahres 2008. In: *BuchMarkt*, Dezember 2008.
35 Hilde Domin an Hans-Jürgen Heise vom (wohl 20.) August 1962 (ohne genaues Datum).
36 Lothar Menne: Verlegerin des Jahres 2008. In: *BuchMarkt*, Dezember 2008.
37 Hilde Domin an Rudolf Hirsch vom 15.4.1964.
38 Aus: Hilde Domin: Herbstaugen. In: Dies.: Gesammelte Gedichte, S. 155.
39 Hilde Domin an Karl Krolow vom 11.8.1962.
40 Hilde Domin an Karl Krolow vom 29.7.1962.
41 Hilde Domin an Kurt Pinthus vom 28.2.1962.
42 Hilde Domin an Walter Boehlich von 1960 (ohne genaues Datum).
43 Vgl. Peter Renz (Hg.): Der Ravensburger Kreis. Eine literarische Gesellschaft in Deutschland. Eggingen: Edition Isele, 1999, S. 66.
44 RNZ vom 31.7.1962.
45 Hans Mayer: Als Zivilist im Sängerkrieg. In: Die ZEIT vom 19.7.1963.
46 Hans Mayer: Als Zivilist im Sängerkrieg. In: Die ZEIT vom 19.7.1963.
47 Hans Mayer: Als Zivilist im Sängerkrieg. In: Die ZEIT vom 19.7.1963.
48 Aus: Hilde Domin: Anstandsregel für allerwärts. In: Dies.: Gesammelte Gedichte, S. 263.
49 Marierose Fuchs an Hilde Domin vom 15.4.1961.
50 Marierose Fuchs an Hilde Domin vom August 1971 (ohne genaues Datum).
51 Elisabeth Michels an Marierose Fuchs vom 21.2.1961.
52 Elisabeth Michels an Hilde Domin vom 2.3.1961. HAStK, Best. 1271.
53 Marierose Fuchs an Hilde Domin vom 24.5.1972.
54 Aus: Hilde Domin: Köln. In: Dies.: Gesammelte Gedichte, S. 243.
55 Hilde Domin an Marierose Fuchs vom 2.6.1972.
56 Hilde Domin: Nachruf auf einen Einzelkämpfer. In: Dies.: Gesammelte Essays, S. 281.
57 Hilde Domin: Nachruf auf einen Einzelkämpfer. In: Dies.: Gesammelte Essays, S. 278.

## Anmerkungen

58  Hilde Domin an Kurt Pinthus vom 12.1.1964.
59  Hilde Domin: Nachruf auf einen Einzelkämpfer. In: Dies.: Gesammelte Essays, S. 281.
60  Hilde Domin im Gespräch mit Dr. Walter Koch. In: Heimkehr ins Wort, eine SWR-Produktion von 1985, Videokassette im Privatbesitz.
61  Hilde Domin im Gespräch mit Dr. Walter Koch. In: Heimkehr ins Wort, Privatbesitz.
62  Hilde Domin im Gespräch mit Dr. Walter Koch. In: Heimkehr ins Wort, Privatbesitz.
63  Hilde Domin im Gespräch mit Dr. Walter Koch. In: Heimkehr ins Wort, Privatbesitz.
64  Hilde Domin an Walter Boehlich vom 26.9.1962.
65  Hinweis: Bertrand Badiou an Marion Tauschwitz vom 22.9.2008.
66  Kurt Pinthus: Die Schiffe können wiederkommen. In: Die ZEIT vom 13.7.1962.
67  Kurt Pinthus: Die Schiffe können wiederkommen. In: Die ZEIT vom 13.7.1962.
68  Kurt Pinthus: Die Schiffe können wiederkommen. In: Die ZEIT vom 13.7.1962.
69  Kurt Pinthus: Die Schiffe können wiederkommen. In: Die ZEIT vom 13.7.1962.
70  Kurt Pinthus: Die Schiffe können wiederkommen. In: Die ZEIT vom 13.7.1962.
71  Kurt Pinthus: Die Schiffe können wiederkommen. In: Die ZEIT vom 13.7.1962.
72  Hilde Domin an Kurt Pinthus vom 14.5.1962.
73  Hilde Domin an Marierose Fuchs vom 18.4.1961.
74  Hilde Domin an Hans Mayer vom 6.7.1982.
75  Hilde Domin: Worte. In: Dies.: Gesammelte Gedichte, S. 124.
76  Hilde Domin an Erwin Walter Palm vom 23.2.1963.
77  Hilde Domin an Peter Szondi vom 10.3.1963.
78  Vgl. Regine Wolf-Hauschild: Ihr wacher Blick. In: Marion Tauschwitz (Hg.): Unerhört nah – Erinnerungen an Hilde Domin. Heidelberg: Kurpfälzischer Verlag, 2009, S. 215-218.
79  Vgl. Birgit Lermen: Im Licht/ eines fernen/ längst erloschenen/ Lächelns. In: Unerhört nah – Erinnerungen an Hilde Domin. Heidelberg: Kurpfälzischer Verlag, 2009, S. 97-101.
80  Hilde Domin: Nachwort. In: Joachim Rochow: Der leise Krieg. Hrsg. und Nachwort von Hilde Domin. Andernach: Atelier Verlag, 1968, S. 44.
81  Aus: Hilde Domin: Bau mir ein Haus. In: Dies.: Gesammelte Gedichte, S. 28.

## Anmerkungen

82  Aus: Hilde Domin: Bau mir ein Haus. In: Dies.: Gesammelte Gedichte, S. 29.
83  Hilde Domin an Nelly Sachs vom 28.9.1966.
84  Hilde Domin an Hans Mayer vom 20.12.1980.
85  Joachim Günther in LiK vom 1.12.1980.
86  Joachim Günther in LiK vom 1.12.1980.
87  Joachim Günther in LiK vom 1.12.1980.
88  Erwin Walter Palm an Hilde Domin von 1960, Brief Nr. 5 (ohne genaues Datum).
89  Hilde Domin an Hans-Jürgen Heise vom 17.8.1962.
90  Aus: Hilde Domin: Auf Wolkenbürgschaft. In: Dies.: Gesammelte Gedichte, S. 131.
91  Aus: Hilde Domin: Herbstzeitlosen. In: Dies.: Gesammelte Gedichte, S. 17.
92  Hilde Domin: Was für ein Zeichen mach ich über die Tür. In: Dies.: Gesammelte Gedichte, S. 233.
93  Hilde Domin. In: Hans Jürgen Schultz (Hg.): Mein Judentum. Selbstzeugnisse. Stuttgart: Kreuz Verlag, 1979, S. 106.
94  Hilde Domin an Peter Szondi vom 16.9.1963.
95  Hilde Domin an Marcel Reich-Ranicki vom 26.3.1973.
96  Hilde Domin an Marcel Reich-Ranicki vom 26.3.1973.
97  Hilde Domin an Marierose Fuchs vom Februar 1960 (ohne genaues Datum).
98  Hilde Domin an Erwin Walter Palm vom August 1961 (ohne genaues Datum).
99  Hilde Domin an Erwin Walter Palm vom August 1961 (ohne genaues Datum).
100 Hilde Domin an Kurt Pinthus vom 30.5.1962.
101 Vgl. Regine Wolf-Hauschild: Ihr wacher Blick. In: Marion Tauschwitz (Hg.): Unerhört nah – Erinnerungen an Hilde Domin. Kurpfälzischer Verlag: Heidelberg, 2009, S. 215-218, hier S. 215f.
102 Hilde Domin an Erwin Walter Palm 1964 (ohne genaues Datum).
103 Frau Dr. Baldinger im Gespräch mit Marion Tauschwitz vom 30.6.2008.
104 Frau Dr. Baldinger im Gespräch mit Marion Tauschwitz vom 30.6.2008.
105 RNZ vom 18.12.1964.
106 Marcel Reich-Ranicki: Literarisches Leben in Deutschland, S. 183.
107 Wirklichere Wirklichkeit. Die Heidelberger Lyrikerin Hilde Domin las aus ihren Werken. RNZ vom 18.12.1964.
108 Joachim Günther: Zur Lyrik Hilde Domins. In: LiK vom 1.12.1980.
109 Hilde Domin im Gespräch mit Dr. Walter Koch. In: Heimkehr ins Wort, Privatbesitz.

## Anmerkungen

110 Hilde Domin an Erwin Walter Palm vom 25.9.1963.
111 Walter Boehlich an Hilde Domin vom 17.8.1961.
112 Hilde Domin an Walter Boehlich vom 18.6.1962.
113 Hilde Domin an Walter Boehlich vom 16.1.1964.
114 Hilde Domin an Walter Boehlich vom 5.2.1963.
115 Marcel Reich-Ranicki: Der Fall Hans Baumann. In: Ders.: Literarisches Leben in Deutschland, S. 63-69.
116 Hilde Domin an Walter Boehlich vom 13.6.1963.
117 Peter Rühmkorf: Bausteine zu einem Arno-Schmidt-Denkmal. In: Gregor Strick (Hg.): Arno Schmidt. Briefwechsel mit Kollegen. Frankfurt/M.: Suhrkamp, 2007, S. 400.
118 Hilde Domin an Walter Boehlich vom 16.8.1965.
119 Hilde Domin an Erwin Walter Palm vom November 1965 (ohne genaues Datum).
120 Günter Vollmer: Zum 60. Geburtstag von Erwin Walter Palm. In: RNZ vom 27.8.1970.
121 Michael Buselmeier: Schneller und lebendiger als die anderen. Hilde Domin und Erwin Walter Palm. In: Marion Tauschwitz (Hg.): Unerhört nah – Erinnerungen an Hilde Domin. Kurpfälzischer Verlag: Heidelberg, 2009, S. 30-34, hier: S. 32.
122 Günter Vollmer: Zum 60. Geburtstag von Erwin Walter Palm. In: RNZ vom 27.8.1970.
123 Eugenia Lüttmann Valencia im Gespräch mit Marion Tauschwitz vom 18.10.2007.
124 Günter Vollmer: Zum 60. Geburtstag von Erwin Walter Palm. In: RNZ vom 27.8.1970.
125 Günter Vollmer: Zum 60. Geburtstag von Erwin Walter Palm. In: RNZ vom 27.8.1970.
126 Günter Vollmer: Zum 60. Geburtstag von Erwin Walter Palm. In: RNZ vom 27.8.1970.
127 Michael Buselmeier: Schneller und lebendiger als die anderen. Hilde Domin und Erwin Walter Palm. In: Marion Tauschwitz (Hg.): Unerhört nah – Erinnerungen an Hilde Domin, S. 32.
128 Vgl. Hilde Domin an Kurt Pinthus vom 1.12.1962.
129 Vgl. Hilde Domin an Hugo Friedrich, wohl Oktober 1963 (ohne genaues Datum).
130 Hilde Domin: Ruf. In: Dies.: Gesammelte Gedichte, S. 290.
131 Hilde Domin: Letzte Chöre für das Verheißene Land. In: Dies.: Gesammelte Gedichte, S. 371.
132 Hilde Domin: Letzte Chöre für das Verheißene Land. In: Dies.: Gesammelte Gedichte, S. 371.

## Anmerkungen

133 Hilde Domin: Letzte Chöre für das Verheißene Land. In: Dies.: Gesammelte Gedichte, S. 375.
134 Josef W. Janker: Meine Freunde, die Kollegen, Friedrichshafen 1994. In: Hansgeorg Schmidt-Bergmann: Ein Bild der Zeit. Literatur in Baden-Württemberg 1952-1970. Karlsruhe: Info Verlag, 2002, S. 162.
135 Hans-Jürgen Heise im Gespräch mit Marion Tauschwitz vom Juni 2008.
136 Hilde Domin an Walter Boehlich von 1964 (ohne genaues Datum).
137 RNZ vom 27.7.1972.
138 Hilde Domin an Hans-Jürgen Heise vom 31.10.1963.
139 Hilde Domin: Linguistik. In: Dies.: Gesammelte Gedichte, S. 174.
140 Aus: Hilde Domin: Frage. In: Dies.: Gesammelte Gedichte, S. 271.
141 Hilde Domin an Erwin Walter Palm vom 27.11.1963.
142 Hilde Domin an Erwin Walter Palm vom 6.9.1966.
143 Vgl. Hilde Domin an Rudolf Hirsch vom 29.8.1963.
144 Aus: Hilde Domin: Fünf Ausreiselieder. In: Dies.: Gesammelte Gedichte, S. 255.
145 Hilde Domin: Das Gefieder der Sprache. In: Dies.: Gesammelte Gedichte, S. 272.
146 Hilde Domin an Erwin Walter Palm vom Juli 1963 (ohne genaues Datum).
147 Hilde Domin an Erwin Walter Palm vom 23.8.1963.
148 Hilde Domin an Erwin Walter Palm vom 23.8.1963.
149 Hilde Domin an Erwin Walter Palm vom 23.8.1963.
150 Hilde Domin an Erwin Walter Palm vom 23.8.1963.
151 Hilde Domin: FAZ-Fragebogen. In: FAZ-Magazin vom 9.7.1982.
152 Hilde Domin: Über die Schwierigkeiten, eine berufstätige Frau zu sein. In: Dies.: Gesammelte Essays, S. 73.
153 Hilde Domin an Erwin Walter Palm vom 3.12.1963.
154 Hilde Domin an Erwin Walter Palm vom 3.12.1963.
155 Aus: Hilde Domin: Mein Herze wir sind verreist. In: Dies.: Der Baum blüht trotzdem, S. 7.
156 Frank-Rutger Hausmann hatte im März 2006 den Briefwechsel zwischen Friedrich und Domin dargestellt und den ersten erhaltenen Brief der Lyrikerin an den Romanisten auf den 20. Dezember 1966 datiert. Tatsächlich hat Domin aber bereits im April 1963 an Friedrich geschrieben, der Briefwechsel erstreckte sich über vier Jahre.
157 Hilde Domin an Hugo Friedrich vom 20.12.1966.
158 Hilde Domin an Hugo Friedrich vom 20.12.1966.
159 Frank-Rutger Hausmann: Gedruckt wie gestorben. In: FAZ vom 25.3.2006.

## Anmerkungen

160 Hilde Domin an Walter Boehlich vom 16.3.1960.
161 Hilde Domin an Walter Boehlich (ohne genaues Datum).
162 Hilde Domin an Erwin Walter Palm 1964, Brief Nr. 17 (ohne genaues Datum).
163 Aus: Hilde Domin: Mit den fremden Augen. In: Dies.: Gesammelte Gedichte, S. 309. Die Zeilen der Manuskript-Fassung »ich helfe dir/gegen mich« fielen später weg.
164 Brief Erwin Walter Palm an Walter Boehlich wohl von 1966 (ohne genaues Datum).
165 Brief Erwin Walter Palm an Walter Boehlich wohl von 1966 (ohne genaues Datum).
166 Hilde Domin an Erwin Walter Palm vom 15.3.1964.
167 Hilde Domin an Erwin Walter Palm vom 15.3.1964.
168 Aus: Hilde Domin: Marionette. In: Dies.: Gesammelte Gedichte, S. 288.
169 Aus: Hilde Domin: Was für ein Zeichen mache ich über die Tür? In: Dies.: Gesammelte Gedichte, S. 233.
170 Hilde Domin an Erwin Walter Palm vom 22.2.1964.
171 Marcel Reich-Ranicki: Außerhalb jeder Regel. In: Bettina von Wangenheim (Hg.): Vokabular der Erinnerungen. Zum Werk von Hilde Domin. Aktual. Neuausg. bearb. v. Ilseluise Metz. Frankfurt/M.: Fischer Taschenbuch Verlag, 1998, S. 176.
172 Im Alter pflückt die Dichterin sich Trauben. *Frankfurter Neue Presse* vom 19.6.1992.
173 GAS, S. 202.
174 Hilde Domin: Mit Kopf und Herz redigiert. In: RNZ vom 5.9.1995.
175 Vgl. Richard Benz: Heidelberg – Schicksal und Geist. Sigmaringen: Thorbecke Verlag, 1975.
176 Hilde Domin: Mit großer Herzlichkeit empfangen. Hilde Domin zu ihren Exilerfahrungen. In: RNZ vom 8.7.1971.
177 Hilde Domin: Mit großer Herzlichkeit empfangen. Hilde Domin zu ihren Exilerfahrungen. In: RNZ vom 8.7.1971.
178 Zwischenfall bei Versammlung. RNZ vom 20.8.1962.
179 Hilde Domin an Hans-Jürgen Heise (ohne genaues Datum).
180 Aus: Hilde Domin: Drei Arten Gedichte aufzuschreiben, 3. In: Dies.: Gesammelte Gedichte, S. 335.
181 GAS, S. 130.
182 Hilde Domin an Erwin Walter Palm vom 25.12.1963.
183 GAS, S. 264f.
184 Hilde Domin an Erwin Walter Palm vom 1.1.1974.

Anmerkungen

## Anmerkungen zu Kapitel 17

1 Hilde Domin an Erwin Walter Palm vom 4.11.1963.
2 Andreas Isenschmid: Wir sind alle Überlebende. Zum Briefwechsel von Hilde Domin und Peter Szondi. In: *Neue Rundschau*, Heft 3/2008, S. 71.
3 Aus: Hilde Domin: Wunsch. In: Dies.: Gesammelte Gedichte, S. 319.
4 Hilde Domin: Es knospt. In: Dies.: Gesammelte Gedichte, S. 293.
5 Horst Meller: Ich bin kein Fahrer, ich bin eine Gefahrene. In: Marion Tauschwitz (Hg.): Unerhört nah – Erinnerungen an Hilde Domin. Heidelberg: Kurpfälzischer Verlag, 2009, S. 111-115, hier: S. 114.
6 Manon Andreas-Grisebach: Die Wucht der Gedichte. In: Marion Tauschwitz (Hg.): Unerhört nah – Erinnerungen an Hilde Domin. Heidelberg: Kurpfälzischer Verlag, 2009, S. 47-53, hier: S. 48.
7 Heinz Häfner: Reichtum an Geist und Sympathie. In: Marion Tauschwitz (Hg.): Unerhört nah – Erinnerungen an Hilde Domin. Heidelberg: Kurpfälzischer Verlag, 2009, S. 57-60, hier: S. 59.
8 Hilde Domin an Erwin Walter Palm vom 10.3.1964.
9 Hilde Domin: Lyrik. In: Hilde Domin: Hier. Frankfurt/M.: Fischer Taschenbuch Verlag, 2004, S. 7.
10 Motto zu: Hilde Domin: Was für ein Zeichen mache ich über die Tür. In: Dies.: Gesammelte Gedichte, S. 225.
11 Hilde Domin: Ars longa. In: Dies.: Gesammelte Gedichte, S. 295.
12 Richard Exner: Schöner sind die Gedichte des Glücks. In: Die ZEIT vom 2.10.1964.
13 Hilde Domin an Erwin Walter Palm vom 6.10.1963.
14 Michael Buselmeier im Gespräch mit Marion Tauschwitz vom 1.12.2007.
15 Aus: Hilde Domin: Landen dürfen. In: Dies.: Gesammelte Gedichte, S. 229.
16 Erwin Walter Palm: Heimkehr ins Exil. Zwischen Paradies und Wirklichkeit. In: Forum Ibero-Americanum 6. Köln und Weimar: Böhlau Verlag, 1992, S. 413.
17 Vgl. Erwin Walter Palm: Kunst jenseits der Kunst. In: *Akzente* 3/1966, Sonderdruck, S. 257.
18 Hilde Domin an Erwin Walter Palm vom 1.6.1964.
19 Hilde Domin: Über Virginia Woolf. In: Dies.: Gesammelte Essays, S. 99.
20 Hilde Domin: Über Virginia Woolf. In: Dies.: Gesammelte Essays, S. 98.
21 Hilde Domin: Über Virginia Woolf. In: Dies.: Gesammelte Essays, S. 98.
22 Hilde Domin: Tunnel. In: Dies.: Gesammelte Gedichte, S. 291.
23 Hilde Domin an Edith Baron wohl vom Herbst 1960 (ohne genaues Datum).

## Anmerkungen

24 Vgl. Michael Drewes an Marion Tauschwitz vom 5.1.2009.
25 Hilde Domin: Vita. In: Dies.: Heimkehr ins Wort, S. 196.
26 Hilde Domin an Erwin Walter Palm vom 4.8.1970.
27 Hilde Domin an Erwin Walter Palm vom 4.8.1970.
28 Hilde Domin an Erwin Walter Palm vom 4.8.1970.
29 Reinhard Kleber: Mach mal Pause – hör Poetik! In: *Communale* vom 28.1.1988.
30 Hilde Domin an Hans Mayer vom 20.12.1980.
31 Hilde Domin: Rücken. In: Dies.: Gesammelte Gedichte, S. 85.
32 Hilde Domin an Erwin Walter Palm vom 9.11.1964.
33 Vgl. Hilde Domin an Günter Eich vom 5.6.1965.
34 Hilde Domin an Erich Fried, wohl 1967 (ohne genaues Datum). Vermerk: Der Brief wurde nicht abgeschickt.
35 Wilfried Barner (Hg.): Geschichte der deutschen Literatur von 1945 bis zur Gegenwart. 2., aktual. u. erw. Aufl. München: Beck Verlag, 2006, S. 492.
36 Hilde Domin an Erich Fried, wohl 1967 (ohne genaues Datum). Vermerk: Der Brief wurde nicht abgeschickt.
37 Hilde Domin an Ingeborg Drewitz vom Dezember 1964 (ohne genaues Datum).
38 Vgl. Hilde Domin an Marcel Reich-Ranicki vom 22.3.1993.
39 Eberhard Horst in seinem Glückwunschschreiben an Hilde Domin anlässlich der Rilke-Preis-Verleihung.
40 Erwin Walter Palm an Hilde Domin vom 21.11.1966.
41 Erwin Walter Palm an Hilde Domin vom 21.11.1966.
42 Hilde Domin an Erwin Walter Palm vom 8.10/10.10.1963.
43 Aus: Hilde Domin: Graue Zeiten. In: Dies.: Gesammelte Gedichte, S. 340.
44 Aus: Hilde Domin: Graue Zeiten. In: Dies.: Gesammelte Gedichte, S. 341.
45 GAS, S. 222f.
46 Hilde Domin an Erwin Walter Palm vom 15.3.1964.
47 Hilde Domin: Doppelinterpretationen. Frankfurt/M.: Athenäum Verlag, 1967, S. 18.
48 Margret Karsch: Zum Zweck zweckfreier Lyrik – Die Sprachhandwerkerin Hilde Domin. Zit. Nach: www.zukunft-braucht-erinnerung.de/biographien.
49 Margret Karsch: Zum Zweck zweckfreier Lyrik – Die Sprachhandwerkerin Hilde Domin. Zit. Nach: www.zukunft-braucht-erinnerung.de/biographien
50 Margret Karsch: Zum Zweck zweckfreier Lyrik – Die Sprachhandwerkerin Hilde Domin. Zit. Nach: www.zukunft-braucht-erinnerung.de/biographien.

## Anmerkungen

51 Hilde Domin an Arno Schmidt vom 6.6.1965. In: Gregor Strick (Hg.): Arno Schmidt. Briefwechsel mit Kollegen. Frankfurt/M.: Suhrkamp Verlag, 2007, S. 274.
52 Hilde Domin an Hans-Georg Gadamer vom 20.1.1966.
53 Hilde Domin: Doppelinterpretationen, S. 340.
54 Hilde Domin: Doppelinterpretationen, S. 337.
55 Paul Celan im Brief an Dr. Lotsch. Kopie des Briefes an den Athenäum Verlag (ohne genaues Datum). A: Domin.
56 Vgl. Hilde Domin: Doppelinterpretationen, S. 340.
57 Hilde Domin: Gegen die Verniemandung Yvan Golls. In: Dies.: Gesammelte Essays, S. 122.
58 Hilde Domin an Ernst Noam vom 11.4.1959.
59 Hilde Domin an Ernst Noam vom 11.4.1959.
60 Andreas Isenschmid: Wir sind alle Überlebende. In: *Neue Rundschau*, Heft 3, 2008, S. 71.
61 Peter Szondi an Hilde Domin vom 29.3.1965.
62 Vgl. Hilde Domin an Hugo Friedrich vom 8.9.1966.
63 GAS, S. 199.
64 GAS, S. 199.
65 GAS, S. 200.
66 GAS, S. 201.
67 Hilde Domin. In: Hans Jürgen Schultz (Hg.): Mein Judentum. Stuttgart: Kreuz Verlag, 1979, S. 116.
68 Erwin Walter Palm an Hilde Domin vom 20.10.1966.
69 Hilde Domin: Glückwunschtelegrammabschrift. A: Domin.
70 Hilde Domin an Rudolf Hirsch vom 29.8.1963.
71 Hilde Domin und Nelly Sachs verfielen nach dem schnellen schwesterlichen »Du« der ersten Briefe nicht in ein distanziertes »Sie«, wie es in *Nelly Sachs »an letzter Atemspitze des Lebens«* von Birgit Lermen und Michael Braun dargestellt ist, die durch die fehlerhafte Übermittlung von Ilse Metz, der damaligen Mitarbeiterin Hilde Domins, von einem falschen Datum einzelner Briefe ausgehen mussten. Die angesprochenen, scheinbar letzten Briefe waren tatsächlich jedoch die ersten zwei Briefe, die die Dichterinnen ausgetauscht hatten – da waren sie natürlich noch beim höflichen »Sie«. Den Umständen, durch welche Ilse Metz die Korrespondenz »gesammelt« hatte, sie hatte im Gespräch mit Birgit Lermen Wert auf diese Formulierung bei der Veröffentlichung gelegt – die Korrespondenz mit Nelly Sachs war zeitweilig verschwunden gewesen –, waren heftige Auseinandersetzungen zwischen Hilde Domin und ihrem damaligen Mitarbeiter Clemens Greve gefolgt, wie Horst Meller im Gespräch mit Marion Tauschwitz am 20. Juli 2003 ausführte und eine eidesstattliche Versicherung von Ilse Metz bezeugt.

## Anmerkungen

72 Hilde Domin an Hugo Friedrich vom 20.12.1966.
73 Hilde Domin an Erwin Walter Palm vom 30.4.1967.
74 Hilde Domin im Beiblatt zu »Hundertdruck IV«.
75 Hilde Domin: Höhlenbilder. Privatbesitz.
76 Hilde Domin an Erwin Walter Palm vom 30.4.1967.
77 Hilde Domin: Über die Schwierigkeiten, eine berufstätige Frau zu sein. In: Dies.: Gesammelte Essays, S. 75.
78 Hilde Domin: Über die Schwierigkeiten, eine berufstätige Frau zu sein. In: Dies.: Gesammelte Essays, S. 75.
79 Hilde Domin: Über die Schwierigkeiten, eine berufstätige Frau zu sein. In: Dies.: Gesammelte Essays, S. 76.
80 Hilde Domin: Über die Schwierigkeiten, eine berufstätige Frau zu sein. In: Dies.: Gesammelte Essays, S. 73.
81 Hilde Domin: Über die Schwierigkeiten, eine berufstätige Frau zu sein. In: Dies.: Gesammelte Essays, S. 74.
82 Hilde Domin an Erwin Walter Palm vom 30.4.1967.
83 Aus: Hilde Domin: Lieder zur Ermutigung 3. In: Dies.: Gesammelte Gedichte, S. 335.
84 Aus: Hilde Domin: Lieder zur Ermutigung 3. In: Dies.: Gesammelte Gedichte, S. 333.
85 Aus: Hilde Domin: Vorsichtshalber. In: Dies.: Gesammelte Gedichte, S. 358.
86 Marcel Reich-Ranicki: Außerhalb jeder Regel. In: FAZ vom 24.2.2006.
87 Hilde Domin im Gespräch mit Marion Tauschwitz vom 5.12.2005.
88 Friedrich Christian Delius zur Eröffnung der Marbacher Ausstellung »Protest! Literatur um 68« im Literaturhaus Berlin. In: *Frankfurter Rundschau* vom 6.2.1999.
89 Paul Konrad Kurz: Auf der Suche nach dem verlorenen Paradies. In: Bettina von Wangenheim (Hg.): Heimkehr ins Wort. Materialien zu Hilde Domin. Frankfurt/M.: Fischer Taschenbuch Verlag, 1982, S. 103.
90 Vgl. Hans-Jürgen Fröhlich: Kühn gescheitert. In: Bettina von Wangenheim (Hg.): Heimkehr ins Wort. Materialien zu Hilde Domin. Frankfurt/M.: Fischer Taschenbuch Verlag, 1982, S. 96.
91 Joachim Günther: Hilde Domin. Wozu Lyrik heute. In: *Neue Deutsche Hefte*, Heft 4/1968, S. 190.
92 Joachim Günther: Hilde Domin. Wozu Lyrik heute. In: *Neue Deutsche Hefte*, Heft 4/1968, S. 190.

## Anmerkungen

## Anmerkungen zu Kapitel 18

1. Text der offiziellen Einladung der GEDOK. HAStK.
2. Walter Jens: Vollkommenheit im Einfachen. In: Bettina von Wangenheim (Hg.): Vokabular der Erinnerungen. Zum Werk von Hilde Domin. Aktual. Neuausg. bearb. v. Ilseluise Metz. Frankfurt/M.: Fischer Taschenbuch Verlag, 1998, S. 55.
3. Hilde Domin: Dankesrede zum Ida-Dehmel-Preis. In: *Neue Deutsche Hefte*, Heft 3/1968, S. 228.
4. Hinweis Dr. Michael Bachem im Gespräch mit Marion Tauschwitz.
5. Vgl. Joachim Seng: Nachwort. In: Joachim Seng (Hg.): Paul Celan/Rudolf Hirsch. Briefwechsel. Frankfurt/M.: Suhrkamp Verlag, 2004, S. 359.
6. Rolf Michaelis: Manuskript. In: FAZ vom 10.6.1968. A: Domin.
7. Hilde Domin: Dankesrede zum Ida-Dehmel-Preis. In: *Neue Deutsche Hefte*, Heft 3/1968, S. 228.
8. Hilde Domin: Dankesrede zum Ida-Dehmel-Preis. In: *Neue Deutsche Hefte*, Heft 3/1968, S. 227.
9. Notiz in der FAZ vom 10.6.1968. A: Domin.
10. Hilde Domin an Rolf Michaelis vom Juni 1968 (ohne genaues Datum).
11. Ernst Halter: »Ist er mir noch böse?« Hilde Domin und Erika Burkart. In: Marion Tauschwitz (Hg.): Unerhört nah – Erinnerungen an Hilde Domin. Heidelberg: Kurpfälzischer Verlag, 2009, S. 65-68, hier: S. 65.
12. Vgl. Ernst Halter: »Ist er mir noch böse?«. In: Marion Tauschwitz (Hg.): Unerhört nah – Erinnerungen an Hilde Domin, S. 65f.
13. Dr. Eickmeyer an Hilde Domin vom 27.4.1971.
14. Hilde Domin: Bei der Entgegennahme des Droste-Preises in Meersburg 1971. In: Dies.: Gesammelte Essays, S. 119.
15. Josef W. Janker an Hilde Domin vom 9.6.1971.
16. Josef W. Janker an Hilde Domin vom 9.6.1971.
17. Hilde Domin an Josef W. Janker (ohne genaues Datum), Antwortbrief auf Jankers Brief vom 9.6.1971.
18. Hilde Domin an Josef W. Janker (ohne genaues Datum), Antwortbrief auf Jankers Brief vom 9.6.1971.
19. Begründung in der Verleihungsurkunde der Heinrich-Heine-Plakette. A: Domin.
20. Hilde Domin an Erwin Walter Palm vom 13.12.1975.
21. GAS, S. 232.

Anmerkungen

22 Hilde Domin: Dankesrede zum Rainer-Maria-Rilke-Preis. Zit. nach: Renate Schettler: Hand in Hand mit der Sprache – bis zuletzt. In: *Heidelberger Tageblatt* vom 2./3.4.1977.
23 Hilde Domin: Zur Neunten Elegie. Hilde Domin: In: Dies.: Gesammelte Essays, S .137.
24 Glückwunschschreiben von Marcel Reich-Ranicki. A: Domin.
25 Ulla Hahn: Zum Friedrich-Hölderlin-Preis. In: Bettina von Wangenheim (Hg.): Vokabular der Erinnerungen. Zum Werk von Hilde Domin. Aktual. Neuausg. bearb. v. Ilseluise Metz. Frankfurt/M.: Fischer Taschenbuch Verlag, 1998, S. 172.
26 Heribert Vogt: Das Gefühl stets erhoffter Stille. In: RNZ vom 9.6.1992.
27 Zeitungsnotiz: *Frankfurter Neue Presse* vom 19.6.1972: A: Domin.
28 Einfluß auf die Wissenschaft gewürdigt. In: RNZ vom 7.11.1992.
29 Die Partisanin des klaren Wortes. In: RNZ vom 2.11.1992.
30 Hilde Domin: Und doch sein wie ein Baum. Dankesrede in der RNZ vom 14./15.11.1992.
31 Hans-Martin Gauger in seiner Laudatio bei der Verleihung des Jakob-Wassermann-Preises an Hilde Domin am 7. März 1999.
32 Hans-Martin Gauger in seiner Laudatio bei der Verleihung des Jakob-Wassermann-Preises an Hilde Domin am 7. März 1999.
33 Hans-Martin Gauger in seiner Laudatio bei der Verleihung des Jakob-Wassermann-Preises an Hilde Domin am 7. März 1999.
34 Hans-Martin Gauger in seiner Laudatio bei der Verleihung des Jakob-Wassermann-Preises an Hilde Domin am 7. März 1999.
35 Hans-Martin Gauger in seiner Laudatio bei der Verleihung des Jakob-Wassermann-Preises an Hilde Domin am 7. März 1999.

## Anmerkungen zu Kapitel 19

1 Joachim Günther: Hilde Domin: Wozu Lyrik heute. In: *Neue deutsche Hefte*, Heft 4/1968, S. 190.
2 Aus: Hilde Domin: Graue Zeiten. In: Dies.: Gesammelte Gedichte, S. 340.
3 GAS, S. 204ff.
4 Vgl. GAS, S. 204.
5 GAS, S. 131.
6 GAS, S. 129.
7 Aus: Hilde Domin: Versprechen an eine Taube. In: Dies.: Gesammelte Gedichte, S. 245.

## Anmerkungen

8  Hilde Domin an Erwin Walter Palm vom 4.8.1970 (obwohl »80« geschrieben steht).
9  GAS, S. 131.
10 GAS, S. 132.
11 Hilde Domin an Erwin Walter Palm vom 15.12.1975.
12 Erwin Walter Palm an Hilde Domin vom 26.10.1970.
13 Erwin Walter Palm an Hilde Domin vom 5.11.1971.
14 Erwin Walter Palm an Hilde Domin vom 26.10.1970.
15 Erwin Walter Palm an Hilde Domin von 1971, Brief Nr. 12 (ohne genaues Datum).
16 Erwin Walter Palm an Hilde Domin vom 28.10.1970.
17 Erwin Walter Palm an Hilde Domin vom 31.10.1970.
18 Erwin Walter Palm an Hilde Domin vom 7.10.1970.
19 Vgl. Erwin Walter Palm an Hilde Domin vom 28.11.1971.
20 Erwin Walter Palm an Hilde Domin, Brief Nr. 11 (ohne genaues Datum).
21 Klaus Jetz: Alte Kameraden. Nazi-Diplomaten in Bonner Diensten. In: ila Literaturspecial 2003.
22 Erwin Walter Palm an Hilde Domin von 1973, Brief IV (ohne genaues Datum).
23 Erwin Walter Palm an Hilde Domin vom 30.10.1971.
24 Erwin Walter Palm an Hilde Domin vom 26.11.1971.
25 Erwin Walter Palm an Hilde Domin vom 23.12.1973.
26 Aus: Hilde Domin: Auf der andern Seite des Monds. In: Dies.: Gesammelte Gedichte, S. 231.
27 Erwin Walter Palm an Hilde Domin vom 12.12.1975.
28 Hilde Domin an Erwin Walter Palm von 1971, Brief XI (ohne genaues Datum).
29 Motto zum Gedichtband: Hilde Domin: Ich will Dich. Frankfurt/M.: Fischer Taschenbuch Verlag, 1997, S. 5.
30 Birgit Lermen/Michael Braun (Hg.): Hilde Domin. »Hand in Hand mit der Sprache«, S. 76.
31 Hilde Domin: Aber die Hoffnung. Frankfurt/M.: Fischer Taschenbuch Verlag, 2004, S. 70.
32 Aus: Hilde Domin: Drei Arten Gedichte aufzuschreiben. In: Dies.: Ich will dich. Frankfurt/M.: Fischer Taschenbuch Verlag, 1997, S. 10.
33 Aus: Hilde Domin: Zur Interpunktion. In: Dies.: Ich will dich, S. 26.
34 Hilde Domin: Nachkrieg und Unfrieden. Frankfurt/M.: Fischer Taschenbuch Verlag, 1998, S. 220.
35 Erwin Walter Palm an Hilde Domin vom 5.11.1971.
36 Hilde Domin an Erwin Walter Palm vom 17.9.1971.
37 Hilde Domin an Erwin Walter Palm vom 12.10.1971.

## Anmerkungen

38  Hilde Domin an Erwin Walter Palm vom 12.10.1971.
39  Hilde Domin an Erwin Walter Palm vom November 1971, Brief VII (ohne genaues Datum).
40  Hilde Domin an Erwin Walter Palm vom 27.11.1971.
41  Hilde Domin: Ausbruch von hier. In: Dies.: Gesammelte Gedichte, S. 359.
42  Hilde Domin: Ausbruch von hier. In: Dies.: Gesammelte Gedichte, S. 359.
43  Hans-Georg Meyer: Aufeinander zugehen. 1. Fassung vom 24.3.2008. Privatbesitz.
44  Hans-Georg Meyer: Aufeinander zugehen. In: Marion Tauschwitz (Hg.): Unerhört nah – Erinnerungen an Hilde Domin, S. 120.
45  Hilde Domin an Erwin Walter Palm vom Januar 1974 (ohne genaues Datum).
46  Hilde Domin: In: Dies.: Von der Natur nicht vorgesehen, S. 5.
47  GAS, S. 82f.
48  GAS, S. 121.
49  Erwin Walter Palm an Hilde Domin vom 20.2.1976.
50  Erwin Walter Palm an Hilde Domin vom 9.12.1973.
51  Erwin Walter Palm an Hilde Domin vom 30.10.1971.
52  Erwin Walter Palm an Hilde Domin vom 1.1.1974.
53  GAS, S. 138.
54  GAS, S. 138.
55  Erwin Walter Palm an Hilde Domin vom 9.12.1973.
56  GAS, S. 102.
57  GAS, S. 99.
58  Aus: Hilde Domin: Tokaidoexpress. In: Dies.: Gesammelte Gedichte, S. 349.
59  Aus: Hilde Domin: Tokaidoexpress. In: Dies.: Gesammelte Gedichte, S. 349.
60  Hilde Domin an Erwin Walter Palm vom 9.4.1973.
61  Astrid Gehlhoff-Claes: Bis die Tür aufbricht, S. 8.
62  GAS, S. 214f.
63  GAS, S. 216.
64  Hilde Domin: Vorwort. In: Dorothea Heiser (Hg.): Mein Schatten in Dachau. Gedichte und Biographien der Überlebenden und der Toten des Konzentrationslagers. München: Pfeiffer Verlag, 1993, S. 5.
65  Monika Schoeller: Ein heller sprühender Stern. In: Marion Tauschwitz (Hg.): Unerhört nah – Erinnerungen an Hilde Domin, S. 162.
66  Reiner Kunze im Gespräch mit Marion Tauschwitz am 2.10.2008.
67  Reiner Kunze: Solidarität statt Herde. In: Marion Tauschwitz (Hg.): Unerhört nah – Erinnerungen an Hilde Domin, S. 95.

Anmerkungen

68 Aus: Hilde Domin: Drei Arten Gedichte aufzuschreiben. In: Dies.: Gesammelte Gedichte, S. 335.
69 Reiner Kunze: Solidarität statt Herde. In: Marion Tauschwitz (Hg.): Unerhört nah – Erinnerungen an Hilde Domin, S. 95.
70 Birgit Lermen: Im Licht/eines fernen/längst erloschenen/Lächelns. In: Marion Tauschwitz (Hg.): Unerhört nah – Erinnerungen an Hilde Domin, S. 97.
71 Hilde Domin: Aber die Hoffnung, S. 72.
72 Hilde Domin: Aber die Hoffnung, S. 73.
73 Aus: Hilde Domin: Graue Zeiten. In: Dies.: Gesammelte Gedichte, S. 340.

## Anmerkungen zu Kapitel 20

1 Hilde Domin an Reiner Kunze, wohl 1981 (ohne genaues Datum).
2 Hilde Domin an Rudolf Hirsch vom 10.1.1960.
3 Hilde Domin: Autoren nehmen Stellung: Warum ich für die »Serie Piper« schreibe. Piperwerbeprospekt. Privatbesitz.
4 Hilde Domin an Erwin Walter Palm vom 1.1.1974.
5 Hilde Domin an Erwin Walter Palm vom 1.1.1974.
6 Hilde Domin an Erwin Walter Palm vom 27.12.1973.
7 Wilfried Barner: Das Jahrzehnt der Ungleichzeiten und der langgezogenen »Tendenzwende«: Literarisches Leben im Westen. In: Ders. (Hg.): Geschichte der deutschen Literatur von 1945 bis zur Gegenwart, S. 584.
8 Hilde Domin: Humanität bei Lebzeiten – eine Utopie? In: Dies.: Gesammelte Essays, S. 395.
9 Vgl. Hilde Domin: Humanität bei Lebzeiten – eine Utopie? In: Dies.: Hilde Domin: Gesammelte Essays, S. 401.
10 Vgl. Hilde Domin: Humanität bei Lebzeiten – eine Utopie? In: Dies.: Hilde Domin: Gesammelte Essays, S. 406.
11 Vgl. Horst Meller: »Ich bin kein Fahrer, ich bin eine Gefahrene«. In: Marion Tauschwitz (Hg.): Unerhört nah – Erinnerungen an Hilde Domin, S. 111.
12 Erwin Walter Palm: Erinnerungen und Texte. In: Ibero-Amerikanisches Archiv, Heft 4, 1989, S. 485.
13 Erwin Walter Palm an Hilde Domin vom 20.10.1978.

Anmerkungen

14 Ulla Hahn: Zum Friedrich-Hölderlin-Preis. In: Bettina von Wangenheim (Hg.): Vokabular der Erinnerungen. Zum Werk von Hilde Domin. Aktual. Neuausg. bearb. v. Ilseluise Metz. Frankfurt/M.: Fischer Taschenbuch Verlag, 1998, S. 167.
15 Aus: Hilde Domin: Geh hin. In: Dies.: Gesammelte Gedichte, S. 323.
16 Horst Meller: »Ich bin kein Fahrer, ich bin eine Gefahrene«. In: Marion Tauschwitz (Hg.): Unerhört nah – Erinnerungen an Hilde Domin, S. 111.
17 Erwin Walter Palm an Hilde Domin vom 26.10.1978.
18 Hilde Domin: Vorbemerkungen. In: Erinnerungen und Texte. Ibero-Amerikanisches Archiv, Heft 4, 1989, S. 423.
19 GAS, S. 146.
20 Hilde Domin: Notiz. A: Domin.
21 Vgl. Reinhard Kleber: Mach mal Pause – hör Poetik! In: *Communale* vom 28.1.1988.
22 Hilde Domin Helmut Viebrock (ohne genaues Datum).
23 Hilde Domin Helmut Viebrock (ohne genaues Datum).
24 Aus: Hilde Domin: Antwort. In: Dies.: Der Baum blüht trotzdem, S. 9.
25 Pressestimme des WDR. In: Hilde Domin: Aber die Hoffnung. Frankfurt/M.: Fischer Taschenbuch Verlag, 2004. Umschlagseite.
26 Iso Camartin in seiner Laudatio vom 1. November 1992. A: Domin.
27 Zum 70. Geburtstag der Dichterin Hilde Domin. In: RNZ vom 24.7.1982.
28 Hilde Domin: Notiz auf einem Zettel. A: Domin.
29 Vgl. Peter Anselm Riedl: Grabrede. In: Ibero-Amerikanisches Archiv, Heft 4, 1989, S. 643.

Anmerkungen zu Kapitel 21

1 Hilde Domin: Notizzettel. A: Domin.
2 Hilde Domin in der Nacht vom 13./14. Juli 1988.
3 Helga von Kügelgen: Unerhört nah. In: Marion Tauschwitz (Hg.): Unerhört nah – Erinnerungen an Hilde Domin, S. 90.
4 Aus: Hilde Domin: Dein Mund auf meinem. In: Dies.: Gesammelte Gedichte, S. 54.
5 Jakob Köllhofer: Ein Vögelchen mit dem Herzen einer Löwin. In: Marion Tauschwitz (Hg.): Unerhört nah – Erinnerungen an Hilde Domin, S. 90.
6 Hinweis Shanaz Heiler im Gespräch mit Marion Tauschwitz.
7 Aus: Hilde Domin: Mein Herze wir sind verreist. In: Dies.: Der Baum blüht trotzdem, S. 7.

## Anmerkungen Kapitel 22

1. Hilde Domin. In: Judith Ruyters (Hg.): Im Anfang war das Wort. Prominente und die Bibel. Leipzig: Evangelische Verlagsanstalt, 2003, S. 52ff.
2. Hilde Domin. In: Im Anfang war das Wort, S. 52. Vgl. Korinther 13, 1-13.
3. Marcel Reich-Ranicki: Außerhalb jeder Regel. In: Bettina von Wangenheim (Hg.): Vokabular der Erinnerungen. Zum Werk von Hilde Domin. Aktual. Neuausg. bearb. v Ilseluise Metz. Frankfurt/M.: Fischer Taschenbuch Verlag, 1998, S. 177.
4. Marcel Reich-Ranicki: Die Poesie und das Glockenläuten. In: *Frankfurter Allgemeine Zeitung* vom 13.4.1974.
5. Erich Eßlinger im Gespräch mit Marion Tauschwitz.
6. Margret Karsch: Hilde Domin. Spuren des Exils, Spuren der Verehrung. In: Ines Sonder/Karin Bürger/Ursula Wallmeier (Hg.): »Wie würde ich ohne Bücher leben und arbeiten können?« Privatbibliotheken jüdischer Intellektueller im 20. Jahrhundert. Potsdam: Verlag für Berlin-Brandenburg, 2008, S. 115.
7. Manon Andreas-Grisebach: Die Wucht der Gedichte. In: Marion Tauschwitz (Hg.): Unerhört nah – Erinnerungen an Hilde Domin, S. 51.
8. Monika Schoeller: Ein heller sprühender Stern. In: Marion Tauschwitz (Hg.): Unerhört nah – Erinnerungen an Hilde Domin, S. 162f.
9. Hilde Domin: Vorwort. In: Dies.: Gesammelte Essays, S. 11.
10. Textauszug aus der Verleihungsurkunde des Konrad-Adenauer-Preises. A: Domin.
11. Birgit Lermen: Im Licht/eines fernen/längst erloschenen/Lächelns, Manuskript in Privatbesitz.
12. Manon Andreas-Grisebach: Die Wucht der Gedichte. In: Marion Tauschwitz (Hg.): Unerhört nah – Erinnerungen an Hilde Domin, S. 51.
13. Manon Andreas-Grisebach im Gespräch mit Marion Tauschwitz.
14. John Lorden an Hilde Domin vom 16.3.1967.
15. Aus: Hilde Domin: Bitte. In: Dies.: Gesammelte Gedichte, S. 117.

## Anmerkungen zu Kapitel 23

1. Marcel Reich-Ranicki: Außerhalb jeder Regel. In: Bettina von Wangenheim (Hg.): Vokabular der Erinnerungen. Zum Werk von Hilde Domin. Aktual. Neuausg. bearb. v Ilseluise Metz. Frankfurt/M.: Fischer Taschenbuch Verlag, 1998, S. 178.

## Anmerkungen

2 Vgl. Hilde Domin an Hugo Friedrich vom 30.9.1966.
3 Hilde Domin an Hugo Friedrich 1966 (ohne genaues Datum).
4 Hilde Domin an Hugo Friedrich 1966 (ohne genaues Datum).
5 Birgit Lermen: Im Licht/eines fernen/längt erloschenen Lächelns. In: Marion Tauschwitz (Hg.): Unerhört nah – Erinnerungen an Hilde Domin, S. 97.
6 Tobias Morchner: Das Unterste, was in Betracht kam. In: *Kölner Stadt-Anzeiger* vom 2.2.2007.
7 Tobias Morchner: Das Unterste, was in Betracht kam. In: *Kölner Stadt-Anzeiger* vom 2.2.2007.
8 Hilde Domin im Gespräch mit Marion Tauschwitz.
9 Thomas Gruber an Marion Tauschwitz. Privatbesitz.
10 Hilde Domin im Gespräch mit Marion Tauschwitz.
11 Hilde Domin an Hans Mayer vom 5.1.1980. HAStK, Best. 1333.
12 Hilde Domin an Hans Mayer vom 5.1.1980. HAStK, Best. 1333.
13 Teufel lüftet Geheimnis. In: RNZ vom 19.7.1999.
14 Beate Weber: Eine ungewöhnliche Bürgerin. Zum 100. Geburtstag von Hilde Domin. In: Marion Tauschwitz (Hg.): Unerhört nah – Erinnerungen an Hilde Domin, S. 206.
15 Beate Weber: Eine ungewöhnliche Bürgerin. Zum 100. Geburtstag von Hilde Domin. In: Marion Tauschwitz (Hg.): Unerhört nah – Erinnerungen an Hilde Domin, S. 206.
16 Heide Seele: Hier entstand ihr erstes Gedicht. In: Pressemitteilung der Ruprecht-Karls-Universität Heidelberg. 30. November 2005.
17 Alice Schwarzer an Marion Tauschwitz vom 21.11.2008.
18 Walter Hinck: Gesten der Versöhnung. In: Marion Tauschwitz (Hg.): Unerhört nah – Erinnerungen an Hilde Domin, S. 78.

# Lebensdaten von Hilde Domin

| | |
|---|---|
| 27. Juli 1909 | Hilde Löwensteins Geburt |
| 1909-1929 | Kindheit und Jugend in Köln |
| März 1929 | Abitur am Merlo-Mevissen-Lyzeum in Köln |
| 1929-1930 | Aufnahme des Studiums in Heidelberg |
| 1930 | Studienaufenthalte in Köln und Bonn |
| 1930-1931 | Studienaufenthalt in Berlin |
| 1931-1932 | Studium in Heidelberg |
| 1932 | Beginn des Studiums in Rom |
| 1933-1939 | Exil in Italien |
| 1934-1935 | Studium und Examen in Florenz |
| 1935-1938 | Begleitstudium in Rom; Unterricht als Privatlehrerin für Deutsch |
| 30. Oktober 1936 | Hochzeit mit Erwin Walter Palm in Rom |
| 15. März 1939 | Flucht nach England, drei Tage nach Ablauf von Mussolinis Ultimatum |
| 1939-1940 | Exil in England, Minehead, Somerset; Lehrtätigkeit am St. Aldwyn's College |
| 26. Juni 1940 | Flucht auf der »Skythia« von Liverpool über Kanada, Jamaika und Kuba nach Santo Domingo |
| 4. August 1940 | Ankunft in der Dominikanischen Republik in San Pedro de Macorís |
| 1940-1944 | Übersetzungen, Korrespondenz und Fotoarbeiten für Erwin Walter Palm |
| 9. August 1942 | Tod des Vaters Dr. Eugen Siegfried Löwenstein |
| 1945 | Erster USA-Besuch |
| 1946 | Zweiter USA-Besuch; erste schriftstellerische Tätigkeit |
| 1947 | Dritter USA-Besuch |
| 1948-1951 | Lehrtätigkeit an der Universität von Santo Domingo |
| 2. September 1951 | Tod der Mutter Paula Löwenstein (Paula Lorden); »Geburt der Dichterin« |
| 1952 | Mehrwöchiger Aufenthalt in Haiti |

Lebensdaten, Lesereisen, Preise

| | |
|---|---|
| 1953 | Aufenthalt in New York; Guggenheim-Stipendium an Erwin Walter Palm |
| Februar 1954 | Rückkehr aus dem Exil; |
| 1954-1955 | Deutschlandaufenthalt in München und Frankfurt; erste Gedichte unter dem Namen Hilde Domin |
| 1955-1957 | Erster Spanienaufenthalt |
| 1957-1959 | Rückkehr nach Deutschland, Aufenthalte in Frankfurt und München |
| 1959 | Klausur in Astano; Vorbereitung des Gedichtbands *Nur eine Rose als Stütze* |
| 1959-1961 | Zweiter Spanienaufenthalt, Manuskript für *Das zweite Paradies* |
| Februar 1961 | Rückkehr nach Deutschland |
| 1961-1969 | Wohnung im Hainsbachweg 8 in Heidelberg; öffentliche Lesungen |
| 1969 | Umzug in den Graimbergweg 5 in Heidelberg |
| 7. Juli 1988 | Tod Erwin Walter Palms |
| 21. März 1995 | Tod des Bruders Hans Löwenstein (John Lorden) |
| 22. Februar 2006 | Tod Hilde Domins |

## Lesereisen im Ausland

| | |
|---|---|
| 1964 | USA, Mexiko und England |
| 1965 | Italien |
| 1966 | England und Niederlande; mit dem P.E.N. in den USA |
| 1969 | Schweiz und Österreich |
| 1970 | Schweiz |
| 1971 | USA und Mexiko |
| 1972 | Österreich, Indonesien |
| 1973 | Frankreich |
| 1974 | Österreich und Jugoslawien |
| 1975 | Frankreich |
| 1976 | USA, Schweiz, Österreich und Jugoslawien |
| 1978 | Istanbul |

Lebensdaten, Lesereisen, Preise

| | |
|---|---|
| 1979 | Österreich |
| 1995 | Israel |
| 2000 | Israel |
| 2001 | Portugal |
| 2003 | Spanien |
| 2004 | England |

# Auszeichnungen und Preise

| | |
|---|---|
| 1968 | Ida-Dehmel-Literaturpreis der GEDOK |
| 1971 | Droste-Preis der Stadt Meersburg |
| 1972 | Heine-Plakette der Heinrich-Heine-Gesellschaft |
| 1974 | Roswitha-Medaille der Stadt Bad Gandersheim |
| 1976 | Rainer-Maria-Rilke-Preis für Lyrik |
| 1982 | Richard-Benz-Medaille der Stadt Heidelberg |
| 1983 | Nelly-Sachs-Preis der Stadt Dortmund<br>Bundesverdienstkreuz erster Klasse |
| 1985 | Ehrengast der Villa Massimo in Rom |
| 1987/88 | Frankfurter Poetik-Dozentur |
| 1988 | Verdienstkreuz des Landes Nordrhein-Westfalen<br>Elisabeth-Langgässer-Preis der Stadt Alzey (nicht angenommen) |
| 1988/89 | Poetik-Dozentur an der Johannes-Gutenberg-Universität Mainz |
| 1990 | Verdienstmedaille des Landes Baden-Württemberg |
| 1992 | Carl-Zuckmayer-Medaille des Landes Rheinland-Pfalz<br>Friedrich-Hölderlin-Preis der Stadt Bad Homburg<br>Preis der Stadt Heidelberg »Literatur im Exil«<br>Medaille der Ruprecht-Karls-Universität Heidelberg<br>Ehrenprofessur des Landes Baden-Württemberg |
| 1993 | Hermann-Sinsheimer-Preis der Stadt Freinsheim |
| 1994 | Großes Bundesverdienstkreuz |
| 1995 | Literaturpreis der Konrad-Adenauer-Stiftung |

Lebensdaten, Lesereisen, Preise

| | |
|---|---|
| 1999 | Jakob-Wassermann-Preis der Stadt Fürth |
| | Staatspreis des Landes Nordrhein-Westfalen |
| | Bürgermedaille der Stadt Heidelberg |
| 2004 | Verleihung der Ehrenbürgerwürde der Stadt Heidelberg |
| 2005 | Großer Verdienstorden der Dominikanischen Republik »Del Merito de Duarte, Sánchez y Mella, en el grado de Comendador« |

# Werksverzeichnis Hilde Domin

Die folgende Liste enthält die Werke Hilde Domins mit dem Erscheinungsjahr und der Angabe des Verlags, bei dem sie zuerst erschienen sind. Neuauflagen finden hier keine Berücksichtigung. Seit 1993 liegen alle Rechte beim S. Fischer Verlag, Frankfurt am Main.

1959 *Nur eine Rose als Stütze. Gedichte*
(S. Fischer Verlag)
1962 *Rückkehr der Schiffe. Gedichte*
(S. Fischer Verlag)
1963 *Spanien erzählt. 26 Erzählungen*
Herausgeberin (S. Fischer Verlag)
1964 *Hier. Gedichte*
(S. Fischer Verlag)
1966 *Doppelinterpretationen: Das zeitgenössische deutsche Gedicht zwischen Autor und Leser*
(Athenäum Verlag)
1968 *Höhlenbilder*
Hundertdruck (nummeriert und signiert)
(Guido Hildebrandt Verlag)
*Wozu Lyrik heute. Dichtung und Leser in der gesteuerten Gesellschaft*
(Piper Verlag)
*Das zweite Roman. Roman in Segmenten*
(Piper Verlag)
*Der leise Krieg. Gedichte*
Herausgeberin (Atelier Verlag Andernach)
1970 *Ich will dich. Gedichte*
(Piper Verlag)
*Nachkrieg und Unfrieden. Gedichte als Index. 1945-1970*
Herausgeberin (Sammlung Luchterhand)
1971 *Die andalusische Katze*
500 Exemplare (nummeriert und signiert)
(Verlag Eremitenpresse)

1974 *Von der Natur nicht vorgesehen. Autobiographisches*
(Piper Verlag)
Nelly Sachs: *Gedichte*
Herausgeberin (Bibliothek Suhrkamp)
1981 *Traum*
500 Exemplare (nummeriert und signiert)
(Dreieich Verlag)
1982 *Aber die Hoffnung. Autobiographisches aus und über Deutschland*
(Piper Verlag)
1987 *Gesammelte Gedichte*
(S. Fischer Verlag)
1988 *Das Gedicht als Augenblick von Freiheit. Frankfurter Poetik-Vorlesungen*
(Piper Verlag)
1992 *Gesammelte Essays. Heimat in der Sprache*
(Piper Verlag)
*Gesammelte Autobiographische Schriften. Fast ein Lebenslauf*
(Piper Verlag)
1999 *Der Baum blüht trotzdem. Gedichte*
(S. Fischer Verlag)
*Der weiße Flügel*
CD (Der Hörverlag)
2000 *Ausgewählte Gedichte*
Limitierte Sonderausgabe mit CD
(S. Fischer Verlag)
2009 *Die Insel, der Kater und der Mond auf dem Rücken*
(Fischer Schatzinsel)
*Die Liebe im Exil. Briefe an Erwin Walter Palm aus den Jahren 1931-1959*
(S. Fischer Verlag)
*Sämtliche Gedichte*
(S. Fischer Verlag)

# Bibliografie

## Primärliteratur

Domin, Hilde: Aber die Hoffnung. Autobiographisches aus und über Deutschland. Frankfurt/M.: Fischer Taschenbuch Verlag, 2004.
Domin, Hilde: Aber die Hoffnung. Autobiographisches aus und über Deutschland. München: Piper Verlag, 1982.
Domin, Hilde: Ausgewählte Gedichte. Limitierte Sonderausgabe. Mit CD. Frankfurt/M.: S. Fischer Verlag, 2000.
Domin, Hilde: Das Gedicht als Augenblick von Freiheit. Frankfurter Poetik-Vorlesungen. München: Piper Verlag, 1988.
Domin, Hilde: Das zweite Paradies. Roman. Frankfurt/M.: Fischer Taschenbuch Verlag, 2004.
Domin, Hilde: Der Baum blüht trotzdem. Gedichte. Frankfurt/M.: S. Fischer Verlag, 1999.
Domin, Hilde: Die andalusische Katze. 500 numerierte und signierte Exemplare. Frankfurt/M.: Verlag Eremiten-Presse, 1971.
Domin, Hilde (Hg.): Doppelinterpretationen. Das zeitgenössische deutsche Gedicht zwischen Autor und Leser. Frankfurt/M.: Fischer Taschenbuch Verlag, 1971.
Domin, Hilde (Hg.): Doppelinterpretationen. Das zeitgenössische deutsche Gedicht zwischen Autor und Leser. Frankfurt/M.: Athenäum Verlag, 1966.
Domin, Hilde: Gesammelte Autobiographische Schriften. Fast ein Lebenslauf. Frankfurt/M.: Fischer Taschenbuch Verlag, 1998.
Domin, Hilde: Gesammelte Autobiographische Schriften. Fast ein Lebenslauf. München: Piper Verlag, 1992.
Domin, Hilde: Gesammelte Essays. Heimat in der Sprache. München: Piper Verlag, 1992.
Domin, Hilde: Gesammelte Gedichte. Frankfurt/M.: S. Fischer Verlag, 1987.
Domin, Hilde: Hier. Gedichte. Frankfurt/M.: S. Fischer Verlag, 1964.
Domin, Hilde: Höhlenbilder. 100 numerierte und signierte Exemplare. Duisburg: Guido Hildebrandt Verlag, 1968.
Domin, Hilde: Ich will dich. Gedichte. Frankfurt/M.: Fischer Taschenbuch Verlag, 1995.
Domin, Hilde: Ich will dich. Gedichte. München: Piper Verlag, 1970.
Domin, Hilde (Hg.): Joachim Rochow: Der leise Krieg. Andernach: Atelier Verlag, 1968.

Bibliografie

Domin, Hilde/Greve, Clemens (Hg.): Nachkrieg und Unfrieden. Gedichte als Index. 1945-1995. Frankfurt/M.: Fischer Taschenbuch Verlag, 1995.
Domin, Hilde (Hg.): Nachkrieg und Unfrieden. Gedichte als Index. 1945-1970. Berlin: Sammlung Luchterhand, 1970.
Domin, Hilde (Hg.): Nelly Sachs. Gedichte. Frankfurt/M.: Bibliothek Suhrkamp, 2003.
Domin, Hilde: Nur eine Rose als Stütze. Frankfurt/M.: Fischer Taschenbuch Verlag, 2005.
Domin, Hilde: Nur eine Rose als Stütze. Frankfurt/M.: S. Fischer Verlag, 1959, 1962.
Domin, Hilde: Rückkehr der Schiffe. Gedichte. Frankfurt/M.: Fischer Taschenbuch Verlag, 2000.
Domin, Hilde (Hg.): Spanien erzählt. Sechsundzwanzig Erzählungen. Frankfurt/M.: Fischer Taschenbuch Verlag, 1963.
Domin, Hilde: Traum. 500 numerierte und signierte Exemplare. Dreieich: Dreieich Verlag, 1981.
Domin, Hilde: Von der Natur nicht vorgesehen. Frankfurt/M.: Fischer Taschenbuch Verlag, 2005.
Domin, Hilde: Wozu Lyrik heute. Dichtung und Leser in der gesteuerten Gesellschaft. München: Piper Verlag, 1968.

Sekundärliteratur

Alvarez, Julia: Die Zeit der Schmetterlinge. München: Piper Verlag, 1996.
Amrain, Susanne: So geheim und vertraut. Virginia Woolf und Vita Sackville-West. Frankfurt/M.: Suhrkamp Taschenbuch, 1994.
Barner, Wilfried (Hg.): Geschichte der deutschen Literatur von 1945 bis zur Gegenwart. 2., aktual. u. erw. Aufl. München: Beck Verlag, 2006.
Benjamin, Walter: Berliner Kindheit um neunzehnhundert. Frankfurt/M.: Bibliothek Suhrkamp, 2006.
Benz, Richard: Heidelberg – Schicksal und Geist. Sigmaringen: Thorbecke Verlag, 1975.
Buselmeier, Karin (Hg.): Auch eine Geschichte der Universität Heidelberg. Mannheim: Edition Quadrat, 1985.
Buselmeier Michael: Erlebte Geschichte erzählt. 1994-1997. Heidelberg: Verlag Das Wunderhorn, 2000.
Buselmeier, Michael: Literarische Führungen durch Heidelberg. Eine Kulturgeschichte im Gehen. Heidelberg: Verlag Das Wunderhorn, 1991.
Danticat, Edwidge: Die süße Saat der Tränen. München: Claassen Verlag, 1999.

## Bibliografie

Diamond, Jared: Kollaps. Warum Gesellschaften überleben oder untergehen. Frankfurt/M.: Fischer Taschenbuch Verlag, 2006.

Enzensberger, Hans Magnus: Politik und Verbrechen. Frankfurt/M.: Suhrkamp Verlag, 1964.

Freund, J. Hellmut: Vor dem Zitronenbaum. Autobiographische Abschweifungen eines Zurückgekehrten. Berlin – Montevideo – Frankfurt am Main. Frankfurt/M.: S. Fischer Verlag, 2005.

Froese, Gesine: Dominikanische Republik. Ostfildern: Mairdumont, 2008.

Gehlhoff-Claes, Astrid (Hg.): Bis die Tür aufbricht. Mit Worten unterwegs. Literatur hinter Gittern. Düsseldorf: Erb Verlag, 1982.

George, Stefan: Der Stern des Bundes. Berlin: Georg Bondi Verlag, 1929.

George, Stefan: Gedichte. Leipzig: Reclam Universalbibliothek, 1987.

Goll, Claire: Ich verzeihe keinem. Vollständige Taschenbuchausgabe. München: Th. Knaur Nachf., 1980, 1995.

Göpfert, Rebekka: Der jüdische Kindertransport von Deutschland nach England 1938/39. Frankfurt/M.: Campus Verlag, 1999.

Guggenheim, Peggy: Ich habe alles gelebt. Bekenntnisse einer Sammlerin aus Leidenschaft. Bern/München: Scherz Verlag, 1980.

Heiser, Dorothea (Hg.): Mein Schatten in Dachau. Gedichte und Biographien der Überlebenden und der Toten des Konzentrationslagers. München: Pfeiffer Verlag, 1993.

Iven, Mathias: Hermann Hesse in Montagnola. Menschen und Orte. Berlin: Edition A. B. Fischer, 2007.

Karlauf, Thomas: Stefan George. Die Entdeckung des Charisma. München: Karl Blessing Verlag, 2007.

Kassner, Rudolf: Buch der Erinnerungen. Leipzig: Insel Verlag, 1938.

Kreis, Gabriele: »Was man glaubt, gibt es«. Das Leben der Irmgard Keun. Zürich: Arche Verlag, 1991.

Kunstamt Kreuzberg/Institut für Theaterwissenschaft der Universität Köln (Hg.): Weimarer Republik. Berlin: Elefanten Press, 1977.

Lehmann, Hans Georg: Deutschland-Chronik 1945 bis 2000. Bonn: Bundeszentrale für politische Bildung, 2002.

Lehr-Rosenberg, Stefanie: »Ich setzte den Fuß in die Luft, und sie trug«. Umgang mit Fremde und Heimat in Gedichten Hilde Domins. Würzburg: Verlag Königshausen & Neumann, 2003.

Lermen, Birgit/Braun, Michael (Hg.): Hilde Domin – »Hand in Hand mit der Sprache«. Bonn: Bouvier Verlag, 1997.

Lermen, Birgit/Braun, Michael (Hg.): Nelly Sachs – »an letzter Atemspitze des Lebens«. Bonn: Bouvier Verlag, 1998.

Lösche, Peter/Loeffelholz, Hans Dietrich von (Hg.): Länderbericht USA. Geschichte, Politik, Wirtschaft, Gesellschaft, Kultur. Frankfurt/M.: Campus Verlag, 2004.

Bibliografie

Luig, Klaus: Weil er nicht arischer Abstammung ist. Jüdische Juristen in Köln während der NS-Zeit. Köln: Verlag Dr. Otto Schmidt, 2004.
Mann, Golo: Erinnerungen und Gedanken. Eine Jugend in Deutschland. Frankfurt/M.: S. Fischer Verlag, 1986.
Mayer, Hans: Ein Deutscher auf Widerruf. Erinnerungen. Frankfurt/M.: Suhrkamp Verlag, 1982.
Middelhauve, Gertraud (Hg.): Dichter erzählen Kindern. München: Deutscher Taschenbuch Verlag, 1969.
Möllering, Klaus (Hg.): Eigentlich ein Liebesbrief... Leipzig: Evangelische Verlagsanstalt, 2002.
Mühlen, Patrik von zur: Fluchtziel Lateinamerika. Die deutsche Emigration 1933-1945. Politische Aktivitäten und soziokulturelle Integration. Bonn: Verlag Neue Gesellschaft, 1988.
Niedergang, Marcel: 20mal Lateinamerika. Von Mexiko bis Feuerland. Überarb. u. erg. Neuausg. München: Piper Verlag, 1978.
Niemann, Norbert/Rathgeb, Eberhard (Hg): Inventur. Deutsches Lesebuch 1945-2003. Bonn: Bundeszentrale für politische Bildung, 2003.
Palm, Erwin Walter (Hg.): Rose aus Asche. Frankfurt: Bibliothek Suhrkamp, 1981.
Palm, Erwin Walter: Heimkehr ins Exil. Zwischen Paradies und Wirklichkeit. In: Forum Ibero-Americanum, Band 6. Köln und Weimar: Böhlau Verlag, 1992.
Pross, Steffen: »In London treffen wir uns wieder«. Vier Spaziergänge durch ein vergessenes Kapitel deutscher Kulturgeschichte nach 1933. Frankfurt/M.: Eichborn Verlag, 2000.
Reich-Ranicki, Marcel: Entgegnung. Zur deutschen Literatur der siebziger Jahre. Erw. Neuausg. München: Deutscher Taschenbuch Verlag, 1982.
Reich-Ranicki, Marcel: Lauter Verrisse. München: Piper Verlag, 1970.
Reich-Ranicki, Marcel: Literarisches Leben in Deutschland. Kommentare und Pamphlete. München: Piper Verlag, 1965.
Renz, Peter (Hg.): Der Ravensburger Kreis. Eine literarische Gesellschaft in Deutschland. Eggingen: Edition Isele, 1999.
Ruyters, Judith: Im Anfang war das Wort. Prominente und die Bibel. Leipzig: Evangelische Verlagsanstalt, 2003.
Salama, Pierre: Témoignage de Pierre Salama, Tableaux de Maîtres, Frontières et Limites géographiques de l'Afrique du nord antique. Hommage à Pierre Salama, 1999. Festschrift in Privatbesitz.
Schenk, Herrad: Wieviel Mutter braucht ein Kind? In: Mutterglück – Anspruch und Wirklichkeit. Hg. v. Frauenbüro Salzburg. Salzburg: Hausdruckerei, 2003.
Schmidt-Bergmann, Hansgeorg: Ein Bild der Zeit. Literatur in Baden-Württemberg 1952-1970. Karlsruhe: Info Verlag, 2002.

# Bibliografie

Schöllgen, Gregor: Jenseits von Hitler. Die Deutschen in der Weltpolitik von Bismarck bis heute. Bonn: Bundeszentrale für politische Bildung, 2005.

Schultz, Hans Jürgen (Hg.): Mein Judentum. Stuttgart: Kreuz Verlag, 1979.

Seng, Joachim (Hg.): Paul Celan/Rudolf Hirsch: Briefwechsel. Frankfurt/M.: Suhrkamp Verlag, 2004.

Sert, Misia: Pariser Erinnerungen. Frankfurt/M.: Suhrkamp Taschenbuch, 1999.

Sonder, Ines/Bürger, Karin/Wallmeier, Ursula (Hg.): »Wie würde ich ohne Bücher leben und arbeiten können?« Privatbibliotheken jüdischer Intellektueller im 20. Jahrhundert. Berlin: Verlag für Berlin-Brandenburg, 2008.

Speer, Albert: Erinnerungen. Berlin (u.a.): Ullstein Verlag, 1969.

Stein, Georg (Hg.): Die Insel im Wald. 300 Jahre Heidelberger Kohlhof. Heidelberg: Palmyra Verlag, 2006.

Stern, Guy: Literarische Kultur im Exil. Gesammelte Beiträge zur Exilforschung. Dresden: University Press, 1998.

Stiftung Jüdisches Museum Berlin/Stiftung Haus der Geschichte der Bundesrepublik Deutschland (Hg.): Heimat und Exil. Emigration der deutschen Juden nach 1933. Frankfurt/M.: Jüdischer Verlag im Suhrkamp Verlag, 2006.

Strick, Gregor (Hg.): Arno Schmidt: Briefwechsel mit Kollegen. Frankfurt/M.: Suhrkamp Verlag, 2007.

Studium Generale der Ruprecht-Karls-Universität Heidelberg: Die Geschichte der Universität Heidelberg: Vorträge im Wintersemester 1985/86. Sammelband Studium Generale, WS 1985/86: Heidelberg: Heidelberger Verlagsanstalt, 1986.

Suhrkamp Verlag (Hg.): Nelly Sachs zu Ehren. Gedichte. Prosa. Beiträge. Frankfurt/M.: Suhrkamp Verlag, 1961.

Tauschwitz, Marion (Hg.): Unerhört nah – Erinnerungen an Hilde Domin. Heidelberg: Kurpfälzischer Verlag, 2009.

Underwood, Sabine (Hg.): Heidelberg in alten und neuen Reisebeschreibungen. Düsseldorf: Droste Verlag, 1993.

Wangenheim, Bettina von (Hg.): Vokabular der Erinnerungen. Zum Werk von Hilde Domin. Aktual. Neuausg. bearb. 'v. Ilseluise Metz. Frankfurt/M.: Fischer Taschenbuch Verlag, 1998.

Wangenheim, Bettina von (Hg.): Heimkehr ins Wort. Materialien zu Hilde Domin. Frankfurt/M.: Fischer Taschenbuch Verlag, 1982.

Wapnewski, Peter: Mit dem anderen Auge. Erinnerungen 1959-2000. Berlin: Berlin Verlag, 2006.

Warburg Spinelli, Ingrid: Erinnerungen. Die Dringlichkeit des Mitleids und die Einsamkeit, nein zu sagen. Hamburg: Sammlung Luchterhand, 1991.

## Bibliografie

Weidermann, Volker: Das Buch der verbrannten Bücher. Köln: Verlag Kiepenheuer & Witsch, 2008.
Wiese, Benno von (Hg.): Deutsche Dichter der Gegenwart. Ihr Leben und Werk. Berlin: Erich Schmidt Verlag, 1973.
Wild, Thomas: Hannah Arendt und die deutsche Literatur seit 1960. Wirkungswege von Person und Werk. Privates Exposée.
Wolgast, Eike: Die Universität Heidelberg. 1386-1986. Heidelberg: Springer Verlag, 1986.
Wolters, Friedrich: Stefan George und die Blätter für die Kunst. Deutsche Geistesgeschichte seit 1890. Berlin: Georg Bondi Verlag, 1930.
Zerfaß, Beate: Heidelberg wie es früher war. Gudensberg-Gleichen: Wartberg Verlag, 1996.
Zweig, Stefan: Tagebücher. Frankfurt/M.: S. Fischer Verlag, 1984.

# Bildlegenden

1 Oben links: Paula Löwenstein mit ihrer sieben Wochen alten Tochter »Hille«, September 1909.
Oben rechts: Das Geburtshaus in der Kölner Riehlerstraße 23, 1929.
Mitte links: Hilde Löwenstein im Alter von fünf Jahren, Köln 1914.
Unten links und unten rechts: Jahresbericht der Merlo-Mevissen-Schule, Jahrgang 1928/29.

2 Oben links: Mutter Paula Löwenstein (später Paula Lorden) in der Via Monte Tarpeo 61 in Rom, 1936.
Mitte links: Die Studentin Hilde Löwenstein in Köln, 1930.
Mitte rechts: Vater Eugen Siegfried Löwenstein in der Via Monte Tarpeo 61 in Rom, 1936.
Unten: Hilde Löwensteins Urkunde von der Ruprecht-Karls-Universität Heidelberg zum Abschluss als Diplom-Volkswirt, 29. Juli 1932.

3 Oben links: Passfoto aus Erwin Walter Palms Studentenausweis, Rom 1933.
Oben rechts: Studentin Hilde Löwenstein in Rom, 1934.
Unten links und rechts: Hilde Löwenstein und Erwin Walter Palm als Weingötter auf Capri, 1934.

4 Oben links: Studentin Hilde Löwenstein in Florenz, 1935.
Oben rechts: Am Schreibtisch in der Via Monte Tarpeo 61 in Rom, 1936.
Unten links: Immer schon liebte Hilde Bücher und Tiere: Hilde mit einem Buch von Goethe und einem »King Charles« in ihrem Elternhaus, Köln 1915.
Unten rechts: Studentenausweis vom Istituto Superiore di Scienze Sociali e Politiche »Caesare Alfieri« in Florenz, November 1934.

5 Oben: Hilde Löwensteins Abschlusszeugnis »Diploma Laurea di dottore in Scienze Sociali e Politiche«; Florenz, 6. November 1935.
Rechts: Heimatschein Hilde Löwensteins für das Studium in Italien; Köln, 25. Oktober 1932.
Unten: Erwin Walter Palms Abschlusszeugnis aus Florenz, 31. Oktober 1935.

Bildlegenden

6   Oben: Hilde Löwenstein und Erwin Walter Palm im mondänen Badeort Montecatini, 1936.
    Unten: Die Hochzeitsmenükarte von Hilde und Erwin Walter Palm ist ein Dokument der letzten Zusammenkunft der Familien in Rom am 30. Oktober 1936.
7   Oben: Das Haus in der Luís Tejera 2 – das erste Domizil der Palms in Santo Domingo.
    Unten: Das Ehepaar Palm in Santo Domingo, 1942.
8   Oben links: Hilde Palm auf ihrem Lieblingspferd »Seppi«, Santo Domingo 1944.
    Oben rechts: Hilde Palm beim Bad unter einem »Glockenbaum« in Jarabacoa, 1942.
    Unten: Hilde und Erwin Walter Palm auf der Terrasse eines Ferienhauses in Jarabacoa 1944.
9   Oben: Verlagsleiter Rudolf Hirsch, 1959.
    Unten: Porträt von Hilde Domin für den S. Fischer Verlag, aufgenommen von John Lorden in München 1959.
10  Oben: Hildes Karikatur zur schwierigen Wohnungssuche in Rom vom Februar 1936.
    Unten links: Erwin Walter Palms »Gedicht im Schrank« aus den Sechzigerjahren.
    Unten rechts: Einladungskarte von Hermann Hesse für Hilde Palm vom März 1959.
11  Oben: Hilde Domins eindringliche Bitte an ihren Mann von 1961, sie als Schriftstellerin zu akzeptieren.
    Mitte links: Erwin Walter Palms Widmung zu Hildes 75. Geburtstag am 27. Juli 1984: Beginn der »Tragödie«.
    Mitte rechts: Der »Nachkriegs-deutsche Lyrikbaum« aus Dieterichs Literaturzeitschrift aus den Sechzigerjahren mit Hilde Domin am einzig blühenden Ast.
    Unten: Beredte Zeugen einer Lebensreise. Briefbündel von Hilde Domin, gezeigt im Rahmen der Ausstellung »Zeitkapsel« im Deutschen Literaturarchiv Marbach 2007.
12  Oben: Das Haus im Graimbergweg 5 in Heidelberg, in dem Hilde Domin von November 1969 bis zu ihrem Tod lebte.
    Unten: Der »Gedenktisch« mit den Fotos ihrer Eltern und ihres Mannes in Hilde Domins Wohnzimmer im Februar 2004.

## Bildlegenden

13  Oben: Die Taube vom berühmten Flohmarkt »Rastro« in Madrid hat die Dichterin bis zum Grab begleitet.
Unten: Erwin Walter Palm im Wohnzimmer im Graimbergweg, Juni 1988.
Rechts: Das letzte gemeinsame Foto von Hilde Domin und Erwin Walter Palm im Juni 1988, vier Wochen vor Palms Tod.

14  Oben: Hilde Domin in ihrem Dichterturm im Graimbergweg, Februar 2004.
Unten: Hilde Domin mit Marion Tauschwitz im Oktober 2005.

15  Oben links: Die Dichterin in den Sechzigerjahren.
Oben rechts: Hilde Domin wird endlich Mitglied der Deutschen Akademie für Sprache und Dichtung; Darmstadt, 26. Oktober 1978.
Unten: Signierstunde 1980.

16  Oben links: Oberbürgermeister Reinhold Zundel empfängt im Heidelberger Rathaus am 7. Oktober 1987 Hilde Domin anlässlich ihres vermeintlich 75. Geburtstags.
Oben rechts: Hilde Domin beim Geburtstag von Ministerpräsident Bernhard Vogel in Speyer 1992. Im Hintergrund Birgit Lermen von der Konrad-Adenauer-Stiftung.
Unten: Hilde Domin mit ihrem Mann und Monika Schoeller vom S. Fischer Verlag beim großen Empfang zum 75. Geburtstag im Heidelberger Rathaus, 7. Oktober 1987.

17  Oben: Mit 84 Jahren feiert Hilde Domin ihren »81.« Geburtstag vor der alten »Kulturscheune« auf dem Heidelberger Kohlhof, 27. Juli 1993.
Unten: Hilde Domin und ihr Bruder Johnny in der Heidelberger Stadthalle 1993.

18  Oben: Hilde Domin mit dem Heidelberger Schriftsteller Michael Buselmeier, Heidelberg im Oktober 1995.
Unten: 1995 auf dem Ölberg in Jerusalem mit dem Direktor der Landeszentrale für politische Bildung, Hans-Georg Meyer.

19  Oben: Hilde Domin auf ihrem Balkon im Graimbergweg, Frühjahr 2003.
Unten: Hilde Domin beim Signieren in Oxford, 4. Mai 2004.

Bildlegenden

20 Oben: Mit Heidelbergs Oberbürgermeisterin Beate Weber war das Verhältnis besonders innig. Gratulation zum 95. Geburtstag am 27. Juli 2004.
Unten: Ministerpräsident Erwin Teufel lässt es sich nicht nehmen, zum 95. Geburtstag am 27. Juli 2004 persönlich in Hilde Domins Wohnung zu gratulieren.

21 Oben: Mit Laudator »Don« Marcel Reich-Ranicki bei der Verleihung des Konrad-Adenauer-Preises an Hilde Domin in Weimar am 11. Mai 1995.
Unten links: ZDF-Intendant Markus Schächter begrüßt Hilde Domin anlässlich des 85. Geburtstags von Marcel Reich-Ranicki in der Frankfurter Paulskirche, 2. Juni 2005.
Unten rechts: Glück und Genuss beim Konzert des Philharmonischen Orchesters der Sinti und Roma im Palais Prinz Carl in Heidelberg, Oktober 2004.

22 Oben links: Hilde Domin im Urlaub in der Provence im Juni 2005.
Oben rechts: Mit Alice Schwarzer bei der Verleihung der Heinrich-Heine-Gabe an Alice Schwarzer im Düsseldorfer Opernhaus am 17. Februar 2006 – das letzte offizielle Foto vor dem Tod von Hilde Domin.
Unten links: Im Gespräch mit dem ehemaligen Bundespräsidenten Richard von Weizsäcker beim 85. Geburtstag von Marcel Reich-Ranicki in der Frankfurter Paulskirche am 2. Juni 2005.
Unten rechts: Hilde Domin bei ihrer letzten Lesung am 1. Februar 2006 im Heidelberger Hölderlin-Gymnasium.

23 Oben: Trauerfeier für Hilde Domin in der Heidelberger Peterskirche am 4. März 2006.
Unten: Außenminister Frank-Walter Steinmeier weiht in Santo Domingo die Plakette zu Ehren Hilde Domins und Erwin Walter Palms ein. Von links: der deutsche Botschafter in der Dominikanischen Republik, Karl Köhler, Frank-Walter Steinmeier, die Kulturministerin der Dominikanischen Republik, Lourdes Camilo de Cuello, und der Präsident der Erwin-Walter-Palm-Stiftung, Enrique José Delmonte.

24 *Dass ich sein kann, wie ich bin.* Porträt der Dichterin, Juli 2005.

# Bildnachweis

Privatarchiv Hilde Domin: 1 oben rechts, 1 Mitte links, 2 oben, 2 Mitte links und rechts, 2 unten, 3 oben links und rechts, 3 unten links und rechts, 4 oben links und rechts, 4 unten links und rechts, 5 oben und rechts, 6 oben, 7 oben und unten, 8 oben links und rechts, 8 unten, 9 unten, 10 oben, 11 Mitte links und rechts, 15 oben rechts, 15 unten, 17 unten
Privatarchiv Hilde Domin/Francis Kelly: 13 unten und rechts
Deutsches Literaturarchiv Marbach: 1 oben links, 6 unten, 10 unten rechts, 11 oben
Deutsches Literaturarchiv Marbach/Marion Tauschwitz: 11 unten
Stadtarchiv Heidelberg: 16 oben links/Helmut Pfeifer, 16 unten/Helmut Pfeifer
Privatarchiv Marion Tauschwitz: 10 unten links, 13 oben, 19 unten, 21 unten links, 22 oben rechts, 22 unten links
Dokumentationszentrum der Sinti und Roma, Heidelberg: 21 unten rechts
Botschaft der Dominikanischen Republik in Berlin: 23 unten
Historisches Archiv der Stadt Köln: 1 unten links und rechts
Bestattungsinstitut Kurz-Feuerstein, Heidelberg: 23 oben
Privatarchiv Manon Andreas-Grisebach: 17 oben
Privatarchiv Maria Apel: 12 unten, 14 oben
Archiv Palmyra Verlag/Georg Stein: 12 oben
Privatarchiv Bernhard Vogel: 16 oben rechts
Privatarchiv Michael Buselmeier: 18 oben
Privatarchiv Hans-Georg Meyer: 18 unten
Dagmar Welker: 20 unten, 22 unten rechts
Archivio di Stato di Firenze: 5 unten
Archiv S. Fischer Verlag: 9 oben
Jürgen Bauer: 19 oben
Privatarchiv Beate Weber: 20 oben
Rosemarie Stange: 22 oben links
Eckhard Piotrowski: 24
Konrad-Adenauer-Stiftung: 21 oben
Hermann Speer: 15 oben links

# Danksagung

*Dankbarkeit* – war eines der häufigsten Worte in Hilde Domins Sprachgebrauch, und Dankbarkeit empfinde ich, wenn ich auf drei Jahre Arbeit zurückblicke.

Mein Dank ist folglich keine Konzession, etwas, das pflichtgemäß am Ende eines Buches zu stehen hat, sondern Ausdruck meines aufrichtigen Gefühls.

Ich danke meinem Lebensgefährten Klaus, der meine Reisen und Recherchen, mein Erfülltsein mit dem Thema »Hilde« schon zu ihren Lebzeiten so großartig mitgetragen hat und mein wichtigster und kritischster Berater und Lektor war.

Mein Dank gilt meinem Onkel Reinhard, seiner Frau Edeltraud und meiner Schwester Ulla, die mir Mut zu dem Projekt gaben, indem sie sich spontan zur finanziellen Unterstützung bereit erklärten, meinen Söhnen Lukas und Moritz, die nach anfänglicher Skepsis hilfreich zeitfordernde Hausarbeit ab- und spanische Übersetzungsaufträge annahmen, meiner Cousine Angela in Mailand, die mit mir in den italienischen Archiven stöberte und geduldig seitenweise historische Dokumente und Briefe übersetzte.

Ich danke S. E., dem Botschafter der Dominikanischen Botschaft in Berlin, Dr. Pedro Vergés, der meine Arbeit wohlwollend begleitet und wunderbare Verbindungen nach Santo Domingo geknüpft hat, die mir meine Recherchen vor Ort sehr erleichterten, Herrn Dr. Joachim Umstätter und Heidi Sedleczky von der Deutschen Botschaft in Santo Domingo, die meine Arbeit in der Dominikanischen Republik unterstützten, Professor Augusto Bravo von der Universität in Santo Domingo, der sich viel Zeit nahm, um Fragen zu klären und Orten nachzuspüren.

Mein aufrichtiger Dank gilt Beate Weber, Heidelbergs langjähriger Oberbürgermeisterin, für ihr Vorwort, das Nähe und Verständnis ausdrückt.

Dank sage ich den vielen Freunden von Hilde Domin, die mir unermüdlich als Gesprächspartner und Zeitzeugen zur Verfügung standen, dem S. Fischer Verlag, der meine Biografie mit Bild- und

Quellenmaterial freundlich unterstützte, den freundlichen und außerordentlich hilfsbereiten Mitarbeitern des Heidelberger Stadt- und des Universitätsarchivs, des Historischen Archivs der Stadt Köln und des Berliner Universitätsarchivs, dem Kulturamt Ravensburg, dem Archivar der Heidelberger *Rhein-Neckar-Zeitung*, den Mitarbeitern der Standesämter Köln, Düsseldorf und Frankfurt und dem Literaturarchiv Sulzbach-Rosenheim.

Den größten Fundus für meine Recherchen aber bot der reiche literarische Nachlass Hilde Domins im Deutschen Literaturarchiv Marbach.

Stellvertretend für alle, die mir dort freundlich entgegenkamen und hilfreiche Hinweise lieferten, seien Dr. Jan Bürger und Melanie Reinhold genannt.

Und last but not least gilt mein Dank dem Palmyra Verlag: meinem Verleger Georg Stein für den Vertrauensvorschuss und für die dann folgende konstruktive Zusammenarbeit. Besonders danke ich meinen Lektorinnen Dr. Sandra Krebs und Ellen Hexges, die es mir mit ihrer souveränen Umsicht und Gewissenhaftigkeit leicht machten, ihnen meine Arbeit anzuvertrauen.

Es gab viel zu erforschen. Ich habe versucht, Hilde Domins facettenreichem Leben gerecht zu werden; jetzt – frei nach Hilde Domin – *besteht eine gewisse Aussicht, dass ich aufhöre, für meine Freunde anstrengend zu sein.*

*Marion Tauschwitz*

# Register

Achill Island 437
Adenauer, Konrad 38, 39, 94, 256, 257, 333, 351
Aichinger, Ilse 306, 356
Alberti, Rafael 151, 152, 182, 282, 302, 307
Aleixandre, Vicente 282-284, 288, 332, 395
Alexandridis, Ruth 393
Alsberg, Max 24, 143
Altolaguirre, Manuel 219, 237, 282, 283, 395
Alzey 429
Améry, Jean 196, 258, 439
Andreas-Grisebach, Manon 394, 468
d' Annunzio, Gabriele 112
Anschütz, Gerhard 42
Archivio di Stato di Firenze 15
Archivo General de la Universidad Autónoma de Santo Domingo 16
Arendt, Hannah 304, 350, 351, 392, 473
Ascheraden, Ulrike von 481
Assmann, Aleida 457
Assmann, Jan 482
Astano 209, 240, 308-313, 316, 317, 319-322, 357
Athenäum Verlag 403, 449
Aub, Max 433, 434
Auer, Iris C. 131
Auschwitz 258, 388, 399, 401, 454
Ausländer, Rose 353, 420, 421

Bachmann, Ingeborg 241, 272, 273, 276, 328, 332, 344, 348, 370, 373, 392, 414, 454, 469
Bad Gandersheim 422
Bad Homburg 426
Baïf, Jean-Antoine de 170
Balaguer, Joaquín 462
Baldinger, Kurt 393, 394, 435
Banz, Denise (Hilde Domin) 211
Barcelona 288, 291, 302, 475, 476
Baron, Edith 168, 278, 279, 298, 348, 377, 399
Basel 81, 84, 85, 265
Bauer, Fritz 388, 389
Baumann, Hans 373
Becker, Georg 470
Becker, Jürgen 424
Beckerath, Erwin von 46
Bender, Hans 306, 328, 359, 405
Benjamin, Walter 258
Benn, Gottfried 95, 473
Benz, Richard 79, 98
Bergold, Werner 278
Bergsträsser, Arnold 44, 84, 268
Berlin 21, 35, 43, 45, 47, 48, 50, 51, 53, 54, 56, 69, 78, 84, 90, 101, 118, 144, 258
Berliner Akademie der Künste 95

Berliner Friedrich-Wilhelm-
    Universität 50, 53
Bloch, Ernst 370
Bodenhorst, Minne 293
Boehlich, Walter 278, 288, 295,
    301, 302, 307, 328, 329,
    341, 344, 361, 363, 373,
    383, 384, 387, 394, 416
Böll, Heinrich 15, 306, 353,
    359, 370, 402, 437
Bordighera 60
Born, Nicolas 423
Brandenstein, Alice 40, 392
Brecht, Bertolt 95, 258, 473
Breton, André 168, 187
British Museum 126, 127, 477
Brod, Max 422
Brückner, Christine 348
Brühl, Denise (Hilde Domin)
    211, 293, 307, 345
Buback, Siegfried 440
Buber, Martin 167
Buena Vista 162
Buñuel, Luís 192, 395, 433, 434
Burkart, Erika 343, 419, 420
Busta, Christine 352, 420, 421


»Café Krall« 45, 79
Cage, John 201
Camartin, Iso 327, 428
Canetti, Elias 125, 258
Canivell, Bernabé Fernández
    282
Capri 98
Carstens, Karl 425
Caspari, Ernst Walter 62, 206,
    228, 399

Celan, Paul 258, 276, 286, 299,
    305, 306, 328, 332, 334,
    343, 344, 348, 353, 356,
    362, 370, 404, 405, 439,
    469, 473
Chamberlain, Athur Neville
    123, 127
Chapí, Enrique Casal 161, 177
Chaplin, Charlie 244, 329, 330
Ciudad Trujillo 135, 149, 201
Coblenz, Ida (siehe auch Ida
    Dehmel) 64, 417
Columbia University 75, 188,
    201, 207, 271, 436
Constanza 156, 157, 159, 160,
    173, 214, 215
Coudenhove-Kalergi, Richard
    39, 168
Cruz, Hector 148, 149


Dajabon 135
Darmstadt 19, 236, 260, 279,
    428
Daube, David 409
DDR 259, 352, 436, 445, 446
Dehmel, Ida (siehe auch Ida
    Coblenz) 417
Delphi 437
Demus, Klaus 344
Deutsche Akademie für Spra-
    che und Dichtung 401,
    422, 426, 428
Deutsche Forschungsgemein-
    schaft 248, 259, 266,
    280, 305, 323, 384, 432
Deutsche Schillergesellschaft
    467

Deutsches Literaturarchiv Marbach 8, 16, 237, 240, 383, 455, 467
Dickens, Charles 125
Ditges, Anna 480
Döblin, Alfred 95, 97, 200

Don Américo Lugo 188, 247
Dortmund 425
Drewitz, Ingeborg 392, 402, 407
Duse, Eleonore 112
Düsseldorf 24, 86, 97, 370, 482


Ehre, Ida 360, 361
Eich, Günter 306, 328, 332, 334, 348, 353, 370, 392, 473
Eichendorff, Joseph von 79
Einstein, Albert 39, 95
Eliot, T. S. 125, 211
Elmau 471, 480
Enzensberger, Hans Magnus 318, 331, 332, 344, 348, 392, 466
Eppelsheimer, Hanns Wilhelm 363
Ernst, Fritz 385
Ernst, Max 191, 198
Erwin-Walter-Palm-Stiftung 435
Eßlinger, Erich 466
Eurydike 380, 381, 463
Exner, Richard 396, 398, 404

*Frankfurter Allgemeine Zeitung* 45, 268, 279, 293, 307, 339, 345, 380, 386, 419, 421, 422, 424,
Feuchtwanger, Lion 258
Fischer, Brigitte Bermann 305
Fischer, Gottfried Bermann 199, 200, 296, 327
Fitzgerald, F. Scott 169
Florenz 81, 85, 87-89, 98, 101-105, 108-112, 114, 174, 182, 190, 198, 248, 251, 306
Flores, Alberto Baeza 161, 175, 177, 269
Fraenkel, Eduard 81, 127
Frankfurt 24-26, 41, 45, 60, 75, 78, 85, 87, 101, 108, 114-116, 119, 122, 139, 179, 180, 228, 261, 262, 347, 351, 353, 367, 430, 476
Fray Cipriano de Utrera 176, 462
Freiburg 81, 82, 261, 265
Freinsheim 469
Freud, Sigmund 125
Fricker, Christophe 477
Fried, Erich 258, 276, 369, 392, 400, 421, 428
Friedrich, Hugo 14, 363, 381-383, 392, 404
Frielinghaus, Helmut 288
Fröhlich, Hans-Jürgen 414
Fuchs, Marierose 278, 331, 334, 350, 357-359, 369, 417, 419

Gadamer, Frida 313
Gadamer, Hans-Georg 341, 382, 405, 420, 421, 423
Gauger, Hans-Martin 428, 539
GEDOK 353, 358, 359, 416, 417, 419
Gehlhoff-Claes, Astrid 444
Geitel, Klaus 289-291
Generación del 27 282
Generación del 98 259, 281
George, Stefan 61, 64, 65, 74, 100, 118, 169, 417
George VI 130
German Society of Oxford 477
Gerona 475
Giacometti, Alberto 433
Gide, André 96
Givat Haviva 439, 470
Goebbels, Joseph 51, 95
Goethe, Johann Wolfgang von 29, 34, 38, 75, 78, 79, 86, 89, 118, 168, 308, 384, 400, 441, 470, 473, 475, 476
Goethe-Institut 400, 475, 476
Goldberg, Sascha 398
Goll, Claire 344, 354, 404
Goll, Yvan 167, 168, 205, 344, 404, 405
Gómez Mena, Maria Luísa 218, 219, 227, 232, 235, 237, 395
Göring, Hermann 94
Gosteli, Hans 309-312
Gosteli, Martha 309
Goya, Francisco de 205
Graimbergweg 5 430, 459
Grass, Günter 332, 367, 369, 370, 389, 438, 466, 469
Greve, Clemens 469, 470, 472
Grieshaber, HAP 436
Grisebach, August 394
Gropius, Walter 125
Gruber, Thomas 476, 477
Gruppe 47 259, 276, 328, 329, 376, 398, 406
Guggenheim, Peggy 127, 189, 191, 198, 217
»Guggenheim-Foundation« 127, 291
Guirao, Ramón 161, 162
Gumbel, Emil 42
Günther, Joachim 360, 366, 372, 402, 414, 415, 430

Habe, Hans 116
Habermas, Max 394
Häfner, Heinz 394, 480
Hahn, Ulla 414, 426, 448, 452
Hainsbachweg 8 339, 347, 388, 395
Haiti 135, 229, 230, 233, 236-240, 242, 283, 311, 312
Halifax 142, 144
Halter, Ernst 419
Hamburger, Käte 370, 404
Hampstead 125-127, 134, 149
Harig, Ludwig 447
Hartlaub, Geno 386
Hartlaub, Gustav F. 386
Hatfield, Henry 399
Hausmann, Manfred 361
Heckmann, Herbert 426, 428
Heidelberg 4, 40-46, 48, 50,

54-56, 78, 79, 81, 83, 84, 87, 92, 93, 99, 101, 108, 110-114, 127, 134, 153, 166, 179, 197, 200, 205, 206, 216, 224, 253, 261, 265, 273, 279, 280
Heidelberger Akademie der Wissenschaften 420, 435
Heine, Heinrich 422
Heinemann, Gustav 445
Heinemann, Hilda 445
Heinrich-Heine-Gesellschaft 421, 422
Heise, Hans-Jürgen 332, 333, 377, 392
Heißenbüttel, Helmut 423
Henze, Hans Werner 272, 290
Herburger, Günter 370
Herrmann, Dr. Carl und Cäcilie 267
Hertenstein, Axel 293
Heselhaus, Clemens 417, 418
Hess, Else 60
Hess, Helene 167, 180, 181, 202, 262, 268
Hess, Paul 181, 262
Hesse, Hermann 74, 199, 200, 317-319, 327, 343, 346, 347, 357, 359
Hesse, Ninon 318, 319, 327, 391
Heym, Stefan 116
Hildesheimer, Wolfgang 258, 408
Hinck, Walter 481
Hindemith, Paul 168
Hirsch, Rudolf 280, 285, 286, 296-299, 300-306, 308, 315, 316, 319, 320, 325, 326, 329, 330, 333, 343, 344, 349, 352-354, 408, 418
Hispaniola 135, 148, 168, 169, 176, 191, 194
Hitler, Adolf 45, 51, 52, 84, 94, 108, 116, 125, 127, 136, 183, 200, 257, 270, 367, 369
Hoff, Kay 410
Hölderlin, Friedrich 168
Höllerer, Walter 306, 328
Holtzbrinck, Georg von 449
Horst, Eberhard 401
Huch, Ricarda 95
Huchel, Peter 436, 473
Humboldt-Universität 50
Huxley, Aldous 169

Israel 40, 369, 393, 438, 439, 450, 470, 474
Istituto Superiore di Scienze Sociali e Politiche »Cesare Alfieri« 102, 103

Jahn, Friedrich Ludwig 52
Jahn, Janheinz 406, 407
Jamaika 133, 134, 145-147, 447
Janker, Josef W. 376, 421
Jarabacoa 156-160, 162, 169, 174, 182, 185, 194, 195, 205, 208, 210, 211, 270

Jaspers, Karl 43, 45, 55, 80, 114, 197, 210, 304, 351, 402, 430, 451, 456
Jens, Walter 72, 241, 328, 329, 362, 373, 416, 425
Jerusalem 258, 438
Jiménez, Juan Ramón 246
Judentum 30, 37, 297, 306, 330, 358, 366-369, 405
Juritz, Sascha 455

Kahn, Lucy 138
Kantorowicz, Alfred 96, 199
Kaschnitz, Marie Luise 241, 328, 344, 348, 356, 422, 454
Keats, John 124, 125
Kelly, Francis 457
Kenscoff 230, 239, 312
Kiesinger, Kurt Georg 401
Knaus, Albrecht 272
Koeppen, Wolfgang 372, 402
Kohlhof 81
Köllhofer, Jakob 462
Kolmar, Gertrud 258
Kolmar, Gretel 23
Köln 21, 24, 27, 28, 30-32, 34-36, 38, 41, 43, 46, 50, 56, 69, 75, 84-86, 94-97, 101, 115, 119, 125, 159, 180, 211, 251, 257, 261, 262, 265-267
Konrad-Adenauer-Stiftung 439, 468, 470
Krautheimer, Richard 206
Krolow, Karl 246, 332, 355, 362, 422, 423, 447, 473

Kunze, Elisabeth 444
Kunze, Reiner 444-446

Landmann, Ludwig 60
Lange, Victor 416
Langgässer, Elisabeth 429
Lasker-Schüler, Else 258, 326, 440
Lavant, Christine 332, 343
La Vega 156-159
La Verdad 112, 292, 293, 314, 336
Lenz, Siegfried 361, 370
Lermen, Birgit 470, 474
Levertov, Denise 211
Lieberwirth, Maria José Peixoto 457, 460, 463, 474
Litzmannstadt/Lodz 167, 180, 181, 262
Liverpool 138, 140, 143, 145
Livigno 118, 119
London 23, 101, 117, 119, 120, 125-127, 129, 131, 132, 135, 139, 143-147, 182, 196, 200, 210, 211, 333, 409, 475
Lorca, Federico García 131, 132, 134, 144, 161, 182, 200, 260, 282, 283, 289, 290, 317
Lorden, John (siehe auch Hans Löwenstein) 32, 116, 179, 203, 204, 216, 233, 234, 244, 459, 461, 471
Lorden, Paula (siehe auch Paula Löwenstein) 196, 203, 204, 215, 461, 462

Löwenstein, Dina 22, 24
Löwenstein, Edith 43
Löwenstein, Emil 43
Löwenstein, Eugen Siegfried 21, 22, 24, 25, 42, 43, 81, 94, 96, 97, 115, 117, 128, 129, 143, 179, 181, 196
Löwenstein, Hans (siehe auch John Lorden) 30, 32, 116, 179
Löwenstein, Lehmann 24
Löwenstein, Paula (siehe auch Paula Lorden) 22-24, 29, 31, 41, 85, 96, 100, 101, 117, 120, 121, 195, 196
Lübke, Heinrich 401
Ludwig, Emil 161, 187, 188, 245
Ludwig, Ernst 188

Mack, Heinz 410
Madrid 274, 279, 280, 281, 284, 287, 288, 291, 292, 294-296, 302, 304, 308, 321, 323, 324, 326, 335-337, 345, 357
Majdanek 167, 181, 262, 445
Málaga 284, 289, 292, 395, 430
Manderscheid 33
Mann, Golo 44, 359, 370
Mann, Heinrich 95, 96, 200, 258
Mann, Klaus 116, 258
Mann, Thomas 39, 44, 45, 51, 95, 161, 199, 200, 258

Mannheim, Karl 43, 44, 84
Manor, Dorothy 199
Marcuse, Herbert 397, 398, 454
Marx, Karl 49
Mayer, Hans 16, 35, 46, 47, 56, 107, 196, 356, 377, 404, 477
Meersburg 343, 420
Meir, Golda 137
Meister, Ernst 424, 447
Meller, Horst 387, 393, 420, 429
Meller, Margrit 387, 393
Menuhin, Yehudi 125
Merlo-Mevissen-Schule 36
Metz, Ilse (auch Ilseluise) 469, 472
Mevissen, Mechthild von 36
Mexiko-Stadt 193, 219, 342, 395, 398, 433, 441
Meyer, Hans-Georg 439, 470
Michaelis, Rolf 419
Minehead 129, 131, 132
Mistral, Gabriela 199, 218, 245, 342
Mitscherlich, Alexander 393
Mitscherlich, Georgia 393, 420
Mombert, Alfred 79, 95, 98
Montagnola 317
Montalbán, Manuel Vázquez 188
Moore, Henry 433
Mozart, Wolfgang Amadeus 77, 147, 157, 399, 426, 457, 481, 482
München 203, 236, 238, 245, 258, 263, 264, 269, 273,

274, 280, 282, 298, 302, 308, 313, 347, 355, 370, 395, 439
Muschg, Walter 381
Mussolini, Benito 89, 108, 117, 120, 136, 187
Muth, Carl 270

Neruda, Pablo 433
*Neue Deutsche Hefte* 333, 360
New York 172, 179, 181, 183, 188-190, 192, 195-200, 203-206, 208, 211, 217, 231, 238, 239, 242, 244-246, 251, 252, 255, 257, 285, 291, 399, 407, 433, 439, 443
Nizza 101
Noam, Ernst 307, 308, 405
Novo, Salvador 433, 434

Olden, Rudolf 143
Ordóñez, Virgilio Díaz 178
Orwell, George 125
Oxford 127, 129, 143, 409, 410

P.E.N. 400, 406, 407, 410
Paatz, Walter 261, 302
Paeschke, Hans 269, 284, 326
Palm, Anna 60, 119, 139, 180, 228, 262
Palm, Arthur 60, 61, 115, 491
Palm, Erwin Walter (wird hier nicht mit genauen Seitenangaben gelistet, da er auf nahezu jeder Seite erwähnt wird)
Pannwitz, Rudolf 95
Papen, Franz von 94
Papst Pius XI 108
Paris 53, 74, 86, 96, 99, 101, 106, 116, 121, 122, 245, 247, 259, 277, 294
Petöfi, Sándor 444
Pflaum, Hans-Georg 48-53, 69, 74, 78, 84, 99, 106, 120-122, 245, 247, 294, 300, 301-303, 329, 330, 341, 345, 350, 371, 408
Picasso, Pablo 259, 433
»Pier 21« 144
Pinthus, Kurt 271, 272, 355, 360, 362, 363, 370, 381
Piper, Ernst Reinhard 456
Piper Verlag 265, 269, 272, 298, 373, 413, 448, 449, 454-456, 469
Pompeii 118
Ponte Tresa 121, 122
Ponto, Jürgen 440
Positano 97, 98
Poussin, Nicolas 286
Prawer, Siegbert Salomon 404

Quintard, Constanza 157

Radbruch, Gustav 42, 43
RAF 440, 450

Rahde, Mimi tho 204, 459
Ramírez, Francisco Prats 177
Ramírez, Ivelise Prats 178
Regenbogen, Otto 268
Reich-Ranicki, Marcel 171, 286, 361, 368, 373, 392, 413, 423, 425, 426, 454, 465, 470, 473, 474, 478
Reid, Alistair 434
Rey, José Lopez 205
*Rhein-Neckar-Zeitung* 342, 356, 386
Ribeiro, Aquilino 326
Richter, Hans Werner 259, 377
Riedl, Peter Anselm 435, 459, 480
Riehlerstraße 23 22, 27, 86, 481
Rilke, Rainer Maria 29, 86, 100, 168, 169, 422-424, 481
Rimbaud, Arthur 100
Rinser, Luise 356, 429
Rivera, Diego 433
Rochow, Joachim 365, 404
Rolland, Romain 96, 167, 170, 357
Rom 29, 34, 82, 85, 88, 89, 91, 92, 94, 97, 99, 102, 106, 108, 110-115, 118, 119, 121, 154, 190, 198, 213, 274, 276, 286, 306, 341, 374, 389, 391, 453
Ronsdorf 30
Roosevelt, Franklin D. 132, 136, 179, 276, 378
Rüdt-Schauenburg, Gertrud 374

Ruprecht-Karls-Universität Heidelberg 42, 43, 55, 83, 114, 134, 324, 336, 339, 374, 385, 450, 462
Ruthardt, Ursula 482


S. Fischer Verlag 199, 200, 280, 285, 288, 296, 298, 302, 305, 307, 310, 319, 325, 326, 333, 336, 343, 344, 349, 352-354, 389, 395, 403, 413, 437, 448, 449, 456, 475
Sachs, Nelly 152, 191, 241, 258, 328, 332, 334, 343, 349, 362, 366, 368-370, 392, 405, 406, 408, 409, 420, 425, 469, 473
Sánchez, Carlos 177
Sánchez, Tongo 177
San Pedro de Macorís 148, 149
San Rafael 265, 323, 324, 381
Santo Domingo 14, 57, 71, 73, 89, 91, 100, 119, 126, 130, 135, 146, 148-242, 244, 247, 248, 252-254, 260, 262, 269, 279, 280, 287, 298, 310, 311, 314, 316, 338, 342, 347, 354, 379, 380, 410, 430, 435, 443, 444, 449, 456, 460, 462
Sapori, Armando 102
Sarfatti, Margherita 117
Scharping, Rudolf 426
Scheurer, Ernst 399

Schickele, René 95
Schiff, Bertha 167, 202
Schleyer, Hanns Martin 440
Schmidt, Arno 353, 373, 404
Schocken, Gershom 438
Schoeller, Monika 389, 445, 449, 456, 467, 469
Schöningh, Dr. Franz Joseph 269, 270, 383
Schwarzer, Alice 481, 482
»Schwarzer September« 439
Schwedhelm, Karl 332, 355, 362
Seghers, Anna 187, 259, 356
Sellner, Gustav Rudolf 260
Seneca 106, 169
Serge, Victor 187
Sert, Misia 277
Shelley, Percy Bysshe 124
Silberberg, Käthe 67, 68
Sinsheimer, Hermann 470
»Skythia« 139, 140, 142, 143, 156
Sombart, Corina 340, 341
Sombart, Werner 340
Sosúa 138, 174
Späth, Lothar 425
Spender, Stephen 134, 144
Sperber, Manès 258, 424
*Spiegel, Der* 402, 406, 414
Stadtarchiv Heidelberg 15
Stavenhagen, Kurt 398, 433, 434
Stern, Paul 181
Sternberg, Ellen 40, 159, 438
Sternberger, Dolf 45, 339, 350, 428, 429
Stier-Somlo, Fritz 46, 477

Strauß, Franz-Josef 402
*Süddeutsche Zeitung* 329
Sühnel, Rudolf 393, 435
Suhrkamp Verlag 301, 302, 307, 328, 341, 355, 403
Swinburne, Algernon Charles 124
Szondi, Peter 258, 359, 364, 368, 392, 405, 439

Tamayo, Rufino 192, 433
Tanguy, Yves 127, 433
Tel Aviv 438
Tessin 121, 209, 289, 308, 309, 343, 430, 482
Teufel, Erwin 477-479
Theresienstadt 167, 180, 228, 262
Thibaut, Justus 79
Toller, Ernst 125
Tomičić, Stjepan (»Alfons Dalma«) 275
Trier, Alexander 25
Trier, Franz 25
Trier, Laura 25
Trujillo Molina, Rafael Leónidas 135-138, 149, 150, 159, 173, 177, 178, 183, 187-189, 195, 201, 351, 443
Tucholsky, Kurt 258, 357, 358
Tümpling, Gisela von 298

Uhlmann, Fred 125
Ungaretti, Giuseppe 161, 354, 376, 403, 473

Universitätsarchiv Berlin 15
Universitätsarchiv Heidelberg 15
Unseld, Siegfried 302, 343, 423, 424

Valencia 475, 476
Valéry, Paul 169
Verlaine, Paul 100
Viebrock, Helmut 363, 454
Villa Massimo 453
Villon, François 100
Vinalhaven 248, 249-251, 253, 293, 311, 312, 441
Vogel, Bernhard 468

Wagenbach, Klaus 354, 355, 395
Walser, Martin 370, 416
Wangenheim, Bettina von 414
Wapnewski, Peter 341, 371, 399
Warburg, Frieda 202, 209, 238, 245, 285, 291
Wassermann, Jakob 95
Weber, Alfred 42, 43, 55, 84
Weber, Beate 11, 427
Wehmeier, Grete 357, 359
Weigel, Helene 95
Weimar 38, 468, 470
Weiss, Peter 258, 369
Werfel, Franz 39, 95, 161, 200
Weyrauch, Wolfgang 270
Wieckenberg, Ernst-Peter 394, 395

Wiehl, Reiner 210
Wolf, Christa 454
Wolf, Gustav 98
Wolf-Hauschild, Regine 364
Wolfskehl, Karl 168, 199
Woolf, Virginia 16, 127, 397, 411

Zanetti, José Vela 189, 217, 254, 342, 398
Zanetti, Sascha 189
Zech, Paul 100, 168, 199
ZEIT, Die 316, 328, 329, 356, 362, 373, 381, 396
Zimmer, Christiane 77, 127, 200, 201
Zimmer, Heinrich 127, 167, 200
Zimmermann, Hans-Joachim 435
Zuckmayer, Carl 42, 52, 199, 352, 426
Zundel, Reinhold 365, 387, 424, 477
Zweig, Stefan 124, 128, 129, 139, 200, 258
Zwetajewa, Marina 349